PROBLEME DER POLITISCHEN ÖKONOMIE

Deutsche Akademie der Wissenschaften zu Berlin

Jahrbuch des Instituts für Wirtschaftswissenschaften

Band 4

Probleme der politischen Ökonomie

AKADEMIE-VERLAG · BERLIN

1961

Manuskriptabschluß: 20. Mai 1961

Verantwortlicher Redakteur: Dr. Ottomar Kratsch

Erschienen im Akademie-Verlag GmbH, Berlin W 8, Leipziger Straße 3-4

Lizenz-Nr. 202 · 100/37/61
Gesamtherstellung: IV/2/14 · VEB Werkdruck Gräfenhainichen · 1675
Printed in Germany
ES 5 B 2
Bestellnummer 5463

INHALTSVERZEICHNIS

BERICHT
ÜBER DIE ARBEIT DES INSTITUTS FÜR WIRTSCHAFTS-WISSENSCHAFTEN IM JAHRE 1960

Im Berichtsjahr konnte die Forschungskapazität des Instituts durch gute Erfolge bei der weiteren Qualifizierung jüngerer wissenschaftlicher Kader und durch Neueinstellungen beträchtlich erweitert werden. Die Zahl der hauptamtlichen wissenschaftlichen Mitarbeiter erhöhte sich von 28 auf 38.

Mit dem Aufbau einer Reihe neuer Arbeitsgruppen konnte begonnen werden, wodurch sich folgende neue Struktur des Instituts herausbildete:

Direktor: Prof. *Fred Oelßner*
Stellvertretender Direktor: Prof. Dr. *Gunther Kohlmey*

Abteilung „Politische Ökonomie des Sozialismus"

Arbeitsgruppe 1 „Die Ausnutzung des Wertgesetzes bei der Planung und Leitung der sozialistischen Volkswirtschaft"

Leiter: Prof. Dr. *G. Kohlmey*
Mitarbeiter: Dr. *K. Bichtler* (stellv. Leiter)
Dr. *K.-H. Jonuscheit*
Dr. *W. Jansen*
Dipl.-oec. *Ch. Höhne*
Dipl.-oec. *W. Schmidt*
Dipl.-oec. *G. Ulisch*

Arbeitsgruppe 2 „Repropuktion und Nationaleinkommen in der sozialistischen Volkswirtschaft"

Vorläufiger Leiter: Dr. *O. Kratsch*
Mitarbeiter: Dipl.-oec. *J. Behr*

Arbeitsgruppe 3 „Die Arbeitsproduktivität in der sozialistischen Gesellschaft"

Leiter: Prof. Dr. *F. Behrens*
Mitarbeiter: Dipl.-oec. *W. Keller*
Dipl.-oec. *S. Maier*

Arbeitsgruppe 4 „Das sozialistische Weltwirtschaftssystem"

Leiter: Dr. *W. Kunz*

Mitarbeiter: Prof. Dr. *G. Kohlmey* (teilweise)
Dipl.-oec. *G. Huber*
Dipl.-oec. *J. Keil*

Abteilung „Politische Ökonomie des Kapitalismus"

Arbeitsgruppe 1 „Das Wirken des Krisengesetzes im Imperialismus und der allgemeinen Krise des Kapitalismus"
Leiter: Dr. *H. Heininger*
Mitarbeiter: Prof. *F. Oelßner*
Prof. Dr. *J. L. Schmidt*
Dr. *R. Gündel*
Dr. *P. Hess*
Dr. *K. Zieschang*
Dipl.-oec. *R. Andexel*
Dipl.-oec. *R. Katzenstein*
Dipl.-oec. *L. Klemens*
Dipl.-oec. *K. Nehls*

Arbeitsgruppe 2 „Der Zerfall des Kolonialsystems und der Neokolonialismus"
Leiter: Prof. Dr. *J. L. Schmidt*
Mitarbeiter: Dr. *M. Haikal*
Dr. *R. Ismailowa*
Dipl.-oec. *I. Uhlemann*

Arbeitsgruppe 3 „Probleme der Lage der Werktätigen Deutschlands bzw. Westdeutschlands im Imperialismus und in der allgemeinen Krise"
Leiter: Prof. Dr. *L. Zahn*
Mitarbeiter: Dipl.-oec. *G. Tuchscheerer*

Abteilung „Geschichte der Politischen Ökonomie"

Arbeitsgruppe 1 „Moderne bürgerliche politische Ökonomie"
Leiter: Dr. *H. Meißner*
Mitarbeiter: Dr. *H. Turley*
Dr. *E. König*
Dipl.-oec. *A. Bönisch*
Dipl.-oec. *G. Heininger*
Dipl.-oec. *H. Maier*

Arbeitsgruppe 2 „Entwicklung der politischen Ökonomie in Deutschland"
Vorläuf. Leiter: Dr. *W. Krause*
Mitarbeiter: Dipl.-oec. *H. Lehmann*
Dipl.-oec. *W. Tuchscheerer*

Das Institut war im Berichtsjahr bemüht, bei der Erforschung von Grundproblemen der politischen Ökonomie weiter voranzukommen, die wissenschaftliche Auseinandersetzung mit der modernen politökonomischen Apologetik auf ein höheres Niveau zu heben und die Verbindung mit der Wirtschaftspraxis in der Deutschen Demokratischen Republik noch enger zu gestalten. Neben einigen Veröffentlichungen zu theoretischen Grundproblemen, wie z. B. Fred Oelßner's „Beitrag zur Monopoltheorie" ragen aus der Arbeit des Instituts vor allem die folgenden Ergebnisse und Tatsachen hervor:

1. Das Institut veranstaltete vom 18. bis 21. Oktober 1960 in Berlin eine Konferenz über „Neue Erscheinungen in der modernen bürgerlichen politischen Ökonomie". Der Leiter der Abteilung „Geschichte der Politischen Ökonomie", Dr. H. Meißner, hielt zu dem Thema „Kritik der modernen bürgerlichen Wachstumstheorie" eines der Hauptreferate. 12 Mitarbeiter unseres Instituts legten in Diskussionsbeiträgen zum Teil wertvolle neue Forschungsergebnisse vor. An dieser Konferenz nahmen 106 marxistische Ökonomen aus den europäischen sozialistischen Ländern und aus Italien, Frankreich, Österreich, Holland, Belgien, Norwegen, Schweden, Finnland, Dänemark und Japan teil.

Die Aufgabe bestand in der Analyse bisher kaum untersuchter neuer theoretischer Strömungen in der bürgerlichen politischen Ökonomie der Gegenwart. Die Konferenz hat ihre Aufgabe im wesentlichen gelöst. Die ausländischen Gäste hoben das hohe theoretische Niveau und die schöpferische Atmosphäre des freien wissenschaftlichen Meinungsaustausches hervor. In der deutschen und ausländischen Fachliteratur sind mehrere Berichte über die Konferenz veröffentlicht worden. Das Protokoll der Konferenz gibt der Akademie-Verlag in deutsch und der Verlag für ausländische Literatur in Moskau in russischer Übersetzung heraus.

2. Die von Prof. Dr. F. Behrens geleitete Forschungsgemeinschaft „Arbeitsproduktivität und Lohn" untersuchte auf Grund eines Forschungsvertrages mit der Staatlichen Plankommission Probleme des Nutzeffektes der gesellschaftlichen Arbeit. Dabei wurden Vorschläge für eine exakte Messung der Arbeitsproduktivität und ihres Zusammenhanges mit der Entwicklung der Selbstkosten sowie Rahmenrichtlinien und Hinweise zur Messung der Arbeitsproduktivität nach der Zeitsummenmethode ausgearbeitet, die von der Staatlichen Plankommission ab 1.1.1961 als verbindlich für die zentralgeleitete sozialistische Industrie erklärt wurden. Es wird weiterhin an der praktischen Durchführung dieser neuen Methode gearbeitet, wobei — ausgehend von der Kennziffer der Arbeitsproduktivität — ein geschlossenes und ökonomisch begründetes Kennziffernsystem angestrebt wird.

3. Ausgehend von den grundlegenden Dokumenten der internationalen Arbeiterbewegung und den Beschlüssen der Sozialistischen Einheitspartei Deutschlands hat das Institut im Zusammenwirken mit den wirtschaftswissenschaftlichen Institutionen unserer Republik den „Rahmenperspektivplan für die wirtschaftswissenschaftliche Forschung in der DDR" erarbeitet. Die Anleitung, Koordinierung und Kontrolle bei der Durchführung dieses Forschungsplanes ist den wirtschaftswissenschaftlichen Einrichtungen der Akademie übertragen worden.

Auf der Grundlage dieses Planes, der die Richtung und die Schwerpunkte der wirtschaftswissenschaftlichen Forschung für die nächste Zeit bestimmt, sind die konkreten und befristeten Forschungspläne der Institute auszuarbeiten.
Damit wurde eine wichtige Voraussetzung geschaffen, um die in der DDR noch vorhandene Zersplitterung zu überwinden, die ökonomischen Forschungskräfte rationeller einzusetzen und zu einer zielstrebigen, gemeinschaftlichen Forschung überzugehen.

Als Ergebnis der Forschungsarbeit konnte im Jahre 1960 eine Anzahl von Arbeiten in Artikel- oder Buchform veröffentlicht werden. Das Institut gab das Jahrbuch ,,Probleme der politischen Ökonomie", Bd. III, heraus.

Im Berichtsjahr erschienen ferner die folgenden Arbeiten:

Abteilung ,,Politische Ökonomie des Sozialismus"

Behrens, Fritz: Ökonomie der Zeit, Berlin, Akademie-Verlag 1960.

– Zur Bedeutung der Arbeitsintensität in der sozialistischen Wirtschaft. Wirtschaftswissenschaft 8, H. 5/1960.

Kunz, Willi: Der Binnenhandel der DDR. In: Die Volkswirtschaft der DDR (15 Jahre Friedenswirtschaft), Berlin, Verlag Die Wirtschaft 1960.

– Zu einigen Grundproblemen der internationalen Arbeitsteilung im sozialistischen Weltsystem. In: Jahrbuch des Instituts für Wirtschaftswissenschaften, Bd. III, Berlin, Akademie-Verlag 1960.

Jansen, Walter: Über die gesellschaftliche Leitung des sozialistischen Industriebetriebes. Wirtschaftswissenschaft 8, H. 4/1960.

Jonuscheit, Karl-Heinz: Einige Fragen der Theorie und der Anwendung der wirtschaftlichen Rechnungsführung. In: Jahrbuch des Instituts für Wirtschaftswissenschaften, Bd. III, Berlin, Akademie-Verlag 1960.

– Die Festigung und Vertiefung der wirtschaftlichen Rechnungsführung – eine wichtige Aufgabe zur Erfüllung des Siebenjahrplans. In: Einheit 15, H. 11/1960.

– Die Entwicklung der Wirtschaftswissenschaften der DDR. Lehrmaterial des Präsidiums der Gesellschaft zur Verbreitung wissenschaftlicher Kenntnisse.

Kratsch, Ottomar: Bürgerliche betriebswirtschaftliche Apologetik zu den aktuellen Abschreibungsproblemen in Westdeutschland. In: Jahrbuch des Instituts für Wirtschaftswissenschaften, Bd. III, Berlin, Akademie-Verlag 1960.

Ulisch, Günther: Eine Analyse des Prämiensystems und seiner Anwendung im Einzelhandel. In: Der Handel 10, H. 12/1960.

Abteilung ,,Politische Ökonomie des Kapitalismus"

Oelßner, Fred: Beitrag zur Monopoltheorie. In: Jahrbuch des Instituts für Wirtschaftswissenschaften, Bd. III, Berlin, Akademie-Verlag 1960.

Schmidt, Johann-Lorenz: Zu den Krisenerscheinungen in der kapitalistischen Wirtschaft in den Jahren 1957–1959. In: Die Krisenerscheinungen in der kapitalistischen Wirtschaft 1957–1956, Berlin, Verlag Die Wirtschaft 1960.

Schmidt, Johann-Lorenz: Zyklische, nichtzyklisch-temporäre und chronische Krisenerscheinungen in der Wirtschaft des gegenwärtigen Kapitalismus. In: Konjunktur und Krise 4, H. 2/3/1960.

Gündel, Rudi: Zum relativ hohen Wachstumstempo der westdeutschen Industrieproduktion im Verlauf der Aufschwungsphase von 1950 bis 1957. In: Jahrbuch des Instituts für Wirtschaftswissenschaften, Bd. III, Berlin, Akademie-Verlag 1960.

Heininger, Horst: Zur Rolle der Weltkriege im kapitalistischen Krisenzyklus. In: Konjunktur und Krise 4, H. 2/3/1960.

Hess, Peter: Zur Theorie der Agrarkrisen. In: Konjunktur und Krise 4, H. 2/3/1960.

Klemens, Leo: Zur bürgerlichen Theorie des Monopolpreises. In: Konjunktur und Krise 4, H. 2/3/1960.

Andexel, Ruth: Zu Albert Hahn, „Geld und Kredit". In: Konjunktur und Krise 4, H. 4/1960.

Abteilung „Geschichte der politischen Ökonomie"

Meißner, Herbert: Die sozialen Voraussetzungen volkswirtschaftlicher Planung in der DDR. In: Soziologie und Gesellschaft. Beiträge zum IV. Weltkongreß für Soziologie, Berlin, Dietz Verlag 1960.

– Die Krise der modernen bürgerlichen politischen Ökonomie und unsere Aufgaben. In: Wirtschaftswissenschaft 8, 7. Sonderheft (1960).

– Zum apologetischen Charakter der Input-Output-Analyse Leontiefs. In: Wirtschaftswissenschaft 8, 7. Sonderheft 1960.

– Herausgabe der polnischen Ausgabe des Sammelbandes „Zur ökonomischen Konzeption der SPD". Warschau, Verlag Buch und Wissen 1960.

Turley, Hermann: Zu einigen Fragen der Monopoltheorie und des apologetischen Antimonopolismus der westdeutschen Neoliberalen. In: Jahrbuch des Instituts für Wirtschaftswissenschaften, Bd. III, Berlin, Akademie-Verlag 1960.

– Zur neokolonialistischen Ideologie des westdeutschen Imperialismus. In: Wirtschaftswissenschaft 8, 7. Sonderheft 1960.

König, Erika: Zum Godesberger Programm der Sozialdemokratie. In: Wirtschaftswissenschaft 8, H. 2/1960.

Bönisch, Alfred: Ein Ideologe des deutschen Imperialismus. In: Wirtschaftswissenschaft 8, 7. Sonderheft 1960.

Heininger, Götz: P. V. Gugusvili: Razvitie promyslennostiv Gruzii i Zakavkaz 'e v XIX—XX vv, t. Izd. AN GSSR, Tbilissi 1957, 347 S. (Rezension). In: Zeitschrift für Geschichtswissenschaft 8, H. 5/1960.

Maier, Harry: Die gegenwärtige Rolle des politischen Klerikalismus in Westdeutschland. (Zusammen mit Dr. Peter Stier). In: Wirtschaftswissenschaft 8, 7. Sonderheft 1960.

– Erhard und der Wettbewerb der zwei Systeme in Deutschland. In: Wissen und Tat, H. 9/1960.

– M. Hättich, Wirtschaftsordnung und katholische Soziallehre (Rezension). In: Wirtschaftswissenschaft 8, H. 1/1960.

Tuchscheerer, Walter: Zur Einschätzung des Buches von Sweezy durch Maurischat. In: Wirtschaftswissenschaft 8, H. 7/1960.
– 100 Jahre „Zur Kritik der politischen Ökonomie". In: Wirtschaftswissenschaft 8, H. 1/1960.

Zu einigen wichtigen theoretischen Grundfragen, wie z. B. der staatlichen Leitung der sozialistischen Industrie und den qualitativen Besonderheiten in den Beziehungen zwischen Basis und Überbau im Sozialismus wurden im Berichtsjahr Institutsplenartagungen durchgeführt.

Die Verbindungen des Instituts nach außen, vor allem die Verbindungen zur Praxis wurden vielfältiger. Wissenschaftliche Arbeitsleiter und Assistenten des Instituts waren in der Staatlichen Plankommission und in Arbeitskreisen und Kommissionen verschiedener Ministerien an der Lösung praktischer Aufgaben beteiligt. Untersuchungen in Betrieben und in Verwaltungen Volkseigener Betriebe wurden durchgeführt. Eine Reihe von Mitarbeitern hielt Vorlesungen und leitete Seminare an Hochschulen und Universitäten, nahm an Forschungsarbeitskreisen teil und unterstützte die Verlage bei der Herausgabe ökonomischer Werke.

Die Bibliothek bereinigte im Berichtsjahr ihren Buchbestand entsprechend den Forschungsaufgaben des Instituts. Der Buchbestand der Bibliothek verringerte sich von 24630 zum 31. 12. 1959 auf 17293 Bücher zum 31. 12. 1960. Die Anzahl der vom Institut bezogenen Zeitungen und Zeitschriften erhöhte sich. Die Dokumentation des Instituts machte im Berichtsjahr beträchtliche Fortschritte bei der Auswertung der Zeitungen und Zeitschriften. Ab Januar 1960 wurde zweimal monatlich der Informationsbericht „Neue Wirtschaftswissenschaftliche Literatur, Internationale Auswahlbibliographie" im Umfang von durchschnittlich 70–80 Seiten allen interessierten Institutionen zugesandt.

Fritz Behrens

ZUR ANALYSE DER FAKTOREN DER STEIGERUNG DER ARBEITSPRODUKTIVITÄT UND SENKUNG DER SELBSTKOSTEN

Zur Bedeutung der Faktorenanalyse

Die Analyse des Nutzeffektes der gesellschaftlichen Arbeit und der Faktoren, die seine Erhöhung bestimmen, ist für die planmäßige Entwicklung der sozialistischen Wirtschaft eine ebenso dringende wie für die politische Ökonomie schwierige Aufgabe.

Die Dringlichkeit der Analyse des Nutzeffektes der gesellschaftlichen Arbeit muß nicht besonders begründet werden. Sie ist aber nicht nur eine Voraussetzung der Planung, sondern auch für die Realisierung der beiden grundlegenden Komponenten des Nutzeffektes der gesellschaftlichen Arbeit: *der Steigerung der Arbeitsproduktivität* und *der Senkung der Selbstkosten.*

Selbstverständlich kann man ohne eine Analyse der Faktoren, die den Nutzeffekt der gesellschaftlichen Arbeit bestimmen, ihre Entwicklung nicht planen. Aber ohne eine umfassende und exakte Analyse der Faktoren, die zur Steigerung der Arbeitsproduktivität und Senkung der Selbstkosten führen, ist vor allem kein organisierter Kampf um die Realisierung der gestellten Planaufgaben möglich. Dazu kommt, daß in der gegenwärtigen Etappe der Entwicklung des Sozialismus, die dadurch gekennzeichnet ist, daß die sozialistischen Länder um die Lösung der ökonomischen Hauptaufgabe in kürzester Zeit kämpfen, der Steigerung der Arbeitsproduktivität und der Senkung der Selbstkosten eine besondere aktuelle Bedeutung zukommt. „Die Sowjetunion verwirklicht erfolgreich den umfassenden Aufbau der kommunistischen Gesellschaft“, heißt es in der Moskauer Deklaration vom November 1960. „Die anderen Länder des sozialistischen Lagers legen erfolgreich das Fundament des Sozialismus; einige von ihnen sind bereits in die Periode des Aufbaus der entwickelten sozialistischen Gesellschaft eingetreten.“[1] Um durch „gemeinsame Anstrengungen in kürzester Frist“ zunächst „das kapitalistische Weltsystem im absoluten Umfange der industriellen und landwirtschaftlichen Produktion zu überflügeln und danach die wirtschaftlich höchstentwickelten kapitalistischen Länder auch in Bezug auf die Produktion je Kopf der Bevölkerung und hinsichtlich des Lebensstandards zu überholen“, ist, wie es in der Moskauer Deklaration heißt, „höchstmögliche Steigerung der Arbeitsproduktivität auf der Grundlage des ununterbrochenen technischen Fortschritts, Planwirtschaft, strikte Einhaltung der Leninschen Prinzipien der materiellen Interessiertheit sowie maximale Förderung der moralischen Anreize zur Arbeit für die Gesellschaft durch Hebung der politischen

[1] Erklärung der Beratung von Vertretern der Kommunistischen und Arbeiterparteien im November 1960. Dietz Verlag, Berlin 1961, S. 19.

Bewußtheit der Massen, Kontrolle über das Maß der Arbeit und des Verbrauchs"[2] notwendig. Das erfordert u. a. auch die immer gründlichere und umfassendere Analyse der Faktoren der Steigerung der Arbeitsproduktivität und Senkung der Selbstkosten. Deshalb muß die ökonomische Wissenschaft mit der Beantwortung der Fragen, die mit der sogenannten Faktorenanalyse zusammenhängen, ihren Beitrag zur Lösung der ökonomischen Hauptaufgabe leisten.

Allerdings — ich betonte es schon — bietet die Beantwortung dieser Fragen einige *Schwierigkeiten.* Da ist zunächst die Frage der Quantifizierbarkeit ökonomischer Kategorien selbst, die zwar nicht neu ist, aber erst durch die Notwendigkeit des Einholens und Überholens der wichtigsten kapitalistischen Länder durch die sozialistischen Länder in historisch kürzester Zeit in den Vordergrund des Interesses der Politischen Ökonomie rückte. „Nur wenn man vom theoretischen Standpunkt die Analyse der quantitativen Abhängigkeiten der sozialistischen Wirtschaft vornimmt, kann man die ökonomischen Gesetze des Sozialismus wirkungsvoll ausnutzen und vor allen Dingen die Volkswirtschaftsplanung vervollkommnen", schreibt W. Nemtschinow sehr richtig in einem Artikel „Das Bündnis der Wirtschaftswissenschaft mit der Mathematik"[3]. Nemtschinow verweist darauf, daß Marx einmal gesagt habe, daß eine Wissenschaft nur dann Vollkommenheit erreiche[4], wenn es ihr gelingt, die Mathematik zu benutzen und fordert, daß für ökonomische Forschungen und bei Planberechnungen mathematisch-ökonomische Modelle ausgearbeitet werden, d. h. „ökonomische Schemata der quantitativen Zusammenhänge von verschiedenen volkswirtschaftlichen Kennziffern", wie sie Marx bei der Analyse der erweiterten Reproduktion im zweiten Band seines „Kapital" angewandt hat.[5] Auch die Faktorenanalyse ist nur zu bewältigen, wenn man sich mathematisch-ökonomischer Modelle bedient, d. h. Beispiele konstruiert, die die typischen Züge der ökonomischen Wirklichkeit widerspiegeln. An ihnen können die Zusammenhänge studiert und exakt formuliert werden. Für eine solche quantitative Analyse ist — das betont Nemtschinow ebenfalls — die vorherige *qualitative Analyse* die grundlegende Voraussetzung.

Hier liegt eine der Hauptschwierigkeiten der Faktorenanalyse!

Die gesellschaftliche Arbeit eines Landes, Zweiges oder Betriebes tritt zu jeder Zeit und für bestimmte Zeitabschnitte immer in der Form vergegenständlichter und lebendiger Arbeit auf. Die lebendige Arbeit zerfällt in die produktive und die unproduktive Arbeit. Die produktive Arbeit ist die lebendige Arbeit, die in der materiellen Produktion das gesellschaftliche Reineinkommen schaft. Sie ist damit zugleich die Grundlage für die Existenz der unproduktiven Arbeit. Beide — produktive und unproduktive Arbeit — verbrauchen in ihrer Funktion vergegenständlichte Arbeit. Die in der materiellen Produktion verbrauchte vergegenständlichte Arbeit — Arbeitsgegenstand und Arbeitsmittel — bilden die Produktionsmittel der Gesellschaft. So

[2] Ebenda, S. 24.

[3] Nemtschinow, Das Bündnis der Wirtschaftswissenschaft mit der Mathematik, „Presse der Sowjetunion", Nr. 50/1960, S. 1062.

[4] Ebenda, S. 1062.

[5] Ebenda.

wie jede Produktion gesellschaftliche Produktion ist, so ist auch jede Produktion Kombination lebendiger und vergegenständlichter Arbeit. Der technische und ökonomische Fortschritt ist dadurch charakterisiert, daß die durch die lebendige Arbeit angewandte und verbrauchte vergegenständlichte Arbeit ständig zunimmt. Das kommt in der wachsenden organischen Zusammensetzung des Kapitals bzw. — unter sozialistischen Bedingungen — in der ständigen Zunahme des Produktionsfonds im Verhältnis zu den beschäftigten Arbeitskräften zum Ausdruck und findet seinen Niederschlag in den Selbstkosten der Produktion, wenn der Lohnanteil ständig sinkt.

Die produktive Arbeit, die in der materiellen Produktion das gesellschaftliche Reineinkommen schafft, ist, solange das Arbeitsprodukt noch Warencharakter annimmt, einerseits konkrete, nützliche, andererseits abstrakte, menschliche Arbeit schlechthin. Als konkrete Arbeit produziert sie Gebrauchswerte und überträgt dabei den Wert der von ihr verbıauchten Produktionsmittel auf die produzierten Gebrauchswerte, als abstrakte Arbeit bildet sie den Neuwert oder das Wertprodukt.

Es ist nicht möglich, aber auch nicht erforderlich, an dieser Stelle auf die ganze Problematik einzugehen, die sich aus dem Begriff der gesellschaftlichen Arbeit ergibt.[6] Gegenstand der Faktorenanalyse ist der Nutzeffekt der produktiven Arbeit, und zwar bei ihrem gegenwärtigen Stand nur die Seite der produktiven Arbeit, die sich in Gebrauchswerten oder materiellen Diensten niederschlägt. Es gibt bisher nur erste, tastende Versuche, durch Berücksichtigung der sogenannten Fehlzeiten, die Verminderung der Produktivität durch Ausschußproduktion einzuschätzen, aber es gibt noch keine Methode, die Verbesserung oder auch Verschlechterung der Qualität der Produktion als Faktor der Arbeitsproduktivität zu erfassen. Dazu kommt, daß unsere Kennziffern der Arbeitsproduktivität und der Selbstkosten nur von den Gebrauchswerten ausgehen, wie sie die Produktionsbetriebe verlassen und nicht berücksichtigen, ob sie auch entsprechend den Bedürfnissen der Konsumenten hergestellt werden. Es leuchtet ein, daß das ein empfindlicher Mangel unserer Methoden zur Messung des Nutzeffektes der gesellschaftlichen Arbeit ist und daß Anstrengungen gemacht werden müssen, um diese Lücken zu schließen. Ebenso ist es notwendig, sich darüber Gedanken zu machen, wie die Veränderung des Charakters der unproduktiven Arbeit im Sozialismus und ihre Entwicklung den Nutzeffekt der gesellschaftlichen Arbeit beeinflußt.

Ohne den Unterschied zwischen produktiver und unproduktiver Arbeit zu verwischen, der auch im Sozialismus von großer ökonomischer Bedeutung bleibt, müssen wir beachten, daß die Erhöhung des Nutzeffektes der produktiven Arbeit kein Selbstzweck ist. In der Sphäre der Produktion materieller Güter ist die Steigerung der Arbeitsproduktivität die Hauptvoraussetzung für den Aufbau der neuen Gesellschaft. Die Befriedigung der materiellen Bedürfnisse der gesamten Gesellschaft ist aber niemals das alleinige Ideal des Sozialismus und Kommunismus, sondern vielmehr:

[6] Zum Begriff der gesellschaftlichen Arbeit und den Merkmalen der produktiven und der unproduktiven Arbeit vgl. vom Verfasser: Zn einigen Fragen der produktiven Arbiet und der Arbeitsproduktivität, „Sitzungsberichte der Deutschen Akademie der Wissenschaften zu Berlin, Klasse für Philosophie, Geschichte, Staats-, Rechts- und Wirtschaftswissenschaften“, Jg. 1959, Nr. 7.

jedes Mitglied der Gesellschaft soll die Möglichkeit erhalten, nach seinen Fähigkeiten zu arbeiten und diese Fähigkeiten in allen Sphären der gesellschaftlichen, wissenschaftlichen, kulturellen und künstlerischen Tätigkeit zu entwickeln. In diesem Sinne ist der höchstmögliche Nutzeffekt der produktiven Arbeit geradezu die Voraussetzung für die Entfaltung der unproduktiven — wissenschaftlichen, kulturellen und künstlerischen — Tätigkeit aller Mitglieder der Gesellschaft.

Aber das ist nur die eine Seite der Frage! Dazu kommt, daß, wenn vom Nutzeffekt der gesellschaftlichen Arbeit gesprochen wird, darunter in der Regel nur der Nutzeffekt der produktiven, d. h. der lebendigen Arbeit, die Arbeitsproduktivität verstanden wird. Man läßt also nicht nur außer Acht, daß auch die unproduktive Arbeit unter sozialistischen Bedingungen gesellschaftlich-nützliche Arbeit ist, sondern auch, daß die produktive Arbeit als lebendige Arbeit nur mit vergegenständlichter Arbeit kombiniert fungieren kann. Um den Nutzeffekt der gesellschaftlichen Arbeit zu erfassen, genügt es aber nicht, nur die Arbeitsproduktivität zu messen, sondern man muß auch den Nutzeffekt der in der Produktion mitwirkenden und in ihr verbrauchten Produktionsmittel berücksichtigen. Jedoch darf man aus der Tatsache, daß in der Produktion nicht nur die lebendige, sondern auch vergegenständlichte Arbeit erscheint, nicht die Schlußfolgerung ziehen, daß die zur Zeit übliche Kennziffer der Arbeitsproduktivität die die Bruttoproduktion, ausgedrückt in unveränderlichen Preisen, auf die lebendige Arbeit bezieht, zu einer Kennziffer der gesamten Arbeit in der Art erweitert werden muß, daß die Bruttoproduktion auf die lebendige *und* vergegenständlichte Arbeit bezogen wird. Eine solche Schlußfolgerung ist theoretisch falsch, weil die Produktionsmittel natürlich nicht selbst produktive Arbeit, sondern nur Hilfsmittel für sie sind. Sie unterscheidet sich daher auch in keiner Weise von der Konzeption der bürgerlichen Produktivitätsmessung, eine sogenannte „kapitalbezogene" Produktivität neben die „arbeitsbezogene" Produktivität zu stellen. „‚Die Produktivität' gibt es eben nicht", schreibt Gerhard Fürst, Präsident des Statistischen Bundesamtes Westdeutschlands in einer Arbeit über „Die Methoden der Produktivitätsmessung". „Man muß sich vielmehr zunächst darüber einigen, welche der in Betracht kommenden Relationen man für sinnvoll und nützlich hält." Sinnvoll — so sollte man denken — kann natürlich nur sein, was theoretisch richtig ist. Aber weit gefehlt! Nicht darum geht es, sondern: „Mit anderen Worten, es hängt sehr viel von der Zielsetzung ab, also von dem, was man mit diesen Relationen zeigen will, und welche Maßnahmen und Wirkungen man kontrollieren will."[7] Nun ist es natürlich unbestritten, daß jeder analytischen Fragestellung eine ganz bestimmte Meßmethode zugeordnet ist, aber bei Fürst — und der bürgerlichen Produktivitätsmessung — geht es nicht um Messmethoden, sondern um die Fragestellung. „Von diesen Vorüberlegungen also hängt es ab, was in die Messung einbezogen werden muß oder nicht", heißt es daher bei Fürst.[8] Das Ziel ist für Fürst, sowohl die Produktivität des „Faktors" Arbeit als auch des „Faktors" Kapital zu messen.

[7] Produktivität und Lohn, C. W. Leske-Verlag, Darmstadt 1956, S. 7.
[8] Ebenda.

Das ist die herrschende Auffassung der modernen bürgerlichen Ökonomen!

„Produktivität — — — bezeichnet das Verhältnis von Produktionsergebnis zu Faktoreinsatz (Output per unit of input)“, heißt es beispielsweise in einer Schrift über „Produktivitätsanalyse“ von Gerhard E. Reuss, einer Schrift, die nicht nur die statistische Methodik, sondern auch die „ökonomischen Grundlagen“ darstellen will.[9] „Das Produktionsergebnis kann entweder zu einzelnen Produktionsfaktoren in Beziehung gebracht werden (*faktorbezogene* Produktivitäten, insbesondere *arbeitsbezogene, kapitalbezogene* und *materialbezogene* Produtivität) oder einer Kombination von mehreren Faktoren gegenübergestellt werden (kombinierte oder globale Produktivität).“[10]

So wie der Begriff der produktiven Arbeit in der bürgerlichen Ökonomie auf jede Arbeit ausgeweitet wird, die ein Einkommen „erzielt“, so wird der Begriff der Produktivität auf alle sogenannten „Produktionsfaktoren“ ausgeweitet. „Es gibt eine Maschinenproduktivität und eine Produktivität der menschlichen Arbeit“[11], schreibt z. B. der französische Ökonom Jean Fourastie.

Produktiv ist also nicht nur die Arbeit, produktiv sind auch der Boden und besonders das Kapital, auch wenn nicht alle „produktiven Beiträge“ meßbar sind, wie z. B. die „Produktivität eines Arztes, Lehrers oder Staatsbediensteten — —.“[12] Das ist ebensowenig neu, wie der Versuch, an die Stelle der Bruttoproduktion die Nettoproduktion zu setzen. „Als Produktionsresultat eines einzelnen Prozesses oder einer gesamten Industrie kann man entweder den Bruttoausstoß oder die Nettoproduktion bzw. die Wertschöpfung betrachten“, heißt es bei Reuss.[13] Beides, „faktorenbezogene“ Produktivität, d. h. neben der Arbeitsproduktivität als Nutzeffekt der grundlegenden ökonomischen Kategorie der produktiven Arbeit insbesondere die Produktivität des „Faktors“ Kapital als sogenannte Kapitalproduktivität, sowie die Messung der Nettoproduktion an Stelle der Bruttoproduktion, haben als gemeinsame Ursache das klassenmäßige Unvermögen der bürgerlichen Ökonomen, den Doppelcharakter der lebendigen Arbeit als konkrete produktive und abstrakte, wertbildende Arbeit zu begreifen. Es ist ebenso bekannt, daß die bürgerliche Ökonomie verschiedene Varianten einer sogenannten Zurechnungstheorie konstruierte, die alle den Zweck verfolgen, den produktiven Charakter des Kapitals nachzuweisen. Wie bekannt ist, widerlegte bereits Marx in seiner Kritik an Adam Smith den Fehler, den Produktwert mit dem Wertprodukt zu identifizieren. Wenn die bürgerlichen Ökonomen den Ertrag der Produktion auf seine „ursächlichen“ Faktoren, die sogenannten Produktionsfaktoren aufteilen, dann leugnen sie den produktiven Charakter der lebendigen Arbeit, wie sie bei der Identifizierung des Produktwertes mit dem Wertprodukt die wertbildende Eigenschaft der lebendigen Arbeit verleugnen. Da die „ursächliche“ Zurechnung des Ertrages der Produktion auf die sogenannten Faktoren der Produktion auf der Grundlage der Arbeitswerttheorie nicht möglich ist, gehen alle Varianten der „Zurechnungstheorie“ vom naturalen Charakter der

[9] Gerhart E. Reuss, Produktivitätsanalyse, Basel-Tübingen 1960, S. 11. [10] Ebenda.

[11] Jean Fourastié, Die große Hoffnung des zwanzigsten Jahrhunderts, Köln-Deutz 1954, S. 46.

[12] G. E., Reuss a. a. O., S. 11. [13] Ebenda, S. 36.

Produktionsmittel aus. Sie „abstrahieren“ vom Kapitalcharakter der Produktionsmittel, wie sie vom Doppelcharakter der Arbeit „abstrahieren“, wenn sie Produktwert mit Wertprodukt identifizieren.

In Wahrheit ist das „Kapital“ natürlich kein Faktor der Produktion, sondern der Produktivität, und zwar der einzigen Produktivität, die existiert: der Arbeitsproduktivität. Die produktive Arbeit verbraucht in der Produktion in früheren Produktionsperioden vergegenständlichte Arbeit, und dadurch wird ihr Wirkungsgrad erhöht, und die vergegenständliche Arbeit wird zu einem Faktor der Arbeitsproduktivität, der wie andere Faktoren: Qualifikation der Arbeitskraft, Organisation der Produktion und der Arbeit, bei der Analyse ihrer Entwicklung berücksichtigt werden muß. Da die lebendige Arbeit als konkrete — produktive — Arbeit nicht nur neue Gebrauchswerte erzeugt, sondern auch den Wert der in der Produktion verbrauchten Produktionsmittel auf den Wert des neuen Produkts überträgt, ist dieses größer als das Wertprodukt, das die lebendige Arbeit als abstrakte Arbeit in der Produktion der neuen Gebrauchswerte hervorbringt. Die Bruttoproduktion ist einerseits die Summe der produzierten Gebrauchswerte — Produktionsmittel und Konsumtionsmittel —, andererseits die Summe des Wertes, der durch die konkrete Arbeit übertragen und durch die abstrakte Arbeit neu geschaffen wurde.

Es ist nicht unwichtig, die klassenmäßige Ursache sowohl der sogenannten „faktorbezogenen“ Produktivität wie der sogenannten „Nettoproduktkonzeptionen“ der bürgerlichen Ökonomie zu begreifen, da ähnliche Auffassungen auch des öfteren von sozialistischen Ökonomen vertreten werden. So neigen manche sozialistischen Ökonomen nicht nur dazu, auch der vergegenständlichten Arbeit Produktivität zuzuerkennen, sondern schlagen auch vor, an Stelle der Bruttoproduktion bei der Messung der Arbeitsproduktivität von der Nettoproduktion auszugehen. Solche Vorstellungen und Vorschläge gehen zumeist von der richtigen Einsicht in die Notwendigkeit aus, die Messung der Arbeitsproduktivität mit einigen analytischen Faktoren zu verbinden, die ihre Entwicklung bestimmen und neben der Messung des Nutzeffektes der lebendigen Arbeit auch den Nutzeffekt der gesamten — lebendigen und vergegenständlichten — Arbeit zu messen. Die Notwendigkeit sowohl der Faktorenanalyse als auch der Messung des Nutzeffektes der gesamten Arbeit ist unbestreitbar und ergibt sich aus den Erfordernissen der sozialistischen Planung. Aber wir versperren uns den Weg zu einer richtigen und schnellen Lösung dieser Aufgaben, wenn wir sie mit Konzeptionen der bürgerlichen Ökonomie begründen. Wir müssen daher die auf dem Boden der politischen Ökonomie des Marxismus-Leninismus und der Arbeitswerttheorie stehende Produktivitätsmessung als Instrument der sozialistischen Planung scharf von den bürgerlich-apologetischen Konzeptionen abgrenzen. Wir müssen aber gleichzeitig energisch neue Wege zur Messung des Nutzeffekts der gesamten gesellschaftlichen Arbeit suchen.

Aus der Tatsache, daß die lebendige Arbeit in der Produktion immer nur kombiniert mit vergegenständlichter Arbeit auftritt, folgt somit, daß neben der Kennziffer für die Arbeitsproduktivität eine Kennziffer für den Wert bzw. für die Selbstkosten gebildet werden muß, und daß beide Kennziffern zusammen erst Aufschluß über den Nutzeffekt der gesamten Arbeit zu geben vermögen.

Der Nutzeffekt der gesellschaftlichen Arbeit, wenn wir den Einfluß der unproduktiven Arbeit völlig unberücksichtigt lassen, kommt somit doppelt zum Ausdruck: *einmal* als Menge — Q — der in einer bestimmten Zeit produzierten Gebrauchswerte und das *andere Mal* als Menge der — lebendigen — T_l — und vergegenständlichten — T_v — Arbeit je produziertem Gebrauchswert.

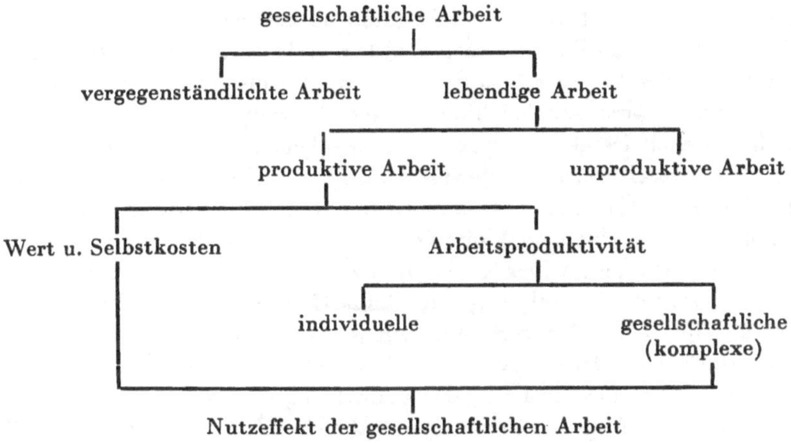

Daher ist der Nutzeffekt der lebendigen Arbeit, die Arbeitsproduktivität

$$Ap = \frac{Q}{T_l}$$

und der Nutzeffekt der gesamten — lebendigen und vergegenständlichten — Arbeit, der Wert je Produkt

$$w = \frac{T_l + T_v}{Q}.$$

In der Kennziffer w kommt — ich gehe noch näher darauf ein — sowohl die Produktivität der lebendigen Arbeit als auch die Ausnutzung der vergegenständlichten Arbeit — der Verbrauch an Arbeitsmitteln und Arbeitsgegenständen durch die lebendige Arbeit zum Ausdruck. Da wir nur die lebendige und nicht die vergegenständlichte gesellschaftliche Arbeit in ihrer Naturalform in Arbeitsstunden, erfassen können, kann die Kennziffer für die gesamte gesellschaftliche Arbeit keine Naturalkennziffer, sondern nur eine Wertkennziffer sein.

Die Quantifizierbarkeit des Werts spielt in der ökonomischen Literatur eine große Rolle.[13a] Genau genommen handelt es sich hierbei aber um ein *doppeltes Problem,*

[13a] Die Möglichkeit der direkten Ermittlung der Wert*größe* auf der Grundlage des gesellschaftlich notwendigen Arbeitsaufwandes wurde in der offiziellen Lehrmeinung der letzten Jahre praktisch verneint", schreibt I. Rudolph. Die Berechnung des ökonomischen Nutzeffektes und die Ermittlung des Arbeitsaufwandes" für die Produktion, in: „Wirtschaftswissenschaft" Jg. 1960, H. 4, S. 553.

nämlich *erstens* um die Frage, ob bereits unter den gegenwärtigen Bedingungen der sozialistischen Wirtschaft der Wert als solcher in seiner „Naturalform", ausgedrückt in Arbeitszeit, erfaßbar ist oder nur in seiner verwandelten Form, ausgedrückt in Geld; *zweitens* um die Frage, wie die Wertgröße, gleich ob ausgedrückt in Arbeitszeit oder in Geld, gemessen werden kann.

Was die *erste Frage* anbetrifft, so scheint es unbestreitbar zu sein, daß der Wert mindestens solange noch nicht in Arbeitszeit ausgedrückt erfaßbar ist, wie die verbrauchte vergegenständlichte Arbeit nicht in Arbeitsstunden, ausgedrückt werden kann. Was die *zweite Frage* betrifft, so ist die Größe des Wertes offenbar nur zu messen, wenn der gesellschaftlich notwendige Aufwand an lebendiger und vergegenständlichter Arbeit festgestellt werden kann, gleichgültig ob in Zeit oder in Geld. Auch hierbei handelt es sich wieder um zwei Fragen. Erstens ist die Festsetzung von Preisen, die planmäßig vom Wert abweichen, kein rechnerisches, sondern ein wirtschaftspolitisches Problem, das nur vermittels der Bilanzierung der ökonomischen Grundproportionen gelöst werden kann. Zweitens ist die Frage der Ermittlung des Wertes für konkrete Produkte ein durchaus lösbares rechnerisches Problem, und zwar auch dann, wenn der Wert noch nicht als solcher, sondern nur in Geld ausgedrückt erfaßbar ist. Jedoch ist diese rechnerische Ermittlung des Wertes konkreter Produkte, ganz zu schweigen von der Ermittlung des Wertes aller Produkte, eine sehr komplizierte Angelegenheit, die wahrscheinlich nur unter Zuhilfenahme modernster Rechenmaschinen bewältigt werden kann. Es versteht sich von selbst, daß die Festsetzung planmäßig vom Wert abweichender Preise nicht warten kann, bis die Größe des Wertes je Produkt exakt ermittelt worden ist, sondern sie muß weiterhin errechnet werden unter Anwendung der bisherigen Hilfsmittel, der Bilanzierungsmethoden. Es ist ferner selbstverständlich, daß die Festsetzung der Preise erleichtert und verbessert wird, wenn die Wertgröße je Produkt möglichst exakt ermittelt werden kann. Deshalb ist es notwendig, an der Lösung dieser Frage zu arbeiten. Das ist zweifellos eine komplizierte Problematik, die nicht nur verlangt, daß der Aufwand an lebendiger Arbeit exakt bemessen wird, diese Frage wird durch die Einführung der Zeitsummenmethode zur Messung der Arbeitsproduktivität im Prinzip gelöst, sondern daß auch der Aufwand an vergegenständlichter Arbeit zunächst als Kosten des Produktionsverbrauchs in Preisen erfaßt wird. Da die Preise aber vom Wert abweichen und die Abweichung des Preises vom Wert im konkreten Fall nicht bekannt ist, sind die Kosten des Produktionsverbrauches immer nur ein angenäherter Ausdruck des wahren Aufwandes an vergegenständlichter Arbeit. Wenn sich auch die planmäßige Festsetzung der Preise verbessert, wird angestrebt werden müssen, nicht nur die lebendige sondern auch die vergegenständlichte

Rudolph stellt die Frage: „Kann man aber die allgemein anerkannte These, daß im Sozialismus die Preise der Waren planmäßig abweichend von ihrem Wert festgesetzt würden, verwirklichen, ohne die Wertgröße der Produkte genau zu kennen?", Ebenda S. 554.
Im selben Heft schreibt W. Nemtschinow, daß die lange Zeit unter den sowjetischen Wirtschaftswissenschaftlern verbreitet gewesene Ansicht von der „Unerkennbarkeit des Wertes . . . überwunden" sei. A. a. O., S. 570.

Arbeit in Arbeitszeit zu erfassen. Das erfordert, daß das Rechnungswesen der sozialistischen Betriebe zu einer Geld-, Zeit- und Mengenrechnung wird.

Es ist, um zusammenzufassen, unter den gegenwärtigen Bedingungen der sozialistischen Wirtschaft noch nicht möglich, den Wert je Produkt vollständig in seiner Normalform zu erfassen, aber es muß unabhängig davon schon jetzt versucht werden, die Wertgröße exakt zu messen. Wir müssen — mit anderen Worten — die Messung der Arbeitsproduktivität als Nutzeffekt der lebendigen Arbeit ergänzen durch die Messung des Nutzeffektes der vergegenständlichten Arbeit, um zu einer Messung des Wertes als Nutzeffekt der gesamten gesellschaftlichen Arbeit zu gelangen. Damit erhalten wir für die Messung des Nutzeffektes der gesellschaftlichen Arbeit ein System von Kennziffern, in dem die Arbeitsproduktivität nur eine, aber grundlegende Kennziffer ist.

Man kann auch eine Kennziffer bilden, die die Menge der Gebrauchswerte zum Ausdruck bringt, die je Einheit gesellschaftlicher — lebendiger und vergegenständlichter — Arbeit produziert werden:

$$e = \frac{Q}{T_l + T_v}.$$

Diese Kennziffer ist natürlich keine Kennziffer der „Produktivität" der gesellschaftlichen Arbeit, weil die vergegenständlichte Arbeit keine produktive Arbeit ist. Sie ist nur der reziproke Ausdruck der echten Kennziffer des Nutzeffektes der gesamten gesellschaftlichen Arbeit, die als Wert je Produkt den durch den Stand der Arbeitsproduktivität bedingten Aufwand an lebendiger Arbeit je Produkt, und den durch diese — produktive — Arbeit bedingten Aufwand an vergegenständlichter Arbeit je Produkt, zum Ausdruck bringt. Ihr reziproker Wert erweckt den Anschein, als ob lebendige und vergegenständlichte Arbeit den gleichen — produktiven — Charakter haben.

Beispiel

Bezeichnung	Basisperiode	Berichtsperiode
Q	150	300
T_l	75	75
T_v	75	125
T	150	200
Formel	*Werte*	*Ergebnis*
$Ap = \frac{Q}{T_l}$	$\frac{150}{75}$ bzw. $\frac{300}{75}$	2 bzw. 4
$w = \frac{T_l + T_v}{Q}$	$\frac{150}{150}$ bzw. $\frac{200}{300}$	1 bzw. 0,66
$l = \frac{Q}{T_l + T_v}$	$\frac{150}{150}$ bzw. $\frac{300}{200}$	1 bzw. 1,5

Während die Arbeitsproduktivität von der Basis zur Berichtsperiode von 2 auf 4 anstieg, sank die je Produkt insgesamt vergegenständlichte Arbeit, der Wert je Produkt, von 1 auf 0,66. Die Kennziffer w ist ein Ausdruck für den Nutzeffekt der gesamten gesellschaftlichen Arbeit, wenn wir von der Qualität der erzeugten Produkte und von der bedarfsgerechten Struktur der Produkte zunächst ebenso absehen, wie vom Nutzen der unproduktiven Arbeit, der sich nicht in einem materiellen Produkt vergegenständlicht. Da der Wert unter den Bedingungen der — wenn auch sozialistischen — Warenproduktion nicht in der Naturalform der Arbeit, in Arbeitsstunden erfaßt werden kann, ist es notwendig, die Kennziffer w in eine andere Form zu kleiden. Das ist möglich, soweit es sich nicht um ihre absolute Größe, sondern nur um ihre Entwicklung handelt. Wir haben

(1)
$$Ap' = \frac{Q_n}{Q_o} : \frac{Tl_n}{Tl_o} = \frac{Q_n}{Tl_n} : \frac{Q_o}{Tl_o} = \frac{Q'}{Tl'}$$

als Indexziffer der Arbeitsproduktivität und

(2)
$$w' = \frac{T_n}{T_o} : \frac{Q_n}{Q_o} = \left(a\,\frac{Tl_n}{Tl_o} + b\,\frac{Tv_n}{Tv_o}\right) : \frac{Q_n}{Q_o} = \frac{a\,Tl' + b\,Tv'}{Q}$$

als Indexziffer des Wertes je Produkt. Als Indexziffer für die Quasi-Kennziffer des Nutzeffektes der gesamten gesellschaftlichen Arbeit haben wir

(3)
$$e' = \frac{Q_n}{Q_o} : \frac{T_n}{T_o} = \frac{Q_n}{Q_o} : \left(a\,\frac{Tl_n}{Tl_o} + b\,\frac{Tv_n}{Tv_o}\right) = \frac{Q'}{a\,Tl' + b\,Tv'}$$

(a und b = Anteil von Tl und Tv an T in der Basisperiode)

Es versteht sich von selbst, daß e' und w' umgekehrt proportional zueinander sind, d. h.

$$e' = \frac{1}{w'}$$

und

$$w' = \frac{1}{e'}$$

während der reziproke Wert des Index der Arbeitsproduktivität kleiner ist als der Index des Wertes je Produkt, d. h.

$$\frac{1}{Ap'} < w'\,.$$

Beispiel

Formel	Werte	Ergebnis
$\frac{Q'}{Tl'}$	$\frac{4}{2}$	2,0
$\frac{a\,Tl' + b\,Tv'}{Q}$	$\frac{0{,}5 \cdot 1 + 0{,}5 \cdot 1{,}66}{2}$	0,66
$\frac{Q}{a\,Tl' + Tv'}$	$\frac{2}{0{,}5 \cdot 1 + 0{,}5 \cdot 1{,}66}$	1,5

Während die Arbeitsproduktivität also um 100% anstieg, sank der Wert als die je Produkt insgesamt verbrauchte gesellschaftliche Arbeit nur um 34%. Der Wert je Punkt sinkt mit Steigen der Arbeitsproduktivität aber nicht direkt umgekehrt proportional, sondern langsamer. Wir können auch sagen, daß bei Verdoppelung der Arbeitsproduktivität als Nutzeffekt der produktiven – und daher nur der lebendigen – Arbeit der Nutzeffekt der gesamten gesellschaftlichen Arbeit sich nur um $\frac{l}{w'} = \frac{1}{0{,}66} = 50\%$ erhöhte. Man kann den Nutzeffekt der lebendigen Arbeit nicht mit dem Nutzeffekt der gesamten gesellschaftlichen Arbeit $= \frac{1}{w'} = Q'$ identifizieren, ohne den Unterschied in der ökonomischen Funktion der lebendigen und der vergegenständlichten Arbeit zu verwischen und damit – ob gewollt oder ungewollt – eine bürgerlich-ökonomische Position der „Kapitalproduktivität" zu beziehen. Selbst wenn an die Stelle der Wertrechnung der Warenproduktion die Naturalrechnung der vollendeten kommunistischen Gesellschaft getreten sein wird, müßte man neben dem Nutzeffekt der lebendigen Arbeit, als der produktiven Arbeit in der materiellen Produktion, den Nutzeffekt der gesamten gesellschaftlichen Arbeit als die je Produkt verbrauchte Menge an lebendiger und vergegenständlichter Arbeit erfassen.

Da die verbrauchte vergegenständlichte Arbeit nicht in Arbeitsstunden erfaßbar ist, muß man versuchen, einen Ausdruck für die Entwicklung des Wertes je Produkt zu finden, der neben der Entwicklung des Aufwandes an lebendiger Arbeit die Entwicklung des Produktionsverbrauchs zum Ausdruck bringt. Einen solchen Ausdruck erhalten wir, wenn wir das Verhältnis der verbrauchten vergegenständlichten Arbeit als Produktionsverbrauch ausgedrückt in Preisen – *Pm* – zur Menge der produzierten Gebrauchswerte *Q* berechnen. Wir erhalten dann den Produktionskoeffizienten.

$$P = \frac{Q}{Pm}.$$

Dann ist

$$P' = \frac{Q_n}{Q_o} : \frac{Tv_n}{Tv_o} = \frac{Q'}{Tv'}.$$

Daraus – und aus (2) und (3) – ergibt sich (*a* und *b* = Anteil der lebendigen bzw. der vergegenständlichten Arbeit in der Basisperiode).

(4)
$$w' = \left(a\,\frac{Tl_n}{Tl_o} + b\,\frac{Pm_n}{Pm_o}\right) : \frac{Q_n}{Q_o} = \frac{a}{Ap'} + \frac{b}{P'}$$

(5)
$$e' = \frac{Q_n}{Q_o} : \left(a\,\frac{Tl_n}{Tl_o} + b\,\frac{Pn_n}{Pv_o}\right) = \frac{1}{\frac{a}{Ap'} + \frac{b}{P'}}.$$

Der Ausdruck (4) ist ein Index der Entwicklung des Wertes je Produkt und zeigt, daß die Entwicklung des Nutzeffektes der gesellschaftlichen Arbeit außer von der Entwicklung der Arbeitsproduktivität, d. h. der Entwicklung des Aufwandes an lebendiger Arbeit je Produkt von der Entwicklung des Produktionsverbrauchs, d. h. der Entwicklung des Aufwandes an vergegenständlichter Arbeit je Produkt abhängt.

Da der Wert zwar meßbar ist, aber nicht als solcher, sondern nur in Preisen ausgedrückt, die mehr oder minder erheblich vom Wert abweichen, müssen wir bei der Messung des Nutzeffektes der gesellschaftlichen Arbeit mit den Selbstkosten an Stelle des Wertes rechnen. Die Selbstkosten sind nicht nur – quantitativ – der Hauptbestandteil des Wertes, sondern man kann auch, wie ich an anderer Stelle nachgewiesen habe, aus der Entwicklung der Selbstkosten bzw. ihres Bestandteiles, der Lohnkosten, auf die Entwicklung des Reineinkommens und damit des Wertes schließen.[14] Dazu kommt, daß der Produktionsverbrauch als verbrauchte vergegen-

[14] Behrens, F,. Der Doppelcharakter der Arbeit und die Steigerung der Arbeitsproduktivität, in „Wirtschaftswissenschaft", Jg. 7, H. 8, S. 1195ff.

ständlichte Arbeit nicht in Arbeitsstunden ausgedrückt, sondern ebenfalls nur in Preisen, d. h. als Kosten erfaßt werden kann. Wir können daher an Stelle von Ap' und P' in Ausdruck (6) die Indizes für die Lohnkosten und für die Kosten des Produktionsverbrauchs L' und Pm' einsetzen, so daß wir an Stelle eines Index der Entwicklung des Wertes je Produkt einen Index der Kostenentwicklung erhalten:

$$sk' = \left(a\frac{L_n}{L_0} + b\frac{Pm_n}{Pm_0}\right) : \frac{Q_n}{Q_0}$$
$$= \frac{a}{L'} + \frac{b}{Pm'}.$$

Der Index sk' unterscheidet sich vom Index w' durch die unterschiedliche Entwicklung des Reineinkommens, das vor allem — aber nicht nur — durch die Entwicklung des Durchschnittslohnes bestimmt wird.

Ich werde jedoch später einen anderen Index der Selbstkosten vorschlagen, der mit dem Index der Arbeitsproduktivität nach der sogenannten Zeitsummenformel vergleichbar ist. Jedoch ist es notwendig, an dieser Stelle ausdrücklich hervorzuheben, daß natürlich nicht von einer Gleichsetzung der Kennziffern des Wertes und der Selbstkosten die Rede sein kann. Zunächst leidet der zur Zeit bei uns mögliche Index der Selbstkosten unter folgendem Mangel. In ihm sind entweder die verbrauchten Produktionsmittel mit unveränderten Preisen bewertet — oder die Kosten in laufenden Preisen ausgedrückt. Das trifft natürlich auch auf den Index der Wertentwicklung nach der Formel (4) zu. Mir scheint jedoch, daß es Möglichkeiten gibt, entweder den Einfluß der von ihrem Wert abweichenden Preise der verbrauchten Produktionsmittel oder den Einfluß des mit unveränderten Preisen bewerteten Produktionsverbrauch sowohl auf den Index der Wertentwicklung als auch auf den Index der Selbstkostenentwicklung auszuschalten oder doch zumindest abzuschwächen. Aber auch solange das nicht möglich ist, erfordert die in allen prinzipiellen Dokumenten von Partei und Regierung festgelegte Aufgabenstellung: maximale Steigerung der Arbeitsproduktivität bei minimalen Selbstkosten der Produktion, die Berechnung eines mit dem Index der Arbeitsproduktivität vergleichbaren Index der Selbstkosten. Wenn es in der Rede Walter Ulbrichts zur Begründung des „Siebenjahrplanes des Friedens, des Wohlstandes und des Glückes des Volkes" vor der Volkskammer am 30. 9. 1959 heißt: „Daraus ergibt sich die Hauptaufgabe, durch schnelle Erreichung des wissenschaftlich-technischen Höchststandes die Arbeitsproduktivität und die Produktion in allen Zweigen der Volkswirtschaft bei ständiger Senkung der Kosten maximal zu erhöhen"[15], und wenn es im Gesetz über den „Siebenjahrplan der Entwicklung der Deutschen Demokratischen Republik in den Jahren 1959 bis 1965" heißt: „Die Arbeitsproduktivität in der volkseigenen Industrie ist jährlich im Durchschnitt um mindestens 9,0 bis 9.5 Prozent zu steigern. Die Selbstkosten der Produktion in der volkseigenen Industrie

[15] Ulbricht, W., Der Siebenjahrplan des Friedens, des Wohlstandes und des Glückes des Volkes, in: „Neues Deutschland", Sonderbeilage vom 1. 10. 1959, S. 7.

sind im Zeitraum des Siebenjahrplans um rd. 20 Prozent zu senken“ [16], so kommt darin der ökonomische Zusammenhang der Steigerung der Arbeitsproduktivität und der Senkung der Selbstkosten zum Ausdruck, dem im volkswirtschaftlichen Kennziffernsystem Rechnung getragen werden muß. Da die Steigerung der Arbeitsproduktivität die Hauptquelle für die Senkung der Selbstkosten ist, muß die Entwicklung beider Kennziffern nicht nur in ihrem Zusammenhang analysiert, sondern auch geplant werden.

Die Messung des Nutzeffektes der gesellschaftlichen Arbeit erstreckt sich somit sowohl auf die Messung der Arbeitsproduktivität als auch auf die Messung der Selbstkosten an Stelle des Wertes. Wenn die Steigerung der Arbeitsproduktivität die Hauptquelle für die Senkung der Selbstkosten ist, muß sich die Planung der Entwicklung des Nutzeffektes der gesellschaftlichen Arbeit ebenfalls sowohl auf die Planung der Entwicklung der Arbeitsproduktivität als auch auf die Planung der Entwicklung der Selbstkosten und auf die Festlegung der Wechselbeziehungen zwischen dem Steigerungstempo der Arbeitsproduktivität und dem Tempo der Senkung der Selbstkosten erstrecken. Dazu gehört insbesondere auch die Planung des Verhältnisses der Entwicklung der Arbeitsproduktivität und der Entwicklung des Durchschnittslohnes, die jedoch im folgenden nicht behandelt wird.

Wenn — wie in der Praxis der sozialistischen Länder üblich und meiner Ansicht nach auch theoretisch richtig — unter Arbeitsproduktivität nur der Nutzeffekt der lebendigen Arbeit verstanden wird, brauchen wir, um bei der Analyse und Planung des Nutzeffektes der gesamten Arbeit auch die verbrauchte vergegenständlichte Arbeit zu berücksichtigen, nicht eine, sondern mehrere, untereinander zusammenhängende und einander ergänzende Kennziffern, ein Kennziffernsystem Jeder ökonomisch begründeten Fragestellung ist eine ganz bestimmte statistische Meßmethode zugeordnet und jede Änderung der Meßmethode schließt auch eine veränderte Fragestellung ein. Jede Kennziffer für sich gibt eine einseitige, nicht vollständige Information und genügt daher weder für die Analyse noch für die Planung des Nutzeffektes der gesellschaftlichen Arbeit Die Kennziffer der Arbeitsproduktivität ist ein synthetischer Ausdruck der Faktoren, die den Nutzeffekt der lebendigen Arbeit bestimmen, und es ist die wichtigste Aufgabe der Messung der Arbeitsproduktivität, die einzelnen produktivitätswirksamen Faktoren aufzuzeigen. Ebenso wichtig aber ist auch die Analyse der Entwicklung der Selbstkosten, die in der Hauptsache von der Entwicklung der Arbeitsproduktivität abhängt. Die Planung des Nutzeffektes der gesellschaftlichen Arbeit erfordert:

1. die *Festlegung des Tempos* der Steigerung der Arbeitsproduktivität und der Senkung der Selbstkosten und ihres zu erreichenden Niveaus in der Planperiode und
2. die *Analyse der Faktoren*, die die Steigerung der Arbeitsproduktivität und die Senkung der Selbstkosten gewährleisten.

Mit dem zuletzt genannten Komplex beschäftigt sich die folgende Abhandlung.

[16] Gesetz über den Siebenjahrplan zur Entwicklung der Volkswirtschaft der Deutschen Demokratischen Republik in den Jahren 1959 bis 1965, Beilage zur „Tribüne“ Nr. 229 vom 3. 10. 1959, S. 3.

Zur Methodik der Faktorenanalyse

Die vorliegende Abhandlung ist ein Versuch, bisherige Erkenntnisse und Erfahrungen der Faktorenanalyse zu systematisieren, ohne auf Einzelheiten einzugehen, die sich teils aus der Methodik, teils auch aus Besonderheiten einzelner Zweige und Betriebe der sozialistischen Wirtschaft ergeben. Die Untersuchungen stützen sich auf Diskussionen und Arbeiten eines Arbeitskreises für Fragen der Arbeitsproduktivität bei der Deutschen Akademie der Wissenschaften zu Berlin und einer auf Initiative der Staatlichen Plankommission der Deutschen Demokratischen Republik gebildeten Arbeits- und Forschungsgemeinschaft. Es geht im folgenden aber nicht um die Darstellung der Erfahrungen bei der Faktorenanalyse in der Deutschen Demokratischen Republik, die naturgemäß in starkem Maße von Besonderheiten der Struktur der Produktion und der Produktionsprogramme sowie vom Stand des betrieblichen Rechnungswesens und der Statistik sowie von der sozialpolitischen Gesetzgebung u. ä. abhängig ist, sondern um die Darlegung der prinzipiellen Gesichtspunkte [17].

Wenn die Steigerung der Arbeitsproduktivität die Hauptquelle für die Senkung der Selbstkosten ist, dann folgt daraus, daß die Faktoren, die zu einer Steigerung der Arbeitsproduktivität führen, auch eine Senkung der Selbstkosten bewirken müssen. Die Umkehrung gilt nicht immer, denn es gibt Faktoren, die zu einer Senkung der Selbstkosten führen, ohne daß dadurch die Arbeitsproduktivität gesteigert wird, wie es z. B. häufig bei Einsparungen von Materialien oder Hilfs- und Betriebsstoffen der Fall ist.[18]

Wenn es also möglich ist, die Faktoren, die zu einer Steigerung der Arbeitsproduktivität führen, zu quantifizieren, dann ist das auch für die Faktoren möglich, die eine Senkung der Selbstkosten bewirken. Unser Problem ist also ein doppeltes:

1. sind die Faktoren, die eine Steigerung der Arbeitsproduktivität und Senkung der Selbstkosten bewirken zu isolieren,
2. muß die Wirkung dieser Faktoren quantifiziert werden, und zwar sowohl für die Einsparung an lebendiger Arbeit als auch für die Einsparung an Selbstkosten.

Voraussetzung für die Isolierung und Quantifizierung der Faktoren der Steigerung der Arbeitsproduktivität und der Senkung der Selbstkosten sind Kenn-

[17] Vgl. hierzu folgende Arbeiten:

a) Kutta, Qualifikation der Reserven zur Steigerung der Arbeitsproduktivität, in: „Podnikova Organisace“, Jg. 1957, H. 5, S. 130ff.

b) Orloffski, Organisation der wissenschaftlichen Arbeit zum Studium der Reserven zur Steigerung der Arbeitsproduktivität, in: „Wirtschaftswissenschaftliches Informationsbulletin ‚Arbeit und Lohn‘“, Jg. 1959, H. 1, S. 16ff.

c) Djemtschenko, Die Anwendung der Kennziffern des Arbeitsaufwandes für die Planung der Arbeitsproduktivität, Referat auf der wissenschaftlichen Konferenz über Produktivität 1959 (Manuskript).

[18] Aus diesem Umstand leitet G. Richter u. a. seine These ab, daß die Einsparung vergegenständlichter Arbeit immer in die Messung der Arbeitsproduktivität einbezogen werden muß.

ziffern, die hinsichtlich ihrer Struktur gleich sind. Das ist eine in der Theorie der Indexziffern und auch in der Praxis prinzipiell gelöste Aufgabe.

Wir gehen zweckmäßigerweise von der allgemeinen Kennziffer der Arbeitsproduktivität aus:

$$Ap = \frac{Q}{T}.$$

(Wir verstehen im folgenden unter T nur den Aufwand an lebendiger Arbeit.)

$$Ap' = \frac{Q_n}{Q_o} : \frac{T_n}{T_o}$$

$$= \frac{Q'}{T'}$$

Da die Menge der produzierten Gebrauchswerte nicht addierbar ist, machen wir sie durch Multiplikation mit dem Aufwand an lebendiger Arbeit je produzierte Einheit vergleichbar

$$Q_n = \Sigma\, q_n\, t_n.$$

Wir haben dann

(7)
$$Ap' = \frac{Q'}{T'}$$

$$= \frac{\Sigma\, q_n\, t_o}{\Sigma\, q_o\, t_o} : \frac{T_n}{T_o}$$

$$= \frac{\Sigma\, q_n\, t_o}{\Sigma\, q_n\, t_n}.$$

Der reziproke Wert des Index der Arbeitsproduktivität ergibt den Index des Aufwandes an lebendiger Arbeit:

(8)
$$Aw' = \frac{1}{\dfrac{\Sigma\, q_n\, t_o}{\Sigma\, q_n\, t_n}} = \frac{\Sigma\, q_n\, t_n}{\Sigma\, q_n\, t_o}.$$

Die Hauptquelle der Senkung der Selbstkosten ist die Steigerung der Arbeitsproduktivität. Wir gehen daher bei der Analyse der Faktoren, die die Senkung der Selbstkosten gewährleisten, von den mit dem Index der Arbeitsproduktivität nach der Zeitsummenmethode vergleichbaren Index der Selbstkosten aus.

$$sk' = \frac{\Sigma\, q_n\, sk_n}{\Sigma\, q_n\, sk_o}.$$

Dieser Index, der anzeigt, wie sich die Selbstkosten je Produktionseinheit der Berichtsperiode und zum Produktionssortiment der Berichtsperiode im Vergleich zur Basisperiode verändert haben, kann in Teilindizes für bestimmte Kostengruppen aufgespalten werden. Die für unsere Gesichtspunkte interessanten Kostengruppen sind

1. die Lohnkosten — *Lk* — als die Kosten für die lebendige Arbeit und
2. die Kosten des Produktionsverbrauches — *Pm* — als die Kosten für die vergegenständlichte Arbeit.

Wenn wir die Lohnkosten je Produktionseinheit mit *lk* und die Kosten für den Produktionsverbrauch je Einheit mit *pm* bezeichnen, haben wir

(9)
$$sk' = \frac{\Sigma q_n sk_n}{\Sigma q_n sk_o} = a \frac{\Sigma q_n lk_n}{\Sigma q_n lk_o} + b \frac{\Sigma q_n pm_n}{\Sigma q_n pm_o} = a\, lk' + b\, pm'$$

(a und b = Anteil in der Basisperiode)

Es ist zunächst für die prinzipielle Betrachtung nicht notwendig, für die nicht direkt zurechenbaren Kosten eine Gruppe der Gemeinkosten zu bilden Die Zurechnung der indirekten Kosten auf die einzelnen Erzeugnisse ist ein technisch-organisatorisches Problem, das sowohl für die lebendige Arbeit — Hilfsarbeiten — als auch für die vergegenständlichte Arbeit gilt. Da es uns im gegenwärtigen Zusammenhang nur um die systematische Darstellung der Faktorenanalyse geht, können wir von den hieraus sich ergebenden Fragen des betrieblichen Rechnungswesens absehen!

Für den nach (9) berechneten Index der Selbstkosten läßt sich eine sehr brauchbare Annäherungsformel verwenden, die es ermöglicht, die Selbstkosten je Produktionseinheit auf der Grundlage der Produktionsstruktur der Berichtsperiode zu berechnen, indem von den gesamten Selbstkosten ausgegangen wird.

(9a)
$$\frac{\Sigma q_n sk_n}{\Sigma q_n sk_o} = \frac{Sk_n\, T_o}{Sk_o\, \Sigma q_n t_o}.$$

Ausdruck (9a) ergibt sich, wenn man davon ausgeht, daß

$$\frac{Sk_n}{Sk_o} = \frac{\Sigma q_n sk_n}{\Sigma q_o sk_o}$$

ist, und daß

$$\frac{\Sigma q_n sk_n}{\Sigma q_o sk_o} = \frac{\Sigma q_n sk_n}{\Sigma q_n sk_o} \cdot \frac{\Sigma q_n sk_o}{\Sigma q_o sk_o}.$$

Daraus folgt:

$$\frac{\Sigma q_n sk_n}{\Sigma q_n sk_o} = \frac{\Sigma q_n sk_n}{\Sigma q_o sk_o} : \frac{\Sigma q_n sk_o}{\Sigma q_o sk_o}.$$

Wir können aber statt des Index der Bruttoproduktion mit den Selbstkosten je Produkt der Basisperiode den Index der Bruttoproduktion mit dem Arbeitsaufwand je Produkt der Basisperiode einsetzen und erhalten dann

$$\frac{\Sigma q_n sk_n}{\Sigma q_n sk_o} = \frac{Sk_n \, Tl_o}{Sk_o \, \Sigma q_n t_o}$$

im Ausdruck (10) ist der Index der Arbeitsproduktivität enthalten

$$\frac{\dfrac{\dfrac{Sk_n}{Sk_o} : \dfrac{Tl_n}{Tl_o}}{\Sigma q_n t_o}}{\Sigma q_n t_n} = \frac{Sk_n \, Tl_o}{Sk_o \, \Sigma q_n t} \, . \tag{10}$$

Die angegebene Annäherungsmethode führt jedoch nur dann zu Ergebnissen mit ausreichender Genauigkeit, wenn das Verhältnis zwischen Lohn- und Zeitaufwand für die verschiedenen Erzeugniseinheiten etwa gleich bleibt. Wenn das nicht der Fall ist, muß – wenn man nach der exakten Methode nicht vorgehen kann – der Index der Bruttoproduktion entweder mit den tatsächlichen oder den kalkulierten Lohnkosten berechnet werden. Da hierüber in der Literatur entsprechende Untersuchungen vorliegen, soll nicht weiter darauf eingegangen werden[19].

Beispiel

Bezeichnung	Basisperiode				Berichtsperiode			
	A	*B*	*C*	*Σ*	*A*	*B*	*C*	*Σ*
Q	150	20	5	175	250	40	10	300
T	90	5	5	100	100	6	9	115
$t = \frac{T}{Q}$	0,6	0,25	1,0	0,57	0,4	0,15	0,9	0,38
L	280	18	27	320	400	25	35	460
$lk = \frac{L}{Q}$	—	—	—	1,8	—	—	—	1,53
Pm	150	20	5	175	250	60	30	340
$Pm = \frac{Pm}{Q}$	—	—	—	1	—	—	—	1,13
Sk	430	38	32	500	650	85	65	800
$sk = \frac{Sk}{Q}$	—	—	—	2,86	—	—	—	2,66

[19] Vgl. hierzu in „Sozialistische Planwirtschaft", H. 1/1961, Benary-Förster und Behrens-Franke.

Grundsätzlich ist hierzu noch zu bemerken: Im Unterschied zur formalen Indextheorie muß als Prinzip einer ökonomisch begründeten Indextheorie die Forderung erhoben werden, daß jedes Gewichtssystem nach zwei Merkmalen ausgewählt werden muß:

$$Ap' = \frac{\Sigma q_n t_o}{\Sigma q_n t_n} = \frac{170}{115} = 1{,}48$$

$$Sk' = \frac{Sk_n T_o}{Sk_o \Sigma q_o t_o} = \frac{800 \cdot 100}{500 \cdot 170} = 0{,}94$$

$$sk' = a \frac{L_n T_o}{L_o \Sigma p_n t_o} + b \frac{Pm_n T}{Pm_o \Sigma q_n t_o} = 0{,}64.\ 0{,}84 + \varnothing, 36.\ 1{,}14 = 0{,}94$$

Aus dem Rechnungswesen stehen zur Verfügung:

	Basisperiode	Berichtsperiode
Q	175	300
T	100	115
Pm	175	340
L	320	460
Sk	500	800

Berechnet werden müssen:

$a = \frac{Pm}{Sk_o}$	0,36	–
$b = \frac{L_o}{Sk_o}$	0,64	–
$q_n t_o$	–	170

Der Index des Arbeitsaufwandes sinkt schneller als der Index des Wertes und der Index der Selbstkosten, d. h.

$$\frac{1}{Ap'} = Aw' < w' < sk'\,.$$

Die Ursache dafür, daß der Index des Aufwandes an lebendiger Arbeit in der Regel schneller sinkt als der Index der Selbstkosten, liegt auf der Hand. Der Wert des Produktes entsteht durch die Verausgabung der lebendigen Arbeit, indem der Wert der verbrauchten vergegenständlichten Arbeit übertragen und der Neuwert gebildet wird. Die Selbstkosten sind aber nur ein Teil des Wertes des neuen Produkts, und zwar sind die Selbstkosten gleich dem Wert der übertragenen vergegenständlichten Arbeit und dem Teil des Wertprodukts, den die Werktätigen direkt als Lohn für die von ihnen geleistete Arbeit – als Anteil am Konsumtionsfonds – erhalten. Da der Anteil des Werts der verbrauchten vergegenständlichten Arbeit am Wert des

1. es muß von formal gleicher Struktur sein und
2. es muß der ökonomischen Fragestellung entsprechen.

Das erste Merkmal ist als mathematisch-statistisches Merkmal zwar ein notwendiges, aber kein hinreichendes Merkmal. Es muß daher durch das zweite ergänzt werden. Das ökonomisch begründete Gewichtssystem enthält eine der Fragestellung entsprechende Aussage über die Wirtschaftsstruktur.

Produkts, also auch an seinen Selbstkosten, relativ zunimmt, und mit steigenden Durchschnittslöhnen auch der Anteil des Lohnes, folgt, daß die in den Selbstkosten zum Ausdruck kommende verbrauchte und neu vergegenständlichte Arbeit langsamer sinken muß als der Aufwand an lebendiger Arbeit. Natürlich ist das nur die Regel, die sich daraus ergibt, daß der technische Fortschritt der Hauptfaktor der Steigerung der Arbeitsproduktivität ist. Die Regel wird durchbrochen, wenn vergegenständlichte Arbeit durch Maßnahmen eingespart wird, die zu einer Steigerung der Arbeitsproduktivität ohne Investitionen führt.[20] Auf jeden Fall zeigt — und darauf kommt es an — der Vergleich der beiden Indices für den Aufwand an lebendiger Arbeit und für die Selbstkosten, wie die Erhöhung des Nutzeffektes der lebendigen Arbeit sich auswirkt, ob sie nicht etwa durch eine stärkere Zunahme des Verbrauches an vergegenständlichter Arbeit wieder wettgemacht oder ob die Einsparung an lebendiger Arbeit nicht durch Erhöhung anderer Kosten kompensiert wurde. Bleibt die Senkung der Selbstkosten, wie sie im Plan auf Grund der geplanten und realisierten Steigerung der Arbeitsproduktivität festgelegt wurde, zurück, so müssen die Ursachen hierfür aufgedeckt werden.

Die Planung der Faktoren, die die Steigerung der Arbeitsproduktivität und die Senkung der Selbstkosten gewährleisten, muß so durchgeführt werden, daß sie

1. auf der Planung im einzelnen Betrieb beruhend für die Zweige und für die ganze Volkswirtschaft zusammengefaßt werden kann und
2. innerhalb der einzelnen Zweige und Betriebe die Besonderheiten berücksichtigt, die sich aus dem Produktionsprogramm und der Struktur der Produktion — Einzelproduktion, Serien- oder Massenfertigung — ergeben.

Die Planung der Faktoren der Arbeitsproduktivität und der Selbstkosten muß sich daher auf Kennziffern ertsrecken, die die Steigerung der Arbeitsproduktivität bzw. die Senkung der Selbstkosten zum Ausdruck bringen für

1. Fertigungsstufen
2. Einzel- bzw. Gruppenteile
3. Maschinen und Aggregate
4. fertige Erzeugnisse
5. Waren- bzw. Bruttoproduktion,

und zwar jeweils für

1. Produktionsgrundarbeiter
2. Produktionsarbeiter
3. industrielles Personal.

[20] Vgl. hierzu Behrens, F., Der Nutzeffekt der gesellschaftlichen Arbeit und der Struktureffekt bei der Messung der Arbeitsproduktivität. Ein Versuch, die unterschiedliche Wirkung der Steigerung der Arbeitsproduktivität *mit* Investitionen und der Steigerung der Arbeitsproduktivität *ohne* Investitionen, auszuarbeiten. Sitzungsberichte der Deutschen Akademie der Wissenschaften zu Berlin, Klasse für Philosophie, Geschichte, Staats-, Rechts- und Wirtschaftswissenschaften, Jahrgang 1961, Nr. 2, Akademie-Verlag, Berlin 1961.

Wir werden uns in dieser Arbeit auf die Methoden beschränken, die die Planung der Faktoren der Steigerung der Arbeitsproduktivität und der Senkung der Selbstkosten im einzelnen Betrieb gewährleisten, wobei wir weder auf die Besonderheiten eingehen, die sich aus Produktionsprogramm und Produktionsstruktur ergeben, noch die Kennziffern nach Fertigungsstufen usw. unterteilen, d. h. wir untersuchen Kennziffern, die ein oder mehrere Erzeugnisse umfassen und die nach den drei erwähnten Beschäftigungsgruppen unterteilt sind. Eine solche Beschränkung ist notwendig, weil es zunächst um die Herausarbeitung der allgemeinen Problematik der Analyse der Wachstumsfaktoren geht und darum, gangbare Wege zu ihrer Lösung aufzuzeigen. Dabei ist es weiter zweckmäßig, sich zunächst auf solche Faktoren zu beschränken, die einerseits für die Steigerung der Arbeitsproduktivität und die Senkung der Selbstkosten entscheidend, die aber andererseits quantifizierbar sind. Da es sich bei der Faktorenanalyse um eine sehr komplexe Problematik handelt, ist es zweckmäßig, nebensächliche Faktoren, d. h. solche, die nicht für alle Zweige und Betriebe von Bedeutung sind, wie z. B. Besonderheiten der natürlichen Fruchtbarkeit oder der Lage, zunächst unberücksichtigt zu lassen und eine Methodik auszuarbeiten, die auf einen beliebigen Betrieb angewendet werden kann. Daraus folgt, daß die Methode hinsichtlich der Besonderheiten eines Zweiges oder Betriebes erweitert und die quantitative Analyse durch eine qualitative Analyse ergänzt werden muß. Eine Ergänzung der quantitativen durch die qualitative Analyse ist auch — wie sich zeigen wird — deshalb erforderlich, weil die Wirkung verschiedener Faktoren auf Arbeitsproduktivität und Selbstkosten nicht oder nur schwer voneinander isoliert werden kann. Weiter ist es zweckmäßig, innerhalb der quantifizierbaren Faktoren nach solchen zu unterscheiden, deren Wirksamkeit sich auf eine begrenzte Zeitperiode erstreckt und anderen, die dauernd wirken. So sind Veränderungen in der Spezialisierung und Kooperation einmalig und kurzfristig wirkende Faktoren, die sich ebenso wie die Beseitigung bestimmter Arbeitszeitverluste in der Produktion, zwar wiederholen können, sich aber von solchen Faktoren unterscheiden, die, wie der technische Fortschritt und die bessere Ausnutzung der lebendigen und der vergegenständlichten Arbeit, langfristig und ständig wirkende Faktoren sind. Unsere Analyse muß vorwiegend auf die zweite, ständig wirkende Faktorengruppe gerichtet sein.

Die beiden Grundfaktoren

Das Hauptproblem der Faktorenanalyse ist, die Faktoren, die die Entwicklung von Arbeitsproduktivität und Selbstkosten ständig beeinflussen, zu ermitteln, und ihre Wirkung in möglichst voneinander isolierten Kennziffern zum Ausdruck zu bringen.

Wir können die auf die Arbeitsproduktivität einwirkenden Faktoren ganz allgemein zu zwei Gruppen zusammenfassen, die sich wechselseitig bedingen:

1. die gesellschaftlichen Bedingungen,
2. die betrieblichen oder technisch-organisatorischen Faktoren.

Die gesellschaftlichen Bedingungen der Entwicklung von Arbeitsproduktivität und Selbstkosten ergeben sich aus den Eigentumsverhältnissen an den Produktionsmitteln und der Organisation der gesellschaftlichen Arbeit. Sie wirken auf die Entwicklung von Arbeitsproduktivität und Selbstkosten sowohl in positiver als auch in negativer Hinsicht ein, je nach dem Grad der Übereinstimmung der Produktionsverhältnisse mit dem Charakter der Produktivkräfte. Da sich im Sozialismus die Produktionsverhältnisse mit dem Charakter der Produktivkräfte grundsätzlich in Übereinstimmung befinden und Widersprüche zwischen ihnen nur zeitweilig und vorübergehend auftreten können, weil sie durch die bewußte Aktion der Gesellschaft gelöst werden, sind die gesellschaftlichen Bedingungen ständig wirkende positive Faktoren der Entwicklung von Arbeitsproduktivität und Selbstkosten. Aus den Produktionsverhältnissen sich ergebend, wirken sie in allen Zweigen und Betrieben der Produktion, und zwar stets in Verbindung mit den jeweiligen technisch-organisatorischen Faktoren, den drei „natürlichen" Momenten jedes Arbeitsprozesses, den Arbeitsmitteln, den Arbeitsgegenständen und der Arbeitskraft sowie der Organisation der Produktion und der Arbeit.

Wie die betrieblichen oder technisch-organisatorischen Faktoren auf der Grundlage der gesellschaftlichen Bedingungen auch im einzelnen wirken, sie führen immer

1. zu einer absoluten und relativen Senkung des Aufwandes an lebendiger Arbeit je produzierte Einheit bzw. zu einer Erhöhung der Produktion je Einheit an lebendiger Arbeit und
2. zu einer absoluten und relativen Senkung der Produktionskosten je Produktionseinheit.

Es geht konkret also darum, an Hand von Kennziffern der Entwicklung des Aufwandes an lebendiger Arbeit und der Selbstkosten die Einsparungen an lebendiger Arbeit und an Selbstkosten auszuweisen, die durch eine Steigerung der Arbeitsproduktivität erzielt worden sind. Das wird erleichtert, wenn wir die Faktoren der Steigerung der Arbeitsproduktivität und der Senkung der Selbstkosten zu zwei Gruppen zusammenfassen, die wir als *Grundfaktoren* bezeichnen wollen:

1. Faktoren der Ausnutzung der Arbeitszeit und
2. Faktoren der Ausnutzung der Technik und des technischen Fortschritts.

Zwischen diesen beiden Grundfaktoren besteht ein enger Zusammenhang. So führt eine Veränderung in der Organisation der Produktion und der Arbeit in der Regel auch zu einer besseren Ausnutzung der Produktionsmittel und der Arbeitszeit, und technischer Fortschritt bei Arbeitsmitteln oder Arbeitsgegenständen ist in der Regel auch mit einer Veränderung in der Organisation der Produktion und der Arbeit verbunden. Der technische Fortschritt reduziert sich also nicht auf die Entwicklung und Einführung neuer Maschinen und Anlagen. Die Entwicklung der Technik führt vielmehr dazu, daß auch die Formen und Methoden der Organisation und der Leitung der Produktion entsprechend geändert werden, und zwar nicht nur in einzelnen Betrieben, sondern auch in Industriezweigen und in der gesamten Volkswirtschaft. Außerdem ist die Einführung einer neuen Fertigungstechnik in der Regel die Voraussetzung einer vervollkommneten Produktionsorganisation. Im Unterschied zur Technologie steht bei der Produktionsorganisation jedoch die Arbeit des Menschen im Mittelpunkt, und zwar die gemeinsame Arbeit vieler im Produktionsprozeß, die Organisierung dieser gemeinsamen Arbeit unter den konkreten Bedingungen der verschiedenen Fertigungsarten und Kooperationsformen.

Die Produktionsorganisation umfaßt einen weiten Kreis von ökonomischen und technologischen Fragen, die sich trotz aller Vielfalt in folgende drei Hauptgruppen zusammenfassen lassen:

1. Fragen der Arbeitsorganisation — Normung und Projektierung rationeller Arbeitsprozesse, Entlohnung, Ausbildung und weitere Qualifizierung der Kader, Arbeitsdisziplin, Organisierung des sozialistischen Wettbewerbs und Verbreitung von Neuerermethoden;
2. Fragen der rationellen Ausnutzung der Produktionsmittel — volle Nutzbarmachung der Produktionskapazität, rationelle Organisation der Haupt- und Hilfsabteilungen eines Betriebes (Werkzeugmacherei, Reparatur- und Transportabteilungen, Lagerhaltung, Materialversorgung u. a.), ihr präzises Ineinandergreifen im Produktionsprozeß;
3. Fragen der Leitung und Planung — wissenschaftlich fundierte Struktur der Leitung, Vervollkommnung der Arbeitsmethoden des Verwaltungsapparates sowie der Formen und Methoden der Produktionsplanung Kontrolle und Analyse der Produktion usw.

Alle diese Fragen laufen auf die Grundfrage hinaus, wie lebendige Arbeit eingespart und die Selbstkosten gesenkt werden können!

Die Frage, die wir zu beantworten haben, lautet somit: wie hoch sind bei einem gegebenen Steigerungsgrad der Arbeitsproduktivität die erzielten Einsparungen

1. an lebendiger Arbeit
2. an Selbstkosten

Wenn wir die Einsparung an lebendiger Arbeit insgesamt mit D, die Einsparung je Produktionseinheit mit d bezeichnen, dann ist die *absolute* Einsparung an lebendiger Arbeit

(11) $$D = \Sigma q_n t_o - \Sigma q_n t_n$$

(12) $$d = \frac{\Sigma q_n t_o - \Sigma q_n t_n}{\Sigma q_n} = t_o - t_n$$

und die *relative* Einsparung an lebendiger Arbeit ist

(13) $$D' = \frac{\Sigma q_n t_o - \Sigma q_n t_n}{\Sigma q_n t_o} = \frac{D}{\Sigma q_n t_o}$$

(14) $$d' \frac{\frac{\Sigma q_n t_o - \Sigma q_n t_n}{\Sigma q_n}}{t_o} = \frac{d}{t_o}$$

Beispiel

Bezeichnung	Basisperiode A	B	C	Σ	Berichtsperiode A	B	C	Σ
Q	150	20	5	175	250	40	10	300
T	90	5	5	100	100	6	9	115
$t=\frac{T}{Q}$	0,6	0,25	1	0,57	0,4	0,15	0,9	0,38
$p=\frac{Q}{T}$	1,66	4	1	1,75	2,5	6,7	1,1	2,6

Formel	Werte	Ergebnis
$D=q_n t_o - q_n t_n$	$170-115$	55
$D'=\frac{L}{q_n t_o}$	$\frac{55}{170}$	0,32
$d=t_o-t_n$	$\frac{170-115}{300}$	0,18
$d'=\frac{d}{t_o}$	$\frac{0{,}18}{0{,}57}$	0,32

Im Index der Arbeitsproduktivität kommt zum Ausdruck, wie sich die Produktionsmenge je Einheit an lebendiger Arbeit veränderte. Wenn wir die Produktionsmenge je Einheit lebendiger Arbeit mit p bezeichnen, d. h.

$$p=\frac{Q}{T},$$

dann ist der *absolute* Produktionszuwachs je Einheit lebendiger Arbeit

(15) $$G=p_n-p_o$$

und der *relative* Produktionszuwachs

(16) $$G'=\frac{p_n-p_o}{p_o}=\frac{G}{p_o}.$$

Beispiel

Formel	Werte	Ergebnis
$G=p_n-p_o$	$2{,}6-1{,}75$	0,85
$G'=\frac{G}{p_o}$	$\frac{0{,}85}{1{,}75}$	0,49

Zwischen den Ausdrücken 11 bis 16 besteht eine wechselseitige Abhängigkeit, so daß wir jeweils einen Ausdruck – z. B. die absolute Einsparung an lebendiger Arbeit – aus einem gegebenen anderen Ausdruck – z. B. aus der relativen Einsparung an lebendiger Arbeit bzw. der absoluten oder relativen Erhöhung der Produktion je Einheit an lebendiger Arbeit – berechnen können. Diese wechselseitige Abhängigkeit ist in folgender Übersicht dargestellt:

gesuchte Kennziffer	gegebene Kennziffer d	d'	G	G'
d	$= d$	$= d' t_o$	$= \frac{G}{p_o \cdot p_n}$	$= \frac{G'}{p_n}$
d'	$= \frac{d}{t_o}$	$= d'$	$= \frac{G}{p_n}$	$= \frac{G'}{1+G'}$
G	$= \frac{d}{t_o t_n}$	$= \frac{d'}{t_n}$	$= G$	$= G' p_o$
G'	$= \frac{d}{t_n}$	$= \frac{d'}{1-d'}$	$= \frac{G}{p_o}$	$= G'$

Da wir $p = \frac{Q}{T}$ in der Regel nicht berechnen können, besteht die Möglichkeit, G und G' vermittelst der aufgezeigten Bezeihungen abzuleiten.

Wenn wir die Einsparung an Selbstkosten insgesamt mit S, die Einsparungen je Produktionseinheit mit s bezeichnen, dann ist die *absolute* Einsparung an Selbstkosten

$$S = \Sigma q_n sk_n - \Sigma q_n sk_n \tag{17}$$

$$s = \frac{q_n sk_o \Sigma - \Sigma q_n sk_n}{\Sigma p_n} \tag{18}$$

und die *relative* Einsparung an Selbstkosten ist

$$s' = \frac{\Sigma q_n sk_o - \Sigma q_n sk_n}{\Sigma q_n sk_o} = \frac{s}{\Sigma q_n sk_o} \tag{19}$$

$$s' = \frac{\Sigma q_n sk_o - \Sigma q_n sk_n}{\Sigma q_n sk_o} \tag{20}$$

$$= \frac{sk_o - sk_n}{\Sigma q_n sk_o}$$

$$= \frac{s}{\Sigma q_n sk_o}$$

Beispiel

Bezeichnung	Basisperiode A	B	C	Σ	Berichtsperiode A	B	C	Σ
Q	150	20	5	175	250	40	10	300
Sk	430	38	32	500	650	85	65	800
sk	2,89	1,9	6,4	2,85	2,6	2,1	6,5	2,66

Formel	Werte	Ergebnis
$\Sigma q_n sk_o - q_n sk_n$	$850 - 800$	50
$\frac{\Sigma q_n sk_o - \Sigma q_n sk_n}{\Sigma q_n}$	$\frac{850 - 800}{300}$	0,17
$\frac{s}{\Sigma q_n sk_o}$	$\frac{50\varnothing}{850}$	0,06
$\frac{s}{\Sigma q_n sk_o}$	$\frac{0{,}17}{2{,}86}$	0,06

Wir erhalten somit für unsere Faktorenanalyse folgende Ausdrücke:

für die *Steigerung der Arbeitsproduktivität*

1. *Absolut*

$$D = \Sigma q_n t_o - \Sigma q_n t_n$$

$$d = t_o - t_n$$

2. *Relativ*

$$D' = \frac{D}{\Sigma q_n t_o}$$

$$d' = \frac{d}{t_o}$$

für die *Senkung der Selbstkosten*

1. *absolut*

$$S = \Sigma q_n sk_o - \Sigma q_n sk_n$$

$$s = sk_o - sk_n$$

2. *relativ*

$$S' = \frac{S}{\Sigma q_n sk_o}$$

$$s' = \frac{s}{sk_o}$$

Beispiel

D	55	S	58
d	0,18	s	0,17
D'	0,32	S'	0,06
d'	0,32	s'	0,06

Die Senkung des Aufwandes an lebendiger Arbeit und der Lohnkosten durch die bessere Ausnutzung der Arbeitszeit

Um die Möglichkeiten der Einsparung von lebendiger Arbeit durch bessere Ausnutzung der Arbeitszeit zu erschließen, ist es zunächst erforderlich, die Arbeitszeit in ihre Bestandteile zu zerlegen. Dabei ist es zweckmäßig, von der Überlegung auszugehen, daß der Index der Bruttoproduktion

$$Q' = \frac{\Sigma q_n t_o}{\Sigma q_o t_o}$$

sich ergibt:

1. aus der Entwicklung der Arbeitsproduktivität — *Ap'* — und
2. aus der Entwicklung des Arbeitsvolumens, Arbeiterzahl — *Ak* — mal Arbeitszeit — Az —, d. h. Ak . Az = Av, d. h.

$$Q' = Ap' \cdot Av'$$
$$= \frac{\Sigma q_n t_o}{\Sigma q_n t_n} \cdot \frac{Av_n}{Av_o}.$$

Die Entwicklung des Arbeitsvolumens hängt außer von der Entwicklung der Zahl der beschäftigten Arbeitskräfte von der Entwicklung der Arbeitszeit ab. Bei gegebener Zahl der Arbeitskräfte und bei gegebener nomineller Arbeitszeit, d. h. bei gegebenem Arbeitsvolumen, hängt die Entwicklung der Bruttoproduktion somit allein von der Entwicklung der Arbeitsproduktivität ab, d. h.

$$Q' = Ap' \cdot Av'$$
$$= Ap' \cdot 1$$
$$= \frac{\Sigma q_n t_o}{\Sigma q_n t_n}$$

Das Arbeitsvolumen geht als nominelle Arbeitszeit der produktiven Arbeiter — *TN* — in den Index der Arbeitsproduktivität ein und die Ausnutzung der nominellen Arbeitszeit, d. h. des gegebenen Volumens an lebendiger Arbeit, seine Verwandlung in den tatsächlichen Arbeitsaufwand des Betriebes, wird damit zu einem Faktor der Arbeitsproduktivität. Die Arbeitsproduktivität steigt oder sinkt mit der Ausnutzung der nominellen Arbeitszeit, die sich bei gegebener Zahl von Arbeitskräften auf Grund der gesetzlich festgelegten Länge der täglichen Arbeitszeit und der Zahl der gesetzlichen Feiertage ergibt. Die tatsächlich im Betrieb geleistete, die betriebliche Arbeitszeit — *T* —, ist immer kleiner als die nominelle Arbeitszeit — *TN* — und zwar einmal wegen der Arbeitszeitausfälle, zu denen alle gesetzlich geregelten Arbeitsausfälle gehören, die zu einem — bezahlten oder unbezahlten — Fernbleiben vom Betrieb führen, wie Urlaub, Krankheit, Schwangerschaft, Wahrnehmung staatsbürgerlicher Verpflichtungen (Abgeordnetentätigkeit, Besuch von Qualifizierungslehrgängen u. ä.) oder persönliche Umstände (Eheschließung, Todesfälle u. ä.), und zweitens wegen der *vermeidbaren Ausfälle* an Arbeitszeit, zu denen alle gesetzlich nicht geregelten und ungesetzlichen Ausfälle gehören, die zu einem Fernbleiben vom Betrieb führen. Der nominell mögliche Arbeitsaufwand minus der unvermeidbaren Arbeitszeitausfälle ergibt den produktiv ausnutzbaren Zeitfonds des Betriebes für einen gegebenen Zeitraum, der um so größer ist, je kleiner die vermeidbaren Arbeitszeitausfälle sind. Je mehr sich der betriebliche Arbeitsaufwand dem nominell möglichen Arbeitsaufwand nähert, um so höher ist die Arbeitsproduktivität, so daß der Vergleich der Indizes auf der Grundlage der nominellen und der betrieblichen Arbeitszeit Aufschluß über den Grad und die Verbesserung der Ausnutzung der nominell möglichen Arbeitszeit, d. h. Aufschluß über die Verminderung der vermeidbaren Arbeitszeitausfälle gibt. Die Arbeitsproduktivität steigt oder sinkt aber auch mit der tatsächlichen Ausnutzung der betrieblichen Arbeitszeit, der ausgenutzten Arbeitszeit — TA. Die ausgenutzte betriebliche Arbeitszeit ist lkeiner als die betriebliche Arbeitszeit, weil diese durch Arbeitszeitverluste der verschiedensten Art vermindert wird, wie

1. Verluste aus Stillstand- und Wartezeiten infolge Stockungen im Produktionsplan durch Material- und Maschinenausfälle sowie Sitzungen aller Art und Versammlungen während der Arbeitszeit und
2. Verluste durch Fehlleistungen wie Ausschußproduktion, Nacharbeiten an Garantieleistungen u. ä.

Wenn wir die Verluste an betrieblicher Arbeitszeit der ersten Art mit V und die Verluste an betrieblicher Arbeitszeit der zweiten Art mit F bezeichnen, dann haben wir neben der betrieblichen Arbeitszeit — T — die tatsächlich ausgenutze Arbeitszeit $T - V = TV$ und $T - F = TF$, d. h. $T - (V + F) = TA$. Je mehr sich die tatsächlich ausgenutzte Arbeitszeit der betrieblichen Arbeitszeit nähert, um so höher ist die Arbeitsproduktivität, so daß der Vergleich der Indizes auf der Grundlage der betrieblichen und der ausgenutzten Arbeitszeit Aufschluß über die Verminderung der Verlust- und Fehlzeiten gibt, d. h. über den Grad und die Verbesserung der Ausnutzung der betrieblichen Arbeitszeit.

Die betriebliche Arbeitszeit ist also einerseits kleiner als die nominelle Arbeitszeit, andererseits größer als die ausgenutzte Arbeitszeit, d. h.

$$TN > T > TA.$$

Zwischen dem höchstmöglichen Arbeitsaufwand und dem betrieblichen Arbeitsaufwand liegt noch die bezahlte Arbeitszeit, die sich aus der Bezahlung gesetzlich geregelter Arbeitszeitausfälle ergibt. Wir sehen von dieser Kategorie hier ab und analysieren nur den Einfluß der Veränderungen der Größen TN, T und TA auf die Arbeitsproduktivität, d. h. des Einflusses

1. der besseren Ausnutzung der nominellen Arbeitszeit durch Erhöhung der Zahl der Arbeitstage oder Arbeitsstunden in einer gegebenen Zeitperiode und
2. der besseren Ausnutzung der betrieblichen Arbeitszeit durch Verminderung der Verlustzeiten und der Fehlzeiten.

Das können wir, indem wir Indizes bilden und die Einsparung unter Berücksichtigung der verschiedenen Kategorien an Arbeitszeit ermitteln. Die erforderlichen Indizes können wir mit einer Annäherungsmethode berechnen, die auf der Überlegung beruht, daß

$$Ap'_{TN} = \frac{Q'}{T'} \cdot \frac{T'}{TN'} = \frac{Q'}{TN'}$$

$$Ap'_{TA} = \frac{Q'}{T'} \cdot \frac{T'}{TA'} = \frac{Q'}{TA'}.$$

Daraus ergeben sich die vier Indizes

$$Ap'_{TN} = \frac{\Sigma q_n t_o}{\Sigma q_o t_o} : \frac{Tn_n}{Tn_v}$$

$$Ap'_T = \frac{\Sigma q_n t_o}{\Sigma q_o t_o} : \frac{T_n}{T_o} = \frac{\Sigma q_n t_o}{\Sigma q_n t_n}$$

$$Ap'_{TA} = \frac{\Sigma q_n t_o}{\Sigma q_o t_o} : \frac{TA_n}{TA_o}.$$

Mitunter wird auch eine andere Annäherungsmethode verwendet, die praktisch zum gleichen Ergebnis führt und darauf beruht, daß ein Grundindex mit dem Anteil der Ausfall- bzw. Verlustzeiten der zugrunde liegenden Arbeitszeit multipliziert wird, z. B.

$$Ap'_{TN} = \frac{\Sigma q_n t_o}{\Sigma q_n t_n} \cdot \frac{1+f_o}{1+f_n} = \frac{\Sigma q_n t_o}{\Sigma q_o t_o} : \frac{TN_n}{TN_o},$$

denn

$$\frac{1+f_o}{1+f_n} = \frac{1+\frac{TF_o}{T_o}}{1+\frac{TF_n}{T_n}} = \frac{TN_o}{T_o} : \frac{TN_n}{T_o} = \frac{\frac{\Sigma q_n t_n}{TN_n}}{\frac{\Sigma q_o t_o}{TN}}$$

und daher

$$\frac{\Sigma q_n t_o}{\Sigma q_n t_n} \cdot \frac{\frac{\Sigma q_n t_n}{TN_n}}{\frac{\Sigma q_o t_o}{T_o}} = \frac{\Sigma q_n t_o}{\Sigma q_o t_o} : \frac{TN_n}{TN_o}.$$

Der Index Ap_{TN} spiegelt sämtliche Faktoren wider, die zu den beiden Grundfaktoren zusammengefaßt werden können und die auf die Entwicklung der betrieblichen Arbeitsproduktivität Einfluß haben, der Index AP'_T sämtliche Faktoren mit Ausnahme der Faktoren, die eine bessere Ausnutzung der nominellen Arbeitszeit bewirken und der Index AP'_{TA} sämtliche Faktoren, mit Ausnahme jener, die die Ausnutzung der nominellen und der betrieblichen Arbeitszeit erhöhen. Damit zeigt auch die Senkung des Aufwandes an *lebendiger Arbeit* auf der Grundlage der *nominellen Arbeitszeit*, der *betrieblichen Arbeitszeit* und der ausgenutzten Arbeitszeit die Wirkung der Faktoren, die in den entsprechenden Indizes der Arbeitsproduktivität zum Ausdruck kommen. Daraus folgt aber, daß die Differenz zwischen der Senkung des Aufwandes an lebendiger Arbeit auf der Grundlage der nominellen und der betrieblichen Arbeitszeit sich vor allem aus Veränderungen im Verbrauch von beeinflußbaren Ausfallzeiten durch entschuldigtes und unentschuldigtes Fehlen, ärztlich bescheinigte Krankheit, gesellschaftliche Arbeit ohne gesetzliche Grundlage (Produktionsberatungen, Ernteeinsätze, Versammlungen während der Arbeitszeit u. ä. m.) usw. ergibt. Die Differenz aus der Senkung des Aufwandes an lebendiger

Arbeit auf der Grundlage der betrieblichen und der ausgenutzten Arbeitszeit ergibt sich aus Veränderungen in Stillstands- und Wartezeiten aller Art während der Produktion sowie aus Veränderungen in den Zeiten für Fehlleistungen.

Einsparung durch bessere Ausnutzung der nominellen Arbeitszeit

$$D_{TN} - D_T$$

Einsparung durch bessere Ausnutzung der betrieblichen Arbeitszeit

$$D_T - D_{TA}$$

Einsparung durch bessere Ausnutzung der Arbeitszeit überhaupt

$$(D_{TN} - D_T) + (D_T - D_{TA}) = D_{TN} - D_{TA}$$

Die Senkung des Aufwandes an lebendiger Arbeit, die in D_{TN} zum Ausdruck kommt, ist auf sämtliche Faktoren zurückzuführen, die eine Steigerung der Arbeitsproduktivität bewirken, die in D_{TA} zum Ausdruck kommende Senkung dagegen im wesentlichen auf die bessere Ausnutzung der Technik und den technischen Fortschritt

Beispiel

Bezeichnung	Basisperiode				Berichtsperiode			
	A	B	C	Σ	A	B	C	Σ
Q	150	20	5	175	250	40	10	300
TN	—	—	—	150	—	—	—	120
T	90	5	5	100	100	6	9	115
$t = \frac{T}{Q}$	0,6	0,25	1	0,57	0,4	0,15	0,9	0,38
TV	—	—	—	87	—	—	—	105
TF	—	—	—	93	—	—	—	110
TA	—	—	—	80	—	—	—	100

Sowohl die nominelle Arbeitszeit als auch die Arbeitszeiten ohne Stillstand- und Verlustzeiten sowie ohne Fehlzeiten sind nur für die hergestellten Erzeugnisse insgesamt gegeben, so daß die Indizes der Arbeitsproduktivität und die Einsparungen an lebendiger Arbeitszeit mit Annäherungsformeln berechnet werden müssen.

Index	Werte	Ergebnis
Ap'_{TN}	$\frac{170}{100}:\frac{120}{150}=1{,}7:0{,}8=$	2,14
Ap'_{T}	$\frac{170}{100}:\frac{115}{100}=1{,}7:1{,}15=$	1,48
Ap'_{TA}	$\frac{170}{100}:\frac{100}{80}=1{,}7:1{,}24=$	1,37

Einsparungen	Werte	Ergebnis
D_{TN}	255–120	135
D_{T}	170–115	55
D_{TA}	137–100	37

Die Senkung des Aufwandes an lebendiger Arbeit beträgt

$$(D_{TN} - D_T) + (D_T - D_{TA}) + D_{TA} = (135 - 55) + (55 - 37) + 37 = 135.$$

Auf die bessere Ausnutzung der Arbeitszeit ist eine Einsparung von 98 zurückzuführen, die durch eine Steigerung der Arbeitsproduktivität über die ausgenutzte Arbeitszeit hinaus um 77% erzielt wurde.

Für die Analyse der Indizes Ap'_{TN} und Ap'_{TA} im Verhältnis zum Index Ap'_T gilt:

1. bei besserer Ausnutzung der nominellen Arbeitszeit steigt der Index auf der Grundlage der nominellen Arbeitszeit schneller als der Index auf der Grundlage der betrieblichen Arbeitszeit und umgekehrt;
2. bei besserer Ausnutzung der betrieblichen Arbeitszeit steigt der Index auf der Grundlage der betrieblichen Arbeitszeit schneller als der Index auf der Grundlage der ausgenutzten Arbeitszeit.

Zwischen den verschiedenen Indizes, die auf der Grundlage der verschiedenen Kategorien der Arbeitszeit sich ergeben, besteht ein wechselseitiger Zusammenhang, so daß man alle übrigen Indizes errechnen kann, wenn ein Index gegeben ist. In der Regel ist der Index auf der Grundlage der betrieblichen Arbeitszeit gegeben.

Der Zusammenhang zwischen den verschiedenen Indizes ist in der folgenden Übersicht dargestellt, die zugleich eine Kontrolle der Richtigkeit der berechneten Indizes ermöglicht.

Gesuchte Kennziffer	gegebene Kennziffer		
	Ap'_{TA}	Ap'_{T}	Ap'_{TN}
Ap'_{TA}		$Ap'_T \cdot \frac{T'}{TA'} = \frac{Q'}{TA'}$	$Ap'_{TN} \cdot \frac{TN'}{TA'} = \frac{Q'}{TA'}$
Ap'_{T}	$Ap'_{TA} \cdot \frac{TA'}{T'} = \frac{Q'}{T'}$		$Ap'_{TN} \cdot \frac{TN'}{T'} = \frac{Q'}{T'}$
Ap'_{TN}	$Ap'_{TA} \cdot \frac{TA'}{TN'} = \frac{Q'}{TN'}$	$Ap' \cdot \frac{T'}{TN'} = \frac{Q'}{TN'}$	

Jede Verbesserung in der Ausnutzung der Arbeitszeit muß auch zu einer Senkung der Lohnkosten führen,

1. soweit es sich um die Ausnutzung bezahlter Arbeitszeit handelt und
2. soweit die durch bessere Ausnutzung bezahlter Arbeitszeit bewirkte Steigerung der Arbeitsproduktivität nicht durch eine Erhöhung des Durchschnittslohnes kompensiert wird.

Innerhalb dieser Bedingungen sind alle Faktoren, die durch bessere Ausnutzung der Arbeitszeit zu einer Steigerung der Arbeitsproduktivität führen, auch Faktoren der Senkung der Lohnkosten und somit der Selbstkosten.

Senkung	
des Aufwandes an lebendiger Arbeit	der Lohnkosten
$D_{TN} - D_T$ $D_T - D_{TA}$	$Sl_{TN} - Sl_T$ $Sl_T - Sl_{TA}$

Ob und welchem Ausmaß mit einer besseren Ausnutzung der Arbeitszeit eine Senkung der Lohnkosten verbunden ist, das hängt aber außer von der Entwicklung der Arbeitsproduktivität von der Entwicklung des Durchschnittslohnes ab. Die im Index der Lohnkosten

$$lk' = \frac{\Sigma\, q_n\, lk_n}{\Sigma\, q_n\, lk_o}$$

zum Ausdruck kommende Entwicklung der Lohnkosten spiegelt sowohl die Entwicklung der Arbeitsproduktivität als auch die Entwicklung des Durchschnittslohnes wider. Das wird deutlich, wenn man beachtet, daß der Aufwand an lebendiger Arbeit je Produkt umgekehrt proportional sinkt wie die Arbeitsproduktivität steigt, d. h.

$$t_n = \frac{t_o}{Ap'}\,.$$

Außerdem hängt die Entwicklung der Lohnkosten je Produktionseinheit noch von der Entwicklung des Durchschnittslohnes l_n ab, d. h.

$$lk_n = \frac{t_o}{Ap'} \cdot l_n\,.$$

Der Index der Lohnkosten ist

$$lk' = \frac{\frac{t_o}{Ap'} \cdot l_n}{t_o\, l_o} = \frac{l'}{Ap'}\,.$$

Beispiel

Bezeichnung	Basisperiode				Berichtsperiode			
	A	B	C	Σ	A	B	C	Σ
Q	150	20	5	175	250	40	10	300
TN	—	—	—	150	—	—	—	120
L	—	—	—	450	—	—	—	470
T	90	5	5	100	100	6	9	115
L	—	—	—	325	—	—	—	460
TA	—	—	—	80	—	—	—	100
L	—	—	—	260	—	—	—	420

Vermittelst der Annäherungsformel 9a) erhalten wir

$$lk' = \frac{L_n\, T_o}{L_o\, \Sigma q_n\, t_o}$$

$$= \frac{470 \cdot 100}{450 \cdot 170} = 0{,}63$$

$$= \frac{460 \cdot 100}{325 \cdot 170} = 0{,}84$$

$$= \frac{420 \cdot 100}{260 \cdot 170} = 0{,}95$$

Wir erhalten für unser Beispiel folgende Kennziffern:

Zeitkategorien	Aw'	D'	lk'	S'
TN	0,47	0,53	0,63	0,60
T	0,68	0,32	0,84	,019
TA	0,73	0,27	0,95	0,06

Während die Lohnkosten mit dem höheren Durchschnittslohn l_n weniger sinken als der Aufwand an lebendiger Arbeit, sinken sie bei dem unveränderten Durchschnittslohn l_o wie der Aufwand an lebendiger Arbeit. Die Gesamteinsparung an lebendiger Arbeit durch bessere Ausnutzung der Arbeitszeit ist

$$D_{TN} - D_{TA} = 135 - 37 = 98,$$

an Lohnkosten

$$Sl_{TN} - Sl_{TA} = 175 - 25 = 150.$$

Einsparung durch bessere Ausnutzung der Arbeitszeit

an lebendiger Arbeit		an Lohnkosten	
$D_{TN} - D_T$		$Sl_{TN} - Sl_T$	
$135 - 55 = 80$	98	$170 - 75 = 100$	150
$D_T - D_{TA}$		$Sl_T - Sl_{TA}$	
$55 - 37 = 18$		$75 - 25 = 50$	

Fassen wir bis hierher zusammen:

Die Senkung der Lohnkosten je Produktionseinheit ist der Senkung des Aufwandes an lebendiger Arbeit direkt proportional, wenn der Durchschnittslohn unverändert bleibt. Wenn sich der Durchschnittslohn proportional zur Steigerung der Arbeitsproduktivität erhöht, bleiben die Lohnkosten je Produktionseinheit unverändert.

Die Entwicklung der Lohnkosten und damit des Faktors lk des Selbstkostenindex

$$sk' = a\, lk' + b\, pm'$$

hängt somit bei gegebenem — aber auch geplantem — Steigerungsgrad der Arbeitsproduktivität von der Entwicklung des Durchschnittslohnes ab. Solange das Wachstum der Durchschnittslöhne hinter der Steigerung der Arbeitsproduktivität zurückbleibt, sinken die Lohnkosten je Erzeugnis — oder anders ausgedrückt — die Lohnkosten je Erzeugnis sinken, wenn auch langsamer als der Aufwand an lebendiger Arbeit je Erzeugniseinheit sinkt. Bei gleichbleibendem Durchschnittslohn muß die Steigerung der Arbeitsproduktivität durch bessere Ausnutzung der Arbeitszeit zu einer Senkung der Lohnkosten führen, die der Senkung des Aufwandes an lebendiger Arbeit proportional ist. Daraus folgt, daß das Verhältnis der Einsparungen an lebendiger Arbeit und an Lohnkosten gleich 1 ist, wenn der Durchschnittslohn unverändert ist, d. h.

$$lk' = \frac{\frac{t_o}{Ap'} \cdot l_o}{t_o l_o} < l.$$

Der Index Ap'_{TA} bringt die Wirkung aller Faktoren zum Ausdruck, die nach Ausschaltung der Wirkung der besseren Ausnutzung der Arbeitszeit auf die Steigerung der Arbeitsproduktivität noch übrig bleiben und die wir als den zweiten Grundfaktor bezeichneten. Da aber auch dle Ausnutzung der Arbeitszeit immer in Verbindung mit technisch-organisatorischen Maßnahmen steht, die sich auf eine Veränderung in der Zusammensetzung der Arbeiterkategorien auswirken, enthält ein solcher Index noch Einflüsse, die wir durch eine Berechnung von Indizes nach den Beschäftigtenkategorien ausschalten können.

1. Produktionsgrundarbeiter
2. Produktionsarbeiter
3. industrielles Personal.

Die Indizes für die Beschäftigtenkategorien können ebenfalls nach der bereits angegebenen Annäherungsformel berechnet werden:

$$Ap'_{PGA} = \frac{\Sigma q_n t_o}{\Sigma q_n t_o} : \frac{T(PGA)\, n}{T(PGA)\, O} = \frac{\Sigma q_n t_o}{\Sigma q_n t_n}$$

$$Ap'_{PA} = \frac{\Sigma q_n t_o}{\Sigma q_o t_o} : \frac{T(PA)n}{T(PA)o}$$

$$Ap'_{JP} = \frac{\Sigma q_n t_o}{\Sigma q_o t_o} : \frac{T(JP)n}{F(JP)o}$$

Jede Veränderung in der Arbeitsproduktivität, die zu einer Senkung des Aufwandes an lebendiger Arbeit führt, die sich in den Indizes niederschlägt, die für die drei Beschäftigtenkategorien berechnet werden, muß auch zu einer entsprechenden Senkung der Lohnkosten führen.

$$lk'_{PGA} = \frac{L(PGA)n\,T_o}{L(PGA)o\,\Sigma q_n t_o}$$

$$lk'_{PA} = \frac{L(PA)n\,T_o}{L(PA)o\,\Sigma q_n t_o}$$

$$lk'_{JP} = \frac{L(JP)n\,T_o}{L(JP)o\,\Sigma q_n t_o}$$

Wir erhalten somit für die Analyse beider Grundfaktoren folgende Indizes der Arbeitsproduktivität und der Selbstkosten:

Beschäftigten-kategorien	Arbeitszeitkategorien		
	TN	T	TA
PGA	J_{TN}^{PGA}	J_{T}^{PGA}	J_{TA}^{PGA}
PA	J_{TN}^{PA}	J_{T}^{PA}	J_{TA}^{PA}
JP	J_{TN}^{JP}	J_{T}^{JP}	J_{TA}^{JP}

Auf Grund der Indizes erhalten wir folgende Differenzen Z, die die Senkung des Aufwandes an lebendiger Arbeit bzw. der Lohnkosten ausweisen:

Beschäftigten-kategorien	Kategorien der Arbeitszeit		
	TN	T	TA
PGA	Z_{TN}^{PGA}	Z_{T}^{PGA}	Z_{TA}^{PGA}
PA	Z_{TN}^{PA}	Z_{T}^{PA}	Z_{TA}^{PA}
JP	Z_{TN}^{JP}	Z_{T}^{JP}	Z_{TA}^{JP}

Beispiel

Bezeichnung		Basisperiode				Berichtsperiode			
		A	B	C	Σ	A	B	C	Σ
	Q	150	20	5	175	250	40	10	300
PGA	TN	—	—	—	150	—	—	—	120
	T	90	5	5	100	100	6	9	115
	t	0,6	0,25	1,0	0,57	0,4	0,15	0,9	0,38
	L	280	18	17	325	400	25	35	460
	TA	—	—	—	80	—	—	—	100
PA	TN	—	—	—	250	—	—	—	200
	T	—	—	—	160	—	—	—	180
	L	—	—	—	480	—	—	—	720
	TA	—	—	—	140	—	—	—	170
JP	TN	—	—	—	350	—	—	—	330
	T	—	—	—	300	—	—	—	320
	L	—	—	—	900	—	—	—	1280
	TA	—	—	—	280	—	—	—	310
	Pm	150	20	5	175	250	60	30	340
	Sk	—	—	—	1075	—	—	—	1620
	sk	—	—	—	6,1	—	—	—	5,4

Wir erhalten zunächst folgende Indizes der Arbeitsproduktivität und der Lohnkosten:

Beschäftigten-kategorien		Arbeitskategorien		
		TN	T	TA
PGA	Ap'	2,12	1,48	1,36
	lk'	—	0,85	—
PA	Ap'	2,12	1,51	1,39
	lk'	—	0,88	—
JP	Ap'	1,81	1,45	1,53
	lk'	—	0,84	—

Die Arbeitsproduktivität des industriellen Personals auf Grund der nominellen Arbeitszeit stieg um 81%, die Arbeitsproduktivität der Produktionsgrundarbeiter auf Grund der ausgenutzten betrieblichen Arbeitszeit um 36%. Zwischen diesen beiden Werten liegen die Veränderungen, die auf Veränderungen in der Ausnutzung der Arbeitszeit sowie auf technisch-organisatorische Veränderungen zurückzuführen sind und sich in einer Veränderung des Verhältnisses der Arbeiterkategorien zueinander niederschlagen. So stieg die Arbeitsproduktivität der Produktionsgrundarbeiter infolge besserer Ausnutzung der Arbeitszeit um 76%. Hiervon gingen 31% wieder infolge des wachsenden Anteils des sonstigen industriellen Personals verloren.

Anteil der	JP = 100	
	Basisperiode	Berichtsperiode
PA	71%	61%
PGA	43%	38%

Der Index der Lohnkosten fiel langsamer als der Index des Aufwandes an lebendiger Arbeit, weil der Durchschnittslohn stieg.

	Index		
	des Arbeits-aufwandes	der Lohn-kosten	des Durchschnitts-lohnes
PGA	0,68	0,85	1,23
PA	0,66	0,88	1,34
JP	0,69	0,84	1,34

Auf Grund der Entwicklung der Arbeitsproduktivität wurden folgende Einsparungen an lebendiger Arbeit und an Lohnkosten erzielt:

Beschäftigten-kategorien		Arbeitskategorien *TN*	*T*	*TA*
PGA	*D*	135	55	36
	Sl	—	70	—
PA	*D*	220	92	70
	Sl	—	86	—
JP	*D*	265	190	165
	Sl	—	205	—

Die Einsparungen an lebendiger Arbeitszeit betrugen insgesamt 265, davon 229 auf Grund besserer Ausnutzung der Arbeitszeit und Maßnahmen, die sich auf eine Veränderung im Verhältnis der Beschäftigten-Kategorien auswirkten. Die Einsparungen an Lohnkosten betrugen insgesamt 145, davon auf Grund besserer Ausnutzung der Arbeitzeit und Maßnahmen, die sich auf eine Veränderung im Verhältnis der Beschäftigtenkategorien auswirkten 135.

Die Senkung des Aufwandes an vergegenständlichter Arbeit und der Kosten des Produktionsverbrauchs durch bessere Ausnutzung der Technik und des technischen Fortschritts

Während der Index Ap'_{JP-TN} die Wirkung beider Grundfaktoren zum Ausdruck bringt, wirkt auf den Index $Ap'_{PGA=TA}$ nur noch der zweite Grundfaktor ein. Daher sind die Einsparungen an lebendiger Arbeit

$$D_{JP-TN} - D_{PGA-TA}$$

und an Lohnkosten

$$Sl_{JP-TN} - Sl_{PGA-TA}$$

vorwiegend auf die bessere Ausnutzung der Arbeitszeit zurückzuführen.

Beispiel

$$\frac{D_{JP-TN} - D_{PGA-TA}}{265 - 36 = 229}$$

$$\frac{Sl_{JP-TN} - Sl_{PGA-TA}}{205 - 70 = 136}$$

Die Steigerung der Arbeitsproduktivität durch bessere Ausnutzung der Technik und des technischen Fortschritts kommt vorwiegend im Index $Ap'_{PGA=TA}$ zum Ausdruck. Dieser Index gibt Aufschluß über das Wirken folgender Faktoren:

1. Verbesserung der Arbeitsmittel durch technischen Fortschritt und Verbesserung ihrer Ausnutzung durch Verbesserung der Technologie,
2. Verbesserung der Arbeitsgegenstände durch technischen Fortschritt und Verbesserung ihrer Ausnutzung durch Verbesserung der Technologie,
3. Vervollkommnung der Erzeugnisse durch verbesserte Konstruktionen usw.,
4. Vervollkommnung der Organisation der Produktion und der Arbeit in den Haupt- und Hilfsbetrieben.

Die Steigerung des Index Ap'_{PGA-TA} führt zu einer Senkung der Selbstkosten, die sich aus einer Senkung der Lohnkosten und einer Senkung der Kosten des Produktionsverbrauchs zusammensetzt, d. h. sie besteht aus einer Einsparung sowohl von lebendiger als auch von vergegenständlichter Arbeit. Jedoch ist diese Einsparung von lebendiger Arbeit nicht mehr auf bessere Ausnutzung der Arbeitszeit zurückzuführen, wogegen natürlich die bessere Ausnutzung der Arbeitszeit auch zu einer Einsparung von vergegenständlichter Arbeit und damit zu einer Senkung der Kosten des Produktionsverbrauchs führen kann Wenn die beiden Grundfaktoren auch stets zusammen wirken, so besteht doch die Möglichkeit, ihre Wirkung hinsichtlich der Einsparung an Arbeitszeit und der Senkung der Selbstkosten annähernd zu isolieren. Diese prinzipielle Möglichkeit wird in der Praxis allerdings bei dem heutigen Stand unseres betrieblichen Rechnungsweses dadurch sehr erschwert, daß die Selbstkosten in der Regel nur für das industrielle Personal bekannt sind, und daß wir daher für die Produktionsgrundarbeiter und für die Produktionsarbeiter nur mit den Lohnkosten rechnen können. Dazu kommt, daß die Lohnkosten in der Regel nur für die betriebliche Arbeitszeit als bezahlte Arbeitszeit vorliegen. Da uns nur die prinzipielle Seite interessiert, können wir von diesen Umständen hier absehen.

Die durch Steigerung der Arbeitsproduktivität bewirkte Senkung der Selbstkosten führt zu einer Kosteneinsparung, die wir darstellen können als

$$s=\left(t_o\, l_o-\frac{t_o}{Ap'}\, l_n\right)+\left(pm_o-\frac{pm_o}{P'}\right)$$

$$\left(P'=\frac{Q'}{Pm'}\right).$$

Dieser Ausdruck zeigt die Abhängigkeit der Lohnkosten von der Steigerung der Arbeitsproduktivität und der Entwicklung des Durchschnittslohnes sowie die Abhängigkeit der Kosten des Produktionsverbrauchs von der Entwicklung des Produktionskoeffizienten. Wir knüpfen jedoch, um die Kosteneinsparungen zu ermitteln, an die oben entwickelte Formel . . .) an:

$$S=\Sigma\, q_n\, sk_o-\Sigma\, q_n\, sk_n\,.$$

Die Gesamteinsparung an Selbstkosten setzt sich sowohl aus Einsparungen an Lohnkosten als auch Kosten des Produktionsverbrauchs zusammen, d. h.

$$S=(\Sigma\, q_n\, lk_o-\Sigma\, q_n\, lk_n)+(\Sigma\, q_n\, pm_o-\Sigma\, q_n\, pm_n)\,.$$

Von besonderem Interesse sind für uns die Kosten für den Produktionsverbrauch, die sich aus den Kosten für

1. den Verbrauch an Arbeitsmitteln und
2. den Verbrauch an Arbeitsgegenständen

zusammensetzen. Sie spiegeln die Ausnutzung der Technik und den technischen Fortschritt am unmittelbarsten wider.

Wir können annehmen, daß sich die Kosten für die Arbeitsgegenstände in der Regel proportional mit der Produktion verändern, und daß sie sinken, wenn infolge technisch-organisatorischer Maßnahmen Material oder Hilfs- und Betriebsstoffe eingespart werden. Die Kosten für die Arbeitsmittel wachsen dagegen in der Regel — mit Ausnahme des Falls der Steigerung der Arbeitsproduktivität ohne Investitionen — mit steigender Arbeitsproduktivität. Insgesamt werden die Kosten des Produktionsverbrauchs daher mit steigender Arbeitsproduktivität je Produktionseinheit relativ wachsen.

Beispiel

Kategorie	Index der Arbeitsprod.	Index der Selbstkosten	Index der Lohnkosten	Einsparung an Kosten des Prod. Verbr.	Einsparung an Selbstkosten
PGA — T	148	0,94	205	+ 26	44
JP — T	145	0,89	70	+ 26	179

Während die Einsparungen an Lohnkosten für das industrielle Personal 205 betrugen, stiegen die Kosten des Produktionsverbrauchs um 26, so daß sich eine Senkung der Selbstkosten um 179 ergab.

$$= a \cdot lk' + b \cdot pm$$
$$sk = 0{,}84 \cdot 0{,}84 + 0{,}16 \cdot 1{,}15 = 0{,}89\,.$$

Diese Einsparungen wurden erzielt auf Grund der Steigerung der Arbeitsproduktivität, durch bessere Ausnutzung der Technik und des technischen Fortschritts.

Natürlich ist die in *lk'* und *pm'* zum Ausdruck kommende Entwicklung der Lohnkosten und des Produktionsverbrauchs nicht von gleicher Qualität. Die Erhöhung des Durchschnittslohnes ist nicht nur als wichtiger Stimulus eine aus den sozialistischen Produktionsverhältnissen sich ergebende Voraussetzung für die schnelle und planmäßige Steigerung der Arbeitsproduktivität und Senkung der Selbstkosten, den es im Kapitalismus nicht geben kann, sondern auch der Ausdruck für den wachsenden Anteil der Werktätigen am Arbeitsprodukt auf Grund des sozialistischen Prinzips der Verteilung nach der Leistung, während die Erhöhung des Produktionsverbrauchs als Ausdruck des technischen Fortschritts ausschließlich Voraussetzung für die Steigerung der Arbeitsproduktivität und Senkung der Selbstkosten ist. Marx bezeichnete es als „absolutes Gesetz", daß das Gesamtquantum der in einem Gebrauchswert vergegenständlichten Arbeit sich vermindert, wenn die Produktivität der Arbeit sich erhöht, wobei die Zunahme des Anteils der vergegenständlichten Arbeit durch die Abnahme des Anteils der lebendigen Arbeit mehr als aufgewogen werden muß.[21] Die Tatsache, daß bei Steigerung der Arbeitsproduktivität die vergenständlichte Arbeit im Verhältnis zur lebendigen Arbeit wachsen muß, bezeichnete Marx einmal als „tautologischen Satz", denn, „was heißt wachsende Produktivkraft der Arbeit anders, als das weniger unmittelbare Arbeit erheischt ist, um ein größeres Produkt zu schaffen und daß also der gesellschaftliche Reichtum sich mehr und mehr ausdrückt in den von der Arbeit selbst geschaffenen Bedingungen der Arbeit — —".[22] Das gilt grungsätzlich auch unter den Bedingungen der sozialistischen Produktion, aber es wird notwendig sein, durch empirische Untersuchungen in unseren Betrieben zu ermitteln, in welchem Grade das Sinken des Wertes bei der Automatisierung der Produktion von der Steigerung der Arbeitsproduktivität konkret abweicht. Jedoch wird man annehmen dürfen, daß auch unter diesen Bedingungen die Steigerung der Arbeitsproduktivität größer ist als die dadurch bewirkte Senkung des Wertes je Produkt, weil auch weiter mit sinkendem Wert je Produkt der Wertanteil der verbrauchten Produktionsmittel relativ zunimmt.

Was die Entwicklung der Kosten des Produktionsverbrauchs betrifft, so müssen wir zwischen der Entwicklung des Verbrauchs an Arbeitsmitteln und der Entwicklung des Verbrauchs an Arbeitsgegenständen unterscheiden. Der Anteil der verbrauchten Arbeitsmittel an den Selbstkosten wird auch in Zukunft wachsen, und zwar kann man annehmen: in beschleunigtem Tempo! Durch die komplexe Mechanisierung und Automatisierung der Produktionsprozesse wächst das Verhältnis von Arbeitsmitteln zur lebendigen Arbeit immer stärker zugunsten der Arbeitsmittel. Selbst wenn wir vom moralischen Verschleiß der Arbeitsmittel absehen und annehmen, daß der physische Verschleiß unverändert bleibt, muß der Anteil der Abschreibungsquote an den Selbstkosten wachsen. Während die Kosten für Arbeitsmittel je Erzeugnis anteilmäßig wachsen, wenn auch langsamer als die Arbeits-

[21] Marx, K., Das Kapital, Bd. I, Dietz Verlag, Berlin 1948, S. 468.
[22] Marx, K., Grundrisse zur Kritik der politischen Ökonomie, Dietz Verlag, Berlin 1953.

produktivität, sinken die Kosten für die Arbeitsgegenstände je Erzeugnis anteilmäßig entsprechend der Steigerung der Arbeitsproduktivität. Die Kosten für den Produktionsverbrauch je Erzeugnis sinken also mit steigender Arbeitsproduktivität absolut, wachsen aber relativ. Wenn sie im gleichen Verhältnis wachsen wie die Arbeitsproduktivität steigt, so bleiben die Kosten für den Produktionsverbrauch je Erzeugnis unverändert.

Zusammenfassung und Ausblick

Die vorliegende Arbeit unternimmt den Versuch der systematischen Darstellung der gegenwärtigen Erkenntnisse der Faktorenanalyse. Die vorhandenen Kenntnisse müssen in der Praxis angewendet, erprobt und weiter entwickelt werden. Wir können die Ergebnisse unserer Untersuchung wie folgt zusammenfassen:

Die Selbstkosten je Erzeugnis sinken nur dann, wenn die Lohnkosten, infolge des Wachstums der Durchschnittslöhne und die Kosten für den Produktionsverbrauch, infolge der Zunahme des Produktionsverbrauchs, langsamer wachsen als die Arbeitsproduktivität steigt. Für die Entwicklung der Selbstkosten gelten somit folgende Regeln:

1. Der Index der Selbstkosten sinkt umgekehrt proportional zum Index der Arbeitsproduktivität, wenn die Indizes des Produktionsverbrauches und der Lohnkosten unverändert bleiben.
2. Der Index der Selbstkosten bleibt trotz steigender Arbeitsproduktivität unverändert, wenn die Indizes des Produktionsverbrauchs und der Lohnkosten zusammen proportional zum Index der Arbeitsproduktivität steigen.
3. Die Senkung der Selbstkosten hängt bei gegebenem Steigerungsgrad der Arbeitsproduktivität von der Entwicklung des Produktionsverbrauchs einerseits, der Entwicklung des Durchschnittslohnes andererseits ab.

Als Maß für die Entwicklung der Selbstkosten im Verhältnis zur Arbeitsproduktivität gilt der Koeffizient $\frac{Aw'}{sk'}$.

Die Entwicklung der Selbstkosten ist um so günstiger, je näher dieser Koeffizient bei *1* liegt.

Es besteht gegenwärtig noch nicht die Möglichkeit, die Steigerung der Arbeitsproduktivität und Senkung der Selbstkosten nach den konkreten einzelnen Faktoren zu quantifizieren, die wir zu den beiden Grundfaktoren zusammenfassen. Wir können im besonderen noch nicht den Teil der Steigerung der Arbeitsproduktivität auf seine Faktoren zurückführen, die übrigbleiben, wenn wir die bessere Ausnutzung der Arbeitszeit und jene Maßnahmen ausschalten, die sich in eine Veränderung in den Beschäftigtenkategorien niederschlagen. Wenn wir von unserem oben angeführten Beispiel ausgehen, so betrug die Steigerung der Arbeitsproduktivität für Produktionsgrundarbeiter auf Grund der ausgenutzten Arbeitszeit 36 Prozent. Worauf ist diese Steigerung der Arbeitsproduktivität zurückzuführen? Offensichtlich nur auf technisch-organisatorische Maßnahmen, die zu einer Erhöhung der Produktionsmittel, und zwar sowohl der Arbeitsmittel als auch der Arbeitsgegenstände je Einheit lebendiger Arbeit führen. Dieser Teil der Steigerung der Arbeitsproduktivität ist – in anderen Worten – nur noch auf technischen Fortschritt i. e. S. oder auf Rationalisierung der Produktions- und Arbeitsprozesse zurückzuführen. Während Steigerung der Arbeitsproduktivität durch technischen Fotrschritt mit Investitionen verbunden ist, führt die Rationalisierung zur Steigerung der Arbeitsproduktivität ohne Investitionen. Die Steigerung der Arbeitsproduktivität durch technischen Fortschritt führt zu einem Anwachsen des Wertteils für vergegenständlichte Arbeit im Wert je Produkt und kann das Sinken des Wertprodukts infolge gesteigerter Arbeitsproduktivität mehr oder minder komplizieren. Die Steigerung der Arbeitsproduktivität durch Rationalisierung führt dagegen zu einer besseren Ausnutzung der Produktionsmittel und kompensiert daher mehr oder minder wieder das mit dem technischen Fortschritt verbundene Anwachsen des Wertteils für vergegenständlichte Arbeit. Sowohl technischer Fortschritt als auch Rationalisierung müssen daher im Sinken des Wertes je Produkt zum Ausdruck kommen, aber während der technische Fortschritt das Sinken des Wertanteils der lebendigen Arbeit mehr oder minder stark kompensiert, kompensiert die Rationalisierung wieder mehr oder minder stark diese Wirkung des technischen Fortschritts. Diese beiden Tendenzen können in einer Formel zum Ausdruck gebracht werden, die sich aus der Formel (4) für die Berechnung des Wertes entwickeln läßt.

Nach Formel (4) ist

$$w' = \frac{a}{Ap'} + \frac{b}{P'} = a\,Aw' + b\,pm'$$

(Aw' = Index des Aufwandes an lebendiger Arbeit, pm' = Index des Produktionsverbrauches in unveränderten Preisen)

Wenn wir statt Produktionsverbrauch insgesamt den Verbrauch an Arbeitsmitteln und Arbeitsgegenständen getrennt einsetzen, haben wir

$$w' = a\,Aw' + b\,aml, + c\,ag' \,.$$

Wir multiplizieren beide Seiten dieses Ausdrucks mit dem Index der Arbeitsproduktivität und erhalten

$$\begin{aligned} w' \cdot Ap' &= (a\,Aw' + b\,am' + c\,ag')\,Ap' \\ &= a + b\,am'\,Ap' + c\,ag'\,Ap \,. \end{aligned}$$

Der letzte Ausdruck läßt sich umformen in

$$w' \cdot Ap' = a + b\frac{Am'}{T'} + c\frac{Ag'}{T'} \,.$$

Die Indizes $\frac{Am'}{T'}$ und $\frac{Ag'}{T'}$ zeigen die Entwicklung des Verbrauchs von Arbeitsmitteln und Arbeitsgegenständen je Einheit lebendiger Arbeit an. Wir bezeichnen sie mit Ami' und Agi' und setzen

$$\frac{Ami}{100} - l = z_1 \text{ und } \frac{Agi}{100} - l = z_2 .$$

Dadurch erhalten wir

$$w' \cdot Ap' = a + b\, Ami' + c\, Agi'$$
$$= a + b\,(1 + z_1) + c\,(1 + z_2).$$

Daraus ergibt sich

$$w' \cdot Ap' = 1 + b \cdot z_1 + c \cdot z_2.$$

Dividieren wir beide Seiten durch w', so haben wir

$$Ap' = \frac{1 + b \cdot z_1 + c \cdot z_2}{w'}$$
$$= (1 + b\, z_1 + c\, z_2)\, .\, e'.$$

In diesem Ausdruck gibt $(1 + b \cdot z_1 + c \cdot z_2)$ die Wirkung des technischen Fortschritts und e' die Wirkung der Rationalisierung an.

Wir wählen zur Illustration das oben wiedergegebene Beispiel

Bezeichnung	Basisperiode				Berichtsperiode			
	A	*B*	*C*	*Σ*	*A*	*B*	*C*	*Σ*
Q	150	20	5	175	250	40	10	300
TA	—	—	—	80	—	—	—	100
Am	—	—	—	75	—	—	—	150
Ag	—	—	—	100	—	—	—	190

$$Ap' = 1{,}36$$
$$Aw' = 0{,}73$$
$$w' = a\, Aw' + b\, am' + c\, ag'$$
$$= 0{,}32 \cdot 0{,}73 + 0{,}29 \cdot 1{,}18 + 0{,}39 \cdot 1{,}12 = 1{,}02$$
$$Ap' = (1 + b\, z_1 + c\, z_2) \cdot e'$$
$$= (1 + 0{,}29 \cdot 0{,}6 + 0{,}39 \cdot 0{,}5) \cdot 0{,}98 = 1{,}36$$

Wir können dieses Ergebnis dahin interpretieren, daß die Arbeitsproduktivität zwar um 36% gesteigert wurde, aber daß diese Steigerung der Arbeitsproduktivität nicht zu einer Senkung des Wertes führte, weil die Zunahme des Produktionsverbrauches die Senkung des Verbrauches an lebendiger Arbeit überkompensierte. Hier stecken aber auch die Reserven für Rationalisierungsmaßnahmen, die zu einer

Steigerung der Arbeitsproduktivität ohne Investitionen, d. h. zu einer Senkung des Wertes führen, ohne daß der Faktor $(1_1 + b\,z + c\,z_2)$ wesentlich anwächst.

Es wird Aufgabe weiterer theoretischer und besonders praktischer Untersuchungen sein müssen, diese und die anderen Methoden weiter zu entwickeln. Dabei muß berücksichtigt werden, daß jede mit einem umfassenden Aggregat arbeitende Analyse zu wenig befriedigenden Ergebnissen führt und daher durch eine Analyse des Einflusses von Strukturveränderungen ergänzt werden muß. Doch führt die Untersuchung der hieraus sich ergebenden Zusammenhänge über den Rahmen hinaus, der für die vorliegende Arbeit abgesteckt wurde.[23]

[23] Vgl. Behrens, F., Der Nutzeffekt der gesellschaftlichen Arbeit und der Struktureffekt bei der Messung der Arbeitsproduktivität. Sitzungsberichte der Deutschen Akademie der Wissenschaften zu Berlin, Klasse für Philosophie, Geschichte, Staats-, Rechts- und Wirtschaftswissenschaften, Jg. 1961, Nr. 2, Akademie-Verlag, Berlin 1961.

Gunther Kohlmey

DER SOZIALISTISCHE ANTEIL AM WELTHANDEL

Zum Problem der Rolle und Entwicklung des Außenhandels in der kapitalistischen und in der sozialistischen Produktionsweise

I. WACHSTUM UND STÄRKE DES SOZIALISTISCHEN WELTWIRTSCHAFTSSYSTEMS UND SEINES AUSSENHANDELS

Die zunehmende Stärke des sozialistischen Weltwirtschaftssystems

Seit der Großen Sozialistischen Oktoberrevolution befindet sich die Welt (und mit ihr auch die Weltwirtschaft) in der Transformation vom Kapitalismus zum Sozialismus/Kommunismus.

Die Weltwirtschaft ist seit 1917 nicht mehr homogen; sie hat keine einheitliche ökonomische Basis und stellt folglich kein in sich geschlossenes System einheitlicher Produktionsverhältnisse dar. Ein Sechstel der Erde wurde durch die Errichtung der Arbeitermacht in Sowjetrußland aus dem kapitalistischen Weltsystem herausgebrochen; hier wurde der Sozialismus, wenn auch zunächst nur in den Grenzen eines einzelnen Landes, des großen Nationalitätenstaates der UdSSR, errichtet. In den Jahren 1944 bis 1949 entstand das sozialistische Weltsystem mit dem sozialistischen Weltwirtschaftssystem als seinem ökonomischen Bestandteil. Die sozialistische Gesellschaftsordnung trat damit in eine zweite Etappe ihrer Entwicklung ein; der Sozialismus verwandelte sich aus einem nationalen in ein internationales System der Produktionsverhältnisse und der Herrschaft der Arbeiterklasse. Damit stehen sich nunmehr Kapitalismus und Sozialismus nicht nur allgemein als zwei Systeme, sondern speziell auch als zwei Systeme der Weltwirtschaft gegenüber. Beide sind zwar durch internationale Arbeitsteilung und Außenhandel miteinander verbunden, doch stehen sie im Wettkampf miteinander und entwickeln sich konträr, gemäß den der kapitalistischen und der sozialistischen Produktionsweise eigenen Bewegungs- und Entwicklungsgesetzen.

In diesem Wettkampf beweist das sozialistische Welt- und Weltwirtschaftssystem mehr und mehr seine Überlegenheit. Es wird jetzt, wie es in der Moskauer Erklärung der 81 kommunistischen und Arbeiterparteien vom November 1960 heißt, „*zum ausschlaggebenden Faktor der Entwicklung der menschlichen Gesellschaft.*"[1] Damit hat sowohl für die allgemeine Krise des Kapitalismus als auch für das sozialistische Weltsystem eine neue, eine dritte Etappe der Entwicklung eingesetzt. Die Monopole und imperialistischen Mächte können heute selbst im nichtsozialistischen Teil der Welt nicht mehr nach ihrem Belieben schalten und walten. Ihre Allmacht ist gebrochen; sie sind nicht mehr der dominierende Faktor im internationalen Geschehen. Während in der ersten und z. T. auch noch in der zweiten

[1] Erklärung der Beratung von Vertretern der kommunistischen und Arbeiterparteien. In: „Einheit", 15. Jg., H. 12, 1960, S. 1796.

Etappe des Übergangs der Welt vom Kapitalismus zum Sozialismus/Kommunismus die kapitalistischen Gesetze in der Weltwirtschaft vorherrschend waren, wird jetzt der Aktionsradius der kapitalistischen Gesetze im internationalen Geschehen und dabei auch in der Weltwirtschaft mit schnell zunehmender Wirkung eingeschränkt.

Das zeigt sich auf wirtschaftlichem Gebiet in den drei vordringlichsten Aufgaben des internationalen sozialistischen Systems:

1. Auf der Grundlage des praktisch vollständigen oder doch weitgehenden Sieges der sozialitischen Produktionsverhältnisse müssen in sämtlichen zum sozialistischen Weltsystem gehörenden Volkswirtschaften alle zur Verfügung stehenden Potenzen dieser Produktionsverhältnisse ausgeschöpft werden. Das heißt in erster Linie: es muß sich die Kollektivität des sozialistischen Wirtschaftens entfalten, z. B. in den Formen des Zusammenschlusses von Arbeitern und Bauern, von Arbeiterklasse und Intelligenz, der Entwicklung der sozialistischen Gemeinschaftsarbeit, der immer stärkeren Einbeziehung der Werktätigen in die Planung und Leitung der Wirtschaft, nicht zuletzt aber auch der internationalen wirtschaftlichen Kommunikation und Integration, dieser so außerordentlich wichtigen Seite des kollektiven Charakters der sozialistischen Produktionsverhältnisse.

Die nationale und internationale Entfaltung des kollektiven Wesens der sozialistischen ökonomischen Beziehungen ist notwendig, um die Produktivkräfte zu entwickeln, um den Erfordernissen des gesellschaftlichen Charakters der modernen Produktion gerecht zu werden und dabei auch die Internationalisierung der Produktion zu beschleunigen.[2]

Auf den beiden Wegen der weiteren Internationalisierung der sozialistischen Produktion und der Förderung der Kollektivität der sozialistischen Produktionsverhältnisse (vor allem der internationalen Koordinierung und Hilfe) werden die Entwicklungsgrade der einzelnen sozialistischen Volkswirtschaften (natürlich in einem längeren Zeitraum) angenähert und angeglichen.

2. Die zweite große geschichtliche Aufgabe des sozialistischen Weltwirtschaftssystems besteht in der nächsten Zeit darin, die wirtschaftliche Zusammenarbeit mit den jungen Staaten Afrikas, Lateinamerikas und Asiens auszubauen. Die sozialistischen Länder leisten echte, von Exploitation und Konkurrenz freie Entwicklungshilfe. Das ist eine wichtige Seite des Verflechtens von sozialistischer Entwicklung und kolonialer Befreiungsbewegung zu einem zusammenhängenden revolutionären Weltprozeß.

Dieses Verflechten fördern die sozialistischen Länder nicht nur durch ihre Hilfe für die jungen Staaten, sondern auch durch die Kraft ihres Beispiels, d. h. durch die beispielhafte Entwicklung von Produktion, Produktivität, Lebensstandard, internationaler Zusammenarbeit und Synchronisierung usw.

3. Eine dritte historische Aufgabe des heutigen sozialistischen Weltwirtschaftssystems ist der erfolgreiche Wettkampf mit den entwickeltsten kapitalistischen Län-

[2] Unter Internationalisierung der Produktion möchten wir ihre Extensivierung (territorial), ihre Intensivierung (intensive erweiterte internationale Reproduktion) und ihre internationale Spezialisierung verstehen.

dern, um bis 1965 ein Übergewicht in der industriellen Weltproduktion zu erreichen und alsdann die führenden imperialistischen Wirtschaftsmächte in der Produktivität und im Lebensniveau einzuholen und zu überflügeln.

Es ist einleuchtend, daß die Erfüllung dieser Aufgaben von gewaltiger wirtschaftlicher, politischer und geistiger Bedeutung für das weitere Weltgeschehen, für den erfolgreichen Kampf der Völker um Frieden, demokratische Rechte, Freiheit von aller Art Kolonialismus und für kulturellen Aufschwung ist.

Die Entwicklung des Außenhandels des sozialistischen Weltsystems

Bei der Lösung der drei dargelegten Aufgaben spielt der Außenhandel der sozialistischen Staaten eine wichtige Rolle. Die Analyse dieser Rolle verlangt vielfältige und detaillierte ökonomische und statistische Untersuchungen. Sie würden den Rahmen eines Artikels sprengen. Wir begnügen uns deshalb mit der Beantwortung der folgenden Fragen: Wie war das bisherige Wachstum des sozialistischen Außenhandels im Vergleich zum kapitalistischen Außenhandel? Was läßt sich über kommende Entwicklungstendenzen sagen? Was ergibt sich daraus für die Höhe des Anteils der sozialistischen Staaten am gesamten Welthandel? Wie sind diese Anteilsziffern ökonomisch-theoretisch, historisch und statistisch zu werten?

In *Tabelle 1* (vgl. Anhang) wurden absolute und relative Zahlen über die Entwicklung der Weltexporte von 1950 bis 1959 zusammengestellt.[3] Bevor zu einer ökonomischen, historischen und statistischen Analyse dieser Zahlen übergegangen wird, halten wir zunächst einen Gesamteindruck fest:

Wenn wir den intrasystemaren Handel (innerhalb des kapitalistischen und innerhalb des sozialistischen Systems) untersuchen, so zeigt sich, daß die intrasozialistischen Exporte im angegebenen Zeitraum wesentlich schneller zugenommen haben als die intrakapitalistischen Ausfuhren. Die ersteren wuchsen von 3,3 Mrd. Dollar im Jahre 1950 auf 10,5 Mrd. im Jahre 1959 (jeweils zu laufenden Weltmarktpreisen), also um 215% (*Tabelle 1*, Spalte 2). Für die intrakapitalistischen Exporte ergibt sich im gleichen Zeitraum eine Zuwachsrate von nur 77% (von 54,6 auf 96,7 Mrd. US-Dollar; vgl. *Tabelle 1*, Spalte 5). Das ergibt für das sozialistische System eine durchschnittliche Jahreswachstumsrate von rund 24% und für den kapitalistischen Bereich eine Jahreswachstumsrate von rund 8,5%.

Wir werden im weiteren Verlauf noch zu prüfen haben, warum der Umfang des sozialistischen Außenhandels noch relativ gering ist: 10,5 Mrd. stehen 96,7 Mrd. Dollar gegenüber. Jedenfalls können wir schon an dieser Stelle festhalten, daß sich in den hohen sozialistischen Raten von 215% bzw. 24%, wie ebenfalls später noch erläutert werden soll, drei grundlegende Entwicklungsprozesse des sozialistischen Wirtschaftssystems widerspiegeln: erstens die planmäßige und schnelle Erhöhung der Arbeitsproduktivität und Produktion in *allen* sozialistischen Volkswirtschaften,

[3] Ich danke H. J. Nitz und anderen Kollegen für ihre wertvollen Ratschläge bei der Zusammenstellung des statistischen Materials.

zweitens die schnelle und mit gegenseitiger Unterstützung vollzogene bzw. sich vollziehende Mechanisierung und Industrie-Entwicklung in *allen* sozialistischen Ländern (da doch dem internationalen sozialistischen System eine Trennung in herrschende Industrieländer und abhängige Agrar- und Rohstoffgebiete völlig wesensfremd ist), schließlich reflektiert das Wachsen der sozialistischen Exporte drittens die planmäßige, mehr und mehr auch langfristig abgestimmte, ständig weitere Gebiete der Ökonomik erfassende wirtschaftliche Zusammenarbeit zwischen den Partnern des sozialistischen Weltsystems.

Aber auch der intersystemare Handel, der Warenumsatz zwischen den beiden Weltwirtschaftssystemen oder sogenannte Ost-West-Handel, entwickelte sich schneller, als die Umsätze innerhalb der nichtsozialistischen Welt zunahmen. Die Exporte im Ost-West-Handel erhöhten sich von 1950 bis 1959 von 3,3 Mrd. auf 7,4 Mrd. Dollar oder um etwa 125%.[4] Das ergibt eine durchschnittliche jährliche Zunahme um rund 14%.

Wie sich zeigt, hat an der Zunahme des Ost-West-Handels alle Washingtoner, NATO- oder Bonner Embargo- und sonstige Politik des kalten Krieges gegen den Sozialismus und den Weltfrieden nichts ändern können. Allerdings hätte das Wachstum ohne die Politik der kalten und heißen Krieger des Imperialismus und ohne die Manipulationen des internationalen Finanzkapitals ganz anders ausgesehen. Der Wohlstand der Völker hätte erhöht, die Positionen des Friedens hätten gefestigt werden können. Der Imperialismus hat dies verhindert und trägt dafür die Verantwortung. Die Ausdehnung des Ost-West-Handels, die von den sozialistischen Staaten in Zusammenarbeit mit vielen neutralen Ländern und auch Kaufleuten der imperialistischen Staaten angestrebt wird, ist ein wichtiges Element der Politik der friedlichen Koexistenz. Sie kommt vor allem den jungen Staaten zugute, die in ihrem Kampf um Selbständigkeit, Entfaltung der Produktivkräfte und Hebung des Lebensniveaus von den sozialistischen Nationen mannigfache Hilfe erhalten.

Der Handel der sozialistischen Staaten mit den nationaldemokratischen Staaten, z. T. aber auch mit anderen neuen Staaten, hat eine andere Funktion, einen anderen Charakter und ein anderes historisches Ergebnis als der Außenhandel der sozialistischen Welt mit den alten kapitalistischen Industrieländern und hier besonders mit den führenden imperialistischen Staaten. Die wirtschaftliche Zusammenarbeit der sozialistischen Länder mit den übrigen antiimperialistischen Staaten ist eine spezifische Sphäre der Weltwirtschaft; in ihr vollzieht sich auf ökonomischem Gebiet die Verknüpfung von sozialistischer Revolution und kolonialem Freiheitskampf (nationaldemokratischer Revolution). Natürlich bedarf es eines längeren Zeitraumes, ehe die jungen Staaten die Richtung ihrer Ein- und Ausfuhren stärker auf das sozialistische Lager lenken können. So ist es zu erklären, daß im Jahre 1960 erst einige der neuen selbständigen Staaten 10% oder mehr ihrer Umsätze mit sozialistischen Staaten tätigten, so vor allem Kuba, die VAR, Indien, Indonesien und Guinea, aber

[4] Die Zahlen in Spalte 6 der *Tabelle 1* liegen durchweg niedriger als die der Spalte 3. Das dürfte vor allem darauf zurückzuführen sein, daß die sozialistischen Staaten in der übrigen Welt eine ganze Reihe von Dienstleistungen (vor allem Schiffsraum) in Anspruch nahmen und diese mit Exportüberschüssen bezahlten.

auch andere. Die jährlichen Zuwachsraten sind hier hoch. Insgesamt wird sich auch auf diesem Gebiet der Weltwirtschaft das Kräfteverhältnis weiter zugunsten des Sozialismus verändern.

Kehren wir noch einmal zur *Tabelle 1* zurück. Von 1950 bis 1959 errechnen wir für die gesamten Exportumsätze der sozialistischen Staaten eine Zunahme um rund 186%, während es für die übrige Welt nur rund 78% sind (*Tabelle 1*, Spalte 4 und 7). Aus allen diesen Zahlen ergibt sich eine Erweiterung der Weltexporte um 87,4% (von 61,4 Mrd. Dollar im Jahre 1950 auf 115,1 Mrd. im Jahre 1959).

Wir erhalten demnach die folgenden Gesamtzuwachsraten und durchschnittlichen Jahreszuwachsraten für 1950 bis 1959 (in % des Niveaus von 1950):

	Gesamt	Jahresdurchschnitt
Intrasozialismus	214,9	23,9
Intersystemar	124,1	13,8
Sozialismus insgesamt	186,4	20,7
Intrakapitalismus	76,9	8,5
Kapitalismus insgesamt	78,2	8,7
Welt	87,4	9,7

Wie in allen Bereichen des gesellschaftlichen Lebens, so beobachten wir auch auf dem Gebiet des Außenhandels, daß der Sozialismus höhere Zunahmequoten aufweist als das kapitalistische System.

Wie *Tabelle 2* ausweist, ergab sich durch die unterschiedlichen Wachstumsraten von kapitalistischem und sozialistischem Außenhandel eine Verschiebung im Anteil am Welthandel (gemessen im Anteil an den Weltexporten[5]): Der sozialistische Anteil betrug 1950 = 8,2% und stieg bis 1959 auf 12,6%; das ist eine Zunahme um rund die Hälfte. In Prozenten der kapitalistischen Ausfuhren entfielen 1950 auf das sozialistische Weltsystem 9,0% und 1959 = 14,4%. Aus diesen Relationen ergibt sich, daß der Anteil des kapitalistischen Wirtschaftsgebiets an der Ausfuhr der sozialistischen Staaten mit 33,7% im Jahre 1950 bzw. 27,1% im Jahre 1959 höher lag als der Anteil des sozialistischen Wirtschaftsgebiets an den kapitalistischen Exporten (2,8% bzw. 3,5%).

Wie sind diese noch geringen Anteilzahlen der sozialistischen Staaten am Welthandel zu erklären, und welche Aussagekraft besitzen sie überhaupt? Können *allein* aus dem Anteil eines Landes resp. eines Wirtschaftssystems am Welthandel oder auch aus dem Anteil des Außenhandels am Nationaleinkommen oder an Produktion bzw. Verbrauch – Gleiches gilt für den Außenhandelsumsatz je Kopf der Bevölkerung – unmittelbar Schlußfolgerungen auf Stärke, ökonomisches Entwicklungsniveau und Wohlstand eines Landes gezogen werden? Hat die Kennziffer über den Anteil am Welthandel in bezug auf den wirtschaftlichen Entwicklungsstand eines Landes etwa die gleiche Aussagekraft wie die Kennziffer über den Anteil an der Weltproduktion? Die antisozialistische Literatur und Presse behauptet das häufig. Sie macht sich die Sache sehr einfach: die sozialistischen Länder exportierten ins-

[5] Vgl. hierzu S. 112 im Abschnitt IV unserer Ausführungen.

gesamt nur für ungefähr 15 Mrd. Dollar, die kapitalistischen Staaten aber für 100 Mrd., und der sozialistische Anteil am Welthandel betrage nur 12,6% (*Entwicklungs*reihen werden meistens nicht aufgestellt), das bestätige wieder einmal, daß die sozialistische Planwirtschaft nicht in der Lage sei, einen umfangreichen Außenhandel zu entwickeln. Es wird kaum eine theoretische, statistische und historische Analyse vorgenommen, um den Dingen auf den Grund zu gehen.

Gegen derartige Behauptungen ist eine Reihe von Gegenargumenten vorzubringen. Ich möchte sie in zwei Gruppen einteilen.

Die erste Gruppe ist ökonomisch-theoretischer Natur und umfaßt den gesamten Problemkreis der Triebkräfte, Funktionen und Bewegungsgesetze des Außenhandels in der kapitalistischen und in der sozialistischen Produktionsweise. Die zweite Argumentengruppe ist ökonomisch-historischer Natur; zu ihr gehört die Analyse der konkreten historischen Bedingungen, unter denen sich der Außenhandel der sozialistischen Staaten bisher entwickelt hat und in nächster Zeit entwickeln wird. Bei beiden Argumentengruppen spielen Fragen der Außenhandelsstatistik eine Rolle.

II. DAS ÖKONOMISCH-THEORETISCHE ARGUMENT

Wir beginnen mit der ersten Argumentengruppe. Hier geht es um die Aufdeckung der allgemeinen und spezifischen Bewegungsgesetze, die den Außenhandel einmal unter kapitalistischen Bedingungen und zum anderen unter sozialistischen Verhältnissen regulieren. Diese abstrakt-logischen Darlegungen stellen die Haupt-, die *grundlegende* Argumentation dar. Bei der zweiten Argumentengruppe, den ökonomisch-historischen Darlegungen, handelt es sich lediglich um einen Prozeß der Verifizierung, der Erklärung der historischen Umstände, unter denen die Bewegungsgesetze des sozialistischen Außenhandels bisher in Aktion waren. Im ersten Teil abstrahieren wir, entsprechend der Aufgabe dieses Teils unserer Argumentation, von den historischen und auch von den natürlichen Bedingungen des Außenhandels, wie Größe des Staatsgebiets, Bevölkerungsdichte, Naturreichtümer u. ä.

Das allgemeine Bewegungsgesetz

Die Triebkraft oder der Anreiz zum Wirtschaften (zur Produktion, zum Außenhandel usw.) ist nicht „ewig-menschlich" und folglich im Charakter, im Typus nicht unveränderlich; Triebkraft bzw. Anreiz ergeben sich aus dem Wesen des jeweiligen Systems ökonomischer Beziehungen in der Gesellschaft. Dieses Wesen der Produktionsverhältnisse kann am allgemeinsten in einem Grundgesetz der jeweiligen, historisch gegebenen Produktionsverhältnisse formuliert werden. Die Produktionsbeziehungen der Menschen sind aber untrennbar mit den Produktivkräften der Gesellschaft verbunden. Der Bewegung der Produktionsverhältnisse (dabei auch ihres Grundgesetzes) liegt demnach die Bewegung des allgemeinen Widerspruchs der Produktionsweisen, des Widerspruchs zwischen Produktivkräften und Produktionsverhältnissen, zugrunde. Dieser Widerspruch nimmt in den verschiedenen

Produktionsweisen unterschiedliche Gestalt an. Sie wird vom gegebenen Charakter der Produktivkräfte und Produktionsverhältnisse bestimmt.

Das allgemeine, grundlegende Bewegungsgesetz der historisch gegebenen Produktionsverhältnisse und der ihm jeweils in historisch gegebener Gestalt zugrunde liegende Widerspruch zwischen Produktivkräften und Produktionsverhältnissen erklären das objektiv gegebene Ziel des Wirtschaftens und die zum Erreichen dieses Ziels objektiv notwendigen und gegebenen Mittel. Daraus leiten sich dann auch Wesen und Entwicklung der Triebkraft der Produktion, der Verteilung, des Außenhandels usw. ab.

Bekanntlich ist die Triebkraft der kapitalistischen Produktion der Zwang, daß die privaten Produktionsmitteleigentümer die eingesetzten Werte durch Erzielen von höchstmöglichem Profit verwerten. So ist auch das Ziel des kapitalistischen Außenhandels die Maximierung des Profits. Verspricht der Außenmarkt größere Profite als der Binnenmarkt, so geht das Kapital auf den Außenmarkt. Und umgekehrt. Die Befriedigung der Nachfrage stellt nur die allgemeine Basis dar, auf der allein dieser Zweck erreicht werden kann. Den kapitalistischen Händler interessiert überhaupt nicht, ob im Inland die arbeitende Bevölkerung darben muß, ihn interessiert überhaupt nicht, welches Maß an Ausbeutung der Kolonialvölker mit einem niedrigen Einkaufspreis kolonialer Rohstoffe und Nahrungsmittel verbunden ist. Auch wird eine Ware zwei- und dreimal verkauft. Kurz: der Profit entscheidet. Er jagt das Kapital auf die Außenmärkte, in alle Winkel der Erde. Der kapitalistische Außenhandel findet dort seine Schranke, wo dem Profit die Schranken gezogen sind. Der kapitalistische Außenhandel ist das legitime Kind des Systems der Konkurrenz und des Systems der nationalen und internationalen Exploitation.

Der Profitmechanismus des kapitalistischen Systems führt nicht zu einer „natürlichen" Ordnung der internationalen Arbeitsteilung, sondern zu einer Teilung der Weltwirtschaft in herrschende Industrieländer und abhängige Agrar- und Rohstoffgebiete. Der kapitalistische Außenhandel führt zu keinem Gleichgewicht in der Weltwirtschaft. Dies würde als allgemeinstes Kriterium doch wohl eine gleichberechtigte, annähernd gleichmäßige und umfassende Entwicklung der Produktivkräfte, Produktion, Einkommen und des Lebensstandards in *allen* Volkswirtschaften bedeuten.

Gunnar Myrdal hat in seiner Analyse der „westlichen" Weltwirtschaft und mit seiner Kritik der Gleichgewichtskonzeption der liberalen Theorie vom Außenhandel, die sich an den komparativen Kosten orientiert, völlig recht. Allerdings wiederholt er nur unpräziser, was die marxistischen Theoretiker seit eh und je behaupten:

> „Der größte Fehler in der bisherigen internationalen Integration in der nichtsowjetischen Welt ist . . . die Stagnation oder nur schleppende Entwicklung in den unterentwickelten Ländern und die sich erweiternde Kluft zwischen industriell fortgeschrittenen und rückständigen Ländern." [6]

[6] Myrdal, G., Internationale Wirtschaft. Berlin 1958, S. 181.

In seinen Kairoer Vorlesungen vom Oktober 1955[7] zog Myrdal aus einer ganzen Reihe theoretischer Überlegungen das folgende Fazit:

„Im Gegensatz zur Annahme der Gleichgewichtstheorie des internationalen Handels arbeitet das Spiel der Marktkräfte nicht darauf hin, Gleichheit bei der Vergütung der Produktionsfaktoren und folglich auch bei den Einkommen zu erzielen.“[8]

Aber nicht nur das:

„Unter diesen Umständen wirken die Marktkräfte in kumulativer Weise dahin, immer größere internationale Ungleichheiten zwischen den Ländern zu verursachen, und zwar sowohl bezüglich ihres wirtschaftlichen Entwicklungsniveaus als auch bezüglich des durchschnittlichen Nationaleinkommens je Kopf.“[9]

Über den Zusammenhang von (kapitalistischen!) Marktfaktoren und Kolonialsystem meint Myrdal:

„... primär bedeutete der Kolonialismus nur eine Verstärkung all der Kräfte auf den Märkten, die irgendwie in Richtung auf innere und internationale Ungleichheit arbeiteten.“[10]

So ist die Triebfeder des kapitalistischen Außenhandels der Profit. Sein Bewegungsgesetz ist das Mehrwertgesetz. Beide, das Mehrwertgesetz und die Profit-Triebfeder, entspringen den gesellschaftlichen Produktionsbedingungen, den kapitalistischen Produktionsverhältnissen.

Durch das Kapitalverhältnis sind in der klassengespaltenen kapitalistischen Gesellschaft die Dinge gleichsam auf den Kopf gestellt. Das Ziel der Produktion und des Außenhandels ist nicht die Vermehrung der Gebrauchswerte und die Erweiterung ihrer Sortimentskala entsprechend den Bedürfnissen der Gesellschaft; das Ziel besteht vielmehr darin, Profit zu erzielen. Die Entwicklung der Produktivkräfte, z. B. die Internationalisierung der Produktion, ist das Mittel, das eingesetzt wird, um das Profitziel zu erreichen. Ziel und Mittel stehen in konfliktgeladenem Widerspruch zueinander. Dieser spitzt sich mehr und mehr zu und kann erst aus der Welt geschafft werden, wenn zum kollektiven Charakter der modernen Produktivkräfte adäquate Produktionsverhältnisse geschaffen werden. Dies ist ebenso nur als Ergebnis der proletarischen Revolution möglich wie die Schaffung einer weltwirtschaftlichen Arbeitsgemeinschaft freier und gleichberechtigter Nationen. Nur eine solche internationale Gemeinschaft bildet die dem internationalen Charakter der modernen Produktivkräfte adäquate Form. Die kapitalistischen Produktionsverhältnisse bewegen sich demnach in einem spezifischen Widerspruch zu den Produktivkräften. Und dieser Widerspruch wiederum ist der grundlegende Bewegungswiderspruch des Außenhandels der kapitalistischen Produktionsweise.

Von diesem allgemeinsten Widerspruch muß man ausgehen, um dann stufenweise zu konkretisieren. Die Bewegung dieses allgemeinen Widerspruchs einer jeden Produktionsweise stellt sich in dem allgemeinen Bewegungsgesetz einer jeden Pro-

[7] Myrdal, G., Development and Under-Development. Cairo 1956. (Eine überarbeitete Ausgabe dieser Vorlesungen erschien 1957 in London unter dem Titel: Economic Theory and Underdeveloped Regions.)

[8] Ebenda, S. 47. [9] Ebenda, S. 51. [10] Ebenda, S. 55.

duktionsweise dar, im Gesetz der Übereinstimmung der Produktionsverhältnisse mit dem Charakter der Produktivkräfte.

Den Grundwiderspruch der kapitalistischen Produktionsweise hat Marx zum Beispiel auf folgende Art formuliert:

„Der Widerspruch dieser kapitalistischen Produktionsweise besteht ... in ihrer Tendenz zur absoluten Entwicklung der Produktiv*kräfte*, die beständig in Konflikt gerät mit den spezifischen Produktions*bedingungen*, worin sich das Kapital bewegt und allein bewegen kann."[11]

Projiziert man diesen allgemeinen Widerspruch auf das *internationale* System der kapitalistischen Produktionsweise, so könnte man den grundlegenden Widerspruch des kapitalistischen Systems der Weltwirtschaft (als einer Einheit von Produktivkräften und Produktionsverhältnissen) wie folgt fassen: Tendenz zur absoluten Internationalisierung der Produktion auf der einen Seite und Begrenzung dieser Tendenz durch das Kapitalverhältnis, aus dem sich die Kluft, der Gegensatz, zwischen den herrschenden Kapitalgruppen in den entwickelten Industrieländern und den kolonialen und abhängigen Agrar- und Rohstoffgebieten ergibt. Aus letzteren wird, wie weiter unten noch auszuführen ist, mittels des Wert- und Mehrwertmechanismus (z. B. des Nichtäquivalentenaustauschs und des Kapitalexports) gesellschaftliche Arbeit zu Lasten der abhängigen Gebiete und zugunsten des Großkapitals umverteilt.

Die sozialökonomische Funktion des kapitalistischen Außenhandels ergibt sich aus der Entwicklung des Wesens der kapitalistischen Produktionsverhältnisse in ihrem Widerspruch zu den Produktivkräften.

Der Kapitalismus hat eine gewaltige Entwicklung der produktiven Kräfte der menschlichen Gesellschaft herbeigeführt. Dabei verflocht er alle Völker der Erde zu einem einheitlichen System der Weltwirtschaft. Eine stürmische Internationalisierung der Produktion, eine internationale Arbeitsteilung vollzog sich. Das geschah sowohl mit ökonomischen Mitteln als auch mit den furchtbarsten Methoden der außerökonomischen Gewalt. Der Kolonialismus (in dieser oder jener Form) ist ein wesensbestimmendes Attribut des kapitalistischen Systems der Weltwirtschaft. Der kapitalistische Außenhandel steht im Dienste dieses Prozesses.

Die Bewegung des kapitalistischen Außenhandels ist in letzter Instanz eine Funktion der Bewegung des grundlegenden Widerspruchs der kapitalistischen Ökonomie, des Widerspruchs zwischen der Tendenz zur schrankenlosen Erweiterung der Produktivkräfte (damit auch ihrer Internationalisierung) und der kapitalistischen Form der Produktions*bedingungen* (kapitalistisches Privateigentum an den Produktionsmitteln und Produktionsergebnissen).

„Der äußere Markt ist notwendig, weil der kapitalistischen Produktion das Streben nach *schrankenloser* Erweiterung *eigen* ist im Gegensatz zu allen alten Produktionsweisen ..."[12]

Der Welthandel dient dem kapitalistischen Profitmechanismus, der Vermittlung des Kapitalexports, der Erschließung von Rohstoffquellen und Absatzmärkten.

[11] Marx, K., Das Kapital. Dietz Verlag, Berlin 1953, Bd. III. S. 286.

[12] Lenin, W. I., Zur Charakteristik des ökonomischen Romantismus, Anhang zu: Karl Marx, Das Kapital. Dietz Verlag, Berlin 1953, Bd. II, S. 548.

Der Welthandel nahm in der Ära des Kapitalismus gewaltig an Umfang zu. In dem Maße, in dem er zur Erschließung und Entwicklung von Produktivkräften, dabei auch zur Internationalisierung der Produktion beitrug, erfüllte er eine progressive Funktion. Diese ergab sich aus der progressiven Rolle der kapitalistischen Produktionsverhältnisse in jenem Zeitraum, in dem sie sich im wesentlichen in Übereinstimmung mit dem Charakter der Produktivkräfte befanden, in dem sie zur Entwicklung der Weltwirtschaft, zur wirtschaftlichen Kommunikation und Integration der Völker und Territorien beitrugen.

In den vor allem von J. Stalin ausgearbeiteten Thesen über „Die nationalen Momente im Partei- und Staatsaufbau" zum XII. Parteitag der Kommunistischen Partei Rußlands im Jahre 1923 wird die soeben skizzierte Funktion des kapitalistischen Weltmarkts klar dargestellt:

„Die Entwicklung des Kapitalismus zeigte bereits im vorigen Jahrhundert die Tendenz, die Produktions- und Austauschweise zu internationalisieren, die nationale Abkapselung aufzuheben, die Völker einander wirtschaftlich näherzubringen und gewaltige Territorien allmählich zu einem zusammenhängenden Ganzen zu vereinigen. Die weitere Entwicklung des Kapitalismus, die Entwicklung des Weltmarkts, der Ausbau der großen Seewege und Eisenbahnlinien, die Kapitalausfuhr und anderes verstärkten diese Tendenz noch mehr, indem sie die verschiedenartigsten Völker miteinander verknüpften durch die Bande internationaler Arbeitsteilung und allseitiger Abhängigkeit voneinander. Soweit dieser Prozeß die kolossale Entwicklung der Produktivkräfte widerspiegelte, soweit er die Aufhebung der natioalen Isolierung und der Interessengegensätze der verschiedenen Völker erleichterte, war und bleibt er ein progressiver Prozeß, denn er bereitet die materiellen Voraussetzungen für die zukünftige sozialistische Weltwirtschaft vor."[13]

Allerdings gab es in diesem progressiven Prozeß auch gewaltige Hemmnisse, die aus dem Charakter der kapitalistischen Produktionsverhältnisse resultieren; so zum Beispiel völlig ungenügende Breite und Tiefe der Entwicklung der Produktivkräfte, Krisen, ökonomische Disproportionen, Vernichtung von Produktivkräften durch Kriege, Raubbau u. a. m.

In der Zeit des Imperialismus geraten die kapitalistischen Produktionsverhältnisse in immer tiefere Konflikte mit den Entwicklungsbedürfnissen der heutigen Produktivkräfte. Deren gesellschaftlicher Charakter hat sich so entwickelt, daß nur die Vergesellschaftung der Produktionsmittel diesen Konflikt beseitigen kann.

„Vom ökonomischen Standpunkt aus gesehen, liegt den gegenwärtigen Konflikten und militärischen Zusammenstößen der kapitalistischen Gruppen untereinander, wie auch dem Kampf des Proletariats gegen die Klasse der Kapitalisten, der Konflikt der heutigen Produktivkräfte mit dem imperialistischen nationalen Rahmen ihrer Entwicklung und mit den kapitalistischen Aneignungsformen zugrunde. Der imperialistische Rahmen und die kapitalistische Form drosseln die Produktivkräfte, lassen sie nicht zur Entwicklung kommen. Der einzige Ausweg ist die Organisierung der Weltwirtschaft auf der Grundlage des wirtschaftlichen Zusammenwirkens zwischen den fortgeschrittenen (industriellen) und den rückständigen (Roh- und Brennstoffe besitzenden) Ländern (nicht aber auf der Grundlage der Ausplünderung der letzteren durch die ersteren). Dazu bedarf es eben der

[13] Stalin, J. W., Die nationalen Momente im Partei- und Staatsaufbau. In: J. W. Stalin, Werke. Dietz Verlag, Berlin 1952, Bd. 5, S. 159.

internationalen proletarischen Revolution. Ohne sie ist an die Organisierung und normale Entwicklung der Weltwirtschaft gar nicht zu denken."[14]

In der Weltwirtschaft des Imperialismus zeigt sich die konfliktgeladene Zuspitzung des grundlegenden weltwirtschaftlichen Widerspruchs vor allem in der ungenügenden Mechanisierung und Industrialisierung in den Agrar- und Rohstoffländern. Die kapitalistische Methode der internationalen Exploitation, z. B. die nichtäquivalente Umverteilung von gesellschaftlicher Arbeit aus den weniger produktiven in die produktiveren Volkswirtschaften (und hier wieder vor allem zugunsten des Finanzkapitals), ist zu einem Faktor geworden, der die internationale Arbeitsteilung stört und desorganisiert, der einer umfassenden Internationalisierung der Produktion hemmend im Wege steht, der Kolonialismus und Völkernot verewigen will.

In der Zeit des Imperialismus hat denn auch das Wachstum des Außenhandels nachgelassen. (Von 1937 bis 1959 nahm die Industrieproduktion der nichtsozialistischen Welt um 135% zu, während das physische Volumen der kapitalistischen Exporte nur um 89% zunahm.) Die Funktion des kapitalistischen Weltmarkts, die sich aus der Entwicklung des allgemeinen Widerspruchs des kapitalistischen Weltwirtschaftssystems ergibt, besteht nicht mehr in erster Linie in der Förderung der Tendenz zur *umfassenden* Internationalisierung der Produktion auf der Basis des Wert- und Mehrwertgesetzes, sondern in erster Linie in der Behinderung einer umfassenden, *alle* Volkswirtschaften der kapitalistischen Weltwirtschaft erfassenden Mechanisierung und Industrialisierung. Diese Behinderung wird durch das Wirken der Gesetze vom Monopolprofit und Monopolpreis hervorgerufen.

Natürlich gibt es auch während der Zuspitzung des Konflikts zwischen Produktivkräften und kapitalistischen Produktionsverhältnissen in der imperialistischen Epoche weiterhin noch Prozesse der zunehmenden Internationalisierung der Produktion, der industriellen Entwicklung in schwach entwickelten Gebieten usw. Aber diese progressiven Elemente sind nur Teilerscheinungen im reaktionären Ganzen (wie in der Zeit des vormonopolistischen Kapitalismus reaktionäre Elemente, wie Monopole und Vernichtungen von Produktivkräften, nur Teilerscheinungen in der progressiven Gesamtbewegung der Produktivkräfte waren).

Durch die sozialistische Revolution und den Aufbau sozialistischer Produktionsverhältnisse wird wieder eine Übereinstimmung der Produktionsverhältnisse mit dem Charakter der Produktivkräfte geschaffen. Die kollektiven Produktionsverhältnisse mit dem gesellschaftlichen Eigentum an den Produktionsmitteln entsprechen den Bedürfnissen der modernen Produktivkräfte, denn diese verlangen planmäßige, gesellschaftlich geregelte Großproduktion.

Die Kollektivität der sozialistischen Produktionsverhältnisse (dabei auch des sozialistischen Eigentums an den Produktionsmitteln) stellt sich in der Form des Gruppen- und Staatseigentums, in der Form des Bündnisses (Zusammenschlusses) befreundeter Nationen, Klassen und Schichten dar. Der Grad der Kollektivität ist

[14] Stalin, J. W., Die Partei vor und nach der Machtergreifung, ebenda, S. 94 f.

also noch abgestuft und erst recht noch nicht weltumfassend: es gibt noch Gruppeneigentum, Genossenschaften, verschiedene Klassen und Staaten.

Man könnte also den Widerspruch zwischen Produktivkräften und Produktionsverhältnissen unter den Bedingungen der sozialistischen Produktionsweise so formulieren, daß der Tendenz zu umfassender Vergesellschaftung der Produktion die gesellschaftlich beherrschten, kollektiven Produktionsverhältnisse in der Form von Gruppen-, Klassen- und Staatsbeziehungen entsprechen. Die neuen, sozialistischen Produktionsverhältnisse sind schon kollektiv, doch noch nicht im umfassenden Sinne der brüderlichen Weltgesellschaft, sondern erst im Sinne der brüderlich verbundenen sozialistischen Gruppen. (Unter *diesem* Gesichtspunkt sind auch die sozialistischen Staatsverbände Gruppen.)

Für das *internationale* sozialistische System, das sozialistische System der *Weltwirtschaft*, wäre demnach kennzeichnend, daß der Tendenz zur umfassenden Internationalisierung der Produktion die gesellschaftlich beherrschten, kollektiven Produktionsverhältnisse in der Form der internationalen Solidarität und Gemeinschaft selbständiger sozialistischer Volkswirtschaften entsprechen. Die Produktionsmittel und Produktionsergebnisse gehören sozialistischen Genossenschaften oder den sozialistischen Nationen (Staaten), weshalb zwischen den souveränen sozialistischen Staaten internationaler Austausch von Waren mit Preisen, Geld, Krediten usw. notwendig ist.

In der sozialistischen Wirtschaft herrscht, gemäß dem Charakter der Produktionsverhältnisse und ihrer Übereinstimmung mit dem Wesen der Produktivkräfte, Übereinstimmung zwischen Ziel und Mitteln des Wirtschaftens. Das Ziel des sozialistischen Wirtschaftens ist die höchstmögliche, gleichberechtigte und planmäßige Befriedigung der gesamtgesellschaftlichen Bedürfnisse; das Mittel ist die universelle, schnelle und planmäßige Entwicklung der Produktivität, der Produktivkräfte der sozialistischen Gesellschaft.

Um das Ziel zu erreichen und die Mittel zu stimulieren, ist die systematische, bewußt und vorausschauend gestaltete Entfaltung des kollektiven Charakters der sozialistischen Produktionsverhältnisse notwendig. Dies geschieht vor allem durch die Annäherung des Gruppeneigentums an das Staatseigentum, durch den Abbau der sozialen Unterschiede zwischen Arbeitern, Bauern und Intelligenz, durch die sozialistischen Brigaden, die sozialistische Gemeinschaftsarbeit u. a. m.

Aber das ist nur die *nationale* Seite der Entfaltung der kollektiven Wesenszüge der sozialistischen sozialökonomischen Beziehungen. Es gibt auch eine *internationale* Seite dieses Prozesses: die planmäßige und solidarische Verbindung zwischen den sozialistischen Volkswirtschaften durch wissenschaftlich-technische Zusammenarbeit, Investitions- und Produktionsabstimmungen, Außenhandels- und monetäre Vereinbarungen, durch die allmähliche Entwicklung internationalen Eigentums, gemeinsame internationale wirtschaftspolitische Beratungen, Planabstimmungen usw.

Betrachten wir Ziel und Mittel des sozialistischen Wirtschaftens vom Standpunkt des *internationalen* sozialistischen Wirtschaftssystems, so ist das Ziel des Wirtschaftens die höchstmögliche, gleichberechtigte und planmäßige Befriedigung der

Bedürfnisse der gesamten *internationalen* sozialistischen Gesellschaft durch die planmäßige Internationalisierung der sozialistischen Produktion. Dazu bedarf es der ständigen Vervollkommnung der internationalen Koordinierung der sozialistischen Volkswirtschaften, der planmäßigen Höherentwicklung der solidarischen internationalen Organisation der sozialistischen Produktionsverhältnisse. Die Entfaltung der internationalen Kollektivität des sozialistischen Wirtschaftssystems ist unerläßlich, um die Produktivität des sozialistischen Wirtschaftens zu steigern, den Wettkampf mit dem Imperialismus zu gewinnen und der kolonialen Freiheitsbewegung durch Beispiel und Hilfe Leuchtfeuer und Verbündeter in ihrem antiimperialistischen Kampf zu sein.

Entsprechend dem Ziel der sozialistischen Produktion bzw. des sozialistischen Weltwirtschaftssystems kann man als Ziel des sozialistischen Außenhandels die bestmögliche *gebrauchswertmäßige* Sicherung der schnellen Erweiterung der planmäßigen sozialistischen Reproduktion der internationalen sozialistischen Gesellschaft formulieren. In dem Maße, in dem das sozialistische Weltsystem wächst und sich die wirtschaftliche Zusammenarbeit zwischen den sozialistischen Staaten entwickelt, erfolgt die gebrauchswertmäßige Sicherung der einzelnen nationalen Reproduktionsprozesse in gleichberechtigter, solidarischer und planvoller internationaler Abstimmung und Koordinierung. Da unter den Bedingungen der sozialistischen Warenproduktion jeder Gebrauchswert Träger von Wert ist, bedeutet jede Gebrauchswertbewegung auch Wertbewegung. Diese Wertbewegung dient dem sozialistischen Außenhandel und der gesamten internationalen sozialistischen Wirtschaftszusammenarbeit als Signal-, Kontroll- und Stimulierungssystem der Gebrauchswertbewegung. Während also im kapitalistischen Außenhandel die Verwertung des Werts das Ziel ist, geht es im sozialistischen internationalen Handel um die rationelle Bewegung der Gebrauchswerte.

Ist die höchstmögliche gebrauchswertmäßige Sicherstellung der Bedürfnisbefriedigung der internationalen sozialistischen Gesellschaft das Ziel des sozialistischen Außenhandels, so ist das Mittel die Entfaltung der Produktivkräfte, z. B. die weitere Internationalisierung der Produktion. In diesem Ziel-Mittel-Mechanismus muß auch der internationale Warenumsatz von der sozialistischen Gesellschaft dazu eingesetzt werden, um das kollektive Wesen der sozialistischen Produktionsverhältnisse national und international zu entwickeln.

Wegen dieser Übereinstimmung von sozialistischen Produktionsverhältnissen und heutigen Produktivkräften, auch wegen der dargestellten Übereinstimmung von Ziel und Mittel des sozialistischen Wirtschaftens, trägt der internationale Warenumsatz zwischen den sozialistischen Staaten dazu bei, daß das allgemeine ökonomische Gesetz der ständigen Steigerung der Arbeitsproduktivität seinem Begriff gemäß, d. h. bei richtiger Erkenntnis und Anwendung, uneingeschränkt wirkt, während es in der imperialistischen Gesellschaft, weil hier die Produktionsverhältnisse Schranken der Produktivitätsentwicklung sind, nur begrenzt wirkt.

Eine der Funktionen des Außenhandels der sozialistischen Gesellschaft besteht also darin, den Prozeß der Vergesellschaftung der Produktion, dabei auch ihrer planmäßigen Internationalisierung, voranzutreiben. Der Außenhandel wirkt mit bei der schnellen und umfassenden Mechanisierung und Industrialisierung *aller* Volkswirtschaften des sozialistischen Weltsystems; er ist ein aktives Element bei der internationalen Koordinierung der volkswirtschaftlichen Entwicklungspläne und insgesamt beim Zusammenschluß der sozialistischen Nationen. So dient der sozialistische Außenhandel der höchstmöglichen Bedürfnisbefriedigung der Mitglieder der sozialistischen Gesellschaft.

Als allgemeine Kriterien sind die Bewegungsgesetze, Ziele, Funktionen usw. der Produktionsweise und ihres Außenhandels zwar notwendige, aber doch nicht hinreichende Prämissen, um Umfang, spezifisches Gewicht und Bewegung des Außenhandels der kapitalistischen oder der sozialistischen Gesellschaft zu untersuchen. Dazu bedarf es der Aufschlüsselung der allgemeinen Widersprüche und Gesetze der jeweiligen Produktionsweisen bzw. Produktionsverhältnisse in die wichtigsten *spezifischen* Widersprüche und Gesetze.

Spezifische Gesetzmäßigkeiten

Es gibt eine Reihe spezifischer Gesetzmäßigkeiten des kapitalistischen und des sozialistischen Außenhandels, die sich, ein- oder mehrstufig vermittelt, aus den allgemeinen Entwicklungsgesetzen der Produktionsweisen und ihrer Produktionsverhältnisse ergeben.

Wir bringen zunächst, auf der Grundlage von Marx' „Kapital“, neun spezifische Gesetzmäßigkeiten des Welthandels der kapitalistischen Gesellschaft.

1. Das Kaufmannskapital ist gegenüber dem Produktionskapital relativ verselbständigt, was den Außenhandel zu einer eigenen Sphäre für Kapitalanlage (und folglich Gewinnerzielung) macht. Das führt zu zweierlei: erstens, unter den Bedingungen des Privateigentums und der Konkurrenzwirtschaft, zur planlosen Trennung von Produktion und Außenhandel; zweitens zur ausbeuterischen und spekulativen Markteroberung, -durchdringung, -behauptung usw. Diese relative Verselbständigung des Außenhandelskapitals gegenüber den anderen Zweig-Kapitalien kann zu kurz- und langfristigen Erweiterungen des internationalen Warenumsatzes führen, die das Ergebnis von Spekulationen, Mißverhältnissen und anderen Ungleichgewichtslagen sind, nicht jedoch das Resultat einer Erweiterung der materiellen Produktion.

2. Es wirkt das Gesetz des tendentiellen Falls der Durchschnittsprofitrate. Der Außenhandel ist hier sehr häufig ein Gegenfaktor. Kapital und Waren werden ins Ausland geschickt, wenn dort höhere Profite zu erwarten sind. Der Erweiterung des Außenmarktes entspricht gegebenenfalls ein relatives Zurückbleiben des Binnenmarktes.

3. Im Imperialismus wirken die Gesetze vom Monopolprofit und vom Monopolpreis. Aus ihnen ergibt sich u. a. die Bestimmung des Außenhandels durch den Kapitalexport. Innerhalb der Zahlungsbilanz bedeutet dies: Bestimmung der Bewegung der Handelsbilanz durch die Bewegung der Kapitalbilanz.

4. Der staatsmonopolistische Kapitalismus verstärkt die Tendenz zu Gewalt und Krieg, zu nationaler und internationaler Ausbeutung und Unterjochung. Die Stützpunktpolitik des US-Imperialismus und seine Rüstungs- und sonstigen sogenannten „Hilfs“-Lieferungen demonstrieren deutlich genug, zu welchen Ausweitungen des Außenhandels es unter den Bedingungen der staatlich-monopolistischen Regulierung der Wirtschaft kommen kann. Auf der anderen Seite wird an den Beispielen der faschistischen „Autarkie“-Politik in der Vorkriegszeit und der imperialistischen Embargopolitik in der Nachkriegszeit deutlich, wie der staatsmonopolistische Kapitalismus zu Störungen und Schrumpfungen des internationalen Handels führen kann.

Es bestätigt sich auch hier: in jedem Falle ist theoretisch und historisch umfassend zu untersuchen, wodurch Volumen, Struktur und Raten des Außenhandels bestimmt werden.

5. Das kapitalistische Lohngesetz läßt den Außenhandel sich dorthin orientieren, wo das Kapital die Arbeitskräfte am besten zu verwerten glaubt. Deshalb die Entwicklung von Ackerbau, Plantagenwirtschaft, extraktiver Industrie und gegebenenfalls auch von einigen Stufen und Zweigen der einfachen verarbeitenden Industrie in den technisch-ökonomisch weniger entwickelten Ländern.

Natürlich hat diese Tendenz nichts mit einer „harmonischen“ Entwicklung der Produktivkräfte der Weltwirtschaft im Gleichgewicht und einer Allocation der Produktion nach den Prinzipien des (langfristigen) Kostenoptimums zu tun. Das Kapital hat Interesse an einer relativen Überbevölkerung und an billigen, ungelernten Arbeitskräften in den Rohstoff- und Nahrungsmittelländern. So sind wesentliche Teile der kapitalistischen Außenhandelsexpansion nicht das Ergebnis einer Erhöhung des Lebensniveaus und der Arbeitsproduktivität, sondern umgekehrt der Stagnation und der Armut.

6. Zum Streben nach Profit gehört auch das Streben nach Verbilligung des konstanten Kapitals mit seinen fixen und zirkulierenden Bestandteilen. Außenhandel und Kolonialismus dienen dieser Verbilligung des konstanten Kapitals in den herrschenden Ländern.

7. Im Kapitalismus entwickeln sich die einzelnen Betriebe, Zweige, Reproduktionssphären, Volkswirtschaften usw. äußert ungleichmäßig (nicht nur technisch, sondern eben gerade ökonomisch — also gebrauchswert- und wertmäßig nicht im Gleichgewicht). Diese laufenden und sich von Zeit zu Zeit akkumulierenden Ungleichgewichtslagen verstärken den Zwang zum Export, zum Aufsuchen anderer Absatzmärkte und Profitquellen.

8. In der kapitalistischen Wirtschaft wirkt das Gesetz der Überproduktionskrisen. Die unter 7. angeführten einzelnen Disproportionalitäten sind nur Elemente im Ablauf des Krisenzyklus. Wie die Geschichte des Kapitalismus lehrt, sind Entwicklung und Bewegung des kapitalistischen Außenhandels nur in Verbindung mit der Bewegung und Entwicklung des Krisengesetzes zu verstehen.

9. In der Form der Wechselbeziehungen zwischen Handels- und Dienstleistungsbilanz auf der einen und der gesamten Zahlungsbilanz auf der anderen Seite, wie schließlich des Valutakurses zum dritten, zeigen sich bestimmte konkrete Seiten im

Wirken des Wertgesetzes auf dem kapitalistischen Weltmarkt. Da Ware und Geld aber in der kapitalistischen Ordnung nur Erscheinungsformen des Kapitalverhältnisses sind, werden Handels- und Zahlungsbilanzveränderungen in der kapitalistischen Wirtschaft, in Verbindung mit der Bewegung der Valutakurse, durch die Bewegung der internationalen Ausbeutungs- und Konkurrenzverhältnisse bestimmt.

Mit dieser kurzen und auch nicht vollständigen Aufzählung einiger spezifischer Gesetzmäßigkeiten des internationalen Handels in der kapitalistischen Gesellschaft sollte angedeutet werden, wie viele Möglichkeiten und Notwendigkeiten einer disproportionalen Entwicklung des Außenhandels es in der kapitalistischen Ökonomik gibt. Die wichtigsten Disproportionen sind die zwischen Binnen- und Außenmarkt, zwischen Außenhandelsprofit und Lebenshaltung der breiten Volksmassen, zwischen herrschenden imperialistischen Staaten und kolonialen und abhängigen Ländern.

Aus allen diesen Disproportionen zwischen den Außenhandels- und anderen ökonomischen Prozessen ergibt sich, daß ein hoher Außenhandelsumsatz an und für sich noch keineswegs Kennziffer des Wohlstands zu sein braucht. Aus den erwähnten spezifischen Gesetzmäßigkeiten und Disproportionen ergibt sich weiter, daß dem Kapitalismus Außenhandelsexpansionen eigen sind, die im völligen Gegensatz zur kollektiven und planmäßigen Natur der sozialistischen Weltwirtschaft stehen und dieser folglich wesensfremd sind.

Das wird auch deutlich, wenn wir jetzt kurz einige spezifische Gesetzmäßigkeiten der Bewegung und Entwicklung des internationalen Handels in der sozialistischen Wirtschaftsordnung betrachten.

1. Für das internationale System der sozialistischen Wirtschaft ergibt sich aus dem Gesetz der planmäßigen Entwicklung die Notwendigkeit, die nationalen Reproduktionsprozesse in ihrer Gesamtheit und in ihren einzelnen Elementen international abzustimmen. Die Außenhandelsvereinbarungen sind also nur Teil der internationalen Plankoordinierungen, der technisch-wissenschaftlichen Zusammenarbeit der sozialistischen Staaten, der internationalen Investitions- und Produktionsvereinbarungen.

2. In der sozialistischen Weltwirtschaft geht eine planmäßige internationale Produktionsspezialisierung und -kooperation vor sich. Sie erfolgt bei durchgängiger Mechanisierung und Industrialisierung *aller* sozialistischen Volkswirtschaften, also nicht in einem System von herrschenden Industrieländern und abhängigen Agrar- und Rohstoffgebieten. Je produktiver und reicher alle einzelnen Glieder des sozialistischen Weltwirtschaftssystems sind, desto mehr Möglichkeiten gibt es für den internationalen Austausch; und je mehr rationelle internationale Arbeitsteilung stattfindet, desto mehr Notwendigkeiten ergeben sich für einen ausgedehnten internationalen Warenumsatz. (Wir abstrahieren auch hier wieder von natürlichen und historischen Umständen.)

3. Während in der kapitalistischen Weltwirtschaft das Gesetz vom vorrangigen Wachstum der Produktionsmittel-, insbesondere Produktionsinstrumentenerzeugung, nur in der Weltwirtschaft insgesamt (nicht z. B. in ihren abhängigen Gebieten) wirkt, gelangt dieses Gesetz in der sozialistischen Weltwirtschaft in jedem einzelnen Land zur Entfaltung. Daraus leitet sich, besonders auf der Grundlage

der gleichberechtigten und planmäßigen internationalen Arbeitsteilung, das Gesetz des vorrangigen Wachstums des Außenhandels in Produktionsmitteln, besonders Produktionsinstrumenten, ab.

4. Aus der komplexen Industrieentwicklung in jedem einzelnen Land des sozialistischen Weltsystems und aus der planmäßigen internationalen Zusammenarbeit und Hilfeleistung leitet sich das Gesetz der allmählichen Angleichung des Entwicklungsniveaus der einzelnen sozialistischen Volkswirtschaften ab. Der sozialistische Außenhandel steht im Dienste dieses Prozesses, hat ihn zu fördern. Je mehr dieser Prozeß voranschreitet, desto stabiler werden wiederum die Grundlagen für einen ausgedehnten Außenhandelsumsatz im internationalen sozialistischen System.

5. Im Sozialismus wird der Außenhandel mit Hilfe des Außenhandels-, Transport- und Valutamonopols staatlich geleitet. Das garantiert, daß nicht betriebliche und Gruppeninteressen, sondern die volkswirtschaftlichen Interessen (bei internationaler Abstimmung derselben) Struktur, Richtung, Entwicklung usw. des Außenhandels bestimmen.

6. Aus allem, was vorher gesagt wurde, ergibt sich, daß es nicht mehr das Wertgesetz ist, das den sozialistischen Außenhandel in seiner Gesamtentwicklung reguliert. Dadurch ergeben sich neue Beziehungen zwischen Wert und Gebrauchswert, zwischen Wertgrößen und Weltmarktpreis, zwischen Zahlungsbilanz und Valutakurs usw. Diese neuen Beziehungen und Gesetzmäßigkeiten müssen in den Dienst der planmäßigen Erweiterung des internationalen sozialistischen Warenumsatzes gestellt werden.

Die Punkte 1. bis 6. sollten, in Verbindung mit den Ausführungen über die allgemeinen Gesetzmäßigkeiten und Triebkräfte des Außenhandels der sozialistischen Gesellschaft, zumindest andeuten, daß für die sozialistische Wirtschaft Gleichgewicht und Proportionalität von Binnen- und Außenmarkt kennzeichnend sind. Uns scheint, daß diese Relationen zwischen Binnen- und Außenmarkt *Grundfragen* sind, die bei einer Analyse des sozialistischen resp. kapitalistischen Anteils am Welthandel die ihr gebührende Rolle zu spielen haben. Wir wollen deshalb dieses Problem des Verhältnisses von Binnen- und Außenmarkt, auf der Grundlage der dargestellten allgemeinen und spezifischen Gesetzmäßigkeiten, an zwei wichtigen weiteren ökonomischen Komplexen deutlich machen.

Das Schema des Zusammenhangs von Industrieentwicklung und Außenmarkt in der kapitalistischen und in der sozialistischen Wirtschaft

Die Produktivkräfte und die internationale Arbeitsteilung werden durch den kapitalistischen Außenhandel höchst einseitig, planlos und ungleichmäßig entwickelt.

Das gilt zwar für jedes zur kapitalistischen Weltwirtschaft gehörende Land, ganz besonders aber für die ausgeplünderten Kolonialgebiete und abhängigen Länder. Raubbau an Mensch und Boden auf der einen Seite, Brachliegenlassen von Naturschätzen und -kräften auf der anderen Seite, schließlich Be- oder gar Verhinderung des Aufbaus der verarbeitenden Industrie, in erster Linie eines modernen, produktiven Maschinenbaus — das sind nur einige Seiten der planlosen, ungleichmäßigen und sich nicht in einem System der Gleichberechtigung und gegenseitigen Hilfe vollziehenden Entwicklung der Produktivkräfte.

Selbstverständlich hat der Marxismus nie die These aufgestellt, daß es in den Kolonien und abhängigen Ländern des internationalen kapitalistischen Systems keine Produktivitätsentwicklung gäbe, daß sich die Arbeiter dort keine Verbesserung ihres Lebensstandards erkämpfen können usw. Nein, die marxistische These lautet, daß erstens die Produktivitätsfortschritte mit den Methoden der Ausbeutung, der sozialen und kulturellen Verelendung, der ökonomischen und außerökonomischen Gewalt erfolgen und daß zweitens diese Fortschritte in der Produktivität und Lebenshaltung völlig unzureichend sind, nicht den Potenzen der ausgeplünderten Volkswirtschaften entsprechen, daß Produktivkräfte nur dort entwickelt werden, wo sie dem ausländischen Kapital genügend Profit bringen, daß Raubbau an Mensch und Natur betrieben wird, wodurch, ganz abgesehen von den Kriegen, Produktivkräfte ruiniert, verwüstet und zerstört werden. Es wird, wie wir noch zeigen werden, gesellschaftliche Arbeit einseitig in die entwickelteren Volkswirtschaften umverteilt, und es wird der Binnenmarkt zugunsten des Außenmarkts vernachlässigt.

Das Kapital der führenden Industrienationen behindert vor allem eine den Möglichkeiten adäquate systematische Industrialisierung der Agrar- und Rohstoffanhängsel des kapitalistischen Weltwirtschaftssystems. Das Finanzkapital benötigt diese Anhängsel, weil es Absatzmärkte braucht und weil es sich Gebiete sichern will, in denen mit billigen Arbeitskräften die Reichtümer der Natur ausgeplündert werden können, um das konstante Kapital und gegebenenfalls auch, über billige Massennahrungsmittel-Importe, das variable Kapital in den führenden Ländern zu verbilligen; schließlich auch deshalb, weil das herrschende internationale Kapital Gebiete braucht, in denen wegen der niedrigen organischen Zusammensetzung des Kapitals und der billigen Arbeitskraft die Profitrate hoch ist, was Kapitalexport in die dortige Landwirtschaft, extraktive und in bestimmtem Umfange auch verarbeitende Industrie profitabel macht.

Noch heute, da in der imperialistischen Welt so viel von „Entwicklungshilfe" gefaselt wird, ist es in Kreisen kapitalistischer Wirtschaftswissenschaftler durchaus üblich, gegen den Ausbau (oder doch „zu schnellen" Ausbau) einer verarbeitenden Industrie, besonders einer effektiven Produktionsinstrumenten-Industrie, in den Entwicklungsländern zu Felde zu ziehen. Als „Begründung" werden immer wieder die abgeklapperten Droschkengäule der Produktionsfaktoren- und Grenzproduktivitätstheorien vor den Wagen der Apologie gespannt. Der Überfluß an billiger Arbeitskraft und an Boden sowie die Knappheit an Kapital und „entrepreneurship" (Unternehmerfähigkeit) führten, so heißt es, bei allen kapitalintensiven Produktionen zu hohen Erzeugnispreisen gemäß der Zurechnungskonzeption, derzufolge die Grenzleistungsfähigkeit des knappsten und folglich teuersten Produktionsfaktors preisbestimmend sei. Abgesehen davon, daß hier Wert und Preis, Profit und Mehrarbeit, Kapital und Produktionsgrundlagen resp. Produktivkräfte durcheinandergeworfen werden, ist die Betrachtungsweise formal und statisch. Es wird z. B. übersehen, daß die Entwicklungshilfe gerade so zu organisieren ist und die eigenen Kräfte in den schwachentwickelten Ländern gerade so zu entwickeln sind, daß die Produktivität in möglichst kurzer Zeit schnell und gegebenenfalls sogar sprunghaft gesteigert werden kann. (Man braucht nur das alte und das neue China oder das heutige China und Indien bzw. Brasilien gegenüberzustellen, um sich die Problematik anschaulich zu machen.)

Da die „freie Welt" oder, wie Adolf Weber gerne sagt, „das christliche Abendland" den sogenannten unterentwickelten Ländern beim Ausbau einer wohlstandsmehrenden, proportionierten Industrie nicht geholfen hat und nicht hilft, sind diese Länder, vor allem die selbständig gewordenen neuen Staaten, gezwungen, mit Hilfe des eigenen Staatskapitalismus die Industrie, besonders die Schwerindustrie, aufzubauen. Dabei stützen sie sich mehr und mehr auf die Zusammenarbeit mit den sozialistischen Staaten. Das gefällt Adolf Weber überhaupt nicht. Er schreibt:

> „Der hier erwähnte ungenügende Einsatz von Produktivkapital (in der Sowjetunion – G. K.) und die unzweckmäßige Verwendung dieses dynamischen Produktionselementes liegen im Wesen des Systems der Sowjet*wirtschaft*. Damit verbindet sich eine andere, gefährliche Kapitalverschwendung, die *politisch* bedingt ist. Wir sahen, daß die Art, wie aus politischen Gründen den unentwickelten Ländern scheinbar billige Kredite gewährt werden, wenig beigetragen hat zu einem dauerhaften wirtschaftlichen Aufschwung. Der Hauptzweck war offenbar, diese Länder politisch auf den ‚rechten Weg' zu bringen. Der dadurch hervorgerufene Wettlauf der kapitalistischen Länder, nicht minder guten Willen zu zeigen, führte zu Fehlleitungen des Kapitals; den unentwickelten Ländern wurde mehr geschadet als genutzt, weil auf eine rasch hingestellte Fassade mehr Gewicht gelegt wurde als auf ein solides Fundament. Jedenfalls wird das allenthalben knappe Produktionselement Produktivkapital weltwirtschaftlich gesehen nicht da eingesetzt, wo es dem Grade der Knappheit entsprechend am schnellsten und ergiebigsten reproduziert wird."[15]

Die Praxis hat aber, so glauben wir, schon zur Genüge gezeigt, daß und wie die Sowjetunion zugleich die eigene Wirtschaft entwickeln, mit den anderen sozialistischen Staaten zusammenarbeiten und den antiimperialistischen Staaten helfen kann. Weber meint hingegen:

> „Infolgedessen steht der neue Siebenjahrplan (der Sowjetunion – G. K.) auf recht schwachen Füßen. Er kann nur dadurch aus dem Bereich der Utopie herausgebracht werden, daß die freie Welt mit reichlichen langfristigen Krediten hilft."[16]

Dankeschön! Die Sowjetunion hat bewiesen, wie sie sich ohne diese „Hilfe" entwickeln und außerdem noch Hilfe gewähren kann.

Natürlich sind, kurz- und mittelfristig betrachtet, Investitionen in den produktiveren Volkswirtschaften in der Regel ergiebiger als in den weniger entwickelten. Aber langfristig betrachtet, bringt gerade die Hilfe der entwickelteren sozialistischen Volkswirtschaften für die weniger entwickelten Länder jenen allgemeinen Grad an *welt*wirtschaftlicher Produktivität und Industrialisierung, der allein das Aufblühen aller Volkswirtschaften und der Weltwirtschaft insgesamt gewährleistet.

[15] A. Weber, Sowjetwirtschaft und Weltwirtschaft. Berlin 1959, S. 270 f.
[16] Ebenda, S. 275.

Weber meint weiter, daß geplanter Aufbau der Schwerindustrie zwangsläufig zur politischen Diktatur führe:

„Von allen guten Geistern verlassen sind die Staatsmänner der freien Welt, die der von Moskau ausgehenden Propaganda für die Losung: ‚Durch Staatsplanung zur Schwerindustrie' in den unentwickelten Ländern Vorschub leisten. Das kann nur zur Zerstörung jeder Wirtschaftsordnung führen und zur Rettung aus dem Chaos durch eine Militärdiktatur. So in Ägypten und im Sudan, in Burma, Pakistan und Thailand, in Vietnam, Indonesien und Korea. Man kann es diesen neuzeitlichen Diktatoren nicht verargen, wenn sie mit Mißtrauen sowohl auf die Sowjetunion als auch auf die freie Welt schauen."[17]

Welche absurde Argumentation!

Bei der Frage Diktatur — Demokratie kommt es bekanntlich auf die Klassenkräfte, auf den gesellschaftlichen Charakter der Demokratie und Diktatur an. Weil Weber das bestreitet, sind bei ihm zum Teil sehr heterogene Staaten aufgezählt. Er untersucht nicht die Funktion der jeweiligen Staaten: ob reaktionär oder fortschrittlich. Schließlich ist durch nichts bewiesen, daß geplanter Aufbau der Schwerindustrie zur Diktatur führen muß. Wohl aber ist bewiesen, daß der Monopolkapitalismus die Tendenz zu Reaktion und faschistischer Diktatur in sich birgt. Richtig wäre außerdem die These, daß nur unter der Diktatur der Arbeiterklasse eine konsequente, proportionale, planmäßige, den Werktätigen zugute kommende Industrialisierung möglich ist.

Weber schließt seinen oben gebrachten Ausführungen einen Appell an:

„Jedenfalls lastet auf der reich gewordenen freien Welt, auf dem christlichen Abendland insbesondere, die moralische Pflicht, der in größtem Elend befindlichen Bevölkerung der unentwickelten Länder nach besten Kräften, auch unter beträchtlichen unmittelbaren Opfern so zu helfen, daß sie sich selbst helfen können, eine höhere Lebenshaltung zu erreichen und zu sichern. Das ist zugleich der beste Weg, um dem zukünftigen Export neue Möglichkeiten dauerhafter Art zu öffnen. Internationale Organisationen können dabei auch insofern helfen, als sie durch geeignete Maßnahmen, z. B. Liquiditätsfonds (Weltwährungsfonds) und ‚Puffer-Lager' für die Überwindung eines *kurzfristigen* Ungleichgewichts sorgen."[18]

Das ist in den Wind geredet. Damit kommt Weber etwas spät. Diese Gelegenheiten zur Hilfeleistung hat „das christliche Abendland" Jahrzehnte und Jahrhunderte hindurch gehabt. Es wurde nichts daraus, weil der in der kapitalistischen Geschäftswelt allein angebetete Gott der Profit ist. Nun ist es vorbei und zu spät. Der Kapitalismus tritt ab. Das Kolonialregime bricht zusammen. Die Völker erkämpfen sich ihre Freiheit. Der Sozialismus siegt.

Wie Adolf Weber, so ist auch Albrecht Forstmann begeisterter Anhänger des imperialistischen Prinzips der Teilung der Welt in Herren und Knechte, in „berufene" und nicht begnadete Nationen, in herrschende Industriestaaten und deren Agrar- und Rohstoffhinterland. In seiner Polemik gegen die von uns in der Arbeit „Der demokratische Weltmarkt" vertretene marxistische These von der Möglichkeit und Notwendigkeit der sozialistischen Industrialisierung mit einer Schwerindustrie

[17] Ebenda, S. 256. [18] Ebenda, S. 257.

als Basis in jedem Land behauptet Forstmann, daß diese These dann nicht zutreffe,

„wenn sich ein Land wirtschaftlich nur für die agrarische Produktion eignet".[19]

Sollte sich damals zu Herrn Forstmann wirklich noch nicht die Binsenweisheit herumgesprochen haben, daß gerade eine solide Agrarwirtschaft eine ausgezeichnete Grundlage für den Aufbau einer Industrie abgibt und daß es keine von Natur aus nur zur Landwirtschaft auserkorenen Völker gibt?

Forstmann polemisiert weiter und erzählt,

„daß sich die Entwicklung einer Schwerindustrie, die nicht das Ergebnis der natürlichen(?) wirtschaftlichen Entwicklung ist ... *niemals ökonomisch, sondern immer nur politisch begründen*" lasse.[20]

Dabei versteht Forstmann unter „natürlichen Faktoren" ganz seltsamerweise die historisch begrenzten Faktoren des sogenannten freien Marktmechanismus. Dieser aber führt, wie die Geschichte lehrt und wie weiter unten noch erläutert werden soll, weder im Modell noch in der Realität zu einer weltwirtschaftlich umfassenden Industrialisierung.

„Für vernünftige Industrialisierung" sprach sich, laut Überschrift des „Industriekurier", Bruno Kiesewetter vor dem 13. Deutschen Betriebswirtschaftler-Tag 1959 in Westberlin aus.[21]

„Die Industrialisierung selbst", so heißt es in dem Bericht, „müsse anknüpfen an die Verarbeitung heimischer Rohstoffe, d. h. der vorhandenen handwerklichen und gewerblichen Produktion, wobei darauf geachtet werden sollte, daß die Produktionsverfahren einfach sein müssen."

Die Einsicht in das Unabänderliche läßt Kiesewetter zum Strohhalm des kleineren Übels greifen: wenn schon, dann nur einfache Produktionsverfahren. Er sagt nichts über die heute in der Welt vorhandenen Möglichkeiten, den jungen Ländern dabei behilflich zu sein, ihre Industrie schnell aufzubauen, dabei bestimmte Etappen abzukürzen und in gleichberechtigter internationaler Zusammenarbeit rechtzeitig Kurs auf die Schwerindustrie zu nehmen. Vernünftige Industrialisierung kann doch nur proportionale Entwicklung gemäß den vorhandenen *und zu schaffenden* Möglichkeiten sein.

Kiesewetter spricht von „der Verführungsmacht des Sowjetsystems", die doch „so groß" sei. Er sollte aber begreifen, daß *Angst* vor dieser Verführungsmacht und *Angst* vor der kolonialen Freiheitsbewegung *kein wissenschaftlicher Standpunkt* sind. Damit gelangt man nicht zu wissenschaftlicher Analyse und Vorausschau der stürmischen weltwirtschaftlichen Entwicklung.

Reaktionär, wie stets, ist auch in dieser Frage Wilhelm Röpke.[22] Sein Haß gegen Kommunismus und sogenannten Kollektivismus macht ihn blind für alle ent-

[19] Forstmann, A., Die Grundlagen der Außenwirtschaftstheorie. Berlin 1956, S. 122.

[20] Ebenda.

[21] Für vernünftige Industrialisierung — Prof. Kiesewetter: Entwicklungsländer müssen Vorbedingungen erfüllen. In: „Industriekurier" vom 19. 9. 1959, S. 6.

[22] Röpke, W., Entwicklungshilfe, Wasser auf kommunistische Mühlen? In: „Frankfurter Allgemeine Zeitung" vom 19. 9. 1959, S. 5.

scheidenden realen ökonomischen Prozesse. Er warnt „den Westen" vor einem „unbesonnenen Wettlauf mit dem kommunistischen Imperium", wodurch dieser Westen selbst „in das geistige Gravitationsfeld Moskaus" gerate, „mehr als die meisten wissen oder ahnen." Röpke ist gegen eine Entwicklungshilfe, die den öffentlichen Sektor und die Schwerindustrie stimuliert; das sei nur „Wasser auf kommunistische Mühlen". Er ist gegen „internationale Armenpflege", „Subsidien", „Almosen".

> „Eine westliche Hilfe, die in der Hauptsache dazu dient, jene Völker in jähem Übergang von einer ländlich-patriarchalischen Gesellschaft zum industriellen Proletarismus aus dem Schutzgewebe (!) des Dorfes herauszureißen, ist sogar der sicherste Weg, sie für den kommunistischen Bazillus anfällig zu machen."

In der Tat, das ist das Dilemma aller Fürsprecher des Imperialismus und der Konzeption von den zur Führung berufenen Rassen resp. abendländischen Kulturen: Die modernen Produktivkräfte drängen zur Durchindustrialisierung der Weltwirtschaft; stemmen sich die imperialistischen Kräfte dagegen, werden sie durch den Befreiungskampf der Völker hinweggefegt; treibt hingegen die Profitchance oder, wie man auch sagt, „der harte Geschäftssinn"[23] die Monopolisten zum Kapitalexport (in der bürgerlichen Sprache der Scheinheiligen als Entwicklungshilfe aufgeputzt), dann entwickeln sich Industrie, Proletariat und Klassenkampf, es reifen die materiellen Bedingungen und gesellschaftlichen Kräfte für die sozialistische Revolution heran. Im 20. Jahrhundert führen eben alle Wege zum Kommunismus!

Die erwähnten und eine Reihe anderer Autoren, bewußte oder unbewußte Missionare des Großkapitals, wollen die einseitige weltwirtschaftliche Industriestruktur des Kapitalismus möglichst lange aufrechterhalten.

Typisch für die Agrar- und Rohstoffanhängsel der kapitalistischen Weltwirtschaft ist, wenn sie überhaupt in das Stadium der Industrialisierung hineinwachsen, nicht die Breiten- und Tiefenindustrialisierung (und -mechanisierung), wie wir sie in den herrschenden kapitalistischen Industrieländern antreffen, sondern die nicht in die Tiefe gehende, also die extensive, und die nicht in die Breite gehende Industrialisierung, die nur ein oder zwei Zweige der extraktiven Industrie, gegebenenfalls noch diese oder jene untere Stufe der verarbeitenden Industrie erfaßt.

Die antagonistische Kluft, die in der kapitalistischen Weltwirtschaft zwischen den herrschenden Industrienationen und den abhängigen Agrar- und Rohstoffländern besteht, läßt sich als Typus in zwei konträren Industrialisierungsmodellen darstellen:

Das Modell der entwickelten Länder zeigt eine breite, kapitalintensive und maschinenbauorientierte *Komplexindustrialisierung.* Diesem Typus entspricht ein hohes Nationaleinkommen je Kopf der Bevölkerung, wobei die Industrie die Hauptquelle des Nationaleinkommens ist.

[23] „Nur zu oft gewinnt man den Eindruck, daß hinter der Geschäftigkeit, mit der viele sich mit der Entwicklungshilfe befassen, auch („auch" ist gut! — G. K.) ein harter Geschäftssinn steht, der auf ein sicheres, vom Staat garantiertes Geschäft abzielt." (Pentzlin, H., Entwicklungshilfe — ein Faß ohne Boden. In: „Die Welt" vom 23. April 1960, S. 9).

Das Modell der schwach entwickelten Volkswirtschaften weist eine *enge, einseitige,* auf die Leichtindustrie orientierte *Industrieentwicklung* auf: ein oder zwei Industriezweige der unteren Verarbeitungsstufen machen 50–90% der industriellen Produktion aus. Das Nationaleinkommen ist niedrig, und die Industrie ist nicht dessen dominierende Quelle.

Diagramm 1 veranschaulicht am Beispiel der aus Tabelle 8 entnommenen Zahlen für Westdeutschland, wie eine komplexe kapitalistische Industrieentwicklung im

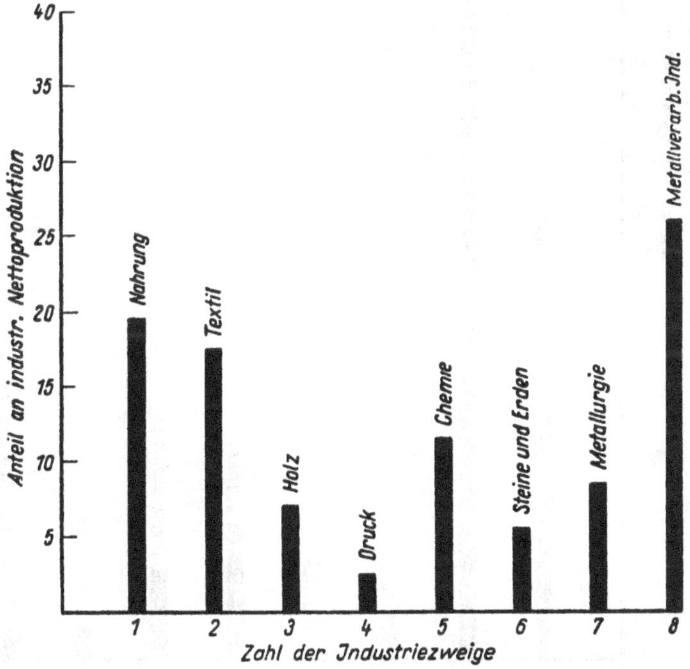

Abb. 1. Komplexe Industrieentwicklung (Westdeutschland 1950)

Regelfall aussieht, während in *Diagramm 2* am Beispiel Ägyptens eine einseitige, enge, völlig unvollständige Industrieentwicklung dargestellt wird.

Diagramm 3 zeigt in einem Schema sowohl eine intensive, komplexe Industrialisierung, bei der der Einkommenseffekt und die Menge des eingesetzten Kapitals hoch sind und bei der alle Industriezweige kleiner sind als der Maschinenbau als auch eine unvollständige, einseitige oder Oberflächenindustrieentwicklung, bei der Menge und Produktivität der installierten Kapitalien niedrig sind und die meisten Industriezweige sehr stark nach oben vom Maschinenbau abweichen, der Maschinenbau also wenig entwickelt ist.

In *Tabelle 8* (vgl. Anhang) wurde an Hand einer UN-Statistik die industrielle Struktur einiger entwickelter kapitalistischer Industrieländer und wenig entwickelter Agrar- und Rohstoffländer dargestellt. Die Zahlen bringen deutlich den Ant-

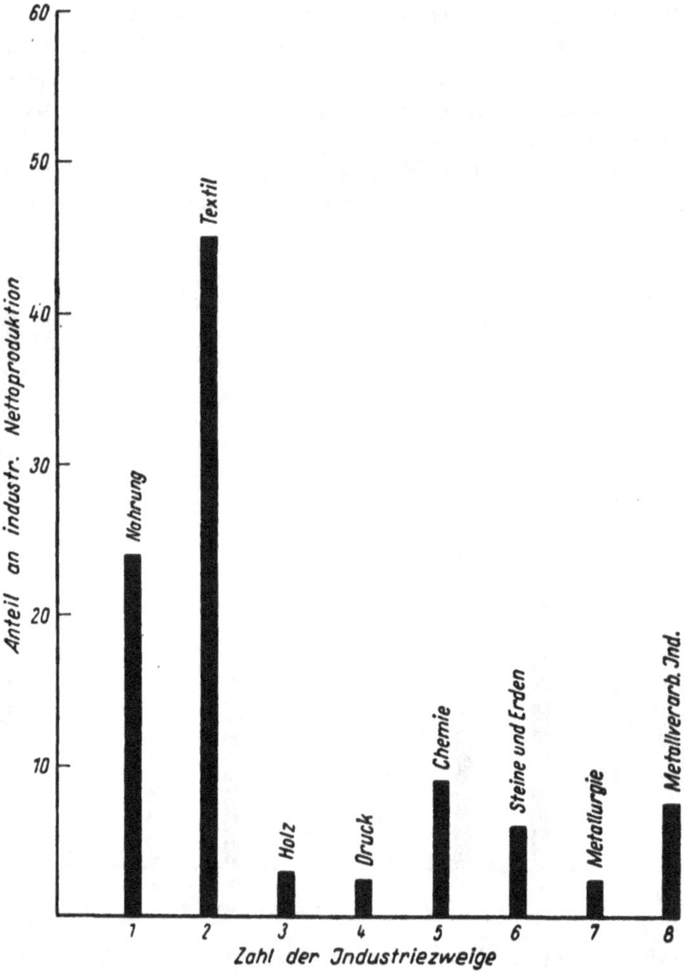

Abb. 2. Einseitige, enge Industrieentwicklung (Ägypten 1954)

agonismus der kapitalistischen Weltwirtschaft zum Ausdruck. Dabei muß beachtet werden, daß aus Tabelle 8 nicht der Anteil der Industrie am Nationaleinkommen und auch nicht Menge und Produktivität der eingesetzten Kapitalien ersichtlich sind.

Das antagonistische Industrialisierungsschema des kapitalistischen Weltwirtschaftssystems zeigt sich auch in den folgenden Zahlen, aus denen der Anteil einzelner Distrikte der kapitalistischen Welt am industriellen Nettoprodukt (einschließlich und ausschließlich Bergbau) der gesamten kapitalistischen Wirtschaft abgelesen werden kann[24]:

[24] Quelle: Patterns of Industrial Growth, 1938—1959, UN. New York 1960, S. 116, 124 und 126.

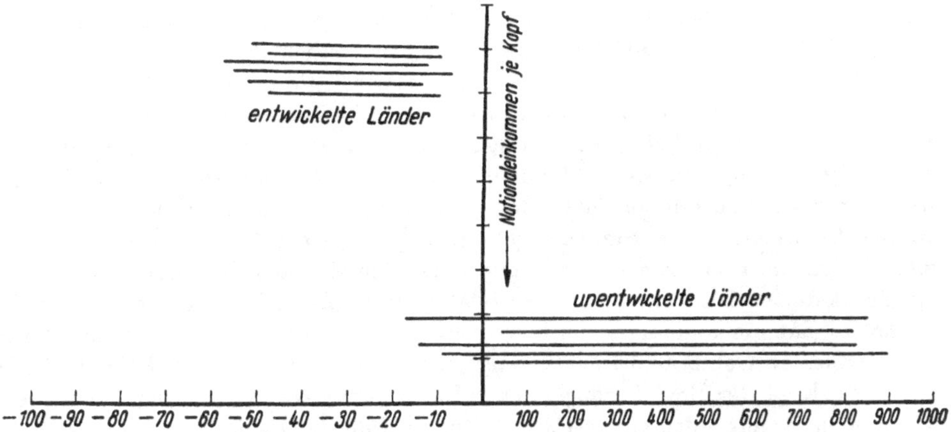

Abb. 3

Gebiet	Bergbau und verarbeitende Industrie 1938	Bergbau und verarbeitende Industrie 1953	Nur: verarbeitende Industrie 1938	Nur: verarbeitende Industrie 1953
Europa	46,2	33,4	48,0	34,6
Nördliches Nordamerika	39,4	54,4	38,5	54,6
Lateinamerika	3,9	4,0	3,5	3,5
Ost- und Südostasien	7,4	4,6	7,4	4,6
Ozeanien	1,8	1,6	1,8	1,6
Afrika und Mittlerer Osten	1,3	2,0	0,8	1,1

Nimmt man nicht den Anteil am Nettoprodukt, sondern an der Zahl der Beschäftigten, so ergeben sich natürlich erheblich andere Prozentsätze:[24a]

Gebiet	Bergbau und verarbeitende Industrie 1938	Bergbau und verarbeitende Industrie 1953	Nur: verarbeitende Industrie 1938	Nur: verarbeitende Industrie 1953
Europa	47,6	42,6	48,8	42,9
Nördliches Nordamerika	16,7	23,2	16,9	24,0
Lateinamerika	5,8	7,0	6,0	7,2
Ost- und Südostasien	25,7	22,8	26,0	22,8
Ozeanien	1,2	1,5	1,2	1,5
Afrika und Mittlerer Osten	3,0	2,9	1,1	1,6

In der ersten Übersicht, Anteil am Nettoprodukt der verarbeitenden Industrie, entfallen im Jahre 1953 allein auf Brasilien, Argentinien und Mexiko 65,1% der gesamten lateinamerikanischen Industrieerzeugung (1938 = 67,9%), auf die Süd-

[24a] Quelle: Ebenda, S. 113.

afrikanische Union 68,4 (71,6) % der Afrikas und des Mittleren Ostens, auf Japan 46,4 (48,1) % der ost- und südostasiatischen, auf Indien und Pakistan schließlich 40,5 (38,5) % ebenfalls der ost- und südostasiatischen Produktion.

Der Außenhandel — um nun für diesen einige Ableitungen zu treffen — steht im Dienst des weltwirtschaftlichen Antagonismus der kapitalistischen Produktionsweise. Die unvollständige Industrieentwicklung (Oberflächenindustrialisierung) wurde im Interesse des ausländischen großen Kapitals durchgeführt. Die Folge: geringe Entwicklung des Binnenmarkts (elende Lage der Masse der Bevölkerung und wenige, dazu kapitalarme Industriezweige, die einander demzufolge nur wenig als Markt dienen können), dafür aber relativ starke Außenhandelsorientierung. So kommt es, daß einige dieser weniger entwickelten Wirtschaften, wenn sie nicht, wie etwa Indien, an Gebiet und Bevölkerung gar zu groß sind, eine recht hohe Ausfuhrquote (je Kopf der Bevölkerung oder in % der jeweiligen Produktion) aufweisen. Wir stellen im folgenden einige Exportsätze je Kopf der Bevölkerung für das Jahr 1958 zusammen:[25]

Venezuela	367 US-Dollar	Westdeutschland	169 US-Dollar
Hongkong	233 „	Cuba	114 „
Sarawak	231 „	USA	101 „
Malayische Föderation	187 „	Indien	3 „

Die hohen Ziffern einiger Länder dürfen nicht darüber hinwegtäuschen, daß die nichtintensive, enge Industrialisierung in der Gegenwart ein großes Hemmnis der Entwicklung des Welthandels ist. Würden alle diese Länder, die wir in Tabelle 8 oder im Text erwähnten, internationale Hilfe für eine breite und schnelle Mechanisierung und Industrialisierung ihrer Volkswirtschaft erhalten, so dürfte welthandelsmäßig in der Regel folgender Effekt herausspringen (von natürlichen und historischen Bedingungen wieder abstrahiert): zunächst stärkere Entwicklung des inneren Marktes infolge Hebung des Lebensstandards und Entwicklung vieler neuer Industrien, die sich gegenseitig als Markt dienen. Der Anteil der Einfuhr am Verbrauch geht zurück, weil die heimische Produktion viel schneller zunimmt, als die Importe anwachsen. Umgekehrt gehen relativ mehr Waren auf den inneren Markt als auf die Außenmärkte. In einem zweiten Stadium werden, gerade auf der Basis der nunmehr erfolgten Komplex-Industrialisierung und des jetzt hohen Nationaleinkommens per capita, die einzelnen Volkswirtschaften stärker in das System der internationalen Arbeitsteilung einbezogen.

Diese Bedingungen, d. h. dieses System einer Weltwirtschaft mit gleichberechtigter Industrialisierung, kann der Kapitalismus nicht bieten; sie sind *als Gesetz* nur im Sozialismus möglich und eben deshalb für dieses System der Weltwirtschaft wesensprägend.[26] Im sozialistischen System der Weltwirtschaft gilt das Gesetz der Hilfe zum Zweck breiter und tiefer Industrialisierung und Mechanisierung *aller* sozia-

[25] Errechnet nach den Bevölkerungs- und Exportangaben in: Statistical Yearbook 1959, UN. New York 1960.

[26] Der „Fall Japan" ist im Kapitalismus eine Ausnahme. Im Sozialismus ist die schnelle Industrialisierung von Agrarländern die Regel, das Gesetz; man denke z. B. an die Sowjetunion, China und Bulgarien.

listischen Volkswirtschaften mit der historischen Tendenz und dem historischen Ergebnis, daß sich das Entwicklungsniveau allmählich angleicht. Die Hauptindustriezweige und sonstigen Schlüsselproduktionen werden im Prinzip in jedem sozialistischen Land entwickelt; Zeiträume und Tempo sind eine zweite, eine historische Frage. Charakteristisch für den Sozialismus ist die extensive und intensive Komplex-Industrialisierung.

Die Zahlen in *Tabelle 9* lassen sehr gut erkennen, wie sich der Maschinenbau in den sozialistischen Ländern entwickelt hat. Vergleicht man die relativ hohen Anteilzahlen nicht nur mit der Vorkriegszeit, sondern auch mit den Werten der *Tabelle 8*, so wird klar, welches Industrialisierungsmodell für die sozialistische Weltwirtschaft, ganz im Gegensatz zur kapitalistischen, kennzeichnend ist. Außerdem ist die sozialistische Industrialisierung wegen der mit ihr verbundenen schnellen Produktivitätserhöhung einkommenseffektiv; schließlich hat die sozialistische Industrie, wie aus den nachfolgenden Zahlen und auch aus *Tabelle 10* abzulesen ist, einen hervorragenden Anteil an der Bildung des Nationaleinkommens:

Das Verhältnis von Industrie und Landwirtschaft in den Volksrepubliken[27]

(in % des Gesamtprodukts dieser Zweige)

	1937/39	1958/59
Albanien	9,8 : 90,2	55,7 : 44,3
Bulgarien	24,8 : 75,2	70,6 : 29,4
China	30,1 : 69,9	67,6 : 32,4
ČSSR	57,0 : 43,0	85,9 : 14,1
DDR	· ·	86,8 : 13,2
Koreanische VR	28,0 : 72,0	71,0 : 29,0
Mongolei	· ·	42,5 : 57,5
Rumänien	40,5 : 59,5	66,6 : 33,4
Ungarn	42,0 : 58,0	71,0 : 29,0
Vietnam	10,0 : 90,0	37,1 : 62,9

Ein weiterer Vorzug der sozialistischen Industrieentwicklung ist darin zu sehen, daß sie, jüngst begonnen und schnell zunehmend, bei planmäßiger internationaler Abstimmung, Spezialisierung und Koordinierung vor sich geht. Dadurch werden Produktivität und Nationaleinkommen schneller angehoben. Diese planmäßige internationale Abstimmung, Spezialisierung und Koordinierung der Bereiche der Produktion und Zirkulation wie auch der Volkswirtschaftspläne und allgemeinen wirtschaftspolitischen Maßnahmen ist eine mächtige ökonomische Potenz des sozia-

[27] Quelle: Die Entwicklung der Wirtschaft der Länder des sozialistischen Lagers; Zusammenstellung des Instituts für Wirtschaft der Akademie der Wissenschaften der UdSSR. In: „Probleme des Friedens und des Sozialismus", 3. Jg., H. 12, 1960, Anhang, S. 15. – Die Zahlen für China und Korea in der 1. Spalte beziehen sich auf 1949 bzw. 1950. – Wegen der Unterschiede in der Struktur der Großhandelspreise und in der Methodologie der Produktionsberechnung sind die Zahlen zwischen den einzelnen Ländern, z. T. auch je Land zwischen den einzelnen Zeiträumen, nur bedingt vergleichbar.

listischen Systems der Weltwirtschaft. Die Entfaltung dieser Potenz ist Resultante der internationalen sozialistischen Wirtschaft. Je mehr der kollektive Charakter der sozialistischen Produktionsverhältnisse auch im internationalen Maßstab ausgebaut wird, desto mehr nehmen die Internationalisierung der Produktion und die anderen Seiten der Vergesellschaftung der Produktion, also der Entwicklung der Produktivkräfte, zu.

Diagramm 4 zeigt die typische („reine") Kurve der Industrieentwicklung der sozialistischen Gesellschaft: Die Zahl der Industriezweige und die Produktivität nehmen zu. Die Form der Kurve, d. h. der y-Wert, der den jeweiligen x-Werten zuzuordnen wäre, wird durch die nationale und internationale historische Situation der einzelnen Länder bestimmt.

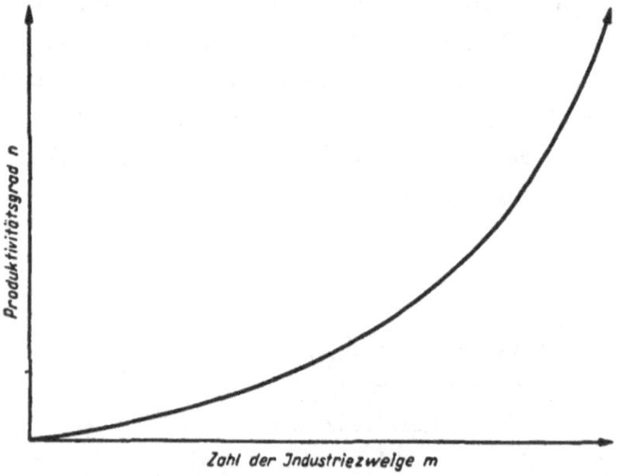

Abb. 4. Entwicklungskurve der Industrialisierung im Sozialismus

Das sozialistische Weltwirtschaftssystem erzeugt demnach, wenn wir das zuvor Gesagte verallgemeinern, drei grundlegende allgemeine Bedingungen für eine rationelle, d. h. schnelle, planmäßige, maschinen- und geräteintensive Entwicklung des Außenhandels entsprechend den Interessen der gesamten internationalen sozialistischen Gesellschaft:

1. Planmäßige, umfassende, schnelle Steigerung der Arbeitsproduktivität in allen Wirtschaftszweigen, in allen Volkswirtschaften, im Weltwirtschaftssystem als Ganzen.

2. Extensive und intensive Mechanisierung und Industrialisierung in allen Volkswirtschaften des sozialistischen Weltsystems.

3. Planmäßige und gleichberechtigte internationale wirtschaftliche Zusammenarbeit, vor allem wissenschaftlich-technische Hilfeleistung, Investitions- und Produktionsabstimmungen, internationale Spezialisierung und Kooperation, internationale Koordinierung der Volkswirtschaftspläne.

Das sind die drei Bilanzfaktoren, die quantifiziert und programmiert werden müssen. Von ihrer Größe (und folglich auch ihren Relationen) hängt das Ergebnis, die Außenhandelsentwicklung, ab.

Die Ausgangsformel lautet:

$$\Delta a = f(p + \Delta p, i + \Delta i, s + \Delta s) - f(p, i, s)$$

a = Außenhandel i = Industrialisierungsgrad
p = Produktivität s = internationale Spezialisierung.

So ist die Entwicklung des internationalen Handels im Sozialismus letzten Endes auf die Entwicklung des allgemeinen Widerspruchs des sozialistischen Weltwirtschaftssystems zurückzuführen: auf die Entwicklung der Tendenz zur absoluten Internationalisierung der sozialistischen Produktion und die Entwicklung der internationalen Koordinierung der sozialistischen Produktionsverhältnisse. In dem Maße, in dem beide Tendenzen, auf der Grundlage schnellen Produktivitätsfortschritts, zum Durchbruch gelangen und miteinander übereinstimmen, in eben diesem Maße entwickeln sich die allgemeinen Bedingungen des Außenhandelswachstums.

Soviel zu einigen Zusammenhängen von Industrialisierung, innerem Markt und Außenhandel im Kapitalismus und im Sozialismus.

Wir kommen jetzt zu einem weiteren Faktor, der für die Bewegungsanalyse des Außenhandels im kapitalistischen und im sozialistischen System der Weltwirtschaft von großer Bedeutung ist.

Die Umverteilungsfunktion des Außenhandels

In der kapitalistischen Gesellschaft besagt diese Funktion, daß durch den internationalen Austausch gesellschaftliche Arbeit einseitig umverteilt wird; typisch ist die einseitige Umverteilung nationaler Arbeitsergebnisse aus den zurückgebliebenen in die entwickelteren Länder. Die Umverteilungsfunktion des internationalen Handels auf dem kapitalistischen Weltmarkt entspringt dem Wirken des Mehrwertgesetzes auf der Grundlage des Wertgesetzes, die beide unter den Bedingungen des *internationalen* Systems der kapitalistischen Produktionsverhältnisse modifiziert wirken.

Die einseitige Umverteilung der Arbeitsergebnisse von den armen zu den reichen Nationen geht in der kapitalistischen Weltwirtschaft offen und verhüllt, mit ökonomischen Mitteln und mittels außerökonomischer Gewalt vor sich. Bei den außerökonomischen Mitteln reicht die Skala, die sich der Profit geschaffen hat, von Betrug, Schwindel und Verbrechen über diplomatischen Druck, politische Erpressung und „Hilfsprogramme" bis hin zu militärischen Stützpunkten und Mord, Konterrevolution, Kriegsprovokation und Unterstützung der übelsten Diktatoren in der Welt. Die ökonomischen Mittel sind Ware und Geld, Wert und Preis, Kredit und Zins, Lohn und Profit, Zahlungsbilanz und Valutakurse, Außenhandel und Weltverkehr, nicht zuletzt der Kapitalexport.

An dieser Stelle beschäftigen wir uns jedoch nur mit den Faktoren, die unmittelbar mit dem Außenhandel zusammenhängen.

Wir gehen von der Kategorie des äquivalenten Warenaustauschs aus. Sie ist eine *allgemeine* Kategorie der *allgemeinen* Warenwirtschaft. Äquivalenz liegt im Austauschprozeß vor, wenn gleiche Mengen gesellschaftlich notwendiger Arbeitszeit ausgetauscht werden, wenn also zum Niveau der gesellschaftlichen Wertgröße ausgetauscht wird. Jedes Abweichen der einzelnen Preise von dieser Wertgröße – und die Funktion des einzelnen Preises besteht ja gerade in der laufenden quantitativen Inkongruenz mit der gesellschaftlichen Wertgröße – bedeutet nichtäquivalenten Austausch. Da im Kapitalismus die Einzelpreise nicht um die Wertgröße, sondern um den Produktionspreis oszillieren, haben wir hier die Nichtäquivalenz im einzelnen als Regel, als Norm. Das gilt erst recht für Monopolpreise. Selbstverständlich:

„In welcher Weise immer die Preise der verschiedenen Waren zuerst gegeneinander festgesetzt oder geregelt sein mögen, das Wertgesetz beherrscht ihre Bewegung".[28]

Die einheitlichen kapitalistischen Weltmarktpreise weichen je nach den nationalen Profitraten und internationalen Angebot-Nachfrage-Verhältnissen von den verschiedenen nationalen Produktionspreisen ab. Im monopolistischen Kapitalismus sind die Weltmarktpreise in erster Linie individuelle Monopolpreise. Austausch zu Weltmarktpreisen heißt demnach, alle anderen Faktoren ausgeklammert:

1. Wenn die nationalen Wertgrößen der auf dem Weltmarkt umgesetzten Waren unterschiedlich sind, werden ungleiche Mengen nationaler Arbeit ausgetauscht.
2. Die nationalen Produktionspreise und Profitraten sind unterschiedlich; auch aus diesem Grunde werden ungleiche Mengen nationaler Arbeit ausgetauscht.[29]
3. Aus 1. und 2. ergibt sich, daß der Außenhandel auf Profitrate und -masse einwirkt; dies läßt den Außenhandel in den einzelnen Volkswirtschaften in unterschiedlichem Grad zur Akkumulationsquelle werden.

Es folgt, so schreibt Marx in seinen „Grundrissen", daß

„Nationen fortwährend miteinander austauschen können, auch fortwährend den Austausch auf stets wachsender Stufenleiter wiederholen, ohne daß sie deswegen gleichmäßig zu gewinnen brauchen. Die eine kann sich fortwährend einen Teil der Surplusarbeit der andren aneignen, für den sie nichts im Austausch zurückgibt . . ."[30]

Bei den Austauschakten zu Weltmarktpreisen gewinnt das fortgeschrittenere Land, selbst wenn es unter dem Wert verkauft und selbst wenn auch das unentwickelte Gebiet noch relativen (komparativen) Vorteil aus dem Austausch von Nichtäquivalenten zieht.

Diesen Gedanken der relativen Vorteile wollen wir jetzt aber nicht weiter verfolgen. Es geht uns ja nicht um die Akkumulations-, sondern um die Umverteilungsfunktion des Außenhandels. Letztere ist ein Teil der ersteren, denn wenn nationale Arbeitsergebnisse umverteilt werden, dient der Außenhandel dem profitierenden Land als Akkumulationsquelle. Diese Funktion übt der Außenhandel aber auch in einem zweiten Fall aus, und zwar dann, wenn zwar gleiche Mengen nationaler Arbeit ausgetauscht werden, das eine Land aber durch die Importe eine wertgrößenmäßig ungünstige Produktion einspart.

Zum gesamten Problem der relativen Vorteile und der Umverteilung schreibt Karl Marx in den „Theorien über den Mehrwert":

„Say in seinen Anmerkungen zu Ricardos Übersetzung durch Constancio hat nur *eine* richtige Bemerkung über den *auswärtigen Handel*. Profit kann auch durch Prellerei gemacht werden, dadurch, daß der eine gewinnt, wenn der andere verliert. Verlust und

[28] Marx, K., Das Kapital. Bd. III, S. 202.

[29] Die Faktoren (1) und (2) können sich potenzieren oder abschwächen oder aufheben, je nachdem, in welchem Grade sie in welcher Richtung wirken.

[30] Marx, K., Grundrisse der Kritik der politischen Ökonomie. Dietz Verlag, Berlin 1953, S. 755.

Gewinn innerhalb *eines* Landes gleichen sich aus. Nicht so zwischen verschiedenen Ländern. Und selbst die Theorie Ricardos betrachtet — was Say *nicht* bemerkt — können sich drei Arbeitstage eines Landes gegen einen eines anderen austauschen. Das Gesetz des Wertes erhält hier wesentliche Modifikationen. Oder wie sich innerhalb eines Landes qualifizierte Arbeit, komplizierte Arbeit zur unqualifizierten, einfachen verhält, so können sich die Arbeitstage verschiedener Länder verhalten. In diesem Falle beutet das reichere Land das ärmere aus, selbst wenn letzteres durch den Austausch gewinnt, wie auch J. St. Mill in seinen ‚*Some unsettled questions etc.*' entwickelt hat."[31]

Es ist ja, wie Marx nachgewiesen hat, selbst vom statischen Standpunkt aus betrachtet, einer der Fehler der Ricardoschen Theorie der internationalen Werte und des Außenhandels, daß der internationale Umverteilungsprozeß, Wahrung des Prinzips der komparativen Vorteile vorausgesetzt, nicht erkannt wird. „Und ich führe", sagt Marx in seiner Polemik gegen die Ricardo-Konzeption, „in Arbeitszeit betrachtet, vielleicht mehr ein, als ich ausgeführt habe."[32] Das gilt für das technisch-ökonomisch fortgeschrittenere Land. Hinzu kommen dann noch alle Vorteile, die sich für die produktivere Volkswirtschaft unter dem Blickwinkel der Dynamik, also in the long run, ergeben: Stimulierung der erweiterten Reproduktion, Erhöhung der Profitrate usw.[33] Für Ricardo ist der auswärtige Handel nur Tauschhandel; Marx jedoch unterstreicht,

„daß es nicht nur die nationale Arbeit, sondern die *nationale Mehrarbeit ist, die sich auch in den Resultaten des auswärtigen Handels verkörpert.*"[34]

Nur die materialistische Lehre vom Arbeitswert ist in der Lage, die Umverteilungsfunktion des kapitalistischen Außenhandels in ihrer Grundlage zu erklären, in diesem Außenhandel nicht nur Austausch, sondern Realisierung von Ausbeutung, Profitmacherei zu sehen.

Weitere Modifikationen des Wertgesetzes kommen hinzu, damit gesellschaftliche Arbeit fremder Völker von den herrschenden Kapitalgruppen in den führenden kapitalistischen Ländern angeeignet werden kann: Da sind das Herabdrücken der Preise der kleinen Produzenten in den Kolonien und abhängigen Ländern, die niedrigen Löhne und Bodenpreise in diesen Gebieten, die Inbesitznahme profitabler Produktionsstätten in den abhängigen Agrar- und Rohstoffgebieten durch das internationale Finanzkapital, die Manipulation des Goldpreises und der Valutakurse, besonders hohe Zinsforderungen usw.

Die terms of trade sind demnach nur eines der Mittel der internationalen Ausbeutung durch das Finanzkapital. Ihre Funktion ist erst voll verständlich, wenn wir die hinter der Preisschere verborgenen nationalen Wertgrößendifferenzen erkennen. Gerade diese bilden die Basis des gesamten Umverteilungsprozesses.

Das vereinfachte Schema des internationalen Redistributionsvorganges, wie er durch den Außenhandel in der kapitalistischen Weltwirtschaft vollzogen wird, sieht folgendermaßen aus:

[31] Marx, K., Theorien über den Mehrwert. Dietz Verlag, Stuttgart 1921, Bd. III, S. 279f.
[32] Marx, K., Grundrisse, a. a. O., S. 810.
[33] Vgl. u. a. Marx, K., ebenda, S. 808ff. und: Das Kapital, Bd. III, S. 128.
[34] Marx, K., Theorien über den Mehrwert, a. a. O., S. 300.

Es seien

$a =$ unterentwickeltes Land
$n =$ hochentwickeltes Land
$a \to n =$ Reihe der Produktivitätsgrade der Volkswirtschaften
$w =$ Wertgröße einer Ware
$W =$ Produktenwert der Volkswirtschaft
$c =$ konstanter Kapitalteil der einzelnen Wertgröße
$C =$ gesamtes konstantes Kapital der Volkswirtschaft
$v, V =$ entsprechend variables Kapital
$m, M =$ entsprechend Mehrwert.
$A =$ Arbeitskraft

Es seien ferner

$$w_a = c_a + v_a = m_a$$
$$w_n = c_n + v_n + m_n$$

Dann ergibt sich zunächst aus dem früher behandelten Industrialisierungsschema der kapitalistischen Weltwirtschaft:

(1) $$W_a, C_a, V_a, M_a < W_n, C_n, V_n, M_n$$

(2) $$\frac{v_a}{c_a} > \frac{v_n}{c_n}$$

Die organische Zusammensetzung des Kapitals ist im entwickelteren Land höher.

(3) $$A_a < A_n$$

Die Werte (und Preise) der Arbeitskräfte sind in den schwachentwickelten Ländern niedriger.

(4) $$\frac{m_a}{c_a + v_a} > \frac{m_n}{c_n + v_n}$$

Die Profitrate ist im schwachentwickelten Land höher.

Es ergibt sich ferner durch die im kapitalistischen Welthandel vor sich gehenden Umverteilungsprozesse:

(5) $$w_n < p < w_a$$

($p =$ Weltmarktpreis)

Zum einheitlichen Weltmarktpreis werden unterschiedliche Mengen nationaler Arbeit ausgetauscht, wobei das reichere Land gewinnt.

(6) $$c_a \cdot p_a > c_n \cdot p_n \text{ (weil } p_a > p_n)$$

(p_a und $p_n =$ nationale Preise)

Die Werte und Preise der Elemente des konstanten Kapitals sind in den produktiveren Volkswirtschaften in der Regel niedriger als in den unentwickelten. (Marx: „Ökonomie des konstanten Kapitals".)

$$(7)\qquad \begin{aligned} E_a &= V_a + (M_a - m_a) \\ E_n &= V_n + (M_n + m_a) \qquad (\text{weil}\ \Delta M_n = -\Delta M_n) \end{aligned}$$

(E = verwendetes Nationaleinkommen)

Mehrarbeit wird aus dem unentwickelten in das entwickelte Land, einseitig umverteilt.

Das Profitgesetz zwingt das Kapital, ein Interesse an billigen Bezugsquellen für seine Rohmaterialien, an großen Absatzmärkten und an der Überbevölkerung in den schwachentwickelten Gebieten zu haben, um so zu billigen Arbeitskräften zu gelangen. Deshalb gehört der Kolonialismus zum Wesen des Kapitalismus. Der kapitalistische Welthandel ist, besonders auf der Basis des imperialistischen Kapitalexports, das Instrument einer gewaltigen internationalen Ausplünderung. 10% bis 30% der Exporterlöse der schwach entwickelten Länder wurden im Jahre 1959, nach der GATT-Studie über den internationalen Handel 1959, allein für Zinszahlungen verbraucht. Lediglich die Verschiebung der terms of trade bewirkte im Jahre 1959 in den schwachentwickelten Ländern einen Einnahmeausfall von 1,7 Milliarden US-Dollar. Demgegenüber bringen allein die privaten US-Kapitalanlagen im Ausland jährlich etwa 3 Milliarden Dollar Profit.

In einer interessanten Studie untersucht W. Kollontai (Sowjetunion) „Die Gewinne der Imperialisten aus der Ausbeutung der schwachentwickelten Länder".[35] Der Autor kommt u. a. zu folgenden Schätzungen und Ergebnissen:[36]

> „Insgesamt ist anzunehmen, daß die Arbeitsproduktivität in den imperialistischen Mächten im Vergleich zum vergangenen Jahrhundert um das Doppelte höher liegt als in den schwachentwickelten Ländern. Soweit es sich um lange Zeiträume handelt, in denen die Veränderungen in der Arbeitsproduktivität alle Zweige ergreifen (einschließlich der Produktion von Produktionsmitteln), kann man mit einigem Grund annehmen, daß der Wert der Wareneinheiten, die in den imperialistischen Ländern produziert werden, um das Doppelte niedriger liegt als in den schwachentwickelten Ländern. Wenn die Preisdynamik die Wertveränderungen widerspiegeln würde, dann hätten sich die Preise für die Erzeugnisse der imperialistischen Mächte um 50% im Vergleich zu den Waren, die in den schwachentwickelten Ländern erzeugt werden, senken müssen. Nach den oben angeführten Berechnungen von Experten der UN-Kommission stiegen jedoch diese Preise in Wirklichkeit um 30%–40%.
>
> Wenn man also von den o. a. Voraussetzungen ausgeht, beträgt die Differenz zwischen der Dynamik der Arbeitsproduktivität und der Dynamik der Außenhandelspreise 80%–90%. Diese Differenz entsteht sowohl aus dem höheren Niveau der Exportpreise der imperialistischen Mächte im Vergleich zum Wert als auch aus dem niedrigen Preisniveau der Ausfuhrwaren der schwachentwickelten Länder.

[35] В. Коллонтай, Прибыли империалистов от эксплуатации слаборазвитых стран. (W. Kollentai, Die Gewinne der Imperalisten aus der Ausbeutung der schwachentwickelten Länder). In: „Мировая Экономика и международные отношения", 1959, H. 6, S. 46 ff.

[36] Der Verfasser stützt sich bei seinen Untersuchungen u. a. auf: „Relative Prices of Exports and Imports of Underdeveloped Countries", UN. New York 1949; „International Financial Statistics"; „GATT-International Trade" und auf andere Quellen internationaler Organisationen.

Daraus entstehen den schwachentwickelten Ländern schwere Verluste. Man kann annehmen, daß sie absolut 40%–45% ihres Warenumsatzes mit den imperialistischen Staaten ausmachen. Da dieser Warenumsatz in den letzten Jahren 35 Mrd. Dollar erreichte, betragen also die allgemeinen Verluste der schwachentwickelten Länder durch den Kanal des Außenhandels 14–16 Mrd. Dollar. Das ist in Warenform die Summe, die die Imperialisten den wirtschaftlich zurückgebliebenen Ländern systematisch nicht bezahlen. In diesem Sinne kann man sie als Einnahmen der imperialistischen Mächte aus dem Außenhandel mit Asien, Afrika und Lateinamerika ansehen".[37]

Trägt man der Kraft der Aussage dieser und vieler anderer Tatsachen der kapitalistischen Weltwirtschaft auch nur annähernd Rechnung, so muß man über die, mit Verlaub zu sagen, Dreistheit in Erstaunen geraten, mit der Haberler, Weber, Forstmann und Cie. ihr Pastorale auf die Harmonie der kapitalistischen internationalen Arbeitsteilung herunterspielen.

So schreibt Adolf Weber:

„Aber es blieb und bleibt keine andere Wahl: Eingliederung der nationalen Volkswirtschaften in die internationale Arbeitsteilung oder Verzicht auf den sonst möglichen sozialökonomischen Fortschritt."

„Erfahrung und Überlegung machen deutlich, daß Eingliederung in die internationale Arbeitsteilung drei große Vorteile für die beteiligten Länder mit sich bringen: 1. Vermehrung der Güterarten; 2. Vermehrung der nachhaltig zur Verfügung stehenden Gütermengen, also Steigerung des Sozialprodukts; 3. größere Stabilität für die Volkswirtschaft infolge besserer Ausgleichsmöglichkeiten."[38]

Die Tatsachen, denen sich auch einsichtige westliche Wirtschaftswissenschaftler nicht verschließen können, widerlegen Adolf Weber.

Für Forstmann ist die neuzeitliche internationale Arbeitsteilung in der kapitalistischen Welt das *ökonomische* Resultat *außerökonomischer* Faktoren, und zwar „der Technisierung der Erzeugungsverfahren". Er schreibt,

„daß technisch bedingte Veränderungen im wirtschaftlichen Ablauf . . . die eigentliche und letzte Ursache für die Entstehung der neuzeitlichen internationalen Arbeitsteilung bilden . . ."[39]

In *jedem* wirtschaftlichen Entwicklungsprozeß ergibt sich nach Forstmann ein

„Überschuß der Erzeugung über den Bedarf ihrer Produktionsfaktoren . . ."[40]

Dieser Überschuß müsse auf Außenmärkten abgesetzt werden. Hier wird also die Kategorie der relativen kapitalistischen Überproduktion nicht auf die kapitalistischen Produktionsverhältnisse zurückgeführt, sondern als allgemeine ökonomische Folge technischer Entwicklungen deklariert. Dabei wird die alte Narodniki-Version von der Notwendigkeit von Außenmärkten für die Existenz des Kapitalismus zu einer „ewigen" wirtschaftlichen Folge technischer Bedingtheiten erhoben. Und weiter:

„Die zur Durchführung einer solchen Kapitalausfuhr notwendigen Ersparnisse (!) ergaben sich in durchaus natürlicher (!) Weise als das geldseitige Äquivalent jenes Überschusses der Erzeugung über den Bedarf ihrer Produktionsfaktoren, der das Resultat der Technisierung des Erzeugungsverfahrens war."[41]

[37] Ebenda, S. 48. [38] Weber, A., a. a. O., S. 4. [39] Forstmann, A., a. a. O., S. 141.
[40] Ebenda, S. 144. [41] Ebenda, S. 145.

Und dann der Apologet ganz nackt und bloß:

„Daß dabei vielfach eine ‚Ausbeutung' der jungen überseeischen Länder stattgefunden hat, soll keineswegs bestritten werden, ist aber im vorliegenden Zusammenhange insofern nur von sekundärer Bedeutung, als dies mit der Entwicklung der internationalen Arbeitsteilung in keinem bedingungsnotwendigen Zusammenhang steht."[42]

Also Zufall? Oder nur Einfluß „böser Politik"?

Forstmann trennt die Entwicklung der internationalen Arbeitsteilung von ihrer gesellschaftlichen Form, mit der sie in einem bedingungsnotwendigen Zusammenhang steht und die ihr das Gepräge verleiht. Für Forstmann ist der Hinweis auf die Ausbeutung „*wirtschaftswissenschaftlich* völlig irrelevant"[42a], denn die Wirtschaftswissenschaft habe sich mit Produktivkräften und nicht mit den Produktionsverhältnissen zu befassen![43]

Geht man von dem Industrieentwicklungsschema der kapitalistischen Weltwirtschaft und der Umverteilungsfunktion des kapitalistischen Außenhandels aus, so kann man Gottfried Haberler nicht im geringsten recht geben, wenn er in seiner Kairoer Antwort-Lektion auf Myrdal u. a. behauptete:

„Meine Antwort ist die, daß der Besitz von Kolonien weder ein entscheidender noch auch sehr bedeutender Faktor für die Entwicklung der Kolonialmächte war."[44]

Unabhängig davon, daß Haberler hätte präzisieren sollen, was er unter einem „entscheidenden" und „sehr bedeutenden" Entwicklungsfaktor versteht, erhebt sich für uns die Frage, die Haberler nicht stellt und nicht beantwortet, warum wohl das Kolonialsystem historisch eine ständige Begleiterscheinung der kapitalistischen Gesellschaft war?

Um „den Beitrag des internationalen Handels", so meint Haberler weiter, „für die wirtschaftliche Entwicklung, besonders der unterentwickelten Länder, abzuschätzen", könne man nicht bei „den direkten statischen Gewinnen" der unterentwickelten Distrikte stehen bleiben, man müsse auch „die indirekten Effekte" berücksichtigen, von denen schon J. St. Mill gesprochen habe.[45] Haberler sieht vier dieser indirekten Effekte:

„Erstens liefert der Handel materielle Mittel (Kapitalgüter, Maschinen, Rohstoffe sowie Halbfertigwaren), die für die wirtschaftliche Entwicklung unerläßlich sind. Zweitens – und das ist noch wichtiger – stellt der Handel das Mittel und Medium dar, um technisches Wissen zu verbreiten, Ideen zu übertragen und das „know – how", Geschick, Leitungstalent und Unternehmerfähigkeiten zu importieren. Drittens ist der Handel auch das Medium der internationalen Kapitalbewegung, besonders von den entwickelten zu den unterentwickelten Ländern. Viertens ist der Freihandel die beste antimonopolistische Politik und die beste Garantie, um ein gesundes Maß an freier Konkurrenz aufrechtzuerhalten."[46]

[42] Ebenda, S. 146. [42a] Ebenda.

[43] Es gehe „um die Untersuchung der *ökonomisch allein relevanten Produktivkräfte* ... im Gegensatz zu einer lediglich *soziologisch* interessanten Untersuchung von *Produktionsverhältnissen*. Ebenda, S. 118.

[44] Haberler, G., International Trade and Economic Development. Cairo 1959, S. 4.

[45] Ebenda, S. 10. [46] Ebenda, S. 11.

Marx, Engels und Lenin haben nachgewiesen, wie der Kapitalismus der freien Konkurrenz mit eherner Gesetzmäßigkeit in den monopolistischen und staatsmonopolistischen Kapitalismus umschlagen muß. Das übersieht Haberler zum ersten. Weiter ignoriert er die Kapitalbewegungen von den unentwickelten zu den entwickelten Ländern in Form der Zinszahlungen, und schließlich negiert er, da er die Richtigkeit der Arbeitswerttheorie bestreitet, den Vorgang der Umverteilung gesellschaftlicher Arbeitsergebnisse von den unproduktiveren in die produktiveren Volkswirtschaften. Das ist gerade die wichtigste Funktion des kapitalistischen Außenhandels. Gäbe es sie nicht, und wäre Haberler mit seinen vier Funktionen im Recht, müßte es in der kapitalistischen Weltwirtschaft einen die ungleichmäßige Entwicklung überlagernden Prozeß der Annäherung des wirtschaftlichen Entwicklungsniveaus der verschiedenen Wirtschaftsgebiete geben. Das ist aber historisch nicht der Fall gewesen, nicht etwa, weil hier ständig historische Gegentendenzen zu den Bewegungsgesetzen der kapitalistischen Weltwirtschaft wirksam gewesen wären, sondern gerade deshalb, weil die allgemeinen und spezifischen Bewegungs- und Entwicklungsgesetze des kapitalistischen Außenhandels zur Domination der ungleichmäßigen Entwicklung führen.[47] Nur auf dieser Grundlage, in diesem Rahmen, in diesen Grenzen ist die Nivellierungstendenz in Aktion.

Kombinieren wir die Umverteilungsfunktion des kapitalistischen Außenhandels (in Verbindung übrigens, wie wir schon erwähnten, mit dem kapitalistischen Valutasystem) mit dem Industrialisierungsschema der kapitalistischen Weltwirtschaft, so wird deutlich, daß ein nicht so geringer Teil des kapitalistischen Außenhandels auf Unterentwicklung, Armut, Nichtindustrialisierung usw. zurückzuführen ist. Wenn in der Vergangenheit und z. T. auch noch in der Gegenwart Länder wie Venezuela, Ägypten, Äthiopien, Iran — von den ehemaligen oder noch bestehenden Kolonialgebieten in Afrika schon gar nicht zu reden — relativ hohe Außenhandelsumsätze aufweisen, dann ist dieser Außenhandel darauf zurückzuführen, daß Mechanisierung und Industrialisierung in diesen Gebieten schwach vorangekommen sind, weil die herrschenden Industriemächte mit Hilfe des offenen oder verschleierten Kolonialismus Absatzmärkte brauchen und umgekehrt „Ökonomie des konstanten Kapitals" mit Hilfe billiger Rohstoffimporte betreiben. Auf beiden Wegen werden Profitrate und -masse erhöht, werden Gegentendenzen zum Gesetz des tendentiellen Falls der Profitrate ausgelöst.

[47] Gegen die vulgäre Harmonie-Konzeption, wie sie von Gottfried Haberler und anderen Autoren vertreten wird, äußerte sich auch Ragnar Nurkse in den kurz vor seinem Tod im Jahre 1959 gehaltenen Wicksell-Lectures über „Patterns of Trade and Development", Stockholm 1959. Ein für kapitalistische Kreise sehr unverdächtiger Zeuge ist wohl auch Thorkil Kristensen, früherer dänischer Finanzminister, Kopenhagener Nationalökonom und nunmehr Generalsekretär der OEEC (bzw. OECD). Ein von ihm geleitetes Autorenkollektiv gab eine umfangreiche Analyse über „The Economic World Balance", Copenhagen 1960, heraus, in dem die weltwirtschaftliche Entwicklung bis 1980 untersucht wird. Danach würde zwar das Einkommensniveau bis 1980 auch in den schwachentwickelten Ländern zunehmen, jedoch recht gering, so daß sich trotz zunehmenden Welthandels die Kluft zwischen Rohstoff- und entwickelten Industrieländern weiterhin vertiefen würde.

So ist der Zwang zum Export im Rahmen der internationalen Arbeitsteilung des kapitalistischen Systems ein doppelter. Einmal besteht Zwang zum Export in den herrschenden imperialistischen Industrieländern, damit Profite im Ausland realisiert werden können. Zweitens besteht Zwang zum Export in den abhängigen Volkswirtschaften, weil diese ganz einseitig, entsprechend den Bedürfnissen des ausländischen Monopolkapitals, entwickelt sind. Hier ist der Export Profitquelle für das Ausland, für das fremde Kapital.

So zeigt sich auch bei der Umverteilungsfunktion des Außenhandels auf dem kapitalistischen Weltmarkt: Der internationale Handel steht im Dienst des weltwirtschaftlichen Antagonismus der kapitalistischen Gesellschaft. Er ist eine Funktion des grundlegenden Widerspruchs der kapitalistischen Ordnung, der sich in der Gegenwart außerordentlich zugespitzt hat: auf der einen Seite die Tendenz zur absoluten Entwicklung der produktiven Kräfte (als Profitquelle), auf der anderen Seite die Grenzen, die dieser absoluten Entwicklung der Produktivkräfte durch die kapitalistischen Produktionsbedingungen, durch das Kapitalverhältnis, gesetzt sind. Natürlich ist der Außenhandel auch eine Funktion des Grundwiderspruchs des kapitalistischen Systems der *Welt*wirtschaft: des Widerspruchs zwischen der Tendenz zur Internationalisierung der Produktion und den Hemmnissen, die dieser Tendenz durch die internationale Organisation der kapitalistischen Produktionsverhältnisse, durch internatioale Exploitation und Kolonialismus, entgegenwirken. Dabei kann sich, wie wir schon gesehen haben, der Außenhandel in den kolonialen und abhängigen Gebieten umgekehrt proportional zur Größe und Entwicklung des inneren Marktes verhalten. (Natürlich gibt es kreuzende und Gegentendenzen.)

Auch in der Frage des Umverteilungsprozesses liegen die Dinge in der sozialistischen Gesellschaft völlig anders als in der kapitalistischen. Sicher wirkt auch hier die allgemeine Umverteilungsfunktion der allgemeinen Warenwirtschaft immer dann, wenn Wertgröße und Preis voneinander abweichen, sicher liegt auch unter sozialistischen Bedingungen Umverteilung von gesellschaftlicher Arbeit immer dann vor, wenn zwei Waren, die zu einheitlichen Weltmarktpreisen getauscht werden, unterschiedliche Mengen gesellschaftlich notwendiger *nationaler* Arbeitszeit enthalten. Dem Begriff nach werden gleicheMengen gesellschaftlich notwendiger Arbeitszeit dann ausgetauscht, wenn bei der Erzeugung der für den internationalen Umsatz bestimmten Waren in den einzelnen sozialistischen Staaten gleiche Wertgrößen je Ware gegeben sind. Dieser einheitliche Grad ist heute im internationalen sozialistischen System im Durchschnitt noch nicht erreicht. Er wird im Verlauf des allmählichen Ausgleichs des gesamten ökonomischen Entwicklungsniveaus Wirklichkeit werden. Dabei ist anzunehmen, daß die nationalen Produktivitätsdifferenzen bei einer ganzen Reihe von Warengruppen, die auf dem sozialistischen Weltmarkt umgesetzt werden, geringer sein dürften als die durchschnittlichen Produktivitätsunterschiede von Volkswirtschaft zu Volkswirtschaft. Die Exportproduktionen technisch-ökonomisch noch nicht hoch entwickelter Volkswirtschaften dürften häufig im Produktivitätsgrad stärker nach oben vom volkswirtschaftlichen Durchschnitt abweichen, als dies in technisch-ökonomisch entwickelteren Ländern der Fall ist. (So liegt z. B. die Arbeitsproduktivität in der rumänischen Erdölgewinnung und -verarbeitung höher als in einigen anderen Industriezweigen und bei der Herstellung von Erdölausrüstungen höher als in anderen Sektoren des Maschinenbaus. Ähnliches gilt für die bulgarischen Tabak-, Gemüse- und Obstkulturen oder für die dortige Buntmetallverarbeitung und Teile der chemischen Industrie.)

Wie haben die sozialistischen Staaten bisher die allgemeine Umverteilungsfunktion des Außenhandels in den Dienst der schnellen Entwicklung der internationalen Arbeitsteilung sozialistischen Typs, der Stärkung des sozialistischen Weltwirtschaftssystems als Ganzen und der Hilfe für die vorrangige Entwicklung der noch weniger produktiven sozialistischen Volkswirtschaften gestellt?

Erstens helfen die technisch-ökonomisch entwickelteren sozialistischen Volkswirtschaften den noch weniger entwickelten auf vielfältigste Art bei der schnellen, planmäßigen und umfassenden Entwicklung ihrer Produktivkräfte, bei der intensiven und extensiven Mechanisierung und Industrialisierung, vor allem beim Aufbau einer modernen Produktionsinstrumentenerzeugung. Diese Hilfe geschieht durch Plankoordinierungen, Erfahrungsaustausch, Ausbildung von Fachkräften, sonstige wissenschaftlich-technische Zusammenarbeit, Investitionshilfe, internationale Spezialisierungen u. ä.

Zweitens werden Kredite zu niedrigen Zinsen gewährt. Die Kredite können bzw. sollen in der Regel mit Lieferungen von Erzeugnissen zurückgezahlt werden, die aus jenen Betrieben stammen, die mit der Kredithilfe aufgebaut wurden. Die entwickelteren sozialistischen Volkswirtschaften gewährten mehrfach auch einmalige Zuwendungen in der Form von unentgeltlichen Warenlieferungen.

Drittens wurde in vielen Fällen von den kapitalistischen Weltmarktpreisen, die bisher als Ausgangsbasis für die Bildung der Weltmarktpreise im sozialistischen System galten, im Interesse der internationalen sozialistischen Zusammenarbeit nach oben oder nach unten abgewichen. Dabei waren die Preise je Ware von Land zu Land in der Regel unterschiedlich. Auch auf diesem Wege sollte den verschiedenen nationalen Interessen Rechnung getragen werden.

Wie bei allen anderen Kategorien der Warenproduktion, so zeigt sich auch bei der Relation: nationaler, gesellschaftlich notwendiger Arbeitsaufwand — Weltmarktpreis, daß ihre Funktion in der privaten Warenwirtschaft des Kapitalismus-Imperialismus eine völlig andere ist als unter den Bedingungen des gesellschaftlichen Eigentums an den Produktionsmitteln.

In der Gegenwart gibt es noch deshalb Unklarheiten, Fehler und Meinungsverschiedenheiten bei der planmäßigen Ausnutzung der Umverteilungsfunktion des Außenhandels in der internationalen sozialistischen Gesellschaft, weil das Preisproblem auf dem sozialistischen Weltmarkt noch nicht befriedigend gelöst ist.[48] Die Abweichungen der im Wirtschaftsverkehr zwischen den sozialistischen Ländern gültigen Preise von den Preisen der internationalen Hauptmärkte und ebenso die Unterschiede der Preise je Ware von Land zu Land, mögen sie vielleicht in der Ver-

[48] „Auch zwischen den sozialistischen Handelspartnern gibt es echte Preisprobleme, Diskussionen und Auseinandersetzungen um richtige Preise. Das sind jedoch Ausnahmeerscheinungen." (Rau, H., Zu einigen Fragen der volkswirtschaftlichen Bedeutung und Rolle unseres Außenhandels. In: „Einheit", 12. Jg., H. 2, 1957, S. 175.)

gangenheit wirtschaftlich und politisch begründet gewesen sein, entsprechen heute durchaus nicht immer den Erfordernissen der internationalen Kooperation und gegenseitigen Hilfe. Die Preise entsprangen oft z. B. zufälligen Angebot-Nachfrage-Bedingungen.

Es hat aus diesen, aber auch aus anderen Gründen bewußte und unbewußte Verletzungen des Prinzips eines gleichberechtigten internationalen Austauschs gegeben. Diese Fehler wurden und werden in gemeinsamer Arbeit der sozialistischen Staaten reduziert und beseitigt.[49]

Größere Mängel treten bei der sachlichen Anwendung der Umverteilungsfunktion des sozialistischen Außenhandels auch deshalb auf, weil die zum genauen Wertgrößen- und Nutzeffektsvergleich erforderlichen nationalen und internationalen Kennziffern und Bilanzen noch nicht ausgearbeitet sind. Haben wir, auf der Basis der marxistischen Arbeitswerttheorie, die richtigen theoretischen Ausgangspunkte für eine einwandfreie Zusammenstellung der relevanten Bilanzfaktoren und für die Programmierung, so bedarf es dann „nur" noch der mathematischen Statistik und der Rechenautomaten, um hier voranzukommen und die Berechnung der ökonomischen Prozesse durchzuführen.

Des weiteren wären ökonomisch begründete Valutakurse erforderlich, damit direkt (und nicht indirekt, mit Hilfe eines komplizierten und nicht fehlerfreien Koeffizientensystems) nationale Selbstkosten, Preise, Einkommen usw. verglichen werden können. Wahrscheinlich bedarf es jeweils eines Grund- oder Hauptkurses und einiger Nebenkurse, damit den verschiedenen Preisebenen verschiedener Bereiche Rechnung getragen werden kann, z. B. der Bereiche Produktionsmittel, individuelle Lebenshaltung und nichtkommerzielle Dienstleistungen.

Die Veränderung des Preissystems auf dem sozialistischen Weltmarkt ist ebenfalls notwendig. Die Preise müssen den Außenhandel und die internationale Arbeitsteilung stimulieren. Im Prinzip wären unserer Meinung nach einheitliche Weltmarktpreise anzustreben; es sollten die Preise der internationalen Hauptmärkte sein; allerdings dürften im Interesse der internationalen Hilfeleistung auch in Zukunft Preisdifferenzierungen (im Sinne der sogenannten Stimulanzpreise) für einzelne sozialistische und nationaldemokratische Länder notwendig sein.

[49] Vgl. die Erklärung der Regierung der UdSSR „Über die Grundlagen der Entwicklung und der weiteren Festigung der Freundschaft und der Zusammenarbeit zwischen der Sowjetunion und den anderen sozialistischen Staaten" vom 30. 10. 1956 („Neues Deutschland" vom 31. 10. 1956.): „Im Prozeß des Werdens der neuen Ordnung und der tiefgreifenden revolutionären Umgestaltungen der gesellschaftlichen Beziehungen gab es zahlreiche Schwierigkeiten, ungelöste Aufgaben und direkte Fehler, darunter auch in den gegenseitigen Beziehungen zwischen den sozialistischen Ländern, Verletzungen und Fehler, die das Prinzip der Gleichberechtigung in den Beziehungen zwischen den sozialistischen Staaten beeinträchtigten." „Die Sowjetregierung ist bereit, gemeinsam mit den Regierungen der anderen sozialistischen Staaten Maßnahmen zu erörtern, die die weitere Entwicklung und Festigung der wirtschaftlichen Beziehungen zwischen den sozialistischen Ländern gewährleisten, um jedwede Möglichkeit einer Verletzung des Prinzips der nationalen Souveränität, des gegenseitigen Vorteils und der Gleichberechtigung in den Wirtschaftsbeziehungen auszuschließen."

Wie das sozialistische Weltmarktpreissystem in Zukunft auch aussehen mag, entscheidend bleibt für die planmäßig-bewußte Ausnutzung der Umverteilungsfunktion des internationalen sozialistischen Handels immer die Kenntnis der nationalen Arbeitsaufwände, der absoluten und komparativen Nutzeffekte des Außenhandels, der direkten und indirekten Akkumulationsvorteile der durchgeführten Ein- und Ausfuhren. Aus diesem Grund möchten wir die Bedeutung internationaler und nationaler Verflechtungsbilanzen wie auch eines international einheitlichen oder doch vergleichbaren Kennziffernsystems noch einmal unterstreichen.

So wird die Umverteilungsfunktion des Außenhandels in der sozialistischen Weltwirtschaft mehr und mehr zu einem bewußt und planmäßig gehandhabten Instrument der schnellen Internationalisierung der sozialistischen Produktion, der internationalen Kommunikation und Integration der sozialistischen Volkswirtschaften, gemäß den Prinzipien der Gleichberechtigung, Einheit und Hilfe.

Es ist sinnlos, mit der Kategorie der Äquivalenz (im Sinne des Wertgesetzes) die Kategorie Gerechtigkeit (im Sinne der Völkerbeziehungen) zu koppeln. Äquivalenz (im Sinne des Wertgesetzes) kann, je nach den gesellschaftlichen Bedingungen, unter denen sie auftritt, Gerechtigkeit oder Ungerechtigkeit bedeuten. Man kann nicht mit einer Kategorie der allgemeinen Warenwirtschaft Urteile über internationale Beziehungen in einer bestimmten Gesellschaftsordnung fällen.[50]

Gerecht sind die internationalen Verhältnisse und Beziehungen des sozialistischen Weltwirtschaftssystems; durch sie wird eine gleichberechtigte und schnelle Entwicklung der Produktivkräfte, der Produktion, des Einkommens und des Verbrauchs in allen sozialistischen Ländern erreicht. Das ist nur bei internationaler Unterstützung und planmäßiger, solidarischer Zusammenarbeit möglich. Der Außenhandel zwischen sozialistischen Staaten dient diesem Ziel. Unerwünschte Beziehungen der Nichtäquivalenz werden in dem Maß, in dem sie festgestellt werden, in internationaler Zusammenarbeit beseitigt. Bestimmte Beziehungen der Nichtäquivalenz werden sogar bewußt organisiert, damit die entwickelten Länder den weniger entwickelten Ländern auch auf diesem Wege helfen können. Die Hauptform der Hilfe sollte jedoch nicht die der Preisnachlässe sein, sondern die der wissenschaftlich-technischen Zusammenarbeit, der Investitionskoordinierung und -hilfe, der Produktionsabstimmung und -spezialisierung und schließlich der internationalen Kredite oder nicht zurückzuzahlenden Zuwendungen.

Hauptsächlich bestimmend für den Umfang des Außenhandels zwischen sozialistischen Staaten sind demnach, wenn wir die theoretisch-ökonomischen Argu-

[50] In der Literatur werden die Preise auf dem sozialistischen Weltmarkt oft als gerechte Preise bezeichnet. Auch der Verfasser sprach in der Arbeit „Der demokratische Weltmarkt" in einem bestimmten Sinn von „gerechten" Preisen (a. a. O., S. 268), setzte allerdings „gerecht" in Anführungszeichen, weil man die Kombination der moralischen Kategorie „gerecht" mit der ökonomischen Kategorie „Preis" getrost auf den Seiten der Pamphlete der alten Scholastiker vergilben lassen sollte. Verfasser verstand damals „gerecht" nicht im Sinne von „äquivalent", wie das zuweilen bei anderen Autoren geschieht; es ging uns vielmehr darum, „daß keine Preisschere zu Lasten weniger entwickelter Länder und zu Lasten der Agrar- und Rohstoffproduktion besteht." Ebenda.

mentationen zusammenfassen und wenn wir wieder von natürlichen und historischen Daten abstrahieren:

1. Niveau und Entwicklung der Arbeitsproduktivität – dieses A und O der ökonomischen Entwicklung des Sozialismus! – in den einzelnen sozialistischen Ländern und im sozialistischen Weltsystem als Ganzen,
2. der Grad (d. h. Umfang und Tiefe) der Mechanisierung und Industrialisierung in den einzelnen sozialistischen Volkswirtschaften,
3. das Niveau und Entwicklungstempo der planmäßigen internationalen Arbeitsteilung im sozialistischen Weltwirtschaftssystem.

Das sind die unmittelbar wirkenden Hauptfaktoren. In dem Maße, in dem sie systemgemäß zum Einsatz gelangen, wachsen das Volumen und die Mannigfaltigkeit der Gebrauchswerte, die im sozialistischen Außenhandel umgesetzt werden.

So läßt sich wohl sagen, daß für den Kapitalismus Aufblähungen des Außenhandels infolge der territorialen Zersplitterungen (divide et impera!) und im Rahmen der erwähnten neun ökonomischen Faktoren charakteristisch sind. Das gibt mengenmäßige Erweiterungen, die dem Sozialismus wesensfremd sind. Deshalb läßt sich aus einem rein zahlenmäßigen Vergleich der Größe, Bewegung und des spezifischen Gesichts des Außenhandels in der kapitalistischen und in der sozialistischen Weltwirtschaft unmittelbar keinerlei abstrakt-logische Aussage ableiten. Das wäre die erste, schon einige Male erwähnte Schlußfolgerung im System unserer ökonomisch-theoretischen Argumentation.

Die zweite Schlußfolgerung wäre die, daß es m. E. keine allgemeine Gesetzmäßigkeit gibt, die erstens besagen würde, daß der sozialistische Außenhandel im Trend schneller zunehmen müßte als der kapitalistische, und die zweitens den Schluß erzwinge, daß der Außenhandel im Sozialismus im Durchschnitt etwa schneller zunehmen müsse als die Produktion. Beide Wechselbeziehungen sind historischer Natur.

Auf diese historische Seite ist nunmehr einzugehen. Wir wollen uns einen gedrängten Überblick über die wichtigsten geschichtlichen Bedingungen und Umstände verschaffen, unter denen sich bisher der internationale sozialistische Warenumsatz entwickelt hat

Wir kommen also nun, nach der ökonomisch-theoretischen Argumentation, zu einem zweiten Komplex, zur ökonomisch-historischen Argumentation. Auch sie soll uns helfen, Klarheit über die Aussagekraft der Anteilsziffer des sozialistischen Systems am Welthandel zu gewinnen.

III. DAS ÖKONOMISCH-HISTORISCHE ARGUMENT

Die dargelegten allgemeinen und speziellen Triebkräfte und Bewegungsgesetze des internationalen Handels im sozialistischen Weltsystem wirkten und wirken nicht rein, nicht ideal, nicht ihrem Begriffe gemäß, sondern stets unter ganz bestimmten modifizierenden historischen Umständen.

Territorium, Staatenzahl und Außenhandel

Zu den die Bewegungsgesetze des Außenhandels modifizierenden historischen Umständen gehört u. a. die Zahl der Staaten, die auf dem vom Sozialismus beherrschten Territorium bestehen.

Es ist klar: ob ein bestimmter Warenumsatz als Außenhandel erscheint oder als Binnenhandelsumsatz, hängt davon ab, ob der Warenumsatz über eine Staatsgrenze hinweggeht oder nicht. Gäbe es auf der Erdoberfläche nur einen einzigen „Staat", so hätten wir keinen Außenhandel. Sonst gleiche Bedingungen vorausgesetzt, wächst also das Volumen des Außenhandels (natürlich nicht unbedingt proportional) mit der Zahl der Staaten. Und historisch erreicht der Außenhandel später in der kommunistischen Weltgesellschaft die Größe Null, während die Industrieproduktion und ähnliche Werte eine unendliche Entwicklungsreihe aufweisen.

Gegenwärtig werden rund 92% des Teils der Erde, auf dem der Sozialismus herrscht, es sind 26% der Erdoberfläche, von nur zwei Staaten eingenommen, von der UdSSR (mit 16,6% des gesamten Erdgebiets) und von der VR China (mit 7,2% des Erdgebiets).[51] Die umfangreichen Warenumsätze innerhalb Chinas und der Sowjetunion erscheinen naturgemäß nicht als Außenhandel.

Die 74% des Territoriums, die nicht zum Sozialismus gehören, weisen nicht im entferntesten jene staatliche Zusammenballung auf wie das sozialistische Territorium. Hier entfallen auf

Kanada	7,4%	USA	5,8%
Brasilien	6,3%	Indien	2,4%

der Erdoberfläche. Das sind, wenn wir die 74% = 100 setzen: 10,0 + 8,5 + 7,8 + 3,2% des Territoriums außerhalb des sozialistischen Lagers.

Auf der einen Seite, im sozialistischen Lager, nehmen also zwei Staaten 92% der vom Sozialismus beherrschten Fläche ein, während auf der anderen Seite die drei mit Abstand größten Staaten nur 26,3% des nichtsozialistischen Territoriums umfassen.

Natürlich wirkt sich der Unterschied in der Zahl der Staaten, die auf ein bestimmtes Territorium entfällt, auf den jeweiligen Umfang des Außenhandels und damit Anteil am Welthandel aus.

Machen wir uns das an Beispielen deutlich.

Die 26% des Erdgebiets, die zum Sozialismus gehören, teilen sich 12 sozialistische Staaten; das sind je Staat also im Durchschnitt 2,2% des Erdgebiets. Dividiert man nun die Exporte der sozialistischen Staaten (1959 = 14,5 Mrd. Dollar) durch 12, so ergibt sich je Staat ein durchschnittlicher Export von rund 1,2 Mrd. Dollar.

Die 74% Territorium, die nicht zum sozialistischen Lager gehören, verteilen sich in der UN-Welthandelsstatistik auf rund 140 Staaten bzw. territoriale Einheiten; also entfallen auf jede territoriale Einheit im Durchschnitt nur 0,5% des Erdgebiets

[51] Quelle für diese und die folgenden Anteilzahlen am Erdgebiet: Statistisches Jahrbuch der Deutschen Demokratischen Republik 1959. Berlin 1960, S. 3* ff.

(während es im sozialistischen Bereich 2,2% sind). Hier erscheinen Gebiete wie Singapore, Honkong, St. Helena, Portugiesisch Guinea, Portugiesisch Indien, Portugiesisch Timor, Aden usw. als selbständig bilanzierende Außenhandelseinheiten. Das erklärt sich aus der kapitalistischen Profit-, Konkurrenz-, Kriegs- und Unterdrückungspolitik. Die (meist spekulativen) Außenhandelsumsätze dieser territorialen Einheiten sind oft — wegen der kapitalistischen .Spekulations- und Ausbeutungsmaschinerie — recht beträchtlich.[52] Dividiert man nun die gesamten kapitalistischen Exporte (1959 rund 100 Mrd. Dollar) durch 140, so ergibt sich je territoriale Einheit ein Wert von rund 0,7 Mrd. Dollar (während es im sozialistischen Lager, wie gesagt, 1,2 Mrd. Dollar sind).

Wenn wir nun zum Zweck der Verdeutlichung einmal annehmen, daß (a) die Ukrainische und Bjelorussische SSR, die ja auch selbständig in der UN vertreten sind, ihre Warenumsätze mit dem übrigen Bereich der Sowjetunion und untereinander als Außenhandel ausweisen würden, und wenn wir ferner annehmen, daß (b) diese Exporte nur soviel wie die jetzigen sowjetischen Exporte (1959 = 5,5 Mrd. Dollar) betragen, so hätten wir im Jahre 1959 sozialistische Exporte nicht von 14,5 Mrd. US-Dollar, sondern von 25,5 Mrd. Nehmen wir weiter an, daß sich (c) im Zuge der kolonialen Freiheitsbewegung und im Kampf gegen die imperialistische Spaltungspolitik mehrere Staaten und Territorien zusammenschließen, so daß sich die Zahl der nichtsozialistischen territorialen Einheiten von 140 auf 120 vermindern und das Exportvolumen der nichtsozialistischen Welt vielleicht von 100 auf 90 Mrd. Dollar zurückgehen würde, dann ergäbe sich, obwohl sich sonst die ökonomischen Bedingungen (Produktionsvolumen, Produktivität, Nationaleinkommen usw.) überhaupt nicht verändert haben, folgende Verschiebung im Anteil am Welthandel:

1. Sozialistische Exporte in % der kapitalistischen Exporte =

$$\frac{25 \cdot 100}{90} = 27{,}8\%$$

(statt gegenwärtig 14,4%);

2. Sozialistische Exporte in % der Weltexporte =

$$\frac{25 \cdot 100}{90 + 25} = 21{,}7\%$$

(statt gegenwärtig 12,6%).

Außenhandelszahlen sind also erst dann für eine ökonomische Aussage brauchbar, wenn die oben erwähnten territorialen Gliederungen gebührend in Rechnung gestellt sind.

Diese These kann auch noch auf einem anderen Wege verifiziert werden.

1958 hatten alle sozialistischen Länder eine Ausfuhrquote je Kopf der Bevölkerung von knapp 13 US-Dollar, die übrigen Staaten und Gebiete von rund 53 Dollar. Klam-

[52] Umsatz 1958: Aden = 378,8 Mio Dollar; Hongkong = 1327,6; Sarawak = 293,0; Malayische Föderation einschließlich Singapore = 2555,2 Mio Dollar. (Quelle: Statistical Yearbook 1959, UN, S. 378ff.)

mert man nun die sehr komplexen Wirtschaftsgebiete der UdSSR und der VR China auf der einen Seite, Kanadas und der USA auf der anderen Seite aus, so erhält man mit rund 45 Dollar je Kopf in den übrigen sozialistischen Ländern und 48 Dollar je Kopf der Bevölkerung der nichtsozialistischen Welt Quoten, die nur wenig voneinander abweichen. Groß ist allerdings noch der Unterschied zwischen der 1958er Exportquote von rund 62 US-Dollar je Kopf der Bevölkerung in den sozialistischen Staaten Europas und etwa 130 Dollar in den kapitalistischen Ländern Westeuropas. Wir werden auf diese Differenz noch einmal zu sprechen kommen, wenn wir nunmehr die Entwicklung des Außenhandels der heutigen sozialistischen Staaten untersuchen.

Zur bisherigen Entwicklung des sozialistischen Außenhandels

Das sozialistische Weltsystem durchlief von 1944 bis 1958/60 eine erste Entwicklungsperiode und ist nunmehr in eine zweite Etappe eingetreten. Die erste Etappe kann in zwei Abschnitte gegliedert werden. In den ersten Abschnitt, in die Zeit von 1944 bis 1949, fällt die Herausbildung des internationalen sozialistischen Systems; der zweite Abschnitt, von 1949 bis etwa 1958/60, ist durch die Festigung der politischen Macht in den neuen sozialistischen Staaten, durch die Entwicklung und Konsolidierung der sozialistischen Produktionsverhältnisse bis zu ihrem vollständigen Sieg oder doch bis zur ganz eindeutigen Vorherrschaft gekennzeichnet.

In der ersten Entwicklungsetappe des sozialistischen Weltsystems wurde die internationale sozialistische Gemeinschaft gefestigt, bildeten sich viele Formen der internationalen sozialistischen Wirtschaftszusammenarbeit heraus. In der ersten Etappe entwickelten sich die Produktivkräfte in schnellem Tempo, wurde vor allem in jedem sozialistischen Land eine große, sich schnell ausdehnende Industrie aufgebaut.

So ergab sich auf allen Gebieten des wirtschaftlichen Lebens eine hohe Entwicklungsrate. Das machte es möglich, auf dem XXI. Parteitag der KPdSU im Jahre 1958 und in der Moskauer Deklaration der 81 kommunistischen und Arbeiterparteien Ende 1960 die ökonomische Hauptaufgabe des sozialistischen Weltsystems zu stellen, bis 1965 ein Übergewicht in der industriellen Weltproduktion zu erreichen und anschließend allmählich die entwickeltsten Länder des kapitalistischen Weltsystems in der Produktivität und im Lebensstandard einzuholen und zu überholen.

Infolge der Festigung und Entwicklung des sozialistischen Weltsystems und der großartigen Siege der kolonialen, antiimperialistischen Befreiungsbewegung wurde in den letzten Jahren dem Imperialismus immer mehr Paroli geboten. Die imperialistischen Kräfte können in der Welt nicht mehr hausen wie sie wollen. Der Wirkungskreis der imperialistischen Aktionen wurde eingeschränkt.

Diese Veränderungen in der Stärke und internationalen Stellung des sozialistischen Systems ließen es als gerechtfertigt und notwendig erscheinen, in der Moskauer Erklärung vom November 1960 vom Beginn einer neuen Entwicklungsetappe des sozialistischen Weltsystems (und dementsprechend auf der anderen Seite auch der allgemeinen Krise des kapitalistischen Systems) zu sprechen.

In dem Zeitraum, der seit dem Ende des zweiten Weltkrieges und der Formierung des sozialistischen Weltsystems vergangen ist, wurden in einem bestimmten, im einzelnen unterschiedlichen Umfang die drei unmittelbaren Bedingungen im System der Produktivkräfte und Produktionsverhältnisse für eine schnelle Entwicklung des Außenhandels geschaffen: hohe Produktivität, Mechanisierung und Industrialisierung, internationale wirtschaftliche Zusammenarbeit. Das bisherige Ergebnis ist jenes Wachstum der internationalen sozialistischen Warenumsätze, das *Tabelle 1* zeigt und das auf S. 59ff. schon kurz dargestellt wurde.

Es gibt jedoch eine ganze Reihe von Faktoren, die sich in der bisherigen Entwicklung des sozialistischen Weltsystems hemmend auf den Aufschwung des sozialistischen Außenhandels auswirkten. Diese Faktoren sind unterschiedlicher Natur. Wir stellen die wichtigsten im folgenden kurz zusammen.

1. In der Zeit von 1944 bis in die 50er Jahre hinein wuchs die volksdemokratische Revolution in Europa und Asien allmählich in die sozialistische Revolution hinüber, gab es komplizierte und heftige Klassenkämpfe, wurde das System der Diktatur des Proletariats auf- und ausgebaut, wurde das Außenhandels-, Valuta- und Transportmonopol errichtet, mußten die für den sozialistischen Außenhandel zweckmäßigsten Planungs-, Leitungs-, Verwaltungs- und Kontrollmethoden entwickelt werden usw. Die Lösung aller dieser schwierigen Aufgaben der politischen Übergangsperiode vom Kapitalismus zum Sozialismus, im Kampf gegen die inneren und äußeren Feinde des arbeitenden Volkes, erforderte neue Kader und Erfahrungen, war mit großen Anstrengungen und Opfern verbunden. Der alte Staatsapparat war zertrümmert worden, ein neuer mußte geschaffen werden. Natürlich gab es dabei auch Schwierigkeiten und Fehlschläge, Mängel und Fehler. Es gab vor allem Versuche der Diversion und wirtschaftlichen Schädlingsarbeit. Es gab offene Konterrevolution und Bürgerkrieg.

Unter diesen Umständen waren der Aufbau und die Entwicklung eines neuen, eines sozialistischen Außenhandels alles andere als leicht und einfach.

2. Zu den Kämpfen um die Festigung der proletarischen Staatsmacht, um den Sieg der sozialistischen Revolution, gehörte auch das Ringen um die Durchsetzung der demokratischen, antifaschistischen, friedliebenden, sozialistischen Ideen, Auffassungen, Einstellungen und Methoden. Der neue, sozialistische Außenhandel verlangt Arbeit im Geiste des sozialistischen Internationalismus und Humanismus, verlangt eine demokratische Arbeitsweise. Die Überwindung des kapitalistischen Geschäftsgeistes und des bürgerlichen Nationalismus bei den alten und neuen Mitarbeitern des Außenhandelsapparates, in der sonstigen Wirtschaftsverwaltung und in den Produktionsbetrieben nahm einen längeren Zeitraum in Anspruch, verlangte konsequente sozialistische Bildungs-, Aufklärungs- und Erziehungsarbeit.

Es zeigte sich in der Praxis der internationalen sozialistischen Wirtschaftszusammenarbeit, daß und wie Erscheinungen des Nationalismus und Egoismus dem Aufbau der internationalen sozialistischen Wirtschaftsbeziehungen hemmend im Wege stehen. Falsche Auffassungen, von feindlichen schon gar nicht zu reden, lähmen den Erfindergeist, das Finden neuer Planungs- und Leitungsmethoden, die

Anwendung des Rationalprinzips im sozialistischen Wirtschaften, die Koordinierung der Entwicklungspläne der einzelnen sozialistischen Staaten u. a. m.

Es gibt in der gegenwärtigen Entwicklungsperiode des Sozialismus noch eine Reihe *objektiver* Grundlagen, in denen Elemente eines Handelsegoismus und nationaler Beschränktheit einen gewissen Nährboden finden können.

Da sind z. B. die unterschiedliche Stärke und ferner das unterschiedliche Entwicklungsniveau der einzelnen sozialistischen Volkswirtschaften; dadurch entstehen oft unterschiedliche Auffassungen über Tempo, Proportionen, Formen usw. des wirtschaftlichen Aufschwungs und der internationalen sozialistischen Zusammenarbeit. Kennzeichnend für diese Zusammenarbeit ist das System der Einheit und Geschlossenheit, aber innerhalb dieses einheitlichen sozialistischen Systems zeigen sich Unterschiede zwischen den Interessen der einzelnen sozialistischen Nationen.

Es ist auch der Umstand zu berücksichtigen, daß die sozialistischen Nationen (von den Beziehungen innerhalb der Nationalitätenstaaten abgesehen) in der Form selbständiger und souveräner sozialistischer Staaten zusammenleben. Bi- und multilaterale Vereinbarungen hängen in Vorbereitung, Abschluß und Verwirklichung von der Bereitschaft, Einsicht, Fähigkeit usw. der einzelnen Mitarbeiter ab. Empfehlungen des Rats für gegenseitige Wirtschaftshilfe bedürfen der Umsetzung in innerstaatliches Recht und in zweiseitige internationale Vereinbarungen. Hierbei kann es Verzögerungen, Unklarheiten, Mängel und Meinungsverschiedenheiten geben.

Schließlich muß beachtet werden, daß mit den Kategorien Ware und Geld, die ebenso wie die Kategorie Staat im Sozialismus zwar eine neue geschichtliche Aufgabe zu lösen haben, aber bereits lange vor dem Sozialismus existierten, daß mit diesen Kategorien auch unter sozialistischen Bedingungen die Möglichkei von Benachteiligungen im internationalen Wirtschaftsverkehr gegeben ist (ungünstige Preise unvorteilhafte Lieferbedingungen, unberechtigte Kreditansprüche oder ungenügende Kreditgewährung u a. m.).

3. Fast alle sozialistischen Staaten wurden vom Krieg und Bürgerkrieg schwer heimgesucht. Die Umstellung von der Kriegs- auf die Friedenswirtschaft verlangte große Anstrengungen, ebenso die allmähliche Beseitigung der furchtbaren Kriegsschäden. Hierzu gehören auch die Verwüstungen durch die Imperialisten in den Kriegen gegen das vietnamesische und das koreanische Volk. Hierzu gehören auch die von der Konterrevolution bald nach dem Krieg in Polen, in China und später in Ungarn verursachten Schäden.

Mit dem Hitlerkrieg hingen auch die Reparationen zusammen, die die Bevölkerung der DDR für das ganze deutsche Volk an die Sowjetunion leistete.

Und weiter: Während die Sowjetunion durch den Krieg entsetzlich gelitten hatte, konnte die Wirtschaft der USA während des zweiten Weltkrieges und gleich im Anschluß an ihn ausgebaut werden. Kriegsprofite wurden investiert. Die Wirtschaft der USA war so stark und produktiv, daß Westdeutschland und andere Länder gleich nach dem Krieg subventioniert werden konnten, um auf diesem Wege imperialistische Positionen zu halten bzw. auszubauen, die antifaschistische Volksbewegung niederzuhalten und die Werktätigen z. T. durch „amerikanische Hilfe“ (wie schon nach dem ersten Wetlkrieg) zu korrumpieren.

Die Sowjetunion, in der viele Gebiete von den faschistischen Aggressoren verwüstet worden waren und deren Menschenpotential schwere Verluste erlitten hatte, war in den ersten Nachkriegsjahren noch nicht in dem Umfang zu internationaler Hilfe in der Lage wie gegenwärtig.

Alle diese Umstände behinderten selbstverständlich in einem nicht geringen Ausmaß den Außenhandelsaufschwung der sozialistischen Staaten. In den imperialistischen Ländern waren die Außenhandelsbedingungen zunächst günstiger. Dabei spielten Profite aus dem Raubbau im kolonialen und sonstigen Hinterland für Länder wie die USA, Großbritannien, Holland, Belgien, Frankreich u. a. eine wesentliche Rolle.

4. Schwierig war auch die regionale Umorientierung des Außenhandels der sozialistischen Staaten in der Nachkriegszeit. Alte imperialistische Abhängigkeiten der heutigen Volksrepubliken wurden beseitigt, die Handelsverbindungen zwischen den sozialistischen Staaten mußten angebahnt und gefestigt werden.

Während heute die Sowjetunion der führende Handelspartner aller sozialistischen Staaten ist, entfielen in der Zeit von 1929 bis 1939 weniger als ein Prozent der Ein- und Ausfuhren Bulgariens, Rumäniens und Ungarns auf die UdSSR. Bei der Tschechoslowakei lagen die Werte zwischen 0,8% und 3,7%, bei Polen zwischen 0,1% und 6,6%. Von den chinesischen Ausfuhren gingen 1938 nur 3% in die UdSSR und 0,2% in die heutigen sozialistischen Staaten Europas. Und eine letzte Zahl: Faßt man alle Exporte der Sowjetunion und der heutigen Volksrepubliken in Europa zusammen, so entfielen 1938 nur knapp 8% ihrer Ausfuhren auf den Umsatz untereinander. Im Jahre 1959 jedoch waren es, bei einer fast verzehnfachten Preissumme, 61% der gesamten Exporte.

Diese Außenhandelsumstellung machte notwendig, daß zahlreiche traditionell gewordene Verbindungen gelöst und neue Bande der internationalen Arbeitsteilung geknüpft werden mußten, man mußte sich auf neue Produzenten und Konsumenten mit anderen Normen, Qualitätswünschen, klimatischen Bedingungen usw. orientieren. Auch verkehrsmäßig war eine beträchtliche Umstrukturierung notwendig. Zahlenmäßig läßt sich das u. a. an der Statistik der Transportträger des sowjetischen Außenhandels darstellen, die 1960 publiziert wurde[53]. (Vergleiche S. 104.)

Der Anteil des Eisenbahntransports erhöhte sich von 1938 bis 1959 bei den Ausfuhren von rund 3% auf rund 54% und bei den Einfuhren von 6% auf 53%[54]. Dabei mußten, faßt man Ex- und Importe zusammen, 1938 nur 360000 Tonnen, 1959 jedoch 46422000 Tonnen mit der Bahn transportiert werden, also etwa das 130fache!

[53] Quelle: Внешняя Торговля Союза ССР за 1959 год. (Der Außenhandel der UdSSR im Jahre 1959.) Moskau 1960, S. 13.

[54] Die Mengendifferenzen zwischen Ein- und Ausfuhren ergeben sich aus der unterschiedlichen Warenstruktur der sowjetischen Exporte und Importe.

Verkehrsträger des Außenhandels der Sowjetunion 1938 und 1959
(1000 t)

Verkehrsträger	Export 1938	Export 1959	Import 1938	Import 1959
Insgesamt	9545	72180	1155	13459
davon:				
Eisenbahn	287	39311	73	7111
Seeschiffahrt	9047	30136	980	4671
Flußschiffahrt	13	2586	3	454
Autotransport	198	143	99	76
Rohrleitungen	—	—	—	1145
Luftverkehr	0	4	0	2

5. Die Existenz und Entwicklung des sozialistischen Systems ruft in der Welt der imperialistischen Machthaber zwei Tendenzen und den Kampf dieser beiden Tendenzen hervor: die Tendenz zu militärischer, politischer und wirtschaftlicher Aggression auf der einen und die Tendenz zur politischen und wirtschaftlichen Zusammenarbeit auf der anderen Seite. Es hängt von der Stärke der sozialistischen Kräfte, von der Klassenlage in den einzelnen kapitalistischen Ländern, von der Mächtigkeit der kolonialen Befreiungsbewegung und vielen anderen Umständen ab, welche der beiden Tendenzen dominiert.

Während längerer Zeiträume war in der Nachkriegszeit die Tendenz der imperialistischen Kreise zu militärischer Aggrssion, zu Einkreisungspolitik, kaltem Krieg, Konterrevolution und wirtschaftlichem Boykott der sozialistischen Staaten eindeutig vorherrschend. In zunehmendem Maße wurde seit 1947 Embargo- und sonstige Schädigungspolitik gegenüber dem Ost-West-Handel und der allgemeinen Entwicklung der sozialistischen Staaten betrieben. Im Jahre 1951 wurden vom USA-Kongreß sowohl der Mutual Security Act als auch der Battle-Act angenommen, demzufolge die USA jenen Ländern wirtschaftliche und militärische „Hilfe" entziehen konnten, die bestimmte Waren in die sozialistischen Staaten lieferten. Ebenfalls 1951 kündigten die USA ihr Meistbegünstigungsabkommen aus dem Jahre 1937 mit der UdSSR und alle anderen, aus der Vorkriegszeit stammenden Handelsverträge mit nunmehr sozialistischen Staaten. Innerhalb der NATO war es das Cocom (Coordinating Comitee), das die sogenannte Embargopolitik gegenüber den sozialistischen Ländern „koordinierte". Im Mai 1951 stimmte die von den USA abhängige Mehrheit der Generalversammlung der UN für eine Resolution über das Handelsembargo gegen die VR China, usw., usf.[55]

Diese Politik konnte das Erstarken des sozialistischen Systems und seines Außenhandels nicht hindern, richtete jedoch, natürlich nicht nur in den sozialistischen Ländern, Schaden an. Die zunehmnende wirtschaftliche, politische und kulturelle Stärke des sozialistischen Systems führte, in Zusammenarbeit mit den neuen Staaten Lateinamerikas, Afrikas und Asiens, mit der antiimperialistischen Volksbewegung

[55] Vgl. u. a. Kohlmey, G., Der demokratische Weltmarkt. Berlin 1955, S. 291ff.

in aller Welt und schließlich auch in Ausnutzung kapitalistischer Konkurrenzgegensätze und durch Vereinbarungen mit kapitalistischen Regierungen und Geschäftsleuten zu einer allmählichen Ausweitung des intersystemaren Handels, zu einer gewissen Entspannung auf den internationalen Märkten.

Seit Jahren haben die Sowjetunion und andere sozialistische Staaten (z. B. auch die DDR für den innerdeutschen und europäischen Handel) Vorschläge zur weiteren Entspannung der internationalen Handelssituation gemacht. „Man muß wohl erkennen", schrieb Chruschtschow in einem Artikel in „Foreign Affairs" im Jahre 1959,

> „daß die Politik der friedlichen Koexistenz nur bei einem umfangreichen, durch nichts eingeschränkten internationalen Handel eine solide Grundlage erhält. Man kann ohne Übertreibung sagen, daß es ohne die Entwicklung des Handels zwischen den Ländern keine andere gute Grundlage für die Verbesserung der Beziehungen zwischen unseren Ländern gibt."[56]

Knapp ein Jahr später machte Mikojan ein weiteres Mal konkrete Vorschläge. In einem für das Düsseldorfer „Handelsblatt" geschriebenen Beitrag forderte er die Westmächte auf, „den Weg einer weiteren Aufspaltung Europas in Blöcke" zu verlassen und „eine mindestens für Europa als Ganzes universale Handelsorganisation", zusammen mit den sozialistischen Staaten, zu gründen.[57] Mikojan erinnerte noch einmal an den auf einer früheren ECE-Tagung (und auch anderwärts) vorgetragenen sowjetischen Vorschlag, eine gesamteuropäische Handelsorganisation zu schaffen, „an der sich die USA beteiligen könnten."[58] Ausgehend von den Aufgaben einer sinnvollen internationalen Arbeitsteilung unterbreitete er weitere Vorschläge:

> „Die internationale Arbeitsteilung ist nicht als etwas Statisches, Erstarrtes anzusehen. Sie muß die Dynamik des Wirtschaftslebens widerspiegeln. Zudem erfüllt sie ihre positive Rolle nur in dem Fall, wenn sie zur allseitigen wirtschaftlichen Entwicklung eines jeden Landes beiträgt. Die Entwicklung der Produktivkräfte befindet sich auf einem derartigen Niveau, daß eine weitgehende Ausnutzung der Vorteile und Vorzüge, die sich aus einer internationalen Arbeitsteilung ergeben, zu einem dringlicheren Bedürfnis denn je geworden ist. Hierbei müssen natürlich die Besonderheiten der Kontinente und Ländergruppen, ihr Entwicklungsniveau, die wirtschaftlichen Bedürfnisse, die soziale und ökonomische Struktur und die den Völkern als Ansporn dienenden nationalen Bestrebungen in Rechnung gestellt werden.
>
> Möglich ist dies sowohl durch Ausarbeitung allgemeiner Prinzipien des Welthandels als auch auf der Grundlage regionaler Abkommen, die für einzelne Kontinente gelten, oder durch zweiseitige Abkommen zwischen den Ländern, wenn diese solche Vereinbarungen für notwendig erachten."[59]

Reaktionäre imperialistische Kräfte und ihre labouristischen und sonstigen Helfer bereiten dem sozialistischen Außenhandel bis in die Gegenwart hinein Schwierigkeiten, wie sie überhaupt einem friedlichen Welthandel (mit kurz- und langfristigen Vereinbarungen auf der Basis der Gleichberechtigung, Nichtdiskriminierung und

[56] Chruschtschow, N. S., On Peaceful Coexistence. In: „Foreign Affairs", Vol. 38, No. 1, 1959, S. 15f.

[57] Zitiert aus: „Der Außenhandel", 10. Jg., H. 14, 1960, S. 19.

[58] Ebenda. [59] Ebenda, S. 20.

des beiderseitigen Nutzens, aber auch der Garantie, die Abmachungen einzuhalten) hinderlich im Wege stehen. Das zeigte z. B. Ende 1960 der Versuch der westdeutschen Bundesrepublik, den innerdeutschen Handel zu liquidieren oder das Handelsabkommen mit der Sowjetunion zu sabotieren. Das zeigt die Handelspolitik der USA und vieler anderer kapitalistischer Staaten gegenüber Kuba und China, das beweist die Diskriminierungspolitik einer Reihe von kapitalistischen Regierungen gegenüber der DDR.

Die von den Friedenskräften erzwungenen Maßnahmen zum Abbau bestimmter Teile des Eisernen Vorhangs und bestimmter Fronten des Kalten Krieges darf nicht darüber hinwegtäuschen, daß in der kapitalistischen Welt die Tendenz zu offenem wirtschaftlichen, politischen und militärischen Angriff ständig da ist und ständig zum Durchbruch drängt. Das moralische Umstandskleid, mit dem diese aggressive Tendenz ein wenig verhüllt werden soll, heißt heute Verteidigung der „Freiheit" gegen den „Weltkommunismus". Mit dieser Motivierung ließ sich auch Kennedy in seiner State-of-the-Union-Botschaft an den Kongreß, die er im Januar 1961 vortrug, alle imperialistischen Ausfalltore offen. Obwohl der USA-Imperialismus, z. B. in Guatemala, Kongo und Laos, dazu beitrug, die rechtmäßigen Regierungen zu stürzen und er sie in vielen anderen Ländern bekämpft bzw. nicht anerkennt, meinte Kennedy:

„Wir suchen in Laos, was wir in ganz Asien und natürlich in der ganzen Welt suchen – *Freiheit* für das Volk und *Unabhängigkeit* für seine Regierung. Wir werden an der Verfolgung dieser Ziele festhalten."[60]

Kennedy verschwieg, daß es gerade die von den USA organisierte Konterrevolution war, die in Laos „die Unabhängigkeit für seine Regierung" antastete. Da Kennedy weiter verschwieg, was er unter „Freiheit für das Volk" versteht, kann man nur die Realität zum Prüfstein nehmen, in der die USA-Imperialisten die gemeinsten Diktatoren in der Welt (Portugal, Spanien, Südvietnam, Südkorea, Taiwan usw.) aushalten.

Zu Kuba erklärte der neue Präsident:

„Über Fragen der Wirtschafts- und Handelspolitik kann stets verhandelt werden. Aber über *kommunistische Herrschaft* in dieser Hemisphäre kann niemals verhandelt werden."[60a]

Das ist, so scheint es uns, direkte Drohung mit Einmischung in innere Angelegenheiten. Hier ist plötzlich weder von Freiheit des Volkes noch von seiner Selbstbestimmung die Rede!

Die imperialistische Politik des Antikommunismus, der Kolonialkriege und der forcierten Rüstung zwingt den Völkern der kapitalistischen Welt schwere Rüstungslasten auf, belastet auch Wirtschaft und Nationaleinkommen der sozialistischen Staaten mit Rüstungsausgaben, wodurch dem friedlichen Welthandel ebenfalls Hindernisse in den Weg gelegt werden.

Die 1960 von Chruschtschow vor der UN-Vollversammlung vorgetragene Konzeption einer vollständigen Abrüstung ist selbstverständlich nicht nur für die Wirt-

[60] „Neue Zürcher Zeitung" vom 1. Februar 1961. [60a] Ebenda

schaft im allgemeinen, sondern besonders auch für den internationalen Handel und die wirtschaftliche Integration von hervorragender Bedeutung. „Im Zuge der Durchführung des Abrüstungsprogramms", so lesen wir in der Botschaft N. S. Chruschtschows an die Chefs der Regierungen aller Länder zur Frage der allgemeinen und vollständigen Abrüstung vom Juni 1960,

> „sollte ein Teil der dadurch freigewordenen Mittel für wirtschaftliche Hilfeleistung an die schwachentwickelten Länder verwendet werden."[61]

Im Text des dieser Botschaft beigefügten Abrüstungsvorschlags hieß es,

> „daß einige Arten moderner Bomber mehr kosten als Gold gleichen Gewichts ... Das Wettrüsten führt zu einer sinnlosen Vergeudung menschlicher Arbeit und materieller Mittel. Allein die Mittel, die jetzt von den Staaten für die Schaffung und Anhäufung von Waffen ausgegeben werden, wären ausreichend, um überall auf Erden mit dem Hunger Schluß zu machen."[62]

6. Ein weiteres Hemmnis der Entfaltung eines umfassenden und friedlichen internationalen Handels war in der ersten Nachkriegsdekade der Umstand, daß die jungen Staaten in Asien und Afrika erst gerade selbständig geworden waren oder noch gar nicht existierten; ihre Handelsbeziehungen mit den sozialistischen Staaten konnten erst allmählich aufgenommen bzw. ausgebaut werden. Auch auf dem Forum und in der Arena der internationalen Politik spielten die neuen mehr oder minder unabhängigen Staaten als geschlossene antiimperialistische Kraft zunächst noch eine geringe Rolle. Ihre Potenzen und Aktivität wurden erst in den letzten Jahren, in häufiger Zusammenarbeit mit den sozialistischen Staaten, zu einem entscheidenden Faktor der Weltpolitik und dabei auch der internationalen Wirtschaftsbeziehungen.

7. Viele Länder Asiens und Europas, in denen nach 1944 der Sozialismus siegte, waren industriell mittelmäßig, wenig oder gar nicht entwickelt. Länder wie Rumänien, Bulgarien und andere waren bis zu ihrer Befreiung rohstoff- und lebensmittellieferndes Hinterland des imperialistischen Systems der Weltwirtschaft gewesen. Durch die Siege der Arbeiter und Bauern wurde es möglich, neue Produktivkräfte für den sozialistischen Aufbau zu erschließen und dabei besonders die sozialistische Industrialisierung (mit entwickeltem Maschinenbau und Vorrang der Produktionsmittelerzeugung) in Angriff zu nehmen. Da auch der Lebensstandard der arbeitenden Bevölkerung gehoben werden konnte, entwickelte sich ein großer innerer Markt. Er erweiterte sich schneller als der äußere Markt. Diese Entwicklungsrelation ergibt sich aus jenen Unterschieden zwischen komplexer Tiefen- und einseitiger Oberflächenindustrialisierung, die auf S. 78ff. dieser Arbeit vorgetragen wurden.[63]

Der Aufbau einer soliden Industrie, die Mechanisierung der Volkswirtschaft und die mit beiden verbundene Hebung von Produktivität und Lebensstandard waren jedoch, langfristig betrachtet, unerläßliche Bedingungen für eine fundierte Ent-

[61] Zitiert aus: „Neues Deutschland" vom 4. 6. 1960. [62] Ebenda.

[63] Auch an dieser Stelle abstrahieren wir wieder von historischen und natürlichen Umständen. Natürlich liegt das Außenmarktproblem für so komplexe Wirtschaften wie die sowjetische und chinesische anders als in Ungarn oder der ČSSR.

wicklung des Außenhandels. Zunächst jedoch dehnte sich der innere Markt viel schneller aus. Berücksichtigt man noch, daß es bis 1958 keine internationale Spezialisierung der Produktion gab und daß auch, vor allem bis 1953, einseitige Forcierungen der Schwerindustrie oder andere wirtschaftspolitische Mängel, z. B. Vernachlässigung der Landwirtschaft und unnötige, teure Parallelentwicklung bestimmter Erzeugungen (mit zwangsläufig geringer Serie) in verschiedenen Ländern zu verzeichnen waren, so wird deutlich, daß bestimmte Potenzen der sozialistischen Außenhandelsentwicklung noch nicht erschlossen werden konnten bzw. trotz vorhandener Möglichkeiten nicht erschlossen wurden. Es kommt weiter hinzu, daß der schnelle Industrieaufbau eine Schere zwischen der Rohstoff- und Energiebasis des sozialistischen Lagers und der verarbeitenden Industrie geöffnet hatte.

8. In der ersten Entwicklungsperiode des sozialistischen Weltwirtschaftssystems, von 1944 bis 1958/60, mußten nicht nur die politische Macht der Arbeiterklasse und die sozialistische Wirtschaft gefestigt werden, es mußte nicht nur die Gegenrevolution ferngehalten oder zurückgeschlagen werden, es waren auch die notwendigen wissenschaftlichen Grundlagen auszuarbeiten und Erfahrungen zu sammeln, um die völlig neuartigen Formen des Wirtschaftsverkehrs zwischen sozialistischen Staaten zu bilanzieren, zu planen und zu leiten. Die allgemeinen Prinzipien waren mit der marxistischen Theorie gegeben, es war ferner das geschichtliche Beispiel der gleichberechtigten Völkerbeziehungen (mit Hilfe der vorgeschrittenen Völker für die weniger entwickelten) in der Sowjetunion da, es gab schließlich die Hilfe der Sowjetunion für die Volksrepubliken. Doch war die Gestaltung friedlicher, gleichberechtigter und planmäßiger Wirtschaftsbeziehungen zwischen mehreren sozialistischen Staaten, war die politisch zweckmäßigste und wirtschaftlich rationellste Koordinierung ihrer Interessen und Entwicklungslinien eine völlig neue und zum erstenmal in der Menschheitsgeschichte auftretende Aufgabe. Bedingungen der verschiedensten Art, neue Produktivkräfte, sozialistische Produktionsverhältnisse, sozialistischer Planungs- und Außenhandelsapparat, völkerrechtliche Regelungen usw., mußten geschaffen werden.

So konnte z. B. der Rat für Gegenseitige Wirtschaftshilfe erst 1949 gegründet werden, begann die zweiseitige technisch-wissenschaftliche Zusammenarbeit zwischen den sozialistischen Staaten erst 1950/51, wurden die Ständigen Kommissionen des Rats für Gegenseitige Wirtschaftshilfe erst ab 1956 gebildet, begann erst 1956/58 eine gewisse erste internationale Spezialisierung und Abstimmung der Produktion. Die Koordinierung von Volkswirtschafts- und Wirtschaftszweigperspektiven nahm im wesentlichen erst 1958 ihren Anfang.

Bis dahin war der Außenhandel die Hauptform der internationalen sozialistischen Wirtschaftszusammenarbeit. Da er nur eine Methode der *indirekten* Steuerung der internationalen Arbeitsteilung war und auch aus Mangel an exakten Unterlagen oder wegen der internationalen Ereignisse oder infolge von Engpässen und auch Fehlentscheidungen nicht immer planmäßig verlief, gab es z. T. unbefriedigende Entwicklungen.[64]

[64] Vgl. auch Anmerkung 49.

Seit etwa 1959 besteht eine besonders vordringliche Aufgabe der internationalen sozialistischen Wirtschaftskoordinierung darin, die nationale Wirtschaftsentwicklung, die internationale Arbeitsteilung und den Außenhandel so zu synchronisieren, daß neue Produktivkräfte zur Entfaltung gelangen (wodurch dann auch der Außenhandel stimuliert wird), um den ökonomischen Wettbewerb mit dem kapitalistischen Weltsystem schnell mit Erfolg durchzuführen. Der Ausbau einer planmäßigen internationalen sozialistischen Spezialisierung hat gerade erst begonnen. Hier wird eine gewaltige, dem Kapitalismus nicht zur Verfügung stehende Potenz der sozialistischen Produktionsverhältnisse und der Produktivkräfte erschlossen.

Eine der drei Grundlagen[65] für eine schnelle Entwicklung des sozialistischen Außenhandels, die planmäßige internationale Spezialisierung, wird in diesen Jahren erst errichtet. Die anderen beiden Grundlagen, hohe Produktivität und entwickelte Industrie, mußten in der ersten Nachkriegsperiode in den meisten sozialistischen Volkswirtschaften ebenfalls erst entwickelt bzw. restauriert werden. So wird Schritt für Schritt die schwere Bürde der übernommenen internationalen Arbeitsteilung kapitalistischen Typs abgeworfen. Dieser Prozeß ist bei weitem noch nicht beendet.

Es läßt sich deshalb an Hand der vorgetragenen acht Punkte unserer kurzen historischen Analyse die Schlußfolgerung ziehen, daß in der bisherigen Entwicklungsetappe des sozialistischen Weltwirtschaftssystems im wesentlichen erst die Grundlagen an Produktivkräften und Elementen der sozialistischen Produktionsverhältnisse gelegt wurden, die notwendig sind, um in der progressiven Bewegung des Widerspruchs von sozialistischen Produktionsverhältnissen und modernen Produktivkräften die allgemeinen und besonderen Triebfedern und Bewegungsgesetze des internationalen sozialistischen Handels in hohem Maße effektiv werden zu lassen.

Wenn der Warenumsatz zwischen den sozialistischen Staaten bis 1960 etwa so schnell zunahm wie die industrielle Bruttoproduktion, so wird sich diese Relation bis etwa 1965/70 nicht wesentlich ändern, weil die internationalen Spezialisierungen gerade erst begonnen haben, also erst weiter planmäßig vorangetrieben werden müssen. Ehe eine internationale Spezialisierungsvereinbarung wirksam wird (Investitionen, Produktions- und Außenhandelsumstellungen sind erforderlich), vergehen mindestens zwei, drei Jahre.

Hier einige Zahlen aus den bisherigen und kommenden geschätzten Entwicklungsreihen des internationalen Warenumsatzes des sozialistischen Systems.

Die Industrieproduktion (brutto) aller sozialistischen Staaten nahm nach einer Zusammenstellung des Instituts für Wirtschaft der Akademie der Wissenschaften der UdSSR von 1950 bis 1959 um 217 % zu[66], die Gesamtexporte der sozialistischen Länder erhöhten sich in dieser Zeit (*vgl. Tabelle 1*) um 186%, die Exporte innerhalb des sozialistischen Lagers um 215%. Dabei lagen im RGW-Bereich nur in Bulgarien, in der Sowjetunion und vor allem in der DDR die durchschnittlichen jähr-

[65] Vgl. S. 84 dieser Arbeit.

[66] Quelle: Probleme des Friedens und des Sozialismus, 3. Jg., H. 12, 1960, Anhang, S. 7.

lichen Zuwachsraten des Außenhandels höher als die der industriellen Bruttoproduktion.[67]

Nach bisher veröffentlichten Materialien[68] sollen in einigen sozialistischen Staaten Industrieproduktion und Außenhandel von 1958 bis 1965 wie folgt anwachsen (Steigerung in %, 1958 = 100).[69]

Land	industrielle Bruttoproduktion, etwa	Außenhandelsumsatz, etwa
RGW	—	180
Albanien	—	270
Bulgarien	—	300
ČSSR	156	190
DDR	188	170
Polen	180	180
Rumänien	210	220
Ungarn	170	190
UdSSR	180	150

Die Zusammenstellung läßt erkennen, daß der gesamte Außenhandelsumsatz der aufgeführten sozialistischen Länder im Durchschnitt jedenfalls nicht schneller zunehmen wird als die industrielle Erzeugung. Dabei sind im Zeitraum 1958–1965 bessere Bedingungen des Ost-West-Handels einkalkuliert worden als wir sie im davorliegenden Zeitabschnitt hatten. Vor allem wird sich ja die wirtschaftliche Zusammenarbeit zwischen den sozialistischen Ländern und den jungen Staaten Lateinamerikas, Afrikas und Asiens entwickeln.

Wir wollen jetzt noch prüfen, welche Entwicklungsreihen sich ergeben, wenn wir die letztjährigen Zuwachsquoten der sozialistischen und kapitalistischen Exporte in die Zukunft, zunächst bis 1965/70, projizieren.

Zuwachs der kapitalistischen Exporte	1957 ≈	7%
	1958 ≈	−5%
	1959 ≈	7%
⌀	1957–1959 ≈	3%
Zuwachs der sozialistischen Exporte	1957 ≈	12%
	1958 ≈	7%
	1959 ≈	17%
⌀	1957–1959 ≈	12%

Rechnen wir mit diesen Jahresdurchschnittsätzen von 3 bzw. 12% auch für die nächste Zukunft, so ergibt sich:

[67] Bei der DDR liegen die Exportzuwachsraten im angegebenen Zeitraum u. a. deshalb wesentlich über denen der Industrie, weil die UdSSR seit 1954 auf alle Reparations- und SAG-Lieferungen verzichtet hatte, und ein größerer Teil dieser Lieferungen nunmehr als reguläre Exportleistungen in der Außenhandelsbilanz erschienen.

[68] Stand vom März 1961.

[69] Quellen: Industrieproduktion wie in Anmerkung 66; Außenhandel: „Der Außenhandel", 10. Jg., H. 22, 1960, S. 20.

Anziehen der kapitalistischen Exporte bis 1965 von rund 100 Mrd. Dollar im Jahre 1959 auf knapp 120 Mrd. = + 20%.

Zunahme der sozialistischen Exporte bis 1965 von 14,5 Mrd. auf knapp 29 Mrd. Dollar = + 100%.

Bis zum Jahre 1970 würde der nichtsozialistische Export auf rund 138 Mrd. US-Dollar anwachsen, der sozialistische Gesamtexport jedoch auf 50 Mrd., d. h. um 248%. Der sozialistische Anteil am Welthandel würde unter diesen Umständen 1965 etwa 19% und 1970 = 27% betragen.

Im Anschluß an den Zeitraum 1965/70 dürfte die Zunahme des internationalen sozialistischen Handels stärker sein, denn erstens verschärft sich, allein wegen der Emanzipation der ehemaligen Kolonien, das kapitalistische Marktproblem,

zweitens werden sich weitere koloniale und abhängige Gebiete befreien und mit den sozialistischen Staaten zusammenarbeiten,

drittens werden neue sozialistische Staaten entstehen,

viertens haben die meistem sozialistischen Volkswirtschaften ein hohes Industrialisierungs-, Produktivitäts- und Verbrauchsniveau erreicht,

fünftens wird schließlich ein effektives, rationelles System der internationalen sozialistischen Arbeitsteilung in Entwicklung befindlich sein.

Das sind fünf starke Motoren für die lebhafte Entwicklung des sozialistischen Weltmarkts selbst und der Wirtschaftsbeziehungen zwischen diesem und den übrigen Teilen der Welt.

Aus diesen Gründen werden in Zukunft auch Veränderungen in der Reihenfolge der per-capita-Umsätze zugunsten des sozialistischen Weltmarkts eintreten. Für das Jahr 1958 ergeben sich folgende Zahlen der Außenhandelsumsätze je Kopf für einige sozialistische und kapitalistische Staaten (US-Dollar):[70]

Albanien	72	USA	175
Bulgarien	96	Westdeutschland*	310
ČSSR	213	Frankreich	240
DDR	205	Belgien-Luxemburg	659
Polen	79	Italien	117
Rumänien	53	Griechenland	97
Ungarn	133	Türkei	22
UdSSR	41	Finnland	344
		Jugoslawien	62

*) ausschließlich West-Berlin

[70] Quellen: Bevölkerung aller Staaten und Außenhandelsumsatz der kapitalistischen Staaten sowie Jugoslawiens aus: Statistical Yearbook 1959, UN, S. 21ff. und S. 378ff. — Außenhandelsumsatz der RGW-Länder: vgl. Tab. 4. — O. Bogomolow veröffentlichte für 1958 die folgenden Umsatzquoten je Kopf (in Rubel): UdSSR 170 — DDR 820 — ČSSR 850 — Ungarn 525 — Polen 315 — Bulgarien 290 — Rumänien 195. (Bogomolow, O., Die Prinzipien der sozialistischen internationalen Arbeitsteilung erforschen! In: „Der Außenhandel", 10. Jg., H. 24, 1960, S. 5.) Rechnet man diese Rubel-Werte 4 : 1 in Dollar um, so decken sich mit den Ausnahmen Bulgarien und Rumänien die so errechneten Dollar-Werte mit denen in unserer Statistik. Bei Bogomolow ergeben sich für Rumänien 49 statt 53 und für Bulgarien gar nur 73 statt 96 Dollar. Da wir die offiziellen Außenhandelszahlen genommen und auch

Wir möchten unsere kurze historische Untersuchung mit dem Hinweis darauf abschließen, daß die Möglichkeiten der sozialistischen Produktionsbedingungen auch dadurch besser genutzt werden können, daß bessere Methoden des Handels- und Zahlungsverkehrs zwischen den sozialistischen Staaten ausgearbeitet werden und daß Wissenschaft und Praxis bessere theoretische und methodische Grundlagen für die rationelle Planung der internationalen Koordinierung, Produktionsspezialisierung und Außenhandelsentwicklung ausarbeiten.[71]

IV. BEMERKUNGEN ZU DEN STATISTIKEN

Es sind noch einige Bemerkungen zu den Quellen der von uns zusammengestellten Statistiken notwendig, auch zu ihrer Aussagekraft und über die Möglichkeiten des Vergleichs.

Wie bei jedem Vergleich zwischen Kapitalismus und Sozialismus, so müssen auch bei der Gegenüberstellung der beiden Außenhandelsentwicklungen statistische Verfahren und Werte herangezogen werden, die einen vollständigen oder doch weitgehend vollständigen Vergleich erlauben. Natürlich treten dabei Schwierigkeiten auf. *Qualitative* Unterschiede gibt es in der Regel zwischen *allen* Kennziffern des kapitalistischen und sozialistischen Bereichs; das schließt aber ein Berechnen der Entwicklungen und einen Vergleich keineswegs von vornherein aus. Das Quantitative muß selbstverständlich richtig *begriffen* werden (Einheit von qualitativer und quantitativer Analyse). Das gilt für den Außenhandel im Prinzip in gleicher Weise wie für das Nationaleinkommen, die Arbeitsproduktivität, die Produktion, den Verbrauch, den Kredit oder Geldumlauf usw.

Um besser vergleichen zu können, wurden in *Tabelle 1* nicht die Welthandels*umsätze*, sondern die Welt*exporte* zusammengestellt. Das erweist sich als zweckmäßiger, weil in den kapitalistischen Ländern die Einfuhren in der Regel zu cif-Werten, die Ausfuhren aber zu fob-Werten erfaßt werden, während die sozialistischen Staaten die Importe im allgemeinen zu fob-Werten ausweisen. Dieses im sozialistischen Bereich gebräuchliche Verfahren führt zu einer durchaus richtigen Trennung von Waren- und Dienstleistungsverkehr in der internationalen Handelsstatistik.

Es ist vor allem auf die Differenz der cif- und fob-Werte zurückzuführen, daß die UN-Statistik für den kapitalistischen Weltwirtschaftsbereich stets höhere Gesamtimporte als -exporte ausweist. In *Tabelle 3* wurden beide Werte für die Zeit

zwischen den der UN-Statistik entnommenen Bevölkerungszahlen und denen im Statistischen Jahrbuch der DDR keine bemerkenswerten Differenzen gefunden haben, möchten wir annehmen, daß die von uns gebrachten Zahlen richtig sind.

[71] Wir dürfen statt weiterer Ausführungen auf die folgenden Beiträge verweisen: Morgenstern, K., Zu einigen Fragen der sozialistischen internationalen Arbeitsteilung. In: „Einheit", 15. Jg., H. 4, 1960, S. 611ff.; Kunz, W., Zu einigen Grundproblemen der internationalen Arbeitsteilung im sozialistischen Weltsystem. In: „Probleme der politischen Ökonomie". Jahrbuch des Instituts für Wirtschaftswissenschaften. Berlin 1960, Bd. 3, S. 137ff.; Brauer, R., Grundlegende Fragen der sozialistischen internationalen Arbeitsteilung. In: „Der Außenhandel", 11. Jg., H. 2 u. 3, 1961.

von 1950 bis 1959 zusammengestellt. Das Schwanken des Saldos von Jahr zu Jahr (absolut und im Verhältnis zum Import) ist vor allem aus den Veränderungen der Frachtraten zu erklären (besonders im Zusammenhang mit den Überfällen auf Korea und Ägypten).

In *Tabelle 1* haben wir uns im wesentlichen auf die von der UN veröffentlichten Zahlen gestützt. Wir gingen auch bei den sozialistischen Staaten von den UN-Statistiken aus; sie sind am vollständigsten und beruhen fast gänzlich auf offiziellen Angaben der betreffenden Länder.[72] Zur Ergänzung bringen wir in *Tabelle 4* die den Statistischen Jahrbüchern der betreffenden Länder entnommenen und zur Währungsparität umgerechneten Außenhandelsumsätze der RGW-Länder und der Volksrepublik China von 1955 bis 1959. Da in der UN-Statistik die Außenhandelsumsätze *zwischen* den fernöstlichen Volksrepubliken nicht enthalten sind, und uns diese Zahlen auch sonst nicht bekannt sind, wurden sie von uns (vgl. *Tabelle 5*) grob geschätzt und in Tabelle 1 eingefügt.

Ein Überkreuzvergleich bestätigt die für unsere Analyse völlig befriedigende Genauigkeit der Werte in Tabelle 1. In der sowjetischen Zeitschrift „Kommunist", H. 3, 1961, S. 21, wurde der Außenhandelsumsatz aller sozialistischen Länder für 1950 mit 39 und für 1959 mit 114,8 Mrd. Rubel angegeben. Rechnen wir diese Zahlen zu den damaligen offiziellen Paritäten (4 : 1) in Dollar um, so erhalten wir für 1950 rund 9,75 und für 1959 etwa 28,70 Mrd. Dollar Außenhandelsumsätze. Die halbierten Werte kommen den 5,0 und 14,5 Mrd. Dollar Export in *Tabelle 1* sehr nahe; Differenzen dürften zu wesentlichen Teilen auf Abweichungen der Export-Zahlen von den Import-Werten zu beiden Zeitpunkten zurückzuführen sein.

*

Die beiden Hauptfragen des statistischen Vergleichs von kapitalistischem und sozialistischem Außenhandel ergeben sich aus den Valutakursen und aus der Preisbildung auf dem Weltmarkt.

Es ist bekannt, daß Binnen- und Weltmarktpreise nicht identisch sind. Es gibt auch, besonders bei Fertigwaren wie Maschinen und Ausrüstungen, keine einheitlichen Weltmarktpreise. Während nun unter kapitalistischen Bedingungen eine enge, und zwar spontane, Kommunikation zwischen Binnen- und Weltmarktpreisen besteht, werden beide Preissysteme unter den Bedingungen der sozialistischen Planwirtschaft mit Hilfe des Systems des Preisausgleichs, das sich aus dem staatlichen sozialistischen Außenhandels- und Valutamonopol ergibt, klar voneinander geschieden.[73] Die importierten Waren werden zu den in der jeweiligen Volkswirtschaft gültigen Preisen abgesetzt. Der Außenhandelsumsatz wird jedoch in Weltmarktpreisen, umgerechnet zu den offziellen Valutakursen, ausgewiesen.

[72] Es wäre zu wünschen, daß bald alle sozialistischen Staaten regelmäßig eine offizielle, vollständige und vergleichbare Außenhandelsstatistik publizieren.

[73] Natürlich beeinflussen die Preisentwicklungen der Außenhandelsumsätze auf dem Wege über den Staatshaushalt (Preisausgleich) den inneren Reproduktionsprozeß, jedoch nicht spontan und unmittelbar, sondern planmäßig gesteuert. Hier zeigt sich wieder die Umverteilungsfunktion des Außenhandels.

Während es möglich ist, den zu Weltmarktpreisen in Rubel-Werten ausgewiesenen Außenhandel, z. B. der DDR, aber auch aller anderen sozialistischen Staaten, in Dollar umgerechnet, mit dem Außenhandel Westdeutschlands oder anderer Länder des kapitalistischen Weltwirtschaftsbereichs zu vergleichen, ist es *nicht möglich*, die Außenhandelszahlen in Rubel oder Dollar oder DM, mit den Werten des *inneren* Reproduktionsprozesses zu vergleichen, da diese zu laufenden Binnen-Preisen oder auch zu unveränderten Planpreisen (Preise vom 1. 1. 1955) ausgewiesen werden.

Die Problematik des Vergleichs kapitalistischer und sozialistischer Außenhandelszahlen liegt nicht auf dieser, sondern auf einer anderen Ebene.

Wenn auch gegenwärtig (Anfang 1961) auf dem sozialistischen Weltmarkt als Regel gilt, die Waren zu den bereinigten Preisen der internationalen Hauptmärkte des Jahres 1957 zu handeln, so gibt es doch bei den einzelnen Waren viele Abweichungen nach oben und unten. Außerdem sind die Preise je Ware vielfach noch von Land zu Land unterschiedlich. Wenn also auch die Außenhandelsstatistiken der sozialistischen Länder den Warenverkehr zu Weltmarktpreisen erfassen, so muß man doch beachten, daß im Prinzip zwei oder sogar drei Gruppen von Preisen auf dem sozialistischen Weltmarkt wirksam sind: einmal im Warenverkehr mit dem kapitalistischen Ausland, zweitens im Warenverkehr der sozialistischen Staaten untereinander und drittens die Preise im Handelsverkehr zwischen den sozialistischen Ländern und den neuen Staaten Afrikas, Asiens usw.

Die Länder des sozialistischen Weltbereichs machten z. B. die kapitalistische Preishaussee in Verbindung mit dem Korea-Überfall nicht mit und einigten sich für die Zeit von 1950 bis 1954 de facto auf einen Preisstop (auf dem recht hohen Niveau der Weltmarktpreise vom 1. 10. 1950). Ab 1954 wurden dann zahlreiche Korrekturen (nach oben und unten) vorgenommen. Von 1958 bis 1960 galten als Preisbasis die Weltmarktpreise des Jahres 1957; dabei wird der von bestimmten Manipulationen (politischer oder wirtschaftlicher Art) *bereinigte* Weltmarktpreis als *Ausgangsbasis* genommen. Auf diese Preisbasis einigten sich die RGW-Länder auch für den Zeitraum 1961—1965.

Der intermediäre Außenhandelsvergleich zu laufenden Preisen ist also unbefriedigend. Da aber vergleichbare Volumen-Statistiken nicht vorliegen, müssen wir uns vorläufig mit dieser Notlösung zufriedengeben. Es kann angenommen werden, daß die Exporte der sozialistischen Staaten 1950/54 im Vergleich zum Kapitalismus zu niedrig erscheinen. Die Differenz hat sich dann verändert (verringert), es ist jedoch nicht nachprüfbar, wieviel diese Differenz in den abgelaufenen Jahren betragen haben mag. Einen gewissen Anhaltspunkt geben uns die Statistiken in den *Tabellen 6 und 7*. In *Tabelle 6* bringen wir die Entwicklung des kapitalistischen Welthandelspreisindex wie auch die mengen- und preismäßige Entwicklung des kapitalistischen Welthandels von 1938 bis 1959. In *Tabelle 7* wurde die mengen- und preismäßige Entwicklung des Außenhandels der UdSSR zusammengestellt. Das war uns möglich, weil die Sowjetunion in ihrem Statistischen Sammelband

„Der Außenhandel der UdSSR im Jahre 1959" zum erstenmal eine Volumenstatistik veröffentlicht hat.[74]

Wie beim kapitalistischen, so zeigt sich auch beim sowjetischen Außenhandel, daß das physische Volumen von 1938 bis 1955 weniger schnell zugenommen hat als das „Wert"-Volumen. Anders jedoch die Entwicklung von 1955 bis 1959. Während in diesem Zeitraum in der kapitalistischen Welt der Preisindex (mit 99 bzw. 89) fast unverändert blieb, zeigt sich im Außenhandel der UdSSR eine schnellere Zunahme des physischen als des Wertvolumens (auf 175% bzw. 162%). Die Preise des sowjetischen Außenhandels lagen also 1959 unter denen von 1955. Im Handel der sozialistischen Staaten bieben demnach im angegebenen Zeitraum die Preise hinter denen des kapitalistischen Weltmarktes zurück. Folglich bringen die Wachstumsraten in den *Tabellen 1 und 2* die physische Zunahme des sozialistischen Außenhandels nicht in voller Höhe zur Darstellung.

Von geringerer Problematik für einen Vergleich von kapitalistischem und sozialistischem Außenhandel sind die Währungsparitäten. Sehen wir von den oben erwähnten möglichen unterschiedlichen Weltmarktpreisen je Ware ab und nehmen einheitliche Preise an, dann bringt das Umrechnen in eine einheitliche Vergleichswährung (z. B. Rubel oder Dollar) keinerlei Schwierigkeiten mit sich. Allerdings ist wieder zu beachten, daß die jeweiligen Außenhandelsquantitäten sehr unterschiedliche Kaufkraftquantitäten im Innern der einzelnen Volkswirtschaften darstellen. Entsprechen die Kursrelationen nicht den Kaufkraftrelationen, so muß man, will man das spezifische Gewicht des Außenhandels für das Innere der Volkswirtschaft ermitteln und international vergleichen, mit Währungskoeffizienten arbeiten. Diese sehen in den sozialistischen Volkswirtschaften bei Produktionsmitteln anders aus als bei technischen Konsumgütern und hier wieder anders als bei Lebensmitteln; bei kommerziellen Dienstleistungen wieder anders als bei nichtkommerziellen. Die Differenzen ergeben sich aus dem von sozialistischer Volkswirtschaft zu sozialistischer Volkswirtschaft unterschiedlichen Preisgefüge.

Diese Probleme berühren jedoch nicht das Umrechnen des Außenhandels verschiedener Staaten, einheitliche Weltmarktpreise angenommen, in eine einheitliche Vergleichswährung.

Bleiben die Währungsparitäten in einem bestimmten Zeitraum konstant, so können die für diesen Zeitraum gültigen Entwicklungsreihen der einzelnen Welthandelsbereiche — alle anderen Faktoren als gleich veränderlich oder konstant angenommen — durchaus miteinander verglichen werden. Bemerkenswerte nominelle Veränderungen der Welthandelsanteile können bei Herauf- oder Herabsetzungen der Wäh-

[74] Die Berechnung erfolgt nach dem Index $Q = \frac{\Sigma q_1 P_0}{\Sigma q_0 P_0}$, wobei

Q = Volumenindex
q = Menge
P = Preis.

Auf diesen Index haben sich im Jahre 1960 alle RGW-Länder geeinigt. Vgl. hierzu die sowjetische Zeitschrift „Der Außenhandel", H. 12, 1960, S. 42f. und die DDR-Zeitschrift „Der Außenhandel", H. 24, 1960, S. 15ff.

rungsparitäten auftreten. Das war aber in dem von uns untersuchten Zeitraum (1950–1959) bei den wichtigsten Währungen nicht der Fall.[75]

Wir wollen zum Schluß noch einige weitere Faktoren erwähnen, die bei einem Außenhandelsvergleich Kapitalismus – Sozialismus berücksichtigt werden müssen.

Zu diesen Faktoren gehören z. B. die in der Handelsstatistik nicht erfaßten Positionen des Warenverkehrs. Natürlich ist nicht zu ermitteln, wie groß der Prozentsatz jeweils ist. Es darf angenommen werden, daß er eine Fehlerbreite darstellt, die bei einem Entwicklungsvergleich vernachlässigt werden kann.

Zu den statistischen Problemen bei intermediären Handelsvergleichen gehören ferner die unterschiedlichen Erfassungen bestimmter kommerzieller Dienstleistungen, die unmittelbar mit dem Warenexport gekoppelt sind. In einigen Ländern werden sie nicht unter *Dienstleistungen*, sondern unter *Warenverkehr* subsumiert. Das kann z. B. für einige Montagekosten gelten. Die so entstehenden Differenzen sind allerdings ganz gering.

Unterschiedlich ist auch das Verfahren der statistischen Erhebung. Die kapitalistische Außenhandelsstatistik geht, im Gegensatz zu der der sozialistischen Staaten, von der zollamtlichen Erfassung der Warenein- und -ausgänge aus. Es ist anzunehmen, daß aus diesem Grunde zahlreiche Einfuhrwerte und auch einige Ausfuhrwerte zu niedrig ausgewiesen sind, da die kapitalistischen Unternehmungen Zölle und dergleichen „einsparen" möchten. Schätzungen dieser Differenzen sind nicht möglich. Bei Vergleichen von Zeitreihen fällt die Differenz, wenn man sie als annähernd konstant annimmt, nicht ins Gewicht.

Eine gewisse Aufblähung der kapitalistischen Welthandelszahlen ergibt sich daraus, daß nicht alle Länder mit ihrem *Spezial*handel ausgewiesen werden. Eine ganze Reihe gibt nur den Generalhandel (also einschließlich Reexporte usw.) an, so z. B. – abgesehen vom Vereinigten Königreich selbst – fast alle Länder der Sterlingzone, ferner Japan, Brasilien, Dänemark, Schweden, Norwegen u. a..[76]

Auch bei den Lohnveredelungen gibt es Unterschiede zwischen kapitalistischer und sozialistischer Außenhandelsstatistik. In den Ländern des Rats für Gegenseitige Wirtschaftshilfe werden bei Lohnveredelungsgeschäften, wenn sie überhaupt ausgewiesen werden, nur die im Inland neu zugesetzten Werte in der Exportstatistik erfaßt, während in der kapitalistischen Außenhandelsstatistik die betreffende Ware in der Regel einmal im Import und dann (mit Importwert plus zugesetztem Wert) im Export erscheint.

Es dürfte gerechtfertigt sein, von den kapitalistischen Gesamtexporten etwa 1% abzusetzen, um die erwähnten nominellen Erweiterungen einigermaßen befriedigend zu korrigieren. Vielleicht genügt bei einem groben Vergleich die Annahme, daß diese Erweiterung um 1% durch die Differenz wegen der wahrscheinlich mehrfach zu niedrigen Angaben gegenüber den Zollbehörden kompensiert wird.

*

[75] Der Außenhandel der UdSSR wurde für das ganze Jahr 1950 zu der ab März 1950 gültigen neuen Parität berechnet.

[76] Vgl. die entsprechenden Hinweise in den UN-Statistiken.

Das sind die für unser Thema erwähnenswerten statistischen Probleme. Sie lassen die Schwierigkeiten und Fehlerbreiten (Ungenauigkeiten) bei den Vergleichen von kapitalistischem und sozialistischem Außenhandel erkennen. Am schwerwiegendsten erscheinen uns die Differenzen, die sich aus den Unterschieden der Preisbasen und -vereinbarungen der jeweiligen intrasystemaren Außenhandelsumsätze ergeben.

Es wäre demnach, das ist offensichtlich, noch allerlei methodisch-statistische Arbeit notwendig, um zu ganz exakten Aussagen beim Systemvergleich des Welthandels zu gelangen. Die Anforderungen dieser statistisch-methodischen Arbeit gehen über Rahmen und Ziel des vorliegenden Beitrags hinaus. Wir möchten jedoch meinen, daß die dargelegten statistischen Ungenauigkeitsquellen keineswegs nennenswert sind. Die in unseren Tabellen angegebenen Zahlen lassen nicht nur ungefähre Vergleiche zu. Die Beantwortung der politischen und wirtschaftlichen Hauptfragen des internationalen Handelsvergleichs ist auf ihrer Grundlage durchaus möglich.

Anhang

TABELLE 1

Die Weltexporte 1950–1959

Jahr	Intrasoz.	Soz.→ Kap.	Soz. insgesamt (2 + 3)	Intrakap.	Kap.→ Soz.	Kap. insgesamt (5+ 6)	Welt (4 +7)
1	2	3	4	5	6	7	8
			a) Mio US-Dollar				
1950	3345	1704	5049	54636	1548	56184	61392
1951	4465	1940	6405	74046	1617	75663	82247
1952	5270	1833	7103	71203	1309	72512	79862
1953	6195	1840	8035	72294	1350	73644	81855
1954	6750	2015	8765	74646	1734	76380	85385
1955	6975	2601	9576	81193	1994	83187	93020
1956	7285	3139	10424	90016	2387	92403	103150
1957	8185	3450	11635	96315	2951	99266	111296
1958	8655	3711	12366	91273	3217	94490	107297
1959	10535	3923	14458	96665	3465	100130	115065
			b) 1950 = 100				
1951	133,5	113,8	126,9	135,5	104,5	134,7	134,0
1952	157,5	107,6	140,7	130,3	84,6	129,1	130,1
1953	185,2	108,0	159,1	132,3	87,2	131,1	133,3
1954	201,8	118,3	173,6	136,6	112,0	135,9	139,1
1955	208,5	152,6	189,7	148,6	128,8	148,1	151,5
1956	217,8	184,2	206,4	164,8	154,2	164,5	168,0
1957	244,7	202,5	230,4	176,3	190,6	176,7	181,3
1958	258,7	217,8	244,9	167,1	207,8	168,2	174,8
1959	314,9	230,2	286,4	176,9	223,8	178,2	187,4

Quelle:

Monthly Bulletin of Statistics, UN, June 1960, S. VIII ff. In Spalte 2 wurde von uns jedoch der geschätzte Wert der Exporte innerhalb der fernöstlichen Volksrepubliken hinzugefügt. (Vgl. hierzu den Artikel-Text, S. 113 und Tabelle 5.) Die Spalten 3 und 6 wurden um den innerdeutschen Handel erweitert; Spalte 3 enthält die DDR-Lieferungen gemäß DDR-Statistik, und in Spalte 6 sind die westdeutschen Lieferungen gemäß dortiger Statistik hinzugefügt worden. Die jugoslawischen Exporte wurden aus den Spalten 5—7 herausgenommen, erscheinen aber, zusammen mit den anderen erwähnten Korrekturen, in Spalte 8.

TABELLE 2

Der sozialistische Anteil am Welthandel 1950—1959

Jahr	Soz. Exporte in % der kap. Exporte	Soz. Exporte in % der Weltexporte	Kap. Anteil an soz. Exporten in %	Soz. Anteil an kap. Exporten in %
1	2	3	4	5
1950	9,0	8,2	33,7	2,8
1953	10,9	9,8	22,9	1,8
1955	11,5	10,3	27,2	2,4
1957	11,7	10,5	29,7	3,0
1959	14,4	12,6	27,1	3,5

Spalte 2 = Spalte 4 : Spalte 7 der Tabelle 1
Spalte 3 = Spalte 4 : Spalte 8 der Tabelle 1
Spalte 4 = Spalte 3 : Spalte 4 der Tabelle 1
Spalte 5 = Spalte 6 : Spalte 7 der Tabelle 1

TABELLE 3

Die kapitalistischen Exporte und Importe 1950—1959
(Mio US-Dollar)

Jahr	Exporte	Importe	Saldo
1	2	3	4
1950	55400	58250	2850
1951	75100	80400	5300
1952	72200	79200	7000
1953	73300	75600	2300
1954	76100	78900	2800
1955	82700	88100	5400
1956	92000	97100	5100
1957	98900	106500	7600
1958	94200	99400	5200
1959	99800	104500	4700

Quelle:

1950: Yearbook of International Trade Statistics, 1954, UN, 1955, S. 12.
1951—1959: Monthly Bulletin of Statistics, UN, July 1960, S. 96.

Die Exportwerte dieser Tabelle weichen von denen in Tabelle 1, Spalte 7 ab. In Tabelle 1 ist Jugoslawiens Export nicht enthalten, wohl aber in Tabelle 3; umgekehrt wurde in Spalte 7 der Tabelle 1 der innerdeutsche Handel hinzugefügt, während er in Tabelle 3 fehlt. Schließlich weichen die beiden Ausgangsstatistiken der UN selbst voneinander ab. Die Ausgangswerte der Tabelle 3 liegen in der Regel um $^1/_2$ Mrd. Dollar niedriger als die Ausgangswerte der Tabelle 1. Das ist vor allem darauf zurückzuführen, daß der Umsatz zwischen Singapore und der Malayischen Förderation in Tabelle 1 als Außenhandel geführt wird, während in Tabelle 3 Singapore zur Malayischen Förderation gerechnet wird.

TABELLE 4

Der Außenhandelsumsatz der Länder des RGW 1955–1959
(Mio Rbl)

Land	Jahr	Umsatz	Export	Import	Saldo
Albanien	1955	223	52	171	./. 119
	1956	231	76	155	./. 79
	1957	329	116	213	./. 97
	1958	431	117	315	./. 197
	1959	482	136	346	./. 210
Bulgarien	1955	1946	946	1000	./. 54
	1956	2214	1209	1005	204
	1957	2810	1481	1329	152
	1958	2960	1493	1467	26
	1959	4188	1869	2319	./. 450
ČSSR	1955	8915	4704	4211	493
	1956	10292	5549	4743	806
	1957	10979	5432	5547	./. 115
	1958	11483	6053	5430	623
	1959	13319	6909	6410	499
DDR	1955	9804	5113	4691	422
	1956	10946	5629	5335	294
	1957	13705	7243	6462	781
	1958	14277	7558	6719	839
	1959	16455	8486	7969	517
Polen	1955	7406	3679	3727	./. 48
	1956	8026	3939	4087	./. 148
	1957	8906	3900	5006	./. 1106
	1958	9145	4238	4907	./. 669
	1959	10258	4580	5678	./. 1098
Rumänien	1958	3800	1873	1927	./. 54
	1959	4095	2087	2008	79
UdSSR	1955	25936	13604	12242	1452
	1956	28899	14446	14453	./. 7
	1957	33277	17526	15751	1775
	1958	34589	17190	17399	./. 209
	1959	42100	21800	20300	1500
Ungarn	1955	4567	2437	2139	298
	1956	3847	1981	1866	115
	1957	4685	1953	2732	./. 779
	1958	5265	2732	2533	199
	1959	6175	3059	3116	./. 57
Länder des RGW (Summe)	1958	81950	41254	40696	558
	1959	97072	48926	48146	780

Quelle:

Albanien 1955–1958: Anuari statistikar JRP. sH. 1959. Tirana 1959, S. 167.
1959: Geschätzt.

Bulgarien 1955–1958: Statistisches Jahrbuch der Volksrepublik Bulgarien 1959 (bulg.). Sofia 1959, S. 200.
1959: Statistisches Taschenbuch der Volksrepublik Bulgarien 1960 (bulg.). Sofia 1960, S. 113.

ČSSR 1955–1958: Statisticka Rošenka Republiky Československé 1959. Prag 1959, S. 362.
1959: Stat. Rošenka Rep. Československé 1960. Prag 1960, S. 359f.

DDR: Stat. Jb. der DDR 1959. Berlin 1960, S. 573.

Polen: Kurzgefaßtes Stat. Jb. der Volksrepublik Polen 1960 (russ.), Warschau 1960, S. 134f.

Rumänien 1958–1959: Kurzgefaßtes Stat. Jb. der Rumänischen VR 1960 (russ.). Bukarest 1960, S. 189.

UdSSR 1955–1958: Die Volkswirtschaft der UdSSR im Jahre 1958, Stat. Jb. (russ.), Moskau 1959, S. 798.
1959: Wnjeschnjaja Torgowlja, H. 5, 1960, S. 10 und H. 7, 1960, S. 7.

Ungarn 1958–1958: Magyar statisztikai zsebkönyr 1959. Budapest 1959, S. 117.
1959: Geschätzt.

Die Angaben geben den Umsatz zu laufenden Weltmarktpreisen wieder. In den Quellen sind die Zahlen der DDR in Rubel, alle anderen in Landeswährung angeführt. Diese Werte, wurden zu den Währungsparitäten nach dem Statistischen Jahrbuch der DDR 1959, S. 248, in Rubel umgerechnet.

TABELLE 5

Die Exporte der fernöstlichen Volksrepubliken 1950–1959

Jahr	Gemäß UN-Statistik[1]		Gemäß Schätzung[2]	
	Insgesamt (ohne Exp. in die fernöstl. VR)	darunter in die europ. soz. Staaten	in die fernöstl. VR	Insgesamt (Sp. 2 + 4)
1	2	3	4	5
1950	790	275	40	830
1951	980	475	50	1030
1952	950	610	50	1000
1953	1130	720	55	1185
1954	1200	850	60	1260
1955	1420	965	70	1490
1956	1700	1015	130	1830
1957	1700	1015	130	1830
1958	1950	1270	145	2095
1959	2100	1485	210	2310

[1] Monthly Bulletin of Statistics, UN, June 1960, S. XVI.

[2] Geschätzt auf dem Wege über: z. T. veröffentlichte Zahlen, den veröffentlichten Anteil der UdSSR am Gesamthandel der einzelnen Länder, Ermittlung der spezifischen Gewichte der Exporte der einzelnen sozialistischen Staaten Asiens usw. Es wurde dann, da die Abweichungen unerheblich sind, bis 1955 ein einheitlicher Satz von 5%, 1956 bis 1958 von 7,5% und 1959 von 10% der Gesamtexporte als Zuschlagsquote gewählt (der Einfluß des Koreakrieges blieb unberücksichtigt).

TABELLE 6

„Wert“[1], Preisindex und Volumen der kapitalistischen Weltexporte 1938 und 1950–1959
(1953 = 100)

Jahr	„Wert“	Preisindex	Volumen
1938	28	40	71
1950	76	89	85
1951	102	108	95
1952	98	105	94
1953	100	100	100
1954	104	99	105
1955	113	99	114
1956	126	101	124
1957	134	103	131
1958	129	100	128
1959	136	98	139

Quelle:
1938–1958: Stat. Yearbook 1959, UN, S. 392.
1959: Monthly Bull. of Stat., UN, June 1960, S. VII.

[1] Exporte zu laufenden Preisen entsprechend Tabelle 3.

TABELLE 7

„Wert“[1] und Volumen des Außenhandels der UdSSR 1938, 1946 und 1950–1959

Jahr	Umsatz Ausfuhr Einfuhr (Mrd. Rbl)			Umsatz Ausfuhr Einfuhr („Wert“ 1955 = 100)			Umsatz Ausfuhr Einfuhr (Volumen 1955 = 100)		
1	2	3	4	5	6	7	8	9	10
1938	2,112	1,022	1,090	8,1	7,5	8,9	20,0	18,7	21,6
	(2,797)	(1,353)	(1,444)						
1946	5,614	2,571	3,043	21,6	18,8	24,9	25,7	19,5	32,6
	(7,436)	(3,405)	(4,031)						
1950	13,003	7,179	5,824	50,1	52,4	47,6	56,1	56,7	54,6
1955	25,936	13,694	12,242	100,0	100,0	100,0	100,0	100,0	100,0
1956	28,897	14,446	14,561	111,4	105,5	118,0	110,6	105,9	115,9
1957	33,277	17,526	15,751	128,3	127,9	128,9	125,4	126,6	124,1
1958	34,589	17,190	17,399	133,4	125,5	142,1	138,7	130,0	148,4
1959	42,056	21,763	20,293	162,2	158,2	165,8	175,0	171,3	179,1

[1] Laufende Weltmarktpreise in Rubel zum Kurs 4 Rbl = 1 US-Dollar umgerechnet. In den angeführten Quellen erscheinen die Preise zum *jeweiligen* Kurs umgerechnet. Um die Wertziffern vergleichbar zu machen, wurden von uns die Zahlen für 1938 und 1946 zum Kurs 4 : 1 (statt 5,3 : 1) umgewertet. Die ursprünglichen Zahlen sind in der Tabelle in Klammern angegeben.

Quelle:

Wert 1938 und 1946: Die Errungenschaften der Sowjetmacht in 40 Jahren (russ.). Moskau 1957, S. 31.

Wert 1950: Statistisches Jahrbuch der DDR 1959. Berlin 1960, S. 48.

Wert 1955–1959: Der Außenhandel der UdSSR, 8/1960 (russ.). S. 41. (Die hier wiedergegebenen Zahlen für 1956 weichen etwas von den im Statistischen Jahrbuch der DDR, a. a. O., veröffentlichten ab; wahrscheinlich handelt es sich um nachträgliche Korrekturen.
Sp. 5–7: eigene Umrechnung der Spalten 2–4.
Sp. 8–10: Der Außenhandel der UdSSR im Jahre 1959 (russ.). Moskau 1960.

TABELLE 8

Die Industriestruktur in ausgewählten Ländern des kapitalistischen Weltsystems
(Prozent der industriellen Nettoproduktion des Landes)

Land	Jahr	Nahrgm., Tabak	Textil, Bekldg., Leder	Holz- u. Papier-verarb.	Drucke-reierz.	Chem. Ind., Erd-ölverarb., Gummi	Steine u. Erden	Metal-lurgie	Metall-verarb.
USA	1954	12,4	9,9	8,1	5,4	11,9	3,3	8,1	36,9
Gr.-Brit.	1954	10,8	14,4	5,8	4,1	10,5	4,0	8,2	39,4
Westdtschl.	1950	19,5	17,3	7,2	2,3	11,5	5,5	8,5	26,0
Frankreich	1953	10,5	20,4	6,8	3,1	11,3	3,4	4,6	35,6
Brasilien	1949	26,1	25,7	8,6	4,0	11,1	7,1	5,6	9,9
Mexiko	1944	27,5	30,6	5,1	1,6	16,5	3,8	10,5	2,3
Peru	1954	35,1	28,8	3,6	3,5	9,2	9,6	2,4	5,7
Venezuela	1953	41,5	16,5	7,9	4,6	11,4	9,7	0,4	6,1
Indien	1953	19,6	36,4	1,9	2,4	12,6	3,5	8,8	7,7
Burma	1952	46,8	24,5	7,6	2,7	7,8	1,0	0,1	5,4
Ceylon	1951	12,9	14,2	1,8	9,8	32,8	4,1	·	23,6
Irak	1953	34,8	27,1	3,9	3,3	4,4	13,2	0,6	9,4
VAR/Ägypten	1954	24,0	44,8	3,0	2,5	9,1	5,9	2,3	7,6
Algerien	1954	36,6	14,9	5,1	3,6	4,3	9,3	0,2	23,2
Frz. Westafrika[1]	1956	45,8	13,2	18,8	—	6,2	3,5	·	12,5
Rhod. u. Njassaland	1955	10,6	3,6	2,7	1,8	2,0	3,7	67,3	7,9

Quelle: Patterns of Industrial Growth, 1938—1958, UN. New York 1960.

[1] Anteil in Prozent der Beschäftigten.

TABELLE 9

Der Anteil des Maschinenbaus an industrieller Bruttoproduktion und Export einiger Volksrepubliken 1937/39, 1950 u. 1958/59

(in Prozent)

Land	Anteil des Maschinenbaus			
	an industrieller Bruttoproduktion		am Export	
	1937—1939	1958—1959	1950	1958—1995
Bulgarien	4,5	14,6	2,2[3]	10,5
China	2,7[1]	9,5[2]	·	·
ČSSR	24,0	32,7	26,4	44,1
DDR	22,3	31,7	28,0	43,8
Polen	7,0	20,6	7,8	26,3
Rumänien	10,2	23,0	·	·
Ungarn	17,0	20,6	23,0	34,6

Quelle: Zusammenstellung des Instituts für Wirtschaft der Akademie der Wissenschaften der UdSSR. In: „Probleme des Friedens und des Sozialismus", H. 12, 1960, Anhang, S. 17.

[1] 1949 [2] 1957 [3] 1952

TABELLE 10

Der Anteil der einzelnen Produktionszweige an der Bildung des Nationaleinkommens in einigen sozialistischen Staaten 1958

Land	Industrie	Landwirtsch.	Verkehr	Bauwesen	Sonstige Prod.-Zweige
Albanien	38,0	43,1	2,3	8,2	8,4
Bulgarien	41,1	32,6	3,7	6,6	16,0
ČSSR	67,0	10,0	3,0	11,0	9,0
DDR	60,0	12,9	5,2	5,8	16,1
Koreanische VR	37,6	39,4	1,8	4,9	16,3
Polen	48,5[1]	24,7	2,7	8,6	15,5
Rumänien[2]	57,6	19,1[3]	4,8	9,5	9,0
UdSSR[4]	52,7	20,9	4,8	10,2	11,4
Ungarn	54,6	32,1	3,5	7,3	2,5

Quelle:

Zusammenstellung des Instituts für Wirtschaft der Akademie der Wissenschaften der UdSSR. In: „Probleme des Friedens und des Sozialismus", H. 12, 1960, Anhang, S. 15.

[1] Industrie und Handwerk.
[2] 1959, in Preisen von 1950.
[3] Einschl. Forstwirtschaft.
[4] 1959.

Kurt Zieschang

ZU PROBLEMEN DES STAATSMONOPOLISTISCHEN KAPITALISMUS UND SEINER INFLATIONISTISCHEN WIRKUNG AUF DIE ÖKONOMISCHEN GESETZE

In den letzten Jahren kam es in unserer Republik mehrfach zu Diskussionen über Fragen des staatsmonopolistischen Kapitalismus, bei denen vor allem Probleme des Wesens und der Definition des staatsmonopolistischen Kapitalismus im Mittelpunkt standen.

Hierbei wurden auch meine Ansichten dazu aus den Jahren 1954—1955 kritisiert. Im Interesse der weiteren Diskussion möchte ich nochmals zusammengefaßt zu dem Hauptproblem meiner damaligen Arbeiten[1] Stellung nehmen. Das ist auch notwendig, um einige Aspekte der Auswirkung des staatsmonopolistischen Kapitalismus, die im zweiten Teil dieser Arbeit behandelt werden sollen, verständlich werden zu lassen.

Die erwähnten Arbeiten beschäftigten sich mit folgenden Problemen: Die Bedeutung der Entwicklung des Konfliktes zwischen dem gesellschaftlichen Charakter der Produktivkräfte und den privatkapitalistischen Produktionsverhältnissen, besonders unter dem Gesichtspunkt der Vergesellschaftung der Produktion im Kapitalismus, für die Klärung des Wesens des staatsmonopolistischen Kapitalismus. Bei einer solchen Aufgabenstellung kann man natürlich niemals zu einer vollständigen Definition des staatsmonopolistischen Kapitalismus kommen. Es wurde von mir auch niemals versucht. Um so erstaunter war ich, daß einige meiner Kritiker offensichtlich annahmen, ich habe eine Theorie des staatsmonopolistischen Kapitalismus entwickeln wollen.

Als ich meine Arbeiten schrieb, war die offizielle und Lehrmeinung in unserer Republik, daß das Wesen des staatsmonopolistischen Kapitalismus in nichts anderem als in der Unterordnung des Staates unter die Herrschaft der Monopole bestehe. Der staatsmonopolistische Kapitalismus wurde keinesfalls als objektive ökonomische Kategorie behandelt. Zumeist sah man in ihm nur eine Reihe von staatlichen Maßnahmen, um nicht zu sagen nur eine bestimmte staatliche Politik.

Mir ging es darum, *unter dem oben formulierten Gesichtspunkt* folgendes nachzuweisen:

a) Den Zusammenhang zwischen dem die Entwicklung des Kapitalismus bestimmenden Konflikt der Produktivkräfte mit den kapitalistischen Produktions-

[1] Probleme der politischen Ökonomie, Jahrbuch des Instituts für Wirtschaftswissenschaften, Akademieverlag Berlin 1957, Bd. I, S. 25—64. „Wirtschaftswissenschaft", Heft 5/1956, S. 690—705.

verhältnissen und dem objektiven Charakter des gesetzmäßig entstehenden staatsmonopolistischen Kapitalismus.

b) Daß sich hinter der „Unterordnung" (die ich als Hauptmerkmal des staatsmonopolistischen Kapitalismus nie bestritten habe), hinter der Fäulnis und dem Parasitismus dieser Erscheinung der Prozeß der Vergesellschaftung der Produktion und der Prozeß der Entwicklung der gesellschaftlichen Produktionsverhältnisse vollzieht.[2] (Lenin hatte bei seiner Analyse des Imperialismus und bei seinen Ausführungen über den staatsmonopolistischen Kapitalismus immer diesen Gesichtspunkt im Auge. Deshalb konnte er ihren historischen Platz richtig bestimmen und ihre notwendige Überwindung durch den Sozialismus nachweisen.)

c) Daß aus der Entwicklung des Konfliktes zwischen den Produktivkräften und den Produktionsverhältnissen im Kapitalismus Schlußfolgerungen für das Wesen des staatsmonopolistischen Kapitalismus als einer Form der kapitalistischen Produktionsverhältnisse gezogen werden können.

Die Grundlage für meine Arbeiten bildeten Ausführungen der Klassiker zu diesen Problemen, deren Anwendung mir, wie noch zu behandeln sein wird, allerdings nicht immer richtig gelungen ist.

Ich möchte deshalb nochmals wichtige Gedanken von Marx und Engels, die für die Lösung des Problems von besonderer Bedeutung sind, und einige sich daraus ergebende Schlußfolgerungen hier kurz interpretieren.

Die Klassiker des Marxismus zu der Entwicklung des Konfliktes zwischen dem Charakter der Produktivkräfte und den Produktionsverhältnissen im Kapitalismus

Für die Klassiker, die entgegen den Utopisten und allen Richtungen des Reformismus und Opportunismus vom — wie Lenin einmal feststellte — Standpunkt der „Entwicklungstheorie"[3], d. h. wissenschaftlich, die notwendige Ablösung des Kapitalismus durch den Sozialismus begründeten, spielten die Fragen der Entwicklung des Kapitalismus selbst eine große Rolle. Sie widmeten deshalb den historischen Resultaten der Entwicklung der ökonomischen Gesetze im Kapitalismus, der Entwicklung des Konfliktes zwischen den Produktivkräften und den Produktionsverhältnissen und seinen Auswirkungen auf die Struktur des Kapitalismus, der Entwicklung des Grundwiderspruchs im Kapitalismus u. ä. eine große Aufmerksamkeit.

Engels, der diese Problematik z. B. im „Anti-Dühring" untersucht, gibt eine Art Zusammenfassung der Hauptergebnisse der Entwicklung innerhalb der kapitalistischen Produktionsweise, die man kurz etwa wie folgt charakterisieren kann.[4]

[2] Das ist im Leninschen Sinne gemeint, der gegen bürgerliche Auffassungen, die im Imperialismus nur die „Verflechtung" sahen, ohne ihren Sinn und ihre Bedeutung zu begreifen, folgendes schrieb: „Aber das, was dieser Verflechtung zugrunde liegt, was ihre Grundlage bildet, sind die sich verändernden gesellschaftlichen Produktionsverhältnisse." Lenin, W. I., Ausgewählte Werke, Dietz Verlag Berlin, Bd. I, S. 847.

[3] Ebenda, Bd. II, S. 222.

[4] Engels, Fr., Anti-Dühring, Dietz Verlag Berlin, S. 352—353.

A. „Gegensatz von Proletariat und Bourgeoisie."

B. „Widerspruch der gesellschaftlichen Organisation in der einzelnen Fabrik und der gesellschaftlichen Anarchie in der Gesamtproduktion."

C. „Überfluß hier an Produktionsmitteln und Produkten — Überfluß dort an Arbeitern. Der Widerspruch hat sich zum Widersinn gesteigert. Die Produktionsweise rebelliert gegen die Austauschform."

D. (Diesen Punkt wollen wir vollständig zitieren:)

„Teilweise Annerkennung des gesellschaftlichen Charakters der Produktivkräfte, den Kapitalisten selbst aufgenötigt, Aneignung der großen Produktions- und Verkehrsorganismen, erst durch *Aktiengesellschaften*, später durch *Trusts*, sodann durch den *Staat*. Die Bourgeoisie erweist sich als überflüssige Klasse: alle ihre gesellschaftlichen Funktionen werden jetzt erfüllt durch besoldete Angestellte."

In diesem letzten Punkt, der in engem Zusammenhang mit den anderen gesehen werden muß, zeigt Engels zusammenfassend, wie auf Grund der inneren Gesetzmäßigkeit des Kapitalismus, auf Grund der Entwicklung seiner inneren Widersprüche, der *gesellschaftliche* Charakter der Produktivkräfte, die Entwicklung der *gesellschaftlichen* Produktion immer mehr gegen die beschränkten, nur auf die Ausbeutung gerichteten *privatkapitalistischen* Produktionsvehältnisse rebelliert und die Anerkennung ihres gesellschaftlichen Charakters verlangt. Das ist die Ursache dafür, daß innerhalb der kapitalistischen Produktionsweise zwangsläufig gesellschaftliche Formen der Kapitalanwendung (AG, Trust, Staat) entstehen müssen.[5]

Die entscheidende Frage ist, was die Klassiker, wie Engels es ausdrückt, (a) unter „teilweiser Anerkennung" des gesellschaftlichen Charakters der Produktion im Kapitalismus selbst verstehen und (b) wie sie diesen Entwicklungsprozeß einschätzen, was sich aus ihm ergibt.

Zunächst einige Beispiele dafür, worin die Klassiker den Inhalt dieser notwendigerweise entstandenen neuen Formen der ökonomischen Beziehungen innerhalb des Kapitalismus sehen. (Als Beispiele sollen einige Ausführungen von Marx zur Rolle des Kredits und besonders zur Rolle des fiktiven Kapitals und der Aktiengesellschaften in der kapitalistischen Produktion dienen.)

[5] An anderer Stelle behandelt Engels dieses Problem ausführlicher: „Andererseits drängen diese Produktivkräfte selbst mit steigender Macht nach Aufhebung des Widerspruchs, nach ihrer Erlösung von ihrer Eigenschaft als Kapital, nach tatsächlicher Anerkennung ihres Charakters als gesellschaftliche Produktivkräfte. Es ist dieser Gegendruck der gewaltig zunehmenden Produktivkräfte gegen ihre Kapitaleigenschaft, dieser steigende Zwang zur Anerkennung ihrer gesellschaftlichen Natur, der die Kapitalistenklasse selbst nötigt, mehr und mehr, soweit dies innerhalb des Kapitalverhältnisses überhaupt möglich, sie als gesellschaftliche Produktivkräfte zu behandeln. Sowohl die industrielle Hochdruckperiode mit ihrer schrankenlosen Kreditaufblähung, wie der Krach selbst durch den Zusammenbruch großer kapitalistischer Etablissements, treiben zu derjenigen Form der Vergesellschaftung größerer Massen von Produktionsmitteln, die uns in den verschiedenen Arten von Aktiengesellschaften gegenübertritt. Manche dieser Produktions- und Verkehrsmittel sind von vornherein so kolossal, daß sie, wie die Eisenbahnen jede andere Form kapitalistischer Ausbeutung ausschließen. Auf einer gewissen Entwicklungsstufe genügt auch diese Form nicht mehr . . . der offizielle Repräsentant der kapitalistischen Gesellschaft, der Staat, muß ihre Leitung übernehmen." Ebenda, S. 342–344.

Die Eigentumsbeziehungen, die sich in den Aktiengesellschaften widerspiegeln, schätzt Marx u. a. wie folgt ein:

„Das Kapital, das an sich auf gesellschaftlicher Produktionsweise beruht und eine gesellschaftliche Konzentration von Produktionsmitteln und Arbeitskräften voraussetzt, erhält hier direkt die Form von Gesellschaftskapital (Kapital direkt assoziierter Individuen) im Gegensatz zum Privatkapital, und seine Unternehmungen treten auf als Gesellschaftsunternehmungen im Gegensatz zu Privatunternehmungen. Es ist die Aufhebung des Kapitals als Privateigentum innerhalb der Grenzen der kapitalistischen Produktionsweise selbst."[6]

Zur Auswirkung dieser Veränderung auf den Reproduktionsprozeß (Mechanismus) sagt Marx beispielsweise:

„Es ist Privatproduktion ohne die Kontrolle des Privateigentums."[7]

Es sind also zweifellos gesellschaftliche Formen der Kapitalanwendung, die durchaus im Gegensatz zum privaten Charakter der kapitalistischen Produktionsweise entstehen. Aber da es eben nur kapitalistische Formen sind, die sich herausbilden, damit ein entsprechend den objektiven Bedingungen bereits überlebtes System aufrechterhalten werden kann, sind es nur Formen der Zentralisation des Kapitals, der Enteignung vieler durch wenige, der Aneignung des gesellschaftlichen Reichtums durch eine immer kleinere Gruppe. Ihr Inhalt, so gesehen, besteht demnach in einer Zentralisierung des kapitalistischen Eigentums, in der Vergrößerung der Ausbeutung der Mehrheit durch eine immer kleinere Minderheit. Dementsprechend muß ihr Entstehen den tiefen Konflikt, in dem sich die kapitalistische Produktionsweise befindet, vergrößern und die Widersprüche allseitig verschärfen. Marx hebt diese Seite des Problems, den kapitalistischen Inhalt dieser Formen, mit folgenden Worten hervor:

„Die Expropriation erstreckt sich hier von den unmittelbaren Produzenten auf die kleineren und mittleren Kapitalisten selbst. Diese Expropriation ist der Ausgangspunkt der kapitalistischen Produktionsweise; ihre Durchführung ist ihr Ziel, und zwar in letzter Instanz die Expropriation aller Einzelnen von den Produktionsmitteln, die mit der Entwicklung der gesellschaftlichen Produktion aufhören, Mittel der Privatproduktion und Produkte der Privatproduktion zu sein, und die nur noch Produktionsmittel in der Hand der assoziierten Produzenten, daher ihr gesellschaftliches Eigentum sein können, wie sie ihr gesellschaftliches Produkt sind. Diese Expropriation stellt sich aber innerhalb des kapitalistischen Systems selbst in gegensätzlicher Gestalt dar, als Aneignung des gesellschaftlichen Eigentums durch wenige; und der Kredit gibt diesen wenigen immer mehr den Charakter reiner Glücksritter. Da das Eigentum hier in der Form der Aktie, existiert, wird seine Bewegung und Übertragung reines Resultat des Börsenspieles wo die kleinen Fische von den Haifischen und die Schafe von den Börsenwölfen verschlungen werden. In dem Aktienwesen existiert schon Gegensatz gegen die alte Form worin gesellschaftliches Produktionsmittel als individuelles Eigentum erscheint; aber die Verwandlung in die Form der Aktie bleibt selbst noch befangen in den kapitalistischen Schranken; statt daher den Gegensatz zwischen dem Charakter des Reichtums als gesellschaftlichen und als Privatreichtum zu überwinden, bildet sie ihn nur in neuer Gestalt aus."[8]

[6] Marx, K., Das Kapital, Dietz Verlag Berlin, Bd. III, S. 477.
[7] Ebenda, S. 480.
[8] Ebenda, S. 481.

Äußerst wichtig ist die Schlußfolgerung der Klassiker, daß mit dem Entstehen dieser neuen Formen gleichzeitig die Überflüssigkeit der herrschenden Klasse offenbar wird, daß die Ausbeuterklasse keine gesellschaftlich notwendigen Funktionen mehr im Reproduktionsprozeß ausübt, sondern nur noch als bloßer Ausbeuter der Gesellschaft fungiert, (eine kleinere Gruppe dieser Klasse herrscht zwar über das Gesamtkapital, ist aber nicht einmal sein vollständiger Eigentümer). Auch daraus ziehen die Klassiker wichtige Schlußfolgerungen für die historische Rolle dieser neuen Formen, für die weitere gesellschaftliche Entwicklung. Ein Beispiel dafür bei Marx:

„In den Aktiengesellschaften ist die Funktion getrennt vom Kapitaleigentum, also auch die Arbeit gänzlich getrennt vom Eigentum an den Produktionsmitteln und an der Mehrarbeit. Es ist dies Resultat der höchsten Entwicklung der kapitalistischen Produktion ein notwendiger Durchgangspunkt zur Rückverwandlung des Kapitals in Eigentum der Produzenten, aber nicht mehr als das Privateigentum vereinzelter Produzenten, sondern als das Eigentum ihrer als assoziierter, als unmittelbares Gesellschaftseigentum. Es ist andrerseits Durchgangspunkt zur Verwandlung aller mit dem Kapitaleigentum bisher noch verknüpften Funktionen im Reproduktionsprozeß in bloße Funktionen der assoziierten Produzenten, in gesellschaftliche Funktionen."[9]

Entsprechend dieser Einschätzungen kann es sich bei diesen neuen Formen schon nicht mehr einfach um den „alten" Kapitalismus handeln, einfach um den Privatkapitalismus, dessen Milieu die Konkurrenz ist. Es entsteht aber ebensowenig durch sie ein „vervollkommneter" Kapitalismus, eine Art Zwischenstufe zwischen dem Kapitalismus und dem Sozialismus, die schon sozialistische Züge aufweist. Was sich aus diesen gesetzmäßig entstehenden Formen ergibt, charakterisiert Marx wie folgt:

„Es ist dies die Aufhebung der kapitalistischen Produktionsweise innerhalb der kapitalistischen Produktionsweise selbst, und daher ein sich selbst aufhebender Widerspruch, der prima facie (offensichtlich) als bloßer Übergangspunkt zu einer neuen Produktionsform sich darstellt. Als solcher Widerspruch stellt er sich dann auch in der Erscheinung dar. Er stellt in gewissen Sphären das Monopol her und fordert daher die Staatseinmischung heraus. Er produziert eine neue Finanzaristokratie, eine neue Sorte Parasiten in Gestalt von Projektemachern, Gründern und bloß nominellen Direktoren."[10]

Als Produkte des antagonistischen Konfliktes zwischen gesellschaftlicher Notwendigkeit und privaten Interessen sind diese Formen vom Standpunkt der allgemeinen Entwicklung offensichtlich schon Übergangsformen (wenn auch in negativem Sinne), die die Notwendigkeit neuer gesellschaftlicher Zustände fordern und beweisen.

„Die kapitalistischen Aktienunternehmungen sind ebensosehr wie die Kooperativfabriken als Übergangsformen aus der kapitalistischen Produktionsweise in die assoziierte zu betrachten, nur daß in den einen der Gegensatz negativ, und in den anderen positiv aufgehoben ist."[11]

Zur Entwicklung des Kreditwesens sagt Marx, daß in ihm schon eine „latente Aufhebung des Kapitalismus"[12] enthalten ist.

[9] Ebenda, S. 478. [10] Ebenda, S. 479. [11] Ebenda, S. 482.
[12] Ebenda, S. 482.

So zeigen uns Marx und Engels die „... immanenten doppelseitigen Charaktere..."[13] (Marx verwendet diesen Ausdruck im Zusammenhang mit der Einschätzung der Entwicklung des Kreditsystems), die diesen Formen vom Standpunkt der gesellschaftlichen Entwicklung innewohnen.

Aus diesen Ausführungen der Klassiker zur Entwicklung innerhalb des Kapitalismus ergeben sich kurz zusammengefaßt für die Erforschung des staatsmonopolistischen Kapitalismus folgende Schlußfolgerungen:

a) Die sich mit der Entwicklung des Kapitalismus in den kapitalistischen Eigentumsbeziehungen vollziehenden Veränderungen sind gesetzmäßige Produkte der Entwicklung und Entfaltung der ökonomischen Gesetze des Kapitalismus und der sich aus ihnen ergebenden Widersprüche.

b) Diese Widersprüche sind Produkte des dieser Entwicklung zugrundeliegenden Konfliktes zwischen dem gesellschaftlichen Charakter der Produktivkräfte und den privatkapitalistischen Produktionsverhältnissen, der immer mehr die Begrenztheit und den historisch beschränkten Charakter der Kapitalverhältnisse gegnüber dem von diesen Kapitalverhältnissen selbst entwickelten gesellschaftlichen Charakter der Produktion offenbart.

Diese Formen des privatkapitalistischen Eigentums bringen diesen Konflikt insofern zum Ausdruck, als sie zwar gesellschaftliche Formen sind, die den gesellschaftlichen Charakter der Produktivkräfte teilweise anerkennen müssen, weil nur dadurch die kapitalistische Anwendung der modernen Produktivkräfte überhaupt noch möglich ist, aber sie sind eben nur *gesellschaftliche* Formen auf der Basis des *privatkapitalistischen* Eigentums.

Zu diesem eigenartigen doppelseitigen Charakter sagt Marx:

„Sobald es (das Kapital – d. Verf.) anfängt, sich selbst als Schranke der Entwicklung zu fühlen und bewußt zu werden, nimmt es zu Formen Zuflucht, die, indem sie die Herrschaft des Kapitals zu vollenden scheinen, durch Zügelung der freien Konkurrenz, zugleich die Ankündiger seiner Auflösung und der Auflösung der auf ihm beruhenden Produktionsweise sind."[14]

Es ist kein Wunder, daß sich die Apologeten und Revisionisten auf diese scheinbare Vervollkommnung stürzen und diesen Schein zur Verteidigung und Rechtfertigung eines untergehenden Systems benutzen. Eine völlig neue Richtung revisionistischer und bürgerlicher „Theorie" baut darauf auf.

c) Da sich die neuen Formen des Kapitaleigentums nur innerhalb der Grenzen der kapitalistischen Produktionsverhältnisse entwickeln, können sie nur höhere Formen der Konzentration und Zentralisation sein, Produkte weiterer Enteignungsprozesse und höhere Formen der Ausbeutung und Ausplünderung der Mehrheit durch eine kleinere Minderheit. Das zeigen auch die konkreten kapitalistischen Ursachen der Entstehung dieser Formen: Die kapitalistische Anwendung der modernen Produktivkräfte verlangt vom Standpunkt der Kapitalverwertung ganz allgemein eine

[13] Ebenda, S. 483.

[14] Marx, K., Grundrisse der Kritik der politischen Ökonomie, Dietz Verlag Berlin 1953 S. 544/45.

Verbreiterung der Ausbeutungsbasis (gesetzmäßiger Zusammenhang zwischen dem Steigen der organischen Zusammensetzung des Kapitals und der Profitrate, Zusammenhang zwischen Umfang des angewandten Kapitals und der Profitmasse u. ä.).

Privatkapitalistische gesellschaftliche Formen heißt Herrschaft von Privatkapital über das *gesellschaftliche* Gesamtkapital und damit über die *vergesellschaftete* Produktion (wobei Zweck und Ziel der kapitalistischen Produktion insofern reiner zum Ausdruck kommen, und zwar derart, daß sich die kapitalistischen *Beherrscher* der vergesellschafteten Produktion von notwendigen Funktionen in ihr selbst lösen, d. h. als Klasse — vom Standpunkt der historischen Entwicklung — zum Hindernis für die freie Entfaltung der Produktivkräfte werden).

d) Die so auf einer höheren Stufe reproduzierten Privateigentumsverhältnisse können, da ihr kapitalistischer Inhalt in einer höheren Stufe der Enteignung und Ausbeutung besteht, nur zu einer allseitigen Verschärfung der Widersprüche führen.

e) Die sich durch sie vollziehende „Aufhebung des kapitalistischen Eigentums innerhalb der Grenzen des kapitalistischen Eigentums“, diese Veränderung in der Eigentumsbasis des Kapitalismus, auf der die ökonomischen Gesetze des Kapitalismus wirken, muß die Art und Weise der Durchsetzung der ökonomischen Gesetze verändern.

Es handelt sich um kapitalistische Produktionsverhältnisse, und deshalb wirken nur Gesetze, die sich zwangsläufig aus diesen Verhältnissen ergeben. Aber auf Grund von Veränderungen innerhalb dieser Verhältnisse setzen sich die ökonomischen Gesetze auf eine diesen Formen entsprechende Art und Weise durch.

Die privatkapitalistischen Bedingungen für das Funktionieren der kapitalistischen Produktionsweise, die auf der freien Konkurrenz beruhen, werden durch das Entstehen von „Gesellschaftskapital im Gegensatz zum Privatkapital“, durch die privatkapitalistische Herrschaft Weniger über das Gesamtkapital, verändert: *Sie verkehren sich in ihr Gegenteil, in das Monopol.* Die Grundlagen für das Wirken der ökonomischen Gesetze des Kapitalismus werden dadurch untergraben.

f) Durch diese Auswirkungen der neuen kapitalistischen Eigentumsformen wird offenbar, daß bei dem Entwicklungsstand der gesellschaftlichen Produktion, durch ihre Vergesellschaftung, das privatkapitalistische System selbst schon untergraben wird und an seine eigenen Grenzen (das Privateigentum an den Produktionsmitteln) gestoßen ist. So ist der gegenwärtige Kapitalismus durch eine „. . . zunehmende Labilität des gesamten Wirtschaftssystems . . .“[15] gekennzeichnet. Die privatkapitalistischen Formen der Anerkennung des Charakters der Produktivkräfte und der Produktion sind deshalb Verfallserscheinungen und müssen parasitär und faulend werden. Schon im Gegensatz zum privatkapitalistischen System stehend, offenbaren sie bereits den notwendigen Übergang dieses Systems. Auf Grund ihres Doppelcharakters sind sie vom Standpunkt der historischen Entwicklung schon „Übergangsformen“, d. h. Formen, die die Notwendigkeiten einer neuen Gesellschaftsordnung zum Ausdruck bringen.

[15] Erklärung der Beratung von Vertretern der kommunistischen und Arbeiterparteien, „Neues Deutschland“, Nr. 337/1960, S. 2.

Kritisches zu den Schlußfolgerungen aus der Entwicklung des Konfliktes zwischen dem Charakter der Produktivkräfte und den Produktionsverhältnissen im Kapitalismus für den staatsmonopolistischen Kapitalismus in meinen früheren Arbeiten

Diese Schlußfolgerungen aus der allgemeinen Entwicklung des Kapitalismus sind von großer Bedeutung für die Erforschung des staatsmonopolistischen Kapitalismus. Zwar charakterisieren sie schon allgemein die historische Stellung, den Inhalt und die Auswirkungen der Entwicklung des kapitalistischen Eigentums als Ergebnis der Vergesellschaftung der Produktion, genügen aber noch nicht, um eine konkrete Definition des staatsmonopolistischen Kapitalismus zu geben, um die spezifischen Seiten der staatsmonopolistischen Form des kapitalistischen Eigentums zu erfassen und die konkrete Art und Weise der Durchsetzung der ökonomischen Gesetze unter den Bedingungen des staatsmonopolistischen Kapitalismus zu zeigen. Die im vorhergehenden Abschnitt formulierten Schlußfolgerungen müssen vielmehr auf die konkreten Erscheinungen angewandt werden, damit sie sich mit konkretem Inhalt füllen. Das kann nur geschehen, wenn der historische Entwicklungsstand des Kapitalismus, auf dem sich der staatsmonopolistische Kapitalismus entwickelt, dessen Produkt er ist, berücksichtigt wird.

Die oben dargelegten Zusammenhänge der allgemeinen Entwicklung des Kapitalismus wurden für den gegenwärtigen Kapitalismus durch Lenins Analyse des Imperialismus konkretisiert. Lenin zeigt, daß sich mit dem Imperialismus ein grundlegender Wandel, ein qualitativer Sprung im kapitalistischen System vollzieht.

In den von uns zitierten Ansichten von Marx und Engels wird dieses historische Resultat der Entwicklung des Kapitalismus schon als objektiv notwendig nachgewiesen und wissenschaftlich vorausgesagt. Lenin hat dann, ausgehend von diesen allgemeinen theoretischen Erkenntnissen, auf Grund der Analyse des modernen Kapitalismus die marxistische politische Ökonomie durch die Theorie des Imperialismus, als des höchsten Stadiums des Kapitalismus, ergänzt und weiterentwickelt. Der staatsmonopolistische Kapitalismus ist bei Lenin ein Produkt des Imperialismus und ganz durch ihn charakterisiert.

Es ist deshalb keinesfalls so, daß, wenn sich die Widersprüche von Stufe zu Stufe entsprechend zugespitzt haben, in einer Art quantitativer Entwicklung, einfach neue Formen der kapitalistischen Produktionsverhältnisse entstehen. (An meinen früheren Arbeiten hat man einen solchen „Stufenmechanismus" mit Recht kritisiert.) Es kommt vielmehr darauf an, den qualitativen Umschlag des vormonopolistischen Kapitalismus in den Imperialismus zu berücksichtigen — ein Umschlag von Quantität in Qualität, „. . . der Übergang des hochentwickelten Kapitalismus in den Imperialismus. . .".[16]

Der Imperialismus ist nicht schlechthin Kapitalismus, er ist bereits ein anderer Kapitalismus als der vormonopolistische. In ihm haben sich bereits *Grundeigenschaften* des Kapitalismus in ihr Gegenteil verwandelt,[17] er hat die „. . . Züge einer

[16] Lenin, W. I., a. a. O., Bd. I, S. 815.
[17] Ebenda, S. 813/14.

Übergangsperiode vom Kapitalismus zu einer höheren gesellschaftlich-wirtschaftlichen Ordnung. . .".[18] Der Imperalismus ist monopolistischer Kapitalismus. Im Gegensatz zum Konkurrenzkapitalismus herrschen die Monopole. Dementsprechend hat der Imperialismus historisch einen anderen Platz als der vormonopolistische Kapitalismus. Er ist bereits faulender, parasitärer Kapitalismus.

Vom Standpunkt der Entwicklung der kapitalistischen Produktionsverhältnisse ist deshalb z. B. das Monopol nicht etwa nur eine quantitative Weiterentwicklung der Aktiengesellschaft, wie wir sie aus dem vormonopolistischen Kapitalismus kennen. Durch die Monopolherrschaft hat sich bereits die „. . . Grundeigenschaft des Kapitalismus und der Warenproduktion überhaupt. . ."[19] in ihr Gegenteil verwandelt. Dementsprechend ist das Wesen des staatsmonopolistischen Kapitalismus nur aus dem Wesen des Imperialismus zu verstehen und nicht aus einer quantitativen Entwicklungsreihe Aktiengesellschaft — Monopol — Staat.

In meinen früheren Arbeiten wurde das nicht eindeutig dargelegt und berücksichtigt. An einigen Stellen wird zwar vom staatsmonopolistischen Kapitalismus als einer Erscheinung des Imperialismus gesprochen, und bei der konkreten Untersuchung des Inhalts des staatsmonopolistischen Kapitalismus am Beispiel von Finanzierungsfragen im Institutsjahrbuch wird notwendigerweise diese Frage berücksichtigt; aber bei der Darlegung des Zusammenhanges zwischen der allgemeinen Entwicklung des Kapitalismus und dem notwendigen Entstehen des staatsmonopolistischen Kapitalismus wird faktisch dieser qualitative Umschlag ausgeklammert. So erschien der staatsmonopolistische Kapitalismus hier schlechthin als irgendeine Form der kapitalistischen Produktionsverhältnisse. (Daher kommt auch die zweideutige Formulierung vom staatsmonopolistischen Kapitalismus als einem neuen Stadium.) Dementsprechend erfolgte auch keine richtige Orientierung auf den Parasitismus und die Fäulnis dieser Form, auf den konkreten Entwicklungsstand der Entfaltung der kapitalistischen Widersprüche, auf die Rolle der Politik in der Ökonomie u. ä. Faktisch steht damit in diesem Teil nicht das entscheidende theoretische Problem, um welches es beim staatsmonopolistischen Kapitalismus geht, nämlich das Monopol als Gegensatz zur freien Konkurrenz, im Mittelpunkt. Das Wesen des staatsmonopolistischen Kapitalismus, seine Auswirkungen, insbesondere auf die ökonomischen Gesetze des Kapitalismus, können aber überhaupt nur erkannt werden, wenn von der Monopolherrschaft ausgegangen wird.

Lutz Maier schrieb in einer m. E. sehr bedeutungsvollen Arbeit zu Problemen des staatsmonopolistischen Kapitalismus:

„Das ökonomische Hauptmerkmal des gegenwärtigen Kapitalismus ist also nach wie vor das Monopol, nur nicht mehr das einfache Monopol, sondern das Staatsmonopol im Sinne der Realisierung und Erweiterung der Monopolstellung mit Hilfe der Kraft des Staates. Es handelt sich also um eine gesetzmäßig bedingte Formveränderung des Monopolkapitalismus in der Periode seiner allgemeinen Krise, nicht um ein neues Entwicklungsstadium."[20]

[18] Ebenda. [19] Ebenda.
[20] „Wirtschaftswissenschaft", Heft 2/1960, S. 246.

Dieser Ansicht muß zugestimmt werden. Maier stellt mit seinen Ausführungen das ökonomisch entscheidende Problem richtig in den Mittelpunkt. (Wir werden später an diesen Gedanken anknüpfen.)

Gleichzeitig bin ich allerdings mit einer ganzen Reihe von Kritikern keinesfalls einverstanden, und einige arbeiten mit Unterstellungen.

Es ist richtig, daß die beiden zur Diskussion stehenden Artikel — bei deren Kritik berücksichtigt werden sollte, daß sie vor nunmehr 5 Jahren geschrieben wurden, während die Kritiker den Vorteil für sich haben, die Resultate der seit dieser Zeit erfolgten mehrjährigen erfolgreichen marxistischen Forschung auf diesem Gebiet nutzen zu können — eine ganze Anzahl von zweideutigen und falschen Formulierungen enthalten, und manche Fragen nicht vollständig und richtig erfaßt sind.

Ich wende mich aber ganz entschieden gegen Versuche, aus diesen Artikeln eine mehr oder weniger revisionistische Konzeption zu konstruieren, die letztlich etwa folgendes Gesicht haben soll: Staatsmonopolistischer Kapitalismus sind neue Produktionsverhältnisse, die den kapitalistischen Grundwiderspruch lösen und dementsprechend mehr oder weniger schon nicht mehr Kapitalismus sind, eine Art Zwischenstufe zwischen Kapitalismus und Sozialismus darstellen.

Am deutlichsten kam eine derartige Interpretation meiner Arbeiten in einem Referat von A. Heinze zum Ausdruck, das auf einem „öffentlichen Kolloquium" des Leipziger Universitätsinstituts für politische Ökonomie gehalten wurde.[21 22]

Heinze geht davon aus, daß die theoretische Ursache meiner Fehler in einer falschen Definition der Produktionsverhältnisse bestehe. Ich hätte diese „. . . als bestimmte Stufen der gesellschaftlichen Organisation der Produktion sowie der Organisation der gesellschaftlichen Arbeit" definiert.[23]

Abgesehen davon, daß sowohl im Referat von Heinze wie auch im Bericht in der „Wirtschaftswissenschaft" die entsprechende Stelle bei mir nicht richtig zitiert wird, handelt es sich in meinem Artikel überhaupt nicht um eine Definition, sondern um den *Teil* eines Satzes, dessen eine Hälfte H. wegläßt, um ihn für den gewünschten Zweck brauchbar zu machen. Tatsächlich lautet der Satz:

> „Bestimmte Stufen der Vergesellschaftung der Produktion bedingen bestimmte Stufen der gesellschaftlichen Organisation der Produktion, der Organisation der gesellschaftlichen Arbeit, d. h. bestimmte Entwicklungsstufen der Produktionsverhältnisse."[24]

Es handelt sich hier um *einen* Satz aus der ersten These (weitere zu diesem Problem folgen) des Artikels in der „Wirtschaftswissenschaft", mit dem ganz allgemein fest-

[21] Siehe ausführlichen Bericht darüber in „Wirtschaftswissenschaft", Heft 2/1960, S. 271–282. Den weiteren Ausführungen liegt vor allem das vervielfältigte Vortragsmanuskript von A. Heinze zugrunde.

[22] Auch O. Reinhold schätzt in seiner Broschüre „Die Entwicklung des staatsmonopolistischen Kapitalismus in Westdeutschland" meine hier erwähnten Arbeiten mit folgendem Satz ein: „Bekannt ist aber auch, daß von einigen Genossen, z. B. vom Genossen Zieschang, die Rolle des staatsmonopolistischen Kapitalismus insofern überschätzt wurde, als er die Schlußfolgerung zog, daß durch ihn eine Reihe kapitalistischer Widersprüche überwunden werden und neue Produktionsverhältnisse entstehen könnten." Akademie-Verlag Berlin 1960, S. 4.

[23] Zitiert nach „Wirtschaftswissenschaft", Heft 2/1960, S. 272.

[24] Ebenda.

gestellt wird, daß sich mit der Entwicklung der Produktion der Prozeß ihrer Vergesellschaftung vollzieht, der gleichzeitig Ausdruck für die Entwicklung der Produktivkräfte ist, und daß diesem Prozeß bestimmte, von diesem Prozeß abhängige Formen der *gesellschaftlichen* Organisation der Produktion, der Arbeit, also Produktionsverhältnisse, entsprechen. (In dieser ersten These wird dann weiter gezeigt, daß auf Grund der kapitalistischen Ausbeutungsverhältnisse diese mit der Vergesellschaftung der Produktion in Konflikt geraten und deshalb historisch begrenzt sind.) Hier wird also nur ein ganz allgemeiner gesellschaftlicher Zusammenhang charakterisiert. *Gesellschaftliche* Organisation der Produktion, der Arbeit und Produktionsverhältnisse, diese drei Ausdrücke sind identifiziert. Abgesehen davon, daß schon viel Phantasie dazugehört, aus dem bewußten Satzteil eine Definition zu machen (in den folgenden Thesen wird viel mehr über die Produktionsverhältnisse gesagt), ist mir auch nicht klar, wie man aus ihm eine „Vertechnisierung der Produktionsverhältnisse" herauslesen kann. Wahrscheinlich störte Heinze das Wort Organisation – aber ich habe davon gesprochen, wie die Produktion, wie die Arbeit gesellschaftlich organisiert sind (darunter versteht man ja wohl solche Fragen wie: Wer produziert, wer arbeitet und wer eignet sich die Produkte an? Wie vollzieht sich in der Gesellschaft die Verteilung und der Austausch der Arbeitsprodukte u. ä.?).[25]

Der Zweck dieser Übung ist, zu folgender Schlußfolgerung zu kommen:

„Kurt Zieschang ist soweit gegangen, daß er den staatsmonopolistischen Kapitalismus als ein neues Produktionsverhältnis, als eine neue ökonomische Basis definiert"[26],

und an anderer Stelle:

„... daß der staatsmonopolistische Kapitalismus eine Höherentwicklung der Produktionsverhältnisse darstellt."[27]

(Wobei, was zwar nicht gesagt, aber doch offensichtlich gemeint ist, dieses „neue Produktionsverhältnis" irgendwie schon nicht mehr unbedingt etwas mit dem Imperialismus zu tun hat.)

Heinze wendet, um zu diesen Schlußfolgerungen zu kommen, einen Trick an: Während in meinen Artikeln immer eindeutig die Entwicklung der *kapitalistischen* Produktionsverhältnisse behandelt und immer nur von neuen, höheren u. ä. Formen des *kapitalistischen* Eigentums gesprochen wird, macht Heinze daraus ein „neues Produktionsverhältnis" und eine „Höherentwicklung der Produktionsverhältnisse". Es ist nur folgerichtig, daß darauf die Verurteilung als Revisionist erfolgt. Ich werde auf diese Frage noch zurückkommen.

[25] Heinze definiert übrigens in seinem Referat die Produktionsverhältnisse falsch: „Unter Produktionsverhältnissen verstehen wir (?) bekanntlich die Beziehungen und Verhältnisse der Menschen zueinander." Marx und dementsprechend auch „wir" verstehen aber unter Produktionsverhältnissen sehr konkret die Beziehungen und Verhältnisse, die die Menschen bei der Produktion und Verteilung ihres materiellen Lebensunterhaltes untereinander eingehen.

[26] Vortragsmanuskript v. A.Heinze, S. 1.

[27] Ebenda, S. 2.

Bei der Kritik an meinen früheren Arbeiten handelt es sich vor allem um zwei Hauptprobleme, auf die ich eingehen möchte:

a) Der staatsmonopolistische Kapitalismus als eine Form der kapitalistischen Produktionsverhältnisse;

b) die Wirkung des staatsmonopolistischen Kapitalismus auf die kapitalistischen Widersprüche.

Zu ihrer Klärung soll zunächst nochmals kurz die Konzeption, die in meinen Artikeln[28] der Darstellung der notwendigen Entwicklung der kapitalistischen Produktionsverhältnisse und ihrer Bedeutung für das Entstehen des staatsmonopolistischen Kapitalismus zugrunde lag, dargelegt werden.

Die Arbeit besteht aus zwei Teilen: Im ersten Teil wird allgemein die Bedeutung des Prozesses der Vergesellschaftung der Produktion im Kapitalismus für die Entwicklung der kapitalistischen Produktionsverhältnisse und sein kapitalistischer Inhalt dargelegt. Ausgehend von dem widersprüchlichen Charakter der kapitalistischen Vergesellschaftung, von dem tiefen Konflikt, der ihr zugrunde liegt, wird versucht, nachzuweisen, daß die neuen Formen der kapitalistischen Produktionsverhältnisse, die mit diesem Prozeß notwendigerweise entstehen, nur höhere Stufen der Ausbeutung, ihrer Verbreiterung und Vertiefung sein können (also Eigentums- und keine Organisationsfragen), daß sich dementsprechend die Widersprüche verschärfen, sie den historisch begrenzten Charakter des Kapitalismus offenbaren u. ä.

Eigenartigerweise beschränkt sich die Kritik fast ausschließlich auf diesen ersten Teil, in dem eigentlich noch gar nichts konkret über den staatsmonopolistischen Kapitalismus selbst gesagt wird. Aber sogar dieser Teil wird nicht als Ganzes kritisiert.

Ich bemühte mich um die Darstellung der Bedeutung des „Doppelcharakters" der Vergesellschaftung der Produktion im Kapitalismus für die Analyse der Entwicklung der kapitalistischen Produktionsverhältnisse und speziell für den staatsmonopolistischen Kapitalismus.

Die Kritiker nahmen immer nur die „eine Seite" dieser Darstellung heraus und ließen „die andere", d. h. das was ich über den *kapitalistischen Inhalt* und damit über den *konkreten gesellschaftlichen Inhalt dieses Prozesses* der Entwicklung der Produktion sagte, beiseite. Auf diese Art und Weise kann man natürlich leicht alle möglichen Schlußfolgerungen ziehen.

Im zweiten Teil (und das ist im Institutsjahrbuch der umfangreichere) sollte gezeigt werden, wie sich diese allgemeinen Zusammenhänge im staatsmonopolistischen Kapitalismus konkret widerspiegeln, um Schlußfolgerungen für das Wesen des staatsmonopolistischen Kapitalismus zu ziehen. Als Beweismaterial diente eine Analyse von staatsmonopolistischen Maßnahmen bei der Investitionsfinanzierung in Westdeutschland und ihren Auswirkungen. Hier kam es darauf an, konkret nach-

[28] Zum richtigen Verständnis des folgenden sei bemerkt, daß der Artikel in der „Wirtschaftswissenschaft" faktisch nur Thesen aus der größeren Arbeit enthält, die im Jahrbuch des Instituts für Wirtschaftswissenschaft der DAdW, Bd. I, veröffentlicht wurde.

zuweisen, welchen Inhalt die Veränderung in den kapitalistischen Produktionsverhältnissen hat, d. h. in welcher Richtung und wie durch die Rolle des imperialistischen Staates die Ausbeutung verbreitert und vertieft wird, welche ökonomischen Prozesse sich dabei vollziehen, und wie und wodurch sich dabei die Widersprüche verschärfen. Es wurde daraus eine Reihe von Schlußfolgerungen für die Art und Weise des Durchsetzens der ökonomischen Gesetze, für die Untergrabung der Grundlagen, auf die sie wirken, und für das Wesen der staatsmonopolistischen Regulierung gezogen. Es wurde dabei vor allem gezeigt, wie die staatsmonopolistischen Maßnahmen, weil ihr Inhalt nur in einer Verbreiterung und Vertiefung der Ausbeutung bestehen kann, in sich widerspruchsvoll sind und wie sie die Anarchie und Planlosigkeit in der Gesellschaft nur vergrößern. Es wurde die Schlußfolgerung gezogen, daß ihre Wirkung ganz und gar von dem sich spontan entwickelnden Reproduktionsprozeß abhängig ist — dessen Spontanität sie verschärfen —, und es kein „planmäßiges" Einführen und auch kein „System" von solchen Maßnahmen geben kann.[29] [30]

Das stellt, ganz kurz charakterisiert, meine „Konzeption" dar, die ich, abgesehen von einer Reihe von Formulierungen und kritischen Einwänden, die hier behandelt werden, nach wie vor vertrete.

Es ist m. E. eine sehr eigenartige Methode der Kritik, wenn dieser Gesamtzusammenhang negiert und dafür einige Formulierungen herausgegriffen und zu einer „Konzeption" zusammengesetzt werden.

Ein Beispiel dafür (auf alle die kleineren und größeren „Konstruktionen", die Heinze vornimmt, kann hier nicht eingegangen werden) ist u. a. folgende Feststellung in dem Kolloquium-Bericht von H. Richter:

> „Er (A. Heinze) ging in diesem Zusammenhang auf die Auffassung von Kurt Zieschang ein, der als Wesen des staatsmonopolistischen Kapitalismus neue Produktionsverhältnisse, eine neue ökonomische Basis sieht, auf der sich der gegenwärtige Reproduktionsprozeß entwickelt."[31]

Richter führt zum Beweis S. 34 meines Jahrbuchartikels an. Tatsächlich findet sich hier (wie auch anderswo) keine solche Definition. Auf dieser Seite wird folgendes behandelt: Nach der Feststellung, daß der staatsmonopolistische Kapitalismus Unterordnung des Staates unter die Herrschaft der Monopole ist (im Sinne der offensichtlichsten Tatsache), wende ich mich gegen Auffassungen, die darin nur eine bestimmte staatliche Politik sehen, ohne die ökonomischen Veränderungen und ihren objektiven Charakter, die dieser Politik zugrunde liegen, selbst zu beachten. Ich stellte dann im Gegensatz dazu, zunächst ganz allgemein, fest, daß durch die Unterordnung des politischen Machtapparates unter die Monopolherrschaft ökonomische Verhältnisse entstehen, die für die Entwicklung des heutigen

[29] Auch damit befinde ich mich ganz im Gegensatz zu Heinze, der sagt, durch die Herrschaft des Monopolkapitals „. . . werden intensive, systematische Eingriffe des kapitalistischen Staates in den Reproduktionsprozeß notwendig und möglich", (a. a O., S. 17).

[30] Oder auch zu H. J. Braun, der sogar das Wesen des staatsmonopolistischen Kapitalismus als ein „. . . System von Eingriffen seitens des kapitalistischen Staates . . . zu Gunsten der Monopole" definiert. („Wirtschaftswissenschaft" Heft 2/1960, S. 278).

[31] „Wirtschaftswissenschaft", a. a. O., S. 272.

Reproduktionsprozesses bedeutungsvoll sind. Ich sage dann weiter (um darauf zu verweisen, was unter diesen Veränderungen zu verstehen ist), daß, wenn der imperialistische Staat, die umfassendste gesellschaftliche Machtorganisation in den Händen der Finanzoligarchie, direkt den Bedürfnissen der Monopole untergeordnet wird, sich beispielsweise neue Möglichkeiten der Mobilisierung und Anwendung des Kapitals, neue Formen der Organisation des kapitalistischen Eigentums und der gesellschaftlichen Zusammenfassung der Produktion ergeben, die kapitalistische Ausbeutung verbreitert wird u. a. Nach dieser allgemeinen Problemstellung erfolgt dann erst die Analyse des konkreten Inhalts und der Wirkung dieser neuen kapitalistischen Beziehungen. Der Leser mag selbst urteilen, ob es zulässig ist, aus diesen Ausführungen obige Definition zu konstruieren.

Einige Kritiker, auch Heinze[32], meinen, daß ich im staatsmonopolistischen Kapitalismus eine Erscheinung zur Lösung der kapitalistischen Widersprüche, sogar zur Lösung des Grundwiderspruchs sähe. Hätte ich die Dinge so dargestellt, dann würde es sich bei meinen Ansichten natürlich um Revisionismus handeln.

Entwicklung der kapitalistischen Produktionsverhältnisse war bei mir gleichbedeutend mit Vertiefung und Verbreiterung der kapitalistischen Ausbeutung. Daraus ergibt sich aber zwangsläufig, daß sich mit dieser Entwicklung die Widersprüche verschärfen müssen. (So zeigte ich z. B., warum sich wegen dieses Inhalts der Konflikt zwischen den Produktivkräften und Produktionsverhältnissen im Kapitalismus ständig zuspitzt). Dieser Zusammenhang steht bei mir im Mittelpunkt. Er ist eindeutig formuliert, und ich habe ihn bei allen Problemen beachtet (sowohl bei den allgemeinen theoretischen Problemen als auch bei der Einzeluntersuchung von Auswirkungen staatsmonopolistischer Maßnahmen). Meine Schlußfolgerungen ergeben sich ja gerade aus diesem Zusammenhang. Es ist unmöglich, das zu überlesen. Ich frage mich, warum manche Kritiker, vor allem A. Heinze, das einfach negieren.

Das schließt jedoch nicht aus, daß bei der Behandlung dieser ganzen Problematik in den hier zur Diskussion stehenden Arbeiten von mir auch Fehler enthalten sind. Das betrifft vor allem die Darlegung eines *speziellen Problems im Rahmen des obigen grundlegenden Zusammenhanges*. Die erwähnten Arbeiten enthalten folgende Überlegung: Die zwangsläufige, teilweise Anerkennung des Charakters der Produktivkräfte durch die kapitalistischen Produktionsverhältnisse, wie sie auch im staatsmonopolistischen Kapitalismus zum Ausdruck kommt, bedeutet dem Inhalt nach ganz allgemein eine Erweiterung des Monopols, eine Verbreiterung und Vertiefung der kapitalistischen Ausbeutungsbasis. Diese *neuen Bedingungen* (das „Staatsmonopol") führen zu einer *höheren Stufe* der Entfaltung und Zuspitzung der kapitalistischen Widersprüche, zu spezifischen Erscheinungen bei der Entfaltung dieser Widersprüche (im 2. Teil des Jahrbuchartikels wird eine Reihe von spezifischen Zügen bei der Entfaltung und Zuspitzung der Widersprüche unter staatsmonopolistischen Bedingungen gezeigt). Die Erweiterung der Monopolherrschaft durch die Unterordnung des imperialistischen Staates unter die Macht der Monopole führt deshalb zu einer weiteren Zuspitzung

[32] Vortragsmanuskript S. 8, 9, 13 und „Wirtschaftswissenschaft" a. a. O., S. 273.

des Konflikts zwischen dem Charakter der Produktivkräfte und den beschränkten kapitalistischen Produktionsverhältnissen. Soweit wurde der Zusammenhang von mir richtig dargelegt.

Ich zog dann daraus die Schlußfolgerung, daß durch das zwangsläufige Entstehen des staatsmonopolistischen Kapitalismus auf Grund der zugespitzten Widersprüche die „alte" Basis, die alten Bedingungen für das Wirken der Widersprüche, *auf einer bestimmten Stufe* überwunden wird, was gleichbedeutend mit einer „Lösung" des Konfliktes *auf einer bestimmten Stufe* sei. Da das aber innerhalb des Kapitalismus nur durch eine Erweiterung der Monopolherrschaft geschieht, kann das nur ihre *Entfaltung und Vertiefung auf einer höheren Ebene* und demzufolge eine Zuspitzung des Konfliktes bedeuten. Um was es also in den erwähnten Arbeiten ging, war die *dialektische Wechselwirkung zwischen Lösung und Verschärfung der Widersprüche durch die Entwicklung des kapitalistischen Eigentums und nicht etwa nur die Lösung von Widersprüchen durch diese Entwicklung.* Ich habe z. B. niemals gesagt, daß der Grundwiderspruch im Sinne einer Beseitigung oder Aufhebung des Konfliktes, in dem sich die Produktivkräfte mit den Produktionsverhältnissen befinden, „gelöst" wird. Es ging vielmehr nur darum, daß durch den staatsmonopolistischen Kapitalismus, als neuer Form der kapitalistischen Produktionsverhältnisse, neue Bedingungen für das Wirken der ökonomischen Gesetze und die Entfaltung der kapitalistischen Widersprüche entstehen. In diesem Sinne werden die alten Bedingungen überwunden. Die Widersprüche wirken auf Grund der höheren Stufe der Zentralisation des kapitalistischen Eigentums ebenfalls auf einer höheren Stufe und spitzen sich zu. Die Klärung dieser Frage ist für die Erforschung der Auswirkungen des staatsmonopolistischen Kapitalismus auf die ökonomischen Gesetze sehr wichtig. Ich halte es nicht für richtig, aus diesem kurz charakterisierten Zusammenhang in meinen Arbeiten eine Seite herauszulösen und zu behaupten, ich hätte eine Konzeption der Lösung des Grundwiderspruches durch den staatsmonopolistischen Kapitalismus entwickelt.

Ebenso klar ist aber, daß ich mit diesem Problem nicht fertig geworden bin und meine Darstellung in manchem eine falsche Orientierung gibt:

1. „Lösung" und „Verschärfung" der Widersprüche wurde bei mir sehr mechanisch gegenübergestellt, vor allem in bezug auf den Grundwiderspruch. Das hängt wesentlich mit der schon erwähnten „Stufentheorie" der Entfaltung der kapitalistischen Widersprüche zusammen. Besonders im ersten Teil meiner Artikel wurde dieser Prozeß von den historischen Bedingungen losgelöst dargestellt. Es wird faktisch nicht davon ausgegangen, daß der staatsmonopolistische Kapitalismus ein Produkt des Imperialismus ist.
2. Als Folge daraus mußte sich in manchem eine mechanische Auffassung von den Auswirkungen des staatsmonopolistischen Kapitalismus auf den Reproduktionsprozeß, die nicht der Wirklichkeit entspricht und die falsch orientiert, ergeben.

Letztlich führt meine Darlegung zu dem Schluß — und tatsächlich gibt es eine Reihe von Stellen in beiden Artikeln, wo die Zusammenhänge so formuliert sind, — daß der staatsmonopolistische Kapitalismus Entwicklungsmöglichkeiten für die

Produktivkräfte, für die kapitalistische Produktion, schafft. Da er aber dieses Ergebnis nur durch eine verstärkte Ausbeutung erzielt, müssen sich die Widersprüche verschärfen. Dreht man diesen Schluß um, so wird sehr deutlich, daß eine solche Darstellung falsch ist. Der staatsmonopolistische Kapitalismus verschärft zwar die Ausbeutung und die Widersprüche, aber er führt zur Entwicklung der Produktivkräfte und der Produktion. Natürlich können durch den staatsmonopolistischen Kapitalismus Hindernisse der Kapitalverwertung überwunden werden, können Produktivkräfte angewandt werden, deren Anwendung für die Monopole ohne den imperialistischen Staat nicht möglich ist. Wenn dem nicht so wäre, würde er nicht entstehen. Aber durch meine formale und mechanische Darstellung werden faktisch konkrete historische Bedingungen und Ergebnisse der Entwicklung der Produktivkräfte und der Kapitalverwertung ausgeklammert.

Keinesfalls werden die sich aus dem Imperialismus ergebenden Hemmnisse für die Entwicklung der Produktivkräfte durch den staatsmonopolistischen Kapitalismus beseitigt. Im Gegenteil. Ich zeige ja selbst, wie sich der Konflikt zwischen den Produktivkräften und Produktionsverhältnissen durch den staatsmonopolistischen Kapitalismus zuspitzt. Man kann schon deshalb nicht einfach von Entwicklungsmöglichkeiten für Produktivkräfte und Produktion sprechen, weil damit ganz verwischt wird, daß sich gleichzeitig die Schranken für die Entwicklung der Produktivkräfte vergrößert haben, daß z. B. Wissenschaft und Technik in den Dienst der Rüstung und des Krieges, der Erhaltung einer längst überlebten Klassenherrschaft gestellt werden. Der Parasitismus und die Fäulnis, die die Ordnung charakterisieren, kommen in meiner Darstellung nicht richtig zum Ausdruck. Endlich könnte man annehmen, daß von der Seite der Produktivkräfte alles in Ordnung sei — nur die Produktionsverhältnisse sind schlecht, entsprechen ihnen nicht. Eine solche Fragestellung kann es aber nicht geben. Irgendeine Entwicklung der Produktivkräfte und der Produktion gibt es nicht. Ihre Rolle in der Gesellschaft, ihre tatsächliche Bedeutung für die Entwicklung der Gesellschaft, und auch die Möglichkeiten und Auswirkungen ihrer eigenen Entwicklung, ergeben sich erst aus der Frage, für wen und für was, in welchem Interesse sie angewandt werden.

Durch meine damalige Fragestellung wird die notwendige Einheit, der Zusammenhang zwischen den Produktivkräften und den Produktionsverhältnissen, der das eigentliche Wesen, den Inhalt der marxistischen Fragestellung ausmacht, verletzt. Die angeführte Schlußfolgerung, die indirekt aus meinen früheren Arbeiten abgeleitet werden könnte, orientiert deshalb falsch.

Zweifellos berührt die Frage der Durchsetzung der kapitalistischen Widersprüche unter staatsmonopolistischen Bedingungen, die ja letztlich mit der Frage nach dem Durchsetzen der ökonomischen Gesetze unter diesen Bedingungen identisch ist, viele noch ungelöste Probleme. Meine Darstellung führt aber zu wenig und auch nicht richtig an den Kern der Sache heran: das Monopol und seine Erweiterung dadurch, daß der imperialistische Staat als politisches Machtinstrument der Finanzoligarchie in den Dienst der erweiterten Reproduktion gestellt werden muß.

Um Irrtümer zu vermeiden, müssen wir am Schluß dieser kritischen Auseinandersetzung noch eine notwendige Bemerkung machen.

Wir sagten eingangs, daß wir die Probleme des staatsmonopolistischen Kapitalismus unter einem ganz bestimmten Gesichtspunkt betrachten wollen: Die Bedeutung des Prozesses der Vergesellschaftung der Produktion und des ihm zugrunde liegenden Konfliktes im Kapitalismus für die Erforschung des staatsmonopolistischen Kapitalismus. Wir sagten bereits, daß die sich daraus ergebenden Zusammenhänge für die Erforschung des Wesens des staatsmonopolistischen Kapitalismus und seiner Auswirkungen sehr wichtig sind, aber niemals für eine konkrete Definition dieses Wesens ausreichen. Sie müssen vor allem durch die Berücksichtigung des historischen Stadiums, in dem sich der Kapitalismus gegenwärtig befindet, ihre Ergänzung finden.

Wir kennen den staatsmonopolistischen Kapitalismus schon einige Jahrzehnte. Wir wissen von einem staatsmonopolistischen Kriegskapitalismus, wie ihn vor allem Lenin als Produkt des ersten Weltkrieges behandelt, und heute sprechen viele Ökonomen angesichts der ungeheuren Zunahme des staatsmonopolistischen Kapitalismus nach dem zweiten Weltkrieg sogar davon, daß der gegenwärtige Kapitalismus staatsmonopolistischer Kapitalismus ist.

Der staatsmonopolistische Kapitalismus ist, so wie jede Kategorie der marxistischen politischen Ökonomie, nicht nur eine logische, sondern gleichzeitig eine historische ökonomische Kategorie. Er ist eine Erscheinung des untergehenden Kapitalismus — er begleitet diesen Prozeß. *Sein Umfang, seine Methoden und Instrumente und dementsprechend seiner Rolle im kapitalistischen System entwickeln sich mit diesem Prozeß.* Deshalb drücken die Merkmale dieser Untergangsperiode des Kapitalismus, die allgemeine Krise des kapitalistischen Systems, dem staatsmonopolistischen Kapitalismus ihren Stempel auf. Das betrifft sowohl die Ursachen für seinen gegenwärtigen Umfang als auch seine Rolle, die er heute im Reproduktionsprozeß spielt.

Ohne Berücksichtigung dieser Tatsache können z. B. Untersuchungen über gegenwärtige Probleme des staatsmonopolistischen Kapitalismus kaum befriedigen. Wollte man z. B. seine Funktion im gegenwärtigen westdeutschen Reproduktionsprozeß, z. B. seinen Einfluß auf die Verteilung des Nationaleinkommens in Westdeutschland oder auf die westdeutsche Produktionsentwicklung u. ä. untersuchen, so würde die allgemeine Feststellung, daß er die Rolle eines monopolistischen Ausbeuters der Gesamtbevölkerung spielt, wenig befriedigen. Erst wenn diese allgemeine Beziehung mit konkretem Inhalt gefüllt wird, werden die ganz spezifischen Zusammenhänge sichtbar. Es müßten auch die Motive der deutschen Finanzoligarchie, die sich aus der gegebenen politisch-ökonomischen Situation ergeben, gezeigt werden (als Hauptverbündeter des USA-Imperialismus in Europa Kampf gegen das sozialistische Lager, Kampf um die Vormachtstellung im imperialistischen Lager, Erhaltung des Kolonialismus u a.). Daraus würde sich ergeben, daß der Bonner Staat nicht einfach das Nationaleinkommen zugunsten der Monopole umverteilt, sondern daß er dies ganz konkret für die Rüstungsfinanzierung, die Außenhandelsexpansion, für die Finanzierung der sogenannten „Entwicklungshilfe" u. a. tut. Erst hieraus würden die ganz spezifischen Widersprüche und Zusammenhänge, die die heutige Situation in Westdeutschland selbst und seine Stellung im imperialistischen System charakterisieren, sichtbar. Damit würde die konkrete Rolle des staatsmonopolistischen Kapitalismus in Westdeutschland, seine spezifischen Seiten und Züge hervortreten.

So sind die hier behandelten Zusammenhänge zwar wichtige Ausgangspunkte und vermitteln grundlegende Beziehungen für die Erforschung von Problemen des staatsmonopolistischen Kapitalismus, aber sie verlangen ihre Anwendung auf die konkrete, objektiv gegebene Situation.

Der gegenwärtige staatsmonopolistische Kapitalismus ist das Produkt einer Periode und dient dementsprechend der Finanzoligarchie in einer Periode, die in der Moskauer Erklärung der Vertreter der kommunistischen und Arbeiterparteien wie folgt charakterisiert wurde:

> „Unsere Epoche, deren Hauptinhalt der durch die Große Sozialistische Oktoberrevolution eingeleitete Übergang vom Kapitalismus zum Sozialismus ist, ist die Epoche des Kampfes der beiden entgegengesetzten Gesellschaftssysteme, die Epoche der sozialistischen Revolutionen und der nationalen Befreiungsrevolutionen, die Epoche des Zusammenbruchs des Imperialismus und der Liquidierung des Kolonialsystems, die Epoche des Überganges immer neuer Völker auf den Weg des Sozialismus, die Epoche des Triumphes des Sozialismus und Kommunismus im Weltmaßstab."[33]

Diese Entwicklung ist heute schon so weit vorangeschritten,

> „. . . daß das sozialistische Weltsystem zum ausschlaggebenden Faktor der Entwicklung der menschlichen Gesellschaft wird."[34]

Das ist die historische Entwicklungstendenz, die Hauptinhalt, Hauptrichtung und Hauptmerkmale der Entwicklung der gesamten Gesellschaft heute bestimmt.[35]

Heute ist das sozialistische System schon so stark, daß es dazu übergeht, dem Imperialismus die Niederlage in der entscheidenden Sphäre der menschlichen Tätigkeit, der materiellen Produktion zu bereiten.[36] Die Imperialisten haben in kurzer Zeit einen großen Teil ihrer Kolonialreserven verloren, und das Kolonialsystem befindet sich in Auflösung. Einige Länder haben sich aus dem imperialistischen System herausgelöst und haben den sozialistischen Entwicklungsweg beschritten. Im imperialistischen Lager selbst spitzen sich die ökonomischen und politischen Gegensätze sowohl innerhalb der Länder als auch zwischen ihnen zu.

Das ist die Situation, die heute die militärische, politische und ökonomische staatsmonopolistische Vereinigung der Imperialisten zum Kampf gegen den Sozialismus wie auch die Widersprüche zwischen den Imperialisten bestimmt, den staatsmonopolistischen Druck auf die Gesamtbevölkerung der imperialistischen Länder verstärkt, die staatsmonopolistischen Bestrebungen und Methoden zur Aufrechterhaltung des Kolonialismus hervorruft.

Gleichzeitig ergeben sich hieraus die ganz konkreten Möglichkeiten zur Mobilisierung der Massen im Kampf gegen den Imperialismus, wie sie in der Erklärung der Vertreter der kommunistischen und Arbeiterparteien und in den Programmen dieser Parteien ihren Niederschlag finden.

Eine Definition des Wesens und der Rolle des gegenwärtigen staatsmonopolistischen Kapitalismus macht eine Berücksichtigung dieser Tatsachen unerläßlich.

[33] Erklärung der Beratung von Vertretern der kommunistischen und Arbeiterparteien, „Neues Deutschland", Nr. 337/1960, S. 1. [34] Ebenda. [35] Ebenda. [36] Ebenda.

Zum staatsmonopolistischen Charakter der gegenwärtigen Rolle des imperialistischen Staates im Reproduktionsprozeß

Bei der Diskussion staatsmonopolistischer Maßnahmen wird oftmals darauf verwiesen, daß der kapitalistische Staat als Teil des Überbaus schon immer aktiv auf seine ökonomische Basis eingewirkt habe, und daß es viele Maßnahmen, die heute als staatsmonopolistisch bezeichnet werden, schon sehr lange, auch im vormonopolistischen Kapitalismus, gibt. Tatsächlich sprechen wir auch schon im vormonopolistischen Kapitalismus von einer Steuerpolitik, Zollpolitik u. ä. zur Unterstützung des Reproduktionsprozesses. Wir kennen aus dieser Zeit staatliche Subventionen, Stützungsmaßnahmen, öffentliche Aufträge u. v. a. Wir wissen beispielsweise auch, daß gerade der „junge" Kapitalismus zu seiner Entwicklung in großem Maße der politischen Gewalt bedurfte. Es erhebt sich deshalb die Frage, was das spezifisch Staatsmonopolistische der heutigen staatlichen Eingriffe in den Reproduktionsprozeß ist und was uns berechtigt, die gegenwärtige Rolle des imperialistischen Staates im Reproduktionsprozeß als staatsmonopolistisch zu bezeichnen.

Wir glauben, daß zur Beantwortung dieser Frage vor allem zwei Haupttatsachen erwähnt werden müssen:

Das historische Stadium, in dem sich der Kapitalismus befindet,
und dementsprechend die Wirkung dieser Maßmahnen auf den Reproduktionsprozeß.

Alle spezifischen Züge, Wirkungen und Auswirkungen der gegenwärtigen staatlichen Maßnahmen ergeben sich aus dem Stand der kapitalistischen Konzentration und Zentralisation. Der besondere Charakter ist durch das Umschlagen des hochentwickelten Kapitalismus in den Imperialismus[37] bestimmt. Im gegenwärtigen Kapitalismus herrscht bereits eine kleine Gruppe von Monopolisten über das gesellschaftliche Gesamtkapital, und zwar unter Bedingungen, wo das kapitalistische System bereits seinem Untergang entgegengeht und sich in einem beträchtlichen Teil der Welt seine Umwandlung in den Sozialismus vollzogen hat.

Deshalb handelt es sich heute nicht nur darum, daß die staatlichen Maßnahmen gegenüber früher einen größeren Umfang angenommen haben, d. h. quantitativ gewachsen sind, sondern das qualitative Problem besteht darin, daß der Staat unter den Bedingungen der Monopolherrschaft eingreift.

Der Staat ist deshalb heute nicht mehr einfach „ideeller Gesamtkapitalist". Der heutige kapitalistische Staat wird direkt von der Finanzoligarchie beherrscht, er ist zum imperialistischen Staat geworden. Die Finanzoligarchie ist es, die sich des Staates bemächtigt, wodurch die Macht der Monopole und die Macht des Staates zu einem einheitlichen Apparat zusammengefügt werden, der die kapitalistische Ordnung retten soll.[38] Das Ziel der Rolle des imperialistischen Staates im Reproduktionsprozeß ist deshalb die Verbreiterung und Vertiefung der Monopolherrschaft zum

[37] Lenin, W. I., Ausgewählte Werke, Bd. I, S. 815.
[38] Siehe Erklärung der Beratung . . ., a. a. O., S. 1.

Zwecke ihrer Sicherung. Es kann sich auch nur darum handeln, weil letztlich die Ursache für diese Rolle des Staates in einer weiteren Zuspitzung des Konfliktes zwischen dem gesellschaftlichen Charakter der Produktivkräfte und den beschränkten kapitalistischen Produktionsverhältnissen unter imperialistischen Bedingungen liegt.

Auf Grund der gegebenen objektiven Bedingungen gibt es nur ein Mittel für die Finanzoligarchie, dem Untergang des imperialistischen Systems zu begegnen: Erweiterung des Monopols. Je mehr der Imperialismus seinem Untergang entgegengeht und je stärker das sozialistische System wird, desto umfassender wird die Finanzoligarchie versuchen, diesen Weg zu beschreiten. Daraus folgt, daß die heutigen staatlichen Maßnahmen selbst wie ein Monopol wirken, die monopolistischen Bedingungen vertiefen und verbreitern. Es geht bei ihnen nicht einfach darum, daß der Staat den Kapitalisten hilft und die Monopole unterstützt, diese oder jene Maßnahmen ergreift. Der staatsmonopolistische Kapitalismus ist ein objektiv notwendiges Produkt der Entwicklung des gegenwärtigen Reproduktionsprozesses. Der Stand der Vergesellschaftung (sowohl im imperialistischen wie im sozialistischen Lager) zwingt bei dem gegebenen Entwicklungsstand der imperialistischen Ausbeuterordnung die kleine aber mächtige monopolistische Schicht der Ausbeuter, den Staat, das umfassendste gesellschaftliche Machtinstrument, das es im Kapitalismus gibt, zur Erweiterung und Vertiefung ihrer Monopolstellung einzusetzen. Das geschieht zur Verbreiterung und Vertiefung des gesellschaftlichen Ausbeutungs- und Ausplünderungsprozesses, die bei dem gegebenen Entwicklungsstand der Produktivkräfte für ihre kapitalistische Anwendung heute notwendig sind. Auf diesem Wege verstärken sich die Stagnationstendenzen, die Fäulnis und der Parasitismus des Ausbeutersystems.

Deshalb sprechen wir nicht nur von staatlichen Eingriffen und Maßnahmen, sondern vom *staatsmonopolistischen Kapitalismus*, der eine neue imperialistische Bedingung der erweiterten Reproduktion ist.

Wenn der umfassendste gesellschaftliche Machtapparat, der imperialistische Staat, im Prozeß der erweiterten kapitalistischen Reproduktion zum Zwecke der Erweiterung der Monopolherrschaft eingesetzt wird, so ist das der qualitativen Wirkung nach zunächst mit den Auswirkungen des Monopols schlechthin identisch. Da das aber mit Hilfe des Staates geschieht, realisiert sich diese Erweiterung der Monopolherrschaft durch die spezifischen Mittel des Staates. Mit dem staatsmonopolistischen Kapitalismus entstehen neue spezifische Formen der Realisierung der Monopolherrschaft, die sich in vielem von den üblichen Mitteln der Monopole unterscheiden. Dementsprechend wird sich daraus auch eine Reihe von Modifizierungen für das Durchsetzen der ökonomischen Gesetze im Imperialismus ergeben.

Die Realisierung der Verbreiterung und Vertiefung der Monopolherrschaft durch den imperialistischen Staat

Es gibt in unserer Literatur manche Versuche, die vielen staatsmonopolistischen Instrumente und Methoden zur Realisierung der Erweiterung und Vertiefung der Monopolherrschaft zusammenzufassen und zu systematisieren. Auch in meinen

Arbeiten habe ich mehrfach einen solchen Versuch unternommen. Diese Einteilungen weisen jedoch zumeist den Mangel auf, daß sie die vielen Methoden, Instrumente und Seiten nur mehr oder weniger (meist weniger) vollständig registrieren und nach gemeinsamen Merkmalen zusammenfassen. Solche Systematisierungen sind zwar von Nutzen, doch geht dabei oft der wichtigste Gesichtspunkt, die Ausnutzung der imperialistischen Staatsmacht für die Errichtung des „Staatsmonopols", unter. Durch die Registrierung der vielen Methoden kommt nicht genügend zum Ausdruck, wie die Staatsmacht von der Finanzoligarchie zur Erweiterung ihrer Monopolstellung eingesetzt wird.

Wir wollen hier, ohne uns mit der Vielzahl der Methoden, Instrumente und Seiten des staatsmonopolistischen Kapitalismus selbst zu befassen, auf die m. E. wichtigsten Fragen der Realisierung des „Staatsmonopols" verweisen.

Zunächst ist allgemein zu bemerken, daß sich die monopolistische Wirkung staatlicher Eingriffe auf den Reproduktionsprozeß unter den gegebenen Bedingungen überhaupt daraus ergibt, daß der imperialistische Staat als zentralisierte politische Gewalt in den Händen der Finanzoligarchie auf einer hohen Stufe der Konzentration und Zentralisation direkt ökonomische Bedingungen schafft und durchsetzt. Schon Engels sagte: „Die Gewalt (das heißt die Staatsgewalt) ist auch eine ökonomische Potenz".[39] Das gilt um so mehr unter den Bedingungen des hochkonzentrierten und zentralisierten Imperialismus mit dem diesen Bedingungen entsprechenden Staatsapparat. Hier herrscht die kleine Gruppe der Finanzoligarchie über das gesellschaftliche Gesamtkapital und den *imperialistischen* Staatsapparat. Der imperialistische Staat als umfassendstes Machtinstrument der Finanzoligarchie kann als staatliche Gewalt die Monopolbedingungen viel totaler und auch umfassender durchsetzen als die einzelnen Monopole und Monopolgruppen selbst. Unter „umfassender" meinen wir auch, daß er, ebenfalls ganz anders als die Monopole selbst, seine ökonomischen Maßnahmen im Interesse der Monopole durch seine gesamte Politik und Machtinstrumente sowohl nach innen als auch nach außen unterstützen und durchsetzen kann (durch seine Rolle wird eine umfassendere Gesamtpolitik des Monopolkapitals möglich). Deshalb erleben wir heute eine enge Verflechtung zwischen Außen- und Innenpolitik und den ökonomischen Maßnahmen. Das unterstreicht, daß heute eine isolierte ökonomische Betrachtung von staatsmonopolistischen Maßnahmen ohne Berücksichtigung ihrer Stellung in der Gesamtpolitik eines imperialistischen Landes zu keinem befriedigenden Ergebnis führen kann.

Der imperialistische Staat verwirklicht seine monopolistische Rolle durch:

1. Die Staatsgewalt, wie sie in der Gesetzgebung für die imperialistische Gesellschaftsordnung und ihrer Durchführung durch die administrative Gewalt zum Ausdruck kommt.

Die ökonomische Entwicklung der imperialistischen Länder nach dem zweiten Weltkrieg, ihre Verwertungs- und Verteilungsverhältnisse sind ohne Berücksichtigung dieser Gesetzgebung überhaupt nicht zu verstehen.

[39] Engels, Fr./Marx, K., Briefe über „Das Kapital", S. 323.

Dabei handelt es sich hier um ein sehr umfangreiches Gebiet. Die Schaffung staatsmonopolistischer Bedingungen mit Hilfe von Gesetzen geschieht keinesfalls nur in solch offener Form wie bei den Steuergesetzen, die ganz offensichtlich in umfangreichem Maße Monopolbedingungen für die erweiterte Reproduktion schaffen. Hierzu gehören auch Antistreikgesetze, Lohnbestimmungen, Preisbestimmungen, Kartellgesetze, Aktiengesetze, Bank- und Kreditgesetze, Mietgesetze u. v. a.

Ökonomisch bewirken diese Gesetze letztlich immer (direkt oder indirekt) Umverteilungsprozesse des Nationaleinkommens zugunsten der Monopole — wobei durch den imperialistischen Staat, als dem umfassendsten Machtinstrument, alle Schichten und Klassen der Gesellschaft in diesen monopolistischen Umverteilungsprozeß einbezogen werden können. Dadurch wird der gesellschaftliche Ausbeutungs- und Ausplünderungsprozeß zugunsten der erweiterten Reproduktion, vor allem des Monopolkapitals, erweitert und vertieft.

Monopolistisch erfolgt diese Umverteilung deshalb, weil sie durch staatlichen Zwang, durch staatliches Gesetz herbeigeführt wird, ganz gleich, ob

a) durch offenen Zwang, wie bei Antistreikgesetzen, oder wie z. B. beim Investitionshilfegesetz in Westdeutschland, welches der Masse der Kapitalisten einen Tribut für die Grundstoffindustrie auferlegte, oder einfach dadurch, daß z. B. die Monopole am wenigsten, die übrigen Kapitalisten schon mehr, aber die Masse der Bevölkerung am meisten Steuern zu zahlen haben, oder

b) durch indirekten Zwang, indem das Anbieten bestimmter Verwertungsbedingungen unter den herrschenden Konkurrenzbedingungen gleichzeitig Zwang zu ihrer Ausnutzung bedeutet, oder, indem staatliche Maßnahmen sich indirekt als unterschiedliche Konkurrenzbedingungen auswirken, wie überhaupt Maßnahmen in oder für bestimmte Bereiche sich auf die anderen indirekt auswirken, sie beeinflussen usw. Ihre Wirkung ist im Grunde genommen so wie bei jedem anderen Monopol: Die Konkurrenz wird ungleich, die Großen werden gegenüber den anderen begünstigt, es entstehen — ebenfalls zugunsten der Großen — ungleiche Verwertungsbedingungen, wobei aber das Besondere darin besteht, daß die Kapitalverwertung direkt mit abhängig wird von der staatlichen gesetzlichen Begünstigung. All das bedeutet, daß der spontane Preis- und Profitmechanismus, auf dem die kapitalistische Produktionsweise beruht, weiter untergraben wird und die Labilität des kapitalistischen Systems dadurch zunimmt.

Wir wollen an einem typischen Beispiel zeigen, welch weitgehenden Einfluß diese durch staatliches Gesetz geschaffenen Monopolbedingungen auf den gesamten Reproduktionsprozeß und seine Gesetze haben.

Die staatlichen Gesetze gestatten es z. B. den Kapitalisten in Westdeutschland, Gewinne, die der Akkumulation zugeführt werden, nicht zu versteuern. Auf diese Art und Weise wurden über Abschreibungen und langfristige Rückstellungen („Selbstfinanzierung"), auf der Basis der Monopolpreise in den letzten Jahren in Westdeutschland im Durchschnitt bei den Aktiengesellschaften 70–80% der Akkumulation finanziert. Damit wurde diese Methode zur Hauptmethode der Investitionsfinanzierung. Die eigentlichen Zusammenhänge, die dadurch entstanden, werden jedoch erst sichtbar, wenn die ökonomischen Prozesse, die diesem Vorgang zugrunde liegen, etwas näher beleuchtet werden.

Die allgemeine Steuerbelastung ist in Westdeutschland mit durchschnittlich 24,12% des Einkommens[40] sehr hoch (sie ist selbst höher als in den USA, England und Frankreich), was allein schon von großem Einfluß auf den Verteilungsmechanismus sein muß. Man schätzt, daß heute durch die Kassen der öffentlichen Haushalte (einschl. Sozialversicherung) ca. 40% des Nationaleinkommens fließen[41], wobei gegenwärtig die Steuereinnahmen schneller wachsen als das sogenannte Sozialprodukt.[42] Eine solche Entwicklung ist bei den umfangreichen, schnell steigenden Rüstungsausgaben, auf die wir noch zu sprechen kommen, nicht verwunderlich.

Wenn angesichts der allgemein hohen Steuerbelastung die kapitalistische Akkumulation zum überwiegenden Teil von den Steuern befreit wird, so heißt das nichts anderes, als das faktisch der imperialistische Staat die Akkumulation subventioniert. Die Kapitalisten bekommen allein (wobei wir hier immer die herrschenden Konjunkturbedingungen voraussetzen) durch staatliches Gesetz besondere Kapitalverwertungsbedingungen, die sie relativ unabhängig von den eigentlichen Verwerttungsbedingungen machen. Das bedeutet, daß die so Begünstigten durch dieses staatliche Gesetz die Schranken ihrer Kapitalverwertung, wie auch die allgemeinen Konkurrenzbedingungen, durchbrechen können. In Wirklichkeit sind diese Auswirkungen aber noch differenzierter. Es ist klar, daß eine solche Bestimmung — und darin besteht ihr imperialistischer Inhalt — die größte Bedeutung für die großen und größten Kapitalisten mit den höchsten Profiten hat. Je höher die Profite sind, desto größer sind die Möglichkeiten der Steuerersparnis und dementsprechend der Akkumulation. So findet hier, wie übrigens bei allen anderen staatsmonopolistischen Maßnahmen, auch eine Differenzierung innerhalb der Kapitalistenklasse zugunsten der Imperialisten statt. Die staatlichen Gesetze vergrößern deshalb auch die Ungleichheit der Bedingungen für die Kapitalverwertung und die Konkurrenz. Andererseits bedeutet natürlich die Alternative, entweder Steuern zu zahlen oder zu akkumulieren, gleichzeitig Zwang zur Akkumulation, das, was die Apologetik unter „Zwangskapitalbildung" mit all ihren negativen Folgen versteht.

Bei dem Bonner Riesenhaushalt, der inzwischen auf 48 Mrd. D-Mark angewachsen ist, heißt das, daß die Masse der Bevölkerung das an Steuern mehr zahlen muß, was zugunsten der Akkumulation ausgefallen ist. Deshalb ist mit der steigenden Steuerbelastung im Bonner Staat gleichzeitig ein Prozeß der Umverteilung der Steuerbelastung auf Kosten der Mehrheit der Bevölkerung und zugunsten der kapitalistischen Akkumulation vor sich gegangen, wobei auch dieser Prozeß sehr differenziert verläuft. Auch hier sank im allgemeinen die Steuerbelastung relativ mit der wachsenden Höhe der Einkommen.[43] Diese durch staatliches Gesetz errichteten Monopolbedingungen wirkten so, daß gegen den kapitalistischen Preis- und Profitmecha-

[40] „Neues Deutschland" v. 16. 3. 1961, S. 2.
[41] „Zeitschrift für das gesamte Kreditwesen", Nr. 23/1960, S. 8/9.
[42] „Der Volkswirt", Nr. 52/53 1960, S. 30.
[43] Siehe dazu: „Grundprobleme der Investitionsfinanzierung in Westdeutschland", a. a. O., S. 132—148.

nismus die einen bezahlen, was die anderen bekommen. Die Begünstigten werden auf Kosten der Mehrheit der Bevölkerung relativ unabhängig von der eigentlichen Kapitalverwertung, und die Begünstigung wie deren differenzierte Wirkung verschärft die Konkurrenzbedingungen, indem diese von den einen auf Kosten der anderen relativ durchbrochen werden können. Die gesamte Kapitalverwertung, das Entscheidende für die kapitalistische Produktion, wird wesentlich (je nach dem Umfang dieser Rolle des staatsmonopolistischen Kapitalismus) mit abhängig von diesen staatlichen Gesetzen, die in ihrer Auswirkung die gesamte Gesellschaft umfassen und eine entsprechend breite und tiefe Wirkung haben (der Staat wird im Dienste der Finanzoligarchie zum monopolistischen Ausbeuter der Gesamtgesellschaft). Die Ausnutzung dieser Gesetze wird direkt eine Bedingung der Kapitalverwertung, die kraft staatlicher Gewalt geschaffen wird und einen entsprechenden Einfluß der Staatsgewalt auf die Kapitalverwertung bedeutet.

Darin zeigt sich, daß das staatliche Monopol, am Beispiel eines einzigen staatlichen Gesetzes illustriert, von sehr breiter und tiefer Wirkung auf den gesamten Reproduktionsprozeß ist. Es ist nicht verwunderlich, daß dadurch unter den für Westdeutschland in den letzten Jahren allgemein günstigen Konjunkturbedingungen die sogenannte Investitionsquote ständig stieg und 1960 nach westdeutschen Schätzungen 26,3% des sog. Brutto-Sozialproduktes betrug[44] (das ist selbst gegenüber den anderen imperialistischen Staaten verhältnismäßig hoch. In den 50er Jahren hatte Frankreich eine Quote von ca. 19%, England von 15% und die USA von 18%).[45] Eine solche hohe Akkumulationsrate wird vor allem dadurch möglich, daß kraft staatlicher Gesetze auf Kosten der Mehrheit der Bevölkerung die Profitquellen in erforderlich breitem Maße erschlossen werden.

Diese Entwicklung bedeutet, daß die gesamte Einkommens- und Vermögensstruktur eines ganzen Landes durch staatliche Gesetze verändert wird. Dafür ein Beispiel: Nach der „Vermögensfinanzierungsrechnung der Bundesbank" ergibt sich für den Zehnjahreszeitraum von 1950—1959, daß der Anteil an eigenen Mitteln bei der Finanzierung der „Sachvermögensbildung der Unternehmen" 49% betrug. In den Jahren 1925—29 betrug er dagegen nur 11 bis knapp 20%.[46] (Wie wir noch weiter sehen werden, hat gleichzeitig der Anteil des Staates an dieser sogen. „Vermögensbildung" wesentlich zugenommen und der Anteil der „Privaten" ebenso wesentlich abgenommen.)

Das staatliche Monopol wirkt sich so aus, daß der nichtbegünstigte Verbrauch am Sozialprodukt, vor allem der individuelle Konsum, relativ oder absolut beschränkt und die Akkumulation begünstigt werden. So heißt es beispielsweise in einem Artikel im „Volkswirt":

> „Auch mag es zutreffen, daß damals ein wesentlich größerer Teil der Einkommen konsumiert statt investiert worden wäre, wenn nicht auf dem Umweg über hohe Steuern

[44] Gesamtinvestitionen in % des Bruttosozialproduktes in jeweiligen Preisen:

1950 = 22,6	1954 = 23,2	1957 = 24,3
1958 = 23,7	1959 = 24,9	1960 = 26,3

nach: „Wirtschaft und Statistik", Heft 1/1960, S. 22.

[45] „Der Volkswirt", Nr. 52/53 1960, S. 125. [46] Ebenda, S. 130.

und öffentliche Darlehen diese Gelder zwangsweise der Wirtschaft zugeleitet worden wären."[47]

Die staatsmonopolistischen Gesetze beschränkten relativ oder absolut den Konsum, um eine forcierte Akkumulation zu ermöglichen. Jede Tabelle über die Entwicklung der einzelnen Industriezweige in Westdeutschland während der letzten Jahre der Hochkonjunktur bestätigt das.

Diese hier kurz behandelten Zusammenhänge sollten illustrieren, von welch breiter Wirkung das Monopol, das durch staatliche Gesetze errichtet wird, ist, wie tief es die gesamte Ökonomik durchdringt.

Diese Auswirkungen der staatsmonopolistischen Gesetzgebung zeigen aber auch, daß Versuche, den Umfang des staatsmonopolistischen Kapitalismus quantitativ zu erfassen, fehlschlagen müssen. Ein großer Teil der sich als Folge staatlicher Gesetze vollziehenden Prozesse kann überhaupt nicht quantitativ erfaßt werden, wohl aber ist ihre qualitative Analyse möglich.

Diese Auswirkungen staatlicher Gesetze offenbaren, daß die Personalunion, beispielsweise zwischen staatlichen Stellen, Regierungen und Monopolen, die Beeinflussung und Bestechung administrativer oder legislativer staatlicher Stellen, der Kampf um Abgeordnete und Ministersessel, die Interessengegensätze zwischen den einzelnen Gruppen der Finanzoligarchie unter den Bedingungen des staatsmonopolistischen Kapitalismus eine große Bedeutung erlangen. Wenn die Kapitalverwertung unmittelbar von staatsmonopolistischen Gesetzen abhängig ist, dann ist damit in der antagonistischen, auf Privatinteressen beruhenden Klassengesellschaft gleichzeitig zum Kampf zwischen den einzelnen Interessengruppen aufgerufen.

Diese Gesetze werden deshalb keinesfalls einfach für die Monopole schlechthin, noch weniger — wie das die Apologeten verkünden — im Interesse einer „gleichmäßigen Entwicklung der Volkswirtschaft" erlassen. Sie sind vielmehr das Produkt mehr oder weniger heftiger Kämpfe um die Durchsetzung der verschiedenen Interessen. Letztlich diktieren die wenigen Mächtigen in Staat und Wirtschaft, die Finanzoligarchie. So heißt es beispielsweise in einem Artikel zur gegenwärtig in Westdeutschland geführten „Konjunkturdiskussion" und den damit im Zusammenhang getroffenen Maßnahmen:

„Wo liegt die Verantwortung für die Entscheidungen, die wir jetzt getroffen oder die wir jetzt unterlassen haben? Damit hat sich die öffentliche Meinung in den letzten Tagen wiederholt beschäftigt, und man muß leider feststellen, daß die wirkliche Verantwortung bei der Beratung durch wenige Einzelpersönlichkeiten aus Praxis und Verbänden gelegen hat."[48]

Das ist eine Meinung, die für viele steht. Gegenwärtig entwickelt man eine ganze apologetische Theorie über die Rolle der „Gruppeninteressen", die sich daraus ergebenden „Zielkonflikte" und ihre „Koordinierung".

Bei dem tiefen sozialen und politischen Einfluß der staatsmonopolistischen Gesetzgebung auf alle Klassen und Schichten der Gesellschaft ist es selbstverständlich, daß diese sich nicht gleichgültig gegen ihre Einführung verhalten. Die ver-

[47] Ebenda
[48] „Zeitschrift für das gesamte Kreditwesen", Nr. 23/1960, S. 12.

schiedensten, auch nichtkapitalistischen Interessengruppen beteiligen sich an diesen Auseinandersetzungen und versuchen, ihre Interessen zu verteidigen. Es ist charakteristisch, daß in diesem Zusammenhang eine Vielzahl von Interessenverbänden entstanden ist (Schutzverbände der Steuerzahler, der Einzelhändler, der kleinen Wertpapierbesitzer, der Mieter und Vermieter u. v. a.), die sich durch Zusammenschluß der staatlich organisierten Ausplünderung zu entziehen versuchen. Solange sie sich aber in diesem Kampf nicht an die Seite der Arbeiterklasse mit ihren Organisationen stellen, die letztlich allein in der Lage ist, dieser monopolistischen Ausbeutung organisierten Widerstand entgegenzusetzen, gelingt es ihnen wegen ihrer durch die soziale Stellung bedingten schwankenden politischen Haltung meist nur in geringem Maße, ihre Interessen zu wahren. Viele dieser Verbände werden ein Opfer der Finanzoligarchie, die sie direkt oder indirekt unter ihren Einfluß bringt.

Die einzige konsequente Kraft gegen diese staatlich organisierte monopolistische Ausbeutung ist die Arbeiterklasse mit ihrer Partei und ihren Organisationen. Es hängt von ihrem Kampf ab, inwieweit diese Ausbeutung eingeschränkt und welche Zugeständnisse den Imperialisten abgerungen werden können. Gerade von dieser Seite her bietet der staatsmonopolistische Kapitalismus, durch den schon in bestimmtem Maße ein System gesellschaftlicher Wirtschaftsführung entsteht, der Arbeiterklasse neue Möglichkeiten im Kampf gegen diese Ausbeutung und zum Sturz des Imperialismus.

So gesehen ist es natürlich manchmal etwas vereinfacht, sieht man diese staatlichen Gesetze einfach und in jedem Falle als Instrument der Finanzoligarchie zur Ausbeutung der Mehrheit der Bevölkerung an. Dem Wesen nach stimmt das zwar, und die Hauptaufgabe besteht auch darin, dieses nachzuweisen. Aber gleichzeitig ist zu berücksichtigen, daß in ihnen die unterschiedlichsten Interessen zum Ausdruck kommen können. Vor allem aber kann es der Arbeiterklasse im Bündnis mit vielen Schichten der Bevölkerung gelingen, dieses durch den staatsmonopolistischen Kapitalismus entstandene System auszunutzen, um der Finanzoligarchie Zugeständnisse abzuringen. Schließlich muß auch berücksichtigt werden, daß unter bestimmten Bedingungen des revolutionären Kampfes der durch den staatsmonopolistischen Kapitalismus entstandene Apparat zur Kontrolle über die Finanzoligarchie benutzt werden kann (etwa wie zur Zeit der Volksfrontregierung in Frankreich). Ähnliches gilt auch für die noch zu behandelnden Punkte.

So wie der imperialistische Staat als umfassendste Machtorganisation der Gesellschaft von der Finanzoligarchie zur kollektiven Ausbeutung der Mehrheit der Bevölkerung benutzt wird, ruft diese seine Rolle neue Potenzen des organisierten Widerstandes gegen ihn hervor.

2. Die Konzentration ökonomischer Machtmittel (Kapital) beim imperialistischen Staat und ihre Verwendung

Die Verschärfung der Konflikte im gegenwärtigen Kapitalismus macht es erforderlich, daß beim imperialistischen Staat selbst auch ökonomische Machtmittel konzentriert werden (und die Praxis beweist, daß dies immer mehr geschieht). Der imperialistische Staat wirkt deshalb nicht nur allein kraft seiner politischen Machtstellung auf die Ökonomik, sondern konzentriert zur Realisierung seiner monopolistischen Rolle auch ökonomische Mittel bei sich.

Der imperialistische Staat wendet diese Mittel an, um die Produktion zu finanzieren, um als Käufer auf den Warenmärkten aufzutreten, um Garantien für Produktion, Absatz und Finanzierung zu übernehmen und ist in den verschiedenen Formen der Staatsbetriebe selbst kapitalistischer Eigentümer.

In dieser Konzentration ökonomischer Mittel beim imperialistischen Staat zeigt sich, daß die Fäulnis des Systems einen solchen Grad erreicht hat, Zerrüttungen und bestimmte Widersprüche so unüberbrückbar geworden sind, das Funktionieren dieser Produktionsweise so weit untergraben ist, daß der Staat der Imperialisten selbst mit ökonomischen Mitteln eingreifen und ökonomische Funktionen direkt übernehmen muß.

Der Staat spielt diese Rolle, indem er sich einmal wie jeder monopolistische Ausbeuter verhält. Seine Mittel kommen aus der Ausbeutung und Ausplünderung der Mehrheit der Bevölkerung. Das Besondere dabei ist aber, daß er nicht selbst als Kapitalverwerter (abgesehen von Staatsbetrieben) auftritt, sondern im Interesse und für die Finanzoligarchie diese Mittel mobilisiert, eintreibt und verwendet, und daß er kraft seiner Stellung mit den ihm gemäßen Methoden die überwiegende Mehrheit der Bevölkerung in diesen Prozeß einbeziehen kann. Dadurch wird die Ausbeutungsbasis, das letztlich Entscheidende für die kapitalistische Produktion, wesentlich verbreitert, auf eine Stufe gehoben, die die Monopole ohne ihren Staat nicht erreichen könnten.

Monopolistisch wirkt die Mobilisierung und Verwendung dieser Mittel deshalb, weil a) sie kraft staatlicher Gewalt erfolgt (d. h. zwangsweise, relativ unabhängig und gegen das Wirken des Preis- und Profitmechanismus) und b) die Begünstigten durch diese Mittel relativ unabhängig von den wirklichen Verwertungsbedingungen werden, besondere Konkurrenzbedingungen erhalten. Diese Charakterisierung zeigt, daß hier eine eigenartige Kapitalkategorie entsteht, die sich zwar dem Wesen nach (Ausbeutungsverhältnis) nicht von der ökonomischen Kategorie Kapital unterscheidet, aber durch den staatsmonopolistischen Kapitalismus doch einige spezifische Züge bekommt, auf die wir mit obigen Ausführungen verweisen wollen. Es handelt sich nicht mehr einfach schlechthin um Monopolkapital, sondern die Dazwischenkunft des Staates verleiht diesem besondere Züge. Daraus ergeben sich auch Besonderheiten in der Rolle dieses Kapitals im Reproduktionsprozeß (Mechanismus). Zusammen mit dem im vorigen Abschnitt dargelegten Kapitalverwertungsbedingungen, die durch den staatsmonopolistischen Kapitalismus entstehen, zeigt das hier Dargestellte gleichzeitig einige der neuen Züge der kapitalistischen Produktionsverhältnisse unter staatsmonopolistischen Bedingungen.

Einige Illustrationen aus dem Gebiet der Staatsfinanzen — das nur ein Teilgebiet der Gesamtproblematik ist — sollen zeigen, welchen Umfang diese Konzentration ökonomischer Mittel beim imperialistischen Staat angenommen und welchen großen Einfluß das auf die gesamte Gesellschaft eines imperialistischen Landes hat.

Wir wollen uns bei unseren Beispielen im wesentlichen auf den Bonner Bundeshaushalt beschränken (in Wirklichkeit kommen noch die Gemeinde- und Länderhaushalte, Lastenausgleichfonds, öffentliche Versicherungen, ERP-Sondervermögen u. ä. hinzu).

Der Bundeshaushalt betrug 1959 39,8 Mrd. D-Mark, 1960 schon 41,9 Mrd. D-Mark, und 1961 ist er innerhalb eines einzigen Jahres um 6,9 Mrd. auf über 48 Mrd. D-Mark angewachsen.

Dieser Haushalt ist eindeutig ein Rüstungshaushalt. Für diese Zwecke sind 27 Mrd. D-Mark (13 Mrd. direkte und 14 Mrd. D-Mark indirekte Rüstungsausgaben) vorgesehen, also mehr als 50% des Gesamthaushaltes. Das wird noch dadurch erhärtet, daß allein die sogen. „Verteidigungsausgaben" gegenüber dem Vorjahre mit 1,75 Mrd. D-Mark die bei weitem höchste Steigerung der Einzelposten aufweisen (die anderen Einzelposten weisen höchstens eine Steigerung von 2–300 Mill. D-Mark auf, die meisten liegen weit darunter). Das sind jedoch nur die Zahlen des Planes. In der Praxis haben die tatsächlichen Ausgaben noch immer die Haushaltsansätze übertroffen.[49]

Diesen schnell gestiegenen Ausgaben entsprechen natürlich ebenso schnell gestiegene Einnahmen. Insgesamt nahmen die öffentlichen Kassen 1960 68 Mrd. D-Mark an Steuern ein, das sind 15% mehr als im Vorjahr. Entsprechend dem gesteigerten Tempo des Ausgabenzuwachses werden auch die Einnahmen in entsprechendem Tempo steigen müssen. Alles deutet darauf hin, daß die Pläne für neue Steuererhöhungen bereits fertig sind.

Dieser ungeheure Umfang des Bonner Staatshaushaltes muß natürlich von großem Einfluß auf den gesamten Reproduktionsprozeß sein. Er beeinflußt auf der einen Seite entscheidend alle Einkommen, und auf der anderen Seite die Produktion und die gesamte Kapitalverwertung. Eine Beurteilung ökonomischer Vorgänge in Westdeutschland ist heute ohne Berücksichtigung dieser staatlichen Mittel nicht mehr möglich.

Der Staat kauft mit seinen Finanzen Waren, finanziert die Produktion (allein der Investitionsfinanzierung flossen, ganz abgesehen von der sonstigen staatlichen Förderung und Begünstigung, seit 1950 64 Mrd. D-Mark zu[50]), beeinflußt das ganze Geld- und Kreditsystem usw. Ganze Bereiche der Produktion könnten heute ohne staatliche Mittel nicht mehr produzieren. Hierzu gehören nicht nur die Post und die Bahn, auch die Grundstoffindustrie, die Rüstungsindustrie u. a. werden weitgehend

[49] So waren im Haushalt 1959 39,8 Mrd. D-Mark an Ausgaben geplant. Da aber, was für Westdeutschland typisch ist, die tatsächlichen Steuereinnahmen die geplanten überstiegen, stiegen die tatsächlichen Ausgaben auf 42,7 Mrd. D-Mark. Hinzu kommt die für Westdeutschland ebenfalls typische immer größere Verschleierung der wirklichen Haushaltsverhältnisse. Selbst in der westdeutschen Presse spricht man von einem „manipulierten Haushalt" und Prof. Neumark sagte, daß der für 1961 vorgelegte Haushalt dem „. . . fundamentalen Prinzip der Budgetwahrheit und -klarheit widerspricht und . . . eine ökonomisch und/oder politisch fragwürdige Finanzgebarung ermöglicht." („Der Volkswirt", Nr. 52/53, S. 74.). Auch das gehört zu dem Kapitel: Staatsmonopolistischer Kapitalismus und Ausschaltung der bürgerlichen Demokratie.

[50] Ebenda, S. 127.

direkt mit staatlichen Mitteln finanziert. Im Bonner Staat gibt es ein ganzes System von Subventionierung, Darlehensgewährung und staatlicher Förderung.

Charakteristisch sind die umfangreichen Programme und ihre Finanzierung durch den Staat, um Aufgaben im Sinne der Ziele der Imperialisten durchzuführen. Besonders hervorgetreten sind in letzter Zeit die staatlichen Rüstungsprogramme und die Programme zur Erhaltung des Kolonialismus und des staatlichen Kapitalexports.

Diese staatlichen Mittel für so umfangreiche Aufgaben haben ganze ökonomische Prozesse in ihrem Ablauf und in ihrer Struktur verändert. Als Beispiel sei die Investitionsfinanzierung genannt. In Westdeutschland wird der Anteil von drei großen Gruppen der Gesellschaft an der sogenannten „Ersparnisbildung" errechnet. Wenn auch diese Berechnung mit großen Mängeln behaftet ist, so zeigt sie doch etwa, in welchem Umfang diese Gruppen an der Finanzierung aller Investitionen beteiligt waren, bzw. bei den Unternehmen zeigt sie etwa den Umfang der „Selbstfinanzierung", der unmittelbaren Verwandlung von Profit in Kapital. Aus dieser Berechnung ergibt sich, daß den größten Anteil daran die öffentlichen Haushalte mit 39,2% (nur Überschüsse der laufenden Rechnung) haben. An zweiter Stelle stehen die Unternehmen (in Form der sogen. nichtentnommenen Gewinne, also der „Selbstfinanzierung") mit 35,4% (noch im Jahre 1925–29 betrug dieser Anteil nur 11–20%). Wir sahen bereits, daß auch dieser hohe Anteil wesentlich dem staatsmonopolistischen Kapitalismus geschuldet ist. Erst an letzter Stelle stehen die sogen. „Privaten Haushalte" mit 24,9%, ebenfalls ganz im Gegensatz zu früher.[51] Im „Volkswirt" heißt es dazu:

> „Die privaten Haushalte, die normalerweise als wichtigste Quelle der längerfristigen Geldkapitalbildung bei den Banken, Versicherungen und sonstigen Finanzinstituten gelten und die früher einmal die wichtigsten Wertpapierkäufer waren, deren Ersparnisse somit für die Investitionsfinanzierung eine wichtige Rolle spielten, sind jetzt als Kapitalbildner an die letzte Stelle gerückt. Dafür ist der Staat, der früher als Investor und als Kreditgeber der Wirtschaft nur eine bescheidene Rolle gespielt hatte, zum wichtigsten Finanzier der Wirtschaft — aus Steuergeldern — geworden. Auch die Selbstfinanzierung der Unternehmer hat zwischen den beiden letzten Kriegen und vor 1914 eine wesentlich geringere Rolle gespielt, als es die Zahlen der 50er Jahre schon auf den ersten Blick erkennen lassen."[52]

Dieses Beispiel, das andeutet, wie breit der staatsmonopolistische Kapitalismus die Profitquellen für die Akkumulation erschließt, sollte illustrieren, welche dominierende Rolle der staatsmonopolistische Kapitalismus in manchen ökonomischen Prozessen spielt, wie tief er sie beeinflußt.

Für die Auswirkungen und Zusammenhänge, die sich aus dieser Rolle der staatlichen ökonomischen Mittel ergeben, gilt das, was wir schon im Zusammenhang mit der staatsmonopolistischen Gesetzgebung feststellten (wie überhaupt diese beiden Punkte in engem Zusammenhang miteinander stehen, sich faktisch ergänzen).

Daneben ergeben sich jedoch auch einige Besonderheiten. Die wichtigste ist wohl dabei, daß der direkte Einsatz staatlicher Mittel weniger allgemein wirkt als staat-

[51] Ebenda, S. 125.
[52] Ebenda, S. 127.

liche Gesetze, die immer eine mehr oder weniger große Gruppe der Bevölkerung betreffen. Die staatlichen Mittel können direkt und „gezielt" für die Zwecke und Ziele der Finanzoligarchie verwandt werden. Das ist auch eines der Motive, warum bei den heute zugespitzten Konflikten staatliche Gesetze allein nicht genügen, sondern der Staat selbst seine Finanzen einsetzen muß. Besonders wichtig ist dies für die Durchführung von Aufgaben im Interesse der Finanzoligarchie, die ohne staatliche Mittel nicht die genügenden Verwertungsmöglichkeiten bieten. Von diesem Standpunkt aus betrachtet, bringt der direkte Einsatz der Staatsfinanzen im Reproduktionsprozeß das Wesen des staatsmonopolistischen Kapitalismus noch deutlicher zum Ausdruck. Auch die Durchbrechung des kapitalistischen Mechanismus und der Konkurrenz durch das „Staatsmonopol" tritt durch die unmittelbare Staatsfinanzierung schärfer hervor. Wenn die Staatsfinanzen im Reproduktionsprozeß eine so große Rolle spielen wie in Westdeutschland (und in anderen imperialistischen Ländern), dann sind auch die Auswirkungen stärker, als wenn der Staat nur Gesetze für die erweiterte Reproduktion erläßt. Bei den staatlichen Gesetzen ist es immer noch eine Frage, ob und wie die Kapitalisten sie ausnutzen (z. B. werden bei geringen Verwertungsmöglichkeiten die Kapitalisten, trotz staatsmonopolistischer Gesetze zur Forcierung der Akkumulation, kaum oder nur in geringem Maße akkumulieren); die eigentlichen Kapitalverwertungsmöglichkeiten werden hier noch eine größere Rolle spielen, als wenn die Monopole direkt staatliche Mittel bekommen. Besondere Bedeutung hat das alles für die Finanzierung der Rüstungsproduktion, die in der gegenwärtigen Niedergangsphase des imperialistischen Systems in allen imperialistischen Staaten in großem Maße die erweiterte Reproduktion bestimmt. Wie wir sahen, trifft das auch für Westdeutschland zu.

3. Staatliche und halbstaatliche staatsmonopolistische Institutionen.

Diese Seite ist ebenfalls sehr vielschichtig, und im folgenden sollen nur einige ihrer Aspekte zusammenfassend angedeutet werden:

Mit der immer größeren Konzentration ökonomischer Mittel beim Staat und bei seiner objektiv notwendigen Rolle als monopolistischer Ausbeuter ist es selbstverständlich, daß gleichzeitig immer mehr Stellen und Ämter zur Realisierung dieser Funktionen entstehen. Sie regeln die Mobilisierung und Verwendung der ökonomischen Mittel des imperialistischen Staates, schalten in der Ausarbeitung und Durchführung staatsmonopolistischer Gesetze, arbeiten Richtlinien und Genehmigungsverfahren aus, führen sie durch und sind zur Registrierung und Analyse wirtschaftlicher Ergebnisse erforderlich.

Angesichts der Bedeutung des staatsmonopolistischen Kapitalismus für die gesamte Kapitalverwertung hat dieser administrative Apparat eine große ökonomische Macht. In ihm kommt die Einheit zwischen der Monopolherrschaft und der monopolistischen Rolle des Staates, der Finanzoligarchie, zum Ausdruck. Hier zeigt sich auch schon, daß die Finanzoligarchie ihren zentralen politischen Machtapparat *unmittelbar* zur Erfüllung bestimmter ökonomischer Funktionen einsetzen muß. Damit wird offenbar, daß die Produktivkräfte einen Entwicklungsstand erreicht haben, der die *bewußte staatliche Organisierung und Lenkung* der Produktion im gesamten gesellschaftlichen und nicht mehr im privatkapitalistischen Interesse verlangt.

Die einzelnen Formen sind hier sehr vielfältig. Allgemein gibt es sowohl öffentliche als auch halböffentliche Stellen für diese Aufgaben. Umfang und Aufgabenbereich wechseln auch oft, je nach der politisch-ökonomischen Situation. Ebenso ist ihre Rolle mit abhängig von der jeweiligen Form, in der die Finanzoligarchie ihre Herrschaft ausübt. Unter Bedingungen, wo die Finanzoligarchie bestrebt ist, das Gesicht der formalen Demokratie zu wahren, wird ihre Rolle beispielsweise mehr verschleiert sein als unter den Bedingungen der offenen faschistischen Diktatur.

Seit dem zweiten Weltkrieg spielen *internationale staatsmonopolistische Vereinigungen* eine immer größere Rolle. Es entstanden solche Mammutzusammenschlüsse wie die Weltbank, die Bank für internationalen Zahlungsausgleich, die NATO mit ihren wirtschaftlichen Organisationen, die OECD, Euratom, Vereinigungen, die internationale Programme durchführen, aber gleichzeitig auch Blöcke, die sich innerhalb des imperialistischen Lagers als Konkurrenten gegenüberstehen (EWG – EFTA), wie auch staatlich organisierte internationale Monopole, z. B. die Montanunion.

Gerade in diesen internationalen Vereinigungen kommt zum Ausdruck, wie allseitig mit der weiteren Zuspitzung der Konflikte der imperialistische Staat bzw. die Staaten die Monopolinteressen durchzusetzen versuchen. So sind diese staatsmonopolistischen Vereinigungen und ihre Pläne nur richtig zu verstehen, wenn sie im Zusammenhang mit den politischen und militärischen imperialistischen Blöcken betrachtet werden.

Es wäre z. B. müßig, die Rolle Westdeutschlands in der Weltbank oder in der EWG u. ä. untersuchen zu wollen, ohne den militärischen Pakt der NATO, die Rolle der USA bei der NATO-Politik in Europa, die verstärkten Bestrebungen zur Erhaltung des Kolonialismus zu berücksichtigen, d. h. das gesamte imperialistische Paktsystem, das nach dem zweiten Weltkrieg zum militärischen, politischen und ökonomischen Kampf gegen das erstarkende sozialistische Lager entstanden ist, um die Liquidierung des Kolonialismus aufzuhalten, d. h. die Monopolherrschaft zu erhalten.

Wir wollen noch auf einen besonderen Aspekt aufmerksam machen, der zwar für alle behandelten Fragen zu beachten ist, aber gerade bei den staatlichen Institutionen besonders augenfällig in Erscheinung tritt.

Mit der steigenden Bedeutung dieser Institutionen verstärkt sich die Tendenz, die monopolistische Rolle des Staates für die Finanzoligarchie vor den Augen der Öffentlichkeit zu verbergen, die Parlamente auszuschalten, und diese staatliche Tätigkeit der öffentlichen Kontrolle (soweit man überhaupt davon sprechen kann) zu entziehen. Die Mittel und Methoden, die dabei angewandt werden, sind sehr vielfältig. Das beginnt schon bei den vielen Haushaltspraktiken, die dazu dienen, Mittel zu verstecken, ihre Verwendung zu verschleiern, Defizite verschwinden zu lassen u. a.

Es hat sich im Anschluß an die sogen. „Fiscal policy"-Theorie eine ganze Theorie über die Rolle dieser Institutionen entwickelt, die vor allem in den USA, aber auch in anderen imperialistischen Ländern und immer mehr in Westdeutschland ganz der geübten Praxis entspricht. Kürzlich war der frühere deutsche und jetzige USA-Professor F. K. Mann zu einer Vortragsreise in Westdeutschland, um eine spezielle Form dieser Einrichtungen, die in den USA als „Gouvernment Corporation" bezeichnet werden, zu propagieren. Es handelt sich um staatliche Organisationen, die zwar staatlich finanziert bzw. deren Mittel staatlich garantiert werden und die der Durchführung staatsmonopolistischer Aufgaben dienen, die aber nach dem sogen. „Privatwirtschaftsprinzip" arbeiten. Damit erscheinen sie (und ihre Tätigkeit) offiziell nicht als staatliche Stelle und ihre Mittel nicht unmittelbar als staatliche Mittel. Durch sie entsteht ein sogenanntes „doppelgleisiges Schuldensystem". Ein weiterer Beweis dafür, daß die staatlichen Mittel im Reproduktionsprozeß größer sind als die staatlichen Ausgaben in den öffentlichen Haushalten. Offiziell begründet wird diese Einrichtung wie folgt: Die „Privatwirtschaftliche Ordnung" wird nicht verletzt, die Privatinitiative geht nicht verloren. Sie arbeiten nicht bürokratisch, es findet keine „Verstaatlichung", kein „Einbruch des Sozialismus" statt. Sie stellen so — nach den apologetischen Darstellungen — eine „Alternative" zu der „kommunistischen Zentralverwaltungswirtschaft" dar.

Ihr tatsächlicher Zweck und ihre wirkliche Rolle wurden jedoch von dem erwähnten Professor gleichzeitig mit folgenden Worten charakterisiert:

> „Die Errichtung unabhängiger Behörden konnte auch in solchen Fällen geboten sein, in denen es darauf ankam, ein als richtig erkanntes politisches Ziel (von wem eigentlich als *richtig* erkannt? — d. V.) ohne Kursänderung weiterzuverfolgen und daher dem Einfluß wechselnder parlamentarischer Mehrheiten (denn die Parlamente kommen und gehen, aber die Finanzoligarchie bleibt — d. V.) zu entziehen".[53]
>
> „Besonders häufig waren es jedoch finanzpolitische Erwägungen, die die Schaffung von autonomen und halbautonomen Organisationen nahelegten; insbesondere der Wunsch demokratischer (?) Regierungen, ihre Ausgaben, Steuern und Schulden als kleiner erscheinen zu lassen als sie in Wirklichkeit waren, oder ihre Absicht, den Kreis der Staatstätigkeit zu erweitern, ohne das Parlament um Geldmittel anzugehen"[54].

Mann erläutert dann weiter, daß sich durch solche Institutionen die Regierungen keine Sorgen mehr zu machen brauchten, wie sie der Öffentlichkeit einen ausgeglichenen Haushalt präsentieren — die Defizite werden einfach an solche Institute überwiesen. Das soll vor allem dann geschehen, wenn der Haushalt eine kaum noch vertretbare Höchstgrenze erreicht hat.[55]

Auch Subventionierungen kann man auf diese Weise verschleiern, die Steuerbelastung der großen Einkommen und des „Kapitalbesitzes" durch die Einschaltung dieser Organisationen mildern.[56] Er sagt dann weiter, daß gerade eine solche Form verspricht, ein beliebtes internationales Werkzeug zu werden (als zwischenstaatliche Körperschaft).[57,58]

[53] Mann, F. K., Finanztheorie und Finanzsoziologie, S. 25.

[54] Ebenda. [55] Ebenda, S. 26/27. [56] Ebenda, S. 30. [57] Ebenda, S. 134.

[58] Wie sehr er damit recht hat, zeigen u. a. die im EWG-Vertrag vorgesehenen bzw. schon errichteten Institutionen: Europäische Investitionsbank, Europäischer Sozialfonds, Ausrichtungs- und Garantiefonds der Landwirtschaft, Entwicklungsfonds für die überseeischen Gebiete. Auch die Weltbank errichtete kürzlich als Tochterunternehmen ein Institut für Industriefinanzierung IFC — Internationale Finance Corporation u. v. a.

Diese staatsmonopolistischen Institutionen können Unternehmen vor dem Zusammenbruch retten, können besser „kapitalistisch" arbeiten, sind vor dem „Wechsel der politischen Parteien und Parlamente geschützt" und können je nach der Lage einmal hervorkehren, daß sie staatliche Stellen sind, und das andere Mal, daß sie Geschäftsunternehmen sind.[59]

Dieser Charakterisierung ist nichts hinzuzufügen. Wir haben diese Entwicklungstendenz auch deshalb ausführlicher behandelt, weil sie zeigte, daß der staatsmonopolistische Kapitalismus gleichzeitig zur Ausschaltung des bürgerlichen Parlamentarismus führt und sich notwendigerweise gegen die formale bürgerliche Demokratie richtet. Staatsmonopolistischer Kapitalismus, das gilt für alle behandelten Fragen, schließt auf Grund seines Charakters notwendigerweise Militarisierung und Tendenzen zur Faschisierung ein.

Auch bei diesen monopolistischen staatlichen Institutionen, die direkt ökonomische Funktionen haben, ist die Beachtung der Personalunion zwischen ihren Mitarbeitern und den Monopolen von großer Bedeutung, genauso wie die Frage, daß im Kampf um den Einfluß auf diese Stellen die Interessengegensätze zwischen der Finanzoligarchie eine große Rolle spielen. Von der Entscheidung dieser Stellen ist die Kapitalverwertung unmittelbar mit abhängig, und von ihren Entscheidungen hängen oft Sieg oder Niederlage im Konkurrenzkampf ab.

Das sind m. E., von ihrer ökonomischen Wirksamkeit (Monopolwirkung) aus betrachtet, die drei wichtigsten Seiten der Realisierung der monopolistischen Rolle des Staates. Die Notwendigkeit dieser Rolle des Staates zur Aufrechterhaltung einer längst überlebten Ausbeuterordnung gegen die überwiegende Mehrheit der Bevölkerung zeigt gleichzeitig, daß der ihr zugrunde liegende Prozeß der Vergesellschaftung der Produktion immer mächtiger zur Lösung des Konfliktes zwischen dem gesellschaftlichen Charakter der Produktivkräfte und den privatkapitalistischen Produktionsverhältnissen drängt, dem Charakter der Produktivkräfte entsprechende gesellschaftliche Produktionsverhältnisse verlangt. Der Stand der Vergesellschaftung erfordert die zentrale staatliche Organisierung, Lenkung und Leitung der Produktion, die planmäßige Anwendung der Produktivkräfte im Interesse der Produzenten.

Probleme des Zusammenhanges zwischen dem staatsmonopolistischen Kapitalismus und der Inflation

Nach diesen Darlegungen erhebt sich die Frage, wie diese Rolle des Staates auf die Durchsetzung der ökonomischen Gesetze des Kapitalismus wirkt. Ich habe in den erwähnten früheren Arbeiten von mir eine ganze Reihe dieser Probleme behandelt. Die Ergebnisse dieser Untersuchungen halte ich nach wie vor im Prinzip für richtig (abgesehen von einigen Berichtigungen und Ergänzungen, die sich aus den vorangegangenen kritischen Bemerkungen zu diesen Arbeiten ergeben). Ich möchte in diesem Zusammenhang — in Fortführung der früheren Untersuchungen — eine

[59] Ebenda, S. 140.

spezielle Frage behandeln, die das Problem Spontanität (Anarchie, Konkurrenz) und staatsmonopolistischer Kapitalismus betrifft.

Staatsmonopolistische Maßnahmen schaffen kein absolutes Staatsmonopol. Der staatsmonopolistische Kapitalismus umfaßt bzw. beeinflußt zwar heute alle Bereiche des gesellschaftlichen Lebens im Imperialismus, aber das bedeutet nicht absolute staatliche Regulierung. Das ist auf Grund der gegebenen Eigentumsverhältnisse auch gar nicht möglich. Nach wie vor ist die Eigentumsbasis durch die Herrschaft des Monopolkapitals, durch nichtmonopolistische kapitalistische Produktion, durch die Existenz der Klasse der „doppelt freien Lohnarbeiter" und durch einfache Warenproduktion unter diesen Bedingungen charakterisiert. Es sind alle Bedingungen der privatkapitalistischen Produktion vorhanden, die nur durch die Herrschaft einer kleinen aber mächtigen Kapitalistengruppe mit Hilfe ihres Staates auf die Spitze getrieben werden. Weil der imperialistische Staat die umfassendste Machtorganisation im Imperialismus ist, deshalb umfaßt er in seiner Tätigkeit für das Monopolkapital alle Bereiche, kann sie in den Dienst des Monopolprofits stellen, also den Ausbeutungs- und Ausplünderungsprozeß viel breiter und tiefer verwirklichen als die Monopole selbst. Die sogenannte staatsmonopolistische Regulierung bringt deshalb nur eine Vertiefung und Verbreiterung der privatkapitakistischen Grundlagen der Produktion. Das Besondere dabei ist aber, da dieses Ergebnis durch eine Verbreiterung und Vertiefung des Monopols erzielt wird, daß damit gleichzeitig die privatkapitalistischen Grundlagen für das Wirken der ökonomischen Gesetze untergraben werden. Damit wird das Funktionieren dieser Produktionsweise, ihr Preis und Profitmechanismus, d. h. der spontane Regulator dieser Produktionsweise untergraben. Das führt dazu, daß die spontanen Erscheinungen und Prozesse oft sehr heftig und plötzlich auftreten. Das kann zu Erscheinungen führen, die den Bestand des Systems unmittelbar gefährden. Die spontanen Prozesse, die unter staatsmonopolistischen Bedingungen auftreten, sind oft von viel verheerenderer, tieferer und breiterer Wirkung als im vormonopolistischen Kapitalismus.

Sie sind aber gleichzeitig ein Beweis dafür, daß das Wirken der ökonomischen Gesetze durch das „Staatsmonopol" nicht aufgehoben wird, daß sich die staatliche Regulierung nicht über diese ökonomischen Gesetze hinwegsetzen kann. Im Gegenteil, sie sind eine der spezifischen Formen, in denen sich die ökonomischen Gesetze unter den Bedingungen des staatsmonopolistischen Kapitalismus durchsetzen. Als solche offenbaren sie ebenfalls die Grenzen der staatsmonopolistischen Regulierung, zeigen ihren durch ihren ausbeuterischen Inhalt bedingten begrenzten Wirkungsbereich. Diese besondere Art der Spontanität hat sehr vielfältige Erscheinungen.

Zunächst ist festzustellen, daß nach wie vor alle ökonomischen Prozesse spontan verlaufen. Das Besondere ist nur, daß die Spontanität verschärft wirkt, eine breitere und verheerendere Wirkung hat und sich der Verlauf der spontanen Entwicklung oft auf eine neue Art vollzieht (eben beispielsweise nicht zum vorübergehenden „Ausgleich" der Widersprüche führt, sondern sie nur auf andere Ebenen verlagert). Es gibt aber auch spontane Prozesse, die, im vormonopolistischen Kapitalismus nur in Ausnahmefällen auftretend, heute zu einer typischen Form der spontanen Durchsetzung der ökonomischen Gesetze geworden sind. Einige dieser Erscheinungen sind die inflationistischen Prozesse, die die erweiterte Reproduktion ständig in offener oder versteckter Form begleiten.

Die inflationistischen Prozesse erscheinen beispielsweise in der heute zu beobachtenden Tendenz (ganz im Gegensatz zum vormonopolistischen Kapitalismus) *ständig* steigender Preise. Selbst in Krisenzeiten und in der Depression ist diese heute — ganz im Gegensatz zu früher — zu beobachten. So sanken beispielsweise während der letzten USA-Krise die Preise nicht, sondern sie stiegen. Einer der einflußreichen Wirtschaftsexperten in Westdeutschland, der Bankdirektor L. A. Hahn, schreibt:

> „Wenn die Preise in der Hochkonjunktur steigen, in der Depression aber nicht mehr fallen, hat sich die Preisbewegung aus der traditionellen ‚Welle' in eine Art ‚Treppe' verwandelt. Steigen die Preise sogar in der Depression, verschlimmert sich die Lage natürlich noch mehr. Die Treppe, auf der die Preise von Stufe zu Stufe steigen bzw. der Geldwert absinkt, wird offensichtlich immer steiler."[60]

Hahn berichtet dann weiter davon, daß in den USA unter den bekanntesten Wirtschaftstheoretikern und Praktikern eine Umfrage darüber stattfand, welches nach ihrer Meinung das ernsteste und schwerste Problem sei, dem die USA gegenüberstehen. Einer der bekanntesten USA-Ökonomen, Prof. Haberler, hat dabei auf die „Macht der Gewerkschaften" (natürlich!), die Arbeitslosigkeit und die Inflation verwiesen. „Mit dem größten Nachdruck wies er auf die Schwere der hieraus auf die Dauer entstehenden Gefahren hin."[61] Kapitalistische Theoretiker und Praktiker rechnen heute allgemein damit, daß die Kaufkraft des Geldes einer ständigen Entwertung unterworfen ist.

> „Professor Slichter von Harvard hat urbi et orbi verkündet, daß eine Geldwertminderung von 3% p. a. völlig unvermeidlich sei."[62]

Diese den heutigen Reproduktionsprozeß begleitenden inflationistischen Prozesse zeigen, wie der spontane Mechanisnus des Kapitalismus gestört und zerrüttet ist. Die Spontanität führt heute zu inflationistischen Entwertungen, die ständig die erweiterte Reproduktion begleiten.

Diese Inflationsprobleme sind sehr vielfältig und kompliziert. Auch unter den marxistischen Ökonomen besteht über ihre Ursachen, über ihre Auswirkungen und über ihre Definition noch keine vollständige Klarheit.

In diesem Aufsatz geht es nicht um die Inflation selbst. *Es sollen nur einige Aspekte des Zusammenhanges zwischen dem staatsmonopolistischen Kapitalismus und den Inflationserscheinungen* behandelt werden.

Wir wollen hier unter Inflation ganz allgemein die Entwertung des Geldes, seiner Kaufkraft durch das Entstehen eines Geld- bzw. Geldkapitalüberhanges verstehen, als dessen Folge sich Preiserhöhungen vollziehen.

Die Inflation ist keine neue Erscheinung, sie ist sogar älter als der Kapitalismus. Heute spielt sie jedoch eine besondere Rolle. Im gegenwärtigen Kapitalismus, vor

[60] Hahn, L. A., Geld und Kredit, Knapp Verlag 1960, S. 168.
[61] Ebenda, S. 169.
[62] Ebenda.

allem seit seinem Eintritt in die allgemeine Krise des kapitalistischen Systems, sind inflationistische Prozesse zu einer Dauererscheinung der erweiterten Reproduktion geworden. Durch den staatsmonopolistischen Kapitalismus werden sie eine notwendige Form des Wirkens des kapitalistischen Mechanismus. Die heutigen inflationistischen Prozesse entspringen, im Gegensatz zu früher, der Zerrüttung des imperialistischen Geld- und Kreditsystems, die mit der Abkehr von der Goldwährung und ihrer Ersetzung durch die staatliche Papiergeldemission begann und sich seither ständig weiter verschärft hat.

Bei ihrer gegenwärtigen Bedeutung ist es nicht verwunderlich, daß diese Inflationserscheinungen in der bürgerlichen Presse und in den Büchern der Apologeten einen Hauptgegenstand der Diskussion bilden. Nicht nur, weil die Inflation zu einer der Hauptgefahren für den Bestand des Systems geworden ist, in der sich offen die Zerrüttung des gesamten Systems, sein Zerfall widerspiegelt, sondern auch, weil sie eine wichtige Ausbeutungs- und Ausplünderungsmethode im gegenwärtigen Kapitalismus darstellt.

Der Keynesianismus beispielsweise hat aus den staatsmonopolistischen Praktiken ein theoretisches System zu ihrer Rechtfertigung konstruiert, das ganz zu Recht oft als Inflationstheorie bezeichnet wird.[63] Dieser Keynesianismus wurde zur herrschenden Richtung in der modernen bürgerlichen Theorie. Das wurde er nicht, weil er wissenschaftlich den anderen Strömungen überlegen ist, weil er, wie es bürgerliche Ökonomen darstellen, angeblich eine „Revolution in der Wissenschaft" bedeutet.

Keynes und seine Epigonen vertreten vielmehr deshalb die herrschende Strömung in der bürgerlichen Apologetik, weil sie das zu allgemeinen Prinzipien der Wirtschaftsentwicklung erhoben, was die Finanzoligarchie praktisch zur Erzielung von Monopolprofiten tat oder forderte. Sie sind die offenen und direkten Verfechter des staatsmonopolistischen Kapitalismus. Das ist das Neue an dieser Strömung. Während in der früheren Apologetik staatliche Einmischungen in die Wirtschaft als Fehler, Verzerrungen und dunkle Flecke am weißen Schild der sich selbst regulierenden Marktwirtschaft erschienen, werden sie hier zum Bestandteil des theoretischen Systems.

Keynes brach mit den alten liberalen Gleichgewichtsgedanken und der sich aus ihnen ergebenden Vorstellung von der Selbstregulierung der Wirtschaft, da diese angesichts der Zerrüttung des kapitalistischen Systems offensichtlich nicht mehr den Anforderungen entsprach, die die herrschende Schicht an ihre Apologeten stellte. Das machte Keynes und den Keynesianismus zu der Modeökonomie des modernen Kapitalismus.

Keynes sagte, ganz im Gegensatz zu den alten Gleichgewichtsvorstellungen: Warum sollen „Produktionsfaktoren" brachliegen, wenn der Staat Geld „machen" bzw. ausgeben kann, um die Wirtschaft anzukurbeln. Er verwirft den Gedanken,

[63] Unter Keynesianern meinen wir hier alle, die offen die staatliche Finanzierung und das Eingreifen des imperialistischen Staates zu einem notwendigen Bestandteil ihres Systems erheben.

daß sich die Preise und Kosten (Profite) bei einem Konjunkturrückgang an die gesunkene Nachfrage anpassen müssen. Er fordert im Gegenteil, daß durch Geldschöpfung die Nachfrage aufrecht erhalten und „geschaffen" werden muß (um für hohe Preise und Profite zu sorgen). Alles ist bei ihm gegen deflationistische Prozesse gerichtet, während er inflationistische für durchaus stimulierend hält. Die Ursache der Arbeitslosigkeit ist sinkender Gewinn, nach Keynes ein Deflationsprozeß. Deshalb müssen durch Geldschöpfung die Preise hochgehalten werden bzw. sie müssen steigen, damit die Gewinne steigen („Gewinn" entsteht bei Keynes faktisch aus steigenden Preisen). Dann wird Vollbeschäftigung herrschen. Seine Theorie — genau wie die seiner Nachfolger — öffnet der staatlichen Defizitfinanzierung, der Inflationsfinanzierung Tür und Tor.

Keynes wie auch seine Nachfolger erreichen ihren Zweck, indem sie genau die Kategorien für ihre Konstruktionen auswählen, die zu dem gewünschten Ziel führen und die gewünschten Schlußfolgerungen ergeben. Schon die simple Grundgleichung von Keynes $I = S$ ($I =$ Investitionen, $S =$ Sparen) zeigt, daß alle sich aus ihr ergebenden Zusammenhänge zwischen Investitionen, Nationaleinkommen, Sparen u. ä. nur unter dem Gesichtspunkt gesehen werden: Wie müssen sich diese Daten entwickeln, damit I wachsen kann. Alle Zusammenhänge werden dem notwendigen Wachsen von I untergeordnet. Die Nachfrage beispielsweise ist bei dieser Gleichung nur unter gleichbleibenden, letztlich steigenden Preisen interessant, damit I nicht sinkt. Daraus ergibt sich aber notwendigerweise, daß bei Veränderung eines Faktors zuungunsten von I der Staat eingreifen muß, um I nicht absinken zu lassen.

Die Gleichung $I = S$ sagt jedoch noch nichts über die Triebkräfte der kapitalistischen Produktionsweise aus. Deshalb ist sie erst mit einer anderen Grundgleichung zusammen interessant, mit der Gewinngleichung. Diese orientiert erst auf das entscheidende Problem. Sie zeigt, worin die Keynesianer die Triebkräfte der Entwicklung sehen und wie sich die Kategorien der Modelle entsprechend dieser Triebkraft entwickeln müssen bzw. was zu ihrer richtigen Entwicklung getan werden muß. Der Einfachheit halber soll hier die Keynessche Formel $Q = I - S$ ($Q =$ Gewinn ohne Unternehmerlohn) angeführt werden. Uns geht es nicht um die eigenartige „Gewinnkategorie" Q und ihre Entstehung. Uns interessiert, was sich aus ihr ergibt.

Bei Gleichheit von I und S ist demnach der Gewinn gleich Null. Ist I größer als S, dann ist die Differenz gleich dem Gewinn Q und umgekehrt. I muß also größer sein als S, wenn ein Gewinn entstehen soll. Andererseits steht Keynes ganz eindeutig auf dem Standpunkt, daß nur dann investiert wird, wenn echte Gewinnchancen vorhanden sind.

Die beiden angeführten Grundformeln von Keynes und ihr Zusammenhang erklären zwar nicht eines der der erweiterten Reproduktion wirklich zugrunde liegenden Gesetze, aber sie erreichen ihren Zweck. Die ganze Entwicklung ist vom Gewinn abhängig, und alle Maßnahmen des Staates sind nur wirksam, wenn sie den Gewinn erhöhen. Dazu müssen, wenn I kleiner als S werden sollte, durch „Geldschöpfung" die Preise hochgehalten werden bzw. sie müssen steigen. Das ist letztlich eine offene Inflationstheorie. Nur nebenbei: Praktisch hebt Keynes damit sein eigenes Gleichgewicht auf. Es läuft bei ihm alles auf eine „Gewinninflation" hinaus. Daraus wird ersichtlich, warum bei ihm alles gegen Deflationserscheinungen gerichtet ist. Eigentlich ist bei Keynes *S* ein Feind der Entwicklung, denn es drückt auf *Q*, und die Folgen davon sind sinkende Investitionen. *S* ist nur solange nicht gefährlich, wie *S* das *I* nicht übersteigt, d. h. in letzter Konsequenz solange, wie durch staatliche „Geldschöpfungs"- und Ausgabenpolitik *I* über *S* hinausgetrieben wird.

Keynes selbst geht allerdings in seinen Ansichten noch nicht so weit — obwohl er für diese Ansichten die theoretischen Grundlagen schuf —, daß zur Aufrechterhaltung der erweiterten Reproduktion der imperialistische Staat unmittelbar eingreifen muß, daß er selbst Ausgaben machen muß. Er glaubt noch daran, daß allein eine Geldschöpfung durch die Banken die Schwierigkeiten für Unternehmer beseitigen kann. Der Zins nimmt bei ihm als Regulator noch einen zentralen Platz ein, und er glaubt an eine weitgehende Beeinflussung der Reproduktion durch die Geld- und Kreditpolitik.

Heute, angesichts der weiteren Zerrüttung des kapitalistischen Systems und vor allem im Zusammenhang mit dem Erstarken des sozialistischen Lagers, sind viele seiner Nachfolger nicht mehr von der alleinigen Wirksamkeit dieser Instrumente überzeugt. Sie sind der Auffassung, daß der Staat selbst Ausgaben machen, eigene Investitionen vornehmen und als Käufer auftreten muß, wenn es zu einer ernsten Zuspitzung der Widersprüche kommt. Letztlich — und manche Apologeten sprechen auch mehr oder weniger offen davon — wird damit erklärt, daß ohne parasitäre Produktion und Verbrauch das System nicht mehr aufrecht erhalten werden kann. Die Praxis zeigt, daß diese theoretischen Konstruktionen nur die Widerspiegelung einer tatsächlich vorhandenen Wirklichkeit sind.

Die gegenwärtigen Keynesianer sagen, daß Geldschöpfung noch lange nicht zur Investition zu führen braucht. Die Widersprüche können z. B. so tief sein, daß es viel zu riskant ist, das „geschöpfte" Geld in Investitionen zu verwandeln. Es wird dann vielleicht zur Entschuldung verwandt, für Wertpapieranlagen u. v. a. Der Staat muß dann selbst solche Ausgaben machen, die zu entsprechenden Profiten bei der Verwandlung von Geldkapital in konstantes Kapital führen, und er muß entsprechende Garantien übernehmen. Oder: Nur wenn der Staat selbst Investitionen vornimmt, kann als deren Folge ein Anstoß für Investitionen bei den Monopolen entstehen. Oder: Nur durch eine staatliche „Gesamtpolitik" können entsprechende Bedingungen — d. h. Profitbedingungen — für die Vornahme von Investitionen entstehen. Die Geldschöpfung allein nutzt nichts.

G. N. Halm bringt das u. a. wie folgt zum Ausdruck:

> „Die Wirtschaftsstabilität kann nicht durch die Geldpolitik allein erreicht werden. Monetäre Maßnahmen, die von der allgemeinen Wirtschaftspolitik des Staates nicht unterstützt werden, sind vielleicht noch nicht einmal in der Lage, ein bestimmtes Preisniveau zu erreichen oder aufrechtzuerhalten, von einer Stabilisierung der Wirtschaft gar nicht zu reden."[64]

[64] Halm, George, N., „Geld, Außenhandel und Beschäftigung", Pflaum Verlag, S. 330.

An anderer Stelle heißt es bei ihm:

„Wenn die Zinssätze höher sind als die Profitrate und die Kreditausweitung daher nicht in der Form der Darlehensgewährung an private Kreditnehmer vorgenommen werden kann, kann zusätzliches Geld offensichtlich nur mit Hilfe einer staatlichen Ausgabenpolitik in die Wirtschaft gebracht werden. Deficit-Spending ist die logische Fortsetzung der Zentralbankpolitik.“[65]

Er kommt dann zu der durchaus nicht optimistischen Schlußfolgerung, daß ein solches Deficit-Spending „vielleicht“[66] zur Vermehrung der privaten Investitionen beitrage. Er ist durchaus nicht mehr wie z. B. Keynes der Meinung, daß durch die einmalige Geldschöpfung ein solcher Multiplikatoreffekt entsteht, der sich wie eine Welle fortsetzt und zum Aufschwung führt. Er sagt:

„Wie wir bei unserer Besprechung des Multiplikators und des Beschleunigungsprinzips schon gezeigt haben, kann ein fortgesetztes Deficit-Spending zu einer Zunahme des Volkseinkommens führen, die größer ist als der Betrag der ‚primären Ausgaben‘. Gleichzeitig zeigte sich aber, daß der Zusammenhang zwischen ‚primären Ausgaben‘ und dadurch induzierten Privatinvestitionen sehr komplizierter Natur ist und von vielen Faktoren abhängt, die ihrerseits von der jeweiligen konjunkturellen Lage abhängig sind.“[67]

Die Schlußfolgerung daraus ist für ihn, daß der Staat zur Aufrechterhaltung eines Investitionsniveaus ständig eine solche Politik betreiben muß und die Aufrechterhaltung eines Investitionsniveaus nur mit Hilfe der staatlichen Defizitfinanzierung erfolgen kann.

„Unter diesen Umständen ist es äußerst schwierig, den Gesamtbetrag der Investitionsausgaben (öffentliche und private) derart zu beeinflussen, daß die öffentlichen Ausgaben ab- und die Privatinvestitionen zunehmen. Wie in Kapitel 21 gezeigt wurde, ist kaum damit zu rechnen, daß das Deficit-Spending abnimmt und gleichzeitig genügend private Investitionen anregt, die gesamten Investitionsausgaben zu erhöhen oder gerade aufrechtzuerhalten. Wenn die private Investitionstätigkeit nur durch das Deficit-Spending induziert werden könnte, bliebe die Initialzündung (die einmalige staatliche Ausgabe — d. V.) sicher ohne Erfolg. Die Regierung müßte daher ‚ihre Politik der einkommenerhöhenden Ausgaben‘ in großem Maßstab fortsetzen, um zu verhindern, daß die Geschäftstätigkeit wieder abnimmt.“[68]

Wie eine solche Politik des Deficit-Spending funktionieren soll, wird später noch behandelt. Hier kam es nur darauf an, zu zeigen, daß sich mit der weiteren Zerrüttung des kapitalistischen Systems die offene staatsmonopolistische Apologetik eines Keynes „weiterentwickelt“ hat. Der Glaube an die selbstregulierenden Kräfte, an Auftriebskräfte aus dem System selbst heraus, hat weiter abgenommen. Heute spricht die Apologetik davon, daß bei einer ernsten Zuspitzung der Widersprüche der Staat ständig direkt eingreifen muß. Daß das nichts anderes als die Verteidigung des staatsmonopolistischen Kapitalismus zur Ausbeutung und Ausplünderung der Mehrheit der Gesellschaft ist, wurde bereits gezeigt.

G. Kroll, Mitglied des Forschungsbeirates beim Ifo-Institut für Wirtschaftsforschung in München, der in seinem Buch „Von der Weltwirtschaftskrise zur Staatskonjunktur“ faktisch versucht, die faschistische Wirtschaftspolitik zu rechtfertigen und wieder salonfähig zu machen, propagiert ähnliche Ansichten:

[65] Ebenda, S. 330–332. [66] Ebenda, S. 332. [67] Ebenda. [68] Ebenda, S. 332/333.

„In allen diesen Fällen (wenn sich Depressionserscheinungen zeigen – d. V.) muß der Staat selbst für eine zusätzliche Nachfrage Sorge tragen. Außer dem Staat vermag es niemand, denn es gibt sonst keine andere Möglichkeit, die Nachfrage zu vermehren, wenn die Unternehmer erst einmal entschlossen sind, nicht weiter zu investieren. Bei rückläufiger Wirtschaftsentwicklung kann man von niemanden verlangen, daß er sich zusätzlich verschuldet. Der Staat hingegen kann es ....“[69]

Dabei vertritt er die Meinung (im Gegensatz zu jenen Keynesianern, die noch glauben, daß durch einen erhöhten Konsum, durch die sogenannte Akzeleratorwirkung, sich automatisch ein Aufschwung im Investitionsgüterbereich ergibt), daß der Staat direkt Aufträge an den Investitionsgüterbereich geben muß – wobei er unter den Möglichkeiten für solche Aufträge ausdrücklich die Rüstung erwähnt.[70]

„Da die Investitionen der öffentlichen Hand den Erfordernissen eines Vollbeschäftigungsgleichgewichtes elastisch angepaßt zu werden vermögen, kann nur durch ihre Hilfe das ansonsten immer labile Gleichgewicht der Wirtschaft in ein relativ stabiles überführt werden.“[71]

Diese Ansichten sind nur die apologetische Widerspiegelung dessen, was sich praktisch im heutigen Kapitalismus vollzieht. Bei dem Stand der Vergesellschaft der Produktion ist die Akkumulation auf privatkapitalistischer Basis nur noch möglich, wenn das Staatsmonopol in den Dienst der Akkumulation der Monopole gestellt wird. Doch dieses Monopol dient gerade dem Zweck, gegen den Mechanismus der kapitalistischen Produktionsweise, gegen ihre eigenen Grundlagen, entgegen den eigentlichen Verwertungsbedingungen, den Monopolen relativ unabhängig von diesen Bedingungen die Akkumulation zu ermöglichen – was nur auf Kosten anderer Klassen und Schichten geschehen kann Das ist die Ursache dafür, daß die auf der Basis der gegebenen Eigentumsverhältnisse spontan und anarchisch wirkenden ökonomischen Gesetze sich gewaltsam u. a. über solche spontanen Prozesse, wie es die inflationistischen Entwertungsprozesse sind, durchsetzen. Unter solchen Bedingungen muß immer eine mehr oder weniger akute Gefahr für das offene Ausbrechen einer Inflation vorhanden sein.

Diese die erweiterte Reproduktion heute begleitenden inflationistischen Prozesse finden in der Apologetik auch insofern ihre Widerspiegelung, als die Inflation nicht mehr nur als ausgesprochene Gefahr für das Wirtschaftssystem behandelt und nach Mitteln zu ihrer Bekämpfung gesucht wird. Weil inflationistische Auswirkungen das Ergebnis des staatsmonopolistischen Kapitalismus sind, und weil diese gleichzeitig ein Mittel zur Ausbeutung sind, wird die Inflation von vielen Apologeten heute zum Bestandteil ihres theoretischen Systems gemacht.

Sie gehen faktisch davon aus, daß wirtschaftliches Wachstum das Eingreifen des Staats verlangt, und dieses wiederum zur inflationistischen Entwertung führt. Wenn man also Wachstum wolle, so müsse man diese Prozesse eben in Kauf nehmen, was ja, da sie wachstumsbedingt sind, im Interesse aller liege (sie ausschalten zu wollen, kann sogar gefährlich werden, da dadurch deflationistische Prozesse ent-

[69] Kroll, G., „Von der Weltwirtschaftskrise zur Staatskonjunktur“, Duncker & Humblot, 1958, S. 354–55.

[70] Ebenda, S. 359. [71] Ebenda, S. 360.

stehen können, die die Gewinne beschränken, zu sinkenden Investitionen und damit zu sinkendem Wachstum führen). Das eigentlich Gefährliche sind demnach nicht diese Entwertungsprozesse selbst, sondern vielmehr die Gefahr, daß sie sich zu einer zügellosen Inflation entwickeln. Deshalb besteht das eigentliche Problem darin, sie mit Hilfe des Staates in den notwendigen Schranken zu halten, damit sie nicht zu einer Gefahr werden, sondern vielmehr ein gleichmäßiges Wachstum garantieren. Diese Theorien propagieren eine Wirtschaftspolitik „hart am Rande des Abgrundes", wie es Dulles in der Außenpolitik tat.

Diese Theorien rechtfertigen nicht nur die inflationistischen Prozesse, sie dienen gleichzeitig zur Rechtfertigung der staatsmonopolistischen „Gegenmaßnahmen" gegen die Inflation, die, wie wir bereits bemerkten, auf eine Beschränkung der Kaufkraft der Masse der Bevölkerung zugunsten der Akkumulation hinauslaufen. Es ist nur selbstverständlich, daß dabei Angriffe auf die Löhne der Arbeiterklasse besonders im Mittelpunkt stehen. Alle Inflationstheorien betrachten nicht den staatsmonopolistischen Kapitalismus als Ursache der Inflation, sondern bezeichnen mehr oder weniger die Lohnentwicklung, die Rolle der Gewerkschaften, das Ansteigen der „Verbrauchernachfrage" u. ä. als Inflationsursache. Damit bringen sie den Zweck dieser Theorien zum Ausdruck: Rechtfertigung der staatsmonopolistischen Methoden zur Beschränkung der Kaufkraft der Massen im Interesse der kapitalistischen Akkumulation.

Immer mehr wird in der Apologetik von den verschiedenen Seiten her folgendes zum zentralen Problem: Ohne imperialistischen Staat gibt es kein Wachstum — aber wenn der Staat eingreift, dann entsteht u. a. sofort die Gefahr der Inflation mit allen ihren ökonomischen und sozialen Folgen. Entweder es wird Nichtauslastung, Arbeitslosigkeit und Depression in Kauf genommen, dann werden der Geldwert und die Preise stabil bleiben, oder es wird eine inflationistische Entwicklung in Kauf genommen, dann wird es Wachstum geben. Interessant ist dabei, daß Keynes unter dem Einfluß des großen Krachs in den 20er Jahren noch glaubte, alles Unglück komme von Deflationsprozessen, die man durch Geldschöpfung auf alle Fälle verhindern müsse. Heute glaubt man nicht mehr an die Wirksamkeit der automatischen Kräfte, die Keynes als Folge seiner Geldschöpfung propagierte. Angesichts der umfangreichen Zunahme des staatsmonopolistischen Kapitalismus infolge der weiteren Zerrüttung des kapitalistischen Systems, hat man vor allem Angst vor den inflationistischen Folgen dieser Entwicklung. Keynes hatte Angst vor der Deflation, weil sie die Gewinne mindert, und fand inflationistische Bewegungen immer noch besser als deflationistische. Jetzt, nachdem sich die verheerenden inflationistischen Auswirkungen des staatsmonopolistischen Kapitalismus sehr anschaulich zeigen, ist man zwar nach wie vor für die Bekämpfung von sogenannten deflationistischen Entwicklungen, aber man fürchtet ebenso die Inflation. Den Ausweg suchen die Vertreter der Finanzoligarchie in der ökonomischen Theorie in einer verstärkten Errichtung des Staatsmonopols, vor allem in staatsmonopolistischen Maßnahmen zur „Abschöpfung der Kaufkraft" der Masse der Bevölkerung — auch von Teilen der Profite der nichtmonopolisierten Unternehmer — für die erweiterte Reproduktion, die der inflationistischen Entwicklung entgegenwirken soll. Diese ganze theoretische Fragestellung zeigt, in welchem Teufelskreis sich die Apologetik durch die Propagierung des staatsmonopolistischen Kapitalismus befindet.

Dabei gibt es auch Apologeten, die diese durch den staatsmonopolistischen Kapitalismus heraufbeschworene Entwicklung durchaus pessimistisch beurteilen, bei denen sich Anzeichen der Resignation ihr gegenüber zeigen. Sie sind durchaus nicht ohne weiteres davon überzeugt, daß die Inflation einigermaßen durch den Staat gebändigt werden kann. Sie sehen auch die Oberflächenerscheinungen der Ursachen für diese Entwicklung, ohne — auf Grund der klassenmäßigen Begrenztheit ihres bürgerlichen Denkens — das Wesen hinter diesen Erscheinungen zu erkennen und die historische Begrenztheit dieser Erscheinungen zu begreifen. Weil sie nicht anders als „kapitalistisch" denken können, kommen sie meist auch nur dazu, zu sagen, was nach ihren Theorien eigentlich gemacht werden müßte, aber weil die Realität eben schlecht ist, nicht gemacht werden kann. Faktisch gehen sie damit auch nicht über die Propagierung des staatsmonopolistischen Kapitalismus hinaus — aber sie hat doch schon in manchem eine recht pessimistische Stimmung über die Perspektiven des Kapitalismus ergriffen.

So ähnlich scheint es bei Prof. Fritz Neumark zu sein, zumindest, was die Inflation und ihre Verhinderung durch den Staat betrifft. Er hielt am 16. Juli 1959 im wirtschaftswissenschaftlichen Klub des Instituts für Weltwirtschaft an der Universität Kiel einen bisher in Westdeutschland viel beachteten Vortrag: „Schleichende Inflation und Fiskalpolitik".[72] Er stellte sich dabei folgende Aufgabe:

„. . . den folgenden Ausführungen liegt die Überzeugung zugrunde, daß es ein besonderes Phänomen ‚schleichende Inflation' mit spezieller Problematik gibt, und es sollen hier gerade die Möglichkeiten (insbesondere diejenigen fiskal-politischer Natur) erörtert werden, die Degeneration einer schleichenden Inflation zu verhindern."[73]

Er geht davon aus, daß gegenwärtig in Westdeutschland, wie auch in den USA, wieder stärker mit einer Preissteigerung zu rechnen ist. Über die Ursachen der Inflation hat er ebenso unklare Vorstellungen wie alle bürgerlichen Ökonomen. Er meint, es sei die „fortschreitende faktische Einschränkung des Wettbewerbs auf allen Gebieten" und die „ständige Vervollkommnung der Organisation von Gruppeninteressen", die eine „Politisierung ökonomischer Tatbestände" mit sich bringe, die die Elastizität von Preisen, Zinsen und Löhnen ständig verringere.[74]

Mit der „Einschränkung des Wettbewerbs" hat Neumark recht. Aber diese ist ja nur eine Folge der Monopolherrschaft, und über das Monopol selbst hat er völlig apologetische Vorstellungen. Es besteht bei ihm in der „Organisation von Gruppeninteressen", zu denen gleichwertig sowohl Monopolverbände als auch alle möglichen „Schutzverbände" ebenso wie die Gewerkschaften gehören. Damit werden die entscheidenden Eigentums- und Machtverhältnisse vollkommen verwischt. So ist es auch zu erklären, daß Neumark, wie wir gleich sehen werden, zwar zu einer recht pessimistischen Einschätzung kommt, aber natürlich niemals wirklich wissenschaft-

[72] Kieler Vorträge, Neue Folge, Bd. 14, „Schleichende Inflation und Fiskalpolitik", von Prof. Dr. F. Neumark, Kiel 1959.

[73] Ebenda, S. 3. [74] Ebenda, S. 9.

lich etwas über die Bedeutung und Rolle der gegenwärtigen inflationistischen Prozesse aussagen kann.

„In der Tat wird gegenwärtig alles, was irgendwann einmal, häufig nur auf Grund ganz spezieller vorübergehender Umstände, einer Personengruppe oder einem Wirtschaftszweig an absoluten bzw. relativen ökonomisch-finanziellen Vorteilen gewährt worden ist, von den so Begünstigten sofort als ‚wohlerworbenes Recht' angesehen, das man sich nicht wieder wegnehmen lassen will.
... Von besonderer Bedeutung für unser Thema sind offensichtlich diejenigen Maßnahmen, die während einer Rezession zu deren Bekämpfung ergriffen worden sind und gegen deren Wiederbeseitigung die betreffenden Interessenten sich auch dann noch – zumeist mit Erfolg – wehren, wenn die Rezession einem Wiederaufschwung mit Inflationsdruck Platz gemacht hat, dessen Milderung Eingriffe in genau entgegengesetzter Richtung, zumindest aber die Aufhebung der erstgenannten Maßnahmen, erfordern würde."[75],

Er stellt fest, daß das ein wichtiger Faktor der praktischen Schwierigkeiten für eine wirksame Antiinflationspolitik ist.

Neumark sagt hier durchaus etwas über die Wirklichkeit. Da er jedoch nicht zu dem Wesen der Dinge vordringt, wirkt seine Aussage geradezu naiv. Er stellt die Dinge so dar, als ob es „an sich" die Möglichkeit zu einer wirksamen Antiinflationspolitik gäbe, nur in der Praxis gibt es wegen der „Gruppeninteressen" Schwierigkeiten, diese durchzuführen. In Wirklichkeit herrschen die Monopole, und „Antideflations- oder Inflationspolitik" sind nur verschiedene Aushängeschilder, um das Nationaleinkommen zugunsten der Monopole umzuverteilen. Eine wirklich „wirksame Antiinflationspolitik" müßte gegen die eigentlichen Ursachen der Inflation, gegen diese Umverteilung zugunsten der Monopolprofite geführt werden. Aber das ist auf der Basis der gegebenen Eigentumsverhältnisse unmöglich, weil dann der Staat gegen diese Eigentumsverhältnisse selbst eingesetzt werden müßte. Das sieht Neumark nicht, und deshalb reicht sein Urteil nur bis zur Skepsis gegenüber der Wirksamkeit staatlicher Maßnahmen zur Verhinderung der Inflation.

Ebenso sieht er

„... daß jede Inflation, auch eine ‚milde', zwangsläufig gewisse soziale Ungerechtigkeiten mit sich bringt."[76]

Er sieht aber nicht, daß es sich dabei nicht um „gerecht" oder „ungerecht" handelt, sondern um die Folgen bzw. um ein Mittel des gegenwärtigen Ausbeutungssystems, wie es die Monopole mit Hilfe ihres Staates verwirklichen.

Neumark kommt dann zu seinem eigentlichen Thema – die Möglichkeiten der Inflationsverhinderung durch eine sogenannte Fiskalpolitik. Am Anfang dieses Abschnittes stellt er fest:

„Obwohl aber heute überwiegend die gesamtwirtschaftlichen und sozialen Gefahren einer Inflation als ähnlich groß wie die einer Deflation erkannt worden sind, ist zugegeben, daß die Erfahrungen, die man im letzten Jahrzehnt in Westeuropa und in den Vereinigten Staaten gemacht hat, hinsichtlich der Erfolgsmöglichkeiten einer wirksamen Inflationsbekämpfung nicht eben zu Optimismus Anlaß bieten."[77]

[75] Ebenda, S. 10. [76] Ebenda, S. 11.
[77] Ebenda, S. 13.

Er versucht dann, die Gründe für dieses „Versagen“ zu erfassen. Er sieht sie darin, daß sich die Regierung nicht über die wirklichen Zusammenhänge im klaren ist, mit ihren Vorschlägen auf Unverständnis stößt, oder die Mittel nicht tauglich sind. Interessant ist dabei, daß er auch erwähnt, daß die zuständigen Stellen im Interesse einer „hohen Wachstumsrate“ (sprich Monopolprofite) eine inflationistische Entwicklung als nützlich und notwendig erachten können oder sie gegenüber einer Stagnation als das „kleinere Übel“ betrachten.[78] Gerade daraus zieht er die Schlußfolgerung, daß eine Ursache des „Versagens“ einer Antiinflationspolitik im sogenannten „Zielkonflikt“ besteht:

> „Auch wenn man von den sogenannten fiskalischen (besser: fiskalistischen) Aspekten absieht, verfolgt jede Finanzpolitik mehrere Ziele, die generell oder doch unter bestimmten Bedingungen kollidieren. So vermag – zumindest kurzfristig – das Ziel einer Einkommensumverteilung mit dem der Preisstabilität in Konflikt geraten oder auch diese zu Recht oder zu Unrecht als im Widerspruch befindlich mit wachstumspolitischen Zielen angesehen werden.“[79]

Mit diesen „Zielkonflikten“ ahnt Neumark zumindest die innere Widersprüchlichkeit der staatlichen Maßnahmen, die ihnen auf Grund ihres ausbeuterischen Inhalts innewohnen. Er deutet hier an, daß es die Ziele dieser Maßnahmen selbst sind, die eine Verhinderung ihrer Auswirkungen unmöglich machen.

Die anderen Ursachen sieht N. in administrativ-institutionellen Hemmnissen (die Regierung stößt auf den Widerstand des Parlaments, „politisch-ökonomische Machtgruppen“ verhindern die Einführung von Maßnahmen u. ä.) und in unvollkommenen theoretischen und empirischen Kenntnissen (er zweifelt, ob eine Konjunkturprognose überhaupt möglich ist). Das ist nichts Neues. Nur: Neumark zieht aus seinen administrativen Schwierigkeiten u. a. die Schlußfolgerung, daß man zu ihrer Reduzierung einen parlamentarischen Sonderausschuß einsetzen sollte, der die Steueraufkommen variieren soll.[80] Das ist ein gefährlicher Vorschlag. Wir wiesen schon mehrfach darauf hin, daß ebenso wie in der staatsmonopolistischen Praxis auch in der staatsmonopolistischen Apologetik die Begründung staatsmonopolistischer Maßnahmen mit der Forderung nach Abbau der bürgerlichen formal-demokratischen Rechte verbunden wird. Gerade in letzter Zeit ist in Westdeutschland die Diskussion um die „Konjunkturpolitik“ immer mehr mit Forderungen nach Sondervollmachten, Sonderausschüssen, Errichtung von besonderen Stellen u. ä. verbunden, um im Interesse einer „richtigen Konjunkturpolitik“ die „Schwerfälligkeit des parlamentarischen Apparates“ u. ä. zu überwinden. Wenn Neumark klagt, daß für eine richtige „Konjunkturpolitik“ u. a. die empirischen Erfahrungen ungenügend sind, so muß man sagen, daß für die Entwicklungsrichtung, die er mit seinem Vorschlag andeutet, genügend „empirisches Material“ vorliegt: Es ist letzten Endes die Praxis des Faschismus, die offene Diktatur des aggressivsten Teiles des deutschen Finanzkapitals.

Nachdem Neumark ausführlich dargelegt hat, warum er bezüglich einer wirksamen Antiinflationspolitik sehr skeptisch ist, behandelt er kurz die Mittel für eine

[78] Ebenda, S. 13/14. [79] Ebenda, S. 14. [80] Ebenda, S. 20.

solche Politik. Sie laufen, wie auch bei den anderen Apologeten, darauf hinaus, daß man vor allem für einen Haushaltsüberschuß sorgen und die Ausgaben beschränken muß. Wir sahen bereits, daß das nichts anderes bedeutet, als daß der Masse der Bevölkerung das abgenommen werden soll, was den Monopolen an Begünstigungen zugeflossen ist, um deren katastrophale Auswirkungen zu verhindern. Das Besondere dabei ist nur, daß Neumark, entsprechend seinen vorangegangenen Ausführungen, im Gegensatz zu anderen Apologeten keinesfalls von der absoluten Wirksamkeit dieser Methode überzeugt ist. Er zweifelt, daß mit ihnen ein „Gleichgewicht" hergestellt werden kann.

Seine Schlußfolgerungen sind typisch für jene „Theoretiker", die zwar ganz vom apologetischen Denken gefangen sind, aber doch nicht immer die Augen vor der Praxis verschließen, die manchmal sehen, daß die Praxis etwas anders als die apologetische Theorie aussieht.

Er schreibt am Schluß seiner Ausführungen:

„Bislang ist noch nicht exakt bewiesen worden, daß unser Zeitalter wie das manche meinen, das einer schleichenden Inflation ist, die man nicht zu kontrollieren vermag. Ich füge allerdings hinzu: auch für die Gegenthese liegt kein überzeugender Beweis vor."[81]

Aus seinen Ausführungen läßt sich sowohl die Schlußfolgerung ziehen, daß er (a.) die tiefe Ausweglosigkeit der ökonomischen Entwicklung des Imperialismus ahnt, wie auch (b.) daß er die „schlechte Praxis" des Monopolkapitals scheinbar anerkennt, um auf diesem Wege ihrer Rechtfertigung zu dienen.

Wir erwähnten schon mehrfach, daß im Zusammenhang mit den staatsmonopolistischen Praktiken eine ganz neue Richtung der Finanztheorie entstanden ist. Das ist kein Wunder bei der zentralen Bedeutung der Finanzpolitik für die Kapitalverwertung der Monopole. Diese neue Richtung entstand im Anschluß an die Theorie von Keynes und im Gefolge der großen Weltwirtschaftskrise.

Sie stellt faktisch die Ansichten der alten liberalen Vertreter der „Finanzwirtschaftslehre" über Besteuerung, Haushalt und Staatsausgaben auf den Kopf.

Während die alten Liberalen die Steuer nur als Mittelbeschaffung für den Staat gelten ließen, noch Theorien über die Gleichmäßigkeit und Gerechtigkeit der Besteuerung, Theorien vom „gleichen Grenzopfer", vom „kleinsten Gesamtopfer" u. ä. aufstellten, gegen die „nichtfiskalische Steuerverwendung" waren, (A. Smith z. B. protestiert ausdrücklich dagegen), gegen die Errichtung von Monopolbedingungen durch die Steuern auftraten, für einen ausgeglichenen Haushalt und gegen Staatsschulden waren, predigt die moderne Theorie die bewußte Ausnutzung der Steuern für das Staatsmonopol im Interesse der Finanzoligarchie. Es ist eine Theorie der offenen staatsmonopolistischen Finanzierung, nach der die Staatsfinanzen direkt in den Dienst der erweiterten Reproduktion der Monopole gestellt werden sollen. Sie beschäftigt sich damit, wie der Staat durch Einnahmen- und Ausgabenpolitik die erweiterte Reproduktion beeinflussen kann — also wie dadurch Monopolbedingungen für die Kapitalverwertung geschaffen werden können. Sie verkündet, daß ohne eine

[81] Ebenda, S. 22.

solche Finanzpolitik „Wachstum und Gleichgewicht" nicht mehr möglich seien. Der schon zitierte Prof. Mann sagt beispielsweise, die „Fiscal Theorie" sei eine Rationalisierung der „Fiscal Policy", d. h. einer Politik

„. . . die auf die Benutzung öffentlicher Ausgaben, öffentlicher Einnahmen, öffentlicher Darlehen und öffentlicher Schulden für wirtschaftliche Zwecke abzielt."[82]

Sie befasse sich nicht nur mit der Mittelbeschaffung, sondern darüber hinaus mit der Regulierung der Produktion, Volkseinkommen, Einkommensverteilung, Preis und Verbrauch.[83] Sie baut unmittelbar auf den Keynesianismus auf, indem sie vor allem (a) die „Politik des billigen Zinses", (b) die notwendige Ergänzung privater Investitionen durch öffentliche Ausgaben und (c) ein progressives Steuersystem mit Begünstigung der sogenannten „Kapitalbildung" und Mehrbelastung der übrigen Einkommen zu den zentralen Problemen der Theorie macht. Sie propagiert offen die Defizitfinanzierung, sagt, Staatsschulden brauchen durchaus kein Grund zur Beunruhigung zu sein und wirft das alte liberale Prinzip des ausgeglichenen Staatshaushaltes über Bord.

Es ist selbstverständlich, daß bei dieser Theorie der Ausnutzung des Staates zur monopolistischen Ausbeutung die Inflationsprobleme eine große Rolle spielen. Man kann sogar sagen, daß diese Finanztheorie die ganze wirtschaftliche Entwicklung zu einem Wechsel zwischen Deflations- und Inflationsprozessen macht. Dabei läuft alles darauf hinaus, Deflationsprozesse (die die Kapitalverwertung mindern) möglichst zu verhindern, Inflationsprozesse, die als Folge der staatlichen Maßnahmen auftreten, möglichst nicht in einer Katastrophe enden zu lassen und die Mittel und Instrumente dafür zu finden (d. h. die Mittel zur Abschöpfung der Kaufkraft der Masse der Bevölkerung als Ausweg aus der Inflation).

In diesem Zusammenhang hat sich eine spezielle Theorie, die Theorie vom „Deficit-Spending" entwickelt, die als „antizyklische Haushaltspolitik" besagt, man solle in der Konjunktur Mittel abschöpfen und festlegen, damit keine Inflation entsteht, und diese in der Krise dann wieder ausgeben, um zu einem neuen Wachstum zu kommen.

Diese Ansicht spielt in den imperialistischen Ländern zur Begründung und Rechtfertigung staatsmonopolistischer Maßnahmen eine sehr große Rolle. Interessant ist, daß sie in letzter Zeit auch in dem „neoliberalen" Westdeutschland immer mehr auftaucht. Selbst solche eingefleischten sozialen Marktwirtschaftler wie Wirtschaftsminister Erhard, Bundesbankpräsident Blessing u. a. operierten bei der Konjunkturdiskussion in der zweiten Hälfte des Jahres 1960 mit dem Begriff der „antizyklischen Haushaltspolitik". Dieser Begriff fand sogar Eingang in einen Beschluß der CDU-Fraktion des Bundestages über „Konjunkturmaßnahmen".

Natürlich hat es in Wirklichkeit bisher noch nie eine solche Haushaltspolitik gegeben und kann es auch nicht geben. Ihre Propagierung dient nur dazu, die „Konjunkturpolitik" der Regierung, die angeblich als im allgemeinen Interesse liegend zur Verantwortung der Regierung gehört, d. h. staatsmonopolistische Maßnahmen zu rechtfertigen.

[82] Mann, F. K., Finanztheorie . . ., a. a. O., S. 43. [83] Ebenda.

Dieser kurze Überblick sollte zeigen, welch breite Behandlung die Inflationsprobleme in der Apologetik finden. Sie werden vor allem von jenen Apologeten besonders beachtet, die offen den staatsmonopolistischen Kapitalismus propagieren — was nur eine Widerspiegelung der Tatsache ist, daß die heutigen Inflationsprozesse ihre ganz spezifische Ursache im staatsmonopolistischen Kapitalismus haben.

Westdeutschland gehört wohl — aus verschiedenen Gründen, die hier nicht erörtert werden sollen — zu den imperialistischen Ländern, in denen gegenüber den anderen die Inflationsprozesse bisher relativ geringer waren, und deshalb auch gleichzeitig zu den Ländern, die die stärkere Inflationierung in den anderen für sich, vor allem für ihre Exportexpansion ausnutzen konnten. Das heißt aber nicht, daß deshalb dem Inflationsproblem in Westdeutschland eine geringere Bedeutung zukommt. Das kann bei dem Umfang des staatsmonopolistischen Kapitalismus in Westdeutschland auch gar nicht sein. Auch in Westdeutschland gab es nach dem zweiten Weltkrieg eine ständige Tendenz zur Preissteigerung und zur Steigerung der Lebenshaltungskosten, die ja u. a. ein Ausdruck für das Vorhandensein inflationistischer Entwertungsprozesse ist. Die umfangreichen Investitionen und die steigende Arbeitsproduktivität haben auch in Westdeutschland nicht zu sinkenden, sondern in der Tendenz zu steigenden Preisen geführt. Selbst Wirtschaftsminister Erhard sagte kürzlich, daß innerhalb der letzten 10 Jahre die Industriepreise um 23% und die Einzelhandelspreise um 12% gestiegen sind.[84] Diese Preissteigerung ist mit einem Sinken der Kaufkraft des Geldes identisch.

Es hat in Westdeutschland wohl noch keine Situation gegeben, ob das nun in jedem Falle offen zum Ausdruck kam oder nicht, wo nicht gerade durch die Rolle des staatsmonopolistischen Kapitalismus eine mehr oder weniger große Inflationsgefahr vorhanden war und inflationistische Entwertungsprozesse gewirkt hätten. Das war gleichzeitig auch immer der Anlaß, um unter der Losung der „Stabilerhaltung des Geldwertes", staatsmonopolistische Maßnahmen zu ihrer Bekämpfung, die immer auf eine „Abschöpfung der Kaufkraft" bei der Masse der Bevölkerung und ihre Umverteilung zugunsten der Monopolprofite hinausliefen, einzuführen.

Einige aktuelle Beispiele sollen die Zusammenhänge zwischen dem staatsmonopolistischen Kapitalismus und der Inflation in Westdeutschland illustrieren.

Wir haben gesehen, wie in Westdeutschland durch den Haushalt Milliardenbeträge in die Wirtschaft fließen, und wie die Kapitalisten auf Kosten der Mehrheit der Bevölkerung den größten Teil ihrer Akkumulation mit Hilfe des Staatsmonopols finanzieren. Wir zeigten, wie diese umfangreichen Mittel gegen den Mechanismus wirken, wie durch das Staatsmonopol sehr breite ökonomische Prozesse sich relativ unabhängig von diesem Mechanismus vollziehen, wie dadurch das gesamte Nationaleinkommen zugunsten der Konzentration und Zentralisation des Kapitals relativ (unter den Bedingungen der Hochkonjunktur) auf Kosten der Minderung des Einkommens breiter Schichten umverteilt wird.

[84] Monatsbericht der Deutschen Bundesbank, Oktober 1960, S. 46

Hier ist, vor allem auch für die späteren Schlußfolgerungen, eine Bemerkung über die Gründe für diese Rolle des staatsmonopolistischen Kapitalismus notwendig. Sie ergibt sich zwangsläufig—und hier zeigt sich sehr konkret, wie bei der Beurteilung der Rolle des staatsmonopolistischen Kapitalismus die objektiven Bedingungen der gegenwärtigen Etappe der allgemeinen Krise des kapitalistischen Systems Berücksichtigung finden müssen — aus der Gesamtpolitik der Finanzoligarchie, aus ihren ökonomischen und politischen Bestrebungen. Auf der Grundlage der ökonomischen Situation geht es den deutschen Imperialisten um die Aufrechterhaltung des kalten Krieges und die Aufrüstung zur Vorbereitung eines Krieges, die unter der Losung des Kampfes gegen die kommunistische Gefahr betrieben wird und deren Nahziel die Eroberung der DDR ist. Zu diesem Zwecke wollen sie zur Atommacht werden. Dazu brauchen sie die USA-Imperialisten. Deshalb versuchen sie, das Schicksal Westdeutschlands noch enger mit dem USA-Imperialismus zu verknüpfen. Gleichzeitig gehören die deutschen Imperialisten als Hauptverbündete der USA-Imperialisten in Europa zu den Hauptorganisatoren der militärischen und ökonomischen Blöcke in Europa, mit deren Hilfe sie versuchen, eine Vormachtstellung im imperialistischen Europa zu erlangen. Zum anderen gehören die deutschen Imperialisten im Kampf um die Verwirklichung ihrer expansionistischen Ziele zusammen mit den USA heute schon zu den imperialistischen Hauptmächten, die den Kolonialismus aufrechterhalten wollen. Die deutschen Imperialisten wollen sich hier — bei der relativen Enge ihres inneren Marktes und zur Aufrechterhaltung ihres hohen Investitionsniveaus — neue Möglichkeiten der Kapitalverwertung erschließen.

Das sind die Motive für die monopolistische Ausbeuterrolle des Staates, die die Kapitalisten reicher und die Massen relativ ärmer machen. Die gegenwärtigen ökonomischen Zusammenhänge in Westdeutschland und die Widersprüche in der westdeutschen Wirtschaftsentwicklung haben hierin ihre Wurzeln und sind darauf zurückzuführen.

Wir haben jedoch mit unseren bisherigen Beispielen erst eine Seite der westdeutschen wirtschaftlichen Problematik berührt. Wir müssen hier noch einen anderen Prozeß erwähnen, der dieser Problematik gegenwärtig seinen Stempel mit aufdrückt.

Eine Besonderheit der westdeutschen Wirtschaftsentwicklung besteht darin, daß mit der angespannten Haushaltssituation, die vor allem durch die Rüstungsfinanzierung Spannungen erzeugt, gleichzeitig ein Prozeß der Außenexpansion, der sich ökonomisch in einem hohen Exportvolumen, in steigendem Kapitalexport und chronischem Zahlungsbilanzüberschuß zeigt, vollzieht. Durch diese beiden Prozesse wird gegenwärtig die ökonomische Problematik charakterisiert, wobei diese ökonomische Situation gleichzeitig die politischen Ziele der deutschen Finanzoligarchie widerspiegelt.

Dabei besteht zwischen beiden Prozessen ein enger Zusammenhang: Die umfangreichen Exportprofite aus der Außenhandelsexpansion sind gleichzeitig eine Quelle für die Rüstungsfinanzierung. Über den Ankauf von Gold und Devisen der Kapitalisten aus dem Zahlungsbilanzüberschuß durch den Staat werden Rüstungskäufe im Ausland, vor allem Käufe von schweren und modernen Waffen, finanziert. Das ist eine wichtige Besonderheit der westdeutschen Aufrüstung. Erst die Berücksichtigung dieser Tatsache zeigt, warum die beiden erwähnten Prozesse, die an sich im Widerspruch zueinander stehen, nebeneinander existieren können.

Die Kapitalisten realisieren ihre Exportprofite in Gold und Devisen. Der Staat kauft diese den Kapitalisten ab mit Mitteln, die aus der steigenden Steuerbelastung stammen, und kauft mit ihnen Waffen im Ausland. Die Produktion im Inland wird auf diesem Wege zu einem Teil von der Rüstungsgüterproduktion entlastet und kann unter den gegenwärtigen Bedingungen der Hochkonjunktur mehr Investitions- und Exportgüter produzieren. Auf diesem Wege wird gleichzeitig verhindert, daß die „Verbrauchernachfrage" in der Hochkonjunktur sich im gleichen Tempo entwickelt wie die Nachfrage nach Gütern für die Akkumulation, wodurch die schnelle Entwicklung der Produktion für die Akkumulation möglich wird. Die Akkumulation wiederum wird andererseits staatlich gefördert, indem für sie keine Steuer gezahlt wird. Hinzu kommt, daß umfangreiche Schranken errichtet wurden, die den Import behindern, z. B. den Import von Verbrauchsgütern, wodurch die Preise und damit die Profite im Innern hochgehalten werden.

Die im Verhältnis zu anderen imperialistischen Ländern schnelle Außenhandelsentwicklung Westdeutschlands, eine der Hauptgrundlagen der Hochkonjunktur, erklärt sich aus einer Reihe von besonders günstigen Bedingungen, von denen wir hier nur auf einige stichwortartig hinweisen wollen: Hauptverbündeter des USA-Imperialismus; Westdeutschland profitierte jahrelang von den Rüstungslasten und den Kosten für verschiedene Aggressionskriege anderer imperialistischer Länder. Im eigenen Lande stiegen die Rüstungslasten erst zu einem Zeitpunkt sprunghaft an, als die deutschen Imperialisten bereits wichtige Märkte erobert hatten. Die umfangreichen Kapitalanlagen in Westdeutschland, die vor allem in letzter Zeit immer mehr der Rationalisierung dienten, brachten Westdeutschland auch in den Produktionskosten gegenüber manchen anderen Ländern Konkurrenzvorteile. In Westdeutschland blieben die Löhne gegenüber anderen imperialistischen Ländern lange auf einem niedrigen Stand (z. B. sind sie noch heute gegenüber den USA sehr niedrig) und fingen erst relativ spät an zu steigen — wobei dieses Steigen die Schere zwischen der Preis- und Lohnentwicklung nicht beseitigt hat — u. ä.

Die Außenhandelsexpansion führte durch einen ständig vorhandenen Ausfuhrüberschuß (dieser Überschuß ist jedoch in den letzten 3 Jahren nicht mehr gewachsen: 1958: 3,5 Mrd. D-Mark, 1959: 3,7 Mrd. D-Mark, 1960: 3,4 Mrd. D-Mark) zu einem chronischen Zahlungsbilanzüberschuß, der sich in wachsenden Gold- und Devisenbeständen niederschlug. Ein wichtiger Faktor ist dabei aber auch der Devisenzufluß aus Einnahmen aus dem Aufenthalt fremder Truppen in Westdeutschland: 1957: 1,9 Mrd. D-Mark, 1958: 2,8 Mrd. D-Mark, 1959: 3,0 Mrd. D-Mark, 1960: 3,1 Mrd. D-Mark[85].

Eine der Folgen dieser Entwicklung, die in den internationalen imperialistischen Beziehungen eine sehr große Rolle spielt, ist die sogenannte „Unterbewertung der D-Mark" gegenüber den anderen imperialistischen Währungen. Daß eine solche Unterbewertung überhaupt entstehen kann, liegt an den zerrütteten imperialisti-

[85] Ebenda.

schen Währungsverhältnissen, besonders daran, daß die Wechselkurse sich heute nicht mehr frei bilden, sondern staatsmonopolistisch festgesetzt werden. Es kam zu dieser „Unterbewertung" vor allem durch die Rolle, die Westdeutschland auf dem imperialistischen Weltmarkt spielt (die sich z. B. in den wachsenden Gold- und Devisenbeständen ausdrückt), und durch die im Verhältnis zur westdeutschen Währung sich schneller entwertenden Währungen anderer imperialistischer Länder. Diese „Unterbewertung" ist für die deutschen Imperialisten ein wichtiges Instrument des Konkurrenzkampfes, denn sie bedeutet im allgemeinen gegenüber den anderen Ländern Vorteile im Export und Erschwerung des Imports. Gleichzeitig trägt dieser Prozeß zum weiteren Anwachsen der Gold- und Devisenbestände bei.

In diesem Zusammenhang soll auch noch eine andere sehr charakteristische Entwicklung erwähnt werden, die ebenfalls zur Erklärung unseres Problems beiträgt. Es handelt sich um die Austauschrelationen zwischen der Einfuhr und der Ausfuhr (Terms of Trade). Westdeutschland hat, vor allem nach dem katastrophalen Absinken der Rohstoffpreise auf dem Weltmarkt, jahrelang im Verhältnis zu seiner Ausfuhr wesentlich billiger eingeführt. (Austauschrelation = Durchschnittswerte der Ausfuhreinheit in $^0/_0$ der Durchschnittswerte der Einfuhreinheit, 1954 = 100, 1959 3. Quartal = 111,2, 4. Quartal = 111,3, 1960 2. Quartal = 111,4, 3. Quartal = 111,7)[86]. Rechnet man die Einfuhr und Ausfuhr nach gleichbleibenden Preisen, dann zeigt sich, daß die Einfuhr sogar höher als die Ausfuhr ist. Ein Überschuß der Ausfuhr ergibt sich nur, weil die Ausfuhrpreise verhältnismäßig höher als die Einfuhrpreise lagen bzw. weil die Einfuhrpreise im Verhältnis zu den Ausfuhrpreisen gesunken sind, vor allem die Rohstoffpreise. Das bedeutet natürlich für die deutschen Imperialisten zusätzliche Exportprofite, Kostenvorteile und Vorteile im Konkurrenzkampf. Bezüglich der Zahlungsbilanz sind diese Relationen ein wichtiger Faktor der Überschüsse.

Diese Vorteile für die deutschen Imperialisten gehen vor allem auf Kosten der Rohstoffländer, in erster Linie auf Kosten der ökonomisch schwachentwickelten Länder, bei denen sie zu den chronischen Zahlungsbilanzdefiziten mit allen ihren sozialen und ökonomischen Folgen beitragen. Westdeutschland erhöhte auf Kosten dieser Länder die Profite. Diese Zusammenhänge erklären zwar, wie die umfangreichen Gold- und Devisenbestände entstanden sind, aber noch nicht, warum sie sich nicht auflösen, warum sie beispielsweise nicht zu höheren Einfuhren führen oder zu einem Ansteigen der sogenannten „Verbrauchernachfrage", wie das die Apologeten zur Rechtfertigung von Maßnahmen zur Abschöpfung der Kaufkraft der Massen immer behaupten, sondern nach wie vor wie ein Gespenst gegenüber der weiteren Entwicklung drohen? Wir wollen hier den westdeutschen Ökonomen Reithinger zitieren, der mit in Westdeutschland selten gehörter Offenheit zu dieser Problematik folgendes sagt:

> „Es erscheint ziemlich sicher, daß im Verlauf dieser Zehn-Jahresperiode der Ausgleich der Zahlungsbilanz über eine Erhöhung der Verbraucherausgaben von zwei Seiten her erfolgreich verhindert worden ist. Einmal von der Seite der Einkommensbildung her,

[86] Ebenda, S. 49.

indem das aus der Währungsreform überkommene und seither auch durch die Lohnsteigerungen kaum veränderte Verhältnis von Unternehmergewinnen zu Arbeitseinkommen eine ins Gewicht fallende Umwandlung von Unternehmergewinnen in Verbraucherausgaben nicht zuließ. Man kann im Gegenteil aus vielen Anzeichen schließen, daß den steigenden Arbeitslöhnen noch rascher steigende Gewinne der Ausfuhrindustrie gegenüberstehen, was mit der fortschreitenden Rationalisierung einerseits und der Konjunktur und Preissituation in den Hauptabnehmerländern andererseits zusammenhängt. Diese Feststellung trifft aber keineswegs etwa für die Gesamtwirtschaft oder auch nur für die Gesamtindustrie zu. Außerdem hat sich durch die Umverteilung aller Preisrelationen in der Kapitalgütersphäre das wirtschaftliche Gewicht der Produktionsmittelbesitzer im Verhältnis zu dem Arbeitseinkommen gewaltig zugunsten der letzteren verschoben. Der zweite Faktor ist die Wirtschaftspolitik der Bundesregierung, die eine ausreichende Erhöhung der inländischen Verbraucherausgaben über den Weg billiger Einfuhren von Nahrungs- und Genußmitteln und gewerblichen Massenverbrauchsgütern unterbindet, indem sie durch ein fast lückenloses System von Marktordnungen, Einfuhr- und Vorratspolitik, Zöllen, Ausgleichsabgaben und Subventionen weite Bereiche der Ernährungs- und Energiewirtschaft und des Verbrauchergütermarktes abschirmt.“[87]

Er kommt dann zu der Schlußfolgerung, daß die entstandene Situation drei Ursachen zuzuschreiben ist:

„Einmal der weitgehend starren Form der Sozialproduktverteilung in der Bundesrepublik, zweitens der Konjunktur- und Preissituation in den Hauptabnehmerländern und drittens der Politik der Bundesregierung.“[88]

Reithinger trifft hier durchaus richtig die eigentlichen Ursachen für den Zahlungsbilanzüberschuß. Es ist vor allem die antagonistische Einkommensverteilung, die, wesentlich unterstützt durch den staatsmonopolistischen Kapitalismus, die Reichen reicher und die Armen ärmer macht. Durch sie gelangen die Exportüberschüsse nicht in die Hände der Bevölkerung.

Wir wollen nun zeigen, wie von diesen beiden hier charakterisierten Prozessen der Anstoß für inflationistische Bewegungen ausgeht bzw. wie sich auf der Grundlage dieser Prozesse Geldumlauf, Geldkapital und Kredit entwickelt haben.

Die Milliardenbeträge des Haushaltes schlagen sich, indem sie ausgegeben werden, als Geld bzw. Geldkapital im Reproduktionsprozeß nieder. Das Besondere dabei ist, daß sie relativ unabhängig von den eigentlichen Kapitalverwertungsbedingungen als Kaufkraft in den für die Ziele der Imperialisten wichtigen Bereichen auftauchen. In diesem Sinne stellen sie eine Art Übernachfrage dar, die auf die Preise drückt. Gleichzeitig wirken sie als eine Art „Initialzündung“. Sie vergrößern, relativ unabhängig vom Preis- und Profitmechanismus, die Expansionskraft der geförderten Unternehmen, erhöhen deren Kredit und wirken so indirekt auf das Kreditvolumen. Eine ähnliche Wirkung bringt die staatsmonopolistische Förderung, wie wir sie an Hand der Steuergesetze gezeigt haben, hervor.

Von besonderer Bedeutung für diese Auswirkungen ist der Entwicklungsstand des Reproduktionsprozesses — das gilt auch für alle hier noch weiter zu behandelnden Fakten. In Westdeutschland stoßen diese Milliardenbeträge nicht auf einen Reproduktionsprozeß, in dem große Reserven vorhanden sind, wo es größere Nicht-

[87] „Zeitschrift für das gesamte Kreditwesen“, Nr. 19/1960, S. 9.
[88] Ebenda.

auslastung und Arbeitslosigkeit gibt. Es herrscht im Gegenteil Hochkonjunktur. Gerade in den Bereichen, auf die es den deutschen Imperialisten ankommt, die staatlich gefördert werden (wie etwa die sogenannte Investitionsgüterindustrie, Elektroindustrie, Chemie u. a.) ist die Anspannung besonders groß. Die Staatsmilliarden vergrößern hier den Druck. Durch die staatliche Förderung relativ unabhängig von den Kapitalverwertungsbedingungen sind die staatlich Begünstigten elastischer im Preisangebot als die anderen. Sie können ihre Nachfrage am ehesten realisieren, während andere dem Preisdruck nicht gewachsen sind. So erfolgt hier durch den staatsmonopolistischen Kapitalismus über die Preise (es gibt auch noch andere Prozesse mit derselben Wirkung, z. B. durch den Kredit und die Zinsen) eine Art Rationierung.

Von den chronischen Gold- und Devisenbeständen (sie stiegen allein von Januar bis Oktober 1960 um 7,4 Mrd. und betrugen im Oktober 1960 26,4 Mrd. D-Mark[89]), die ein Produkt der zerrütteten Außenhandels- und Währungsbeziehungen im imperialistischen System sind, gehen ständig inflationistische Impulse aus. Die Exporteure verkaufen ihre Devisenerlöse an die Banken, und diese an die Zentralbank. Auf diesem Wege verdoppelt sich faktisch dieses Geldkapital. Es erscheint als Gold- und Devisenbestand bei der Zentralbank, und die Exporteure belassen ihre D-Mark-Beträge bei den Banken als Einlagen, wo sie den Geldumlauf erweitern und die Kreditexpansion stimulieren. (Aus Devisenverkäufen der Geschäftsbanken an die Bundesbank entstanden Beträge in Höhe von: 1957 = 8 Mrd., 1958 = 6 Mrd. und 1959 = 4 Mrd. D-Mark).

Diese Zunahme der Gold- und Devisenbestände und ihre Verdoppelung in D-Mark erfolgte, obwohl der westdeutsche Staat umfangreiche Rüstungsgüter im Ausland kaufte und durch zunehmenden Kapitalexport mit zu den imperialistischen Hauptmächten gehört, die versuchen, den Kolonialismus zu konservieren. (Allein der Staat selbst hatte bis Juli 1960 bei der Weltbank Verpflichtungen von 5,8 Mrd. D-Mark übernommen, und der letzte Kredit an die Weltbank von 240 Mill. D-Mark war mit einer Laufzeit von 12 Jahren bei 4,5% Zinsen der größte, den diese internationale staatsmonopolistische Organisation seit 1947 aufgenommen hatte. Im Bericht der Bundesbank heißt es, daß Westdeutschland in den letzten drei Jahren die Hauptquelle der von der Weltbank aufgenommenen Gelder war).[90]

Die Folgen dieser allerdings nur kurz charakterisierten Prozesse zeigen sich unter den Bedingungen der Hochkonjunktur im raschen Ausdehnen des Geldumlaufes, des Bankvolumens und des Kreditvolumens, was einerseits auf die zunehmende Überfüllung mit Geldkapital hindeutet und andererseits zeigt, in welch großem Umfange ständig neues Geldkapital als Nachfrage im Reproduktionsprozeß auftritt. Bargeldumlauf und Bankeinlagen sind in den letzten Jahren sprunghaft angestiegen (Wachstum um Mrd. D-Mark jeweils von September bis September gerechnet)[91]: 1957/58 = 10,89, 1958/59 = 11, 1959/60 = 15,72. Diesem Wachstum entspricht das schnelle Anwachsen des Bankvolumens (um Mrd. D-Mark jeweils in

[89] Ebenda, S. 49. [90] Ebenda, Juli 1960, S. 53.
[91] Ebenda, Nr. 24/1960, S. 2.

den drei ersten Quartalen der Jahre)[92]: 1958 = 12,5, 1959 = 14,4, 1960 = 17. Nach den Angaben der zusammengefaßten statistischen Bilanz der Kreditinstitute der deutschen Bundesbank[93] entwickelte sich das Kreditvolumen wie folgt (in Mill. D-Mark): Dez. 1957 = 94695, Dez. 1958 = 107136, Dez. 1959 = 121886, Okt. 1960 = 140855. Das entspricht einer Zunahme (in Mill. D-Mark): Jan.—Okt. 1958 = 9092, Jan.–Okt. 1959 = 14750, Jan.–Okt. 1960 = 13721. (Die etwas verlangsamte Zunahme 1960 gegenüber 1959 täuscht insofern etwas, als sich hinter ihr eine Abnahme des langfristigen und eine sprunghafte Zunahme des besonders konjunkturempfindlichen kurzfristigen Kredits verbirgt. Hinzu kommt eine beträchtliche Zunahme der Kreditaufnahme im Ausland bzw. Zufluß von Auslandsgeld. Sie haben ihre Ursache in der stärkeren Inflationierung in anderen Ländern und dem Zinsgefälle zwischen Westdeutschland und diesen Ländern. Die Bundesbank stellt zu dieser schnellen Ausdehnung der Kreditexpansion fest, daß es sich bei ihr um die größte Verschuldung der Wirtschaft seit 10 Jahren handelt.

Wir konnten hier nicht die ganze Inflationsproblematik, die auch oft sehr widersprechende Prozesse enthält, behandeln. Uns kam es hier nur darauf an, an einigen Beispielen den unbedingten Zusammenhang zwischen Inflationsprozessen, dem staatsmonopolistischen Kapitalismus und den Expansionsbestrebungen der Monopole zu zeigen, um aus ihnen einige allgemeine Schlußfolgerungen ziehen zu können. Wir wollten damit beweisen, wo die eigentlichen Inflationsursachen liegen, und wie diese allgemein einzuschätzen sind.

Bekanntlich sind die hier angeführten Fragen alle auch von sehr aktueller Bedeutung. Wir wissen, daß als Folge der von uns angedeuteten Prozesse (die international als Verschlechterung der Export- und Zahlungsbilanzsituation in den USA, im Verfall ihrer Währung, in einem chronischen Zahlungsbilanzüberschuß in Westdeutschland und der Unterbewertung der D-Mark erscheinen) Westdeutschland aufwerten und Kriegsschulden vorzeitig zurückzahlen mußte, Vorauszahlungen für Rüstungsgüterkäufe leisten soll und die zunehmende Geldkapitalfülle im Innern zur umfangreicheren Finanzierung seiner kolonialistischen Bestrebungen verwenden will.[94] Diese aktuellen Entscheidungen, die auf der Basis der objektiv gegebenen Zusammenhänge vom jeweiligen Kräfteverhältnis zwischen den imperialistischen Ländern entschieden werden, werden natürlich im einzelnen die inflationistischen Bewegungen beeinflussen. Wie auch die Durchsetzung der allgemeinen Tendenz im einzelnen sein wird, die allgemeinen Zusammenhänge, die sich aus der Zerrüttung des imperialistischen Systems selbst ergeben, werden bleiben und nach wie vor dem imperialistischen System ihren Stempel aufdrücken.

Wir wollen abschließend versuchen, aus den bisherigen Ausführungen einige allgemeine Schlußfolgerungen über die Ursachen und die Bedeutung der inflationistischen Prozesse für das Durchsetzen der ökonomischen Gesetze abzuleiten.

Nach Überwindung der Nachkriegsinflation in den imperialistischen Ländern bestand die Haupterscheinungsform der Inflation in ständigen, bald stärker, bald

[92] Ebenda, Nr. 1/1961, S. 36. [93] Ebenda, S. 37.

[94] Zu dieser Problematik siehe Artikel des Verfassers in „Konjunktur und Krise“, Heft 2/1961.

schwächer und von Land zu Land differenziert auftretenden inflationistischen Prozessen, die die Kaufkraft des Geldes entwerteten. Dieser Währungsverfall in den imperialistischen Ländern führte in einigen Ländern zu Kursabwertungen und trug zur Zerrüttung der Währungs- und Valutabeziehungen im imperialistischen Lager bei.

Die inflationistischen Prozesse zeigen sich in den in der Tendenz ständig steigenden Preisen. Die allgemeine Wellenbewegung, die die Preise mit dem Konjunkturzyklus früher vollzogen, ist durchbrochen, was jedoch nicht heißt, daß sie aufgehoben ist. Genauso wie sich die inflationistischen Prozesse spontan vollziehen, kommt es auch nach wie vor noch zu spontanen Preisstürzen, und innerhalb der allgemeinen Preisbewegung gibt es sehr differenziert verlaufende Prozesse (Preisentwicklung zwischen den einzelnen Industriezweigen, Industrie- und Landwirtschaftspreise, Monopolpreise und nichtmonopolistische Preise, Rohstoff- und Fertigwarenpreise u. v. a.).

Als Folge der inflationistischen Prozesse entwerten sich die Einkommen, das Kapital, die Guthaben und die Forderungen. Es entsteht eine in der Tendenz ständig wachsende Schere zwischen dem Real- und Nominalkapital, dem Real- und Nominaleinkommen. Dabei verläuft auch diese Entwicklung sehr differenziert; z. B. kann gleiches Nominaleinkommen sinkendes Realeinkommen, steigendes Nominaleinkommen sinkendes Realeinkommen oder langsamer steigendes Realeinkommen bedeuten. Vor allem aber vollzieht sich diese Entwertung zwischen den einzelnen Klassen und Schichten der Gesellschaft sehr differenziert.

Der Anlaß zur Inflation ist Geldvermehrung und Überfluß von Geldkapital, die die Umlaufkanäle des Geldes verstopfen. Sie sind aber nicht die eigentliche Ursache der heutigen inflationistischen Prozesse. Sie gab es auch schon im vormonopolistischen Kapitalismus, ohne daß inflationistische Prozesse zu einer ständigen Begleiterscheinung der wirtschaftlichen Entwicklung wurden.

Die eigentliche Ursache für diese Prozesse, die Grundlage, auf der sich diese entwickeln, ist das Monopol. Das Monopol zerstört die freie Konkurrenz, ersetzt sie durch die monopolistische Konkurrenz. Damit wird der Mechanismus der Preis- und Profitbewegung untergraben. Es entstehen solche Kategorien wie Monopolpreis und Monopolprofit, die sich auch hinsichtlich ihrer Rolle im Mechanismus des Kapitalismus — von den Kategorien Preis und Profit — unterscheiden. Wenn das Monopol so verbreitert und allgemein wird, wie es durch den staatsmonopolistischen Kapitalismus geschieht, der den ganzen Reproduktionsprozeß und seinen Verteilungsmechanismus beeinflußt, dann muß es zu solchen spontanen Ausbrüchen, wie es die inflationistischen Prozesse sind, kommen. Insofern sind diese Prozesse ein Ausdruck für die Untergrabung der Grundlagen der kapitalistischen Produktionsweise, ihres zunehmenden Nichtfunktionierens, des Verfalls des Kapitalismus.

Die Auswirkungen des staatsmonopolistischen Kapitalismus können auf verschiedene Weise diese inflationistischen Prozesse hervorbringen.

Am offensichtlichsten führt die staatliche Defizitfinanzierung zur Inflation, vor allem durch die Finanzierung der Rüstung oder eines Krieges mit Hilfe des Haushaltsdefizits.

Das Defizit selbst kann durch einfaches Ingangsetzen der Notenpresse oder durch Staatsanleihen, Schatzwechsel, Schuldverschreibungen u. ä. finanziert werden. Die Folge ist meist eine Kreditinflation.

Auch die „Politik des billigen Geldes " kann ebenso zur Inflationierung beitragen wie auch die sogenannte Geldschöpfung der Bankenmonopole.

Doch nicht nur die Defizitfinanzierung führt zu diesen Erscheinungen. Der Riesenhaushalt überhaupt, durch den Milliardenbeträge zum Zwecke der „Regulierung", der „Förderung bestimmter Bereiche", zum Warenkauf, zur Finanzierung von Investitionen u. ä. ausgegeben werden, fördert Inflationsprozesse.

Die Haushaltsmittel (wie die Beeinflussung der Kapitalverwertung durch staatsmonopolistische Gesetze) werden unabhängig von den Verwertungsbedingungen ausgegeben und machen ihre Empfänger relativ unabhängig von den eigentlichen Verwertungsbedingungen. Sie wirken so wie ein Monopol, jedoch als „Staatsmonopol" viel breiter und allgemeiner als das „Privatmonopol" gegen den Preis- und Profitmechanismus.

Sie fließen in ganz bestimmte Bereiche, dienen zu deren Forcierung, schaffen hier „Übernachfrage", indem sie eine Kaufkraft schaffen, die relativ unabhängig von der eigentlichen Kapitalverwertung ist. Zumeist entsteht als deren Folge bei den Banken und Unternehmern eine hohe Liquidität, ein Überfluß an Geldkapital, das auf Grund seiner monopolistischen Entstehung und Verwendung z. B. auf ein vorhandenes, begrenztes Warenangebot stößt und so auf die Preise drückt.

Gerade diese Ursache der inflationistischen Prozesse zeigt, daß das Gerede von einem ausgeglichenen Haushalt, der die Inflation verhindern kann, Unsinn ist. Bei den heute vorhandenen Riesenhaushalten ergeben sich auf Grund der monopolistischen Verwendung der Mittel auch bei ausgeglichenen Haushalten genügend Inflationsursachen. Sie schaffen in bestimmten Bereichen „Übernachfrage" und erhöhen die Liquidität der Banken und Unternehmen. Sogar ein Haushaltsüberschuß, der nach Ansicht der Apologeten die Inflation verhindern soll, kann diese Prozesse hervorbringen. Wenn bei einem Riesenhaushalt der Mehrheit der Bevölkerung zusätzliche Mittel zur Bildung dieses Überschusses abgenommen werden, so werden dadurch nicht die Milliardenbeträge reduziert, die monopolistisch in die Wirtschaft fließen. Auch kann der Überschuß, der sich in Kassenreserven des Staates bei den Banken niederschlägt, zu deren Kreditexpansion verwendet werden, wie das wiederholt in Westdeutschland geschah.

Doch nicht nur diese direkten staatlichen Mittel tragen die Keime für inflationistische Entwicklung in sich. Die staatsmonopolistische Förderung und Begünstigung bestimmter Bereiche, z. B. mit Hilfe von Steuerbegünstigung und Befreiung, bringt dieselbe Wirkung hervor.

Schließlich ist noch zu erwähnen, daß die inflationistische Entwicklung in einem oder mehreren Ländern sich auch als Inflationsdruck auf die anderen bemerkbar macht. Ein Beispiel dafür aus der jüngsten Entwicklung in Westdeutschland: Wie wir sahen, konnte Westdeutschland, wesentlich mitbeeinflußt durch staatliche Exportförderung, die Inflationierung in anderen Ländern zu einer Forcierung des

Außenhandels ausnutzen, der sich einerseits als Gold- und Devisenzufluß bei der Notenbank und andererseits als D-Mark-Beträge bei den Banken und Unternehmen niederschlug. Dieser Prozeß führte zu einer Liquidität, die mit zunehmender Konjunktur immer gefährlicher wurde. Man wollte ihr durch Zinserhöhung begegnen. Die Notenbank erhöhte den Diskontsatz. Das aber führte wiederum dazu, daß ein Zinsgefälle gegenüber dem Ausland entstand, das ausländisches Geldkapital ins Inland zog und so den Inflationsdruck nur verstärkte. Schleunigst mußte trotz der hohen Liquidität der Diskontsatz wieder gesenkt werden. Jetzt versucht man die Geldfülle durch sogenannte Mobilisierungstitel der Notenbank und durch verstärkten Kapitalexport abzuschöpfen. Beides bedeutet aber nur, daß der Staat den Kapitalisten Verwertungsmöglichkeiten für ihr überschüssiges Kapital auf Kosten der Mehrheit der Bevölkerung bietet. Beseitigt wird die Gefahr dadurch keinesfalls. Die Mobilisierungstitel stellen potentielles Geldkapital dar, stimulieren die Kreditexpansion, und der Kapitalexport wird bei der Stellung der D-Mark im imperialistischen Lager mehr oder weniger wieder als Gold- und Devisenzufluß ins Land zurückkehren und den Inflationsdruck verstärken.

Ob und in welchem Umfange sich diese monopolistischen Ursachen auswirken, hängt jedoch ganz von den jeweiligen Zusammenhängen des Reproduktionsprozesses ab. Eigene Gesetze, d. h. ökonomische Gesetze, aus denen sich ein gesetzmäßiger Verlauf für diese Prozesse ergibt, bestehen nicht.

Abgesehen vom Umfang der staatsmonopolistischen Maßnahmen, ist ihr Ausbrechen z. B. davon abhängig, welche materiellen Reserven in der Wirtschaft vorhanden sind, wie die Struktur der Wirtschaft ist (z. B. die Proportionen zwischen den Industriezweigen, zwischen Industrie und Landwirtschaft, Export und Import u. ä.), ob es gelingt, neue Märkte zu erschließen, abhängig vom Kapitalexport und nicht zuletzt davon, inwieweit es der Finanzoligarchie gelingt, durch verstärkte Ausbeutungsmaßnahmen die Kaufkraft der Masse der Bevölkerung zu reduzieren.

Die staatsmonopolistischen Ursachen der inflationistischen Prozesse sind, wie wir bereits ausführten, Umverteilungsprozesse, d. h. Ausbeutungs- und Ausplünderungsprozesse. Die inflationistischen Folgen dieser monopolistischen Umverteilung wirken ebenfalls als Umverteilung des Nationaleinkommens. Durch die Kaufkraftentwertung des Geldes entwerten sich das Kapital und die Einkommen.

Dieser Prozeß verläuft aber sehr differenziert und es gibt für seinen Verlauf keine Regeln — nur die Analyse der jeweiligen konkreten Situation kann seinen Verlauf erklären. Grundsätzlich ist es jedoch so, daß die durch das Staatsmonopol Begünstigten auf Kosten der übrigen gewinnen. Am meisten werden die betroffen, deren Einkommen vor allem der Befriedigung ihrer unmittelbaren Lebensbedürfnisse dient. Das ist in erster Linie die Arbeiterklasse.

Diese Differenzierung wirkt auch innerhalb der Kapitalistenklasse. Die Begünstigten können ihre „Übernachfrage" realisieren, während die anderen Kapitalisten das nicht bzw. weniger können. Aber auch innerhalb der Begünstigten wirkt diese Differenzierung. Wir haben dargelegt, daß die staatsmonopolistischen Maßnahmen so wirken, daß die mit den höchsten Profiten die größten Vorteile von ihnen haben. Das heißt, angewandt auf die inflationistischen Prozesse, daß diese auch am meisten von ihnen profitieren, sie haben den größten Spielraum. So führen die inflationistischen Prozesse zur Verstärkung der monopolistischen Bedingungen, zur Verschärfung der Konkurrenzbedingungen. Als solche verschärfen sie den Konzentrations- und Zentralisationsprozeß. Die Gruppe der Monopolinhaber bereichert sich auf Kosten anderer.

Für die Arbeiterklasse bedeuten diese Prozesse eine relative oder absolute Senkung des Reallohnes. Für sie wirkt sich die Senkung der Kaufkraft ihres Einkommens am katastrophalsten aus.

Hinzu kommt, daß die Inflationsprozesse der Anlaß sind, um unter dem Deckmantel einer Antiinflationspolitik neue Ausbeutungs- und Ausplünderungsprozesse einzuleiten. Wir haben bereits ausführlicher über sie gesprochen und wollen hier zusammenfassend nochmals feststellen, daß ihr Inhalt darin besteht,

a) die Kaufkraft der Masse der Bevölkerung zu reduzieren, um den staatsmonopolistisch Begünstigten die Realisierung ihrer Nachfrage zu ermöglichen. Auf diesem Wege werden die wertmäßigen und materiellen Proportionen in der Wirtschaft verändert.
b) Mit Hilfe des imperialistischen Staates Anlagemöglichkeiten für die Überfülle von Geldkapital zu schaffen. Das geschieht u. a. auch durch die „Abschöpfung“ dieser Überfülle durch verschiedene Mobilisierungstitel, die durch die Zentralbank verzinst werden, durch Staatsanleihen usw.

So wird versucht, die Widersprüche auf Kosten der Verschärfung anderer Widersprüche zu lösen.

Auch diese Maßnahmen führen dazu, daß die Auswirkungen der Inflationierung die Masse der Bevölkerung zu tragen hat.[95]

Beides zusammen verstärkt aber auch gleichzeitig den Widerstand gegen diese Ausplünderung, und ihre Breite bietet die Möglichkeit zur Organisierung einer breiten Front des Kampfes gegen diese staatlich organisierte Ausbeutung. Dieser Kampf richtet sich nicht mehr nur gegen einzelne Kapitalisten oder Monopole, sondern gegen die durch den Staat organisierte Ausplünderung durch die Finanzoligarchie, gegen staatliche „Sparprogramme“, gegen Beschlüsse der Parlamente, gegen die Politik der Regierung. Bei den großen Klassenschlachten der letzten Jahre in Italien, Frankreich, Japan und Belgien spielten diese Fragen eine große Rolle.

Als sich aus monopolistischen Maßnahmen ergebende spontane Entwertungs- und Umverteilungsprozesse sind die inflationistischen Prozesse ein Ausdruck für das gewaltsame Durchsetzen der ökonomischen Gesetze. Im vormonopolistischen

[95] Siehe Probleme der Investitionsfinanzierung in Westdeutschland, S. 141–143. Wir zitierten hier eine Berechnung des Ifo-Instituts, aus der sich ergibt, a) daß die Kaufkraftentwertung mit zunehmenden Einkommen abnimmt, b) daß die kleinen Einkommen die größten Kaufkraftverluste erleiden und mit zunehmendem Einkommen staatliche Steuervergünstigungen wirksam werden, die für diese Einkommen die Verluste reduzieren; die Einkommen ab 1750 DM hatten trotz Kaufkraftentwertung durch die staatsmonopolistische Steuerbegünstigung sogar einen Einkommenszuwachs aufzuweisen.

Kapitalismus führte der Preis- und Profitmechanismus dazu, daß letztlich gleichgroßes Kapital gleichgroße Profite bekam, daß die Summe aller Preise den Werten entsprach. Diese Übereinstimmung wurde periodisch gewaltsam durch die Krisen hergestellt. Durch das Monopol, noch mehr durch den staatsmonopolistischen Kapitalismus, finden Verteilungsprozesse gegen diesen Mechanismus statt, die der ganzen Gesellschaft einen Tribut für die Monopole auferlegen. Dadurch setzen sich die ökonomischen Gesetze über solche spontanen und gewaltsamen Entwertungsprozesse, wie die inflationistischen Prozesse, durch. Die monopolistische Begünstigung der einen bedeutet Entwertung bei den anderen, relative Unabhängigkeit von den eigentlichen Verwertungsbedingungen bei den einen bedeutet Vergrößerung der Schranken für die anderen. Diese Reduzierungen zugunsten des Monopols durch die Inflationsprozesse sind ein Ausdruck der Zerrüttung des ganzen Systems. Sie zeigen sich in der Zerrüttung der Geldbeziehungen, die unter kapitalistischen Bedingungen die einzelnen ökonomischen Beziehungen miteinander verbinden und verknüpfen.

So finden durch inflationistische Entwicklungen ähnliche Prozesse wie in jeder Wirtschaftskrise statt: Einkommen und Kapital wird entwertet und vernichtet, wodurch gewaltsam bestimmte Proportionen hergestellt werden. Der Unterschied besteht aber darin, daß ein funktionierender Krisenmechanismus gewaltsam ein bestimmtes Gleichgewicht herstellt und die Widersprüche vorübergehend löst. Dagegen erzwingen die inflationistischen Prozesse auf Grund ihrer monopolistischen Basis nur eine Verlagerung von Widersprüchen auf Kosten der Verschärfung anderer Widersprüche; sie führen zur Verschärfung der monopolistischen Bedingungen. Bei den herrschenden Privateigentumsverhältnissen bedeutet das nichts anderes, als daß sie sich gegen diese Verhältnisse selbst richten und sie untergraben, wodurch sich die Labilität des Systems erhöht.

Karl Bichtler

UNTERSUCHUNGEN ÜBER DIE WECHSELBEZIEHUNGEN ZWISCHEN DER BEWEGUNG DER SOZIALISTISCHEN BRIGADEN UND ARBEITSGEMEINSCHAFTEN IN DER DDR UND DEN SOZIALISTISCHEN PRODUKTIONSVERHÄLTNISSEN SOWIE DEM SOZIALISTISCHEN CHARAKTER DER ARBEIT

Zu Beginn des Jahres 1959 wurde eine neue Form der Masseninitiative der Werktätigen geboren: die Bewegung der Brigaden der sozialistischen Arbeit und sozialistischen Arbeits- und Forschungsgemeinschaften. Diese Bewegung ging von der Jugendbrigade „Nicolai Mamai" des Elektrochemischen Kombinats Bitterfeld aus, die im Januar 1959 zum Wettbewerb um den Titel „Brigade der sozialistischen Arbeit" aufrief. Die Initiative dieser Brigade wurde von den Werktätigen in anderen volkseigenen Betrieben und Institutionen rasch aufgeriffen und allerorts begann man, der Jugendbrigade „Nicolai Mamai" nachzueifern. Schon in kurzer Zeit wurde diese neue, aus der schöpferischen Initiative vorwärtsdrängender Werktätiger geborene und von der Partei der Arbeiterklasse geleitete Bewegung zu einer Massenbewegung.

Von großer Bedeutung für den erfolgreichen Start dieser Massenbewegung war die hohe Einschätzung, die sie durch die Partei der Arbeiterklasse erfuhr. Mit ihrer ganzen Kraft und Autorität nahm sich die Partei dieser Bewegung an und verhalf ihr zum Durchbruch. Unter direkter Anleitung der Partei und der Massenorganisationen der Arbeiterklasse wurden dem sich schnell ausbreitenden Wettbewerb die Wege geebnet, die Bildung und Festigung sozialistischer Brigaden und Arbeitsgemeinschaften gefördert und der Erfahrungsaustausch zwischen ihnen organisiert. Die Mitglieder der Sozialistischen Einheitspartei Deutschlands in den volkseigenen Betrieben und Institutionen setzten sich zu Tausenden an die Spitze der Bewegung und wurden so zu ihren Initiatoren.

Das Tempo, in dem sich der Wettbewerb um den Titel „Brigade der sozialistischen Arbeit" entwickelte, übertraf alle bisherigen Maßstäbe. Schon im März gab es über 1500 sozialistische Brigaden; Mitte Juni 1959 waren es über 16000 sozialistische Brigaden mit fast 200000 Mitgliedern und etwa 11000 Gemeinschaften der sozialistischen Arbeit mit über 95500 Mitgliedern. Am 15. Dezember 1959 war die Bewegung in der DDR auf fast 60000 Brigaden mit etwa 700000 Mitgliedern und mehr als 25500 sozialistische Arbeitsgemeinschaften mit über 200000 Mitgliedern angewachsen. Ein halbes Jahr später, am 15. Juni 1960, zählte die neue Bewegung gar schon ca. 120000 Brigaden mit rd. 1500000 Mitgliedern und über 35500 sozialistische Arbeitsgemeinschaften mit ca. 290000 Mitgliedern. Am 15. Dezember 1960 waren es nicht weniger als 130000 sozialistische Brigaden mit rd. 1700000 Mitgliedern und etwa 38000 Gemeinschaften der sozialistischen Arbeit mit über 300000 Mitgliedern.[1]

[1] Vgl. Statistische Praxis, 16. Jahrgang, 1961, Heft 4, S. 104.

Diese stürmische Entwicklung der sozialistischen Brigaden und Arbeitsgemeinschaften zeugt davon, daß diese neue Bewegung den herangereiften Bedingungen und Erfordernissen der gesellschaftlichen Entwicklung in der DDR vollauf entspricht.

Der Eintritt der DDR in die Periode des vollen Sieges des Sozialismus hat in der Bewegung der sozialistischen Brigaden und Arbeitsgemeinschaften eine neue Masseninitiative hervorgebracht. Die neue Bewegung ist die Bewegung von Menschen, die vom Bewußtsein des Sieges des Sozialismus und der Perspektivlosigkeit des Kapitalismus in Deutschland durchdrungen sind und ihre schöpferischen Kräfte bewußt für den vollen Sieg des Sozialismus in der DDR einsetzen. Das demonstrieren die vielen Erklärungen sozialistischer Brigaden, sozialistischer Arbeits- und Forschungsgemeinschaften und Gewerkschaftsgruppen an die Führung der SED, an den Staatsrat und die Regierung der DDR. So schrieb z. B. die Gewerkschaftsgruppe der Frauenbrigade „8. März" im Berliner Werk für Fernsehelektronik in einem Brief an Walter Ulbricht anläßlich der Staatsratserklärung:

> „Wir Frauen und Mädchen der Gewerkschaftsgruppe ‚Brigade 8. März', die anläßlich des 11. Jahrestages unserer Arbeiter- und-Bauern-Macht mit dem Titel ‚Brigade der sozialistischen Arbeit' ausgezeichnet wurde, haben von der programmatischen Erklärung des Staatsrates Kenntnis genommen. Wir überlegten uns, wie wir, jeder einzelne, einen Beitrag zum Sieg des Sozialismus leisten können. Wir sind zu dem Entschluß gekommen, daß unser bester Beitrag zur Stärkung der Arbeiter-und-Bauern-Macht unserer Deutschen Demokratischen Republik die ständige Erhöhung der Arbeitsproduktivität ist. Je näher wir unserem sozialistischen Ziel kommen, um so wohlhabender und kulturvoller wird das Leben, um so machtvoller ist die Sache des Friedens in Deutschland."[1a]

Und in einem Brief der Jugendbrigade „Hermann Schlimme" vom VEB Waggonbau Dessau heißt es:

> „Wir jungen Arbeiter und Gewerkschaftler sind uns bewußt, daß wir durch unsere Produktionsleistungen entscheidend zur Stärkung und Festigung der DDR beitragen können. Dadurch wird noch besser die Überlegenheit der sozialistischen Gesellschaftsordnung in der DDR bewiesen, vor allem auch gegenüber den Millionen jungen Arbeitern in Westdeutschland . . ."[2]

Diese Erklärungen widerspiegeln die Einheit von Volk und Regierung, und sie illustrieren, daß die Bewegung der sozialistischen Brigaden und Arbeitsgemeinschaften in der Tat die Bewegung der Epoche des vollen Sieges des Sozialismus in der DDR und des Sieges im Wettbewerb des sozialistischen mit dem kapitalistischen System ist.

Für die Entstehung dieser neuen Bewegung gibt es sowohl objektive als auch subjektive Vorraussetzungen. [2a]) Zu den objektiven Voraussetzungen zählen:

1. Ein hoher Entwicklungsstand der Produktivkräfte. Die Mechanisierung, Automatisierung und Chemisierung der Produktion müssen bereits zur Tagesaufgabe

[1a] S. Tribüne vom 15. Oktober 1960.

[2] S. Tribüne vom 14. Oktober 1960.

[2a] In den folgenden Darlegungen stützte ich mich auf die Ausführungen von L. Wossenski, F. Wolkow, „Die Bewegung der Brigaden und Aktivisten der kommunistischen Arbeit", Sowjetwissenschaft, Heft 11, 1960, S. 1184ff.

geworden sein. Der hohe Stand der Technik und ihre Vervollkommnung erfordern hochqualifizierte Menschen. Die Weiterentwicklung der Technik drängt die Menschen dazu, sich größere Kenntnisse anzueignen, sich zu qualifizieren. Andererseits zwingt die Anwendung der neuen Technik zur Kooperation der Arbeit.

2. Ein hoher Stand der Entwicklung und Festigung der sozialistischen Produktionsverhältnisse, die Entwicklung einer planmäßigen, sozialistischen Organisation der Arbeit, die Herausbildung sozialistischer Kooperationsbeziehungen, die Entwicklung solcher Methoden der Wirtschaftsleitung, die die aktive Mitarbeit der Werktätigen an der Leitung der Produktion gewährleisten u. ä.
3. Die Produktivkräfte und die sozialistischen Produktionsverhältnisse müssen sich soweit entwickelt haben, daß die sozialistische Rekonstruktion der Betriebe und ganzer Industriezweige dringend notwendig und zugleich möglich wird. Die durch die Notwendigkeit der sozialistischen Rekonstruktion gestellten Aufgaben drängen direkt zur Entstehung sozialistischer Arbeitsgemeinschaften und Brigaden.

Zu den subjektiven Voraussetzungen und Bedingungen gehören:

1. Die Erhöhung des kulturell-technischen Niveaus der Werktätigen, die größere Möglichkeiten für ein tieferes Eindringen in die Technik und ihre Erfordernisse und in die Formen der Organisation des Arbeitsprozesses mit sich bringt und größere Möglichkeiten für ein schöpferisches Arbeiten erschließt.
2. Die Erhöhung des Bewußtseinsstandes der Werktätigen durch die Erziehungsarbeit von Partei, Staat und Massenorganisationen der Arbeiterklasse, die Aneignung praktischer Erfahrungen bei der Arbeit in sozialistischen Betrieben und die Selbsterziehung im sozialistischen Wettbewerb. Die Verbreitung des Marxismus-Leninismus unter den Werktätigen, insbesondere auch der vom V. Parteitag der SED verkündeten Gebote der sozialistischen Moral, waren von wesentlicher Bedeutung für die Herausbildung dieser spezifischen Form des Wettbewerbs. Das kommt u. a. auch in den Verpflichtungen der Brigaden zum Ausdruck, wo betont wird, daß die Brigademitglieder ihr Leben nach den vom V. Parteitag der SED verkündeten 10 Geboten der sozialistischen Moral gestalten wollen.

Von außerordentlicher Bedeutung für die Herausbildung der neuen Bewegung war die Entwicklung des Wettbewerbs um den Titel „Brigade der kommunistischen Arbeit" in der Sowjetunion. Das Vorbild und das Beispiel der schöpferischen Initiative der sowjetischen Werktätigen trug direkt zur Herausbildung der Bewegung der sozialistischen Brigaden und Arbeitsgemeinschaften in der DDR und in anderen sozialistischen Ländern bei. So verweist z. B. die Jugendbrigade „13. Oktober" vom VEB Palla, Werk 3, in Meerane direkt auf diesen Zusammenhang. Ihre Mitglieder schrieben:

> „Angeregt durch das Beispiel unserer sowjetischen Freunde, die in Vorbereitung des XXI. Parteitages den Wettbewerb um den Titel ‚Brigade der kommunistischen Arbeit' führen, beschlossen wir, in den Kampf um den Titel ‚Brigade der sozialistischen Arbeit' zu treten." [3]

[3] S. Tribüne vom 19. Januar 1961.

Große Verdienste hat sich der Zentralvorstand der Gesellschaft für Deutsch-Sowjetische-Freundschaft durch die Organisierung des Erfahrungsaustausches zwischen Mitgliedern der kommunistischen Brigaden der Sowjetunion und Mitgliedern sozialistischer Brigaden und Arbeitsgemeinschaften der DDR erworben; er half, die Bewegung der Brigaden der sozialistischen Arbeit und der sozialistischen Arbeitsgemeinschaften in der DDR zu festigen und zu erweitern und die Wirkungskraft der sozialistischen Brigaden zu erhöhen.

Die Bewegung der sozialistischen Brigaden und Arbeitsgemeinschaften entwickelte sich nicht losgelöst und unabhängig von den bisherigen Formen des sozialistischen Wettbewerbs. Die Geschichte der Aktivisten — und Wettbewerbsbewegung ist die Geschichte des immer vollkommeneren und reiferen Kampfes der Werktätigen um die Meisterung der sozialistischen Produktion und die Schaffung der materiellen Bedingungen der sozialistischen Gesellschaft. Sie ist zugleich die Geschichte der immer tieferen Einsicht in das Wesen der sozialistischen Produktionsverhältnisse und ihrer Erfordernisse. Der Wettbewerb um den Titel „Brigade der sozialistischen Arbeit" knüpft an die vorhergehenden Formen des Wettbewerbs an, nimmt alles Wichtige und Progressive dieser Formen in sich auf, vereinigt und verwirklicht es auf höherer Stufe. Insoweit ist die Bewegung der Brigaden der sozialistischen Arbeit und sozialistischen Arbeitsgemeinschaften die Fortsetzung der bisherigen Wettbewerbsformen, sie ist die gegenwärtig höchste Form des Wettbewerbs in der DDR.[4] Das heißt jedoch nicht, daß die Bewegung der sozialistischen Brigaden und Arbeitsgemeinschaften eine direkte und gradlinige Fortsetzung der bisherigen Wettbewerbsformen ist. Die neue Bewegung ist mehr, sie stellt qualitativ Neues, sie stellt einen Sprung in der Geschichte des Wettbewerbs dar; einen Sprung, der bedeutungsvoller ist als die vorhergehenden qualitativen Veränderungen in der sozialistischen Aktivisten- und Wettbewerbsbewegung.

Neue Züge zeigen sich allein schon im Herangehen an die Lösung der unmittelbaren Produktionsaufgaben. Die sozialistischen Brigaden und Gemeinschaften sind als Formen der Kooperation der Arbeit von großer Bedeutung für die Steigerung der Produktivkraft der menschlichen Arbeit, läßt doch das Zusammenwirken der Arbeitserfahrungen der Einzelnen eine Massenkraft entstehen, die bedeutend wirkungsvoller als die Summe der Einzelkräfte ist. Es ist dies eine Erscheinung, die Marx als gesellschaftliche Kraftpotenz, als Vervielfachung der Kräfte der vereinigten Arbeiter bezeichnete. Ohne diese kollektive Massenkraft könnten die hohen Ziele, die der Volkswirtschaft der DDR im Siebenjahrplan gestellt sind, nicht erfüllt

[4] Wollte man daraus schließen, daß die bisherigen Wettbewerbsformen in der Bewegung der Brigaden der sozialistischen Arbeit und Arbeitsgemeinschaften aufgehen, so wäre das falsch. Neben der neuen Bewegung existieren die vielfältigsten Formen des Massenwettbewerbs weiter. Es würde auf eine Einengung der Wettbewerbsbewegung, d. h. auf eine Einengung der Masseninitiative hinauslaufen, wollte man alle bisherigen Wettbewerbe durch die neue Bewegung ersetzen. Vgl. auch, O. Reinhold, Die sozialistische Großproduktion in der Landwirtschaft erfordert breiteste Entfaltung der sozialistischen Gemeinschaftsarbeit, in: Erfahrungen der sozialistischen Gemeinschaftsarbeit, Dietz Verlag, Berlin 1960, S. 126.

werden. So tragen die sozialistischen Brigaden und sozialistischen Arbeits- und Forschungsgemeinschaften sehr maßgeblich dazu bei, dem Kapitalismus die „Niederlage in der entscheidenden Sphäre der menschlichen Tätigkeit, der Sphäre der materiellen Produktion“[6] zu bereiten.

Darüber hinaus stellen sich die sozialistischen Brigaden und Arbeitsgemeinschaften auch moralisch-ethische Aufgaben, die der Erziehung und Selbsterziehung des sozialistischen Menschen dienen.

Das bedeutungsvolle der neuen Bewegung ist, daß zum erstenmal in der Geschichte des Wettbewerbs von den Wettbewerbsteilnehmern moralisch-ethische Verpflichtungen im weitesten Sinne übernommen werden, daß sich die Mitglieder der Brigaden und Arbeitsgemeinschaften bewußt zum Ziel setzen, den Überresten im Denken der Menschen den Kampf anzusagen und sowohl in der Arbeit als auch im täglichen Leben die sozialistischen Normen des Gemeinschaftslebens zu entwickeln und zu festigen. Im Wettbewerb um den Titel „Brigade der sozialistischen Arbeit“ verschmilzt somit der Kampf um die Steigerung der Arbeitsproduktivität und die Meisterung der Technik organisch mit dem Kampf um die Entwicklung eines kulturvollen sozialistischen Gemeinschaftslebens. Dieser Wettbewerb beeinflußt alle Seiten des menschlichen Lebens, denn die Arbeit, das Lernen und die moralisch-ethischen Normen des Alltags sind zu einem einheitlichen Ganzen verknüpft. Es bestätigen sich die Worte der Erklärung der kommunistischen und Arbeiterparteien vom November 1960:

> „Der Sozialismus hat beispiellose schöpferische Erfolge in der Produktion, der Wissenschaft und Technik und *bei der Schaffung einer neuen, freien menschlichen Gemeinschaft* erzielt . . .“[7] (Hervorhebung — K. B.).

In welchem Maße die Bewegung der sozialistischen Brigaden und Arbeitsgemeinschaften beiträgt, sozialistische Normen des Zusammenlebens der Menschen zu schaffen und in der Arbeit und im täglichen Leben durchzusetzen, kommt deutlich in den Worten des Brigadiers Willy Zeidler von der Sinterabteilung des Eisenhüttenkombinats Stalinstadt zum Ausdruck:

> „Ich habe da mal ein Buch gelesen aus der Nazizeit. Es hieß ‚Jeder stirbt für sich allein.‘ Das stimmte für damals. Jetzt les' ich in der ‚Tribüne‘ das Tagebuch ‚Keiner wächst für sich allein‘, und das stimmt für jetzt. Die Gewerkschaftsgruppe spielt darin eine große Rolle. Ich denke, bei uns auch. Heute haben wir ausgeknobelt, daß wir mit so schäbigen Sachen wie Neid, Mißgunst und Überheblichkeit ganz schön fertig werden und was das Wichtigste ist: jeder weiß, er ist wer! Andere Menschen sind wir geworden. Unser Wort gilt! Und nicht nur in der Gruppe . . .“[8]

Die Bewegung der sozialistischen Brigaden und Arbeitsgemeinschaften beinhaltet in der Tat die Herausbildung und Erziehung des neuen sozialistischen Menschen. An ihrer Entwicklung bestätigt sich die Einschätzung in der Erklärung der Beratung von Vertretern der kommunistischen und Arbeiterparteien vom November 1960,

[6] Erklärung der Beratung von Vertretern der kommunistischen und Arbeiterparteien vom November 1960, Dietz Verlag, S. 12.

[7] Ebenda, S. 11.

[8] S. Tribüne vom 27. Dezember 1960.

daß „in den volksdemokratischen Ländern ... die sozialistische Ideologie im Kampfe gegen die bürgerliche Ideologie spürbare Erfolge erzielt“[9] hat.

Die Arbeit der sozialistischen Brigaden bei der Lösung der Produktionsaufgaben und bei der Herausbildung kulturvoller kameradschaftlicher und solidarischer Beziehungen zwischen den Menschen in der Arbeit und im Alltag macht weit über die Grenzen der DDR hinweg sichtbar, daß sich in der sozialistischen Gesellschaft der DDR die prophetischen Worte von Marx erfüllen, daß „eine neue Gesellschaft entsteht, deren internationales Prinzip der Friede sein wird, weil bei jeder Nation dasselbe Prinzip herrscht — die Arbeit!“[10] Hierin besteht vor allem die große nationale Bedeutung der Bewegung der sozialistischen Brigaden und Arbeitsgemeinschaften.

In der DDR entwickelt sich auf der Grundlage des gesellschaftlichen Eigentums unter Leitung der Partei der Arbeiterklasse das Vorbild eines wahrhaft menschlichen Zusammenlebens für ganz Deutschland. Frei von Egoismus, Neid, Mißgunst und Raffsucht, in kameradschaftlicher Zusammenarbeit und gegenseitiger Hilfe entfaltet sich das harmonische Zusammenleben der Menschen, es entwickelt sich die harmonische sozialistische Gesellschaft, von der Marx sagte, daß sie die „*positive* Aufhebung des Privateigentums als *menschlicher Selbstentfremdung*, und darum als wirkliche *Aneignung des menschlichen* Wesens durch und für den Menschen (ist), (es ist) darum ... (die) vollständige, bewußt und innerhalb des ganzen Reichtums der bisherigen Entwicklung gewordene Rückkehr des Menschen für sich als eines *gesellschaftlichen*, d. h. menschlichen Menschen.“[11]

Erst in dieser Gesellschaft können die Menschen alle ihre schöpferischen Fähigkeiten entfalten, sind sie Herren und Gestalter ihres Lebens, ihres Staates und der Wirtschaft. Hier entwickeln sie in und durch die Gemeinschaft ihre Individualität.

In der programmatischen Erklärung des Staatsrates der DDR sagt Walter Ulbricht, daß „die Werktätigen der Deutschen Demokratischen Republik beginnen, sozialistisch zu arbeiten, zu lernen und zu leben. In immer stärkerem Maße verwirklichen sie in ihrem Leben die edlen Prinzipien der sozialistischen Moral ... *Bei uns verneigen sich die Menschen nicht mehr vor dem Reichtum dieses oder jenes Kapitalisten. Wir verneigen uns vor dem Verstand, den Fähigkeiten und den Arbeitstaten der Menschen.*“[12]

Als Beherrscher der Produktionsprozesse entwickeln die Menschen allseitig die Produktivkräfte, um den materiellen und kulturellen Wohlstand aller Mitglieder der Gesellschaft in einem für die kapitalistische Gesellschaft unvorstellbarem Maße zu steigern. Die Bewegung der sozialistischen Brigaden und Arbeitsgemeinschaften beeinflußt entscheidend den Kampf um die Erringung und Sicherung der materiellen,

[9] Erklärung der Beratung ... a. a. O., S. 21.

[10] Marx, K./Engels, F., Ausgewählte Schriften in 2 Bd., Dietz Verlag, Berlin 1953, Bd. I, S. 462.

[11] Marx, K./Engels, F., Kleine ökonomische Schriften, Dietz Verlag, Berlin 1955, S. 127.

[12] Programmatische Erklärung des Vorsitzenden des Staatsrates der Deutschen Demokratischen Republik vor der Volkskammer am 4. Oktober 1960, Dietz Verlag, Berlin 1960, S. 46/47.

kulturellen und moralisch-ethischen Überlegenheit der sozialistischen Gesellschaftsordnung gegenüber der kapitalistischen. So erweist sich diese Bewegung in der Tat als von größter nationaler Bedeutung.

Die Bewegung der sozialistischen Brigaden und Arbeitsgemeinschaften beeinflußt alle Seiten des gesellschaftlichen Lebens: den unmittelbaren Produktionsprozeß, die Wirtschaftsleitung, den Verlauf der sozialistischen Kulturrevolution, die Herstellung der politisch-moralischen Einheit des Volkes usf. Es ist Aufgabe der Gesellschaftswissenschaftler, die sich durch die Bewegung der sozialistischen Brigaden und Arbeitsgemeinschaften vollziehenden Prozesse theoretisch zu untersuchen und zu verallgemeinern. In der DDR haben besonders Philosophen verdienstvolle Pionierarbeit bei der Untersuchung dieser neuen Bewegung geleistet.[13] Eine Vielzahl neuer theoretischer Probleme und Fragestellungen sind jedoch weiter zu bearbeiten. Dazu gehören solche Fragen, wie die Entwicklung der Produktivkräfte, die Entfaltung und Vervollkommnung der sozialistischen Produktionsverhältnisse, das Wechselverhältnis zwischen Produktivkräften und Produktionsverhältnissen im Sozialismus, der sozialistische Charakter der gesellschaftlichen Arbeit, seine Entwicklung und Durchsetzung, die Prinzipien der sozialistischen Wirtschaftsleitung, die Entwicklung der sozialistischen Normen der Moral und ihre Durchsetzung und andere. Viele Probleme erscheinen durch die Bewegung der sozialistischen Brigaden und Arbeitsgemeinschaften in einem neuen Licht. Zwei dieser Fragen sollen im Folgenden ausführlicher behandelt werden, und zwar handelt es sich einmal um die Wechselbeziehungen zwischen dieser neuen Bewegung und den sozialistischen Produktionsverhältnissen und zum anderen um die Wechselbeziehungen zwischen der neuen Bewegung und der Entwicklung des sozialistischen Charakters der Arbeit.

Die sozialistische Gemeinschaftsarbeit als Ausdruck der sozialistischen Produktionsverhältnisse

In der marxistischen Literatur der DDR hat sich die Auffassung durchgesetzt, wonach unter „sozialistischer Gemeinschaftsarbeit" nicht nur die Zusammenarbeit von Wissenschaftlern verschiedener Disziplinen oder die Zusammenarbeit von Wissenschaftlern, Ingenieuren, Technikern und Arbeitern in sozialistischen Arbeits- und Forschungsgemeinschaften zu verstehen ist. Als Form der „sozialistischen Gemeinschaftsarbeit" gilt auch die gemeinschaftliche Arbeit in den Brigaden der sozialistischen Arbeit der volkseigenen Betriebe und Institutionen, in den Gruppen der sozialistischen Gemeinschaft der landwirtschaftlichen Produktionsgenossenschaften, in der Kompaßbewegung der Freien Deutschen Jugend usw.

[13] Zu den Pionierarbeiten, in denen versucht wird, die sich durch die Bewegung der sozialistischen Brigaden und Arbeitsgemeinschaften in der DDR vollziehenden Prozesse zu verallgemeinern, gehören „Vom Wesen sozialistischer Gemeinschaftsarbeit" von Heinz Kallabis und Erwin Gutzmann (u. a. Arbeiten von diesen Autoren); „Widersprüche in der Entwicklung der sozialistischen Gesellschaft in der DDR" von Wolfgang Eichhorn (u. a. Arbeiten dieses Autors), und andere.

Die sozialistische Gemeinschaftsarbeit erwächst gesetzmäßig aus dem sozialistischen Eigentum an den Produktionsmitteln; sie ist *die* gesellschaftliche Form der Arbeit im Sozialismus. Das gesellschaftliche Eigentum an den Produktionsmitteln verbindet die Menschen. Als gemeinschaftliche Eigentümer der Produktionsmittel stehen sie von vornherein in einem solchen gesellschaftlichen Zusammenhang, daß sie als Gleichberechtigte mit gleichen gesellschaftlichen Grundinteressen wirken müssen. Das gesellschaftliche Eigentum an den Produktionsmitteln erfordert das gemeinschaftliche, kollektive Arbeiten, es erfordert den Gemeinschaftsgeist und ist zugleich der Boden für dessen Herausbildung.

Dieser Gemeinschaftsgeist entwickelte sich in den letzten Jahren durch die Erziehungsarbeit der Partei der Arbeiterklasse in der DDR in den vielfältigsten Formen. In seinem grundlegenden Referat auf der 4. Tagung des ZK der SED (1959) sagte Walter Ulbricht dazu:

> „Das Wichtigste ist die Entwicklung des Gemeinschaftsgeistes. Dieses gemeinschaftliche Schaffen, die Erziehung und das Wachsen in der Gemeinschaft, das ist das Neue. Das zeigt sich in den ‚Gemeinschaften der sozialistischen Arbeit', in der Kompaßbewegung der Freien Deutschen Jugend, in den Gruppen der sozialistischen Gemeinschaft in den landwirtschaftlichen Produktionsgenossenschaften, in der gemeinsamen Arbeit der Bauern für die Gestaltung des neuen Dorfes, in der Gemeinschaftsarbeit der Wissenschaftler und ihrer Zusammenarbeit mit den Arbeitern, in der Kollektivität des Studiums und der wissenschaftlichen Arbeit an den Hochschulen und Universitäten, in der Zusammenarbeit der Handwerkerproduktionsgenossenschaften und der Belegschaften der halbstaatlichen Betriebe, in der Gestaltung eines kulturvollen Lebens in den Wohngebieten und in den Gemeinschaften der Jugend, der Frauen usw. wie in den Gemeinschaften der Kulturschaffenden."[14]

Die bedeutendsten Formen der sozialistischen Gemeinschaftsarbeit sind gegenwärtig zweifellos die Brigaden der sozialistischen Arbeit und die sozialistischen Arbeits- und Forschungsgemeinschaften. Der erreichte Entwicklungsstand der Produktivkräfte erfordert sozialistische Gemeinschaftsarbeit, die ihrerseits objektiv dem Wesen der sozialistischen Produktionsverhältnisse entspricht. Ihre Formen entwickeln und vervollkommnen sich mit der Entwicklung der Produktivkräfte und der sozialistischen Produktionsverhältnisse sowie mit der weiteren Entwicklung und Festigung des sozialistischen Bewußtseins der Werktätigen, der tieferen Einsicht in das Wesen der sozialistischen Produktionsverhältnisse.

Offenbar nicht zuletzt auch unter dem Eindruck der sich entwickelnden harmonischen Gemeinschaft der Menschen in der DDR wird in den letzten Jahren in Westdeutschland die Propagierung der „human relations" und das „team-work" immer mehr Mode. Westdeutsche Soziologen scheuen keine Mühe, dieses in den USA gefundene „Heilmittel zur Rettung" der kapitalistischen Gesellschaft unter die Leute zu bringen. Eine Flut von Literatur, von Konferenzen, Studienreisen in die USA u. a. – natürlich strengstens abgestimmt auf die anzusprechenden Kreise: auf die Gewerkschaftsführer, auf die einfachen Mitglieder der Gewerkschaften, auf

[14] Ulbricht, W., Der Weg zur Sicherung des Friedens und zur Erhöhung der materiellen und kulturellen Lebensbedingungen des Volkes, Dietz Verlag, Berlin 1959, S. 51.

die Monopolisten, auf die Männer der Wissenschaft – sollen das Wundermittel verbreiten und einführen helfen.

Die bürgerlichen Soziologen unterscheiden verschiedene Formen des „teams":

1. die sogenannte „formale Gruppe". Sie ist die Hauptform und umfaßt Meisterbereiche, Bereiche der Fachabteilungen, aber auch Koordinierungsgruppen zwischen den einzelnen Betriebsbereichen u. ä.;
2. das „team-work" der Intelligenz. Es ist dies eine zeitweilige oder ständige Zusammenfassung von Wissenschaftlern verschiedener Disziplinen zur Lösung einer Spezialaufgabe;
3. die „informale Gruppe". Es ist dies eine Vereinigung außerhalb des Produktionsprozesses, geboren aus persönlichen Interessen und Neigungen einzelner.[15]

Die Entwicklung der Produktivkräfte – die Entwicklung der modernen Technik – drängt schon im Kapitalismus zu kooperativer Arbeit. Die immer größere Arbeitsteilung und Spezialisierung macht die Kooperation der Arbeit zwangsläufig notwendig. Am offensichtlichsten ist das bei den Aufgaben, die gegenwärtig von der Wissenschaft zu lösen sind. Die hochgradige Spezialisierung einerseits und die Komplexität der Aufgaben andererseits zwingen zur „interdisziplinären" Zusammenarbeit der Wissenschaftler. Selbst bürgerliche Wissenschaftler sehen diesen Entwicklungsprozeß, wenn sie auch nicht zu erfassen vermögen, daß das kapitalistische Eigentum eine unüberwindliche Barriere für die volle Verwirklichung der Erfordernisse der modernen wissenschaftlichen Forschung darstellt. So schreibt z. B. Helmut Krauch:

> „Das rapide Anwachsen des Stoffes, das selbst auf eng begrenzten Fachgebieten die Kapazität eines einzelnen längst übersteigt, erzwang schließlich eine dritte Stufe der organisatorischen Struktur (das ‚team-work', K. B.). In der Atomforschung ist der Zwang zu interdisziplinärer Zusammenarbeit immer stärker geworden. Hier führt die neue Technologie – sie ergibt sich etwa aus der Notwendigkeit, Materialien nach Gesichtspunkten beispielsweise ihres Verhaltens in Gegenwart von Neutronen oder anderen Kernstrahlen auszuwählen – schon bei der Überführung der physikalischen Konzeption in einfache Versuchsanlagen zu einer Kooperation zwischen Physikern, Chemikern und Metallurgen. Bei Konstruktion und Herstellung der technischen Anlagen treten dann Bauingenieure, Maschinenbauer, Elektrotechniker, Elektroniker, Wärmetechniker u. a. hinzu. All diese technischen Spezialisten wiederum können ihre Probleme nur zusammen mit den Wissenschaftlern lösen. ‚Geht eine Entwicklung so stürmisch voran wie im Falle der technischen Anwendung der Kernenergie, so kann nur engste Zusammenarbeit und gegenseitiges technisch-wissenschaftliches Verstehen aller Spezialisten zum Erfolg führen.'
> Wie auf kaum einem anderen Gebiet werden in der Atomforschung schon bei der Erarbeitung der Grundlagen Wissenschaftler verschiedener Fachrichtungen zusammengeführt. Dieser Trend zur Kooperation wird in der Angewandten Forschung noch verstärkt."[16]

Was jedoch in der Sowjetunion unter Bedingungen sozialistischer Produktionsverhältnisse in geradezu klassischer Weise beim Bau von Sputniks und bemannten

[15] Vgl. Schelsky, H., Industrie- und Betriebssoziologie, in: Gehlen-Schelsky, Soziologie, Eugen Dietrichs Verlag, 1955, S. 180; vgl. auch Köppert, W., Schäfer, P., Charakter der Arbeit im Kapitalismus und „team-work", in: „Wirtschaftswissenschaft", 2/1961, S. 191,

[16] Bahrdt, H. P., Krauch, H. und Rittel, H., Die wissenschaftliche Arbeit in Gruppen, in: „Kölner Zeitschrift für Soziologie und Sozialpsychologie", 12. Jahrgang 1960, H. 1, S. 3.

Weltraumschiffen verwirklicht werden konnte, stößt unter kapitalistischen Bedingungen auf die Schranken des Privateigentums. Abgesehen davon, daß der Versuch, Teamarbeit zu organisieren, auf den Widerstand der im Kapitalismus bestehenden Wissenschaftshierarchie stößt und immer mit solchen Attributen der kapitalistischen Gesellschaft wie Geltungssucht,[17] Neid und Mißgunst zu kämpfen haben wird, ist das „team“ im allgemeinen an die Interessen eines Monopols gebunden, wenn es nicht gar der militärischen Staatsmaschinerie, z. B. zur Bearbeitung militärischer Aufgaben, unterworfen ist. Das führt dazu, daß der Konkurrenzkampf der Monopole untereinander zugleich zu einem Kampf der den jeweiligen Monopolen untergeordneten „teams“ wird. Eine kooperative wissenschaftliche Arbeit über die „teams“ hinaus ist dadurch praktisch unmöglich. Darüber hinaus kommen die Ergebnisse des „teams“ im allgemeinen weder dem Einzelnen noch dem „team“ als Ganzem zugute. Sie werden von den Monopolen usurpiert. Die Arbeit der Wissenschaftler und ihre Ergebnisse sind völlig den Verwertungsbedingungen des Monopolkapitals untergeordnet. Mit einem Zynismus ohnegleichen wurde das von G. S. Pette, Assistent Director des OR office in den USA, mit den Worten ausgesprochen: „Die Anwendung gehört dem Kunden, die Methodologie der Wissenschaft.“[18]

Unter diesen Bedingungen kann natürlich von einer Freiheit der wissenschaftlichen Forschung, von einer Entfaltung aller wissenschaftlichen Potenzen und Fähigkeiten der einzelnen Wissenschaftler nicht die Rede sein und schon gar nicht davon, daß etwa der antagonistische Widerspruch zwischen der geistigen und der körperlichen Arbeit überwunden und die Beziehungen zwischen Wissenschaftlern und Werktätigen verbessert werden könnten. Die Gegensätze spitzen sich zu, und die Wissenschaftler geraten oft in eine gefährliche Isolation. Norbert Wiener klagt in seinem Buch „Mensch und Menschmaschine“, daß für den „Mann auf der Straße“ der „Wissenschaftler genau dasselbe, was der Medizinmann für den Wilden ist; eine von Geheimnis umwitterte, zweideutige Gestalt, die verehrt werden muß als Träger geheimnisvollen Wissens und als Mittler geheimnisvoller Kräfte, die man aber auch fürchtet, ja haßt, ...“[19] und weiter sagt er: „Der Wissenschaftler war für ihn („den Mann auf der Straße“ – K. B.) immer ein nicht recht begreifbarer Menschentyp, ... Der Wissenschaftler hatte gewissermaßen etwas vom Teufel an sich, ...“[20] Diese Klage Wieners hat nichts mit der Arbeit des Wissenschaftlers an sich zu tun, sie ist vielmehr eine verzerrte Widerspiegelung der weiteren Zuspitzung des Gegensatzes zwischen der geistigen und der körperlichen Arbeit, eines Widerspruches, der sich nicht zuletzt als Folge einer den Monopolen untergeordneten Teamarbeit zusehends verschärft und unter anderem auch seinen Ausdruck in der zunehmenden Isolierung des Wissenschaftlers von den einfachen Menschen findet. Wiener charakterisiert eine Erscheinung, die sich nicht aus der Natur der wissenschaftlichen Arbeit und ihrer Träger, den Wissenschaftlern ergibt, sondern aus der

[17] Daran können selbst die Verfasser der oben erwähnten Arbeit nicht vorbeigehen. (Vgl. ebenda, S. 2, S. 38/39 u. a.).

[18] Zitiert bei Bahrdt, H. P., Krauch, H., Rittel, H., ebenda S. 36.

[19] Wiener, N., Mensch und Menschmaschine, Alfred Metzger Verlag, Frankfurt am Main, 1952, S. 196. [20] Ebenda, S. 197.

Entwicklung der Wissenschaft unter kapitalistischen Bedingungen, der Wissenschaft, die dem Kapital einverleibt ist.

R. Jungk schreibt in seinem Buch „Die Zukunft hat schon begonnen" über die Arbeit der Wissenschaftler in den Monopolen der USA, die „Freiheit" der wissenschaftlichen Forschung im Kapitalismus treffend charakterisierend:

„Der neue amerikanische Erfindertyp, der sich in diesen Versuchsstätten (der Firma Du Pont u. a., K. B.) herausbildet, hat nicht mehr viel mit den genialen Einzelgängern und phantasievollen Eigenbrötlern der früheren Erfindergeneration gemein. Er ist ein ‚team-worker', der Beschränkungen der Forschungsfreiheit und des Rechts auf seine Erfindung hinnimmt, um dafür materielle und persönliche Hilfe im Großlaboratorium einzutauschen ..."[21]

Und weiter heißt es:

„Es gibt bei Du Pont kaum Wissenschaftler, die einzeln experimentieren. Sie sind in ‚teams' zusammengefaßt, die miteinander an bestimmten Erfindungen arbeiten. Ehe ein neues Produkt in Arbeit genommen wird, muß es einem Rat von dreizehn ‚Forschungsdirektoren' vorgelegt werden, der sich seinerseits nur über den vermutlichen Wert der geplanten Erfindung aussprechen kann und sein Urteil zur endgültigen Beschlußfassung an die zehnköpfige Finanzkommission und das ebenfalls zehnköpfige ‚executiv commitee', die eigentliche Regierung des Milliardenunternehmens, weiterleitet ... Die in den ‚research laboratories' dieser wie anderer Industriefirmen beschäftigten Forscher müssen sich klar darüber sein, daß sie hier nicht der ‚reinen Wahrheit' dienen, sondern auch die Rentabilitätsansprüche ihrer Arbeitgeber in Rechnung ziehen müssen. Bei Du Pont z. B. herrscht das Prinzip, daß mindestens einer von vier für die Forschung ausgegebenen Dollars sich im Laufe einer kurzen Frist zu amortisieren hat."[22]

Das kapitalistische „team" von Wissenschaftlern mit der sozialistischen Gemeinschaftsarbeit in den sozialistischen Arbeits- und Forschungsgemeinschaften zu vergleichen, ist nicht möglich. Beide haben lediglich einen allgemeinen gemeinsamen Berührungspunkt: die Entwicklung der Produktivkräfte, der Arbeitsteilung und der darauf basierenden Spezialisierung, die eine kooperative Arbeit notwendig macht. Jedoch ist die Verwirklichung dieses objektiven Erfordernisses prinzipiell verschieden. Während im Sozialismus eine harmonische, von allen Schranken freie Zusammenarbeit möglich ist — der Gegensatz zwischen der geistigen und der körperlichen Arbeit ist verschwunden, und die wesentlichen Unterschiede zwischen beiden werden mehr und mehr überwunden —, ist unter kapitalistischen Bedingungen eine Zusammenarbeit nur in den vom kapitalistischen Eigentum gesteckten Grenzen möglich, wobei die vom Kapital geprägten Gewohnheiten, wie Geltungssucht, Neid und Mißgunst usw. keineswegs überwunden werden, sondern der Zusammenarbeit vielmehr hindernd im Wege stehen. Unter solchen Bedingungen kann es nicht zu einer vollen Entfaltung der Fähigkeiten des Einzelnen und zur Erhöhung seines „Lebensgefühls" kommen, der einzelne Wissenschaftler verarmt, er ist, wie Jungk zugeben muß, ein „team-worker" mit beschränkter Forschungsfreiheit zu Nutz und Frommen der ihn kaufenden Monopole.

Während das Wissenschaftlerteam direkt aus der Notwendigkeit der interdisziplinaren Zusammenarbeit abzuleiten ist, scheinen bei der Bildung der „formalen Gruppen" in den Betrieben andere Aspekte im Vordergrund zu stehen, nämlich die

[21] Zitiert bei Köppert, W., Schäfer, P., a. a. O., S. 201. [22] Ebenda, S. 201/202.

„human relations." Natürlich drängt auch zu ihrer Entstehung die Entwicklung der Produktivkräfte, die Entwicklung der modernen Technik. So erfordert die Spezialisierung innerhalb der Betriebe eine Koordinierung zwischen den einzelnen Betriebsbereichen usw. Jedoch von größerer Bedeutung scheint folgendes zu sein. Die kapitalistische Mechanisierung der Produktion, die Entwicklung des Fließbandsystems, hat den Arbeiter in noch stärkerem Maße als vorher zum Anhängsel der Maschine gemacht. Die Arbeit wurde noch mehr zur Last und zur Qual. Das kapitalistische Fließbandsystem zwingt den Arbeiter, tagaus tagein bis zum Stumpfsinn dieselben wenigen Handgriffe zu tun. In verstärktem Maße sucht der Arbeiter die Arbeit wie eine Pest zu fliehen, lastet sie doch mit einem unvorstellbaren Druck auf ihm. Er fühlt sie immer mehr als bitterste Fron, die sein Menschsein tötet. Die Widersprüche im kapitalistischen Charakter der Arbeit verschärfen sich also aufs äußerste. Diese Tatsache ist so offensichtlich, daß sie sich selbst in den Köpfen bürgerlicher Soziologen — wenn auch verzerrt und keineswegs als der kapitalistischen und nur der kapitalistischen Produktionsweise eigentümlich — widerspiegelt. So schreibt z. B. Helmut Schelsky:

> „Neben dem Lohnarbeitsverhältnis schafft aber der technische Vollzug der industriellen Arbeit weitere ‚Entfremdungs'erscheinungen: so zerfällt die Ganzheitsstruktur der handwerklichen Werkstückproduktion durch die technisch-maschinelle Arbeitsteilung in viele stückhafte, oft monotone und sinnentleerte Arbeitsfragmente. Die ‚Fließbandidee der Arbeit', wie man diese Aufspaltung eines ganzheitlichen Arbeitsvorganges genannt hat, macht den Arbeiter funktional fast selbst zu einem Maschinenteil und entfremdet ihn damit allen sinnvollen Gestaltungsimpulsen in der Arbeit. Die mit dieser Arbeitsteilung zusammenhängenden sozialen Fragen, nämlich die häufige soziale Kontaktlosigkeit während der Arbeit, insbesondere aber die aus der technisch-rationalisierten Funktion folgenden unpersönlichen Anordnungs- und Führungsverhältnisse im Betrieb bilden einen weiteren Bestandteil der Fremdbestimmung der industriellen Arbeit . . ."[23]

Schelsky spricht dann weiter davon, daß durch diese Leitungsverhältnisse im modernen kapitalistischen Betrieb der Arbeiter „sich eingespannt in ein unüberschaubares, anonymes technisch-organisatorisches ‚System'" fühlt und die „unpersönlich-funktionale Disziplin und Abhängigkeit" zur „sozialen Heimatlosigkeit des Menschen in den modernen Arbeitsformen (!! korrigieren wir ihn: moderne *kapitalistische* Arbeitsformen, K. B.) entscheidend beitragen."[24]

Der Kleriker Joseph Höffner will selbst diese offensichtlichen Tatsachen nicht eingestehen. Er besitzt die Unverfrorenheit, zu Papier zu bringen, „daß viele Arbeiter und Arbeiterinnen den einfachen Handgriff durchaus nicht als so lästig empfinden, wie er den Professoren und Philosophen manchmal scheinen möchte ... Vor allem jene monotonen Handgriffe, bei denen keine oder doch keine nennenswerte Aufmerksamkeit erforderlich ist, sind bei vielen Arbeitern und Arbeiterinnen geradezu beliebt, weil sie ... (dann) ... ungestört ihren Gedanken nachgehen können."[25] Wahrscheinlich gehen wir nicht fehl, wenn wir meinen, daß Höffner die

[23] Schelsky, H., Industrie- und Betriebssoziologie, a. a. O., S. 161/162.
[24] Ebenda, S. 162.
[25] Höffner, J., Der technische Fortschritt und das Heil des Menschen, Verlag Bonifacius-Druckerei, Paderborn, S. 22.

monotone, stumpfsinnige Arbeit nicht nur deshalb so sehr liebt, weil er sie nicht zu machen braucht, sondern auch deshalb, weil sie „seinen“ Arbeitern und Arbeiterinnen mehr Zeit zum Beten gibt. Schreibt er doch selbst mit erhobenem Zeigefinger und einem frommen Seitenblick auf die heutige verderbte Welt: „Stets arbeiten und *zugleich* stets beten, war das Ideal . . .“[26] Aber lassen wir Höffner bei seinen Gebeten, wenden wir uns wieder den Realitäten der modernen kapitalistischen Fabrik mit ihrer Arbeitshetze am nerv- und geisttötenden Fließbandsystem und den Widersprüchen im kapitalistischen Charakter der Arbeit zu.

Offenbar vertrauten die Monopolkapitalisten den Künsten der klerikalen Gesundbeter selbst nicht ganz. Sie suchten ihr Heil zur Erhaltung ihrer Gesellschaft, ihres Profits, in den „human relations“ und im „team-work“ der „formalen Gruppe“. Denn — so werden sie von Ernst Bornemann belehrt, der damit die Katze aus dem Sack läßt und den eigentlichen Sinn des „teams“ als Form der „human relation“ offenbart — es „können menschliche Reibungen (so nennt man in der bürgerlichen Soziologie offenbar den Klassenkampf — K. B.), Konflikte und Widerstände entstehen, die sich unter Umständen bis zu Revolutionen im Kleinen oder Großen steigern.“[27] Revolutionen zu vermeiden, die Widersprüche in der kapitalistischen Gesellschaft zu verkleistern, das Letzte aus den Arbeitern herauszupressen, sie anzustacheln, schöpferische Kräfte zu entwickeln — eine unumgängliche Notwendigkeit beim weiteren Fortgang der Automation —, das ist die Aufgabe der kapitalistischen Teamarbeit.

In einem Bericht einer westdeutschen Gruppe zur Untersuchung des amerikanischen Team-work heißt es: Die Teamarbeit ist ein „Prinzip zur Verminderung der zwischenmenschlichen Spannungen, ein Beitrag zur Befriedigung und Humanisierung der entpersönlichen Arbeitswelt, ein Weg zur Hebung von Arbeitsfreude und Leistungsbereitschaft und schließlich auch ein Mittel zur Produktivitäts-und Rentabilitätssteigerung,“ . . .[28]

Helmut Schelsky berichtet in seiner Arbeit „Industrie- und Betriebssoziologie“ über eine Untersuchung in einem Werk der „Western Electric Company“ in Hawthorne/USA, wo „eine Gruppe von 5 Telefonrelais-Montagearbeiterinnen in einem besonderen Arbeitsraum zusammengezogen und und wechselnden, jeweils leicht zu kontrollierenden Arbeitsbedingungen unterworfen“[29] wurden. Die Experimente führten — wie Schelsky sagte —, zu dem „erstaunlichen Ergebnis“, daß trotz Verschlechterung der materiellen Arbeitsbedingungen „kein Rückgang der Leistung einsetzte, sondern im Gegenteil eine neue Rekordleistung erreicht wurde.“[30] „Der Untersuchungsstab“, schreibt Schelsky weiter, „zog aus diesen Ergebnissen zunächst die Folgerung, daß die Leistungssteigerung also keineswegs allein auf die Verbesserung der Arbeitsbedingungen zurückzuführen seien, sondern daß dafür sogar wesentlich andere Faktoren maßgeblich wären.“[31] Zu diesen

[26] Ebenda, S. 22.

[27] RKW Auslandsdienst, Gruppenarbeit und Produktivität, Carl Hanser Verlag, München, 1958, S. 96.

[28] Ebenda, S. 12.

[29] Schelsky, H., a. a. O., S. 181.

[30] Ebenda, S. 181.

[31] Ebenda, S. 181.

Faktoren werden gezählt: Arbeitsfreude, Stolz auf die Arbeitsergebnisse, menschlicher Kontakt, Gruppensolidarität u. a. Diese Experimente brachten für die Monopole die Erkenntnis, daß mehr aus dem Arbeiter herauszuholen ist, wenn er sich mehr als Mensch fühlt. Damit war ein neues Mittel der zusätzlichen Plusmacherei gefunden. Ohne Skrupel wurde von den Monopolen die Sehnsucht der Arbeiter nach einem wahrhaft menschlichen Dasein in den Dienst des Kapitals gepreßt und zu einem Faktor der Profitsteigerung gemacht. Zu unentbehrlichen Helfern der amerikanischen Monopole wurden die „Seeleningenieure", die „Hüter" eines gesunden „Betriebsklimas".

Über die Auswirkungen dieser „neuesten Errungenschaft" der amerikanischen Soziologie auf die Werktätigen läßt sich u. a. aus dem Studienbericht „Gruppenarbeit und Produktivität" entnehmen, daß das Ergebnis eines Umbaus von nur einem Betrieb u. a. war, „daß 1955 für die dauernd leicht ansteigende Produktion nur noch 525 Werksangehörige erforderlich waren gegenüber 1080 im Jahre 1947."[32] Stolz verkünden die bürgerlichen Soziologen, daß solche Ergebnisse durch Verbesserung des „Betriebsklimas", durch Erhöhung des „menschlichen Wohlbefindens", durch „Minderung der seelischen Belastungen" der Menschen erzielt werden. Wie jedoch das „seelische Empfinden", die „seelische Belastung" der auf die Straße gesetzten Arbeiter ist, kümmert diese Herren nicht. Es ist nicht ihr Geschäft, für die Verbesserung der menschlichen Beziehungen in der Gesellschaft zu sorgen, sondern sie wollen den Arbeitern eine Interessengemeinschaft zwischen Ausbeutern und Ausgebeuteten vorgaukeln, um die Entwicklung des Klassenbewußtseins der Arbeiter zu unterbinden, sie ersinnen Mittel, um die psychische Bereitschaft der Arbeiter zu größerer Arbeitshetze zu erzeugen. So nimmt es nicht wunder, daß z. B. Bornemann alle Anstrengungen unternimmt, um die Klassensolidarität der Arbeiter in Lohnfragen zu torpedieren und die Teammitglieder gegeneinander auszuspielen. Er schreibt:

> „Wenn z. B. Arbeiter in einer Werkstatt unter gleichen Akkordbedingungen stehen, ... entsteht sehr häufig ein unausgesprochenes Übereinkommen, daß es unkameradschaftlich ist, im eigenen Akkord einen gewissen Prozentsatz der Normalleistung zu überschreiten. Eine solche Mehrleistung könnte ... die Aufmerksamkeit des Meisters oder Arbeitsstudienmannes auf sich ziehen, eine Überprüfung der Akkorde zur Folge haben und sich nachteilig für alle auswirken."[33]

Dieses natürliche Verhalten der Arbeiter gefällt dem Syndikus der Monopole natürlich ganz und gar nicht. Was liegt näher als die Einführung eines „Teamakkordlohnes", der jeden für den Lohn jedes anderen Gruppenmitgliedes verantwortlich macht, dadurch die Klassensolidarität untergraben hilft und die Arbeitshetze steigert.

Größten Horror haben die Vertreter des Gruppenprinzips, vor den Gruppen organisierter klassenbewußter Arbeiter — den Gewerkschaften — die sie als Cliquen denunzieren[34], geht es ihnen doch nicht um die Gruppe an sich, sondern um „betriebsfördernde" Gruppen, geht es ihnen doch darum, „das sachliche Interesse am

[32] Gruppenarbeit und Produktivität, a. a. O.. S. 57; vgl. auch S. 72.
[33] Ebenda, S. 89. [34] Vgl. ebenda, S. 90.

Betriebsgeschehen zum gruppenbildenden Prinzip zu machen."[35] Und groß ist ihr Jubel, wo das gelungen ist, wo die „Cliquen" beseitigt sind und der Betriebsfrieden im Interesse der Monopole besteht.

So berichtet W. Rohn seinen Lesern als ein besonders bemerkenswertes Ergebnis der Anwendung des „neuen Prinzips": „Das gute Abschneiden der Inland Steel Corporation im Jahre des großen Stahlstreiks, 1954, beruht auf ähnlichen Gründen. Sie wurde praktisch überhaupt nicht bestreikt und konnte darum ihre Werkskapazität zu 96,2% ausnutzen, während die Stahlproduktion auf einen USA-Durchschnitt von 71% absank."[36] Das ist das eigentliche Ziel der Einführung des „team-work". Es sollen mit seiner Hilfe Bedingungen geschaffen werden, die eine maximale Ausplünderung der Werktätigen gestatten, ohne daß ihnen diese Tatsache ins Bewußtsein dringt und sie sich dagegen auflehnen.

Mit Recht wird von den klassenbewußten Arbeitern das team-work abgelehnt. Oskar Wettig, der die Werbetrommel für die Teamarbeit unter den westdeutschen Gewerkschaftlern rührt, muß in seinem Artikel in den „Gewerklichen Monatsheften" für die Entwicklung des „team-work" in Italien verschämt eingestehen:

> „Deshalb beschränkte sich die Teamarbeit auch überall auf die Führungskräfte, mit wenigen Ausnahmen sogar nur auf die oberen und mittleren Führungskräfte. Versuche Kontakte zu den Arbeitern und einfachen Angestellten aufzunehmen, sind Ausnahmen. ... Die soziale Kluft zwischen den Führungsschichten der Wirtschaft und der Arbeitnehmerschaft ist sehr schroff. Sie dokumentiert sich meist als politischer Gegensatz. Ausschaltung politisch mißbeliebiger Betriebsangehöriger wurde mehrfach als Ziel der Teamarbeit bezeichnet, und man zögerte auch nicht, zu diesem Zwecke die persönlichen Umstände der Betriebsangehörigen genau zu erforschen."[37]

Sehr treffend wurde die neue Soziologie als „Kuh-Soziologie" bezeichnet. „Man gebe der Kuh die besten Lebensbedingungen, damit sie mehr Milch gibt." Diese Formulierung hat den Dr. Bornemann ganz und gar in Harnisch gebracht. Ausgesprochen fatal ist ihm dabei obendrein, daß dieser Begriff selbst in Kreisen bürgerlicher Soziologen im Schwange ist. Und in seiner Betretenheit stammelt er, daß es „vielleicht ungeschickt" war, „die Auswirkungen guter zwischenmenschlicher Beziehungen an den Produktionszahlen" zu messen.[38] Der Bornemann mit seinem Wörtchen „ungeschickt" in diesem Zusammenhang ist wirklich aller Ehren wert. Es war eben schon immer das Prinzip von Obskuranten vom Wesen der Sache abzulenken, ihren Sinn zu verdunkeln und im Trüben zu fischen.

Bei der Teamarbeit geht es keineswegs um die Sicherung irgendeiner Art von Mitbestimmung für die Werktätigen. Die Teambildung geht von der bestehenden Betriebshierarchie aus und dient dazu, die Herrschaft des Kapitalisten im Betrieb zu festigen. Der schon angeführte Oskar Wettig kann nicht umhin, in seinem Bericht festzuhalten, daß ein gewichtiges Motiv der Einführung von Teamarbeit darin besteht, „die Autorität und Verfügungsgewalt der Unternehmens- und Betriebs-

[35] Ebenda, S. 90. [36] Ebenda, S. 87.

[37] Wettig, O., Teamarbeit in Unternehmer- und Arbeitnehmersicht, in: „Gewerkschaftliche Monatshefte", Sept. 1958, S. 551.

[38] Gruppenarbeit und Produktivität, a. a. O., S. 95.

leitung von Beschränkungen frei"[39] zu halten. Und er muß weiter sagen, daß „wohl nicht ganz zufällig das kritische Wort (fiel), die Teamarbeit werde oft dahin verstanden, daß die Gruppe das macht, was der Boß will."[40] Zusammenfassend sieht sich Wettig — bei allem Wohlwollen, das er gegenüber dem „team-work" hat — gezwungen einzugestehen:

„Bei den meisten Unternehmern und Betriebsleitungen liegt der Schwerpunkt der Motive für die Teamarbeit bei der Leistungssteigerung, unmittelbarer Interessierung der Belegschaftsmitglieder am Betrieb und bei der Aufrechterhaltung der Verfügungsgewalt, manchmal übersteigert zum Bestreben, gewerkschaftliche Einflüsse und Ansprüche auszuschalten."[41]

Alles Gerede über die Verbesserung der menschlichen Beziehungen, des Betriebsklimas usw. dient in der Tat nur dem einen Zweck, die Arbeiter stärker an die Ketten des Kapitals zu schmieden, sie ideologisch zu umnebeln und zur äußersten Anspannung ihrer Kräfte zum Segen der monopolistischen Profitwirtschaft zu veranlassen. So erweist sich das „team-work" der „formalen Gruppe" als Versuch, ein objektives Erfordernis der Entwicklung der Produktivkräfte — die kooperierte Arbeit — in den Dienst des kapitalistischen Verwertungsprozesses zu stellen sowie mit seiner Hilfe zugleich die Klassengegensätze und die Widersprüche im kapitalistischen Charakter der Arbeit zu verkleistern und die Machtpositionen der Monopolisten zu festigen.

Es wäre also völlig verfehlt, irgendwelche Analogien zwischen dem „team-work" der „formalen Gruppe" und den sozialistischen Brigaden herstellen zu wollen. Das „team-work" der „formalen Gruppe" und die „sozialistische Gemeinschaftsarbeit" wie sie sich in den „sozialistischen Brigaden" darstellt, sind sich so unähnlich wie das Wasser dem Feuer.

Während das „team-work" der kapitalistischen Produktionsweise völlig eingeordnet ist und ihre Widersprüche „überlagern" und verdecken soll, basiert die sozialistische Gemeinschaftsarbeit gerade darauf, daß diese Widersprüche beseitigt sind, die Produktionsverhältnisse sich mit dem Charakter der Produktivkräfte im Einklang befinden, und die objektive Notwendigkeit der entwickelten Produktivkräfte — die kooperierte Arbeit — möglich und auch notwendig wird. Die auf dem gesellschaftlichen Eigentum an den Produktionsmitteln beruhende freie Assoziation der Menschen stellt sich in der Produktion als gemeinschaftliche, kollektive Arbeit dar, die in brüderlicher Zusammenarbeit und gegenseitiger Hilfe geleistet wird.

Die Entwicklung einer echten Gemeinschaftsarbeit setzt eine objektiv gegebene Gemeinsamkeit der Interessen voraus. Diese Gemeinsamkeit der Interessen ist nur im Sozialismus vorhanden. Nur hier ist auch die Entwicklung wahrhaft menschlicher Beziehungen möglich. Auf dem Boden sozialistischer Produktionsverhältnisse können sich die menschlichen Beziehungen, frei von Neid, Mißgunst, Egoismus und Geltungssucht entwickeln, nur hier findet die Individualität ihre volle Entfaltungsmöglichkeit.

Wie alle Produktionsverhältnisse sind auch die sozialistischen Produktionsverhältnisse objektive, d. h. unabhängig vom Willen und Bewußtsein der Menschen

[39] Wettig, O., a. a. O., S. 551. [40] Ebenda, S. 551. [41] Ebenda, S. 552.

existierende materielle Verhältnisse. Es sind — wie es im Beschluß des V. Parteitages der SED heißt, „die Beziehungen der werktätigen Menschen im Produktionsprozeß von Betrieben, die dem Volke gehören, und in einem Staat, in dem die Arbeiterklasse die Macht ausübt. Es sind Beziehungen der kameradschaftlichen Unterstützung und der gegenseitigen Hilfe, die auf der Gemeinsamkeit der Interessen an der Erhöhung der Ergebnisse der Arbeit und der Verbesserung des Lebens beruhen; es sind brüderliche Beziehungen, Beziehungen von Klassengenossen."[42] Diese Verhältnisse beginnen objektiv mit der Schaffung des sozialistischen Eigentums an den Produktionsmitteln zu existieren. Sie festigen, entwickeln und vervollkommnen sich mit der Entwicklung des sozialistischen Eigentums in die Breite und in die Tiefe — mit der Herausbildung des sozialistischen Eigentums zum herrschenden und dann zum alleinigen Eigentum —, mit den sich auf dieser Grundlage entfaltenden Produktivkräften und in ständiger Wechselwirkung mit der Herausbildung des sozialistischen Bewußtseins der Menschen. Diese Prozesse vollziehen sich unter direkter Leitung der Partei der Arbeiterklasse, als der gesellschaftlichen Kraft mit der wissenschaftlichen Einsicht in die objektiven Erfordernisse der gesellschaftlichen Entwicklung.

Auf der Grundlage der sich entwickelnden sozialistischen Produktionsverhältnisse und der Produktivkräfte bilden sich, inspiriert durch die Erziehungsarbeit der Partei, immer höhere Formen der Masseninitiative der Werktätigen heraus. Sie sind Ausdruck der aus der Einsicht in das Wesen der sozialistischen Produktionsverhältnisse gewonnenen ständig wachsenden schöpferischen Aktivität der Menschen.

Diese Formen der Masseninitiative entsprechen immer vollkommener dem Wesen der sozialistischen Produktionsverhältnisse. Die Menschen beginnen immer bewußter so zu handeln, wie es die sozialistischen Produktionsverhältnisse objektiv erfordern. Die objektiven Verhältnisse prägen also mehr und mehr das Verhalten der Menschen. Die neuen materiellen Verhältnisse führen jedoch nicht automatisch zu einem ihnen entsprechenden bewußten Handeln. Die Durchsetzung dieser Verhältnisse „bedeutet die Befreiung (der Menschen — K. B.) von den Gewohnheiten und Traditionen der alten, kapitalistischen Ordnung, bedeutet die Überwindung des Egoismus, des Einzelgängertums, der Gleichgültigkeit, des Intrigrierens, des unkollegialen Verhaltens; sie bedeutet gemeinsames Streben nach den besten Arbeitsergebnissen, Freude an der Arbeit, die Bildung eines festen Kollektivs von Klassengenossen, die durch gemeinsame Interessen vereint sind; sie bedeutet die maßgebende Teilnahme des Arbeitskollektivs an der Leitung der Produktion und des sozialistischen Betriebes."[43] Um das zu erreichen, bedarf es einer langwierigen und komplizierten Erziehungsarbeit der Partei, eines ständig währenden Kampfes zur Herausbildung des sozialistischen Bewußtseins. Ohne die Klarheit der Menschen über den Inhalt der sozialistischen gesellschaftlichen Verhältnisse ist die Ausschöpfung aller Möglichkeiten der sozialistischen Produktionsweise und ihre Entwicklung unmöglich.

Ihren praktischen Ausdruck findet diese Einsicht in das Wesen der gesellschaftlichen Verhältnisse in der Wettbewerbs- und Aktivistenbewegung, in den ständigen

[42] Beschluß des V. Parteitages der SED, Dietz Verlag, Berlin 1958, S. 35.
[43] Ebenda, S. 36.

Produktionsberatungen, in der Mitarbeit der Werktätigen in den Volksvertretungen, in den Ausschüssen der Nationalen Front, bei der aktiven Teilnahme an der Staats- und Wirtschaftsleitung usw. Ihre gegenwärtig höchste Entfaltung findet die tiefe Einsicht der Werktätigen in die gesellschaftlichen Zusammenhänge und den Gang der gesellschaftlichen Entwicklung in der Bewegung der „sozialistischen Brigaden und sozialistischen Arbeits- und Forschungsgemeinschaften."

Bewußt setzen sich die Werktätigen zum Ziel in engster Gemeinschaft, brüderlich und in gegenseitiger Hilfe so zu arbeiten, zu lernen und zu leben, wie es die sozialistischen Produktionsverhältnisse objektiv erfordern, weil sie erkannt haben, daß sich nur dann die sozialistische Gesellschaft voll entfalten kann. In den sozialistischen Brigaden und Arbeitsgemeinschaften vollzieht sich unter direkter Leitung der Partei ein ständiger Prozeß der Erziehung und Selbsterziehung. In diesem Prozeß streifen die Menschen mehr und mehr ihre alten, noch aus dem Kapitalismus überkommenen Gewohnheiten ab, und ihr bewußtes sozialistisches Verhalten vertieft sich. Die Menschen rücken gewissermaßen näher zusammen. Überkommene Vorbehalte in der Zusammenarbeit und im Zusammenleben zwischen den einzelnen Klassen und Schichten in der Gesellschaft werden überwunden. So sind gerade die sozialistischen Arbeits- und Forschungsgemeinschaften z. B. auch von größter Bedeutung für eine echte und vorbehaltlose Zusammenarbeit der Intelligenz und der Arbeiterklasse. Im Kapitalismus, wo der Gegensatz zwischen der körperlichen und geistigen Arbeit auf die Spitze getrieben wurde, war es unausbleiblich, daß die Beziehungen zwischen der Arbeiterklasse und der Intelligenz bisweilen sogar feindseligen Charakter annahmen. Wenn auch mit der Vergesellschaftung der Produktionsmittel dieser Gegensatz beseitigt ist, so sind es doch nicht seine ideologischen Nachwirkungen. Im Prozeß der Zusammenarbeit jedoch, insbesondere in den sozialistischen Arbeits- und Forschungsgemeinschaften werden die beiderseitig noch vorhandenen Vorurteile überwunden; die Intelligenz fühlt sich stärker als Intelligenz des Volkes, und die Arbeiterklasse erkennt die Intelligenz umfassender als ihre Intelligenz. Die sich vertiefende Einheit und Zusammenarbeit der Intelligenz mit der Arbeiterklasse zeigte treffend der Chemie-Ingenieur Dr. Herbert Seidel vom Elektrochemischen Kombinat Bitterfeld, als er über die Arbeit der sozialistischen Gemeinschaft zur Entwicklung einer modernen 50000 Ampere-Chlorkalizelle sprach. So sagte er u. a.:

„Bald waren die Männer im weißen Mantel keine Seltenheit im Betrieb mehr, und es kam zu fruchtbringenden Gesprächen zwischen den Kollegen aus der Produktion und den Kollegen vom Reißbrett. Man lernte sich gegenseitig kennen und schätzen."[44] Und er kam zu dem Schluß: „Aber da ist noch ein anderer Erfolg, (der sozialistischen Arbeitsgemeinschaft – K. B.) der sich nicht in Zahlen widerspiegelt. Das ist das Zusammenfinden der Menschen. Arbeiter und Ingenieure, Junge und Alte fühlen, daß sie zusammengehören."[45]

Aber nicht nur durch die Erziehung und Selbsterziehung lernen die Menschen das Wesen der sozialistischen Produktionsverhältnisse tiefer begreifen. Indem die

[44] S. Tribüne vom 27. Februar 1959.
[45] Ebenda.

Werktätigen der DDR in den sozialistischen Brigaden und sozialistischen Arbeits- und Forschungsgemeinschaften bewußt kameradschaftlich zusammenarbeiten und sich brüderlich unterstützen, indem sie sich also bewußt sozialistisch zueinander, zu ihren Betrieben und zu ihrem Staat verhalten, machen sie sich das Wesen der sozialistischen Produktionsverhältnisse plastisch sichtbar. Durch ihr sozialistisches Verhalten in diesen Gemeinschaften machten sie sich selbst – wie H. Kallabis/ E. Gutzmann treffend sagen – den tiefen humanistischen Inhalt der sozialistischen Produktionsverhältnisse „erlebbar". Sie erfassen so den objektiven Inhalt dieser Verhältnisse umfassender und erkennen diese Verhältnisse besser als ihre eigenen; sie werden sich in noch stärkerem Maße ihrer Stellung als Herren der Gesellschaft bewußt. Das wirkt ungemein fördernd auf die Entwicklung der schöpferischen Aktivität der Werktätigen.

Durch die Bewegung der sozialistischen Brigaden und Arbeitsgemeinschaften wird aber auch das Zusammenarbeiten und Zusammenleben der Menschen immer mehr von den zutiefst humanistischen Prinzipien der sozialistischen Moral und Ethik bestimmt. Im Ringen um die Durchsetzung dieser Gesetze werden alte moralisch-ethische Beziehungen und Verhaltensnormen überwunden, und es bilden sich neue heraus. Das gilt nicht nur für die unmittelbaren Beziehungen zwischen den Arbeitskollegen, sondern greift auch auf die Formen des Zusammenlebens und die Verhaltensnormen im täglichen Leben über. Praktisch sichtbar ist das z. B. an der Einbeziehung der Frauen von Brigademitgliedern in das Leben der sozialistischen Brigaden.

Es werden alte Lebensideale beiseite geräumt, und es bilden sich umfassender und tiefer die sozialistischen Lebensideale heraus. Wenn im Kapitalismus das höchste Glück im persönlichen Reichtum gesehen wurde, so entwickelt sich im Sozialismus immer mehr der Erfolg des Kollektivs und des Einzelnen in der schöpferischen, der gesamten Gesellschaft dienenden Arbeit zum Lebensideal.

Angeregt durch die Bewegung der sozialistischen Brigaden und Arbeitsgemeinschaften beginnen sich die einfachen Menschen in größerem Ausmaß den Reichtum der geistigen Kultur anzueignen und sich vielfach selbst kulturell zu betätigen.

So ist die Bewegung der sozialistischen Brigaden und Arbeitsgemeinschaften auch von größter Bedeutung für die Entwicklung des sozialistischen Überbaus. Bringt doch das Ringen um die Durchsetzung der Losung: „Sozialistisch arbeiten, sozialistisch leben, sozialistisch lernen" selbst Elemente des neuen, sozialistischen Überbaus hervor.

Aus all dem ergibt sich, daß die Bewegung der sozialistischen Brigaden und Arbeitsgemeinschaften bei der Herausbildung des neuen, des sozialistischen Menschen eine maßgebliche Rolle spielt. Diese Menschen vervollkommnen bei sich solche moralischen Eigenschaften „wie Liebe zur Arbeit und Verantwortungsbewußtsein, Wahrheitsliebe und Kühnheit, Offenheit und Selbstlosigkeit, aber auch Treue zum Sozialismus und Unversöhnlichkeit gegenüber seinen Feinden, Liebe zum sozialistischen Vaterland der Arbeiter und Bauern, unverbrüchliche Freundschaft mit den Völkern der anderen sozialistischen Länder und feste Solidarität mit all denen, die in anderen Ländern und Erdteilen für die erhabenen Ziele des Sozialismus kämpfen."[46]

Erhebliche Wirkung hat die neue Bewegung auch auf die Entwicklung der Produktivkräfte der sozialistischen Gesellschaft. Von allen gesellschaftlichen Produktivkräften ist der Mensch die wichtigste. Seine Entwicklung ist deshalb von ungeheurer Bedeutung für den gesellschaftlichen Fortschritt. Allein schon die Inbesitznahme der Produktionsmittel durch den unmittelbaren Produzenten setzt objektiv gesellschaftliche Produktivkräfte frei. Das Wirksamwerden und die Entfaltung dieser Produktivkräfte hängt jedoch davon ab, in welchem Maße sich die unmittelbaren Produzenten ihrer Rolle als Eigentümer der Produktionsmittel bewußt werden. Die sozialistische Einstellung der Menschen zur Arbeit, die daraus resultierende freiwillige Arbeitsdisziplin und das schöpferische Suchen nach neuen Möglichkeiten zur Erhöhung des Produktionsergebnisses, der Austausch der Arbeitserfahrungen usw., das ist die große Produktivkraft, die durch den machtvollen Aufschwung der Bewegung der sozialistischen Brigaden und sozialistischen Arbeits- und Forschungsgemeinschaften wesentlich verbreitert wird.

Es ist also nicht einfach nur die einleitend erwähnte höhere Produktivkraft durch das Zusammenwirken der einzelnen mit ihren Arbeitserfahrungen, wodurch die sozialistischen Brigaden und Arbeitsgemeinschaften eine Steigerung der gesellschaftlichen Produktivkräfte herbeiführen. Sie wirken in viel weiterem Sinne — nämlich durch die Befreiung des Produzenten von solchen Gewohnheiten und Sitten, die ihn an der Entfaltung aller seiner schöpferischen Fähigkeiten und Aktivität hindern — auf die Steigerung der gesellschaftlichen Produktivkräfte. Ausdruck dieser ständig wachsenden und wirksameren Produktivkraft ist es, wenn z. B. die Initiatoren der neuen Bewegung, die Mitglieder der Jugendbrigade „Nicolai Mamai" des EKB Bitterfeld, in ihrem Wettbewerbsaufruf u. a. schreiben:

„... Wir haben uns in der Vergangenheit bemüht, auf sozialistische Weise zu arbeiten ... Aber all das reicht noch nicht aus, um die neuen und größeren Aufgaben, die vor unserer Republik stehen, zu meistern ... Sozialistisch arbeiten wollen wir, indem wir nach der Methode Christoph-Wehner und entsprechend dem Vorbild unserer Brigade, Nicolai Mamai, täglich den Plan übererfüllen, um bis zum 30. Juni 1959 vier Tage Planvorsprung zu erreichen. Dabei werden wir (zur Entwicklung des wissenschaftlich-technischen Fortschritts) mit Hilfe unseres Paten, des Ingenieurs Siegfried Meyer, eine neue Methode zur Zuführung der Tonerde anwenden, um die körperliche Arbeit zu erleichtern, die Selbstkosten zu senken und die Arbeitsproduktivität zu steigern. Wir wollen Verlust- und Wartezeiten ausschalten (Seifert-Methode) und das sozialistische Leistungsprinzip noch besser verwirklichen. Zu der im Jahre 1959 vorgesehenen Senkung des Stromverbrauchs um 150 kWh pro Tonne Aluminium wollen wir eine weitere Senkung um 150 kWh pro Tonne erreichen. Ferner wird das Auftragen der Tonerde statt bisher von Hand mit einem fahrbaren Dosiergerät erfolgen."[47]

Hinzu kommt das Ringen der Brigademitglieder um die Erweiterung ihrer technisch-wissenschaftlichen Kenntnisse und Fertigkeiten. Der Qualifizierungsprozeß der Werktätigen unter der Losung „sozialistisch lernen", erweitert ihren Gesichts-

[46] Programmatische Erklärung ... a. a. O., S. 56.
[47] S. Tribüne vom 7. Januar 1959.

kreis und erhöht ihre schöpferischen Möglichkeiten und die Fähigkeit, die moderne Technik immer besser zu beherrschen, anzuwenden und sie sogar selbst zu vervollkommnen. Augenscheinlich ist das bei der Lösung der Aufgaben der sozialistischen Rekonstruktion in den Betrieben. Der schöpferische Elan der Werktätigen, gepaart mit gediegenen Kenntnissen und Erfahrungen, macht es ihnen möglich, in gemeinschaftlicher Arbeit ganze Produktionsprozesse umzuwandeln. Hier erweisen sich die unmittelbaren Produzenten in der Tat als die Herren und bewußten Schöpfer der Technik. Eindrucksvoll äußert sich das in den Worten des Brigadiers Helmut Riedel vom SDAG Wismut wenn er darstellt, wie sein Kollektiv im Zusammenhang mit dem Rekonstruktionsplan des Betriebes nach neuen Wegen zur Verbesserung der Arbeitsorganisation, zur Anwendung von Neuerermethoden und zur weiteren Verbesserung der Technik sucht. So führt er aus:

„Wir entwickelten eine Umgleisplatte, auf der es uns möglich ist, die leeren oder beladenen Hunte bei einer zweigleisigen Strecke von dem einen Gleis auf das andere umzusetzen. Diese Umgleisplatte half uns mit, zu Ehren des 10. Jahrestages der DDR 578,6 m auszufahren und damit den Vortriebsrekord innerhalb der Republik zu brechen.“[48] Und weiter sagt er: „Wir haben gemeinsam mit den Ingenieuren und Technikern eine Forschungsgemeinschaft gebildet ... (die) sich das Ziel gestellt hat, nach neuen Wegen zu suchen, die dazu beitragen, durch Anwendung von neuen Methoden, besonders im Tiefbohrsystem, der Fernsteuerung von Lademaschinen oder sogar Kuppelung von zwei Lademaschinen die Vortriebsgeschwindigkeit weiter zu erhöhen und dadurch die Arbeitsproduktivität wesentlich zu steigern“.[49]

Das sind Worte von Menschen, die sich die Technik unterworfen haben, die Herrn über sie sind und bei denen nichts mehr von irgend einer „technischen Entfremdung“ zu spüren ist.

Das alles zeigt, von welch revolutionärer Wirkung die sozialistischen Brigaden bei der Entwicklung aller Elemente der gesellschaftlichen Produktivkräfte in der sozialistischen Gesellschaft der DDR sind.

Sowohl die Verbreiterung und Vertiefung der sozialistischen Bewußtheit der Werktätigen durch die Bewegung der sozialistischen Brigaden und Arbeits- und Forschungsgemeinschaften, als auch die durch sie stimulierte Entwicklung der gesellschaftlichen Produktivkräfte sind von größter Bedeutung für die weitere Festigung, Vervollkommnung und Entwicklung der sozialistischen Produktionsverhältnisse in der DDR. So erweisen sich die sozialistischen Brigaden und Arbeitsgemeinschaften einerseits als objektive Notwendigkeit, als Erfordernis des Entwicklungsstandes der Produktivkräfte und der sozialistischen Produktionsverhältnisse, andererseits aber selbst als Voraussetzung der weiteren Entwicklung der gesellschaftlichen Produktivkräfte und der sozialistischen Produktionsverhältnisse.

In den dargelegten Beziehungen erschöpft sich jedoch keineswegs die Bedeutung der sozialistischen Brigaden und sozialistischen Arbeits- und Forschungsgemeinschaften für die Festigung, Entwicklung und Vervollkommnung der sozialistischen Produktionsverhältnisse. Man darf nicht übersehen, daß die Bewegung der sozia-

[48] S. Erfahrungen der sozialistischen Gemeinschaftsarbeit, Dietz Verlag 1960, S. 51.
[49] S. ebenda, S. 51/32.

listischen Gemeinschaften direkt zur Herausbildung von Elementen der sozialistischen Produktionsverhältnisse führt. Die Kategorie Produktionsverhältnisse ist nicht zu eng aufzufassen. „Der Begriff Produktionsverhältnisse", so heißt es im Lehrbuch „Grundlagen der marxistischen Philosophie", „umfaßt im weiteren Sinne des Wortes alle Formen der ökonomischen Beziehungen zwischen den Menschen. Zu diesen Beziehungen gehört z. B. die gesellschaftliche Arbeitsteilung zwischen den Menschen, die in den verschiedenen Produktionszweigen tätig sind, insbesondere in der extraktiven und in der verarbeitenden Industrie. Ein bestimmtes Gebiet der ökonomischen Beziehungen, der Produktionsverhältnisse, sind auch die Arbeitsteilung zwischen Stadt und Land und die Formen der ökonomischen Verbindung zwischen ihnen. Die Austauschverhältnisse, z. B. Kauf und Verkauf, sind ebenfalls Produktionsverhältnisse. Auch die Formen der Einkommensverteilung gehören zu den Produktionsverhältnissen".[50] Solche Elemente der sozialistischen Produktionsverhältnisse, die sich unter dem Einfluß der Bewegung der sozialistischen Brigaden und Arbeitsgemeinschaften entwickeln und vervollkommnen, sind: Formen der sozialistischen Kooperation der Arbeit, Formen der sozialistischen Organisation der gesellschaftlichen Arbeit; alte Formen der Arbeitsteilung werden überwunden, und neue bilden sich heraus, insbesondere entwickeln sich auch unter dem Einfluß der neuen Bewegung Keime der Überwindung der wesentlichen Unterschiede zwischen der geistigen und der körperlichen Arbeit.[51]

Man kann jetzt zusammenfassend sagen: Einerseits ist die sozialistische Gemeinschaftsarbeit Ausdruck, bewußte Anwendung der objektiven Erfordernisse der sozialistischen Produktionsverhältnisse, andererseits aber bringt die Gemeinschaftsarbeit selbst Elemente der sozialistischen Produktionsverhältnisse hervor. Es handelt sich hierbei keineswegs um einander widersprechende Erscheinungen. Vielmehr stehen sie völlig im Einklang mit der marxistischen Auffassung vom Wesen der Produktionsverhältnisse. Marx verwendet den Begriff Produktionsverhältnisse im engeren und im weiteren Sinne. Im Lehrbuch „Grundlagen der marxistischen Philosophie" heißt es dazu: „Die Produktionsverhältnisse im weiteren Sinne des Wortes umfassen also die Verhältnisse der Produktion, des Austauschs und der Verteilung der materiellen Güter. Im engeren Sinne verwendet Marx diesen Begriff, wenn er die Verhältnisse heraushebt, die sich unmittelbar im Produktionsprozeß herausbilden, und wenn er nachweist, daß die Austausch- und Verteilungsverhältnisse eine Kehrseite der Produktionsverhältnisse sind."[52] Die Elemente der Produktionsverhältnisse sind nicht gleicher Qualität. Das grundlegende Verhältnis, das alle anderen bestimmt, darunter auch die Verhältnisse des Austausches, der Verteilung usw., ist das Verhältnis der Menschen zu den Produktionsmitteln, das Verhältnis zum Eigentum.

Auf unser Problem angewandt, könnte man vielleicht sagen, daß im engeren Sinne gesehen die sozialistische Gemeinschaftsarbeit und ihre Formen Ausdruck der

50 Grundlagen der marxistischen Philosophie, Dietz Verlag, 1959, S. 433.
51 Vgl. dazu auch S. 221ff. der vorliegenden Arbeit.
52 Grundlagen der marxistischen Philosophie, a. a. O., S. 433.

sozialistischen Produktionsverhältnisse — der unmittelbaren aus dem sozialistischen Eigentum erwachsenden Verhältnisse — sind. Im weiteren Sinne jedoch, vom Standpunkt der Gesamtheit der sozialistischen Produktionsverhältnisse, werden durch die sozialistischen Brigaden und sozialistischen Arbeits- und Forschungsgemeinschaften selbst neue Elemente der sozialistischen Produktionsverhältnisse hervorgebracht bzw. vervollkommnet.

Diese Tatsache dringt den Mitgliedern der sozialistischen Brigaden und Arbeitsgemeinschaften mehr und mehr ins Bewußtsein. Sie stellen sie vielfach schon in ihrer Tätigkeit in Rechnung und suchen die Entwicklung solcher Elemente der Produktionsverhältnisse bewußt voranzutreiben. Denn nichts anderes ist es, wenn z. B. Rudi Stern[53], Gruppenleiter in der VVB Braunkohle Cottbus schildert, daß die Produktionsarbeiter gemeinsam mit Partei-, Gewerkschafts- und Wirtschaftsfunktionären beraten haben, wie die Formen der Leitungstätigkeit und des Brigadeaufbaus geändert werden müssen, um Hemmnisse für die weitere Entwicklung der sozialistischen Brigaden zu überwinden.[54]

Dies ist ein Beispiel dafür, wie die unmittelbaren Produzenten nicht nur in steigendem Maße den Produktionsprozeß technisch sondern auch gesellschaftlich beherrschen, wie sie mehr und mehr ihre Geschichte bewußt selbst gestalten. So bewahrheitet sich in der sozialistischen Gesellschaft der DDR überzeugend die geniale Voraussage von Engels:

„Mit der Besitzergreifung der Produktionsmittel durch die Gesellschaft ist die . . . Herrschaft des Produkts über die Produzenten (beseitigt). Die Anarchie innerhalb der gesellschaftlichen Produktion wird ersetzt durch planmäßige bewußte Organisation. Der Kampf ums Einzeldasein hört auf. Damit erst scheidet der Mensch, in gewissem Sinn, endgültig aus dem Tierreich, tritt aus tierischen Daseinsbedingungen in wirklich menschliche. Der Umkreis der die Menschen umgebenden Lebensbedingungen, der die Menschen bis jetzt beherrschte, tritt jetzt unter die Herrschaft und Kontrolle der Menschen, die zum ersten Male bewußte, wirkliche Herren der Natur, weil und indem sie Herren ihrer eigenen Vergesellschaftung werden. Die Gesetze ihres eignen gesellschaftlichen Tuns, die ihnen bisher als fremde, sie beherrschende Naturgesetze gegenüberstanden, werden dann von den Menschen mit voller Sachkenntnis angewandt und damit beherrscht. Die eigne Vergesellschaftung der Menschen, die ihnen bisher als von Natur und Geschichte oktroyiert gegenüberstand, wird jetzt ihre eigne freie Tat. Die objektiven, fremden Mächte die bisher die Geschichte beherrschten, treten unter die Kontrolle der Menschen selbst. Erst von da an werden die Menschen ihre Geschichte mit vollem Bewußtsein selbst machen, erst von da an werden die von ihnen in Bewegung gesetzten gesellschaftlichen Ursachen vorwiegend und in stets steigendem Maße auch die von ihnen gewollten Wirkungen haben. Es ist der Sprung der Menschheit aus dem Reiche der Notwendigkeit in das Reich der Freiheit.“[55]

[53] Vgl. dazu Stern, R., Die sozialistische Gemeinschaftsarbeit erfordert neue Formen des Brigadeaufbaus und der Leitungstätigkeit, in: Erfahrungen der sozialistischen Gemeinschaftsarbeit, a. a. O.,

[54] Ebenda, S. 71/72.

[55] Engels, F., Antidühring, Dietz Verlag, Berlin 1958, S. 351

Die sozialistischen Brigaden und Arbeitsgemeinschaften und der sozialistische Charakter der Arbeit

Der sozialistische Charakter der gesellschaftlichen Arbeit entsteht objektiv. Die Liquidierung des kapitalistischen Eigentums an den Produktionsmitteln und seine Ersetzung durch gesellschaftliches Eigentum führt auch zur Liquidierung des kapitalistischen Charakters der Arbeit, und ein neuer, der sozialistische Charakter der Arbeit wird geboren. Der Prozeß der Entstehung, Entwicklung und Vervollkommnung der sozialistischen Produktionsverhältnisse ist zugleich der Prozeß der Entstehung, Entwicklung und Vervollkommnung des sozialistischen Charakters der gesellschaftlichen Arbeit. Offenbar gibt es jedoch in dieser Frage unter den Gesellschaftswissenschaftlern der DDR keine einheitliche Auffassung. Keine klare und eindeutige Konzeption hat u. a. Gerhard Hirschfeld. So schreibt er in seiner interessanten Arbeit „Zur Herausbildung des neuen Charakters der Arbeit in unserer Republik":

> „Mit der Eroberung der politischen Macht durch die Arbeiterklasse und mit der Schaffung des sozialistischen Eigentums an den wichtigsten Produktionsmitteln *werden die objektiven Voraussetzungen* für die Entwicklung eines neuen Charakters der Arbeit geschaffen."[57] (Hervorhebung — K. B.)

Und an anderer Stelle heißt es bei ihm:

> „Diese sich jedem Arbeiter bietende Möglichkeit, für sich selbst, für seine Klasse und seinen Staat zu arbeiten, ist die *wichtigste Voraussetzung* für die Formung des neuen, sozialistischen Charakters der Arbeit, der sich durch kameradschaftliche Beziehungen, gegenseitige Hilfe und Unterstützung der Menschen im Arbeitsprozeß auszeichnet."[58] (Hervorhebung — K. B.).

Ausdrücklich sind hier von Hirschfeld die sozialistischen Produktionsverhältnisse *nur als Voraussetzungen* für die Entstehung des sozialistischen Charakters der Arbeit formuliert. Das kann doch nur so verstanden werden, daß der neue, sozialistische Charakter der Arbeit nicht mit der Entstehung der sozialistischen Produktionsverhältnisse geboren wird, sondern die neuen Produktionsverhältnisse gewissermaßen nur die Grundlage, den objektiven Boden für eine sukzessive Herausbildung des sozialistischen Charakters der Arbeit abgeben.

Bei Hirschfeld wird nicht klar, ob er den sozialistischen Charakter der Arbeit als objektiv bestimmt ansieht oder ob er ihn als eine Sache der sozialistischen Einstellung der Menschen zur Arbeit auffaßt. Letzteres konzeptionell vertreten würde bedeuten: In dem Maße, wie sich das sozialistische Bewußtsein der Menschen, ihre sozialistische Einstellung zur Arbeit entwickelt, entsteht und entwickelt sich der sozialistische Charakter der Arbeit. Eine solche Identifizierung der sozialistischen Einstellung zur Arbeit mit dem Charakter der Arbeit verneint das objektive Entstehen des sozialistischen Charakters der Arbeit mit und in Abhängigkeit von der Entstehung und Entwicklung der sozialistischen Produktionsverhältnisse und macht seine Entstehung von moralisch-ethischen Faktoren abhängig. Das heißt aber, daß der Charakter der Arbeit subjektiviert wird.

[57] Hirschfeld, G., Zur Herausbildung des neuen Charakters der Arbeit in unserer Republik, in: „Einheit", H. 4/1959, S. 489. [58] Ebenda, S. 489.

Obgleich Hirschfeld Formulierungen gebraucht, die darauf schließen lassen, daß er die Entwicklung des sozialistischen Wettbewerbs als Ausdruck des neuen, sozialistischen Charakters der Arbeit betrachtet, erweckt doch seine Darstellung im ganzen den Anschein, als ob er die Entstehung des sozialistischen Charakters der Arbeit als unmittelbar mit der Entwicklung des sozialistischen Wettbewerbs verknüpft auffaßt; als ob er die Herausbildung des bewußten kameradschaftlichen sozialistischen Verhaltens der Menschen und ihrer sozialistischen Einstellung zur Arbeit als „Schaffung" des sozialistischen Charakters der Arbeit betrachtet.

Man kann deshalb Hans Thalmann kaum zustimmen, wenn er in seiner sehr bemerkenswerten und anregenden Arbeit „Probleme des neuen Charakters der Arbeit in der DDR" polemisch gegen diese fehlerhaften Auffassungen schreibt: „Offenbar handelt es sich hier um Unklarheiten, die dadurch entstehen, daß eine objektiv gegebene Erscheinung und deren Wesensmerkmale, die sich immer vollkommener ausprägen, durcheinandergebracht werden,"[59] oder wenn er sagt: „Es ist deshalb falsch, wenn aus den vielfältigen Erscheinungsformen des objektiv gegebenen neuen Charakters der Arbeit gefolgert wird, daß sich hierin der Charakter der Arbeit neu formt . . ."[60] Der Fehler Hirschfelds besteht u. E. nicht im Durcheinanderbringen der objektiv gegebenen Erscheinung und deren Wesensmerkmale. Die Unklarheiten in Hirschfelds Konzeption sind vielmehr dadurch entstanden, daß er nicht streng zwischen dem objektiv, mit der Herausbildung des sozialistischen Eigentums gegebenen sozialistischen Charakter der Arbeit und der durch das Bewußtwerden dieser Verhältnisse bedingten Einstellung der Menschen zur Arbeit unterscheidet. Hirschfeld läuft dadurch Gefahr, den Charakter der Arbeit mit der Einstellung der Menschen zur Arbeit zu identifizieren und seine Entstehung aus ideellen Faktoren abzuleiten.

Statt sich zunächst die Frage vorzulegen, gibt es objektive, vom Bewußtsein der Menschen unabhängige Merkmale des sozialistischen Charakters der gesellschaftlichen Arbeit und welche sind es, hat Hirschfeld — unzweifelhaft interessant und konstruktiv — dargelegt, wie die neuen, sozialistischen Produktionsverhältnisse und der neue, sozialistische Charakter der Arbeit sich in den Köpfen der Menschen umsetzt, den Menschen bewußt wird und ihr Handeln bestimmt.

Es ergibt sich aber aus dem Wesen des gesellschaftlichen Charakters der Arbeit, daß er sowohl im Kapitalismus als auch im Sozialismus objektiv bestimmt ist.

Analysiert man die Kategorie Arbeit, so ist sie zunächst, wie Marx nachweist, als „ewige Naturbedingung des menschlichen Lebens"[61] aufzufassen. Ohne zu arbeiten, ohne materielle Güter zu produzieren, geht jede Gesellschaft zugrunde. Die Arbeit selbst „ist zweckmäßige Tätigkeit zur Herstellung von Gebrauchswerten, Aneignung des Natürlichen für menschliche Bedürfnisse,"[62] sie ist „ein Prozeß zwischen Mensch und Natur, ein Prozeß, worin der Mensch seinen Stoffwechsel mit der Natur durch

[59] Thalmann, H., Probleme des neuen Charakters der Arbeit in der DDR, in: „Wirtschaftswissenschaft" 2/1961, S. 179.
[60] Ebenda, S. 180.
[61] Marx, K., Das Kapital, Dietz Verlag, Berlin 1951, Bd. I, S. 192.
[62] Ebenda, S. 192.

seine eigene Tat vermittelt, regelt und kontrolliert."[63] Das Resultat dieses Prozesses sind Gebrauchswerte, die irgendeine Art menschlicher Bedürfnisse befriedigen. Das ist gewissermaßen die allgemeine, die natürliche Seite der Arbeit. Sie existiert unabhängig von der gegebenen Gesellschaftsformation, sie ist in allen Gesellschaftsformationen gleich. „So wenig man dem Weizen anschmeckt, wer ihn gebaut hat", sagt Marx, „so wenig sieht man diesem Prozeß an, unter welchen Bedingungen er vorgeht, ob unter der brutalen Peitsche des Sklavenaufsehers oder unter dem ängstlichen Auge des Kapitalisten, ob Cincinnatus ihn verrichtet in der Bestellung seiner paar jugera (Joch) oder der Wilde, der mit einem Stein eine Bestie erlegt."[64]

Die Arbeit ist immer gesellschaftliche Arbeit. Die Menschen produzieren in Gruppen, in Gemeinschaften, sie arbeiten als gesellschaftliche Individuen, im gesellschaftlichen Zusammenhang. „Der einzelne und vereinzelte Jäger und Fischer ... gehört zu den phantasielosen Einbildungen der 18.-Jahrhundert-Robinsonaden ...,"[64a] und „die Produktion des vereinzelten Einzelnen außerhalb der Gesellschaft ... ist ein ebensolches Unding als Sprachentwicklung ohne *zusammen* lebende und zusammen sprechende Individuen."[65]

Wenn auch die Arbeit immer gesellschaftliche Arbeit ist, so ist doch der Charakter dieser gesellschaftlichen Arbeit nicht ein für allemal gegeben. Der *Charakter der gesellschaftlichen Arbeit ist die besondere gesellschaftliche Form, in der die Arbeit geleistet wird.* Er hängt von den jeweiligen Produktionsverhältnissen ab, von den Eigentumsverhältnissen. Vielleicht könnte man sagen, daß der Charakter der gesellschaftlichen Arbeit sich in Abhängigkeit vom Entwicklungsstand der Produktivkräfte unmittelbar aus der Art und Weise, wie die unmittelbaren Produzenten mit den Produktionsmitteln verbunden sind, ergibt. Die Art und Weise, in der die Produzenten zum Zwecke der Produktion mit den Arbeitsmitteln und den Arbeitsgegenständen vereint sind, ist jedoch objektiv bestimmt. Demzufolge ist auch der Charakter der gesellschaftlichen Arbeit objektiv bestimmt, d. h. er ist gegeben, ob sich die Menschen dieses Charakters bewußt sind oder nicht, ob sie ihm entsprechend handeln oder nicht.

Der Charakter der gesellschaftlichen Arbeit ist im Kapitalismus durch die Unterordnung der Arbeit unter das Kapital objektiv gegeben. Die Arbeit ist Lohnarbeit, sie hat Ausbeutungscharakter. Der eigentliche Produzent ist bar aller Produktionsmittel. Er ist Zubehör der materiellen Bedingungen der Produktion, und der Arbeitsprozeß ist ein Prozeß zwischen Dingen, die dem Kapitalisten gehören, über die der Kapitalist verfügt. Das Produkt der Arbeit ist demzufolge nicht Eigentum des Produzenten, sondern des Kapitalisten. Statt eines aktiven Subjekts ist der eigentliche Produzent passives Objekt. Die Arbeit, die ureigenste menschliche Tätigkeit, in der der Mensch seine Kräfte entfaltet und sich als Mensch bewährt, ist unter den Bedingungen der Herrschaft des kapitalistischen Privateigentums objektiv in ihr Gegenteil verkehrt. Sie steht dem Arbeiter fremd und äußerlich als Zwangs- und Fronarbeit gegenüber.

[63] Ebenda, S. 185. [64] Ebenda, S. 192.
[64a] Marx, K., Grundrisse der Kritik der politischen Ökonomie, Dietz Verlag, 1953, S. 5.
[65] Ebenda, S. 6.

Die Produktionsmittel, an sich Instrumente, die ihm als Beherrscher, als Leiter der Produktion im Kampf mit der Natur dienen, richten sich gegen ihn, werden unter kapitalistischen Bedingungen zu Herrschern über ihn. Er ist bloßes Anhängsel der Maschine. Das kapitalistische Maschinensystem und seine Entwicklung führen zu einer ihm entsprechenden Arbeitsteilung und Kooperation. Diese durch das Kapital erzwungene Arbeitsteilung und Kooperation verstümmelt den Arbeiter. Seine schöpferischen Kräfte und Fähigkeiten werden getötet, die Arbeit wird zu einer stupiden Tätigkeit, die zu fliehen das höchste Glück ist. Der Gegensatz zwischen der körperlichen und geistigen Arbeit wird auf die Spitze getrieben.

Das Kommando über die Arbeit führt der Kapitalist. Er führt es zur höchstmöglichen Verwertung seiner Produktionsfaktoren, der Arbeitskraft und der Produktionsmittel, d. h. seines Kapitals. Ihm geht es nicht um die Produktion von Gebrauchswerten zur Befriedigung menschlicher Bedürfnisse, sondern um Gebrauchswerte als stoffliche Träger von Wert und Mehrwert.

Die Produktion ist kapitalistische Warenproduktion, d. h. die Arbeit kann sich erst auf dem Markt als gesellschaftliche darstellen und bewähren. Unmittelbar wird sie als private geleistet.

Alle diese Merkmale des kapitalistischen Charakters der gesellschaftlichen Arbeit sind unabhängig vom Willen der Menschen objektiv bestimmt und ein für allemal mit der Herrschaft des kapitalistischen Privateigentums an den Produktionsmitteln gegeben. Sie sind Resultat der Unterordnung der Arbeit unter das Kapital.

Die Entwicklung der Produktivkräfte im Kapitalismus prägt alle diese Merkmale des kapitalistischen Charakters der Arbeit tiefer aus. Wie der Übergang von der Manufaktur zum kapitalistischen Maschinensystem den Arbeiter stärker an die Ketten des Kapitals schmiedete, seine Arbeitsfähigkeiten und Talente verstümmelte, ihn den objektiven Produktionsfaktoren immer mehr unterwarf, macht auch die Automation unter kapitalistischen Bedingungen den Arbeiter nicht zum Herrn der Produktion, sondern noch mehr zu ihrem Knecht. Er wird noch stärker zum Anhängsel der Technik; die kapitalistische Automation macht ihn noch mehr zum passiven Objekt. Die kapitalistische Automation richtet sich gegen den unmittelbaren Produzenten und vertieft den Charakter der Arbeit als Fron- und Zwangsarbeit.

Ist das kapitalistische Eigentum an den Produktionsmitteln liquidiert, so ist auch der kapitalistische Charakter der Arbeit verschwunden. Das gesellschaftliche Eigentum an den Produktionsmitteln bringt einen neuen, den sozialistischen Charakter der Arbeit hervor. Objektiv entstehen neue, die sozialistischen Merkmale des Charakters der Arbeit und beginnen zu wirken. Macht man jedoch die Entstehung des sozialistischen Charakters der Arbeit vom bewußten sozialistischen Handeln der Menschen abhängig, identifiziert man die sozialistische Einstellung der Menschen zur Arbeit mit dem Charakter der Arbeit, so hat die Frage nach irgendwelchen objektiven Merkmalen des sozialistischen Charakters der Arbeit überhaupt keine Berechtigung. Nach einer derartigen Konzeption kann es im Grunde genommen solche objektiven Kriterien auch gar nicht geben. Die Herausbildung des sozialistischen Charakters der Arbeit bedarf danach zunächst objektiver Voraussetzungen:

der sozialistischen Produktionsverhältnisse. Die Partei hat den Menschen diese objektiven Verhältnisse bewußt zu machen, dadurch erlangen die Werktätigen eine diesen Verhältnissen entsprechende Einstellung zur Arbeit. Sie werden zu einem diesen Verhältnissen entsprechenden bewußten Handeln geführt, das sich als sozialistisches Arbeiten darstellt. Dieses sozialistische Arbeiten ist der neue Charakter der Arbeit. Objektive, mit den sozialistischen Produktionsverhältnissen geborene Merkmale sind bei diesem „Charakter der Arbeit" nicht vorhanden.

Aus der Tatsache, daß Hirschfeld nicht scharf genug den objektiv gegebenen Charakter der Arbeit und die Einstellung der Menschen zur Arbeit trennt, ist es wahrscheinlich auch zu erklären, warum er in seiner Arbeit nicht die Frage nach den objektiven Merkmalen des sozialistischen Charakters der gesellschaftlichen Arbeit aufwirft.

Obgleich Hirschfeld ausdrücklich als Ziel seiner Arbeit formuliert, daß er versuchen will, das „Neue in der Arbeit, den neuen Charakter der Arbeit in unserer Republik sowie seine Entwicklung darzulegen"[66], berührt er bedauerlicherweise z. B. mit keinem Wort die Frage: Was wird nach der Vergesellschaftung der Produktionsmittel mit dem Widerspruch zwischen der privaten und gesellschaftlichen Arbeit? Ein Widerspruch, der an die Existenz des Privateigentums an den Produktionsmitteln gebunden ist, der unter den Bedingungen des kapitalistischen Privateigentums auf die Spitze getrieben wird und als eines der wichtigsten objektiven Kennzeichen des kapitalistischen Charakters der gesellschaftlichen Arbeit charakterisiert werden muß.

Es hängt nicht vom Willen der Menschen ab und schon gar nicht von ihrer Einstellung zur Arbeit, daß mit der Vergesellschaftung der Produktionsmittel die Arbeit nicht mehr als private geleistet wird, die sich erst auf dem Markt als gesellschaftliche darstellen und bewähren muß. Das gesellschaftliche Eigentum an den Produktionsmitteln vereint die Produzenten. Die Arbeit aller Betriebe und Institutionen ist zu einem einheitlichen und planmäßigen, d. h. unmittelbar gesellschaftlichen Arbeitsprozeß zusammengefaßt. Die Arbeit des einzelnen Produzenten ist Bestandteil der gesellschaftlichen Gesamtarbeit; er leistet seine Arbeit folglich objektiv nicht als private, sondern als unmittelbar gesellschaftliche Arbeit.

Wenn es richtig ist, daß das Entscheidende für die Bestimmung des Charakters der Arbeit die Art und Weise der Vereinigung der Produzenten mit den Produktionsmitteln in Abhängigkeit vom Entwicklungsstand der Produktivkräfte ist, so wird mit der Vergesellschaftung der Produktionsmittel, als einer qualitativ neuen Form der Verbindung der Produzenten mit den Produktionsmitteln, ganz unabhängig von der Einstellung der Menschen zur Arbeit objektiv ein neuer Charakter der Arbeit geboren.

Das gesellschaftliche Eigentum an den Produktionsmitteln gibt den Werktätigen objektiv eine völlig neue Stellung im Produktionsprozeß und in der Gesellschaft. Es gibt ihnen die Stellung gleichberechtigter, von der Ausbeutung befreiter Werktätiger, die als gemeinschaftliche Eigentümer auch ihre Produkte gemeinschaftlich

[66] Hirschfeld, G., a. a. O., S. 488.

aneignen. Der Interessengegensatz zwischen dem einzelnen und der Gesellschaft ist aufgehoben. Die Arbeit des einzelnen ist nicht mehr Arbeit für andere, ist keine Lohnarbeit, hat keinen Ausbeutungscharakter, sondern sie dient der Entwicklung und Wohlfahrt aller Mitglieder der Gesellschaft. Die persönlichen Interessen des Einzelnen und die Interessen der Gesellschaft sind zu einer Einheit verschmolzen. Die Arbeit des einzelnen ist Arbeit für die Gesellschaft und damit zugleich für jeden einzelnen.

Wollte man den Versuch machen, die grundlegenden allgemeinen Merkmale des sozialistischen Charakters der gesellschaftlichen Arbeit zu formulieren, so könnte man sagen: Die Arbeit im Sozialismus ist unmittelbar gesellschaftliche Arbeit, sie ist freie Arbeit, geleistet nicht mehr unter dem Kommando von Kapitalisten, sondern unter der Leitung der Werktätigen selbst, sie ist planmäßige Arbeit, Arbeit „auf Rechnung der gesamten Gesellschaft, zur Sicherung der höchsten Wohlfahrt und der freien allseitigen Entwicklung aller ihrer Mitglieder.“[67]

Diese Merkmale entstehen objektiv mit der Vergesellschaftung der Produktionsmittel, und sie existieren, ob sich die Menschen bei ihrem Handeln dessen bewußt sind oder nicht.

Nun aber zu meinen, daß mit den grundlegenden Merkmalen der sozialistische Charakter der Arbeit in sich abgeschlossen, ein für allemal gegeben wäre, ist völlig falsch. Genausowenig wie die Entwicklung der Produktionsverhältnisse einen Stillstand kennt, genausowenig kennt ihn der sozialistische Charakter der Arbeit. Wohl werden die grundlegenden Merkmale des sozialistischen Charakters der Arbeit mit der Vergesellschaftung der Produktionsmittel geboren, aber eben nur die grundlegenden. Mit ihnen ist der neue Charakter der Arbeit bei weitem noch nicht entwickelt, ganz zu schweigen davon, daß er noch nicht ausgereift ist. Hirschfeld hat also völlig recht, wenn er zum Ausdruck bringt, daß sich der sozialistische Charakter der Arbeit entwickeln muß, und es ist zu unterstreichen, wenn Thalmann sagt, daß „mit der Errichtung der Arbeiter-und-Bauern-Macht und der Schaffung des sozialistischen Eigentums an den wesentlichsten Produktionsmitteln . . . der neue Charakter der Arbeit noch längst nicht in seinen vielfältigen Merkmalen ausgeprägt“[68] ist.

Die sozialistische Gesellschaft übernimmt von der kapitalistischen nicht nur die Produktivkräfte, sondern auch die vom Kapitalismus hervorgebrachte Teilung der Arbeit innerhalb der Gesellschaft, zwischen den einzelnen Industriezweigen und Betrieben sowie innerhalb der einzelnen Betriebe. Sie übernimmt weiter die kapitalistische Kooperation der Arbeit und die im Kapitalismus entstandene berufsmäßige Isolierung der Arbeiter.

In dem Maße, wie sich das sozialistische Eigentum festigt und entwickelt und schließlich zum herrschenden Eigentum wird, beginnen sich die sozialistischen Formen der Kooperation und Arbeitsteilung herauszubilden. Gerade gegenwärtig vollzieht sich dieser Prozeß besonders augenscheinlich, besteht doch eine der

[67] Lenin, W. I., Werke, Dietz Verlag, Berlin, 1956, Bd. 6, S. 13.
[68] Thalmann, H., a. a. O., S. 177.

wichtigsten Aufgaben der sozialistischen Rekonstruktion der Industrie und der Betriebe in der Herausbildung sozialistischer Formen der Kooperation und Arbeitsteilung. Im Zusammenhang mit diesem Prozeß und mit der Sicherung des wissenschaftlich-technischen Fortschritts in den Betrieben entwickeln sich Elemente der Überwindung der vom Kapitalismus überkommenen berufsmäßigen Isolierung. Ein großer Teil der Arbeiter beginnt einen zweiten oder gar dritten Beruf zu erlernen. Diese Entwicklungsprozesse sind Erfordernisse der sozialistischen Produktionsverhältnisse und der sich auf ihrer Grundlage entwickelnden Produktivkräfte. Ihre Realisierung bedarf unter sozialistischen Bedingungen jedoch der bewußten Tat der Menschen. Die Kenntnis dieser objektiven Erfordernisse ersetzt die Partei der Arbeiterklasse in die Lage, die aktive Mithilfe der Werktätigen bei deren Durchsetzung zu organisieren und zu leiten.

Analog verhält es sich mit der Entwicklung sozialistischer Formen der Wirtschaftsleitung. Sie entwickeln und festigen sich mit der Festigung und Entwicklung des sozialistischen Eigentums. Ihre Herausbildung und Entwicklung ist ein objektives Erfordernis der sozialistischen Produktionsverhältnisse und der Produktivkräfte. Diese Formen bedingen jedoch einen ihnen entsprechenden Bewußtseinsstand der Werktätigen und bedürfen der bewußten Aktion der Werktätigen zu ihrer Realisierung.

Zugleich wird mit der Entwicklung der Produktivkräfte und der Festigung der sozialistischen Produktionsverhältnisses die Arbeit mehr und mehr schöpferische Tätigkeit, und es entstehen erste Keime für die Überwindung der wesentlichen Unterschiede zwischen der körperlichen und der geistigen Arbeit.

Es gibt also in der Tat einen Prozeß der Entwicklung und Vervollkommnung des sozialistischen Charakters der Arbeit. Dieser Prozeß vollzieht sich mit der Entwicklung, Festigung und Vervollkommnung der sozialistischen Produktionsverhältnisse und in Abhängigkeit von der Entwicklung der Produktivkräfte, insbesondere der Schaffung der materiell-technischen Basis des Sozialismus, sowie in ständiger Wechselwirkung mit der Entwicklung des sozialistischen Bewußtseins der Menschen.

Nach der Schaffung des gesellschaftlichen Eigentums an den Produktionsmitteln besteht zunächst ein Widerspruch zwischen den neuen gesellschaftlichen Verhältnissen und dem über Jahrhunderte, durch das kapitalistische Privateigentum geprägten Verhalten der Menschen. Es ist zwar ein neuer gesellschaftlicher Charakter der Arbeit entstanden, die Menschen haben eine andere Stellung in der Gesellschaft und im Produktionsprozeß, aber sie verhalten sich vielfach noch nicht bewußt, entsprechend diesen neuen Verhältnissen. Die sozialistische Arbeitsdisziplin ist noch nicht entwickelt, die Arbeit wird noch nicht bewußt sozialistisch geleitet. Das Verhalten der Menschen wird noch vielfach von den alten, aus dem Kapitalismus kommenden Vorstellungen bestimmt. Dieses Verhalten der Menschen, Egoismus, Einzelgängertum, Neid, Mißgunst u. a. — alle diese vom Kapital hervorgebrachten Attribute der kapitalistischen Gesellschaft — wirken hemmend auf die Entwicklung und Vervollkommnung der sozialistischen Produktionsverhältnisse und des sozialistischen Charakters der gesellschaftlichen Arbeit. Die Ausschöpfung aller Möglichkeiten der sozialistischen Produktionsweise, die Entfaltung aller schöpferischen Fähigkeiten und Talente der Menschen erfordert, daß den Menschen das Wesen der objektiven Verhältnisse ins Bewußtsein dringt und sie danach handeln. Der Aufbau der sozialistischen Gesellschaft und ihr Sieg kann nur das Werk bewußt handelnder Menschen sein. Walter Ulbricht sagte in der programmatischen Erklärung des Staatsrates der DDR vor der Volkskammer: „Gleichzeitig sind die Initiative und die Mitarbeit der Volksmassen notwendig, denn die Einbeziehung der Werktätigen in die Leitung unsereres Staates und der Wirtschaft ist kein Lippenbekenntnis, sondern eine Lebensfrage unserer sozialistischen Gesellschaftsordnung. Hier liegen letzten Endes die entscheidenden Ursachen für die Überlegeneheit des Sozialismus, für seine Stärke, für seine Lebenskraft und für seine Wachstumspotenzen."[69] Die Erziehung der Menschen zum sozialistischen Handeln ist deshalb eine Aufgabe von größter Bedeutung und Tragweite. Welch große Rolle Lenin der Entwicklung des sozialistischen Handelns beimaß, läßt sich an seiner Einschätzung der kommunistischen Subbotniks erkennen. Lenin schrieb: „Nicht weniger Beachtung verdient der Heldenmut der Arbeiter im Hinterland. Von geradezu gigantischer Bedeutung ist es in dieser Hinsicht, daß die Arbeiter aus eigener Initiative *kommunistische Subbotniks* veranstalten. Offenbar ist das lediglich erst ein Anfang, aber es ist ein Anfang von ungewöhnlich großer Tragweite. Es ist das der Anfang einer Umwälzung, die schwieriger, wesentlicher, radikaler, entscheidender ist als der Sturz der Bourgeoisie, denn das ist ein Sieg über die eigene Trägheit, über die eigene Undiszipliniertheit, über den kleinbürgerlichen Egoismus, über die Gewohnheiten, die der fluchbeladene Kapitalismus dem Arbeiter und Bauern als Erbe hinterlassen hat. Erst wenn *dieser* Sieg verankert sein wird, dann und nur dann wird die neue gesellschaftliche Disziplin, die sozialistische Disziplin geschaffen sein, dann und nur dann wird eine Rückkehr zum Kapitalismus unmöglich, wird der Kommunismus wirklich unbesiegbar werden."[70]

Die Herausbildung des sozialistischen Bewußtseins und der sozialistischen Einstellung zur Arbeit ist ein komplizierter und langwieriger Prozeß, der sich nicht im Selbstlauf vollzieht. Die neuen objektiven Verhältnisse bewirken nicht von sich aus bewußtes sozialistisches Handeln und Arbeiten. Sie sind die Voraussetzungen, die Grundlage, die die Auseinandersetzung mit den alten Gewohnheiten und Traditionen und die Erziehung und Selbsterziehung der Menschen zu einem neuen Verhältnis zueinander und zur Arbeit notwendig und auch möglich machen.

Kompliziert und langwierig ist dieser Prozeß, weil er eine Auseinandersetzung mit zählebigen Gewohnheiten und Ansichten der Menschen verlangt. Jahrhundertelang war der Mensch der Arbeit als ureigenster Lebenstätigkeit beraubt. Die Arbeit war ihm entfremdet, war Zwangs- und Fronarbeit. Das kapitalistische Privateigentum, das einerseits Jagd nach Profit und andererseits Kampf um die nackte Existenz hervorruft, kehrt die Menschen gegeneinander, drängt sie auf ihr bloßes Privatinteresse, auf ihr borniertes „Ich". Objektiv bewirkt das kapitalistische

[69] Programmatische Erklärung des Vorsitzenden des Staatsrates a. a. O., S. 38.
[70] Lenin, W. I., Ausgewählte Werke in zwei Bänden, Dietz Verlag, Berlin 1953, Bd. II, S. 561/562.

Privateigentum,

„daß die Arbeit dem Arbeiter *äußerlich* ist, d. h. nicht zu seinem Wesen gehört, daß er sich daher in seiner Arbeit nicht bejaht, sondern verneint, nicht wohl sondern unglücklich fühlt, keine freie physische und geistige Energie entwickelt, sondern seine Physis abkasteit und seinen Geist ruiniert. Der Arbeiter fühlt sich daher erst außer der Arbeit bei sich und in der Arbeit außer sich. Zu Hause ist er, wenn er nicht arbeitet, und wenn er arbeitet ist er nicht zu Haus. Seine Arbeit ist daher nicht freiwillig, sondern gezwungen, *Zwangsarbeit*. Sie ist daher nicht die Befriedigung eines Bedürfnisses, sondern sie ist nur ein *Mittel*, um Bedürfnisse außer ihr zu befriedigen. Ihre Fremdheit tritt darin rein hervor, daß, sobald kein physischer oder sonstiger Zwang existiert, die Arbeit als eine Pest geflohen wird ... Wie in der Religion die Selbsttätigkeit der menschlichen Phantasie, des menschlichen Hirns und des menschlichen Herzens unabhängig vom Individuum, d.h. als eine fremde, göttliche oder teuflische Tätigkeit, auf es wirkt, so ist die Tätigkeit des Arbeiters nicht seine Selbsttätigkeit. Sie gehört einem andren. Sie ist Verlust seiner selbst.

Es kommt daher zu dem Resultat, daß der Mensch (der Arbeiter) nur mehr in seinen tierischen Funktionen, Essen, Trinken und Zeugen, höchstens noch Wohnung, Schmuck usw., sich als freitätig fühlt und in seinen menschlichen Funktionen nur mehr als Tier. Das Tierische wird das Menschliche und das Menschliche das Tierische.“[71]

Dieses Fühlen und die daraus resultierenden Arbeitsgewohnheiten und Sitten wurzeln tief im Bewußtsein der Arbeiter. Sie behindern das Bewußtwerden der neuen, sozialistischen Produktionsverhältnisse und des neuen sozialistischen Charakters der Arbeit.

Es ist die vornehmste Aufgabe der Partei, des Staates und der Massenorganisationen der Arbeiterklasse, das sozialistische Bewußtsein in die Massen zu tragen. Der Prozeß der Erziehung und Selbsterziehung der Werktätigen zum sozialistischen Denken und Handeln kann nur unter direkter Leitung der Partei erfolgen. Die alten Gewohnheiten aus dem Bewußtsein der Menschen zu verdrängen und ein neues sozialistisches Bewußtsein zu entwickeln ist eine ständige, langwierige Aufgabe, es ist — wie Lenin einmal sagte — „eine Sache von Jahrzehnten.“[72]

Eine große Rolle bei der Herausbildung eines sozialistischen Bewußtseins spielen die praktischen Erfahrungen der Werktätigen in der sozialistischen Gesellschaft, in den volkseigenen Betrieben und Institutionen, bei der aktiven Mitarbeit an der Staats- und Wirtschaftsleitung. Besondere Bedeutung kommt daher der Aktivisten- und Wettbewerbsbewegung zu. Natürlich ist diese Bewegung selbst Ausdruck eines neuen Verhältnisses zur Arbeit. Jedoch der praktische Kampf zur Erfüllung der Wettbewerbsziele, die Einbeziehung immer größerer Schichten der Werktätigen in die Wettbewerbsbewegung durch die Kraft des Beispiels und die Propagierung der Leistungen der Besten führt bei immer mehr Werktätigen zur Veränderung ihres Denkens über die Arbeit und ihren gesellschaftlichen Charakter. Walter Ulbricht sagte dazu auf dem V. Parteitag der SED:

„Im Kampf um den Wiederaufbau und die Steigerung der Produktion in den volkseigenen Betrieben, im sozialistischen Wettbewerb um die Planerfüllung und die Erhöhung der

[71] Marx, K., Engels, F., Kleine ökonomische Schriften, Dietz Verlag, Berlin 1955, S. 101/102.

[72] Lenin, W. I., Ausgewählte Werke in 12 Bänden, Ring-Verlag A.-G. Zürich, Bd. 8, S. 256.

Qualität der Produktion entstanden neue sozialistische Gedankengänge in der Arbeiterklasse . . ."[73]

In der DDR änderte sich die Einstellung der Werktätigen zur Arbeit grundlegend. Ein neuer Typ des Arbeiters, der sozialistische Arbeiter, entwickelte sich.

Diese Wandlung im Denken und Handeln der Werktätigen wurde treffend von dem hervorragenden sozialistischen Neuerer Günter Christoph aus dem Federnwerk Zittau dargelegt, als er sagte:

„Ich bin jung in der Partei, aber auch an Lebensjahren. Ich weiß aber auch, wie mein Vater und alle älteren Kollegen diskutierten. Sie freuten sich, wenn sie ihren Alten übers Ohr hauten. Jeder hatte seine Methoden und Schliche dafür. Im Tischkasten hatten sie ihre Reserven, und das Geld mußte stimmen. Mit solchen Vorstellungen habe ich einmal angefangen zu arbeiten, das sage ich hier ganz offen. Das konnte auch nicht anders sein . . . Unsere Genossen im Betrieb zeigten alle Fehler und Mängel auf, und schließlich dämmerte es auch bei mir. Es kam der Gedanke, daß etwas nicht mehr stimmen kann. Was bei den Kapitalisten richtig war, konnte jetzt nicht mehr richtig sein, denn wir hatten ja keine Kapitalisten mehr im Betrieb, sondern der Betrieb gehört uns, wie uns auch unsere Wohnungseinrichtung gehört. Mir wurde klar, wenn wir mit unseren Schlichen weitermachen, dann schädigen wir uns selbst. Wir können viel mehr produzieren, wenn wir alle Reserven aus den Tischkästen nehmen. Wir haben unseren Plan aufgeschlüsselt und jedem bewußt gemacht, was er täglich machen muß, damit die Planerfüllung gesichert ist . . . Durch die Aufklärung der Genossen kam mir der Gedanke, alle Reserven aus dem Schubkasten zu holen . . . Wir haben gesagt, *wir wollen beim sozialistischen Aufbau nicht nur nehmen, sondern auch geben.* Unsere Arbeiter-und-Bauern-Macht gibt uns nach unseren Leistungen. Jetzt heißt es, Kollegen, *heraus mit unseren Fähigkeiten.* Das muß man jetzt in alle sozialistische Betriebe tragen."[73a]

Diese hohe Stufe der sozialistischen Arbeitsmoral wurde in einem langen Erziehungsprozeß unter Leitung der Partei und durch die ständigen praktischen Erfahrungen der Menschen im sozialistischen Produktionsprozeß gewonnen. In der Entwicklung der Aktivisten- und Wettbewerbsbewegung spiegelt sich die Herausbildung dieses sozialistischen Bewußtseins. Stufenweise entwickelte sich die sozialistische Aktivisten- und Wettbewerbsbewegung zu immer höheren Formen, die immer allseitiger und umfassender den Erfordernissen der sozialistischen Produktionsverhältnisse Rechnung trugen. In dem Maße wie sich das sozialistische Bewußtsein der Werktätigen entwickelte, vertiefte und verbreitete, brachte die Schöpferkraft der Werktätigen — in Abhängigkeit vom Entwicklungsstand der Produktionsverhältnisse, entsprechend den Aufgaben der Produktion und der Erfordernisse der sich entwickelnden Produktivkräfte — immer neue Wettbewerbsformen hervor.

Der Kampf der Partei zur Veränderung des Bewußtseins der Werktätigen begann unmittelbar nach der Zerschlagung des Faschismus. Der Elan der Aktivisten der ersten Stunde riß Teile der Werktätigen mit. Ihre Initiative war zunächst darauf gerichtet, die Lethargie des Volkes zu überwinden und Produktion und Verkehr wieder in Gang zu bringen. In Stoßbrigaden, Roten Sonntagen u. ä. fand diese

[73] Ulbricht, W., Der Kampf um den Frieden, für den Sieg des Sozialismus, für die nationale Wiedergeburt Deutschlands . . ., Dietz Verlag, Berlin 1958, S. 113.

[73a] Zitiert bei Walter Ulbricht, ebenda, S. 113.

Initiative ihre organisatorische Form. Schon 1947 entwickelten sich unter der Losung der Partei „Mehr produzieren, richtig verteilen, besser leben" die ersten Anfänge der Aktivisten- und Wettbewerbsbewegung. Große Impulse erhielt sie durch den Befehl 234 des Obersten Chefs der SMAD über Maßnahmen zur Steigerung der Arbeitsproduktivität und die Verbesserung der materiellen Lebenslage der Werktätigen. Jedoch der entscheidende Durchbruch bei der Entwicklung der Aktivisten- und Wettbewerbsbewegung wurde erst durch die hervorragende Tat des Häuers Adolf Hennecke während des Halbjahresplanes im Oktober 1948 erzielt.

Die sich rasch entwickelnde Hennecke-Bewegung revolutionierte die Einstellung der Menschen zur Arbeit. Sie war schon nicht mehr nur auf die individuell hohe Produktionssteigerung, sondern in gewissem Grade bereits auf die kollektive Leistung gerichtet. Es entwickelten sich erste Elemente von brüderlicher Hilfe für die Zurückgebliebenen durch die Fortgeschrittenen. In den Jahren des 2-Jahr-Planes entstand und verbreiterte sich sehr rasch die Neuererbewegung. Sie bringt eine höhere Stufe der bewußten Arbeit zum Ausdruck, gingen doch die hervorragenden Neuerer unter Ausnutzung sowjetischer Neuerermethoden daran, den Arbeitsprozeß, die Arbeitsmethoden und die Technologie, selbst zu revolutionieren.

Der Aufbau der Grundlagen des Sozialismus hob diese Entwicklung auf eine höhere Stufe; Namen wie Ermisch, Wirth, Zabel, Raabe u. a., die Rationalisatoren wie Rubbel und Naumann sind mit dem Aufschwung und den Formen dieser Bewegung eng verbunden. Zugleich prägten sich die Züge der gegenseitigen sozialistischen Hilfe im Wettbewerb ebenfalls auf höherer Stufe weiter aus. Die Franik-Bewegung ist Ausdruck dieser Entwicklung. Sie kennzeichnet eine Stufe des sozialistischen Wettbewerbs, wo das Bewußtsein, sozialistisch zu arbeiten, d. h. höchste Leistungen als Kollektiv in brüderlicher gegenseitiger Hilfe zu erzielen, die Wettbewerbsteilnehmer erfaßt hat.

Eine neue Etappe in der Masseninitiative der Werktätigen leitete die Weberin Frida Hockauf ein. Ihre Losung „So wie wir heute arbeiten, werden wir morgen leben" bringt treffend das hohe Maß an sozialistischer Bewußtheit und Einsicht in die Entwicklungsgesetze der sozialistischen Gesellschaft zum Ausdruck. Diese Losung zeugt von der Erkenntnis, daß die individuelle Arbeit Arbeit für die Gesellschaft und damit zugleich Arbeit für jeden einzelnen ist, daß in der sozialistischen Gesellschaft keine antagonistischen Widersprüche zwischen dem Individuum und der Gesellschaft bestehen. Die Hockauf-Bewegung mit ihrer volkstümlichen Losung wurde wahrhaft zur Massenbewegung. Sie half in starkem Maße die sozialistische Einstellung der Menschen zur Arbeit vertiefen und verbreitern.[74]

Die Vervollkommnung der Führung durch Partei und Staat, die weitere Entwicklung des sozialistischen Bewußtseins der Werktätigen und die neuen Aufgaben der Produktion brachten solche Wettbewerbsformen hervor, wie die Christoph-Wehner-Methode und die Seifert-Methode, die sich auf die neuralgischen Punkte in

[74] Zur Geschichte des Wettbewerbes in der DDR, vgl. auch Andreas Schüler, Zu einigen Problemen der Aktivisten- und Wettbewerbsbewegung in der sozialistischen Industrie der DDR, in: Probleme der politischen Ökonomie, Akademie-Verlag, Berlin, 1959, S. 192ff.

der Entwicklung der sozialistischen Produktion orientierten. Diese Formen des Wettbewerbs demonstrierten die zunehmende Beherrschung und Anwendung der ökonomischen Gesetze des Sozialismus durch die unmittelbaren Produzenten selbst.

Immer mehr prägte sich im Bewußtsein der Werktätigen der Gemeinschaftsgedanke, das Miteinander und Füreinander aus. In den vielfältigsten Formen des Wettbewerbs fand der Gemeinschaftsgeist immer sichtbareren Ausdruck. Es entwickelten sich neue Formen, bei denen der Gemeinschaftsgedanke im Mittelpunkt der Bewegung stand. In der Kompaßbewegung der FDJ, in der Zusammenarbeit von Arbeitern und Intellektuellen u. a. und auch in den Produktionsberatungen brach sich der Gemeinschaftsgedanke mehr und mehr Bahn. Eine neue Stufe der sozialistischen Bewußtheit bildete sich heraus.

Verallgemeinernd konnte Walter Ulbricht auf dem V. Parteitag der SED feststellen: „Wir können heute mit Recht sagen, daß es schon Hunderttausende von Bestarbeitern und Aktivisten sind, die sich wie Sozialisten zueinander verhalten, die ein sozialistisches Verhältnis zu ihrer Arbeit gewonnen haben und die daraus die Kraft zu großen vorbildlichen Leistungen in der Produktion schöpfen.“[75]

Die Geschichte der Aktivisten- und Wettbewerbsbewegung erweist sich als die Geschichte des immer vollkommeneren und tieferen Erfassens des sozialistischen Charakters der gesellschaftlichen Arbeit durch die Werktätigen, als Geschichte des Herausbildens einer sozialistischen Einstellung zur Arbeit und damit als Geschichte der bewußten Verwirklichung des neuen Charakters der Arbeit im Handeln der Menschen.

Die Aktivisten- und Wettbewerbsbewegung fand ihre folgerichtige und gesetzmäßige Weiterentwicklung in der Bewegung der Brigaden der sozialistischen Arbeit und sozialistischen Arbeitsgemeinschaften, der bisher höchsten Form des sozialistischen Wettbewerbs. Diese Bewegung entspricht dem erreichten Bewußtseinsstand und den herangereiften neuen Aufgaben der sozialistischen Gesellschaft. So heißt es in dem Aufruf der Brigade „Nicolai Mamai“ ausdrücklich:

> „Wir haben uns in der Vergangenheit bemüht, auf sozialistische Weise zu arbeiten, und sind ein gutes Kollektiv geworden. Über die Hälfte der Brigade hat sich im Jahre 1958 fachlich und gesellschaftlich qualifiziert. Aber all das reicht noch nicht aus, um die neuen und größeren Aufgaben, die vor unserer Republik stehen, zu meistern. Wir wollen entsprechend dem Beschluß des V. Parteitages der SED unseren Beitrag zur Erfüllung der ökonomischen Hauptaufgabe leisten.“[76]

Die fortgeschrittensten Werktätigen sind sich der Tatsache bewußt, daß die neuen Aufgaben die Überwindung der aus dem Kapitalismus überkommenen Vorstellungen und ein sozialistisches Verhalten zueinander erfordern. Und so heißt es auch im Aufruf der Initiatoren der neuen Bewegung:

> „Wir Mitglieder der Jugendbrigade ‚Nicolai Mamai‘ sind der Meinung, daß es für die Durchsetzung des wissenschaftlich-technischen Fortschritts besonders notwendig ist, daß sich alle Werktätigen, vor allem die Jugend, ständig weiterqualifizieren, ihr kulturelles Bildungsniveau erhöhen und die sozialistische Gemeinschaftsarbeit in den Mittelpunkt ihres Schaffens stellen.

[75] Ulbricht, W., ebenda, S. 79.
[76] S. Tribüne v. 7. Januar 1959.

Deshalb haben wir uns das Ziel gestellt, auf sozialistische Weise zu arbeiten, zu lernen und zu leben, um eine ‚Brigade der sozialistischen Arbeit‘ zu werden ... Sozialistisch leben wollen wir, indem sich die ganze Brigade für jeden einzelnen und jeder einzelne für die Brigade als Kollektiv verantwortlich fühlt. Richtschnur unseres Handelns sollen die vom V. Parteitag beschlossenen zehn Gebote der sozialistischen Ethik und Moral sein.
Deshalb werden wir gegen alle Überreste der Arbeitsbummelei und Trinkerei entschieden kämpfen, ... Wir wollen uns in wahrer Freundschaft bei der Arbeit, beim Lernen und im Leben gegenseitig helfen.“[77]

In diesem Aufruf äußert sich das Wissen der fortgeschrittensten Werktätigen, daß die Menschen mit alten kapitalistischen Gewohnheiten und Sitten behaftet sind, die den sozialistischen Produktionsverhältnissen fremd sind und deren Entfaltung behindern. Bewußt setzen sich die Brigaden der sozialistischen Arbeit das Ziel, im Prozeß der Erziehung und Selbsterziehung unter Leitung der Partei die kapitalistischen Rudimente im Denken und Handeln zu beseitigen, die sozialistische Arbeit zu einer Sache des Ruhmes und der Ehre zu machen und ein den Erfordernissen des sozialistischen Charakters der Arbeit entsprechendes, bewußtes Handeln zu entwickeln. So sagte z. B. Richard Deckert vom VEB Feinmeßwerk, Suhl:

„Früher, unter dem kapitalistischen System, haben wir wohl oft gesagt: ‚Die Hauptsache ist, die Kohlen stimmen‘, weil wir wußten, daß der Kapitalist aus uns herausholte, was er konnte, und wir um jeden Pfennig zum Unterhalt unsrer Familien ringen mußten. Heute jedoch haben wir uns von der Last der unfreien Arbeit befreit. In kameradschaftlicher Zusammenarbeit vollbringen wir Taten, wie noch nie zuvor.“[78]

Das bedeutungsvolle an den sozialistischen Brigaden und Arbeitsgemeinschaften besteht darin, daß sie von den Werktätigen bewußt zu dem Feld erwählt sind, auf dem sich der Kampf gegen die alten, kapitalistischen Gewohnheiten und um die Übereinstimmung des Bewußtseins der Menschen mit den objektiven Erfordernissen vollzieht. Die ständige, tägliche Auseinandersetzung an Hand praktischer Aufgaben dient dem Ziel, den neuen sozialistischen Menschen zu formen und zu entwickeln. Sehr eindrucksvoll schildert das der Schlosser Erich Rudolph vom RAW „7. Oktober,“ Zwickau. Nach einer Mitteilung der „Tribüne“ sagte er:

„Seitdem die Jugendbrigade ‚1. Mai‘, der ich als Schlosser angehöre, sich gemeinsam verpflichtete, sozialistisch zu arbeiten, zu lernen und zu leben, und die Brigade Günter Pohl zum Wettbewerb um den Titel ‚Brigade der sozialistischen Arbeit‘ aufforderte, sind die Arbeiter im RAW ‚7. Oktober‘ in Zwickau dazu übergegangen, den Umwälzungsprozeß im Bewußtsein aller Kollegen durch die kollektive Selbsterziehung zu beschleunigen. ... Mit der Unterschrift jedes Mitgliedes unter die gemeinsame Wettbewerbsverpflichtung waren die Auseinandersetzungen innerhalb unserer Brigade keineswegs beendet. Fast täglich haben wir uns während der Mittagspause oder nach der Arbeit zusammengesetzt, um irgendein Problem zu erörtern, politische und ideologische Fragen zu klären und uns beim Auftreten falscher Auffassungen im Kollektiv eine richtige Meinung zu bilden“ ... Und weiter sagte er: „Aus diesem Beispiel geht schon hervor, daß wir die Erziehungsarbeit, die Entwicklung des sozialistischen Bewußtseins bei jedem Kollegen als eine Aufgabe betrachten, die täglich aufs Neue in Angriff genommen werden muß. Unser Ziel, zu einem festen und bewußten Kollektiv sozialistischer Arbeiter zusammenzuwachsen, können wir nicht erreichen, wenn wir die gegenseitige Erziehung

[77] Ebenda. [78] S. Tribüne v. 26.1. 1961.

als kalendermäßig begrenzte Kampagne auffassen oder in gewissen Abständen auf die Tagesordnung setzen."[79]

Durch die praktische Tat und die tägliche Gemeinschaftserziehung lernen die Menschen das Wesen der sozialistischen Produktionsverhältnisse und des sozialistischen Charakters der Arbeit tiefer begreifen. Sie erfassen die gesellschaftlichen Verhältnisse im Sozialismus als ihre eigenen, werden sich umfassender ihrer Stellung in der Gesellschaft bewußt und verhalten sich entsprechend.

„Während früher bei den Brigademitgliedern vielfach egoistische Interessen im Vordergrund standen," so sagte Erich Schreiter vom Tagebau „IV. Parteitag der SED" der SDAG Wismut, „wird jetzt den Kollegen die enge Verbindung der gesellschaftlichen Interessen mit den persönlichen Interessen bewußt und in den Mittelpunkt der Arbeit gestellt. So hat unsere Brigade bei der Neuerrichtung eines Aufbereitungswerkes sozialistische Hilfe geleistet. Das Kollektiv folgte dem Aufruf der Partei und leistete ein Vierteljahr lang einer anderen Brigade sozialistische Hilfe. Obwohl die Kollegen durch diesen Arbeitseinsatz eine Lohnminderung hatten, erkannte jeder die Notwendigkeit der terminmäßigen Fertigstellung dieses Bauabschnittes."[80]

So ist die Bewegung der sozialistischen Brigaden und Arbeitsgemeinschaften in der Tat die gegenwärtig höchste und beste Form, das sozialistische Arbeiten, d. h. das bewußte Arbeiten entsprechend den Erfordernissen der sozialistischen Produktionsverhältnisse und des sozialistischen Charakters der Arbeit zu entwickeln und das Verhalten der Menschen zueinander sozialistisch zu gestalten. Die Entwicklung des sozialistischen Verhaltens zwischen den Brigademitgliedern verdeutlicht den Menschen das Wesen der sozialistischen Produktionsverhältnisse. Das ist von großer Wirkung für die Entwicklung sozialistischer menschlicher Beziehungen.

Große Bedeutung für die Festigung und Entwicklung der sozialistischen Brigaden und Arbeitsgemeinschaften und für die Entfaltung des sozialistischen Charakters der gesellschaftlichen Arbeit hat das Gesetzbuch der Arbeit. Dieses Gesetz geht, wie Walter Ulbricht sagte, „von den Erfordernissen des ökonomischen Grundgesetzes des Sozialismus (aus). Es geht von der Tatsache aus, daß in der DDR das Volk für sich selbst, für seine eigenen Interessen arbeitet. Es hilft, die sozialistischen Produktionsverhältnisse zu festigen, die die Werktätigen anspornen, mit ganzer Kraft zu schaffen, mit Lust und Liebe zu arbeiten, ihre Klugheit und ihren Ideenreichtum in den Dienst des gesellschaftlichen Fortschritts zu stellen. In diesem Sinne orientiert das Gesetzbuch der Arbeit die Arbeiterklasse und alle anderen Werktätigen auf das Grundproblem, auf die maximale Steigerung der Arbeitsproduktivität durch die Meisterung der fortgeschrittensten Wissenschaft und Technik und auf die Anwendung ihrer Erkenntnisse in der Produktion."[81] Das Gesetzbuch der Arbeit beruht nicht nur auf der grundlegenden Änderung der sozial-ökonomischen Verhältnisse in der DDR, sondern widerspiegelt zugleich den Wachstumsprozeß der Werktätigen, ihre Entwicklung zum sozialistischen Menschen. Dies kommt auch

[79] S. Tribüne v. 24. 3. 1959.

[80] Aus: Erfahrungen der sozialistischen Gemeinschaftsarbeit, Dietz Verlag, Berlin 1960 S. 138/139.

[81] Ulbricht W., Die Bedeutung des Gesetzbuches der Arbeit, In: „Neues Deutschland" v. 11. 4. 1961.

in den Worten der Mitglieder der Brigade „XXI. Parteitag" des VEB Starkstromanlagenbau, Leipzig zum Ausdruck, die zum Arbeitsgesetzentwurf schrieben:

„Dieser Gesetzentwurf spiegelt unsere eigene Entwicklung im sozialistischen Kollektiv wider. Hier finden wir unsere Gedanken, Kritiken und Vorschläge. Vor uns liegt ein Lehrbuch des Sozialismus, das wir mitgeschrieben haben und das wir ständig mitgestalten werden, mit unseren Herzen, mit unseren Köpfen und mit unseren Händen."[82]

Dieses Gesetz konstatiert nicht einfach das Erreichte, sondern es ist eine direkte Anleitung zum sozialistischen Handeln, es bahnt der Initiative der Werktätigen den Weg. Die Entwicklung des sozialistischen Menschen, sein Streben, auf sozialistische Art zu arbeiten, sich immer solidere technisch-wissenschaftliche Kenntnisse anzueignen, sein kulturelles Niveau zu erhöhen und im Kampf gegen alle Überreste des Vergangenen im Bewußtsein neuen sozialistischen Verhaltensnormen zum Durchbruch zu verhelfen, wird durch das Gesetzbuch der Arbeit beschleunigt und aktiv gefördert.

Sehr interessante Bemerkungen hat Wolfgang Eichhorn über das Verhältnis der neuen Bewegung zum Charakter der Arbeit in seinem Artikel „Widersprüche in der Entwicklung der sozialistischen Gesellschaft in der DDR" gemacht.[83] Im Gegensatz zu der hier vertretenen Auffassung, daß die Bedeutung der neuen Bewegung hauptsächlich und vorwiegend in der Festigung, Förderung und Verbreiterung der sozialistischen Einstellung der Menschen zur Arbeit, in der Herausbildung eines bewußten sozialistischen Verhaltens und Handelns in der Arbeit und im Alltag besteht[84], steht W. Eichhorn aber offenbar auf dem Standpunkt, daß die Bedeutung der sozialistischen Brigaden und Arbeitsgemeinschaften vor allem darin besteht, daß sie eine Veränderung des Charakters der Arbeit herbeiführen. Durch die sozialistischen Brigaden und Arbeitsgemeinschaften bedingte Veränderungen im Charakter der Arbeit nachzuweisen ist das unmittelbare Anliegen seiner Ausführungen. So formuliert er als Fazit seiner Arbeit, die der Behandlung des Einflusses der Gemeinschaftsarbeit auf den Charakter der Arbeit gewidmet ist, ausdrücklich: „Das Resultat unserer Darstellung ist: die tiefste, am meisten revolutionäre Wandlung, die sich in der Entwicklung zum Sozialismus vollzieht, ist die Umwälzung im Charakter der Arbeit . . ."[85] Dieser Gedanke findet sich auch zu Beginn seiner Darstellung. Dort heißt es: „Sie (die Brigaden der sozialistischen Arbeit und die Arbeits- und Forschungsgemeinschaften der Wissenschaftler und Arbeiter — K. B.) sind mächtige Mittel der Lösung der genannten Widersprüche, indem sie *grundlegende revolutionäre Umwälzungen im Charakter der Arbeit* und daher auch in der Entwicklung der werktätigen Menschen hervorrufen."[86] (Hervorhebung — K. B.)

[82] Zitiert bei Warnke, H., Das Gesetzbuch der Arbeit ist der zum Gesetz erhobene Wille der Arbeiterklasse, in: „Neues Deutschland" v. 13. 4. 1961.

[83] Vergl. Eichhorn, W., Widersprüche in der Entwicklung der sozialistischen Gesellschaft in der DDR, in: „Deutsche Zeitschrift für Philosophie", 1959, H. 5/6, S. 668ff.

[84] Es wird hier von der Rolle der sozialistischen Brigaden und Arbeitsgemeinschaften als kooperierte und damit höhere Produktivkraft u. ä. abgesehen.

[85] Eichhorn, W., a. a. O., S. 683.

[86] Ebenda, S. 671.

Und an anderer Stelle sagt Eichhorn: „Das wichtigste an den Brigaden der sozialistischen Arbeit ist eben die sozialistische Arbeit, *die Umwälzung im Charakter der Arbeit* . . .“[87] (Hervorhebung – K. B.) Wie versucht nun Eichhorn diese Thesen zu beweisen? Sehen wir uns den ersten von ihm angeführten Faktor an, der zu einer „grundlegenden revolutionären Umwälzung“ im Charakter der Arbeit führen soll.[88]

An einem konkreten Beispiel schildert Eichhorn sehr eindrucksvoll, wie sich durch die gemeinsame Arbeit und den Erziehungsprozeß in einer sozialistischen Brigade die Einstellung der Brigademitglieder zur Arbeit ändert, wie die Werktätigen die Muttermale der alten kapitalistischen Gesellschaft überwinden und ihnen die gesellschaftlichen Zusammenhänge bewußt werden. Diese Darlegungen gipfeln in der Feststellung: „Damit vollzieht sich jedoch ein grundsätzlicher Wandel. Die Arbeit wird zur bewußten Tätigkeit, in der sich die Menschen *von der Kenntnis* der gesetzmäßigen gesellschaftlichen Zusammenhänge *leiten lassen* und in die sie die hochstehenden sozialistischen moralischen Prinzipien, das Bewußtsein der gesellschaftlichen Verantwortung, den Willen, für das Gemeinwohl zu arbeiten, einbeziehen . . . Die Grundlage, die eine *derartige Umwälzung* im Charakter der Arbeit . . . ermöglicht, sind die politische Herrschaft der Arbeiterklasse . . . und die sozialistischen Produktionsverhältnisse.“[89] (Hervorhebung – K. B.)

In diesen Darlegungen macht Eichhorn ganz offensichtlich die Existenz des sozialistischen Charakters der Arbeit abhängig von der Einsicht der Menschen in die gesellschaftlichen Verhältnisse des Sozialismus, von ihrer sozialistischen Einstellung zur Arbeit, von ihrer Arbeitsmoral. Er betrachtet das sozialistische Verhältnis der Menschen zur Arbeit nicht nur als wesentlichen Faktor der Festigung der sozialistischen Produktionsverhältnisse und des sozialistischen Charakters der Arbeit, sondern macht dieses Verhältnis im Grunde genommen zur Existenzbedingung des sozialistischen Charakters der Arbeit.

Für Eichhorn scheint sozialistisches Arbeiten, d. h. bewußtes, den objektiven Erfordernissen der sozialistischen Produktionsverhältnisse entsprechendes Arbeiten, mit dem sozialistischen Charakter der gesellschaftlichen Arbeit identisch zu sein. Damit käme jedoch jede Veränderung in der Einstellung zur Arbeit, jede höhere Stufe sozialistischer Bewußtheit, einer Veränderung im Charakter der Arbeit gleich.

Eichhorn scheint keinen Unterschied zwischen dem objektiv gegebenen Charakter der Arbeit und dem Verhältnis der Menschen zur Arbeit zu sehen. Er macht den subjektiven Ausdruck des Objektiven selbst zum Objektiven. Diese Identifizierung des Subjektiven mit dem Objektiven muß notwendig dazu führen, daß das Subjektive zum Bestimmenden, daß der Charakter der Arbeit subjektiviert wird.

So ist es auch zu erklären, daß Eichhorn in seiner Arbeit – genau wie Hirschfeld – solche unbestreitbar objektiven Merkmale des sozialistischen Charakters der gesellschaftlichen Arbeit wie z. B. die Tatsache, daß die Arbeit im Sozialismus als unmittelbar gesellschaftliche geleistet wird, mit keinem Wort erwähnt. In einer

[87] Ebenda, S. 682.

[88] Vergl. dazu Eichhorn, W., ebenda, S. 671–674.

[89] Ebenda, S. 672.

Konzeption, in der das sozialistische Arbeiten als Charakter der gesellschaftlichen Arbeit erscheint, haben solche objektiven Merkmale keinen Platz.

Selbstverständlich ist die Bewegung der sozialistischen Brigaden und Arbeitsgemeinschaften nicht ohne Einfluß auf den Charakter der Arbeit. Diese Bewegung stimuliert die Vervollkommnung und Entwicklung der objektiven Merkmale des sozialistischen Charakters der gesellschaftlichen Arbeit. Das geschieht auf die vielfältigste Weise.[89a]

Die Entwicklung der Technik auf der Grundlage der sozialistischen Produktionsverhältnisse erfordert von den Werktätigen ständig größeres technisches Wissen. Der unmittelbare Produzent muß vielseitiger werden, er muß wie Marx sagt, disponibel für wechselnde Arbeitserfordernisse sein.[90] Dieser Notwendigkeit werden sich die Mitglieder der sozialistischen Brigaden mehr und mehr bewußt. Sie stellen sich entsprechend den Produktionsaufgaben und der Entwicklungsperspektive ihres Betriebes oder ihrer Abteilung zum Ziel, ihre technischen Kenntnisse zu vervollkommnen, zusätzlich einen neuen oder sogar mehrere Berufe zu erlernen. So verpflichtete sich z. B. die Komplexbrigade „Lilo Hermann" aus dem VEB Filmfabrik Wolfen im Wettbewerbsvertrag vom 12. 1. 1960:

„1. Jede Woche zwei Kolleginnen zu den Fachvorträgen zu delegieren.
2. In jeder Brigade verpflichten sich drei der besten Spinner und Wickler, die neu eingestellten Kolleginnen anzulernen und ihnen die besten und fortschrittlichsten Arbeitsmethoden zu vermitteln.
3. Die Kolleginnen Kesser, Limpert, Vernickel, Schleichhardt, Berghoff und Kalläne und der Kollege Jesorowski verpflichten sich, die Facharbeiterprüfung abzulegen.
4. Meister Rode verpflichtet sich, alle Mitglieder der Komplexbrigade mit dem Arbeitsablauf und der Technik der Continue-Maschinen vertraut zu machen und dafür zu sorgen, daß die besten und fortschrittlichsten Arbeitsmethoden allen bekannt sind und von allen angewendet werden.
5. Meister Griese verpflichtet sich, alle Kolleginnen und Kollegen theoretisch weiterzubilden und mit der gesamten Herstellung der Viskose-Cordseide vertraut zu machen . . ."[91]

Die Komplexbrigade „Clara Zetkin" vom gleichen Betrieb z. B. verpflichtet sich:

1. 100%ige Teilnahme am Betriebslehrgang „Grundausbildung Chemie". . .
3. Pro Brigade wollen sich zwei Kollegen für einen zweiten Beruf qualifizieren . . .[92]

Dieser Qualifizierungsprozeß wird unzweifelhaft den Gesichtskreis der Werktätigen in der Produktion erweitern, ihre Erfahrungen bereichern und ihre Fähigkeiten zur schöpferischen Arbeit erhöhen.

Die Durchsetzung des wissenschaftlich-technischen Fortschritts in den Betrieben, die Mechanisierung und Automatisierung der Produktion, lassen sich nur in Gemeinschaftsarbeit von Wissenschaftlern, Technikern und Arbeitern realisieren. „Richtung

[89a] Es wird in diesem Zusammenhang von dem schon dargelegten Prozeß der Festigung der Produktionsverhältnisse und des Charakters der Arbeit abgesehen.

[90] Vergl. Marx, K., Das Kapital, Bd. I, S. 368 und 518.

[91] Zitiert in: Die sozialistische Gemeinschaftsarbeit und die allseitige Qualifizierung der Mitglieder der sozialistischen Kollektive. Herausgegeben von der Bezirksleitung der SED und vom Bezirksvorstand des FDGB Halle, S. 20/21.

[92] Ebenda, S. 21.

und Inhalt der Arbeit der sozialistischen Brigaden, Arbeits- und Forschungsgemeinschaften wurden", so sagte Erich Apel, „auf dem 5. und 6. Plenum erklärt. Sie bestehen in der Vervollständigung und Durchführung der sozialistischen Rekonstruktion als die gegenwärtig wichtigste, konkrete Form des Kampfes um die Steigerung der Arbeitsproduktivität."[93] Die Mehrheit der sozialistischen Brigaden und Arbeitsgemeinschaften haben sich dieser Aufgabe angenommen. Das Zusammenwirken von Arbeitern, Technikern, Konstrukteuren und Wissenschaftlern auf betrieblicher und überbetrieblicher Ebene, das Zusammenwirken der verschiedensten Berufe hebt die Qualität der Arbeit auf eine höhere Stufe. So fördert die Bewegung der Brigaden der sozialistischen Arbeit und sozialistischen Arbeits- und Forschungsgemeinschaften die Überwindung der berufsmäßigen Isolierung. Es entwickeln sich Keime einer neuen Arbeitsteilung und neue Formen der Kooperation. Wie die Brigaden der sozialistischen Arbeit die Überwindung der berufsmäßigen Isolierung der alten betrieblichen Arbeitsteilung und die Entstehung neuer Formen der Kooperation beeinflußt, kommt sehr gut in der Schilderung des Brigadiers Helmut Hackenbroich vom VEB Chemische Werke Buna über die Zusammenarbeit von Produktions- und Reparaturbetrieb zum Ausdruck. Er sagte:

„Wir erreichen mittels des materiellen Anreizes, daß bei den Produktionsarbeitern und bei den Reparaturhandwerkern das gleiche Interesse an der Steigerung der Produktion vorhanden ist, daß gemeinsam beraten und ein gemeinsamer Kampf geführt wird. ... Dieses System der Prämienlöhne führt zu neuen Beziehungen, denn einerseits interessiert sich jetzt der Produktionsbetrieb für das Arbeitsergebnis der Reparaturhandwerker, und wir interessieren uns jetzt viel mehr als früher für das Arbeitsergebnis der Produktionsarbeiter ...

Wenn damals der Reparaturhandwerker seine Arbeit beendet hatte, sagte er sich, alles andere sei nun die Sache des Produktionsbetriebes und damit habe er nichts mehr zu tun. Dieses Lohnsystem hatte bei uns zu einer Trennung zwischen Produktion und Technik geführt ... In der technischen Abteilung gibt es meist Handwerker ... Wir als Reparaturhandwerker haben uns auf unsere Ausbildung oft genug etwas eingebildet ... solche Auffassungen sind noch nicht vollständig überwunden ... Wir können sie nur dann endgültig überwinden, wenn wir auch die strukturelle Trennung zwischen Produktion und Technik überwinden ... Wie wichtig die enge Zusammenarbeit von Produktion und Technik ist, zeigt sich besonders auch dann, wenn es gilt, Schwierigkeiten im Produktionsablauf schnell zu überwinden. Es ist nicht mehr so wie früher, als wir bei Havarien nur unsere Schlosserarbeiten durchführen, das Reinigen der Apparate aber dem Betrieb überließen. Es gibt heute nicht mehr die Frage, daß der eine nur eine bestimmte Arbeit machen darf und zu machen braucht. Jeder macht das, was im Moment notwendig ist."[94]

Die enge Zusammenarbeit zwischen Intelligenz und Arbeitern in den sozialistischen Arbeits- und Forschungsgemeinschaften räumt mit ideologischen Vorbehalten auf, vertieft die Annäherung und festigt das Bündnis zwischen der Arbeiter-

[93] Zitiert in: Sozialistische Kollektive und die sozialistische Rekonstruktion, Herausgegeben von der Bezirksleitung der SED und dem Bezirksvorstand des FDGB Halle, S. 29.

[94] Die Gemeinschaftsarbeit schafft neue Beziehungen zwischen Produktions- und Reparaturbetrieb, in: Erfahrungen der sozialistischen Gemeinschaftsarbeit, Dietz Verlag, Berlin 1960, S. 84 ff.

klasse und der Intelligenz. Zugleich wird aber auch bei der Lösung der komplizierten Aufgaben zur Sicherung des wissenschaftlich-technischen Fortschritts die Qualität der Arbeit geändert. Die Tätigkeit der Arbeiter nimmt vielfach Elemente der Arbeit von Technikern und Ingenieuren, und die Arbeit der Ingenieure nimmt Elemente von wissenschaftlicher Forschungsarbeit in sich auf. Das aber sind Keime der Überwindung der wesentlichen Unterschiede zwischen der körperlichen und der geistigen Arbeit, Keime, deren Entwicklung von den Brigaden der sozialistischen Arbeit und den sozialistischen Arbeits- und Forschungsgemeinschaften stimuliert werden.

Dieser Prozeß geht mit der Entwicklung der schöpferischen Elemente in der Arbeit einher. Die konkreten Aufgaben, die die sozialistische Rekonstruktion der Betriebe den Gemeinschaften der sozialistischen Arbeit stellt, drängen ihre Mitglieder dazu, sich ständig weiterzuentwickeln, die Qualifikation zu erhöhen, größere Einsicht in die Zusammenhänge der gesellschaftlichen Entwicklung zu erlangen, um die schöpferisch gestellten und zu lösenden Probleme der sozialistischen Rekonstruktion zu meistern. Ausdruck für den mehr und mehr schöpferischen Charakter der sozialistischen Produktion ist die Herausbildung des Typs des Arbeiterforschers, von dem Walter Ulbricht sagte:

„Der Arbeiterforscher ist der Typ des neuen Menschen, dem unsere Jugend nachstrebt und der die Zukunft unserer Produktion in allen ihren Teilen maßgebend bestimmen wird. Der Schlosser Hans Richter aus dem VEB Eisenwerke Schönheiderhammer, Kreis Aue, verkörpert zum Beispiel den Typ des Arbeiterforschers. Geleitet von einem hohen sozialistischen Bewußtsein, das gepaart ist mit Erfindergeist, leistet er Großes für den wissenschaftlich-technischen Fortschritt unserer Republik. Kollege Richter hat 122 Verbesserungsvorschläge für die Vervollkommnung der Produktion und Technologie eingereicht. 118 dieser Vorschläge wurden realisiert. Sie erbrachten einen volkswirtschaftlichen Nutzen von über 64000 DM. Aus diesen Vorschlägen wurden vom Kollegen Richter ein Patent und fünf Gebrauchsmuster entwickelt. Den Nutzen davon hatte nicht nur der eigene Betrieb. Fünfzehn seiner Verbesserungsvorschläge wurden von anderen Betrieben mit Erfolg angewandt. Das Bedeutungsvolle an der Initiative des Kollegen Richter ist, daß er solche Vorschläge entwickelt, die den Hauptweg der sozialistischen Rekonstruktion bestimmen.
Die Tat des Kollegen Richter zeigt, daß Arbeiterforscher Menschen sind, die ihre schöpferischen Kräfte im Kampf um die Meisterung der Höhen der Technik einsetzen, die voller schöpferischer Unruhe sind, die kühn in der Produktion noch nicht beschrittene Wege gehen und mit ihren goldenen Händen, ihrem Ideenreichtum die Wissenschaft und Technik bereichern.“[95]

Keime der Überwindung der alten betrieblichen Arbeitsteilung und berufsmäßigen Isolierung, Entwicklung neuer Formen der Kooperation, Entwicklung der schöpferischen Elemente in der Arbeit, Keime der Überwindung der wesentlichen Unterschiede zwischen geistiger und körperlicher Arbeit, alles das sind Merkmale für Veränderungen im Charakter der gesellschaftlichen Arbeit, wenn auch keine „grundlegenden revolutionären“ im Sinne Eichhorns. Diese Veränderungen, objektiv von der Entwicklung der Produktivkräfte und der sozialistischen Produktionsverhältnisse erfordert, werden entscheidend durch die Bewegung der sozialistischen Brigaden und sozialistischen Arbeits- und Forschungsgemeinschaften

[95] Programmatische Erklärung des Staatsrates, a. a. O., S. 49.

stimuliert. In der Tat sind die Gemeinschaften der sozialistischen Arbeit — wie W. Eichhorn sagt — „von größter zukunftsträchtiger Bedeutung.“[96] Sie sind es, auch wenn sie keine „*grundlegende revolutionäre Umwälzungen* im Charakter der Arbeit“[97] (Hervorhebung — K. B.) hervorbringen, sondern vor allem zu einer grundlegenden revolutionären Umwandlung der Menschen, zur grundlegenden Umwälzung ihrer Einstellung zur Arbeit, zur Entwicklung eines wahrhaft sozialistischen Verhaltens der Menschen, zur Herausbildung des Menschen der sozialistischen Epoche entscheidend beitragen.

Wenn jedoch überhaupt bestritten wird, daß es mit dem Übergang zur kommunistischen Gesellschaft zu grundlegenden revolutionären Veränderungen des Charakters der gesellschaftlichen Arbeit kommt, so kann man sich damit kaum einverstanden erklären. So schreibt z. B. Hans Thalmann in seiner schon erwähnten bemerkenswerten Arbeit „Probleme des neuen Charakters der Arbeit in der DDR“: „Obwohl beim Übergang zum Kommunismus eine wesentlich höhere, qualitativ neue Stufe der wirtschaftlichen, technischen und kulturellen Entwicklung der Gesellschaft erreicht wird, führt diese Entwicklung nicht zu einer grundlegenden Veränderung des Charakters der Arbeit. Unter sozialistischen Produktionsverhältnissen ist der neue Charakter der Arbeit objektiv gegeben. Was sich mit der Festigung der sozialistischen Ordnung und beim Übergang zum Kommunismus vollzieht, das ist ein ständiger Reifeprozeß; der neue Charakter der Arbeit entfaltet sich auf breitester Grundlage und prägt sich immer vollkommener aus. Das ist dieselbe Erscheinung wie im Gesamtbereich der sozialistischen Produktionsverhältnisse. Hier würde es wohl keinem einfallen, aus den Erscheinungsformen der verschiedenen Etappen dieses Wachstumsprozesses zu folgern, daß sich die sozialistischen Produktionsverhältnisse zu neuen Formen entwickeln, daß ein neuer Charakter der Produktionsverhältnisse ‚geboren‘ wird.“[98]

Zur Begründung dieser These führt Thalmann an: „Was ändert sich an diesen wichtigen Merkmalen des neuen Charakters der Arbeit beim allmählichen Übergang vom Sozialismus zum Kommunismus? Grundsätzlich ändert sich wohl am Charakter der Arbeit nichts. Es kann sich auch nichts ändern; denn Sozialismus und Kommunismus sind ‚zwei Reifestufen der neuen, der kommunistischen sozialökonomischen Formation‘.“[99] Dieser Argumentation kann man kaum zustimmen.

Aus der Tatsache, daß sich der Übergang vom Sozialismus zum Kommunismus allmählich vollzieht und Sozialismus und Kommunismus zwei Reifestufen einer sozialökonomischen Formation sind, ist keineswegs zu folgern, daß es beim Übergang von der sozialistischen zur kommunistischen Gesellschaft nicht zu grundlegenden revolutionären Veränderungen sowohl in den Produktionsverhältnissen als auch im Charakter der gesellschaftlichen Arbeit kommt. Das allmähliche des Übergangs und die Einheit der sozialökonomischen Formation resultiert letztlich aus der Gleichartigkeit des Eigentums im Sozialismus und Kommunismus. Die Gleichartigkeit im Charakter des Eigentums bedingt, daß keine antagonistischen Klassen und keine

[96] Eichhorn, W., a. a. O., S. 674. [97] Ebenda, S. 671.
[98] Thalmann, H., a. a. O., S. 180/181. [99] Ebenda, S. 180.

Ausbeutung mehr bestehen und der Übergang sich folglich unter Leitung der marxistisch-leninistischen Partei ohne krasse Brüche vollziehen kann und vollzieht. Es gibt keine Kräfte mehr, die am Bestehen alter, überholter Zustände interessiert sind. Die gleiche Eigentumsgrundlage bietet zugleich die Möglichkeit, daß sich die Elemente der kommunistischen Gesellschaft schon in der sozialistischen Gesellschaft herausbilden und entwickeln, daß die kommunistische Gesellschaft aus der sozialistischen herauswächst. Von diesem Blickpunkt kann man die gesamte sozialistische Gesellschaft als eine Übergangsphase vom Kapitalismus zum Kommunismus auffassen. All das rechtfertigt aber nicht, revolutionäre Veränderungen beim Übergang zu verneinen. Wie soll man z. B. die Hebung des im Sozialismus existierenden genossenschaftlichen Eigentums auf das Niveau des allgemein gesellschaftlichen Eigentums anders auffassen, denn als revolutionäre Veränderung. Dieser Prozeß wird sich sicher allmählich vollziehen. Er wird in der sozialistischen Gesellschaft vorbereitet und entwickelt sich dort. Dessen ungeachtet muß man ihn als eine revolutionäre Veränderung der Produktionsverhältnisse charakterisieren. Die Hebung des genossenschaftlichen Eigentums auf das Niveau des allgemeinen gesellschaftlichen Eigentums hat aber direkten Einfluß auf den Charakter der Arbeit; sie führt ebenfalls zu revolutionären Veränderungen des Charakters der Arbeit. So bleibt doch unzweifelhaft z. B. das wichtige Merkmal des sozialistischen Charakters der Arbeit, daß die Arbeit als unmittelbar gesellschaftliche geleistet wird, von diesen Veränderungen des Eigentums nicht unberührt. Ist es nicht richtig zu sagen, daß durch die Hebung des genossenschaftlichen Eigentums auf das Niveau des allgemeinen gesellschaftlichen Eigentums die Arbeit im umfassenderen Maße als umnittelbar gesellschaftliche geleistet wird?

Nehmen wir ein anderes Beispiel für revolutionäre Veränderungen im Charakter der Arbeit, die sich beim Übergang von der sozialistischen zur kommunistischen Gesellschaft vollziehen, die Entwicklung des schöpferischen Charakters der Arbeit. Natürlich entwickeln sich schon im Sozialismus schöpferische Elemente in der Arbeit, darauf wurde schon an anderer Stelle ausdrücklich hingewiesen. Sie haben ihre objektive Grundlage in der Vergesellschaftung der Produktionsmittel und der Entwicklung der Produktivkräfte. Jedoch wäre es ein Irrtum zu glauben, daß die Arbeit allein dadurch zur schöpferischen Tätigkeit wird, daß den Menschen das Wesen der sozialistischen Produktionsverhältnisse bewußt gemacht wird. Rudolf Gerisch bemerkt sehr richtig:

> „Die Arbeit zur Freude werden zu lassen, ist keineswegs allein durch das Bewußtmachen der sozialistischen Produktionsverhältnisse zu erreichen. Es müssen die Bedingungen geschaffen werden, daß der konkrete Inhalt der Arbeit die Möglichkeit bietet, die körperlichen und geistigen Anlagen des Menschen harmonisch zu entwickeln.“[100]

Diese Bedingungen sieht Gerisch in einem solchen Entwicklungsstand der Technik der,

„a) die Menschen von der schweren und eintönigen körperlichen Arbeit vollständig befreit;

[100] Gerisch, R., Zur Überwindung der Trennung zwischen geistiger und körperlicher Arbeit, in: „Wirtschaftswissenschaft“ 2/1961, S. 213.

b) die Menschen von der eintönigen, stumpfsinnigen geistigen (Routine-) Arbeit befreit."[101]

Damit die Arbeit auf allen Gebieten, d. h. in umfassendem Maße schöpferische Tätigkeit wird, bedarf es einer grundlegenden Revolutionierung der Technik. Diese Revolutionierung ist wiederum ein allmählicher, sich im Sozialismus entwickelnder Prozeß, nichtdestoweniger aber ein Prozeß, der den Übergang zum Kommunismus letztlich bestimmt, und der zu revolutionären Veränderungen im Charakter der Arbeit führt.

Hinweise von grundlegender Bedeutung zu dieser Frage machte Karl Marx in seinen Vorarbeiten zum „Kapital". In Auseinandersetzung mit Adam Smith entwickelte er zwei Voraussetzungen zur Veränderung des Charakters der Arbeit, zwei Bedingungen, die die Arbeit in der materiellen Produktion allseitig zu schöpferischer und freier Tätigkeit machen. Marx sagte:

„Die Arbeit der materiellen Produktion kann diesen Charakter (freie, schöpferische Arbeit, Selbstverwirklichung des Individiums zu sein — K. B.) nur erhalten, dadurch daß 1. ihr gesellschaftlicher Charakter gesetzt ist, 2. daß sie wissenschaftlichen Charakters zugleich allgemeine Arbeit ist, nicht Anstrengung des Menschen als bestimmt dressierter Naturkraft, sondern als Subjekt, daß in dem Produktionsprozeß nicht in bloß natürlicher, naturwüchsiger Form, sondern als alle Naturkräfte regelnde Tätigkeit erscheint."[102]

Nach Marx sind es also zwei Voraussetzungen, die zu einer grundlegenden Veränderung des Charakters der Arbeit führen: Die Arbeit muß als unmittelbar gesellschaftliche geleistet werden, zum anderen muß die Arbeit in der materiellen Produktion im ganzen den Charakter einer wissenschaftlichen Tätigkeit annehmen.

Während die erste Voraussetzung mit der Liquidierung des kapitalistischen Privateigentums und der Schaffung gesellschaftlichen Eigentums an den Produktionsmitteln gegeben ist, ist die zweite Voraussetzung Ergebnis eines längeren Entwicklungsprozesses, einer grundlegenden Umwälzung der Produktivkräfte und einer daraus resultierenden grundlegenden Umwälzung des Produktionsprozesses. Diese Voraussetzung erfordert ganz andere als die gegenwärtigen Produktivkräfte. Solange die Arbeit in der materiellen Produktion noch vorwiegend und hauptsächlich mit einer im Prinzip nicht vom Kapitalismus unterschiedenen Technik erfolgt, sind nicht alle Voraussetzungen für eine solche grundlegende Umwälzung im Charakter der Arbeit gegeben. Sehr interessante Gedanken äußerte Georg Klaus zu diesem Problem. Aus seinen Untersuchungen in dem Artikel „Kybernetik — Automation — Charakter der Arbeit"[103] ergibt sich, daß die Arbeit in der materiellen Produktion erst dann umfassend wissenschaftlichen Charakter annehmen kann, wenn die Automatisierung auch dort anwendbar ist, wo nicht nur ein Typ oder wenige Typen in großer Stückzahl, sondern viele Typen und geringe Stückzahlen zu produzieren sind. Diese Form der Automation läßt sich — wie Klaus darlegt — nur verwirklichen, wenn sie auf den Grundbegriffen der Kybernetik aufbaut. Die

[101] Ebenda, S. 213/214.

[102] Marx. K., Grundrisse der Kritik der politischen Ökonomie, a. a. O., S. 505.

[103] Klaus, G., Kybernetik — Automation — Charakter der Arbeit, in: „Mitteilungsblatt für die Mitarbeiter der DAW zu Berlin," Heft 6/1960, S. 243ff.

auf den Grundbegriffen der Kybernetik aufbauende Form der Automation ist nicht an ein starres Programm gebunden, weil sie nicht auf eine oder nur wenige Tätigkeiten spezialisiert ist. Sie ist in der Lage, nach einem variablen Programm zu arbeiten, und kann dadurch im Prinzip auch bei der Anfertigung einzelner komplizierter Werkstücke angewendet werden. Diese Form der Automatisierung „verlangt als Normaltyp des Arbeiters den qualifizierten Techniker oder Ingenieur, den Physiker und Mathematiker. Sie verlangt eine Vielzahl von Grundlagenforschern und eine noch größere Zahl von Forschern, die in der Lage sind, die Ergebnisse der Grundlagenforschung schöpferisch in der Produktionspraxis anzuwenden.“[104]

Die Realisierung einer solchen Form der Automatisierung führt im umfassenden Maße dazu, daß die Arbeit in der materiellen Produktion einen schöpferischen Inhalt erlangt und zum Lebensbedürfnis eines gesunden Organismus wird. In dieser Weise argumentiert auch A. Sobolew. Er sagt: „Die Generallinie in der Automation der Zukunft ist die Schaffung einer Maschine mit automatischer Einstellung und Regulierung der Produktion, d. h. mit der Einschaltung von Elektronenrechenmaschinen in den Fertigungsprozeß. Nur eine solche Automation gewährleistet sowohl die für den Kommunismus erforderliche Steigerung der Arbeitsproduktivität als auch die grundlegende Wandlung des Charakters der Arbeit, die auf allen Gebieten zu wahrhaft schöpferischer Arbeit wird.“[105]

Dies ist der Weg, wodurch die menschliche Arbeit in der materiellen Produktion „alle Naturkräfte regelnde Tätigkeit“ wird, aufhört in bloß natürlicher, naturwüchsiger Form, „als bestimmt dressierte Naturkraft“ zu wirken. Sein Beschreiten leitet eine neue Etappe in der Entwicklung des Charakters der gesellschaftlichen Arbeit ein.

Eine solche Entwicklung der Produktivkräfte setzt natürlich eine grundlegende Umwälzung des Unterrichts, der Erziehung und Ausbildung der Menschen voraus, sie schließt die Entwicklung solcher Menschen ein, die die neue Technik beherrschen und weiterentwickeln können. Diese Menschen werden im Prozeß einer kulturellen und ideologischen Revolution geboren, deren wichtige Aufgabe es ist, neben einer grundsätzlichen Vervollkommnung der technischen Kenntnisse aller Menschen, das tiefe Wissen um die gesellschaftlichen Zusammenhänge und Entwicklungsgesetze allgemein zu machen.

Eine solche Entwicklung der Produktivkräfte schafft zugleich die Voraussetzungen zur Überwindung der wesentlichen Unterschiede zwischen geistiger und körperlicher Arbeit. Der dargelegte Weg der Automatisierung ist nicht nur der Weg zur umfassenden Umwandlung der Arbeit in schöpferische Tätigkeit, sondern ist zugleich der Weg zur Überwindung der wesentlichen Unterschiede zwischen der körperlichen und der geistigen Arbeit. Dieser Prozeß vollzieht sich doch nicht allein dadurch, daß das kulturell-technische Niveau der Menschen gehoben wird, daß sie Hochschulbildung erlangen. Völlig zu recht sagt Sobolew: „Selbst wenn ein Mensch

[104] Ebenda, S. 244.

[105] Sobolew, A., Das Hauptkettenglied des Überganges zum Kommunismus, in: „Probleme des Friedens und des Sozialismus, H. II, 1960, S. 6.

Hochschulbidung hat, aber als Transport- oder Erdarbeiter tätig ist, bleibt der Unterschied zwischen der körperlichen und der geistigen Arbeit erhalten."[106]

Die Überwindung dieser Unterschiede vollzieht sich im Zusammenhang mit einer grundlegenden Umwälzung des Produktionsprozesses. Diese wiederum basiert auf einer Revolution in der Entwicklung der Produktivkräfte. „Zur Überwindung der wesentlichen Unterschiede zwischen der körperlichen und der geistigen Arbeit," so sagt A. Sobolew, „sind zwei Bedingungen notwendig. Die erste ist die Verwirklichung der wissenschaftlich-technischen Revolution und vor allem der Vollautomatisierung der Produktion, wodurch die Arbeit selbst umgewandelt wird, die Schwere der körperlichen Arbeit und Momente der Monotonie bei einigen Arten der geistigen Arbeit werden beseitigt. Die zweite Bedingung ist die Verwirklichung der neuen Etappe der Kulturrevolution, durch die das Bewußtsein der Menschen gehoben wird und alle Bürger die Möglichkeit erhalten, sich eine Hochschulbildung anzueignen."[107]

Die Schaffung dieser beiden Bedingungen erfordert sehr große Anstrengungen der gesamten sozialistischen Gesellschaft unter Führung von Partei und Regierung. Diese Aufgabe wird im Prozeß des Übergangs von der sozialistischen zur kommunistischen Gesellschaft zu lösen sein, ihre Lösung ist selbst Teil dieses Übergangs. Jedoch schon jetzt entwickeln sich, wie gezeigt, in der sozialistischen Gesellschaft der DDR Elemente des neuen, kommunistischen Charakters der Arbeit, Keime der Überwindung der wesentlichen Unterschiede zwischen der körperlichen und der geistigen Arbeit. Ausdrücklich heißt es in der „Erklärung der Beratung von Vertretern der kommunistischen und Arbeiterparteien (November 1960): „Die sozialistische Gesellschaft wird immer vollkommener und reifer; in ihr formen sich tagtäglich die kommunistische Einstellung zur Arbeit und andere Elemente der künftigen kommunistischen Gesellschaft."[108]

Sozialismus und Kommunismus sind nicht durch eine chinesische Mauer voneinander getrennt. Im Grunde genommen sind es zwei Phasen der einheitlichen kommunistischen Formation, die eine gemeinsame sozialökonomische Grundlage haben. Demzufolge erfolgt das Hinüberwachsen des Sozialismus in den Kommunismus im Rahmen einer gesellschaftlichen Formation, und es kommt nicht zu einem krassen Bruch in den sozialen Verhältnissen. Vielmehr entwickeln sich im Prozeß der Festigung und Vervollkommnung der sozialistischen Verhältnisse allmählich immer mehr Elemente der kommunistischen Gesellschaft und reichern sich an. Auf diese Weise entwickeln sich auch schon im Sozialismus Elemente des kommunistischen Charakters der Arbeit und der kommunistischen Einstellung zur Arbeit. Große Bedeutung bei der Entwicklung solcher Elemente in der DDR kommt den Brigaden der sozialistischen Arbeit und den sozialistischen Arbeits- und Forschungsgemeinschaften zu. Sie sind entstanden und wachsen auf dem Boden sozialistischer Produktionsverhältnisse, sie sind Formen der Festigung und Entfaltung dieser sozialistischen Produktionsverhältnisse, aber zugleich stimulieren sie die Entwicklung des Neuen, Höheren.

[106] Ebenda, S. 8. [107] Ebenda, S. 8/9.

[108] Erklärung der Beratung von Vertretern der kommunistischen und Arbeiterparteien . . ., a. a. O., S. 22.

Walter Jansen

ZU EINIGEN ASPEKTEN DES DEMOKRATISCHEN ZENTRALISMUS

Die Probleme der Entwicklung und Anwendung des demokratischen Zentralismus stehen in unserer Republik seit geraumer Zeit im Mittelpunkt des gesellschaftlichen Interesses. Es handelt sich hierbei gewissermaßen um einen Reflex objektiver Erfordernisse unseres gesellschaftlich-ökonomischen Entwicklungsprozesses, der 1945 nach der Zerschlagung des Hitlerfaschismus durch die Sowjetarmee begann und gegenwärtig bereits durch das Stadium des Sieges des Sozialismus gekennzeichnet ist.

Im wesentlichen geht es hierbei um die stets qualifiziertere, den jeweiligen nationalen und internationalen Bedingungen und Besonderheiten entsprechende *Führung der Massen auf den Weg des sozialistischen Aufbaus durch die Staatsmacht der Arbeiter und Bauern und die immer umfassendere Teilnahme der Massen an der Leitung des Staates und der Wirtschaft.*

Die zu diesem Problemkreis geführten Diskussionen und zahlreich erschienenen Publikationen führten zur Klärung einer ganzen Reihe von Grundfragen. Es liegt jedoch im Wesen der Sache selbst, daß ständig neue Fragen und Probleme auftauchen, die ein neues Durchdenken der Grundproblematik erfordern. Mit dem Erscheinen der „Erklärung der Beratung von Vertretern der kommunistischen und Arbeiterparteien" gegen Ende des Jahres 1960[1] ist zweifelsohne ein solcher Zeitpunkt herangereift. Anlaß und Ausgangspunkt dieses neuen Durchdenkens der Grundprobleme des demokratischen Zentralismus ist die in der Erklärung getroffene historisch bedeutsame Feststellung, daß der *Hauptinhalt unserer Epoche* der durch die Große Sozialistische Oktoberrevolution eingeleitete Übergang vom Kapitalismus zum Sozialismus ist,

> „. . . die Epoche des Kampfes der beiden entgegengesetzten Gesellschaftssysteme, die Epoche der sozialistischen Revolutionen und der nationalen Befreiungsrevolution, die Epoche des Zusammenbruchs des Imperialismus und der Liquidierung des Kolonialsystems, die Epoche des Überganges immer neuer Völker auf den Weg des Sozialismus, die Epoche des Triumphes des Sozialismus und Kommunismus im Weltmaßstab."[2]

Indem die Vertreter von 81 kommunistischen und Arbeiterparteien erklären, daß das Leben „gebieterisch den weiteren Zusammenschluß aller revolutionären Kräfte zum Kampfe gegen den Imperialismus, für nationale Unabhängigkeit, für den Sozialismus"[3] fordert, weisen sie zugleich auf bedeutsame Aspekte des demokratischen Zentralismus hin; Aspekte, die in der Epoche des Übergangs vom Kapitalismus

[1] Einheit, Jahrgang 1960, Heft 12.
[2] Ebenda, S. 1795 — 1796.
[3] Ebenda, S. 1795.

zum Sozialismus, die für den weltweiten Kampf der Völker um Frieden, Demokratie und Sozialismus von entscheidender Bedeutung sind.

Einer dieser Aspekte berührt alle die Fragen, die unmittelbar mit der Tatsache verbunden sind, „daß die Länder des siegreichen Sozialismus ihren Haupteinfluß auf die Entwicklung der Weltrevolution durch den wirtschaftlichen Aufbau ausüben".[4]

Die sozialistische Leitung dieses wirtschaftlichen Aufbaus ist untrennbar mit der immer vollkommeneren und konsequenteren Anwendung des Prinzips des demokratischen Zentralismus verbunden. Je besser es die Werktätigen der sozialistischen Länder verstehen, dieses so außerordentlich bedeutungsvolle Prinzip auf der Grundlage gesellschaftlich-ökonomischer Entwicklungsgesetze auch und vor allem auf dem Gebiet der Wirtschaftsleitung anzuwenden, desto erfolgreicher gestaltet sich der wirtschaftliche Aufbau, desto sichtbarer die potentielle Überlegenheit des Sozialismus über den Kapitalismus, desto stärker und nachhaltiger die Einwirkung des sozialistischen Weltsystems auf die schnelle Veränderung des internationalen Kräfteverhältnisses zugunsten der Kräfte des Friedens, der Demokratie und des Sozialismus.

Die objektive Bedingtheit des demokratischen Zentralismus wie auch einige aktuelle Probleme seiner Anwendung in der Epoche der Diktatur des Proletariats im allgemeinen und in der Deutschen Demokratischen Republik im besonderen sollen im folgenden einer näheren Betrachtung unterzogen werden.

Im „Manifest der Kommunistischen Partei" wiesen Marx und Engels darauf hin, daß die Geschichte — und Engels präzisierte in einer Fußnote: die *schriftlich* überlieferte Geschichte — aller bisherigen Gesellschaft die Geschichte von Klassenkämpfen ist. Und in seinem bekannten Brief an Weydemeyer vom 5. März 1852 formulierte Marx, daß die Existenz der Klassen an bestimmte historische Entwicklungsphasen der Produktion gebunden ist; daß der Klassenkampf notwendig zur Diktatur des Proletariats führt und daß diese Diktatur selbst nur den Übergang zur Aufhebung aller Klassen und zu einer klassenlosen Gesellschaft bildet.

Dieses erstmals von Marx entdeckte und formulierte *Bewegungsgesetz der gesellschaftlichen Entwicklung* ist gleichzeitig der erste und der entscheidende Ansatzpunkt, um zu den Problemen des demokratischen Zentralismus vorzudringen.

Lenins Verdienst ist es schließlich, diese Marxsche Erkenntnis vor allem in seiner Lehre von den Klassen und dem Klassenkampf, von der Partei und der Diktatur des Proletariats in genialer Weise weiterentwickelt zu haben.

Unter Berücksichtigung der Tatsache, daß die *geschichtliche Lage* und die *geschichtliche Aufgabe* der proletarischen Klasse außerhalb und unabhängig von dem spontanen Anwachsen der Arbeiterbewegung erkannt und ausgearbeitet wird,[5] kommt Lenin zu der Feststellung:

[4] Ebenda, S. 1796.

[5] Lenin, W. I., Was tun?, in: Ausgewählte Werke in zwei Bänden, Bd. I, Dietz Verlag, Berlin 1955, S. 199.
In einer Fußnote weist Lenin in der gleichen Arbeit (S. 207) darauf hin, daß diese Feststellungen selbstverständlich nicht bedeuten, daß die Arbeiter an der Ausarbeitung der sozialistischen Ideologie nicht teilnehmen. „Aber sie nehmen daran nicht als Arbeiter teil,

„Durch die Herrschaft der anarchischen Konkurrenz in der bürgerlichen Welt gespalten, durch die unfreie Arbeit für das Kapital niedergedrückt, ... kann und wird das Proletariat nur dadurch eine unbesiegbare Kraft werden, daß seine *ideologische Vereinigung auf Grund der Prinzipien des Marxismus* gefestigt wird durch die *materielle Einheit der Organisation,* die Millionen Werktätiger zu der Armee der Arbeiterklasse zusammenschweißt."[6] (Hervorhebung – W. J.)

Demnach sind es zwei wesentliche *Erfordernisse des Klassenkampfes,* die Lenin nachdrücklich in den Vordergrund rückt und die für das Verständnis des demokratischen Zentralismus von ausschlaggebender Bedeutung sind:

1. der Umstand, daß die Führung des Klassenkampfes des Proletariats notwendigerweise ein proletarisches Klassenbewußtsein und die ideologische Vereinigung des Proletariats auf Grund der Prinzipien des Marxismus voraussetzt und
2. die Notwendigkeit, das proletarische Klassenbewußtsein, die ideologische Vereinigung bzw. die kollektive Einsicht in die geschichtliche Lage und die geschichtliche Aufgabe der proletarischen Klasse durch die materielle Einheit der Organisation zu ergänzen und zu festigen.

Die Schlußfolgerungen, die sich aus diesen objektiven Erfordernissen des Klassenkampfes des Proletariats ergeben, liegen auf der Hand: Wenn der spontane Kampf des Proletariats zu einem „wirklichen Klassenkampf" – wie Lenin sich ausdrückt – werden soll, wenn das Proletariat sich seiner geschichtlichen Lage und seiner geschichtlichen Aufgabe bewußt werden soll, so ist es notwendig, die spontan entstandene und spontan anwachsende Arbeiterbewegung mit dem wissenschaftlichen Sozialismus zu vereinigen; so ist eine Partei, ein bewußter und organisierter Vortrupp der Arbeiterklasse erforderlich, der diese Vereinigung vollzieht, der in der Lage ist, das Klassenbewußtsein des Proletariats zu entwickeln und den Klassenkampf des Proletariats in allen seinen Erscheinungsformen diszipliniert, systematisch und zielstrebig zu leiten. Die geschichtliche Lage und die geschichtliche Aufgabe des Proletariats erfordern somit einen straffen proletarischen Zentralismus, da das Proletariat ohne diesen Zentralismus keinen „wirklichen Klassenkampf" führen kann, da das Proletariat ohne diesen Zentralismus nicht in der Lage ist, seine historische Aufgabe zu erfüllen.

Unter welchen historisch-konkreten Umständen und Bedingungen dieser Zentralismus ins Leben gerufen wird und zur Wirkung kommt, ist in diesem Zusammenhang von sekundärer Bedeutung. Primär ist zunächst, daß dieser Zentralismus seinem Wesen nach *demokratischer* Zentralismus ist, daß er die dialektische Einheit von Demokratie und Zentralismus verkörpert. Er ist darauf gerichtet,

1. innerhalb des Proletariats ein echtes *Klassenbewußtsein* zu entwickeln bzw. dem Proletariat seine geschichtliche *Lage* und seine geschichtliche *Aufgabe* zum Bewußtsein zu bringen;

sondern als Theoretiker des Sozialismus ..., mit anderen Worten, sie nehmen nur dann und soweit daran teil, als es ihnen in höherem oder geringerem Maße gelingt, sich das Wissen ihres Zeitalters anzueignen und dieses Wissen zu bereichern. Damit aber den Arbeitern *dieses häufiger gelinge,* ist es notwendig, alles zu tun, um das Niveau der Bewußtheit der Arbeiter im allgemeinen zu heben."

[6] Lenin, W. I., Über den Parteiaufbau, Dietz Verlag, Berlin 1958, S. 353.

2. das Proletariat über die Entwicklung seines Klassenbewußtseins zur Führung eines „wirklichen Klassenkampfes“ zu befähigen;
3. die *Strategie und Taktik* des Klassenkampfes des Proletariats auszuarbeiten, das Proletariat in seinem Klassenkampf zu *führen*;
4. die *Diktatur des Proletariats* zu verwirklichen und die *Demokratie* zu erkämpfen.

Nicht zufällig heißt es daher in der Moskauer Erklärung:

> „Die marxistisch-leninistischen Parteien betrachten es als ein unumstößliches Gesetz ihres Handelns, die Leninschen Normen des Parteilebens auf der Grundlage des demokratischen Zentralismus strikt zu wahren.“[7]

Wenn hier im Zusammenhang mit den Leninschen Normen des Parteilebens und dem demokratischen Zentralismus von einem *Gesetz des Handelns der marxistisch-leninistischen Parteien* die Rede ist, so wird damit dem Umstand Ausdruck verliehen, daß auch der demokratische Zentralismus keine Erfindung irgendwelcher kommunistischer Führer, sondern ein objektives Erfordernis der konkreten Bedingungen des Klassenkampfes des Proletariats darstellt.

Ein wesentliches Merkmal unserer gegenwärtigen Epoche besteht darin, daß sich die Völker immer entschlossener zum Kampf gegen den Imperialismus erheben.

> „Es entfaltet sich die grandiose Schlacht zwischen den Kräften der Arbeit und des Kapitals, der Demokratie und der Reaktion, der Freiheit und des Kolonialismus.“[8]

Die führende, weil historisch fortschrittlichste, revolutionärste Kraft in diesem Kampf ist die von ihren marxistisch-leninistischen Parteien geführte internationale Arbeiterklasse, die sich auf das stets im Wachsen begriffene und an internationalem Gewicht ständig zunehmende Weltsystem des Sozialismus stützt. Der Erfolg ihres Kampfes wird wesentlich davon bestimmt, wie es ihr gelingt, die gegen den Imperialismus und seine räuberische Politik in Bewegung geratenen vielgestaltigen Kräfte zu vereinigen, sie in einen gemeinsamen Strom einmünden zu lassen, „der das imperialistische Weltsystem unterspült und zerstört“.[9] Diese Rolle der Volksmassen kommt mit der Entwicklung des Klassenbewußtseins — des bewußten Erfassens der geschichtlichen Lage und der geschichtlichen Aufgabe des Proletariats — unter der Führung der marxistisch-leninistischen Parteien zur vollen revolutionären Entfaltung und sichert so die „Erhebung des Proletariats zur herrschenden Klasse“.[2] Die den konkreten Bedingungen des Klassenkampfes entsprechende ständige Festigung und Vervollkommnung des proletarischen Zentralismus ist hierbei von ausschlaggebender Bedeutung.

Die Erkenntnis, daß der demokratische Zentralismus sich aus der Notwendigkeit ergibt, dem bürgerlichen, militärischen, bürokratischen Zentralismus den — wie Lenin formuliert — „klassenbewußten, demokratischen, proletarischen Zentralismus“ entgegenzustellen,[11] daß der demokratische Zentralismus in der sozialöko-

[7] Erklärung der Beratung . . ., a. a. O., S. 1822.
[8] Ebenda, S. 1799. [9] Ebenda, S. 1800.
[10] Vergl. Rost, R., Der demokratische Zentralismus unseres Staates, VEB Deutscher Zentralverlag, Berlin 1959, S. 39.
[11] Lenin, W. I., Staat und Revolution, in: Ausgewählte Werke in zwei Bänden, Bd. II, S. 199.

nomischen Natur der Arbeiterklasse und im Klassenkampf begründet ist, ist für das prinzipielle Verständnis wie auch für die Entwicklung spezifischer Anwendungsformen des demokratischen Zentralismus in der Periode des Übergangs eines Landes vom Kapitalismus zum Sozialismus von ausschlaggebender Bedeutung.

Die tiefe Problematik der Anwendung des demokratischen Zentralismus in der Übergangsperiode läßt sich etwa so ausdrücken, daß die von ihrer Partei geführte Arbeiterklasse sich nach dem revolutionären Sturz der politisch und ökonomisch herrschenden Bourgeoisie in die politisch und ökonomisch herrschende Klasse verwandelt, die es verstehen muß, den jeweils historisch-konkreten Klassenverhältnissen entsprechende Formen und Methoden des Kampfes um den Sozialismus zu entwickeln und anzuwenden.

Der wesentliche Inhalt des demokratischen Zentralismus in der Übergangsperiode vom Kapitalismus zum Sozialismus — so wurde eingangs bereits bemerkt — besteht in der Führung der Massen auf den Weg des sozialistischen Aufbaus durch die Staatsmacht der Arbeiter und Bauern und die immer umfassendere Teilnahme der Massen an der Leitung des Staates und der Wirtschaft. Demokratie und Zentralismus bilden auf diese Weise eine untrennbare, eine *dialektische* Einheit — eben den *demokratischen Zentralismus.*

Die *Notwendigkeit* der unbedingten Zentralisation und der strengsten Disziplin des Proletariats — von der Lenin im Zusammenhang mit der Diktatur des Proletariats spricht — ergibt sich aus folgenden historisch bewiesenen Tatsachen:

1. Der Klassenkampf hört nach der Eroberung der politischen Macht durch das von seiner Partei geführte Proletariat nicht auf, sondern kann zeitweilig sogar an Schärfe zunehmen.
2. Die gestürzten Ausbeuterklassen hegen unvermeidlich die Hoffnung auf eine Restauration. Diese *Hoffnung* ist täglich bereit, sich in *Versuche* der Restauration zu verwandeln.
3. Die Diktatur des Proletariats muß wesentlich dazu benutzt werden, den Kapitalismus in all seinen Erscheinungsformen und Wurzeln zu liquidieren, sozialistische Produktionsverhältnisse zu schaffen und ein sozialistisches Bewußtsein der Volksmassen — vornehmlich der Arbeiterklasse — zu entwickeln.
4. Die unbedingte Zentralisation und strengste Disziplin des mit der werktätigen Bauernschaft verbündeten Proletariats ist die Voraussetzung für die Einbeziehung aller anderen Schichten der Bevölkerung in den Prozeß der sozialistischen Umgestaltung und seine erfolgreiche Bewältigung.
5. Das einheitliche, geschlossene und organisierte Auftreten und Handeln des Proletariats ist nicht nur für den Erfolg der Diktatur des Proletariats innerhalb des gegebenen Landes, sondern darüber hinaus für die Entwicklung und Festigung des sozialistischen Weltsystems und der kommunistischen Weltbewegung wie auch des Wettbewerbs der Systeme und den weltweiten Kampf der Völker gegen Imperialismus und Krieg von prinzipieller Bedeutung.

Der proletarische Staat ist das *Hauptinstrument* der Arbeiterklasse und ihrer Partei zur Bewältigung des historischen Umwälzungsprozesses vom Kapitalismus zum Sozialismus. Ist der demokratische Zentralismus das Hauptprinzip der Kampfesführung des Proletariats gegen die politisch und ökonomisch herrschende Bourgeoisie, so ist er nach der Eroberung der politischen Macht nunmehr auch die *Grundlage* sowohl für den Aufbau als auch für die Tätigkeit des proletarischen Staates und seiner Organe. So aufgefaßt, tritt die wechselseitige Bedingtheit, tritt die *dialektische* Einheit von Demokratie und Zentralismus klar in Erscheinung; wird deutlich, daß der proletarische Zentralismus — repräsentiert durch die proletarische Staatsmacht und gesichert durch die führende Rolle der Partei im System der Diktatur des Proletariats — notwendigerweise *demokratisch* ist, wie auch die proletarische Demokratie notwendigerweise den proletarischen Zentralismus bedingt. In seiner Polemik gegen Schüßler bemerkt Rost sehr treffend, diese proletarische „Staatsdisziplin (oder die proletarische Demokratie, oder der proletarische Zentralismus, — W. J.) gründet sich ja auf das Klassenbewußtsein selbst, fließt aus dem Klassenkampf und kann nur durch die Partei der Arbeiterklasse selbst zur vollen Entwicklung gebracht werden“.[12]

Es entspricht dem Charakter dieser im Entstehen begriffenen neuen Gesellschaftsordnung, daß das Prinzip der Führung der Massen zum Sozialismus und ihrer aktiven Teilnahme an der Bewältigung dieses historischen Umwälzungsprozesses, daß der demokratische Zentralismus *alle* Sphären des gesellschaftlichen Lebens durchdringt und somit auch und besonders die Grundlage für die *sozialistische Wirtschaftsführung* ist. Objektiv bedingt und in ihrer Wechselwirkung unverkennbar, tritt neben die politische die ökonomische Begründung des demokratischen Zentralismus. Speziell an dem Problemkreis „demokratischer Zentralismus“ tritt das Verhältnis von Ökonomie und Politik in der Übergangsperiode vom Kapitalismus zum Sozialismus, tritt das Primat der Politik gegenüber der Ökonomie deutlich in Erscheinung.

1. Der Zentralismus auf dem Gebiet der Ökonomie ist ein objektives Erfordernis des Entwicklungsstandes der gesellschaftlichen Produktivkräfte. Dieses Erfordernis ist im gegenwärtigen Kapitalismus eine wesentliche Seite des Widerspruchs zwischen dem Charakter der Produktivkräfte und den kapitalistischen Produktionsverhältnissen. Der für den Imperialismus charakteristische Prozeß der Konzentration der Produktion und des Kapitals — die Entstehung von Monopolen — führt über das „riesenhafte Fortschreiten der Vergesellschaftung der Produktion“ (Lenin) unmittelbar an die *Vergesellschaftung der materiellen Produktionsbedingungen* heran. Die Vergesellschaftung der Produktion, d. h. die auf Arbeitsteilung, Konzentration und Spezialisierung beruhende Verflechtung, Abhängigkeit und wechselseitige Bedingtheit der einzelnen Betriebe und Zweige der gesellschaftlichen Produktion, hat einen solchen Grad, eine solche Tiefe erreicht, daß ein Produktionsbereich ohne den anderen nicht mehr existieren kann. Auf diese Weise erwächst aus dem Charakter der Produktivkräfte selbst das zwingende Bedürfnis nach planmäßiger Organisation im Maßstabe der gesamten Gesellschaft.

In schroffem Gegensatz hierzu steht die kapitalistische Aneignung der Ergebnisse des vergesellschafteten Produktionsprozesses, fußend auf der Trennung des Pro-

[12] a. a. O., S. 39.

duzenten von den Produktionsmitteln und auf dem kapitalistischen Eigentum an den materiellen Produktionsbedingungen der Gesellschaft.

Wir haben es hier mit dem *Grundwiderspruch der kapitalistischen Produktionsweise* zu tun, mit dem Widerspruch zwischen dem gesellschaftlichen Charakter der Produktion und dem kapitalistischen Eigentum an den Produktionsmitteln, der sich – wie *Engels* im „Anti-Dühring“ schreibt – reproduziert als

„... *Gegensatz zwischen der Organisation der Produktion in der einzelnen Fabrik und der Anarchie der Produktion in der ganzen Gesellschaft.*“[13]

Auf der Grundlage des kapitalistischen Eigentums an den Produktionsmitteln kann dieser Gegensatz nicht beseitigt werden. Organisiertheit und Anarchie der Produktion sind im Kapitalismus einander wechselseitig bedingende Erscheinungen ein und desselben, weil *gesellschaftlichen* Produktionsprozesses. Es ist eine unbestreitbare Tatsache, daß jede auf der Anwendung von Maschinensystemen und komplizierten technologischen Verfahren beruhende Kombination von Arbeitsgegenstand, Arbeitsmittel und Arbeitskraft zwangsläufig einer bestimmten *qualitativen Gliederung und quantitativen Proportionalität* bedarf, da anders ein *gesellschaftlicher, arbeitsteilig* stattfindender Produktionsprozeß mit dem Ziel der Herstellung *bestimmter* Gebrauchsgüter nicht zu verwirklichen ist. Die qualitative Gliederung und quantitative Proportionalität des *gesellschaftlichen* Produktionsprozesses erfolgt jedoch unter der Voraussetzung kapitalistischen Eigentums an den materiellen Produktionsbedingungen und des daraus resultierenden Warencharakters der menschlichen Arbeitskraft allen staatsmonopolistischen Maßnahmen zum Trotz wesentlich über den spontan, elementar wirkenden Marktmechanismus. Die den Imperialismus kennzeichnende kapitalistische Großproduktion kann diesen Widerspruch nicht lösen. Sie trägt vielmehr wesentlich zur Verschärfung dieses wie auch aller anderen Widersprüche des Kapitalismus bei.[14] Die Organisiertheit des einzelnen (betrieblichen) kapitalistischen Produktionsprozesses trägt daher auf Grund des Wirkens des Gesetzes der Konkurrenz und Anarchie der Produktion in erhöhtem Maße spekulativen Charakter. Sie wird durch die mit dem kapitalistischen Eigentum an den Produktionsmitteln untrennbar verbundene zyklische Entwicklung stets aufs neue durchbrochen, unwirksam gemacht; Ausdruck dessen, daß der Kapitalismus den zwingenden Forderungen der von ihm entwickelten gesellschaftlichen Produktivkräfte nach planmäßiger Leitung und Organisation in gesamtgesellschaftlichem Maßstabe nicht nachzukommen vermag, daß die kapitalistischen Produktionsverhältnisse zu einer Fessel für die gesellschaftlichen Produktivkräfte geworden sind, die erst durch die sozialistische Revolution und die Anwendung des demokratischen Zentralismus beseitigt wird.

2. Der demokratische Zentralismus auf dem Gebiete der Ökonomie ist ein objektives Erfordernis der sozialistischen Produktionsverhältnisse, die von der Arbeiterklasse unter der Führung ihrer Partei und mit Hilfe des proletarischen Staates in der

[13] Engels, F., Herrn Eugen Dührings Umwälzung der Wissenschaft, „Anti-Dühring“, Dietz Verlag, Berlin 1948, S. 337.

[14] Vgl. Reinhold, O., Die Entwicklung des staatsmonopolistischen Kapitalismus in Westdeutschland, Akademie-Verlag, Berlin 1960.

Übergangsperiode geschaffen werden. Auf der Grundlage des entstehenden und sich entwickelnden gesellschaftlichen Eigentums an den materiellen Produktionsbedingungen werden neue ökonomische Gesetze wirksam, die entsprechend dem ökonomischen Grundgesetz des Sozialismus die zentralisierte und planmäßige Leitung und Organisation der sozialistischen Produktion und Verteilung erfordern. Entsprechend diesem objektiven Erfordernis entwickelt der sozialistische Staat im Verlaufe des sozialistischen Aufbaus neue Funktionen: die wirtschaftlich-organisatorische und die kulturell-erzieherische Funktion.[15] Beide sind im Prozeß der einheitlichen, planmäßigen und bewußten Leitung des gesellschaftlich-ökonomischen Entwicklungsprozesses untrennbar miteinander verbunden. Die wirtschaftlich-organisatorische Tätigkeit bedingt gleichzeitig die kulturell-erzieherische Aktivität des sozialistischen Staates, denn jede auf die Festigung und Weiterentwicklung der sozialistischen Produktionsweise gerichtete Maßnahme des sozialistischen Staates und seiner Organe ist Ausdruck des Kampfes der Arbeiterklasse und ihrer Partei um die sozialistische Organisation der gesellschaftlichen Arbeit, um die sozialistische Bewußtheit und Disziplin der Massen, ist Kampf gegen das Alte, Überlebte im Denken und Handeln der Menschen, ist Kampf um die Teilnahme der Massen an der bewußten und planmäßigen Organisation der gesellschaftlichen Arbeit, an der Leitung des Staates und der Wirtschaft. In dieser unlösbaren Verbindung von wirtschaftlich-organisatorischer und kulturell-erzieherischer Tätigkeit des sozialistischen Staates realisiert sich die Einheit von Ökonomie und Politik, treten der Hauptinhalt und die objektive Bedingtheit des demokratischen Zentralismus in Erscheinung.

Der *demokratische* Charakter des durch die sozialistische Staatsmacht repräsentierten Zentralismus auf dem Gebiete der Ökonomie ist durch die sozialistischen Produktionsverhältnisse und durch den Staatstypus der Diktatur des Proletariats bedingt.

3. Von wesentlicher Bedeutung für die Entfaltung und ständige Vervollkommnung der sozialistischen Planwirtschaft ist der Umstand, daß mit der Entstehung sozialistischer Produktionsverhältnisse objektiv ein neuer Charakter der Arbeit geboren wird. Im Kapitalismus wird der Charakter der Arbeit wesentlich durch das kapitalistische Eigentum an den materiellen Produktionsbedingungen der Gesellschaft und den Warencharakter der menschlichen Arbeitskraft geprägt. Alle Widersprüche der kapitalistischen Produktionsweise, insbesondere der Widerspruch zwischen Kapital und Arbeit, finden im Charakter der Arbeit ihren konzentrierten Ausdruck. Die Arbeit des kapitalistischen Lohnarbeiters ist unfrei, ist Arbeit des Ausgebeuteten für seinen Ausbeuter, so „daß die Arbeit dem Arbeiter *äußerlich* ist, d. h. nicht zu seinem Wesen gehört, daß er sich daher in seiner Arbeit nicht bejaht, sondern verneint, nicht wohl, sondern unglücklich fühlt, keine freie physische und geistige Energie entwickelt, sondern seine Physis abkasteit und seinen Geist ruiniert. Der Arbeiter fühlt sich daher erst außer der Arbeit bei sich und in der Arbeit außer sich. Zu Hause ist er, wenn er nicht arbeitet, und wenn er arbeitet, ist er nicht zu Hause.

[15] Vgl. Oelßner, F., Die Rolle der Staatsmacht beim Aufbau des Sozialismus, in: Probleme der politischen Ökonomie, Bd. 2, Akademie-Verlag, Berlin 1959, S. 37ff.

Seine Arbeit ist daher nicht freiwillig, sondern gezwungen, *Zwangsarbeit.* Sie ist daher nicht die Befriedigung eines Bedürfnisses, sondern sie ist nur ein *Mittel*, um Bedürfnisse außer ihr zu befriedigen."[16]

Wie auch immer die Ideologen der Bourgeoisie diesen Umstand zu bemänteln und zu beschönigen versuchen, Tatsache ist, daß das kapitalistische Eigentum an den Produktionsmitteln, daß der antagonistische Widerspruch zwischen Kapital und Arbeit Beziehungen der gegenseitigen Hilfe und kameradschaftlichen Zusammenarbeit der Werktätigen im kapitalistischen Produktionsprozeß wie auch die schöpferische Mitwirkung und bewußte Teilnahme der Werktätigen an der Leitung kapitalistischer Unternehmen objektiv ausschließt. Nicht zuletzt ist der aus dem kapitalistischen Eigentum an den Produktionsmitteln resultierende Zwangscharakter der Arbeit, der den „bürgerlichen, militärischen, bürokratischen Zentralismus" hervorbringt, darauf gerichtet, eben dieses kapitalistische Eigentum und den ihm entsprechenden Zwangscharakter der Arbeit auf jede nur denkbare Weise zu erhalten und zu verewigen.

Erst mit der Eroberung der politischen Macht durch das von seiner Partei geführte revolutionäre Proletariat und der im Verlaufe der sozialistischen Revolution erfolgenden Konstituierung des sozialistischen Eigentums an den materiellen Produktionsbedingungen der Gesellschaft verliert die gesellschaftliche Arbeit ihren Zwangscharakter und wird objektiv ein neuer Charakter der Arbeit geboren. Unter der Voraussetzung sozialistischen, d. h. gesamtgesellschaftlichen Eigentums an den Produktionsmitteln sind Eigentümer, Produzent und Konsument miteinander identisch. An die Stelle der kapitalistischen Zersplitterung und der unfreien Arbeit für die Ausbeuter tritt daher die unmittelbar gesellschaftliche und die Arbeit für die Gesellschaft. Diese Arbeit ist freie, schöpferische Arbeit, der objektiv keine wie auch immer geartete, durch antagonistische Klassenverhältnisse bedingte gesellschaftliche Schranken gesetzt sind. Bedingt durch das kollektive Eigentum sind die Beziehungen der Werktätigen im sozialistischen Produktionsprozeß durch gegenseitige Hilfe und kameradschaftliche Zusammenarbeit gekennzeichnet. Das Ziel der gesamtgesellschaftlichen Produktion ist daher von vornherein die bestmögliche Bedürfnisbefriedigung für alle Mitglieder der Gesellschaft, objektiv bestimmt durch das kollektive Eigentum und die kollektive Arbeit.

Wie der neue Charakter der gesellschaftlichen Arbeit, so sind auch die neuen Beziehungen der Menschen sowohl untereinander als auch zu den nunmehr ihnen gehörenden Produktionsmitteln nichts, was sich im Leben der sozialistischen Gesellschaft im Selbstlauf, automatisch, zur Geltung bringen könnte.

In seiner „Kritik des Gothaer Programms" trifft Marx bei der detaillierten Betrachtung der Verteilungsverhältnisse die für die sozialistische Gesellschaft allgemeingültige Feststellung:

„Womit wir es hier zu tun haben, ist eine kommunistische Gesellschaft, nicht wie sie sich auf ihrer eigenen Grundlage *entwickelt* hat, sondern umgekehrt, wie sie eben aus der kapitalistischen Gesellschaft *hervorgeht*; die also in jeder Beziehung, ökonomisch, sitt-

[16] Marx, K., Engels, F., Kleine ökonomische Schriften, Dietz Verlag, Berlin 1955, S. 101.

lich, geistig, noch behaftet ist mit den Muttermalen der alten Gesellschaft, aus deren Schoß sie herkommt."[17]

Die von der Ausbeutung und Unterdrückung befreite gesellschaftliche Arbeit wird in dieser ersten Phase der kommunistischen Gesellschaft – resultierend aus dem gesellschaftlichen Eigentum an den Produktionsmitteln und dem gesellschaftlichen Ziel der Produktion – zwar bereits zu einer Sache der Ehre und der Auszeichnung, ist aber noch nicht erstes Lebensbedürfnis für alle Mitglieder der Gesellschaft, wie auch die Produktivkräfte des Sozialismus bei weitem noch nicht den Entwicklungsstand erreicht haben, der erforderlich ist, um die Verteilung der erzeugten Gebrauchsgüter entsprechend den Bedürfnissen der einzelnen Gesellschaftsmitglieder vornehmen zu können. Marx und Engels faßten den Sozialismus stets als Übergangsperiode vom Kapitalismus zum Kommunismus auf, in der im Kampf gegen alle Daseins- und Bewußtseinsformen der alten Gesellschaft die ökonomischen, sittlichen und geistigen Voraussetzungen für die neue, die kommunistische Gesellschaft geschaffen werden müssen. Im Verlaufe dieses alle Seiten des gesellschaftlichen Lebens erfassenden Umwälzungsprozesses werden die zunächst in überwiegendem Maße gegebenen, spontan von dem eng individuellen Streben nach möglichst umfassender Befriedigung der Bedürfnisse des einzelnen Individuums ausgehenden Impulse zur Entwicklung der gesellschaftlichen Arbeit mehr und mehr zurückgedrängt und schließlich ersetzt durch die bewußte, kollektive Initiative, gerichtet auf die bestmögliche Befriedigung gesamtgesellschaftlicher Bedürfnisse.

Die Vermittlung der Erkenntnisse des Marxismus-Leninismus – hier insbesondere über die objektiven Veränderungen in den Produktionsverhältnissen und im Charakter der Arbeit – durch die marxistisch-leninistische Partei, die Gewerkschaften und andere gesellschaftliche Organisationen sowie durch den sozialistischen Staat und seine Organe ist nach der Konstituierung des gesamtgesellschaftlichen Eigentums an den Produktionsmitteln als *Anleitung zum bewußten gesellschaftlichen Handeln* ein notwendiges Mittel zur Überwindung der „Muttermale der alten Gesellschaft", zur qualitativen und quantitativen Vervollkommnung der sozialistischen Planwirtschaft. Je bewußter den Werktätigen „ihre neuen Produktionsverhältnisse werden, um so mehr werden sie die Möglichkeiten ihrer Ausnutzung erkennen, werden sie selbst aktiv Einfluß auf die weitere Entwicklung der neuen, sozialistischen Produktionsverhältnisse nehmen."[18]

Mit der Beseitigung des kapitalistischen und der Konstituierung des sozialistischen Eigentums an den Produktionsmitteln sowie der dadurch bedingten grundsätzlichen Veränderung des Charakters der Arbeit wird dem „bürgerlichen, militärischen, bürokratischen Zentralismus" die Existenzgrundlage entzogen. An seine Stelle tritt notwendigerweise der demokratische Zentralismus, der die planmäßige und zentralisierte Leitung und Organisation der von der Ausbeutung befreiten Arbeit mit der

[17] Marx, K., Engels, F., Ausgewählte Schriften in zwei Bänden, Bd. II, Dietz Verlag, Berlin 1952, S. 15–16.

[18] Leder, G., Seidel, H., Der neue gesellschaftliche Charakter der Arbeit und seine Widerspiegelung im Entwurf des Arbeitsgesetzbuches, in: Einheit, Jahrgang 1960, H. 12, S. 1837.

bewußten und aktiven Teilnahme der Werktätigen an der schöpferischen Gestaltung dieser neuen sozialistischen Beziehungen im Produktionsprozeß verbindet.

Wenn wir das bisher Gesagte zusammenfassen, so gelangen wir zu der Schlußfolgerung, daß der demokratische Zentralismus auf dem Gebiet der Wirtschaftsleitung – in seiner prinzipiellen Anwendung objektiv bedingt – wesentlich als *dialektische Einheit von straffer zentraler Planung und Leitung und größtmöglicher Teilnahme der werktätigen Massen an der staatlichen Wirtschaftsleitung* in Erscheinung tritt. Dieser wesentliche Inhalt des demokratischen Zentralismus erfährt im Verlaufe der sozialistischen Entwicklung keine Veränderung. Er entspricht zutiefst der sozialistischen Produktionsweise und ist der proletarischen Staatsmacht inhärent. Was sich jedoch unter Umständen ändern kann und – wie die Erfahrungen der sozialistischen Länder beweisen – ändern muß, das sind die spezifischen Formen seiner Anwendung auf dem Gebiet der Wirtschaftsleitung, da diese nicht durch die sozialistische Produktionsweise schlechthin, sondern durch eine relativ große Anzahl von Faktoren, wie den politisch-ökonomisch-ideologischen Reifegrad der neuen Gesellschaft, die wirtschaftspolitische Aufgabenstellung und die jeweilige gesamte innere und internationale Lage bestimmt werden.

Unter Berücksichtigung der Erfordernisse des demokratischen Zentralismus ist die ständige Anpassung des Aufbaus und der Organisation der staatlichen Wirtschaftsleitung wie auch die Ausarbeitung und Anwendung eines sozialistischen Arbeitsstils und der damit verbundene Kampf um die Überwindung formal-bürokratischer Methoden und Neutralitätsauffassungen keine den leitenden Staatsorganen gestellte *zusätzliche* Aufgabe, sondern das charakteristische, wesentliche Merkmal der sozialistischen Leitung überhaupt. Die potentielle Überlegenheit der sozialistischen über die kapitalistische Gesellschaftsordnung auf allen Gebieten des gesellschaftlichen Lebens in die Wirklichkeit umzusetzen, darin besteht die *Grundaufgabe* des sozialistischen Staates, darin besteht auch der wesentliche Inhalt des sozialistischen *Arbeitsstils* der leitenden Organe. *Sozialistisch leiten heißt daher*, die Schöpferkraft und Initiative der von ihrer Partei geführten Arbeiterklasse zu wecken, zu organisieren und sie allseitig und umfassend auf die Lösung gesamtstaatlicher Aufgaben zu konzentrieren.

Nur unter strengster Beachtung dieses prinzipiellen Erfordernisses des gesellschaftlich-ökonomischen Entwicklungsprozesses können die staatlichen Wirtschaftsleitungen den Anforderungen genügen, die an sie als Organe der Arbeiter-und-Bauern-Macht gestellt werden, sind sie in der Lage, die operative Leitung der gesamten wirtschaftlichen Tätigkeit der ihnen unterstellten Bereiche zu gewährleisten.

Auch in unserer Deutschen Demokratischen Republik geht der Erkenntnisprozeß von der Rolle der Staatsmacht der Arbeiter und Bauern in der Übergangsperiode durchaus nicht konfliktlos vor sich. Offenbar unter dem Druck des von Westdeutschland und Westberlin aus operierenden Klassengegners, in Verkennung der spezifischen Bedingungen des Aufbaus des Sozialismus in der DDR und unter völliger Mißachtung der prinzipiellen Bedeutung des demokratischen Zentralismus, wurden insbesondere in den Jahren 1956/57 unter der Losung des Kampfes gegen den

Bürokratismus und für die Dezentralisation, gegen sogenannte administrative und für undefinierbare „ökonomische Methoden" der staatlichen Wirtschaftsleitung „Theorien" entwickelt, die im Zusammenhang mit anderen fehlerhaften Auffassungen von der Dialektik unseres gesellschaftlich-ökonomischen Entwicklungsprozesses prinzipielle Unklarheiten über die Rolle der Staatsmacht zum Ausdruck brachten.[19]

Die unter Führung der Partei und auf der Grundlage ihrer konkreten Vorschläge entfaltete Diskussion – insbesondere auf ihrer 30. und 32. Tagung[20] – bewirkte schließlich die Überwindung der revisionistischen Theorien und Anschauungen und die Formulierung eines umfangreichen Gesetzeswerkes über die Vervollkommnung und Vereinfachung der Arbeit des Staatsapparates in der DDR.[21]

Unter Hinweis darauf, daß die volksdemokratische Staatsmacht stets aufs neue der Entwicklung der Produktivkräfte, der wachsenden Aktivität und Bewußtheit der Menschen und der Entwicklung der Klassenkräfte angepaßt werden muß, stellte die Partei die Aufgabe, die Qualität der staatlichen Wirtschaftsleitung so zu erhöhen, daß die stärkere Einbeziehung der Arbeiterklasse und der breitesten Kreise der Bevölkerung in die staatliche Leitungsarbeit ermöglicht wird. Bei der grundsätzlichen Lösung dieser, für den erfolgreichen Verlauf des gesellschaftlich-ökonomischen Umwälzungsprozesses in der Deutschen Demokratischen Republik, so außerordentlich bedeutungsvollen Aufgabe ergaben sich einige spezielle Probleme – im wesentlichen Probleme der Anwendung und Vertiefung des demokratischen Zentralismus auf dem Gebiet der Wirtschaftsleitung –, deren Untersuchung wir uns in unseren nunmehr folgenden Ausführungen zuwenden.

Als wesentlich *neues Element im System der staatlichen Wirtschaftsleitung* der Deutschen Demokratischen Republik wurden auf der Grundlage des Gesetzeswerkes in den einzelnen Wirtschaftszweigen „Vereinigungen Volkseigener Betriebe"(VVB) geschaffen, von denen es heißt, daß sie „zentrale Wirtschaftsorgane für die Planung und Leitung der ihnen unterstehenden Betriebe und Einrichtungen" sind, daß ihnen darüber hinaus „durch die Staatliche Plankommission bestimmte koordinierende Aufgaben übertragen werden, die sich auf den gesamten Industriezweig erstrecken."[22]

Unter Wahrung der relativen Selbständigkeit der Betriebe und ihrer Rechtsträgerschaft von Volkseigentum ist die VVB „für die ökonomische und politische

[19] Vgl. u. a. Behrens, Zu Problemen der Ausnutzung ökonomischer Gesetze in der Übergangsperiode, 3. Sonderheft der „Wirtschaftswissenschaft", 5. Jahrgang.
Benary, Zu Grundproblemen der politischen Ökonomie des Sozialismus in der Übergangsperiode, ebenda, sowie die zahlreich hierzu erschienenen Arbeiten.

[20] Vgl. Ulbricht, W., Grundfragen der Politik der Sozialistischen Einheitspartei Deutschlands, Referat auf der 30. Tagung des ZK der SED am 30. Januar 1957, Dietz Verlag, Berlin 1957, sowie Berichte, Referate, Diskussionsreden, Thesen und Beschluß der 32. Tagung des ZK der SED vom 10. bis 12. Juli 1957, Dietz Verlag, Berlin 1957.

[21] Gesetz über die Vervollkommnung und Vereinfachung der Arbeit des Staatsapparates in der Deutschen Demokratischen Republik vom 11. Februar 1958 (GBl. I, S. 117) sowie die auf seiner Grundlage erlassenen Verordnungen, Anordnungen, Beschlüsse usw.

[22] Vgl. VO Über die Organisation der Planung der Volkswirtschaft vom 13. Februar 1958, GBl. I, S. 125, Abschnitt V, Aufgaben der Vereinigungen Volkseigener Betriebe auf dem Gebiet der Planung.

Entwicklung der ihr unterstellten Betriebe und Einrichtungen verantwortlich" [23] Auf der Grundlage der staatlichen Pläne koordiniert sie die Zusammenarbeit der ihr unterstellten Betriebe und Einrichtungen, wobei sie eine umfassende operative Hilfe zu leisten hat. Sofern es „aus volkswirtschaftlichen Gründen oder zur Vereinfachung der Arbeit" notwendig ist, kann sie von der Staatlichen Plankommission beauftragt werden, „für die örtlich geleiteten Betriebe bestimmte, genau festgelegte Funktionen und Aufgaben wahrzunehmen".[24] Aufgaben dieser Art führt sie in Abstimmung mit den örtlichen Staatsorganen und in deren Einverständnis mit den örtlich geleiteten Betrieben durch. Sie hat „die Ausnutzung der ökonomischen Gesetze des Sozialismus und die Durchführung der festgelegten Aufgaben für den sozialistischen Aufbau in ihrem Verantwortungsbereich zu gewährleisten".[25]

Alle diese Momente machen deutlich, daß mit der VVB ein staatliches Leitungsorgan geschaffen wurde, dessen Stellung im System der staatlichen Wirtschaftsleitung sich in Übereinstimmung mit den Erfordernissen des gesellschaftlich-ökonomischen Umwälzungsprozesses in der DDR wesentlich von der Stellung und der Bedeutung aller bisherigen überbetrieblichen Leitungsorgane unterscheidet. Unter dem Gesichtspunkt ihrer staatlich fixierten Rechte und gesellschaftlich bestimmten Pflichten ist die VVB faktisch das Leitungsorgan, das auf der Grundlage der staatlichen Plandokumente und unter sorgfältiger Berücksichtigung von Hinweisen und weiterer Beschlüsse von Partei und Regierung die operative Leitung der ihr unterstellten Betriebe und Einrichtungen zu gewährleisten in der Lage ist.[26]

Eine *unmittelbare* Abgrenzung ihres Verantwortungsbereichs wurde damit vorgenommen, daß eine bestimmte Anzahl Betriebe und Einrichtungen bestimmter Produktionsart und Tätigkeit ihrer ausschließlichen Kompetenz unterstellt wurde, während sie jedoch *mittelbar* auch Funktionen wahrzunehmen hat, die den *gesamten Industriezweig* betreffen und somit die Grenzen der nominellen Vereinigung überschreiten.

Die allgemeinste Ursache hierfür ist historischer Art. Der für den Imperialismus charakteristische Prozeß der Konzentration der Produktion und des Kapitals — die Entstehung von Monopolen und das damit verbundene „riesenhafte Fortschreiten der Vergesellschaftung der Produktion" (Lenin) — unterliegt dem Gesetz der Konkurrenz und Anarchie, so daß die kapitalistische Konzentration zwangsläufig das Moment der relativen Zersplitterung der Produktion und ihrer Zweige in sich einschließt. Im Verlaufe der sozialistischen Revolution werden die aus dem Kapitalismus überkommenen Betriebe in sozia-

[23] Vgl. VO Über die Statuten der Vereinigungen Volkseigener Betriebe im Bereich der Staatlichen Plankommission vom 13. Februar 1958, GBl. I, S. 149ff.

[24] Ebenda. [25] Ebenda.

[26] Es versteht sich von selbst, daß die VVB *allein* diese komplizierte Aufgabe nicht lösen kann. Hierzu ist ein ganzes System staatlicher Institutionen erforderlich, das von der Staatlichen Plankommission über die örtlichen Organe, die Notenbank, die Investbank, andere VVBs, DIA-Kontore, das Staatliche Maschinenkontor, die DHZ u. a. bis zu den Betrieben reicht, und dessen rationelles und planmäßiges Funktionieren letztlich den Erfolg der Leitungstätigkeit der VVB mitbestimmt. Im Rahmen der vorliegenden Arbeit kann auf dieses Problem nur in allgemeiner Form hingewiesen werden.

listisches Eigentum überführt. Mit dieser Vergesellschaftung der materiellen Produktionsbedingungen wird zunächst auch die kapitalistische Zersplitterung der Produktion übernommen. Zweifelsohne ist dieses Negativum — wenn man so sagen darf — ein Hinderungsgrund weder für die Errichtung der Diktatur des Proletariats im allgemeinen noch für die Vergesellschaftung der materiellen Produktionsbedingungen im besonderen. Seine Bedeutung besteht vor allem darin, daß es als „Muttermal" der alten Gesellschaft eines der charakteristischen Merkmale der Übergangsperiode vom Kapitalismus zum Sozialismus-Kommunismus ist, dessen Überwindung in Abhängigkeit von den konkret-historischen Bedingungen, unter denen der Sozialismus-Kommunismus in dem gegebenen Lande zum Siege geführt wird, längere oder kürzere Zeit in Anspruch nimmt und dem der proletarische Staat in seiner Leitungstätigkeit — so u. a. auch auf dem Gebiet der Leitungs*organisation* — entsprechend Rechnung trägt.

Die Einheitlichkeit der sozialistischen Wirtschaftsleitung — vermittelt durch den einheitlichen Charakter der sozialistischen Staatsmacht und die Einheitlichkeit des staatlich-sozialistischen Eigentums an den Industriebetrieben — ist die Grundlage für die Bestimmung der wirtschaftlich-organisatorischen und kulturell-erzieherischen Aktivität der einzelnen staatlichen Leitungsorgane sowohl innerhalb ihrer jeweiligen *unmittelbaren Verantwortungsbereiche* als auch bei der Vermittlung der planmäßig proportionalen Entwicklung der durch die Leitungs- und Organisationsstruktur voneinander getrennten *Verantwortungsbereiche insgesamt.*

Hieraus resultiert, daß die VVB im Interesse der planmäßig proportionalen Entwicklung der gesamten Volkswirtschaft Funktionen wahrzunehmen hat, die über ihren unmittelbaren Verantwortungsbereich — über den Bereich der ihr unterstellten Betriebe und Einrichtungen — hinausgehen bzw. in Verantwortungsbereiche anderer Leitungsorgane — anderer VVBs, zentraler Verwaltungsorgane, örtlicher Organe der Staatsmacht — hineinreichen. Die rationelle Zusammenarbeit aller staatlichen Leitungsorgane ist daher zwingende Notwendigkeit, objektiv bedingt durch die Rolle des sozialistischen Staates bei der planmäßigen Bewältigung des gesellschaftlichen Umwälzungsprozesses im allgemeinen, wobei sich Inhalt und Form dieser Zusammenarbeit aus dem konkret-historischen Entwicklungsstand der gesellschaftlichen Produktion und Arbeitsteilung im besonderen ergeben.[27] Je höher entwickelt das Niveau der gesellschaftlich-sozialistischen Produktion und Arbeitsteilung, je höher

[27] Als gegenwärtig beste Form der Zusammenarbeit staatlicher Leitungsorgane — hier vornehmlich der VVB und der örtlichen Organe — hat sich die Ausarbeitung komplex-territorialer Pläne erwiesen. „Diese Pläne sind wichtigste Instrumente in den Händen der örtlichen Partei- und Staatsorgane zur proportionalen Entwicklung des wirtschaftlichen, sozialen und kulturellen Aufbaues auf dem jeweiligen Territorium, entsprechend der zentralen Aufgabenstellung. Sie ordnen einerseits die örtlichen Aufgaben den volkswirtschaftlichen Schwerpunkten unter und sichern andererseits die Einflußnahme der örtlichen Organe auf die Erfüllung der Pläne in den zentralgeleiteten Betrieben und Institutionen. Sie werden damit zum Mittel der Mobilisierung der Werktätigen und zur politischen Führung in Bezirk und Kreis . . . Durch ihre Ausarbeitung wird das Gesamtsystem der einheitlichen Volkswirtschaftsplanung unserer Republik wesentlich vertieft und gefestigt".
Apel, E., Zur komplex-territorialen Leitung und Planung unserer Volkswirtschaft, in: Einheit, Jahrgang 1960, H. 3, S. 436.

der Grad der Konzentration der Produktion und der Spezialisierung der Betriebe auf die Herstellung bestimmter industriezweigtypischer Erzeugnisse und Leistungen, desto klarer — bei prinzipieller Wahrung der Rolle der örtlichen Volksvertretungen und ihrer Organe — die Abgrenzung der Verantwortlichkeit der einzelnen staatlichen Leitungsorgane, desto übersichtlicher und einfacher die Formen ihrer Zusammenarbeit, desto höher das Niveau und der Nutzeffekt der staatlichen Leitungstätigkeit. Zwar ist die Gesamtleitung der sozialistischen Industrie ungleich komplizierter und daher wesentlich schwieriger, doch handelt es sich im Prinzip um ähnliche Fragen, wie sie bei der Leitung und Organisation der Tätigkeit des einzelnen sozialistischen Großbetriebes auftreten. Auch innerhalb des einzelnen Betriebes ist die klare und übersichtliche Abgrenzung der Verantwortungsbereiche und Tätigkeiten, die Herstellung einer zweckentsprechenden Betriebs- und Arbeitsorganisation, die technische und technologische sowie verwaltungsmäßige Gliederung, sind Inhalt und Form des Zusammenwirkens der einzelnen Betriebsteile und Abteilungen der Gesamtaufgabe des Betriebes untergeordnet und für den Nutzeffekt der Leitungstätigkeit von außerordentlicher Bedeutung. Auch hier ergibt sich: je spezieller die Aufgabe, desto größer die Möglichkeiten zu ihrer qualifizierten, den steigenden volkswirtschaftlichen Bedürfnissen entsprechenden Lösung.

Die DDR befindet sich gegenwärtig in der Periode der sozialistischen Rekonstruktion der wichtigsten Industriezweige und Betriebe.[28] Partei und Regierung haben damit eine Aufgabe formuliert, deren grundsätzliche Lösung verlangt, daß

> „... die *Vereinigungen Volkseigener Betriebe* ihre Tätigkeit auf die komplexe Planung und Leitung der wissenschaftlich-technischen Entwicklung konzentrieren, die Spezialisierung im Industriezweig mit den Betrieben vereinbaren, von der Staatlichen Plankommission bestätigen lassen und auf dieser Grundlage den Rekonstruktionsplan des Industriezweiges ausarbeiten."[29]

Zweifelsohne ist die sozialistische Rekonstruktion keine Angelegenheit, die *territorial*, das hieße etwa unter der *ausschließlichen* Verantwortung der örtlichen Organe der Staatsmacht, vorgenommen werden könnte. Sie ist vielmehr ein Prozeß, der nur in den Zweigen der gesellschaftlich-sozialistischen Produktion im allgemeinen und in den Zweigen der sozialistischen Industrie im besonderen vor sich gehen kann und demzufolge auch von den entsprechenden staatlichen Organen operativ geleitet werden muß.[30]

[28] Vgl. Richtlinie zur sozialistischen Rekonstruktion der wichtigsten Betriebe und Zweige der Industrie ... in der Deutschen Demokratischen Republik (Anlage zum Gesetz über den Siebenjahrplan ...), GBl. I/1959, S. 745ff.

[29] Ulbricht, W., Der Weg zur Sicherung des Friedens ..., a. a. O., S. 66.

[30] Wenn hier von den Zweigen der gesellschaftlich-*sozialistischen* Produktion und den Zweigen der *sozialistischen* Industrie die Rede ist, so soll damit dem Umstand Rechnung getragen werden, daß die allgemeinen Begriffe der *Zweige der gesellschaftlichen Produktion* und der *Zweige der Industrie* in der Übergangsperiode vom Kapitalismus zum Sozialismus, in der sich die DDR gegenwärtig befindet, Betriebe schlechthin aller Eigentums- und Organisationsformen erfassen (staatliche, genossenschaftliche, halbstaatliche, und privatkapitalistische bzw. zentral, örtlich, genossenschaftlich und privatkapitalistisch geleitete Betriebe). Das Problem der Auswirkung der sozialistischen Rekonstruktion auf die sozial-ökonomische Struktur der DDR kann in der vorliegenden Arbeit nicht behandelt werden.

Die Verantwortlichkeit der VVB schließt jedoch die engste Zuammenarbeit mit den örtlichen Organen der Staatsmacht in sich ein. Diese Zusammenarbeit ist eine wesentliche Voraussetzung für die Bewältigung der Rekonstruktionsaufgaben mit höchstem volkswirtschaftlichem Nutzeffekt und in historisch kürzester Frist. Wie kaum eine wirtschaftlich-politische Maßnahme zuvor ist die sozialistische Rekonstruktion ein Prüfstein für den *einheitlich-staatlichen Charakter* der sozialistischen Leitung der Industrie, ein Prüfstein für den *Arbeitsstil* aller leitenden Organe und ihrer Mitarbeiter. Die gegenwärtig z. T. noch mit erheblichen Mängeln und Schwächen behaftete Zusammenarbeit mancher zentraler und örtlicher Leitungsorgane muß daher schleunigst verbessert werden, wobei nicht planungs- und abrechnungsmethodische Fragen[31], sondern eindeutig die politisch-ökonomischen, gesamtvolkswirtschaftlichen Aufgaben als im Vordergrund stehend angesehen werden müssen.

Als die *Vereinigung einer Anzahl der volkswirtschaftlich bedeutendsten Betriebe* trägt die VVB für die sozialistische Rekonstruktion des Industriezweiges — unbeschadet der Verantwortung der Werkleiter und Belegschaften für ihre Betriebe — die Hauptverantwortung. Letztlich entscheidet die *Qualität ihrer Leitungsarbeit* über die Zeitspanne, die erforderlich ist, um den Übergang von der kapitalistischen Zersplitterung der Produktion zur Konzentration und Spezialisierung der Produktion entsprechend den sozialistischen Produktionsverhältnissen in der DDR zu vollziehen, die Betriebe mit moderner Technik auszustatten, die Anwendung moderner technologischer Verfahren zu gewährleisten und in den entscheidenden Industriezweigen ausschließlich Erzeugnisse von Weltniveau zu produzieren.

Ohne eine Wertung der einzelnen Elemente der sozialistischen Rekonstruktion vornehmen zu wollen, scheint doch die Feststellung erlaubt, daß die sozialistische Rekonstruktion in der Regel mit der Konzentrierung und Spezialisierung der Produktion beginnen muß.[32] Allein die Konzentrierung und Spezialisierung der Produktion für sich genommen, bewirkt bereits eine Steigerung der Arbeitsproduktivität. Sie ist jeweils gewissermaßen die Grundlage sowohl für die rationelle Ausnutzung und Weiterentwicklung der Typisierung und Standardisierung der Produktion als auch für die rationelle Anwendung und Ausnutzung der neuen Technik und Technologie.[33]

[31] So war es z. B. der Fall, daß die entsprechenden Organe des Rates des Bezirkes Leipzig von der VVB Bergbauausrüstung und Förderanlagen vorgeschlagene Spezialisierungsmaßnahmen u. a. mit der „Begründung" abzulehnen versuchten, die ausschließliche (serienmäßige!) Herstellung von Kleinteilen für Fördergeräte in dafür geeigneten Betrieben der örtlichen Industrie würde die Rentabilität dieser Betriebe ungünstiger erscheinen lassen, als das bei der derzeitigen materialintensiven Fertigung der Fall ist. Wenn die Plan- und Abrechnungsmethodik in diesem Zusammenhang auch als abgeleitetes, zweitrangiges Problem anzusehen ist, so darf sie in ihrer Auswirkung auf das Tempo und den Erfolg der sozialistischen Rekonstruktion doch auf keinen Fall unterschätzt werden.

[32] Hier ist von dem *Wesen* des Prozesses, nicht von dem *Grad* der Konzentration und Spezialisierung die Rede, denn letzterer wird entscheidend von der möglichen und daher geplanten Anwendbarkeit der Ergebnisse von Naturwissenschaft, Technik und Technologie bestimmt, so daß also auch die Konzentration und Spezialisierung einer ständigen Veränderung unterliegt. Das Wesen des Prozesses wird hiervon jedoch nicht berührt.

[33] Vgl. Hartmann/Krömke, Die Spezialisierung, eine bedeutende Aufgabe bei der sozialistischen Rekonstruktion, in: Einheit, Jahrgang 1960, H. 8, S. 1169.

Je kürzer die Zeitspanne, in der die Konzentrierung und Spezialisierung der Produktion erfolgt, desto größer der Sprung in der Steigerung der Arbeitsproduktivität, desto wirkungsvoller der Nachweis der Überlegenheit des Sozialismus in der DDR über das imperialistische Westdeutschland. Darin besteht der wesentliche politisch-ökonomische Inhalt der sozialistischen Rekonstruktion in der gegenwärtigen Etappe.

In Anbetracht der in der DDR noch vorhandenen relativen Zersplitterung der Produktion kann die VVB – und diesem Umstand wurde im Gesetzeswerk über die Vervollkommnung ... entsprechend Rechnung getragen – in der Regel noch nicht als Industriezweigleitung angesehen werden.[34] Ein bedeutsames Ergebnis der sozialistischen Rekonstruktion wird jedoch darin bestehen, daß die VVB in dem Maße, wie die Konzentrierung der Produktion und die Spezialisierung der Betriebe auf bestimmte, industriezweigtypische Erzeugnisse und Leistungen erfolgt, mehr und mehr den Charakter einer Industriezweigleitung annehmen wird.[35] Nicht zufällig wird ihr daher – wie das in der mehrfach zitierten VO über die Statuten der VVB geschieht, – die *Ausarbeitung der Ökonomik des Industriezweiges* zur Pflicht gemacht. (§ 4, Abs. 2). Unter Berücksichtigung dessen, daß es in der DDR kaum eine ausgesprochene Industriezweigleitung gibt, daß jedoch nach Maßgabe der sozialistischen Rekonstruktion – hier insbesondere der Konzentrierung und Spezialisierung der Produktion – solche annähernd klar voneinander unterschiedenen und abgegrenzten Industriezweigleitungen entstehen werden, kann kein anderes staatliches Leitungsorgan diese Industriezweig-Ökonomik ausarbeiten als die VVB.[36]

Die VVB trägt ihre Verantwortung für die Durchführung der sozialistischen Rekonstruktion entsprechend dem Prinzip des demokratischen Zentralismus bzw. bei *voller Verantwortlichkeit des einzelnen Betriebes* für die Ausarbeitung und Realisierung seines Rekonstruktionsplanes. Die Betriebe sind nach wie vor juristisch selbständig und demzufolge auch und besonders auf dem Gebiete der Rekonstruktion eigenverantwortlich tätig.[37] Die Rolle der VVB bei der sozialistischen Rekonstruktion besteht vor allem darin,

[34] Über den *Industriezweig* heißt es im Rekonstruktionsplan z. B. der VVB Bergbauausrüstung und Förderanlagen:
„Die Gesamtzahl der uns bekannten Betriebe beträgt zur Zeit 236. Wir sind jedoch auf Grund unserer Erfahrungen der Meinung, daß sich mindestens 300 Betriebe mit der Herstellung von Bergbauausrüstungen und Förderanlagen befassen. Eine exakte Analyse ist zur Zeit nicht möglich."

[35] Diese Feststellung schließt keineswegs aus, daß es nicht auch in Zukunft innerhalb des gleichen Industriezweiges eine größere Zahl verwaltungsmäßig den örtlichen Organen unterstellter Betriebe geben wird. Die Konzentrierung und Spezialisierung und die damit notwendigerweise verbundene Vertiefung der Kooperationsbeziehungen zwischen den Betrieben verschiedener verwaltungsmäßiger Unterstellung wird jedoch – soweit nicht eine Veränderung der verwaltungsmäßigen Unterstellung in dieser oder jener Richtung erfolgt – zu wesentlich engeren produktionsmäßigen Bindungen und Abhängigkeiten führen, als das bereits heute der Fall ist.

[36] Dieser Umstand schließt selbstverständlich nicht aus, daß die Industriezweig-Ökonomik als Leitungsinstrument nicht nur der VVB, sondern der staatlichen Leitungsorgane *insgesamt* fungieren muß.

[37] Vgl. § 1, Abs. 2 oder VO über die Statuten der VVB ...

1. gemeinsam mit den Betrieben den für die Übergangsperiode vom Kapitalismus zum Sozialismus charakteristischen Widerspruch zwischen der im wesentlichen noch vorhandenen kapitalistischen Zersplitterung der Produktion und der vermittels des gesamtgesellschaftlichen Eigentums an den Produktionsmitteln möglichen und notwendigen sozialistischen Organisation der gesellschaftlichen Arbeit zu überwinden.
2. Gemeinsam mit den Betrieben unter Beachtung der zwei Wege der Rekonstruktion die Einführung der neuen Technik und neuer technologischer Verfahren zu sichern mit dem Ziel, die massenhafte Herstellung dem Weltniveau entsprechender bzw. das Weltniveau bestimmender Erzeugnisse zu gewährleisten.
3. Gemeinsam mit den Betrieben die planmäßig proportionale Teilung und Verteilung der gesellschaftlichen lebendigen und vergegenständlichten Arbeit innerhalb des Industriezweiges vorzunehmen und sicherzustellen.

Die sozialistische Rekonstruktion ist keine einmalige Angelegenheit. Das für den Sozialismus charakteristische stürmische Wachstum der gesellschaftlichen Produktivkräfte verleiht der sozialistischen Rekonstruktion den Charakter einer permanenten Notwendigkeit; das heißt, daß die sozialistische Rekonstruktion unter Berücksichtigung der Dynamik der sozialistischen Produktionsweise als *gesellschaftliche Leitungsaufgabe* ständig auf der Tagesordnung steht. Ihre qualifizierte, den *staatlich fixierten Aufgaben der jeweiligen Entwicklungsetappe* entsprechende Lösung erfordert notwendigerweise die engste Zusammenarbeit nicht nur aller staatlichen und gesellschaftlichen Leitungsorgane sowie dieser mit den Betrieben, sondern auch der *Betriebe untereinander.* Entsprechend ihrer Stellung — wie auch der Stellung des einzelnen Betriebes — im System der staatlichen Wirtschaftsleitung bzw. des demokratischen Zentralismus ist es die VVB, die für diese *direkte Zusammenarbeit der Betriebe* sowohl hinsichtlich der Aufgabenstellung als auch der Organisation und des Ergebnisses die volle Verantwortung trägt. Dieser Umstand ist in der gegenwärtigen Etappe unseres gesellschaftlich-ökonomischen Umwälzungsprozesses insofern von besonderer Bedeutung ,als es bei der für die Bewältigung der Rekonstruktionsaufgaben notwendigen direkten Zusammenarbeit der Betriebe (aller Unterstellungsformen) nicht schlechthin um höhere Produktionsergebnisse, sondern gleichzeitig um die der Etappe des Sieges des Sozialismus adäquate Herausbildung des neuen sozialistischen Menschen geht. Das wesentlichste Charakteristikum dieses neuen sozialistischen Menschen ist der „aktive Kollektivismus", von dem es im Lehrbuch „Grundlagen des Marxismus-Leninismus" heißt, daß er „als höchste Verhaltensnorm die tätige Sorge um das gesellschaftliche Wohl setzt. Er entspricht zugleich den Interessen der Einzelpersönlichkeit am meisten, weil er zur Ausbildung der höchsten menschlichen Eigenschaften führt".[38]

In der DDR ist die Herausbildung dieses neuen, von aktivem Kollektivismus erfüllten Menschen insbesondere und in verstärktem Maße seit dem V. Parteitag der SED (10. — 16. 7. 1958) zu beobachten. Wesentlicher Ausdruck dessen ist die auf

[38] a. a. O., Dietz Verlag 1960, S. 784.

Initiative der Jugendbrigade „Nikolai Mamai" des Elektrochemischen Kombinats Bitterfeld erfolgte Bildung sozialistischer Brigaden und sozialistischer Arbeitsgemeinschaften. Das Neue dieser großartigen Massenbewegung besteht darin, daß die Werktätigen in den Betrieben — inspiriert von ihrer Partei — nicht nur sozialistisch arbeiten, sondern auch sozialistisch lernen und sozialistisch leben wollen; daß sich die Veränderung in den Produktionsverhältnissen und im Charakter der gesellschaftlichen Arbeit in schnellem Tempo in bewußte Aktionen der Masse der Werktätigen für den Sozialismus umzusetzen beginnen.

Zweifelsohne ist diese Massenbewegung nicht nur eine wichtige *Quelle* für die Verbesserung der Leitungstätigkeit der VVB, sie stellt zugleich auch wesentlich höhere *Anforderungen* an die staatliche Wirtschaftsleitung.

Die Existenz und Arbeitsweise sozialistischer Brigaden und Arbeitsgemeinschaften versetzt die Betriebsleitungen und die VVB objektiv in die Lage, die in der Periode des Sieges des Sozialismus notwendige und daher von der Partei der Arbeiterklasse wiederholt geforderte Wende zur qualifizierten und wissenschaftlichen Leitung der Betriebe und des Industriezweiges zu vollziehen.

Die Brigaden und Gemeinschaften der sozialistischen Arbeit sind eine wichtige Form der Teilnahme der Werktätigen an der Leitung von Staat und Wirtschaft, sie sind — wie Walter Ulbricht auf dem 6. Plenum sagte —

„. . . der Schlüssel zur Lösung aller wichtigen Aufgaben der neuen Etappe unserer Entwicklung."[39]

In den einzelnen Industriezweigen der DDR wurden und werden die unterschiedlichsten Formen der sozialistischen Gemeinschaftsarbeit entwickelt und nichts wäre schädlicher, als sie in ein bestimmtes Schema pressen zu wollen. Wesentlich ist, daß die verschiedenen Formen der sozialistischen Gemeinschaftsarbeit der Tatsache Ausdruck geben, daß mit der Entstehung, Entwicklung und Festigung sozialistischer Produktionsverhältnisse in der DDR dank der klaren und zielstrebigen Führung der Werktätigen durch die Partei der Arbeiterklasse und den Arbeiter-und-Bauern-Staat die persönlichen Interessen des Einzelnen immer mehr mit den Interessen des Betriebes, die Interessen des Betriebes immer mehr mit den Interessen der gesamten Gesellschaft verschmelzen. Dabei entscheiden in jedem Falle die Art und der Umfang der gestellten Aufgaben, welche Form der sozialistischen Gemeinschaftsarbeit zur Anwendung kommt. *Wichtig und ausschlaggebend für den maximalen Erfolg jeder Form der sozialistischen Gemeinschaftsarbeit ist jedoch die klare politisch-ökonomische Aufgabenstellung, ist die klare politische Führung der Werktätigen durch die jeweilige staatliche Leitung.*

In zunächst durchaus richtiger Erkenntnis dieser gesetzmäßigen Zusammenhänge zwischen der sozialistischen Gemeinschaftsarbeit und der staatlichen Wirtschaftsleitung sind einige VVBs vor geraumer Zeit zur Organisierung sogenannter *Werkgruppen* übergegangen, womit — wenn auch nicht in jedem Falle, so doch häufig —

[39] Ulbricht, W., Das Gesetz über den Siebenjahrplan und die Aufgaben der Partei bei der Durchführung des Planes in der Industrie, Dietz Verlag, Berlin 1959, S. 8.

in der Konsequenz gewisse Verletzungen des Prinzips des demokratischen Zentralismus und unserer demokratischen Gesetzlichkeit verbunden waren. Die tiefere Ursache hierfür lag wohl darin, daß nicht immer prinzipielle Klarheit über den demokratischen Zentralismus und die im Gesetzeswerk über die Vervollkommnung ... niedergelegten Leitungs- und Organisationsprinzipien vorhanden war. Es wurde oftmals übersehen, daß die Werkgruppenarbeit nur dann sinnvoll ist, wenn sie die VVB z. B. über die Organisierung des Erfahrungsaustauschs und die Durchführung von Leistungsvergleichen zwischen den Betrieben in ihrer Leitungstätigkeit auf dem Gebiet der Rekonstruktion unterstützt, wie auch der Umstand nicht immer in genügendem Maße beachtet wurde, daß die Werkgruppenarbeit ungleich höhere Anforderungen an die Qualität der Leitungstätigkeit der VVB stellt.

Infolgedessen entstanden im Zusammenhang mit der Organisierung der Werkgruppenarbeit in einigen Industriezweigen unserer Republik effektiv neue Zwischenglieder der staatlichen Wirtschaftsleitung, die als solche gegenüber sowohl dem einzelnen Betrieb als auch der VVB gewisse selbständige Entscheidungsbefugnisse beanspruchten. Anstatt also — wie Mittag[40] treffend bemerkt — „richtig auf die Organisierung vielfältiger Methoden der überbetrieblichen sozialistischen Gemeinschaftsarbeit ... sowie auf die gründliche Durchführung von Leistungsvergleichen zwischen branchengleichen Betrieben zu orientieren, ... gut durchdachte und erfolgversprechende Methoden einer *qualifizierten* und *direkten* Anleitung der Betriebe" zu entwickeln, waren einige VVBs unter Verletzung unserer demokratischen Gesetzlichkeit und des demokratischen Zentralismus durchaus bereit, gewisse ihr zustehende Leitungsfunktionen auf die Werkgruppen bzw. deren „Räte", „Leitungen", „Leiter", „Büros", „Sekretäre" usw. zu übertragen. Das Kuriosum bestand darin — und auch darauf weist Mittag hin —, daß in den gleichen VVB-Bereichen wirklich gute Beispiele einer echten sozialistischen Gemeinschaftsarbeit zu verzeichnen waren, die jedoch vielfach durch mehr oder weniger intensive Bemühungen um neue Organisations- und Strukturformen weitgehend in den Hintergrund gedrängt wurden. Es soll auch nicht verschwiegen werden, daß die Organisierung der Werkgruppenarbeit ausgerechnet unter Berufung auf die VO über die Statuten der VVB erfolgte, in der es heißt:

> „Der Hauptdirektor kann die Durchführung bestimmter Aufgaben der VVB einem Betrieb als Leitbetrieb übertragen. Insoweit ist der Direktor des Leitbetriebes den übrigen Betrieben gegenüber weisungsbefugt."[41]

Falsch wäre es jedoch, wollte man die aufgetretenen Fehler und Überspitzungen zum Anlaß nehmen, die Werkgruppenarbeit insgesamt zu liquidieren. In der Tat enthält sie einen rationellen und daher auf jeden Fall beachtenswerten Kern. In seinen wichtigsten Zusammenhängen betrachtet, stellt sich dieser rationelle Kern etwa wie folgt dar.

[40] Mittag, G., Den demokratischen Zentralismus konsequent verwirklichen, in: Die Wirtschaft, Nr. 28 v. 14. Juli 1960, S. 5—6.

[41] GBl. I/1958, S. 149.

Der wesentliche Inhalt der relativen Selbständigkeit sozialistischer Industriebetriebe ist durch die eigenverantwortliche Wahrnehmung wirtschaftlich-organisatorischer und kulturell-erzieherischer Funktionen gekennzeichnet, darauf gerichtet, gesamtgesellschaftliche Aufgaben (im weitesten Sinne) mit höchstmöglichem Nutzeffekt zu erfüllen.

Die relative Selbständigkeit des einzelnen Industriebetriebes bedingt notwendigerweise die sozialistische Kooperation bzw. eine den sozialistischen Produktionsverhältnissen entsprechende kameradschaftliche Zusammenarbeit und gegenseitige sozialistische Hilfe der Betriebe. Ohne die sozialistische Kooperation (im weitesten Sinne) ist der einzelne Betrieb nicht in der Lage, seine relative Selbständigkeit in dem gesellschaftlich notwendigen Maße zu nutzen.

Die relative Selbständigkeit des einzelnen Industriebetriebes ist nichts Starres, Unveränderliches. Die qualitative und quantitative Veränderung seines gesellschaftlich-ökonomischen Aktionsradius erfolgt *planmäßig*, d. h. unter prinzipieller Wahrung der Rolle des sozialistischen Staates und auf der Grundlage des politisch-ökonomisch-ideologischen Reifegrades der Gesellschaft.

Diese qualitativen Veränderungen finden in der ständigen Vervollkommnung der Organisation und Arbeitsweise der staatlichen Wirtschaftsleitung wie auch in der Entwicklung der Aktivisten- und Wettbewerbsbewegung ihren sichtbarsten Ausdruck. Die gegenwärtig *höchste* Form des sozialistischen Wettbewerbs ist die sozialistische Gemeinschaftsarbeit. Die Entstehung und Entwicklung der sozialistischen Gemeinschaftsarbeit gibt der bedeutsamen Tatsache Ausdruck, daß die Werktätigen in den Betrieben unter der klaren und zielstrebigen Führung der Partei der Arbeiterklasse und des Arbeiter-und-Bauern-Staates immer bewußter an der Leitung des Staates und der Wirtschaft teilnehmen.

Die sozialistische Gemeinschaftsarbeit verleiht der relativen Selbständigkeit des einzelnen Industriebetriebes qualitativ neue Züge. Dieses qualitativ Neue besteht im wesentlichen darin, daß die persönlichen Interessen des Einzelnen immer mehr mit den Interessen des Betriebes, die Interessen des Betriebes immer mehr mit den Interessen des Zweiges und der gesamten Volkswirtschaft verschmelzen; daß die Werktätigen in den Betrieben von sich aus alle Anstrengungen unternehmen, um durch ihre Tätigkeit bewußt der gesamten Gesellschaft zu dienen.

Aus dieser neuen Qualität der relativ selbständigen Arbeitsweise des einzelnen Betriebes erwächst zwangsläufig das gesellschaftliche Bedürfnis nach *überbetrieblicher* sozialistischer Gemeinschaftsarbeit. Es wäre jedoch falsch, hier auch nur eine Spur von Automatismus zu vermuten. Letztlich ist dieses Bedürfnis nach überbetrieblicher sozialistischer Gemeinschaftsarbeit das Ergebnis der bewußten Anwendung des *demokratischen Zentralismus*. Wie jede Form der sozialistischen Gemeinschaftsarbeit, so ist auch das Bedürfnis nach überbetrieblicher sozialistischer Gemeinschaftsarbeit Ausdruck dessen, daß Partei und Regierung die Werktätigen der DDR richtig, und das heißt, allen Schwierigkeiten und Widerständen zum Trotz erfolgreich auf den Weg des sozialistischen Aufbaus geführt haben; daß die Werktätigen in den Betrieben unserer Republik im Ergebnis dieser richtigen Führung immer bewußter und immer aktiver an der Leitung des Staates und der Wirtschaft teilnehmen. Wenn also von Werkgruppenarbeit die Rede ist, dann kann der wesentliche Inhalt dieses Begriffes in Übereinstimmung mit den Erfordernissen des demokratischen Zentralismus und unserer demokratischen Gesetzlichkeit nur durch die überbetriebliche sozialistische Gemeinschaftsarbeit bestimmt werden.

Unter Berücksichtigung dieser Erkenntnisse — und damit schließt sich gewissermaßen der Kreis — kann die Rolle der überbetrieblichen staatlichen Leitungsorgane — insbesondere der VVB — nur darin bestehen, die überbetriebliche sozialistische Gemeinschaftsarbeit als *spezifische Form der relativ selbständigen Arbeitsweise der Betriebe* zu entwickeln.[42] Ob man diese spezifische Form der relativ selbständigen Arbeitsweise der Betriebe als „Werkgruppenarbeit" bezeichnen soll, scheint von völlig untergeordneter Bedeutung zu sein. Unter Berücksichtigung dessen jedoch, daß mit dem Begriff der Werkgruppenarbeit eine unzulässige Verletzung des demokratischen Zentralismus und unserer demokratischen Gesetzlichkeit verbunden ist, würden wir es für richtig halten, wenn ein das *Wesen* der Sache — die überbetriebliche sozialistische Gemeinschaftsarbeit — *besser* zum Ausdruck bringender Begriff geprägt wird. Wichtig und ausschlaggebend für den Erfolg ist jedoch die richtige Erkenntnis des wesentlichen Inhalts der Werkgruppenarbeit wie auch — auf dieser Erkenntnis fußend — die Ausarbeitung und Anwendung der entsprechenden Methoden zu ihrer Entwicklung und ständigen Vervollkommnung.

Bei der Betrachtung des Problemkreises „Staatliche Wirtschaftsleitung/Werkgruppen (bzw. überbetriebliche sozialistische Gemeinschaftsarbeit)" dürfen folgende Momente nicht außer acht gelassen werden:

1. Die staatliche Leitung unserer sozialistischen Industrie hat in der gegenwärtigen Periode des Sieges des Sozialismus im grundsätzlichen ein Niveau erreicht (bzw. zu erreichen), das es ermöglicht, einer Gruppe von Staatsbetrieben (gegebenenfalls unter Einsatz von Branchen-Leitbetrieben) befristete Aufgaben zu stellen, deren Lösung für die schnelle Entwicklung der gesamten industriezweig-(branchen-) typischen Produktion und für die qualitative Verbesserung der staatlichen Leitung des Industriezweiges und seiner Betriebe von prinzipieller Bedeutung ist.
2. Die mit der Erfüllung der staatlichen Planaufgaben verbundene relativ selbständige Arbeitsweise der Betriebe — ihrer Leitungen und ihrer Belegschaften im allgemeinen und der betrieblichen sozialistischen Brigaden, Arbeits- und Forschungs-

[42] Damit ist durchaus nicht gesagt, daß jede überbetriebliche sozialistische Arbeitsgemeinschaft als Äußerung der relativ selbständigen Arbeitsweise der einzelnen Betriebe aufzufassen ist, wie auch — umgekehrt — die von dem einzelnen Betrieb relativ selbständig und eigenverantwortlich herzustellenden zwischenbetrieblichen Beziehungen generell keineswegs als überbetriebliche sozialistische Gemeinschaftsarbeit angesehen werden können. Hier geht es ausschließlich darum, daß die VVB die relativ selbständige Zusammenarbeit einzelner Betriebe auf bestimmten Gebieten (Erfahrungsaustausch, Leistungsvergleich u. a.) als überbetriebliche sozialistische Gemeinschaftsarbeit organisiert und leitet. Unter Umständen wird es sich hierbei als zweckmäßig erweisen, die Lösung der gestellten Aufgaben mit Hilfe eines (von der VVB zu benennenden) Branchen-Leitbetriebes in Angriff zu nehmen.

gemeinschaften im besonderen — hat im grundsätzlichen ein solches Niveau erreicht, daß es möglich und notwendig ist, die kollektive Kraft und Initiative der Betriebsleitungen und Belegschaften in relativ stärkerem Maße für die Verbesserung der staatlichen Leitung des Industriezweiges und seiner Betriebe und für die Organisierung der planmäßig proportionalen Teilung und Verteilung der gesellschaftlichenArbeit innerhalb des Industriezweiges zu nutzen.

Ausgehend von diesen prinzipiellen Erwägungen und unter Berücksichtigung der Erfordernisse der sozialistischen Rekonstruktion der wichtigsten Betriebe und Industriezweige ist es denkbar, daß die VVB die stärkere Teilnahme der Betriebe an der staatlichen Wirtschaftsleitung unter folgenden Gesichtspunkten organisiert und leitet:

1. *Worin besteht gegenwärtig die Hauptaufgabe, die im Zusammenhang mit der sozialistischen Rekonstruktion des Industriezweiges und seiner Betriebe zu lösen ist?*

(Beispiel: Die Hauptaufgabe besteht in der Beseitigung der aus dem Kapitalismus überkommenen Zersplitterung der Produktion und der damit verbundenen relativen Unübersichtlichkeit des Industriezweiges bzw. in der Konzentrierung der Produktion in den dafür geeigneten Betrieben und in der Spezialisierung der Betriebe auf die Herstellung industriezweig- bzw. branchentypischer Erzeugnisse. Die sozialistische Konzentrierung und Spezialisierung schafft günstige Voraussetzungen für die optimale Einführung und Anwendung der neuen Technik und Technologie mit dem Ziel der massenhaften Herstellung dem Weltniveau entsprechender bzw. das Weltniveau bestimmender Erzeugnisse des Industriezweiges.)

2. *In welchen Etappen wird die gegenwärtige Hauptaufgabe (der Konzentrierung und Spezialisierung) gelöst?*

(Beispiel: Die Konzentrierung und Spezialisierung erfolgt in Auswertung der von der VVB im Zusammenwirken mit den Betrieben erarbeiteten Analyse des derzeitigen Konzentrations- und Spezialisierungsgrades. In der Analyse wird zwischen drei grundsätzlichen Richtungen unterschieden:

Spezialisierung der Betriebe auf

a) Fertigerzeugnisse
b) Einzelteile/Baugruppen
c) Produktionsstufen.

Die Konzentrierung der Produktion und die Spezialisierung der Betriebe werden unter Beachtung dieser Grundrichtungen durchgeführt. Zu diesem Zweck ist erforderlich:

a) Feststellung der Betriebe und Kapazitäten des VVB-Bereichs bzw. des Industriezweiges, in denen die günstigsten Voraussetzungen für eine konzentrierte Fertigung von branchentypischen Fertigerzeugnissen gegeben sind bzw. mit niedrigstem Aufwand an gesellschaftlicher Arbeit und in kürzester Zeit geschaffen werden können.

b) Feststellung der Betriebe und Kapazitäten des Industriezweiges, die mit niedrigstem Aufwand an gesellschaftlicher Arbeit und in kürzester Zeit auf eine konzentrierte Herstellung von Einzelteilen/Baugruppen für branchentypische Erzeugnisse bzw. auf Produktionsstufen zu spezialisieren sind.
c) Ausarbeitung von Vorschlägen zur Bereinigung der Produktionsprogramme der Betriebe und des Industriezweiges.
d) Ausarbeitung von Vorschlägen zur Umsetzung von Produktionsausrüstungen und zur Überleitung von Arbeitskräften innerhalb des Industriezweiges, wobei engstens mit den örtlichen Organen der Staatsmacht und den entsprechenden Organen der Gewerkschaft zusammenzuarbeiten ist.
e) Ausarbeitung von Vorschlägen über Maßnahmen zur schrittweisen Durchführung der vorgesehenen Konzentrierung und Spezialisierung, wobei die Planproduktion des Industriezweiges auf keinen Fall gefährdet werden darf.
f) Vorbereitung und Durchführung einer Industriezweigkonferenz über „Maßnahmen zur Konzentrierung der Produktion und Spezialisierung der Betriebe des Industriezweiges . . .“. Unter der verantwortlichen Leitung der VVB werden die im engen Zusammenwirken mit den örtlichen Organen der Staatsmacht, den zuständigen Organen der Gewerkschaft und den Betrieben erarbeiteten Vorschläge gründlich beraten, zum Beschluß erhoben und als Empfehlung an die Staatliche Plankommission weitergeleitet.
g) Realisierung der von der Staatlichen Plankommission bestätigten Maßnahmen zur Konzentrierung und Spezialisierung.)

3. *Wie werden die Vorschläge (über Maßnahmen zur Konzentrierung und Spezialisierung) erarbeitet?*

(Beispiel: Die Erarbeitung von Vorschlägen über Maßnahmen zur Konzentrierung und Spezialisierung innerhalb des Industriezweiges erfolgt unter der verantwortlichen Leitung der VVB. Sie organisiert die Zusammenarbeit mit den entsprechenden Organen des Rates des Bezirkes, den zuständigen Organen der Gewerkschaft und sichert die umfassende Teilnahme der Betriebe. Zu diesem Zweck ist erforderlich:

a) Unter der verantwortlichen Leitung der VVB wird eine sozialistische Forschungsgemeinschaft[43] gebildet, die sich aus Vertretern der VVB, des Rates des Bezirkes, der zuständigen Organe der Gewerkschaft, der Betriebe und wissenschaftlicher Institutionen zusammensetzt. Aufgabe dieser sozialistischen Forschungsgemeinschaft ist es, die Erarbeitung der Vorschläge zu organisieren, anzuleiten, zu überwachen sowie die erarbeiteten Vorschläge zu einem „Maßnahmeplan zur Konzentrierung und Spezialisierung“ zu verdichten. Die Forschungsgemeinschaft ist

[43] Diese Forderung ist keineswegs übertrieben, denn die Konzentrierung der Produktion und Spezialisierung der Betriebe stellen in der Tat ein echtes politisch-ökonomisches Problem dar, das nur in sozialistischer Gemeinschaftsarbeit gelöst werden kann. Unter Umständen könnte auch der bei der VVB vorhandene technisch-ökonomische Rat diese Funktion übernehmen. Die oftmals noch schleppende Tätigkeit so manchen Rates würde mit Hilfe einer solchen Aufgabenstellung sicherlich den notwendigen Auftrieb erfahren.

dem Hauptdirektor der VVB rechenschaftspflichtig. Der von ihr erarbeitete Maßnahmeplan wird vom Hauptdirektor dem technisch-ökonomischen Rat zur Begutachtung unterbreitet.

b) Unter gleichzeitiger Benennung eines Branche-Leitbetriebes werden die wichtigsten Betriebe des Industriezweiges in Werkgruppen vereinigt. Die Bildung der Werkgruppen erfolgt unter dem Aspekt der Lösung des Problems der Konzentrierung und Spezialisierung. Oberstes Gebot der Werkgruppenarbeit sind der Erfahrungsaustausch, die kameradschaftliche Zusammenarbeit der Betriebe und ihre gegenseitige sozialistische Hilfe. Die Leitbetriebe tragen der VVB gegenüber die Verantwortung dafür, daß für die einzelnen Produktionssektoren detaillierte Vorschläge zur Konzentrierung der branchentypischen Produktion und Spezialisierung der Betriebe erarbeitet und der von der VVB gebildeten Forschungsgemeinschaft zugeleitet werden.

c) Jeder einer Werkgruppe angehörende bzw. in die Werkgruppenarbeit einbezogene Betrieb behält seine volle juristische Selbständigkeit bei. Sein derzeitiges Unterstellungsverhältnis wird von der Werkgruppenarbeit nicht berührt. Jeder einer Werkgruppe angehörende bzw. in die Werkgruppenarbeit einbezogene Betrieb ist verpflichtet, unter Berücksichtigung seines derzeitigen Produktionsprogramms der sozialistischen Rekonstruktion des Industriezweiges dienende eigene Vorschläge zur Konzentrierung und Spezialisierung zu erarbeiten und dem Leitbetrieb zuzuleiten.)

4. *Wie organisiert der Leitbetrieb die Erarbeitung von Vorschlägen (zur Konzentrierung der Produktion und Spezialisierung) der Betriebe?*

(Beispiel: Der Werkleiter des Leitbetriebes ist berechtigt, von den Werkleitern der in der Werkgruppe zusammengeschlossenen bzw. in die Werkgruppenarbeit einbezogenen Betriebe die Erarbeitung von betrieblichen Vorschlägen zur Konzentrierung und Spezialisierung zu fordern. Die Begutachtung, Koordinierung und Verdichtung der erarbeiteten betrieblichen Vorschläge zu einem „Maßnahmeplan der Werkgruppe zur Konzentrierung und Spezialisierung“ erfolgt in einer sozialistischen Arbeitsgemeinschaft, die sich aus politisch und ökonomisch qualifizierten Arbeitern, Technikern, Ingenieuren und Wissenschaftlern aller der Werkgruppe angeschlossenen Betriebe und wissenschaftlicher Institutionen zusammensetzt. Der Werkleiter des Leitbetriebes ist verpflichtet, den beschlossenen Maßnahmeplan als Empfehlung an die VVB weiterzuleiten.)

5. *Welche Rolle spielt der einzelne Betrieb bei der Erarbeitung von Vorschlägen (zur Konzentrierung und Spezialisierung)?*

(Beispiel: Der Werkleiter des einzelnen zur Werkgruppe gehörenden bzw. in die Werkgruppenarbeit einbezogenen Betriebes ist verpflichtet, innerhalb der vom Leitbetrieb gesetzten Frist

a) eine ökonomische und technische Analyse über den derzeitigen Stand der Ausnutzung des industriezweigtypischen Produktionsvolumens seines Betriebes für die Herstellung branchentypischer Erzeugnisse anzufertigen.

b) Eine ökonomische und technische Analyse über den derzeitigen Stand der Ausnutzung des industriezweigtypischen Produktionsvolumens seines Betriebes für die Herstellung zwar branchenfremder aber industriezweigtypischer Erzeugnisse anzufertigen.
c) Eine ökonomische und technische Analyse über den derzeitigen Stand der Ausnutzung des Gesamtproduktionsvolumens des Betriebes für die Herstellung artfremder (industriezweigfremder) Erzeugnisse anzufertigen.
d) Detaillierte und begründete Vorschläge für die Spezialisierung des Betriebes auf branchentypische Produktion (Produktionsart) und für den Umfang der Konzentration der branchentypischen Produktion (Produktionsumfang) in seinem Betrieb auszuarbeiten.
e) Geeignete Maßnahmen für die schrittweise Bereinigung des Produktionsprogramms seines Betriebes sowie für den kontinuierlichen Übergang zur konzentrierten und spezialisierten Fertigung (Fertigerzeugnisse, Einzelteile/Baugruppen, Produktionsstufen) vorzuschlagen.)

6. *Wie soll der Werkleiter die Erarbeitung von Vorschlägen (zur Konzentrierung und Spezialisierung) organisieren?*

(Beispiel: Oberstes Kriterium der Realisierbarkeit eines Vorschlages zur Konzentrierung und Spezialisierung ist die bestmögliche Befriedigung gesamtvolkswirtschaftlicher Bedürfnisse. Aus diesem Grunde muß den Fragen der Arbeitsproduktivitätssteigerung und Selbstkostensenkung, der schnellen Erhöhung der Produktion und Herstellung der Erzeugnisse in bester Qualität größte Aufmerksamkeit entgegengebracht werden. Im einzelnen ist daher erforderlich:

a) Der Werkleiter trägt die volle Verantwortung dafür, daß die Belegschaft seines Betriebes mit den Aufgaben und der Bedeutung der sozialistischen Rekonstruktion im allgemeinen und den Aufgaben und der Bedeutung der Konzentration der Produktion und der spezialisierten Fertigung des Industriezweiges und des einzelnen Betriebes im besonderen in jeder dafür geeigneten Form vertraut gemacht wird. Insbesondere kommt es darauf an, den Werktätigen die Zusammenhänge zwischen der sozialistischen Rekonstruktion und der Erfüllung des Siebenjahrplanes der DDR am Beispiel des eigenen Betriebes konkret darzulegen. Werkleiter und Gewerkschaftsorganisation müssen sich das Ziel setzen, über die Erläuterung des politisch-ökonomischen Inhalts der Aufgabenstellung breite Kreise der Werktätigen des Betriebes für die schöpferische Mitarbeit zu gewinnen.
b) Eine geeignete Form für die unter (a) genannte Erläuterung der Aufgabenstellung des Betriebes im Zusammenhang mit der sozialistischen Rekonstruktion ist die ökonomische Konferenz des Betriebes. Werkleiter und Gewerkschaft sollten in Zusammenarbeit mit der Betriebsparteiorganisation, der FDJ und anderen gesellschaftlichen Organisationen Vorsorge dafür treffen, daß die Konferenz mit der Bildung einer sozialistischen Arbeitsgemeinschaft abschließt, die sich aus politisch-ökonomisch und produktionstechnisch erfahrenen und qualifizierten Arbeitern, Meistern, Technikern, Ingenieuren, Angehörigen der kaufmännischen und technischen Leitung und Mitarbeitern wissenschaftlicher Institute zusammensetzt.

c) Die sozialistische Arbeitsgemeinschaft „Konzentrierung und Spezialisierung der Produktion des Betriebes“ ist eine spezifische Form der Teilnahme der Werktätigen an der Leitung und Organisation der betrieblichen Tätigkeit. Ihre Aufgabe besteht in der Ausarbeitung von Vorschlägen zur Konzentrierung und Spezialisierung der betrieblichen Produktion, wobei sie sich auf die breite Mitarbeit und die Vorschläge der Werktätigen in den einzelnen Produktionsbereichen stützt. Ihre Vorschläge tragen den Charakter einer Empfehlung an die Werkleitung.
d) Die Werkleitung ist verpflichtet, die Vorschläge der sozialistischen Arbeitsgemeinschaft wie auch anderer Werktätiger gemeinsam mit der BGL und der Ständigen Produktionsberatung gründlich zu prüfen. Insbesondere sind die volkswirtschaftlichen Konsequenzen der vorgeschlagenen Konzentrierung und Spezialisierung zu beachten: die Realisierung der Vorschläge darf die Planerfüllung nicht gefährden, sie muß eine rationelle Organisation der betrieblichen Produktion und die Anwendung der neuesten Ergebnisse von Wissenschaft und Technik garantieren und eine maximale Steigerung der Arbeitsproduktivität, Senkung der Selbstkosten, schnelle Erhöhung der Produktion und Herstellung der Erzeugnisse in bester Qualität gewährleisten.
e) Der Werkleiter ist verpflichtet, die Vorschläge der sozialistischen Arbeitsgemeinschaft und anderer Werktätiger des Betriebes nach gründlicher Beratung und Beschlußfassung in der Werkleitung dem Leitbetrieb zu unterbreiten.)

Wenn in diesen Vorstellungen über den Inhalt wie auch über die wichtigsten Leitungs- und Organisationsprinzipien der Werkgruppenarbeit immer nur von der *Hauptaufgabe* der jeweiligen Etappe der sozialistichen Rekonstruktion die Rede ist, so bedeutet das keineswegs, daß auf dem gleichen Gebiet und in der gleichen Etappe nicht noch weitere Aufgaben stehen und entsprechend formuliert werden müssen. So ist es z.B. ganz offensichtlich, daß die Konzentrierung und Spezialisierung untrennbar mit der Realisierung des Planes „Neue Technik“ und der Standardisierung, Typisierung und Normung der Produktion[44] verbunden ist. Bei der Hauptaufgabe kann es sich immer nur um das *Hauptkettenglied* handeln, das zu ergreifen die Lösung aller anderen in der jeweiligen Etappe stehenden Aufgaben garantiert bzw. mit höchstem Nutzeffekt ermöglicht. Dieses Hauptkettenglied zu finden, es als Hauptaufgabe zu fixieren, die weiteren damit zusammenhängenden Aufgaben entsprechend zu bestimmen, unter Ausnutzung und bei gleichzeitiger Weiterentwicklung der relativ selbständigen Arbeitsweise des einzelnen Betriebes ihre Lösung zu organisieren, darin besteht im Zusammenhang mit der sozialistischen Rekonstruktion eine der wichtigsten Funktionen der VVB. Indem sie diese Funktion entsprechend den Beschlüssen von Partei und Regierung und unter Anwendung eines wahrhaft sozialistischen Arbeitsstils wahrnimmt, gestützt auf die Schöpferkraft und Initiative der Werktätigen in den Betrieben und in engster Zusammenarbeit mit den gesellschaftlichen Organisationen und den örtlichen Organen der Staatsmacht die sozialistische Rekonstruktion des Industriezweiges leitet, trägt sie wesentlich zur Herstellung

[44] Erstmalig im Jahre 1961 wird der Plan der Standardisierung als Bestandteil des Planes „Neue Technik“ ausgearbeitet.

klarer, einfacher Beziehungen zwischen den Betrieben und Zweigen der industriellen Produktion und zur Entwicklung eines sozialistischen Systems der gesellschaftlichen Arbeitsteilung und Produktionsorganisation bei. In Übereinstimmung mit den Grundsätzen sozialistischer Wirtschaftsführung hebt sie die Beziehungen zwischen den wirtschaftlichen Organen und den Werktätigen und ihrenOrganisationen auf eine höhere, den sozialistischen Produktionsverhältnissen in der Deutschen Demokratischen Republik entsprechende Stufe, schafft sie unter Ausnutzung gesellschaftlich-ökonomischer Entwicklungsgesetze wesentliche in der Periode des Sieges des Sozialismus erforderliche Bedingungen für die stets qualifiziertere, der allseitigen Erfüllung des Siebenjahrplanes der DDR dienende Leitung der gesellschaftlich-sozialistischen Produktion. Ihre Stellung im System der staatlichen Wirtschaftsleitung der DDR verpflichtet sie, unter Beachtung der eingangs in allgemeiner Form dargestellten Zusammenhänge „den dauerhaften Knoten der Verbindung von Demokratie und Zentralismus zu knüpfen“ bzw. „sowohl den Zentralismus durch Sicherung der gesamtstaatlichen Interessen in der Tätigkeit der VEB“ zu gewährleisten „als auch die Werkleiter bei der Weckung, Förderung und Führung der schöpferischen Masseninitiative und bei der Verallgemeinerung der guten Erfahrungen einzelner Betriebe auf alle anderen“ zu inspirieren und anzuleiten.[45]

[45] Ulbricht, W., Die Entwicklung des deutschen volksdemokratischen Staates 1945 bis 1958, Dietz Verlag, Berlin 1958, S. 559.

Wilhelm Schmidt

ZUM WECHSELVERHÄLTNIS VON KREDIT UND GELDUMLAUF IM SOZIALISMUS

Eine wichtige Erscheinung im ökonomischen Leben der sozialistischen Gesellschaft *ist der Kredit.* Seine Basis hat der Kredit im Sozialismus in der Existenz der Warenproduktion und -zirkulation besonderer Art und der mit ihr verbundenen Geldzirkulation. Der Kredit im Sozialismus ist somit eine Kategorie der sozialistischen Warenproduktion und wird inhaltlich durch die sozialistischen Produktionsverhältnisse, zu deren Element und Ausdruck er geworden ist, bestimmt. Der Kredit ist ein Gläubiger-Schuldner-Verhältnis, das auf der Funktion des Geldes als Zahlungsmittel basiert. Auf der Grundlage des sozialistischen Eigentums an den Produktionsmitteln bringt er Gläubiger-Schuldner-Verhältnisse besonderer Art zum Ausdruck. Es sind Gläubiger-Schuldner-Beziehungen innerhalb des sozialistischen Eigentums, und sie besitzen keinen antagonistischen und ausbeuterischen Charakter.

Die als Kreditverhältnisse erscheinenden Gläubiger-Schuldner-Beziehungen im Sozialismus sind vom sozialistischen Staat bewußt organisiert und werden von ihm beherrscht. Sie haben ihre spontane Wirkungsweise verloren und tragen planmäßigen Charakter. Eine Maßnahme, um die vom Kredit ausgehende Spontaneität zu beseitigen und ihn und seine Wirksamkeit fest in die Hände des den Prozeß der erweiterten sozialistischen Reproduktion planmäßig organisierenden sozialistischen Staates zu bringen, war die Abschaffung des kommerziellen Kredits und die allseitige Einführung des direkten sozialistischen Bankkredits.[1] Alle wesentlichen Kreditbeziehungen innerhalb der sozialistischen Volkswirtschaft laufen daher über die sozialistischen Banken, insbesondere über die Staatsbank (Notenbank) als das zentrale Kreditinstitut des sozialistischen Staates. Der Kredit ist im Sozialismus ein wichtiges Mittel, um der Volkswirtschaft einen beachtlichen Teil der zur Produktion und Zirkulation der materiellen Güter benötigten Werte (Fonds) bereitzustellen. Er kann dies nur, wenn er unmittelbar in den Verteilungs- und Umverteilungsprozeß des gesellschaftlichen Gesamtprodukts eingreift. Der Kredit ist daher ein Mittel zur planmäßigen Verteilung eines Teils des gesellschaftlichen Gesamtprodukts entsprechend den Erfordernissen des sozialistischen Reproduktionsprozesses, und er greift unmittelbar in den Prozeß der Distribution der materiellen Güter ein. Da die planmäßige Distribution des gesellschaftlichen Gesamtprodukts bei Existenz der sozialistischen Warenproduktion im Prinzip durch die Bildung, Verteilung und Um-

[1] Die Kredite, die sich Privatpersonen untereinander gewähren, sind volkswirtschaftlich von untergeordneter Bedeutung, so daß ich sie bei meinen Darstellungen außer acht lassen kann.

verteilung von Geldeinnahmen erfolgt, kann der Kredit als Mittel der planmäßigen Distribution eines bestimmten Teils des gesellschaftlichen Gesamtprodukts im Sozialismus nur fungieren, wenn er unmittelbar in den Prozeß der planmäßigen Bildung, Verteilung und Umverteilung der Geldeinnahmen eingreift.

Der Kredit ist im Sozialismus ein Mittel, um den Betrieben, Handelsorganisationen u. ä. in Geldform einen Teil der zur Produktion und Zirkulation von Waren benötigten Fonds (Werte) der Volkswirtschaft rückzahlpflichtig bereitzustellen. Er gehört zu den Finanzen des sozialistischen Staates, und sein Einsatz erfolgt planmäßig im Rahmen und in Abstimmung mit den anderen Kategorien des einheitlichen sozialistischen Finanzsystems, insbesondere des Staatshaushaltes als der zentralen Finanzkategorie in diesem System.

In seinem sozial-ökonomischen Inhalt, durch seine Planmäßigkeit, durch das Ziel seines Einsatzes und als sozialistische Finanzkategorie unterscheidet sich der sozialistische Kredit seinem Wesen nach grundlegend vom Kredit im Kapitalismus. Der sozialistische Kredit hat mit dem kapitalistischen Kredit nur die allgemeinste aus den *allgemeinen* Bedingungen der Warenproduktion resultierende Bestimmung gemein: ein durch das Geld vermitteltes oder auf dem Geld beruhendes oder in Geldform ausgedrücktes Gläubiger-Schuldner-Verhältnis zu sein. Jeder konkrete soziale Inhalt dieses Verhältnisses und jede aus diesem Inhalt resultierende Form des Kredits sind prinzipiell entgegengesetzt.

Der Kredit als Kategorie der sozialistischen Warenproduktion steht im planmäßig organisierten Prozeß der erweiterten sozialistischen Reproduktion in einer Vielzahl von Kausal- und Funktionalzusammenhängen, deren Studium und Darstellung es ermöglicht, den bewußten Einsatz des Kredits in der sozialistischen Volkswirtschaft zielgerichteter und wirkungsvoller zu gestalten. So beeinflußt der Kredit als Mittel der Fondsbildung wesentlich den Umfang und die Geschwindigkeit des Reproduktionsprozesses. Da die Fondsbildung über den Kredit in Geldform erfolgt, wirkt er auf die Umlaufsgeschwindigkeit des Geldes und damit auch auf die volkswirtschaftlich notwendige Geldmenge ein. Der Einsatz des Kredits als Mittel zur Finanzierung von Produktions- und Zirkulationsfonds geschieht in Abhängigkeit von den anderen Finanzkategorien, insbesondere des Staatshaushaltes, d. h. es besteht ein enger Zusammenhang zwischen den einzelnen Finanzkategorien.

Gegenstand des vorliegenden Artikels wird die Beziehung von Bankkredit und Geldumlauf im Sozialismus sein. Die anderen Beziehungen werden nur in einem Umfang behandelt, wie sie zum Verständnis der Beziehung Bankkredit und Geldumlauf nötig sind.

Wie die Diskussion zu Fragen des Kredits im Sozialismus in den letzten 4—5 Jahren gezeigt hat, bestehen hinsichtlich der Erklärung des Wechselverhältnisses von Geldumlauf und Kredit zwischen den marxistischen Ökonomen gewisse Meinungsverschiedenheiten.

Die meisten marxistischen Ökonomen, die zu den Fragen des Kredits im Sozialismus Stellung genommen haben, setzen den Kredit in Beziehung zu den zeitweilig freien Geldmitteln der Betriebe, Organisationen, der Bevölkerung und des Staatshaushaltes. Die Argumentation ist folgende: Da auf Grund des Kreislaufes und Umschlags der betrieblichen Fonds, der Realisierungsbedingungen der Geldeinnahmen des Staatshaushaltes, der Organisationen, der Bevölkerung usw. ständig bestimmte Geldmittel zeitweilig frei werden, besteht die Möglichkeit, diese Geldmittel über das Banken- und Sparkassensystem zu mobilisieren und sie dorthin zu lenken, wo ein zeitweiliger Bedarf an Geldmitteln vorhanden ist.

Die Kennzeichnung des Bankkredits im Sozialismus als ein Mittel, auf der Basis der Rückzahlbarkeit zeitweilig freie Geldmittel umzuverteilen, rückte zwei für die sozialistische Kreditpraxis wichtige Fragen in den Vordergrund. Die erste Frage betrifft die obere Grenze für das Kreditvolumen. Wenn der Kredit ein Mittel ist, zeitweilig freie Geldmittel umzuverteilen, liegt es nahe, die Summe der zeitweilig freien Geldmittel als obere Grenze für das Kreditvolumen zu bestimmen. Sind aber die zeitweilig freien Geldmittel die obere Grenze für das Kreditvolumen, so entsteht die zweite wichtige Frage für die Praxis: Welche Geldmittel sind zeitweilig frei, wie ist ihre Menge zu ermitteln und wie können sie für die Kreditgewährung der sozialistischen Banken mobilisiert werden?

Die Definition der zeitweilig freien Geldmittel, wie sie in Beantwortung der zweiten Frage gegeben wurde, mutet m. E. etwas sonderbar an.

Nach dieser Interpretation sind alle die Geldmittel frei, die vom Banken- und Sparkassensystem mobilisiert wurden, und das sind die Geldmittel, die sich auf Guthabenkonten bei den Banken und Sparkassen befinden und das im Umlauf befindliche Bargeld. Gibt es aber neben diesen Geldmitteln noch Geldmittel, die nicht zeitweilig frei sind? Erfassen die Guthaben bei den Banken und Sparkassen und das umlaufende Bargeld nicht *alle* in der sozialistischen Volkswirtschaft vorhandenen Geldmittel, unabhängig davon, ob sie sich bewegen, oder ob sie sich im Zustand der Ruhe befinden? In der Tat, es gibt im Sozialismus in der inneren Zirkulation kein Geld außer in der Guthaben- oder Barform. Das Buch- und das Bargeld sind die zwei Formen, in denen im Sozialismus das allgemeine Äquivalent erscheint. Es gibt unter diesen Bedingungen m. E. keinen Grund, alles umlaufende Bar- und Buchgeld mit dem Attribut zeitweilig frei zu versehen. Hier wurde m. E. ein Begriff der Banksprache aus der Zeit übernommen, als neben dem Buch- und Bargeld (Banknoten) noch Goldgeld zirkulierte, und die Guthaben und Banknoten als Ansprüche an die Banken auf Goldgeld in Erscheinung traten, ohne zu berücksichtigen, daß das Goldgeld aus der inneren Zirkulation verschwunden ist.

Da gegenwärtig das Goldgeld völlig aus der inländischen Zirkulation verschwunden ist, kann sich der Begriff „zeitweilig freies Geld“ nur auf einen Teil des in Guthaben- und Banknotenform befindlichen Geldes beziehen, und zwar auf das in Ruhe befindliche, relativ verselbständigte Geld (Geldakkumulation). Das sich bewegende Geld ist nicht zeitweilig frei.

Die faktische Kennzeichnung aller Geldmittel als zeitweilig frei ergab sich nicht zufällig. Es ist die Anpassung der These an die Praxis, daß, wie es in der Banksprache heißt, alle zeitweilig freien Geldmittel und nur diese als Kreditquelle den ausgereichten Krediten gegenüberstehen. In der Praxis, wie sie in den Kreditbilanzen der Banken zum Ausdruck kommt, steht den von den Banken ausgereichten Kreditmitteln tatsächlich alles Bankgeld (Buch- und Bargeld) als sogenannte Kreditquelle gegenüber.[2]

Kreditvolumen und Geldvolumen (Buch- und Bargeld) sind also summengleich.

Seit einigen Jahren wird an die These, daß der Kredit zeitweilig freie Geldmittel umverteilt, immer kritischer herangegangen. Das geschah in erster Linie aus praktischen Erwägungen. Es zeigte sich in der Praxis, daß die Ausdehnung des Attributs „zeitweilig frei" auf alle Geldmittel der Volkswirtschaft zu bestimmten Schlußfolgerungen hinsichtlich der oberen Begrenzung des Kreditvolumens führte. Wenn die zeitweilig freien Geldmittel die Grenze für das Kreditvolumen bilden, die zeitweilig freien Geldmittel aber alle Geldmittel der Volkswirtschaft umfassen, so folgt, daß das bestehende Geldvolumen zu einer Schranke für die Ausdehnung des Kreditvolumens wird. Wollte man folglich die These von der Begrenzung des Kreditvolumens durch die zeitweilig freien Geldmittel der praktischen Kreditpolitik des sozialistischen Staates zugrunde legen, so würde das vorhandene Geldvolumen zu einer künstlichen, allen volkswirtschaftlichen Bedürfnissen zuwiderlaufenden Einschränkung des Kredits als Mittel zur Finanzierung der Produktion und Zirkulation von Waren werden.

Die Tatsache, daß das Kreditvolumen im Sozialismus nicht durch die zeitweilig freien Geldmittel, d. h. durch das bestehende Geldvolumen begrenzt werden kann, ist mit ganzer Deutlichkeit im Artikel von Sitnin und Slavny „Einige Bemerkungen zu den Beziehungen zwischen Haushalt und Kredit", der im Jahre 1957 in „Finansy SSSR" erschien, formuliert worden.[3] Dort heißt es:

> „Wollte man daher das Ansteigen der Kreditgeschäfte der Staatsbank und der anderen Banken direkt von der Höhe der herangezogenen zeitweilig freien Geldmittel abhängig machen, so bedeutete dies, die Entwicklung der Kreditverhältnisse in der sozialistischen Wirtschaft künstlich zurückzuhalten. Dies aber hieße, die positiven Seiten des Kredits für den Umschlag der materiellen Mittel in der Wirtschaft nicht vollständig auszunutzen."[4]

Sie kommen daher zu dem Schluß:

> „Deshalb irren diejenigen, die versuchen, den sowjetischen Kredit als eine Form der Mobilisierung und Verwendung der zeitweilig freien Geldmittel zu definieren."[5]

Dieser Auffassung schloß sich auch W. Heinicke in seiner Artikelserie in der „Deutschen Finanzwirtschaft"[6] an. Unter ausdrücklicher Berufung auf den Artikel von Sitnin und Slavny formuliert er:

> „Im Sozialismus sind die freigesetzten Geldmittel und der Umfang der Bargeldmission nicht der letztlich maßgebende Ausgangspunkt für den Umfang des Kreditvolumens ... Unter unseren Verhältnissen kann die Beteiligung des Kredits an der Finanzierung der

[2] Die Tatsache, daß in der Sowjetunion neben den Banknoten noch sogenannte Schatz- oder Kassenscheine umlaufen, ändert hieran nichts, da auch diese seit langem von der Staatsbank in Umlauf gebracht werden.

[3] Sitnin, W., Slavny, J., Einige Bemerkungen zu den Beziehungen zwischen Haushalt und Kredit, in: „Finansy SSSR", 1957, H. 2, deutsch in: „Geld und Kredit", 1958, H. 1/2, S. 80–93.

[4] Ebenda, S. 83. [5] A. a. O., S. 83.

[6] Vgl. „Deutsche Finanzwirtschaft", 1958, H. 2, 3, 4 und 9.

Fonds nicht davon abhängen, ob die Banken über genügend Kreditquellen verfügen oder nicht. Vielmehr richtet sich der Umfang des Kreditvolumens nach dem Kreditbedarf der Betriebe, wie dieser aus der materiellen Produktion und der Warenzirkulation entspringt."[7]

Sitnin, Slavny und Heinicke lassen aber wesentliche Fragen, die mit der Ablehnung der Begrenzung des Kreditvolumens durch die zeitweilig freien Geldmittel unbedingt auftauchen, unbeantwortet. Da sowohl Sitnin und Slavny als auch Heinicke außer den zeitweilig freien Geldmitteln und der Bargeldemission keine anderen Kreditquellen nennen, könnte der Schluß gezogen werden, daß es ihrer Meinung nach Kredite ohne Kreditquellen gäbe. Danach müßte das Kreditvolumen größer sein als die Kreditquellen. Doch dies behaupten die erwähnten Autoren nicht.

Worum es den Verfassern eigentlich geht, zeigt Heinicke in folgender Bemerkung:

„Natürlich spielen bei uns die Kreditquellen im Kreditwesen keine passive Rolle. Wenn sie auch nicht die Frage nach dem Umfang des Kreditvolumens beantworten lönnen, *weil sie letztlich nicht der Ausgangspunkt dafür sind*, so wirken sie doch mitbestimmend auf (das) Kreditvolumen ein." (Hervorhebung – W. S.)[8]

Heinicke hebt also die Beziehung Kreditquellen (zeitweilig freie Geldmittel) – Kreditvolumen nicht auf. Er kehrt sie praktisch nur um. Wenn die zeitweilig freien Geldmittel letztlich nicht mehr den Ausgangspunkt für das Kreditvolumen bilden, Kreditquellen und Kreditvolumen aber summengleich sind, so folgt, daß das notwendige Kreditvolumen die Höhe der Kreditquellen bestimmt. Daraus folgt weiter, wenn wir von dem auch von Heinicke gebrauchten Begriff der zeitweilig freien Geldmittel absehen, daß die umlaufende Geldmenge vom Kreditvolumen abhängt. Eine so eindeutige Schlußfolgerung ziehen weder Sitnin und Slavny noch Heinicke. Doch sie ergibt sich aus der konsequenten Weiterführung ihrer in den erwähnten Artikeln geäußerten Gedanken.

Die Feststellung, daß der Kredit in seinem Volumen nicht durch die vorhandenen Kreditquellen begrenzt wird, wirft jedoch gleichzeitig die Frage nach der wirklichen Grenze für das Kreditvolumen auf.

Wie aus der ersten von uns zitierten Bemerkung von Heinicke hervorgeht, sieht er diese Grenze im „Kreditbedarf der Betriebe, wie dieser aus der materiellen Produktion und der Warenzirkulation entspringt."[9] Das Bemerkenswerte an dieser These von Heinicke ist, daß er die Bedingungen und Erfordernisse der Warenproduktion und -zirkulation als das entscheidende Kriterium für die Feststellung und planmäßige Festlegung des volkswirtschaftlich notwendigen Kreditvolumens herausstellt. Problematisch scheint m. E. aber die Ansicht von Heinicke zu sein, daß die Warenproduktion und -zirkulation ihren bestimmenden Einfluß auf das Kreditvolumen über den Kredit*bedarf* der Betriebe ausüben soll. Ist aber der Kreditbedarf wirklich die für die Entwicklung und Begrenzung des Kreditvolumens entscheidende Größe?

[7] Heinicke, W., Die Bedeutung des sozialistischen Eigentums für die Beteiligung des Kredits an der Finanzierung der Fonds volkseigener Betriebe, in: „Deutsche Finanzwirtschaft", 1958, H. 3, S. 88.

[8] A. a. O., S. 88.

[9] A. a. O., S. 88.

Kann man ihn als die bestimmende Orientierungsgröße für die Kreditplanung herausstellen und gibt eine solche funktionelle Kennzeichnung des Kreditbedarfs wirklich die Gewähr, daß das Kreditvolumen entsprechend den Erfordernissen des Reproduktionsprozesses festgelegt wird? Der Kreditbedarf, auch derjenige, der „der materiellen Produktion und der Warenzirkulation entspringt", hat doch nicht nur positive, sondern auch negative Ursachen. Ein Betrieb, der nicht planmäßig produziert und die geplante Selbstkostensenkung nicht erreicht usw., kommt in Zahlungsschwierigkeiten, und es entsteht bei ihm ein unplanmäßiger Kreditbedarf. Wenn der Handel den Betrieben nicht bedarfsgerecht produzierte Waren abnimmt, bleibt er auf ihnen sitzen und kommt in Zahlungsschwierigkeiten. Er wird zusätzliche Kredite beantragen. Diese Beispiele könnten beliebig erweitert werden.

Aus den weiteren Ausführungen von Heinicke geht jedoch hervor, daß er den „Kreditbedarf, wie er aus der materiellen Produktion und Warenzirkulation entspringt", nicht schlechthin als Bestimmungsfaktor für das notwendige Kreditvolumen ansieht. Er schränkt diesen Kreditbedarf ein, indem er auf die in der Bankpraxis zur Anwendung gelangenden sozialistischen Kreditprinzipien: Planmäßigkeit, Zweckgebundenheit, Rückzahlbarkeit und Objektdeckung hinweist. Heinicke betrachtet also nicht jeden aus der materiellen Produktion und Warenzirkulation entspringenden Kreditbedarf als kreditierungswürdig, sondern, da die sozialistischen Kreditprinzipien den aus den negativen Ursachen entstehenden Kreditbedarf weitgehend ausschließen, nur den Kreditbedarf, der aus dem *planmäßigen* Verlauf des erweiterten sozialistischen Produktionsprozesses entspringt. Damit verallgemeinert Heinicke die gegenwärtig von den sozialistischen Banken geübte Praxis und macht mit der Tendenz, das Kreditvolumen ohne Beachtung der Erfordernisse des Reproduktionsprozesses künstlich einzuengen, Schluß. Doch auch der von den sozialistischen Kreditprinzipien beschränkte Kreditbedarf gibt keine Garantie dafür, daß das Kreditvolumen den Erfordernissen des Prozesses der erweiterten sozialistischen Reproduktion entspricht.

Es muß m. E. klar gesagt werden, daß die Kreditgewährung nach den Kreditprinzipien und die Festlegung des im Planjahr notwendigen Kreditvolumens durch Zusammenfassung der planmäßigen Kreditansprüche der Betriebe, Handelsorganisationen u. a. ein indirekter Weg der Kreditplanung und Kreditgewährung ist. Die Ursache hierfür besteht m. E. darin, daß es bis jetzt noch nicht möglich war, und auch in nächster Zukunft nicht möglich sein wird, das volkswirtschaftlich zulässige und notwendige Kreditvolumen *direkt* zu ermitteln. Wenn die gegenwärtige, nach der indirekten Methode erfolgende Kreditplanung und Kreditgewährung auch einige unbedingt zu beachtende Vorzüge besitzt, da sie eine ständige Kontrolle des betrieblichen und volkswirtschaftlichen Geschehens durch das Geld ermöglicht und die wirtschaftliche Rechnungsführung in den Betrieben festigt, so bleibt sie doch unvollkommen, solange es kein anderes Kriterium für das notwendige und mögliche Kreditvolumen gibt als den durch die Kreditprinzipien beschränkten Kreditbedarf. Dies ergibt sich daraus, daß die sozialistischen Kreditprinzipien kein spontaner Regulator des Kreditbedarfs, sondern vom sozialistischen Staat bewußt gesetzte Schranken sind, um den Kreditbedarf zu lenken. Deshalb sind die Kreditprinzipien auch so gefaßt, daß sie eine planmäßige Lenkung des Kreditbedarfs und damit auch der Kreditgewährung ermöglichen. Der sozialistische Staat ist also in der Lage, durch die Anwendung der Kreditprinzipien nicht nur den Kreditbedarf und das Kreditvolumen zu beschränken, sondern ihn auch zu steuern. Sehen wir uns kurz die Kreditprinzipien unter diesem Gesichtspunkt an. Die Planmäßigkeit des Kreditbedarfs ist gewährleistet, wenn der Betrieb bei planmäßiger Produktion den ihm planmäßig zustehenden Anteil an Krediten zur Finanzierung der Produktion beansprucht. Den planmäßigen Anteil des Kredits zur Finanzierung der betrieblichen Fonds, insbesondere der Umlaufmittel, legt der sozialistische Staat gesetzlich fest. Der einmal festgelegte Anteil erscheint in der Regel auch als planmäßiger Kreditbedarf. Ob aber dieser bewußt und planmäßig organisierte Kreditbedarf richtig war, kann nicht ohne weiteres entschieden werden.

Die Zweckgebundenheit sichert den Einsatz des Kredits als Finanzierungsmittel entsprechend den im Volkswirtschaftsplan gesteckten Zielen. Für welche Zwecke der Kredit aber eingesetzt wird, entscheidet auf Grund der ökonomischen und politischen Erfordernisse ebenfalls der sozialistische Staat.

Die Befristung, Rückzahlungspflicht und Objektdeckung schränken den Kreditbedarf tatsächlich etwas ein, aber trotzdem nicht so, daß der sozialistische Staat diese Schranke nicht entsprechend den volkswirtschaftlichen Bedürfnissen gestalten könnte. Die Rückzahlungspflicht und die Objektdeckung beschränken die Kreditgewährung auf sich reproduzierende Werte. Da alle im Kreislauf befindlichen materiellen Werte ständig reproduziert werden, bestände theoretisch die Möglichkeit, alle im Kreislauf der Fonds eingesetzten Werte über den Kredit zu finanzieren. Sowohl die Objektdeckung als auch die Rückzahlbarkeit wären gewährleistet, vorausgesetzt, die Kreditfristen sind entsprechend festgelegt. Da aber auch die Kreditfristen, ausgehend vom Kreislauf und Umschlag der Fonds, planmäßig vom sozialistischen Staat festgelegt werden, sind auch diese Prinzipien nicht dem Einfluß des sozialistischen Staates entzogen.

Wir sehen, daß der Kreditbedarf im Sozialismus trotz der Kreditprinzipien in seiner Größe wesentlich von bewußt getroffenen Entscheidungen des sozialistischen Staates hinsichtlich der Kreditprinzipien abhängt. Es ist daher nicht möglich, den Kreditbedarf wie er aus der materiellen Produktion und der Warenzirkulation entspringt, auch wenn er durch die sozialistischen Kreditprinzipien begrenzt wird, als allgemeingültige Richtschnur für die Kreditgewährung herauszustellen. Wie weit der planmäßig gebildete Kreditbedarf den volkswirtschaftlichen Erfordernissen und Möglichkeiten entspricht, kann weder aus dem Kreditbedarf noch aus den Kreditprinzipien beantwortet werden.

Wenn der sozialistische Staat weiß, wieviel Kredite er zur Finanzierung der Volkswirtschaft einsetzen kann, so wird die Kreditgewährung nicht wegen zu geringen Kreditbedarfs eingestellt werden. Geht aber der sozialistische Staat bei der Kreditgewährung nur vom Kreditbedarf aus, so kann leicht der Fall eintreten, daß zuviel Kredite ausgereicht und die Realisierungsmöglichkeiten der direkten Geldeinnahmen gestört werden. Das eben Gesagte unterstreicht noch einmal die Wichtigkeit der Frage, wodurch das Kreditvolumen in seiner Größe bestimmt wird. Nachdem wir feststellen mußten, daß die zeitweilig freien Geldmittel das Kreditvolumen nicht begrenzen dürfen, müssen wir jetzt erkennen, daß auch der Kreditbedarf keine Gewähr für eine den volkswirtschaftlichen Bedürfnissen entsprechende Entwicklung des Kreditvolumens gibt.

Wenn aber weder die zeitweilig freien Geldmittel noch der Kreditbedarf eine Grenze für die Ausdehnung des Kreditvolumens sind, gibt es dann überhaupt noch eine objektive Grenze für das Kreditvolumen? — Ich zeigte eben, daß durch die Begrenzung des Kreditbedarfs der Ausdehnung des Kreditvolumens eine bestimmte Grenze gesetzt werden kann. Ob die Grenze richtig ist, kann weder aus dem Kreditbedarf noch aus dem Kreditvolumen ermittelt werden. Eine andere Schranke als den Kreditbedarf besitzt jedoch der Kredit nicht. Hieraus folgt, daß es falsch wäre, nach einer automatisch wirkenden Bremse zu suchen, die das Kreditvolumen auf dem richtigen Niveau hält. Es gibt hinsichtlich der Erweiterung des Kreditvolumens keinen automatisch wirkenden Regulator. Die Frage, vor der die Praxis steht und die von der Theorie beantwortet werden muß, ist deshalb nicht, wodurch das Kreditvolumen begrenzt, sondern wie das volkswirtschaftlich notwendige Kreditvolumen ermittelt werden kann. Durch eine entsprechende Anwendung der Kreditprinzipien und der anderen Finanzkategorien ist der sozialistische Staat in der Lage, den Kreditbedarf dann so zu steuern und zu begrenzen, daß er den ökonomischen und politischen Erfordernissen der Produktionsentwicklung entspricht. Die Begrenzung des Kreditbedarfs und damit des Kreditvolumens ist im Sozialismus ein bewußter, sich planmäßig vollziehender Akt. Dazu ist es jedoch erforderlich, daß der sozialistische Staat weiß, wodurch das Kreditvolumen umfangmäßig bestimmt wird.

Allgemein gesehen wird das Kreditvolumen im Sozialismus durch die Bedingungen und Erfordernisse der sozialistischen Warenproduktion und -zirkulation und durch den Einfluß des Kredits auf diese Bedingungen und Erfordernisse bestimmt. Der Kredit greift unmittelbar in den Verteilungsprozeß des gesellschaftlichen Gesamtprodukts ein, dient zur Finanzierung von Produktions- und Zirkulationsfonds und ist daher voll und ganz den Bedingungen des Reproduktionsprozesses unterworfen. Doch eine solche Bestimmung ist zu allgemein, so daß sie praktisch in dieser Form nicht verwendbar ist.

Die Frage nach dem volkswirtschaftlich möglichen und notwendigen Kreditvolumen kann nicht *direkt* aus den Bedingungen der Warenproduktion und -zirkulation abgeleitet werden. Diese Bedingungen lassen sich in dieser allgemeinen Form größenmäßig nicht so erfassen, daß sie als Orientierungsgrößen für die Festlegung des notwendigen Kreditvolumens oder für die Kontrolle, ob das vorhandene Kreditvolumen den volkswirtschaftlichen Bedingungen entspricht, gelten können.

Um die volkswirtschaftlich tragbare Kreditmenge zu bestimmen, ist es daher m. E. notwendig, eine gesetzmäßige quantitative Beziehung zwischen dem Kredit und einer anderen volkswirtschaftlichen Erscheinung zu finden, die zur Ausdrucksform des notwendigen Kreditvolumens werden kann. Diese volkswirtschaftliche Erscheinung (Kategorie) muß zwei Bedingungen unbedingt erfüllen. Sie muß erstens in einem gesetzmäßigen Zusammenhang mit der Warenproduktion und -zirkulation und ihrem Umfang stehen, und sie muß zweitens so mit dem Kredit verbunden sein, daß jede Veränderung ihrer Größe eine entsprechende Veränderung des Kreditvolumens widerspiegelt oder bewirkt.

Sehen wir uns unter diesem Gesichtspunkt einmal die Beziehung von Kredit und Geldumlauf an.

Ich zeigte oben, daß im Sozialismus in den Kreditbilanzen der Banken (und Sparkassen) ein direktes quantitatives Verhältnis zwischen Kredit und Geldmenge zum Ausdruck gebracht wird. Kreditmenge und Geldmenge sind summengleich. Die Passivseite der Kreditbilanz zeigt die Gesamtsumme des in der Volkswirtschaft befindlichen Geldvolumens (Buch- und Bargeld) und seine Verteilung auf die wichtigsten gesellschaftlichen Akteure. Die Aktivseite der Kreditbilanz zeigt die Gesamtsumme der ausgereichten Kredite und ebenfalls ihre Verteilung auf die wichtigsten Gruppen von Kreditempfängern. Da Kredit und Geld unterschiedliche Aufgaben im Reproduktionsprozeß zu erfüllen haben, ist auch ihre Verteilung in der Volkswirtschaft unterschiedlich. Nur in der Gesamtsumme sind sie gleich.

Es liegt auf der Hand, daß eine Summengleichheit zwischen volkswirtschaftlicher Kredit- und Geldmenge, wie sie in den Kreditbilanzen besteht, sollte sie gesetzmäßigen Charakter tragen, für die Beantwortung der Frage, woraus das erforderliche Kreditvolumen umfangmäßig abgeleitet werden kann, von großer Bedeutung wäre. Das volkswirtschaftlich notwendige Geldvolumen ist für eine Periode durch das Geldumlaufsgesetz als Quotient der Preissumme der Waren und der Umlaufsgeschwindigkeit des Geldes in seiner Höhe gesetzmäßig fixiert. Es erfüllt in vollem Maße die erste der oben genannten Bedingungen, die eine Kategorie erfüllen muß, um als Ausdrucksform für das Kreditvolumen fungieren zu können (gesetzmäßiger Zusammenhang zur Warenproduktion und -zirkulation und ihrem Umfang). Die zweite Bedingung wäre erfüllt, wenn es im Sozialismus eine *gesetzmäßige* Summengleichheit von Geldmenge und Kreditvolumen gäbe. Dies würde bedeuten, daß das Geldumlaufsgesetz indirekt, über das Geldvolumen, dazu benutzt werden könnte, das volkswirtschaftlich erforderliche und mögliche Kreditvolumen zu ermitteln.

In den meisten Arbeiten marxistischer Ökonomen zu Fragen des Kredits im Sozialismus wird, wie gezeigt, ein direktes Abhängigkeitsverhältnis von Kredit und zeitweilig freien Geldmitteln angenommen. Begründet wird dieses Abhängigkeitsverhältnis etwa folgendermaßen: Der Kredit ist ein Mittel, zeitweilig freie Geldmittel umzuverteilen. Da der Kredit keine anderen als zeitweilig freie Geldmittel umverteilen kann, ist das Kreditvolumen gleich den zeitweilig freien Geldmitteln.

Diese Beweisführung ist m. E. nicht stichhaltig, auch wenn wir von der eigenartigen Definition der zeitweilig freien Geldmittel absehen, wonach alle Geldmittel zeitweilig frei sind. Aus der Funktion des Kredits, zeitweilig freie Geldmittel umzuverteilen, kann die in den Kreditbilanzen der Kreditinstitute ausgewiesene Summengleichheit zwischen Kredit und „zeitweilig freien Geldmitteln" nicht erklärt werden. Einmal ist nicht einzusehen, daß der Kredit unbedingt alle zeitweilig freien Geldmittel (resp. alle Geldmittel) umverteilen muß. Das Kreditvolumen könnte doch auch geringer sein als die zeitweilig freien Geldmittel. Zum anderen ist es unverständlich, weshalb bei Umverteilung von zeitweilig freien Geldmitteln die zeitweilig freien Geldmittel dem Kreditvolumen eine obere Begrenzung setzen. Bekanntlich betonte Marx ausdrücklich, daß ein und dasselbe Geldstück mehrere Kreditbeziehungen knüpfen kann, die zur gleichen Zeit existieren.[10]

Die Umverteilung von Geldmitteln über den Kredit ruft aber noch eine weitere Erscheinung hervor. Sie führt, wie Marx sagt, zu einer Beschleunigung der Umlaufsgeschwindigkeit des Geldes. Je mehr es gelingt, durch kreditmäßige Umverteilung die Ruheperioden des Geldes zu verkürzen und die Anzahl der Zirkulations- und der mit der Warenzirkulation verbundenen Zahlungsakte zu erhöhen, desto höher wird die Umlaufsgeschwindigkeit des Geldes sein.[11] Je höher aber die Umlaufsgeschwindigkeit des Geldes, desto weniger Geld ist notwendig, um eine bestimmte Warenmenge (Preissumme) zu zirkulieren.

Hieraus ergibt sich jedoch eine völlig entgegengesetzte Beziehung zwischen Kredit und Geldmenge und zwischen Kredit und den zeitweilig freien Geldmitteln, als sie bisher in unserer ökonomischen Literatur überwiegend vertreten wurde: Je höher das Kreditvolumen bei einem gegebenen Stand der Warenproduktion und -zirkulation, desto kürzer die Ruheperioden des Geldes, d. h. desto weniger Geld ist zeitweilig frei, und desto geringer ist das Geldvolumen.

Die Beharrlichkeit, mit der die These vertreten wird, daß der Kredit zeitweilig freie Geldmittel umverteilt, resultiert m. E. aus einer falschen Auffassung der Beziehung von Kredit und Geld. Diese Auffassung bringt Heinicke folgendermaßen zum Ausdruck. Er schreibt, daß es:

„. . . ein unabdingbares Merkmal der Gesetzmäßigkeiten, die den inneren, notwendigen Zusammenhang der Erscheinung Kredit bestimmen, (ist,) mit der Existenz des Geldes und dem Auftreten seiner Funktionen Zahlungsmittel und Schatz (Akkumulationsmittel) verbunden zu sein.“[12]

Heinicke hat recht, wenn er betont, daß der Kredit in einem inneren, notwendigen Zusammenhang mit dem Geld steht. Er hat auch recht, wenn er diesen Zusammenhang mit der Funktion des Geldes als Zahlungsmittel in Verbindung bringt. Er hat m. E. aber unrecht, wenn er die Schatzfunktion des Geldes in diesen Zusammenhang einbezieht.

In dem erwähnten Artikel findet sich noch eine andere Bemerkung zu diesem Problem. Es heißt dort:

„Der Inhalt des sozialistischen Kredits muß sowohl die materielle, wie die wert-, d. h. geldmäßige Seite des Prozesses ausdrücken, der sich in den sozialistischen Kreditverhältnissen darstellt. Das hängt mit dem allgemeinen Ursprung des Kredits zusammen, der aus der Funktion des Geldes als Zahlungsmittel entspringt.“[13]

In diesem Zitat läßt Heinicke die Schatzfunktion unerwähnt. Warum er das tut, sagt Heinicke nicht. Er kommt aber damit in einen gewissen Widerspruch zu seiner ersten These, daß der Kredit in einem inneren notwendigen Zusammenhang zum Geld als Zahlungsmittel und als Schatz steht. Wenn zwischen Kredit und Schatz ein

[10] Marx, K., Das Kapital, Dietz Verlag, Berlin 1953, Bd. III, S. 567.
[11] Ebenda, S. 566.
[12] Heinicke, W., Über den Inhalt des sozialistischen Kredits, in: „Deutsche Finanzwirtschaft“, (Geld und Kredit/Versicherung), 1958, H. 4, S. 99.
[13] Ebenda.

innerer Zusammenhang besteht, dann hat der Kredit auch in der Schatzfunktion des Geldes seinen Ursprung.

Der Kredit hat aber tatsächlich seinen Ursprung nur in der Zahlungsmittelfunktion des Geldes, die es ermöglicht, Warenbewegung und Geldbewegung zeitlich zu trennen, wodurch Kreditbeziehungen (Gläubiger-Schuldner-Beziehungen) entstehen. Daß die Schatzfunktion des Geldes, die relative Verselbständigung des Geldes gegenüber der Zirkulation, sich historisch und logisch vor der Zahlungsmittelfunktion herausbildete und Voraussetzung für ihre Entstehung war[14], darf nicht dazu verleiten, den Kredit unmittelbar mit der Schatzfunktion des Geldes zu verknüpfen.

Ist der Kredit einmal entstanden, so beeinflußt er nicht nur die Funktion des Geldes als Zahlungsmittel, sondern auch das Zirkulationsmittel und den Schatz. Das Geld tritt bei der Vermittlung der Warenbewegung in immer stärkerem Maße als Zahlungsmittel und nicht als Zirkulationsmittel auf. Durch den Ausgleich der Zahlungen wird dann die zur Zirkulation der Waren benötigte Geldmenge reduziert. Das Zahlungsmittel gestattet es aber auch, das in den Schätzen ruhende Geld wieder in die Zirkulation zu bringen, indem es das Geldverleihen ermöglicht. Die Umlaufsgeschwindigkeit des Geldes wird dadurch erhöht und die notwendige Geldmenge vermindert.

Wir können also folgende Wechselwirkungen zwischen dem Kredit und den einzelnen Geldfunktionen feststellen:

a) Die Kreditbeziehungen nehmen im gleichen Maße zu, wie sich die Wirkungssphäre des Zahlungsmittels (einschließlich des Zahlungsausgleiches) bei der Vermittlung der Warenzirkulation erweitert. Es besteht also ein direkter „innerer, notwendiger Zusammenhang" zwischen dem Kredit und seinem Umfang und der Zahlungsmittelfunktion des Geldes.

b) In gleichem Maße, wie die Warenzirkulation durch das Geld als Zahlungsmittel vermittelt wird — mit der Begleiterscheinung, daß in entsprechendem Maße Kreditbeziehungen entstehen — vermindert sich der Anteil des Zirkulationsmittels am Vermittlungsprozeß der Warenbewegung.

c) Je stärker der Kredit dazu benutzt wird, das im Schatzzustand befindliche Geld durch Verleihen wieder der Zirkulation zuzuführen, desto weniger Geld wird sich im Schatzzustand befinden. Diese Feststellung wird leider, wie ich oben schon zeigte, nicht immer beachtet. Sie sagt weiter nichts, als daß der Kredit dazu dient, das im Schatzzustand verharrende Geld volkswirtschaftlich auf ein bestimmtes Minimum zu reduzieren. Der Kredit beruht nicht auf der Schatzfunktion sondern auf der Zahlungsmittelfunktion des Geldes. Die Beziehung ist nicht: je mehr Geld als Schatz fungiert (zeitweilig frei ist), desto mehr Kredite, sondern: je mehr Kredite, desto weniger Geld übt Schatzfunktion aus.

Wir sehen mit der Funktion des Kredits, zeitweilig freie Geldmittel (das in Schatzfunktion befindliche Geld) umzuverteilen, kann weder die Summengleichheit zwischen Kreditvolumen und den zeitweilig freien Geldmitteln noch die zwischen Kreditvolumen und Geldvolumen insgesamt begründet werden. Im Gegenteil, sie dürfte nicht vorhanden sein.

[14] Marx, K., Zur Kritik der politischen Ökonomie, Dietz Verlag, Berlin 1951, S. 147.

Hiermit sind wir an einem Punkt angelangt, wo es nur eine Alternative geben kann. Entweder ist die bisher überwiegend vertretene Darstellung der Beziehung und des Abhängigkeitsverhältnisses zwischen Kredit und Geld im Sozialismus richtig — dann darf es keine Summengleichheit zwischen Kreditvolumen und Geldvolumen geben — oder aber die in den Kreditbilanzen der Banken und Sparkassen in ihrer Gesamtheit ausgewiesene Summengleichheit zwischen Kreditvolumen und Geldvolumen ist gesetzmäßig. Dann ist es unmöglich, die Summengleichheit aus der Funktion des Kredits, Geldmittel umzuverteilen, abzuleiten.

Wenn wir vom Inhalt des Begriffs Umverteilung von Geldmitteln ausgehen, so bedeutet er Besitz- oder Eigentumswechsel von Geldmitteln ohne unmittelbare Warenzirkulation. Die Kreditform der Umverteilung von Geldmitteln muß somit die zeitweilige Aufhebung des Geldbesitzes, die zeitweilige Aufhebung des Verfügungsrechts über eigene Geldmittel beinhalten, wobei nach Ablauf einer vorher festgelegten Frist das Verfügungsrecht wieder hergestellt wird (entweder durch Rückzahlung des Kredits oder, wenn der Kredit nicht in Anspruch genommen wurde, durch einfaches Wiedereinsetzen des Gläubigers in seine alten Rechte).

Wenn wir uns aber die Kreditgewährung der Banken im Sozialismus ansehen, so basiert diese nicht auf einer Aufhebung des Besitzrechtes der Geld- und Guthabenbesitzer an ihren Geldfonds. Die Besitzrechte bleiben in vollem Maße erhalten. So schreiben Gussakow und Dymschiz:

„Diese Form (der Umverteilung der Geldmittel über den kurzfristigen Kredit — W. S.) sichert den Besitzern in vollem Umfange die jederzeitige Verfügungsmöglichkeit über ihre Mittel."[15]

Doch wenn die Bank den Besitzern der Geldmittel in „vollem Umfange" und zu jeder Zeit die „Verfügungsmöglichkeit über ihre Mittel" sichert, verteilt sie dann noch diese Geldmittel um? Meines Erachtens kann man in dieser Beziehung nicht mehr von Umverteilung sprechen. Das wird noch durch eine Erscheinung erhärtet, auf die Sitnin und Slavny aufmerksam machen:

„In diesem Zusammenhang ist es verwunderlich, daß die Filialen und Niederlassungen der Staatsbank keine Planaufgaben dafür erhalten, die in der Wirtschaft vorhandenen freien Mittel zu mobilisieren, und daß vor allem ihre Kreditgeschäfte nicht von der Höhe der herangezogenen Fremdmittel abhängig sind."[16]

Wir sehen, daß Sitnin und Slavny die relative Unabhängigkeit der Kreditgewährung von der Mobilisierung der zeitweilig freien Geldmittel der Volkswirtschaft konstatieren. Wäre der Kredit aber ein Instrument zur Umverteilung von Geldmitteln, so wäre eine solche relative Unabhängigkeit undenkbar.

Sehr interessante Ausführungen über das Wechselverhältnis von Geldumlauf und Kredit macht W. Batyrew in seiner vor kurzem erschienen Monographie „Der Geldumlauf in der UdSSR."[17] Seine Ansicht zu diesem Wechselverhältnis kommt in folgender Bemerkung zum Ausdruck:

[15] Gussakow/Dymschiz, Geldumlauf und Kredit in der UdSSR, Verlag Die Wirtschaft, Berlin 1953, S. 35.

[16] Sitnin, Slavny, a. a. O., S. 82.

[17] Batyrew, W., Der Geldumlauf in der UdSSR, Moskau 1959.

„Die Gewährung von Bankdarlehen führt unmittelbar zum Erscheinen von Geldmitteln, die im unbaren und baren Umlauf zirkulieren, oder auf längere Zeit in Form von Guthaben aufbewahrt werden, und die Erhöhung der Kreditgeschäfte ist von einem Zuwachs der Geldmittel auf den Konten begleitet und führt, soweit dies erforderlich ist, dazu, daß Bargeld in Umlauf gebracht wird."[18]

Aus dieser empirisch festgestellten Tatsache zieht dann Batyrew den Schluß:

„Damit werden mit Hilfe des Bankkredits Kreditinstrumente für die Zirkulation und die Zahlungen geschaffen, mittels derer die wachsende Zirkulation der Fonds und der Einnahmen im Prozeß der erweiterten sozialistischen Reproduktion planmäßig vollzogen wird, planmäßig die Geldmittel im Verlauf dieses Prozesses freigesetzt, akkumuliert und über das Kreditsystem umverteilt werden."[19]

Der Bankkredit ist also das Mittel, um die für die Zirkulation und die Zahlungen erforderlichen Kreditinstrumente, d. h. Geldstellvertreter, zu schaffen, sowohl das Bargeld als auch das Buchgeld. Diese Ansicht von Batyrew ist voll und ganz zu unterstreichen und ihre Verallgemeinerung wird helfen, die der Praxis widersprechende und sie desorientierende These zu überwinden, daß der Bankkredit im Sozialismus angeblich zeitweilig freie Geldmittel umverteilt.

Doch Batyrew formuliert selbst, wie das obige Zitat zeigt, daß das Kreditsystem zeitweilig freigesetzte Geldmittel umverteilt. Leider zeigt Batyrew in seinem Buch nicht, wo und wie der Kredit resp. das Kreditsystem Geldmittel umverteilt. Er stellt nur die Schaffung von Geldmitteln durch und über den Kredit, nicht aber die Beschleunigung der Umlaufgeschwindigkeit des Geldes durch den Kredit – als notwendige Folge der Umverteilung von zeitweilig freien Geldmitteln – dar.

Die Feststellung, daß der Kredit einmal Kreditinstrumente für die Zirkulation und für Zahlungen schafft und zum anderen zeitweilig freie Geldmittel umverteilt, braucht nicht von vornherein widersprüchlich zu sein. Der Kredit dient unter den Bedingungen der Goldgeldzirkulation dazu, das Goldgeld zu ökonomisieren, indem er durch Umverteilung die Umlaufsgeschwindigkeit des Goldgeldes erhöht und Goldgeld durch zirkulierende Kreditzeichen ersetzt.[20] Hier laufen beide Prozesse, sowohl die Umverteilung von Geldmitteln als auch die Schaffung von zirkulierenden Kreditzeichen über den Kredit, nebeneinander. Ein Nebeneinanderlaufen dieser beiden Prozesse wäre auch beim Umlauf von Staatspapiergeld mit Zwangskurs zu beobachten. Dem Staatspapiergeld mit Zwangskurs stehen die zirkulierenden Kreditzeichen wie dem Goldgeld gegenüber. Die Kreditzeichen erscheinen als Ansprüche auf das Papiergeld, und sie beschleunigen den Umlauf des Papiergeldes, da sie es ermöglichen, die Ruheperioden des Papiergeldes zu verkürzen (Kreditzeichen übernehmen in verstärktem Maße die Geldakkumulationsfunktion – Schatzfunktion – des Geldes), und weil sie selbst Zirkulations- und Zahlungsfunktionen vollziehen

[18] Ebenda, S. 223. [19] Ebenda, S. 223.

[20] Marx sagt hierzu: „Es (das Geld, soweit es Selbstwert ist – W. S.) wird in dreifacher Art durch den Kredit ökonomisiert.
a) Indem es für einen großen Teil der Transaktionen ganz wegfällt.
b) Indem die Zirkulation des umlaufenden Mediums beschleunigt wird . . .
c) Ersetzung von Goldgeld durch *Papier*."
Marx, K., Das Kapital, Bd. III, Berlin 1953, S. 476/77.

und das Papiergeld aus bestimmten Bereichen der Volkswirtschaft nahezu verdrängen.

Batyrew hebt jedoch m. E. zu Recht hervor, daß das Bargeld in der Sowjetunion kein Staatspapiergeld mit Zwangskurs ist. Seiner Meinung nach ist es, wie das Buchgeld, Kreditgeld, weil es über die Bildung von Kreditverhältnissen in die Zirkulation gelangt und dabei als Mittel der Fondsbildung der sozialistischen Betriebe fungiert.[21]

Erkennt man aber an, daß das gesamte umlaufende Geld (Bargeld und Buchgeld) im Sozialismus den Charakter des Kreditgeldes besitzt und damit gleichartig ist, so kommt man mit der Behauptung, daß der Bankkredit zeitweilig freie Geldmittel umverteilt, sowohl mit der Wirklichkeit als auch mit der Logik in Konflikt. Die Bank kann über den Kredit nur dem Charakter nach sich vom Kreditgeld unterscheidendes Geld umverteilen (Goldgeld oder Staatspapiergeld mit Zwangskurs). Das Kreditgeld muß als Anspruch auf den allgemeinen Tauschwert oder den allgemeinen Repräsentanten des allgemeinen Tauschwertes (Goldgeld oder Staatspapiergeld mit Zwangskurs) gelten, um als Mittel der zeitweiligen Umverteilung von Geld erscheinen zu können. In diesem Falle könnte mit gewissen Vorbehalten auch der Ersatz des allgemeinen Repräsentanten des Tauschwerts als Umverteilung gewertet werden.

Ist aber das Kreditgeld selbst der alleinige allgemeine Repräsentant des Tauschwerts (Zirkulations- und Zahlungsmittel und damit auch Mittel der Geldakkumulation), so kann und wird zwar ein ständiger Wechsel einer Form des Kreditgeldes in eine andere eintreten (Buchgeld in Bargeld und umgekehrt), und es können Prozesse des Ersatzes und der Verminderung des Bargeldes (Banknoten) durch Erhöhung des Buchgeldes stattfinden, der Formwechsel und die relative Verminderung einer Form des Kreditgeldes durch Erhöhung einer anderen Form werden aber keine Prozesse der Umverteilung von Geldmitteln sein, da sie keinen Besitzwechsel oder zeitweilige Aufhebung von Geldbesitz nach sich ziehen.

Natürlich kann Kreditgeld auch umverteilt werden. Es kann sich als Zahlungsmittel, als relativ verselbständigter Tauschwert bewegen und bewegt sich auch als solches wie z. B. bei der Verteilung und Umverteilung des zentralisierten Reineinkommens durch den Staatshaushalt. In unserem Falle geht es aber darum, ob die Kreditgewährung durch die Banken im Sozialismus mit einer Umverteilung von *Geld* verbunden ist. Dies muß jedoch verneint werden. Wenn *jede* Kreditausreichung durch die Bank zu einem Einströmen von Geld in die Zirkulation führt, dann verliert der Bankkredit die Fähigkeit, Geldmittel umzuverteilen.

Daß der Emissionscharakter des Bankkredits bei ausschließlicher Kreditgeldzirkulation die Umverteilung von Geldmitteln über den Kredit praktisch unmöglich macht, geht indirekt auch aus den Ausführungen von Batyrew selbst hervor. In einem in „Voprossy ekonomiki" (Fragen der Wirtschaft) erschienenen Artikel zu Fragen des Kredits[22], der auf den Untersuchungsergebnissen seiner Monographie beruht, bringt Batyrew am Anfang seiner Ausführungen eine Darstellung der Frei-

[21] Batyrew, a. a. O., S. 224f.

[22] Batyrew, W., Einige theoretische und praktische Probleme des Kredits in der UdSSR, in: „Voprossy ekonomiki", 1959, Nr. 10, S. 58–70.

setzungsprozesse von Geld (der Geldakkumulationsprozesse) in der Volkswirtschaft (Betriebe, Staatshaushalt, Bevölkerung usw.) und leitet hieraus die Notwendigkeit der Umverteilung von Geldmitteln durch die Bank über den Kredit ab. In dieser recht ausführlichen Darstellung findet sich kein Wort über den Emissionscharakter des sozialistischen Bankkredits. Er paßt einfach nicht in die Konzeption der Geldumverteilung durch den Kredit hinein. Nachdem Batyrew den Kredit als Instrument zur Umverteilung zeitweilig freier Geldmittel mit großem Nachdruck bestimmt hat (ohne jedoch zu zeigen, *wie* der Umverteilungsprozeß vonstatten geht, und welche Auswirkungen er auf die zirkulierende Geldmenge besitzt), untersucht er den Emmissionscharakter des Kredits. Interessant ist, daß Batyrew in diesem Abschnitt den Umverteilungscharakter des Kredits vergißt. Er formuliert eindeutig:

„Bei jeder Gewährung von Bankdarlehen wird Geld in den Zahlungsverkehr vorgeschossen.“[23]

Das Geld wird also nicht nur dem Kreditnehmer vorgeschossen, — in diesem Falle könnte der Kreditgewährung eine Umverteilung von Geldmitteln zu Grunde liegen, — sondern dem Zahlungsverkehr, d. h. der Zirkulation als Ganzes. Daß Batyrew in diesem Abschnitt die Umverteilungsfrage umgeht, nimmt m. E. nicht wunder. Sie paßt nicht hierher, da eine Konfrontierung der Emissionsfunktion und der Umverteilungsfunktion des Kredits in diesem Falle (d. h. bei ausschließlicher Kreditgeldzirkulation im Sozialismus) zu einer Ablehnung der Umverteilungsfunktion führen muß.

Der Bankkredit ist somit im Sozialismus ein Mittel zur Emission des für die Distribution und Zirkulation der Waren volkswirtschaftlich notwendigen Geldes, und sein notwendiges Volumen kann dadurch indirekt über das Geldumlaufsgesetz bestimmt werden. Damit wäre auch die ständige Summengleichheit zwischen Geldvolumen und Kreditvolumen in den Kreditbilanzen der sozialistischen Banken erklärt. Jede Kreditgewährung führt zu einem entsprechenden Einströmen von Geld in die Zirkulation und jede Geldemission erfolgt über eine entsprechende Kreditgewährung. Der Kredit trägt im Sozialismus folglich Emissionscharakter und das Geld Kreditcharakter.

Der Umfang, in dem der Kredit zur Bildung von Produktions- und Zirkulationsfonds eingesetzt werden kann, hängt demnach von der volkswirtschaftlich zur Zirkulation der Waren notwendigen Geldmenge ab. Jeder Kredit, der darüber hinaus gewährt wird, stört den Reproduktionsprozeß, weil das Geld, das damit zusätzlich in die Zirkulation gelangt, die umlaufende Geldmenge überhöht. Die Bedingungen des Geldumlaufgesetzes werden verletzt. Dis Folge ist, daß bestimmte Geldeinnahmen keine Realisierung finden können und einen Druck zur Erhöhung der Preise ausüben.

Werden zu wenig Kredite ausgereicht, so reicht das Geld nicht aus, die produzierte Warenmenge zu zirkulieren und der Reproduktionsprozeß wird künstlich gebremst.

Woraus ergibt sich dieser Zusammenhang zwischen Geldumlauf und Kredit?

[23] Ebenda, S. 63.

Wenn man den Einfluß des Kredits auf die Geldzirkulation historisch betrachtet, so bestand er in erster Linie darin, daß mittels Kredit die umlaufende Goldmenge vermindert wurde. Marx bezeichnet es als die Ökonomisierung des Geldes durch den Kredit.

Die Hauptformen, Goldgeld zu ökonomisieren, sind, wie schon gezeigt, a) das Ausschalten des Goldes aus dem Prozeß der Warenzirkulation, b) die Beschleunigung der Umlaufsgeschwindigkeit des einzelnen Geldstückes, indem es durch Verleihen gehindert wird, längere Zeit im Schatzzustand zu verharren, und c) der Ersatz des umlaufenden Geldes (Goldware) durch Kreditgeld. Alle übrigen Formen reduzieren sich praktisch auf eine dieser Hauptformen.

Die Ökonomisierung von Goldgeld durch den Kredit hat letztlich den Zweck, neben der Beschleunigung des Reproduktionsprozesses die Zirkulationskosten zu vermindern.[24] Dieser Zweck wird dadurch erreicht, daß die gesellschaftliche Arbeit, die zur Produktion oder zum Import des zur Zirkulation notwendigen Goldes erforderlich wäre, anderweitig eingesetzt werden kann. Es wird die gesellschaftlich produktiv einsetzbare Arbeit erhöht.

Im Sozialismus ist das Gold als Zirkulations- und Zahlungsmittel aus der inneren Zirkulation verschwunden. Es übt als Geld nur noch die Funktionen als Maß der Werte und Maßstab der Preise und als Weltgeld aus. Dadurch hat sich das Verhältnis von Kredit und Geld in der inländischen Zirkulation etwas modifiziert. Der Kredit hat nicht mehr die Aufgabe, Goldgeld zu ökonomisieren, denn er hat es in der inneren Zirkulation schon *vollständig* ökonomisiert. Die vollständige Ökonomisierung des Goldgeldes im Sozialismus erfolgte über den vollständigen Ersatz des umlaufenden Goldgeldes durch Kreditgeld. An Stelle von Gold zirkulieren Geldstellvertreter, die auf dem Kredit beruhen: Banknoten und Buchgeld.[25]

Der Kredit erlangt die Fähigkeit, Geldstellvertreter zu schaffen, wenn Ansprüche auf Geld beginnen, die Geldware aus dem unmittelbaren Prozeß der Warenvermittlung zu verdrängen, indem sie zirkulieren. Ein solcher zirkulierender Anspruch auf Geld ist z. B. der Wechsel. Der Wechsel ist die Verpflichtung eines Schuldners, zu einem Zeitpunkt den Wechsel gegen Geld einzulösen. Derjenige, der den Wechsel entgegennimmt, hat einen schriftlich fixierten Anspruch auf Geld. Dieser Anspruch auf Geld (Wechsel) kann nun vom Wechselempfänger dazu benutzt werden, selbst wieder Waren zu kaufen. Er gibt den Wechsel statt Geld in Zahlung. So kann eine Reihe von Warenkäufen und -verkäufen ohne Vermittlung des Geldes stattfinden. Am Fälligkeitstage wird der Wechsel vom letzten Verkäufer dem Wechselaussteller präsentiert. Nur hier wird Geld gebraucht. Der Wechsel hat aber inzwischen eine Vielzahl von Preisrealisierungen vermittelt. Die Preisrealisierungen sind zwar erst wirklich vollendet, wenn der Wechsel eingelöst ist, doch da die Einlösung die Regel ist, verhält man sich beim Verkauf gegen Wechsel, wie beim Verkauf gegen Geld. Die Preisrealisierung wird als vollendet betrachtet.

[24] Marx, K., Das Kapital, Bd. III. S. 476/477.

[25] Die Kassenscheine lasse ich hier außer Betracht, da sie eine untergeordnete Rolle spielen. Vgl. auch Fußnote 2 auf S. 260.

Aus der Wechselzirkulation entwickelt sich dann die Banknotenzirkulation.

Eine weitere Möglichkeit, daß der Kredit als Geldstellvertreter auftritt, ergibt sich aus der Verallgemeinerung der Schuldübertragungen und dem sich damit entwickelnden Schuldausgleich. Während bei der einfachen Wechselzirkulation am Schluß der Kette Geld notwendig war, entfällt dies jetzt. Beim Ausgleich der Zahlungen erfüllt der zirkulierende Anspruch auf Geld Geldfunktionen, ohne daß zum Abschluß Geld notwendig wird. Wird nun der Ausgleich der Zahlungen auf gesellschaftliche Stufe gehoben, so kann alles Goldgeld durch Kreditgeld ersetzt werden. Marx sagt hierzu:

„Alle Geschichte der modernen Industrie zeigt, daß Metall in der Tat nur erheischt wäre zur Saldierung des internationalen Handels, sobald dessen Gleichgewicht momentan verschoben ist, wenn die inländische Produktion organisiert wäre."[26]

Diese Möglichkeit ist, wie die Praxis aller sozialistischen Länder zeigt, im Sozialismus Wirklichkeit. Das Gold ist vollständig aus der inneren Zirkulation verschwunden.

Nicht jede Bildung von Ansprüchen auf Geld trägt jedoch Emissionscharakter. Einen solchen Charakter erhält sie nur unter ganz bestimmten Bedingungen. Wenn z. B. ein Geldbesitzer sein Geld auf eine bestimmte Zeit verleiht, so emittiert er noch lange kein Geld. Auch beim Verleihen einer Ware oder beim Verkauf auf Kredit erfolgt noch keine Geldemission. Im ersten Fall ist nur eine Beschleunigung der Umlaufsgeschwindigkeit des Geldes eingetreten, im zweiten Fall eine Beschleunigung der Warenzirkulation. Erhält das Verleihen von Geld einen größeren Umfang, so vermindert das die mit Notwendigkeit umlaufende Geldmenge (um eine bestimmte Warenmenge (Preissumme) zu zirkulieren). Es ist keine Verdoppelung oder Vervielfachung des Geldbesitzes, sondern nur eine Übertragung des Geldbesitzes eingetreten. Der Anspruch auf Geld und die Aussicht, nach einer bestimmten Zeit Geld zu erlangen, befähigen den Geldverleiher in diesem Falle nicht, auch als Geld*besitzer* aufzutreten. Das gleiche gilt für den Warenverleiher (Verkäufer auf Kredit). Solange der Verkäufer auf Kredit seine Gläubigerstellung nicht dazu ausnutzt, auf der Grundlage seiner Forderungen als Käufer aufzutreten, solange dient der Kredit auch nicht dazu, eine bestimmte Form von Geldstellvertretern zu schaffen.

Damit der Kredit als Mittel der Geldemission in Erscheinung treten kann, ist es erforderlich, daß das Kreditverhältnis zirkuliert, daß der Gläubiger seine Forderungen als Kaufmittel einsetzen kann. Die Aussicht, Geld zu erlangen, dient als Kaufmittel, indem diese Aussicht weitergegeben (Wechsel) oder dazu benutzt wird, eine Kette von Geldansprüchen zu schaffen. Hierbei bleibt es sich gleich, ob der Geldanspruch durch Verkauf auf Kredit oder durch Verleihen von Geld oder wie sonst auch immer entstanden ist.

[26] Marx, K., Das Kapital, Bd. III, S. 562. Siehe auch ebenda, S. 619, wo Marx betont: „Es ist aber eben die Entwicklung des Kredit- und Banksystems, das einerseits dahin treibt, *alles Geldkapital* in den Dienst der Produktion zu pressen (oder was auf dasselbe hinauskommt, *alles Geldeinkommen* in Kapital zu verwandeln) . . ." (Hervorhebungen – W. S.). Das Kredit- und Banksystem kann dies aber nur, wenn es das Goldgeld durch Kreditoperationen und Kreditgeld ersetzt.

Unter diesen Bedingungen wird die Umlaufsgeschwindigkeit des Geldes indirekt beschleunigt und die volkswirtschaftlich notwendige Geldmenge vermindert, weil der zirkulierende Kredit Zirkulations- und Zahlungsfunktionen übernommen hat. Bei Ausgleich der Schuldforderungen macht der Kredit das Auftreten von Geld, wie schon gezeigt, vollständig überflüssig, da er selbst an Stelle von Geld fungiert. So schreibt Marx:

„Diese Zahlungsversprechen können wir der Kürze halber sämtlich unter der allgemeinen Kategorie von Wechseln zusammenfassen. Bis zu ihrem Verfall- und Zahlungstage zirkulieren solche Wechsel selbst wieder als Zahlungsmittel; und sie bilden das eigentliche Handelsgeld. *Soweit sie schließlich durch Ausgleichung von Forderung und Schuld sich aufheben, fungieren sie absolut als Geld*, indem dann keine schließliche Verwandlung in Geld stattfindet." (Hervorhebung — W. S.)[27]

Wenn Marx in diesem Zitat auch speziell die kapitalistischen Verhältnisse im Auge hat, so hat doch die Erklärung, wie mittels Kredit wirkliche Geldstellvertreter entstehen, allgemeinen Charakter. Die zirkulierenden Ansprüche auf Geld werden zu wirklichen, absolut als Geld fungierenden Geldstellvertretern, wenn sie einen Ausgleich von Forderungen und Verbindlichkeiten auf gesellschaftlicher Stufe bewirken.[28]

Mit der Herausbildung der Banken entsteht ein Organ, das den Ausgleich der Forderungen und Verbindlichkeiten auf diese gesellschaftliche Stufe erhebt.

Dies vollzieht sich auf zwei Wegen, die nachher miteinander verschmelzen. Einmal auf dem Wege der Konzentration des Wechselgeschäfts in den Händen der Banken. Sie diskontieren die individuellen Wechsel und ersetzen sie durch Bankwechsel (Banknoten). Zum anderen durch die Verquickung des Depotgeschäfts mit dem eigenen Kreditgeschäft.

Die Banken verleihen das von ihren Kunden deponierte Geld oder diskotieren mit ihm Wechsel. Da das bei den Banken deponierte Geld nicht ruht, sondern wieder in die Zirkulation gelangt, wird die Umlaufsgeschwindigkeit des Geldes erhöht und seine Menge auf ein gesellschaftliches Minimum reduziert, d. h. es erfolgt eine bedeutende Ökonomisierung von Geld (Gold). Die Banken haben nur zu gewährleisten, daß die Verfügungsmöglichkeit über die Depositen erhalten bleibt. Dazu genügt, daß die Banken einen gewissen Reservefonds an Geld halten, der, da zu einem bestimmten Zeitpunkt nur einige der Depositoren über ihr Geld verfügen, nur ein Bruchteil der deponierten Geldmittel auszumachen braucht.

Dadurch entsteht eine Erscheinung, die für die Erweiterung der Wirkungssphäre des Kreditgeldes von Bedeutung ist. Die bei der Bank deponierten Geldmittel verwandeln sich durch das Kreditgeschäft der Bank in Ansprüche auf Geld. Das Besondere dieser Ansprüche auf Geld gegenüber den Ansprüchen auf Geld bei individueller Kreditgewährung besteht darin, daß sie jederzeit in realen Geldbesitz verwandelt werden können. Das bedeutet, daß sie für den Depositor Geldcharakter tragen und Geldfunktion ausüben (sie üben für den Depositor Schatzfunktion aus).

[27] Marx, K., Das Kapital, Bd. III, S. 436.

[28] Siehe ebenda, S. 621. Marx schreibt dort: „Der Kredit, als ebenfalls gesellschaftliche Form des Reichtums, verdrängt das Geld und usurpiert seine Stelle. Es ist das Vertrauen in den gesellschaftlichen Charakter der Produktion, welches die Geldform der Produkte als etwas nur Verschwindendes und Ideales, als bloße Vorstellung erscheinen läßt."

Diese Ansprüche an die Banken auf Geld beginnen sich zu bewegen, indem sie von einem Konto auf ein anderes übertragen werden. Die Bewegung der Geldansprüche von einem Konto auf ein anderes erfüllt Geldfunktionen. Jetzt aber nicht mehr nur die Schatzfunktion, sondern auch die Zahlungsmittelfunktion: Schulden werden getilgt und Preise realisiert. Daraus folgt, daß durch die Bewegung der Ansprüche auf Geld und die damit verbundene Aufhebung und Bildung von Gläubiger-Schuldnerverhältnissen die Bewegung des wirklichen Geldes (Geldware) überflüssig gemacht wird. Die Geldware wird dadurch bedeutend ökonomisiert. Doch erfolgt dies nicht durch eine Beschleunigung der Umlaufsgeschwindigkeit des Geldes, sondern dadurch, daß an die Stelle der Geldware ein Geldstellvertreter getreten ist, der diejenigen Geldfunktionen übernehmen kann, die ein äußerliches Auftreten des Geldes erforderlich machen. Die Ansprüche an die Banken auf Geld werden zu Geldstellvertretern.

Marx schreibt hierzu:

„Hier wirkt das Depositum zweimal als Geld, nämlich als wirkliches Geld, und sodann als Anspruch auf Geld. Bloße Ansprüche auf Geld können Geldstelle vertreten nur durch Ausgleichung von Schuldforderungen."[29]

Die Tatsache, daß Ansprüche an die Banken auf Geld zu Stellvertretern von Geld werden können und werden, verbunden mit der Tatsache, daß Kreditzeichen (Banknoten, Wechsel) die Geldware von der Funktion, als Zirkulationsmittel zu dienen, befreien können, schafft die Möglichkeit, die Geldware vollständig durch Kreditgeld zu ersetzen. Es tritt dann in zwei Formen auf: als Banknote und als Buchgeld.[30]

Der Unterschied zwischen der Banknote und dem Buchgeld besteht in folgendem: Die Banknote beruht auf der Wechselzirkulation, d. h. auf der gegenseitigen Kreditierung der ökonomischen Agenten (Betriebe, Handel u. ä.), in die sich die Bank über die Ablösung der individuellen Wechsel durch Bankwechsel einschaltet. Das Buchgeld jedoch stützt sich auf das Depositen- und Kreditgeschäft der Banken. Doch dieser Unterschied verschwindet in dem Maße, in dem die Geldware aus der Zirkulation verdrängt wird. Dann werden Depositen nicht mehr nur in der Geldware gebildet, sondern auch über Banknoteneinzahlungen.

Damit ist der Weg zur völligen Verdrängung der Geldware aus der inneren Zirkulation geöffnet.

Es ist klar, daß die Ökonomisierung des Goldgeldes durch Kreditgeld im Kapitalismus weder Selbstzweck noch ein bewußt vollzogener Akt war. Sie ist Resultat der Ausdehnung der Ausbeutungsverhältnisse und der Überwindung der Schranken, die das Privatkapital der Ausdehnung und Vertiefung der Ausbeutungsverhältnisse setzt. Der Kredit ermöglicht es der Kapitalistenklasse, den gesamten kapitalisierbaren gesellschaftlichen Reichtum in Kapital zu verwandeln und als Instrument zur Ausbeutung der Arbeiterklasse und aller Werktätigen einzusetzen. Diesem Ziel dient im Kapitalismus auch die Ökonomisierung des Goldes und sein Ersatz durch zirkulierende Kreditzeichen, d. h. Kreditgeld.

[29] Marx, K., Das Kapital, Bd. III, S. 555 (Fußnote).

[30] Auf die anderen Funktionen des Kredits im Sozialismus, insbesondere auf die Kontrollfunktion, gehe ich in dieser Arbeit nicht näher ein, obwohl ihre außerordentliche Bedeutung unbestritten ist.

Die kurze Darstellung der Art, wie sich das Kreditgeld durch Ökonomisierung des Goldgeldes im Kapitalismus herausbildete, war notwendig, um zu zeigen, daß im Sozialismus das Verhältnis von Kredit und Geld nicht mehr in der klassischen Form von Kredit und *Gold*geld, sondern in der Form von Kredit und *Kredit*geld erscheint. Die Ökonomisierung des Goldgeldes ist im Sozialismus hinsichtlich der inneren Zirkulation vollständig abgeschlossen. Die Finanzierung eines Teils der betrieblichen Fonds über den Kredit mit dem Ziel, den Prozeß der erweiterten sozialistischen Reproduktion im Interesse der Arbeiter und aller Werktätigen auf das höchstmögliche Niveau zu bringen, hat hier nicht mehr die Nebenwirkung, daß Goldgeld ökonomisiert wird, sondern daß es von vornherein durch zirkulierendeKreditzeichen ersetzt wird.

Da der sozialistische Bankkredit ein Geldkredit ist, bedeutet jede Kreditgewährung durch die Bank in der Form eigener zirkulationsfähiger Kreditzeichen einen Vorschuß von Geldmitteln in die Zirkulation, der Emissionscharakter trägt. Im Sozialismus, wo die Wechselzirkulation beseitigt ist, laufen in der Volkswirtschaft nur Kreditzeichen der Banken (Guthaben und Banknoten) um. Die ausgereichten Bankkredite sind deshalb gleich der Menge der zirkulierenden Kreditzeichen, d. h. Geld.

Wir haben gesehen, daß der Kredit im Sozialismus zwei Aufgaben zu erfüllen hat. Einmal dient er dazu, zwecks Bildung von Produktions- und Zirkulationsfonds einen Teil des gesellschaftlichen Gesamtprodukts auf die Betriebe, den Handel u. ä. zu verteilen. In dieser Funktion gehört er zu den Finanzen des sozialistischen Staates. Zum anderen ist der Kredit das Mittel, um das für die Zirkulation der Waren und für die Durchführung anderer Zahlungen notwendige Geld (Geldstellvertreter) in die Zirkulation zu bringen. Diese Funktion des Kredits schafft die Voraussetzung, um die erste Funktion erfüllen zu können. Die Emissionsfunktion des Kredits ist die Voraussetzung für das Auftreten des Kredits als sozialistische Finanzkategorie.

In diesem Zusammenhang taucht die Frage nach dem Wesen des Kreditgeldes im Sozialismus auf. Es geht um die Frage, ob die Kreditgewährung nur die Form ist, in der das zur Zirkulation der Waren notwendige Geld in Umlauf gebracht wird, oder ob das umlaufende Geld (Bar- und Buchgeld) selbst ein Kreditverhältnis zum Ausdruck bringt.

Ich zeigte oben, daß das Kreditgeld dadurch entsteht, daß Ansprüche auf Geld dazu benutzt werden können, Waren zu kaufen, indem diese Ansprüche auf Geld weitergegeben werden, d. h. zu zirkulieren beginnen. Das trifft sowohl auf den Wechsel, als auch auf die Banknote und die Bankguthaben zu. Kreditgeld sind also zirkulierende Kreditzeichen. Der Besitzer eines solchen Kreditzeichens ist Gläubiger desjenigen, der dieses Kreditzeichen ausgestellt hat. Zwischen dem Kreditgeldbesitzer und dem Kreditgeldbildner besteht demnach ein Gläubiger-Schuldner-Verhältnis. Der Inhalt dieses Gläubiger-Schuldner-Verhältnis hat im Laufe der Zeit eine gewisse Veränderung erfahren. (Ich betrachte im weiteren nur die zirkulierenden Kreditzeichen der Banken). Ursprünglich waren die Bankguthaben und Banknoten Ansprüche an die Bank auf Zahlung von wirklichem Geld (Geldware). Bei Umlauf von Staatspapiergeld mit Zwangskurs waren sie entsprechend Ansprüche auf dieses Staatspapiergeld. Für die Kunden der Banken bestand kein Zwang, die Banknoten anzunehmen, wohl aber für die Banken die Verpflichtung, sie gegen Goldgeld einzulösen, den Forderungen der Guthabenbesitzer auf Goldgeld nachzukommen und Verbindlichkeiten der Guthabenbesitzer gegen Dritte durch Verminderung der Guthaben entweder zu übernehmen oder zu begleichen.

Als mit der Herausbildung der Staatsbanken die Notenausgabe bei diesen Banken konzentriert wurde, trat in den Gläubiger-Schuldner-Verhältnissen zwischen den Banken und ihren Kunden eine gewisse Veränderung ein. Die Bankguthaben bei den Geschäftsbanken verwandelten sich in Ansprüche an diese Banken auf Goldgeld oder auf Staatsbanknoten. Die Besitzer von Staatsbanknoten hatten Ansprüche an die Staatsbank auf Zahlung von Goldgeld.

Während und nach dem I. Weltkrieg wurden in den meisten kapitalistischen Ländern die Staatsbanknoten mit Annahmezwang versehen und die freie Konvertierbarkeit der Banknoten gegen Gold eingestellt. Das hatte zur Folge, daß die Banknoten ihren Charakter als Ansprüche auf Goldgeld verloren. Der Hinweis auf diesen Noten, die Staatsbank verpflichte sich, bei Vorlage Gold zum Nominalwert der Note auszuzahlen, ändert nichts an dieser Tatsache. Die Banknoten verhielten (und verhalten) sich seit dieser Zeit in der Zirkulation wie Staatspapiergeld mit Zwangskurs, und sie sind den Gesetzen des Staatspapiergeldes mit Zwangskurs unterworfen.[31]

Einige Ökonomen ziehen hieraus den Schluß, daß die Banknoten unter diesen Bedingungen aufgehört haben, Banknoten, d. h. Kreditgeld, zu sein und sich in Staatspapiergeld mit Zwangskurs verwandelt hätten.

Diese Ökonomen übersehen m. E. eine wichtige Seite des Kreditgeldes, dessen eine Form die Banknote ist. Die Grundlage für das Kreditgeld ist die Funktion des Geldes als Zahlungsmittel im Unterschied zum Staatspapiergeld mit Zwangskurs, dessen Grundlage die Funktion des Geldes als Zirkulationsmittel ist. Um nachzuweisen, daß die Banknote zu Staatspapiergeld mit Zwangskurs geworden ist, muß gezeigt werden, daß sie ihre Basis geändert hat. Sie hat aber ihre Basis im Prinzip nicht geändert. Die Notenausgabe der kapitalistischen Staatsbanken beruht auf Forderungen der Staatsbank gegenüber dem kapitalistischen Staatshaushalt, gegenüber dem Ausland (Devisenbestände), gegenüber anderen Banken (eigene Guthaben), gegenüber Unternehmungen und auf eigenen Goldreserven (Weltgeld).

Die Banknoten beruhen somit auf dem Prinzip der Gleichheit von Forderungen und Verbindlichkeiten. Die Forderungen der Bank sind durch Verbindlichkeiten der Bank (Banknoten) abzudecken. Jeder, der Verbindlichkeiten gegenüber der Bank hat, kann diese nur durch Erwerb von „Forderungen" an die Bank (Banknoten) tilgen. Dadurch entsteht ein ständig vor sich gehender Ausgleich von Forderungen und Verbindlichkeiten, der, wie aus dem schon weiter oben angeführten Zitat von Marx[32] hervorgeht, absolut als Geld fungiert. Das trifft nicht nur auf die Banknoten der Staatsbank, sondern auch auf die Bankguthaben der Geschäftsbanken zu.

[31] Marx sagt im Band III des „Kapital", S. 569, daß inkonvertible Banknoten unter die Gesetze des inkonvertiblen Staatspapiergeldes fallen.

[32] Vgl. S. 274 dieser Arbeit.

Im Sozialismus erfolgt die Emission von Geld (Bankguthaben und Banknoten) ebenfalls auf der Grundlage der Forderungen, die die Bank gegenüber den Betrieben, Handelsorganisationen u. a. hat.[33] Die Betriebe sind verpflichtet, durch planmäßige Produktion und planmäßigen Absatz der Waren ihre Verbindlichkeiten gegenüber der Bank mit dem auf Grundlage und im Prozeß des Entstehens dieser Verbindlichkeiten emittierten Geld zu tilgen. Die Zirkulation des Geldes im Sozialismus beruht folglich auf dem gesellschaftlich organisierten Ausgleich von Forderungen und Verbindlichkeiten, in den sich die Bank als „allgemeiner Gläubiger und Borger", wie Marx es nennt, einschaltet. Hieraus resultieren der Kreditcharakter des Geldes im Sozialismus und auch die Summengleichheit von ausgegebenen Banknoten und gebildeten Bankguthaben. Die Banknoten und die Bankguthaben selbst sind aber keine Verpflichtungen der sozialistischen Banken mehr auf Zahlung von Geld, und sie haben den Charakter eines Anspruchs auf Geld verloren. Sie sind Repräsentanten des allgemeinen Tauschwerts, sind Geldstellvertreter und erfüllen alle die Funktionen des Geldes, in denen es in einer sichtbaren Gestalt erscheinen muß. Sie sind Kreditgeld, weil sie auf der Funktion des Geldes als Zahlungsmittel und dem mit dieser Funktion verbundenen Ausgleich der Zahlungen beruhen. Der Kredit ist hier nur die Form, in der das zur Zirkulation der Waren und zur Durchführung anderer Zahlungen notwendige Geld in Umlauf gebracht wird. Das Geld selbst bringt kein Kreditverhältnis mehr zum Ausdruck. Der Geldbesitzer ist im Sozialismus kein Gläubiger der Bank, sondern Besitzer des Repräsentanten des allgemeinen Tauschwerts. Bankguthaben und Banknoten sind als Repräsentanten des allgemeinen Tauschwerts gleichwertig, weil sie die gleiche Basis besitzen.

Die Forderungen, die an die Banknoten und Bankguthaben im Sozialismus gestellt werden, ergeben sich aus ihrem Charakter als Geld und nicht als Kreditzeichen. Sie haben allgemein anerkanntes Zirkulations- und Zahlungsmittel und Mittel der Geldakkumulation zu sein, d. h. sie müssen die allgemeine Fähigkeit besitzen, Waren zu zirkulieren, Preise zu realisieren, Schuldverhältnisse zu bilden und aufzulösen und als allgemeiner Repräsentant des gesellschaftlichen Reichtums aufzutreten. Es sind die gleichen Forderungen, die auch an das Papiergeld mit Zwangskurs gestellt werden. Daher unterliegen die Banknoten und Bankguthaben den gleichen Gesetzen, denen das Papiergeld mit Zwangskurs unterworfen ist. Sie unterscheiden sich von diesem nur durch die Form, in der sie in den Zahlungsverkehr eintreten, und aus der sich ihre besonderen Bewegungsweise ergibt. Die Bankguthaben bewegen sich innerhalb des Bankensystems und die Banknoten vollziehen einen Kreislauf von der Bank zur Bank. Das Staatspapiergeld mit Zwangskurs vollzieht keinen solchen Kreislauf.

[33] Die Tatsache, daß ein bedeutender Teil des in der DDR umlaufenden Bargeldes auf festen Forderungen an den Staatshaushalt beruht, resultiert aus der Form, in der die Währungsreform 1948 organisiert wurde. Sie hat aber auf das Wesen der Banknoten keinen Einfluß. Durch Änderung der Finanzierungsweise der volkseigenen Betriebe, die auf Grund der Existenz eines einheitlichen Finanzsystems ohne weiteres möglich wäre, könnten die festen Forderungen in sich ständig neu bildende und ständig sich auflösende Forderungen verwandelt werden. Es fragt sich nur, ob das zweckmäßig wäre.

Der Unterschied zwischen dem Papiergeld mit Zwangskurs und dem Kreditgeld besteht ferner darin, daß dem Kreditgeld Verbindlichkeiten in der Volkswirtschaft in Höhe des umlaufenden Geldes gegenüberstehen, deren durchschnittliche Laufzeit mit der Umschlagsgeschwindigkeit des auf ihrer Basis fungierenden Geldes (Geldstellvertreter) übereinstimmt. Dem Papiergeld mit Zwangskurs stehen solche Verbindlichkeiten nicht gegenüber. Das Staatspapiergeld mit Zwangskurs wird vom Staat direkt dazu benutzt, bestimmte Aufgaben zu finanzieren. Es entstehen hierbei keinerlei Kreditbeziehungen. Der Staat kauft äquivalentlos Waren oder zahlt mit Geld, das ihm praktisch nichts weiter als den Druck kostet. Dadurch befindet sich das Staatspapiergeld mit Zwangskurs, einmal in die Zirkulation gekommen, ständig in der Zirkulationssphäre. In jeder Periode kann der Staat ohne das Geldumlaufsgesetz zu verletzen, seine Einnahmen mit Hilfe der Geldemission um den Betrag erhöhen, der *zusätzlich* zur Zirkulation notwendig wird. Die Schwierigkeit besteht darin, zu ermitteln, wieviel Geld zusätzlich in einer Periode notwendig ist. Da sie eng mit dem Reproduktionsprozeß verknüpft ist, gibt die Geldemission in der Kreditform, eine bedeutend größere Gewähr dafür, daß sie den volkswirtschaftlichen Bedürfnissen entspricht. Sie ist elastischer und über die Kreditprinzipien kontrollierbar und regulierbar. Die Kreditform der Emission kann zwar nicht verhindern, daß das Geldvolumen über das volkswirtschaftlich notwendige Maß hinauswächst, doch die Vorteile der Geldemission in der Kreditform sind gegenüber dem Staatspapiergeld mit Zwangskurs so groß, daß ihr unbedingt der Vorzug gegeben werden muß. Hierbei muß vor allem auch die Rolle des Kredits als Mittel zur Beschleunigung der Umschlagsgeschwindigkeit der Fonds, als Kontroll- und Signalinstrument für den planmäßigen Verlauf des Reproduktionsprozesses und als Mittel zur Festigung der wirtschaftlichen Rechnungsführung beachtet werden. Ich verzichte darauf, die Auswirkungen einer Ersetzung des Kreditgeldes durch Staatspapiergeld mit Zwangskurs darzulegen, da in der Praxis eine solche Aufgabe überhaupt nicht besteht. Diese Ausführungen sollten nur zeigen, daß das im Sozialismus umlaufende Geld Kreditgeld ist, weil es in Verbindung mit der Kreditgewährung und der Bildung von Gläubiger-Schuldner-Verhältnissen besonderer Art zwischen der sozialistischen Staatsbank und der sozialistischen Volkswirtschaft in die Zirkulation gelangt. Daraus ergibt sich die Summengleichheit der von den sozialistischen Banken ausgereichten Kreditmenge mit der umlaufenden Geldmenge und die Abhängigkeit der Kreditmenge von der vom Geldumlaufsgesetz bestimmten Geldmenge.

Die These, daß der Kredit im Sozialismus zeitweilig freie Geldmittel umverteilt, hat ihre Wurzel nicht nur in der Frage, woher das Geld kommt, das über den Kredit der Volkswirtschaft zur Verfügung gestellt wird. Sie geht auch auf die Fragestellung zurück, wodurch der Kredit ein Mittel zur Fondsbildung der sozialistischen Betriebe und zur Verteilung materieller Werte werden kann, ohne die Realisierungsmöglichkeit der direkten Geldeinnahmen[34] zu gefährden.

[34] Unter direkten Geldeinnahmen verstehe ich die Geldeinnahmen, die aus dem Verkauf von Waren stammen, und die Geldeinnahmen, die aus der Verteilung und Umverteilung solcher Geldeinnahmen hervorgehen.

Das Naheliegendste ist, die Geldeinnahmen aus dem Kredit als Resultat der befristeten und rückzahlbaren *Umverteilung* von zeitweilig freien Geldmitteln zu kennzeichnen. Eine solche Bestimmung des sozialistischen Kredits hat mehreres für sich. Vor allem spricht für eine solche Kennzeichnung die klassische Form des Geldkredits, wie sie Marx im ersten und zweiten Band des „Kapitals" darstellt, und zum anderen verschließt sie das Tor für alle möglichen Spekulationen darüber, ob die Banken über ihren Kreditmechanismus Werte schaffen und in die Zirkulation bringen können.

Doch eine solche Kennzeichnung des Kredits kann, wie schon gezeigt, viele Erscheinungen der Kreditpraxis im Sozialismus nicht erklären, weil sie die Tatsache außer acht läßt, daß im Sozialismus in der inneren Zirkulation nur noch Geldstellvertreter zirkulieren. Sie kann nicht die Frage beantworten, woher das zusätzliche Geld kommt, das zur Bewegung einer gestiegenen Warenproduktion notwendig ist. Es gibt nicht mehr den Goldproduzenten oder den Goldimporteur, und das Gesetz verbietet es im Sozialismus, das Defizit des Staatshaushalts durch die Emission von Staatspapiergeld auszugleichen. Sie kann aber auch nicht die Frage beantworten, wo der Wert geblieben ist, der durch den Ersatz des Goldes durch Geldstellvertreter volkswirtschaftlich ökonomisiert wurde, wer der Nutznießer des ökonomisierten Werts ist. Dies sind Fragen, die Marx in Band III des „Kapitals" aufwirft und unter den Bedingungen des Nebeneinanderbestehens von Goldgeld und Banknotenzirkulation für den vormonopolistischen Kapitalismus klärt.[35]

Um die Frage zu beantworten, wie der Kredit zum Mittel der Wirtschaftsfinanzierung im Sozialismus werden kann, ist es notwendig, kurz auf das Papiergeld mit Zwangskurs einzugehen.

Ein wichtiges Kennzeichen des Staatspapiergeldes mit Zwangskurs ist es, Kraft der Autorität des Staates zirkulationsfähig zu sein, und seine Emission dient dazu, die Einnahmen des Staatshaushaltes zu erhöhen. Der Staat macht den Goldproduzenten überflüssig und ist durch seine Autorität in der Lage, den Wert, der durch die Ausschaltung des Goldproduzenten gesellschaftlich eingespart wird, äquivalentlos an sich zu ziehen (die Druckkosten des Papiergeldes können wir vernachlässigen). Dies geschieht dadurch, daß der Staat mit dem von ihm emittierten Geld, das ihn praktisch nichts kostet, Waren kauft, Dienste bezahlt oder sonstige Ausgaben finanziert. Bei Einhaltung der Erfordernisse des Geldumlaufgesetzes kann der Staat, ohne daß es zu inflationistischen Prozessen kommt, in jeder Periode seine Einnahmen durch Geldemission um soviel erhöhen, wie entsprechend der gestiegenen Warenproduktion zusätzlich Geld in der Zirkulationssphäre benötigt wird.

Obwohl alles in der Zirkulation befindliche Staatspapiergeld zur Finanzierung von Staatsaufwendungen dient, (auch die Anlage eines Goldreservefonds kann hierzu gehören), wirkt in jeder Periode nur die zusätzliche Emission von Geld einkommensbildend für den Staatshaushalt. Einmal in der Zirkulation, fungiert es als allgemeines Äquivalent und ist nur gegen wirkliche Werte (Waren) oder durch Umverteilung erhältlich. Da außer dem Staat niemand das Papiergeld anders erhalten kann als

[35] Vgl. Marx, K., Das Kapital. Bd. III, fünfter Abschnitt.

über den Verkauf von Waren und durch Dienstleistungen, erscheint das Staatspapiergeld, obwohl nur Repräsentant des allgemeinen Tauschwerts, als Träger von Wert. Nur weil die Geldbesitzer das Geld nicht nur als Anspruch auf Waren, sondern auch als vollwertiges Äquivalent für ihre geleistete Arbeit (Mittel der Preisrealisierung) ansehen, ist es möglich, Goldgeld vollständig durch Papiergeld aus der inneren Zirkulation zu verdrängen.

Diese Wirkung der Geldemission ist im Prinzip auch bei der Emission von Kreditgeld zu beobachten. Sie ist nur verschleiert und der Nutznießer der Emission ist nicht so eindeutig.

Wenn sich die Kapitalistenklasse im Wechsel das für ihre größeren Geschäfte notwendige Zirkulations- und Zahlungsmittel schafft, so ist sie als Ganzes der Nutznießer der Goldgeldökonomisierung. Wenn die kapitalistischen Banken Noten ausgeben, die nicht durch Gold in den Tresoren der Bank gedeckt sind, so ziehen sie den Nutzen aus der Emission. Während aber beim Staatspapiergeld mit Zwangskurs der Nutzen, den der Staat aus der Emission von Geld zieht, ganz offensichtlich ist — äquivalentloser Kauf von Waren —, ist er beim Kreditgeld schwerer zu entdecken. Durch die Wechselzirkulation und den Ausgleich der Forderungen und Verbindlichkeiten sind die Kapitalisten in der Lage, das Geldkapital, in dem ständig ein Teil des fungierenden Kapitals erscheinen muß, auf ein Mindestmaß zu reduzieren. Dies gestattet ihnen, den Anteil des produktiven und Warenkapitals am Gesamtkapital zu erhöhen. Der Prozeß der Ausbeutung der Arbeiterklasse wird auf eine höhere Stufe gehoben, weil weniger Wert in der unproduktiven Geldform verharrt. Je höher der Anteil des einzelnen Kapitalisten am Gesamtkapital der Kapitalistenklasse, desto höher sein Nutzen an der Einsparung des Goldgeldes durch die Benutzung von Kreditinstrumenten der Zirkulation.

Die Banken im Kapitalismus nutzen ihre Stellung als zentrale Kreditinstitute und Stätten der Emission von zirkulierenden Kreditzeichen (Banknoten, Bankkonten) aus, um Profit zu machen.

Marx sagt hierzu:

> „Die Tatsache bleibt, daß er (der Bankier — W. S.) den Profit zieht aus dieser nationalen Ersparung von Hartgeld."[36]

Wie die Banken diesen Profit erzielen, geht aus folgender Bemerkung von Marx hervor:

> „Soweit die Bank Noten ausgibt, die nicht durch den Metallschatz in ihren Gewölben gedeckt sind, kreïert sie Wertzeichen, die nicht nur Umlaufmittel, sondern auch zusätzliches — wenn auch fiktives — Kapital für sie bilden zum Nominalbetrag dieser ungedeckten Noten. Und dies Zusatzkapital wirft ihr einen zusätzlichen Profit ab . . . Dasselbe gilt natürlich auch für die Noten ausgebenden Privatbanken."[37]

Wir sehen also, daß die kapitalistischen Banken durch ihre „nationale Ersparung von Hartgeld" nicht nur Zirkulationsmittel (zirkulierende Kreditzeichen) schaffen, sondern der Kapitalistenklasse über den Kredit zusätzliche Werte (zum Nominal-

[36] Marx, K., Das Kapital, Bd. III, S. 589.
[37] Ebenda, S. 588.

betrag der ungedeckten Noten) als Kapital bereitstellen. Diese zusätzlichen Werte fungieren nur bei den fungierenden Kapitalisten als wirkliches Kapital, für die Bank wird es zum fiktiven Kapital. Da die Verwertung dieser „zusätzlichen Werte", besser eingesparten Werte, einen höheren Profit bringt, als an Zinsen an die Bank fließt, hat natürlich die gesamte Kapitalistenklasse Nutzen von dieser Einsparung.

Die Feststellung von Marx, daß der Kredit seinen Einfluß auf die Beschleunigung und Erweiterung des Reproduktionsprozesses unter anderem dadurch erlangt, daß er Goldgeld aus der Zirkulation verdrängt und den damit eingesparten Wert des Goldes der produktiven Konsumtion zuführt, hat auch für den Sozialismus Gültigkeit wenn auch der Inhalt und der Zweck dieser Goldgeldeinsparung im Sozialismus völlig entgegengesetzt sind. Der Nutznießer aus der Kreditfinanzierung der Volkswirtschaft ist die gesamte sozialistische Gesellschaft, und der eingesparte Goldwert wird nicht zu Kapital sondern zu einem Bestandteil der Fonds, die die sozialistische Gesellschaft zur Produktion und Zirkulation der für die höchstmögliche Befriedigung der Bedürfnisse aller Mitglieder der sozialistischen Gesellschaft notwendigen materiellen Güter einsetzt.

Die Kreditgewährung greift folglich in die Verteilung des gesellschaftlichen Gesamtprodukts ein. Der Verteilung des gesellschaftlichen Gesamtprodukts muß aber die Verteilung und Umverteilung und damit die Bildung entsprechender Geldfonds vorausgehen. Wenn aber der Kredit keine bestehenden Geldeinnahmen umverteilt, woher kommen dann die Geldmittel, die über den Kredit der Volkswirtschaft bereitgestellt werden? Die Antwort kann nur sein: der Kredit wirkt selbst Geldeinkommensbildend.[38] Durch die Emission von Geld über den Kredit werden Geldeinkommen gebildet, die in den Verteilungsprozeß des gesellschaftlichen Gesamtprodukts eingreifen. Diese Wirkung des Bankkredits ergibt sich einfach aus seinem Emissionscharakter. Wir haben hier eine ähnliche Erscheinung vor uns, wie sie uns bei der Betrachtung des Staatspapiergeldes mit Zwangskurs begegnet ist. Das Besondere der Kreditform der Geldemission ist, daß sie ständig mit der Kreditgewährung neu erfolgt und bei der Kredittilgung aufgehoben wird. Es werden daher laufend über den Kredit Geldeinnahmen gebildet und durch Kreditrückzahlung aufgelöst, so daß ständig ein bestimmter Teil (in Höhe des vorhandenen Kreditvolumens resp. in Höhe des umlaufenden Geldes) der im Reproduktionsprozeß befindlichen Fonds auf der Basis des Kredits der Volkswirtschaft bereitgestellt wird. Es bildet sich daher ein sich ständig reproduzierender Kredit- oder Darlehensfonds, der als ständig existierende Finanzierungsquelle dem sozialistischen Staat zur Verfügung steht, woraus sich auch der Charakter des sozialistischen Bankkredits als einer sozialistischen Finanzkategorie ergibt. Als zusätzliche Finanzierungsquelle (über die schon bestehenden hinaus) wirkt in einer Periode nur die Erweiterung des Kreditvolumens. Man darf daher nicht das gesamte Kreditvolumen als zusätzliche Finanzierungsquelle ansprechen, sondern nur die Zunahme des Kreditvolumens.

Deshalb erscheint auch in der staatlichen Finanzbilanz der DDR „das Kredit-

[38] Einkommensbildung darf nicht mit Wertbildung verwechselt werden.

system . . . nur mit dem *Zuwachs* der Kreditquellen und Kreditausreichungen in dem jeweiligen Jahre" (Hervorhebung – W. S.).[39]

S. Steinschläger hat aus diesem Grunde m. E. völlig recht, wenn er meint, daß im Sozialismus über den Kredit nicht zeitweilig freie Geldmittel umverteilt werden, sondern daß eine ständige Verteilung des staatlichen Darlehensfonds entsprechend den Reproduktionsbedingungen stattfindet. Er schreibt:

„. . . der Bankkredit verwirklicht die Bewegung des gesamtstaatlichen Darlehensfonds . . .", und erläutert in einer Fußnote: „Der Darlehensfonds gehört dem Staat und ist sein Eigentum. Der direkte Bankkredit dient der planmäßigen Bewegung des Darlehensfonds von der Bank zu den Wirtschaftsorganen und dem Rückfluß dieser Mittel, nicht aber der Bewegung der zeitweilig freien Mittel."[40]

Leider zeigt Steinschläger nicht die Basis, aus der dieser Darlehensfonds erwächst und kann deshalb auch nicht erklären, wie und wodurch er mit der Zunahme der Produktion wächst.

Doch allein schon die Feststellung, daß das Kreditvolumen ein fester Bestandteil der staatlichen Mittel (Finanzen) im Sozialismus ist und in seiner Bewegung (nicht aber in seiner Entwicklung) unabhängig von den Passivgeschäften der Bank ist, bedeutet einen wesentlichen Schritt vorwärts in der marxistischen Erklärung des ökonomischen Wesens des Kredits im Sozialismus.

Der Bankkredit im Sozialismus ist also ein Mittel, um einen Teil des im Reproduktionsprozeß befindlichen und sich ständig reproduzierenden Werts planmäßig zu bewegen, die Schwankungen im Mittelbedarf der Betriebe auszugleichen, das für die Zirkulation der Waren, für Zahlungen und für Akkumulation von Geld (Reservefondsbildung an Zirkulations- und Zahlungsmittel) erforderliche Geld in Umlauf zu bringen und in Höhe des zusätzlich zu emittierenden Geldes als zusätzliche Finanzierungsquelle des sozialistischen Staates zu dienen.

Da im Sozialismus neben dem Kreditgeld in Gestalt der Guthaben und Banknoten keine andere Geldform umläuft und jede Kreditgewährung durch die Bank die Nebenwirkung hat, daß in gleicher Höhe zirkulierende Kreditzeichen in die Zirkulation gelangen, so ergibt sich, daß das volkswirtschaftlich notwendige Kreditvolumen über das volkswirtschaftlich notwendige Geldvolumen und damit indirekt über das Geldumlaufsgesetz bestimmt werden kann.

Die Feststellung, daß das Kreditvolumen im Sozialismus auch durch seinen Einfluß auf das über den Kredit in Umlauf gebrachte Geld bestimmt wird, zieht unmittelbar keine praktischen Konsequenzen nach sich. Sie soll nur darauf orientieren, bei der Planung der Kreditentwicklung auch die Geldseite, sowohl das Buch- als auch das Bargeld in Betracht zu ziehen, jetzt aber nicht mehr nur unter dem formalen Gesichtspunkt der Kreditquellen. Der Ausgangspunkt muß hierbei sein; wie wird sich die Entwicklung des Kreditvolumens und damit des Geldvolumens auf die

[39] Gemerski, G., Die volkswirtschaftliche Bilanzierung im Finanzsystem, in: „Deutsche Finanzwirtschaft", 1957, Heft 1. S. 3.

[40] Steinschläger. S. Der ökonomische Inhalt des direkten Bankkredits und einige Fragen seiner Entwicklung in der UdSSR, in: „Dengi i Kredit", 1960, Nr. 5, S. 16 (russ.).

Umlaufbedingungen des Geldes und die Realisierungsmöglichkeiten der Geldeinkommensempfänger auswirken, und welchen Einfluß hat sie auf den Prozeß der erweiterten sozialistischen Reproduktion und seine Bedingungen?

Es ist das Verdienst von Sitnin und Slavny und von Heinicke, die Unbrauchbarkeit der vor einigen Jahren allgemein und auch heute noch stark unter den marxistischen Ökonomen verbreiteten These, wonach der Kredit im Sozialismus zeitweilig freie Geldmittel umverteilt, für die sozialistische Kreditplanung aufgezeigt und als Kriterium für die Kreditpraxis die Erfordernisse des Reproduktionsprozesses herausgestellt zu haben. Da sie aber keine neue, den tatsächlichen Verhältnissen entsprechende Wechselbeziehung von Geld und Kredit entwickelten, entstand eine Lücke in der Kredittheorie, die im Interesse der Vervollkommnung der sozialistischen Kreditpraxis geschlossen werden muß. Wenn auch Heinicke, wie gezeigt, mit allem Nachdruck auf den inneren, notwendigen Zusammenhang von Kredit und Geld hinweist und ausdrücklich betont, daß die Kreditquellen keine passive Rolle spielen, so ist es ihm doch nicht gelungen, diesen inneren, notwendigen Zusammenhang so aufzuzeigen, daß er zu einer Grundlage für die Kreditplanung werden konnte (neben dem über die Kreditprinzipien planmäßig organisierten Kreditbedarf).

Zweifellos ist der Hinweis auf das Geldumlaufsgesetz als eines der Bestimmungsfaktoren für das volkswirtschaftlich notwendige und tragbare Kreditvolumen bei ausschließlicher Kreditgeldzirkulation nicht sofort für die Kreditplanung in vollem Maße ausnutzbar auf Grund der Schwierigkeit, das Geldumlaufsgesetz bei der Ermittlung der volkswirtschaftlich notwendigen Geldmenge, und zwar der gesamten Geldmenge, Buch- und Bargeld zusammengenommen, anzuwenden. Doch in dem Maße, in dem es gelingt, die Ausnutzung dieses Gesetzes bei der Wirtschaftspolitik des sozialistischen Staates zu vervollkommnen, in dem Maße kann es als Grundlage für die Planung des Kreditvolumens dienen. Hierbei muß jedoch beachtet werden, daß der Kredit, wie später zu sehen sein wird, je nachdem wie er gewährt wird, auf das volkswirtschaftlich notwendige Geldvolumen zurückwirkt.

Da in der Literatur marxistischer Ökonomen die Fragen des Kredits immer wieder in Beziehung zu den zeitweilig freien Geldmitteln gebracht werden, ist es notwendig, etwas näher auf diese Beziehung einzugehen.

Die Existenz zeitweilig freier Geldmittel, die laufende Freisetzung von Geldmitteln und das laufende Wiedereinströmen zeitweilig nicht im Zirkulationsprozeß fungierenden Geldes beim Kreislauf und Umschlag der Fonds und im Prozeß der Distribution und Zirkulation der Waren im Sozialismus braucht, da sie allgemein anerkannt ist, in dieser Arbeit nicht näher bewiesen zu werden. Bei der Freisetzung von Geldmitteln fungiert das Geld im Sozialismus in seiner Funktion als Mittel der Geldakkumulation, die ihrem allgemeinen Inhalt nach der Marxschen Schatzfunktion des Geldes entspricht.[41]

[41] Vgl. Batyrew, W., Der Geldumlauf in der UdSSR, S. 44. Ich verweise auch auf meine Dissertation: Das Wesen der Funktion des Geldes als Mittel der Geldakkumulation und seine Rolle im Prozeß der erweiterten sozialistischen Reproduktion.

Die Tatsache, daß an den verschiedensten Punkten der Volkswirtschaft Geldakkumulationsprozesse (Freisetzungen von Geldmitteln) stattfinden, hat sowohl auf die Zirkulationsbedingungen des Geldes als auch auf die Zirkulationsbedingungen der Waren einen bestimmten Einfluß. Diese Bedingungen kommen im Marxschen Geldumlaufsgesetz zum Ausdruck, das die volkswirtschaftlich notwendige Geldmenge als den Quotienten der Preissumme der Waren zur durchschnittlichen Umlaufsgeschwindigkeit eines Geldstückes bestimmt.

Die Problematik der Durchschnittsgeschwindigkeit des Geldumlaufs besteht darin, daß ihre Höhe in entscheidendem Maße von außerhalb der im Geldumlaufsgesetz erscheinenden Faktoren abhängt. Die volkswirtschaftlich notwendige Umlaufsgeschwindigkeit des Geldes wird von solchen Faktoren beeinflußt, die Geldakkumulationsprozesse notwendig machen, d. h. zu einem zeitweiligen Freisetzen von Geldmitteln führen. Es ist deshalb m. E. völlig richtig, wenn G. Koslow[42] und sich auf ihn berufend W. Batyrew[43] bei der Ermittlung der volkswirtschaftlich notwendigen Bargeldmenge von den wesentlichen Geldakkumulationsprozessen des Bargeldes ausgehen. Leider beschränken sie sich nur auf das Bargeld, berücksichtigen nicht den Buchgeldumlauf und orientieren nur auf die Geldbestände, nicht aber auf die Ursachen (Faktoren), die die Höhe dieser Geldbestände beeinflussen.

Doch es genügt m. E. nicht, nur festzustellen, daß der Kreislauf und Umschlag der betrieblichen Fonds, der Verteilungs- und Umverteilungsprozeß des zentralisierten Reineinkommens durch den Staatshaushalt, die Art der Bildung und Verwendung der Geldeinnahmen der Bevölkerung u. a. zu Geldakkumulationsprozessen (zu zeitweiligem Freisetzen von Geld) führt. Das ist empirisch leicht nachzuweisen. Was die Planungsorgane des sozialistischen Staates interessiert, ist nicht, wieviel Geld umläuft und umlaufen wird, sondern wieviel Geld umlaufen muß und umlaufen darf, damit dem Gesetz der planmäßigen, proportionalen Entwicklung voll entsprochen werden kann.

Im ersten Teil der Arbeit entwickelten wir die These, daß der Bankkredit im Sozialismus kein Mittel zur Umverteilung zeitweilig freier Geldmittel, sondern ein Instrument zur Versorgung der Volkswirtschaft mit Geld (Geldstellvertretern) ist, und daß der sozialistische Staat beim Einsatz des Kredits zur Finanzierung und Bildung von Produktions- und Zirkulationsfonds die Wirkung der Kreditgewährung durch die sozialistischen Banken auf den Geldumlauf unbedingt beachten muß.

Ausgehend von dieser Tatsache muß der Bankkredit direkt proportional, mehr noch, im gleichen Umfang wie die Geldmenge zunehmen, und da die Geldmenge wesentlich von den Geldakkumulationsprozessen abhängt, muß auch das Kreditvolumen wesentlich von den Geldakkumulationsprozessen bestimmt sein. So ist es auch in der Tat. Das Kreditvolumen ist somit im Sozialismus nicht unabhängig von den zeitweilig freien Geldmitteln. Es existiert sogar eine direkte Beziehung zwischen beiden Größen. Sie ist nur anders, als sie bisher dargestellt wurde. Die Beziehung lautet:

[42] Koslow, G., Das Sowjetgeld, Moskau 1939 und in „Voprossy ekonomiki", 1957, Heft 2, S. 34–49.

[43] Batyrew, W., a. a. O., S. 274 ff.

Da die Umlaufsgeschwindigkeit des Geldes und damit auch die zur Zirkulation einer bestimmten Warenmenge notwendige Geldmenge wesentlich durch die relative Höhe der Geldakkumulationsprozesse (im Verhältnis zur Warenmenge) beeinflußt wird, beeinflußt auch die relative Höhe der Geldakkumulationsprozesse die Kreditmenge, die zur Finanzierung von Produktions- und Zirkulationsfonds notwendig ist.

Hieraus können folgende wichtige Einzelbeziehungen abgeleitet werden:

a) Bei einer gegebenen Preissumme der Waren, d. h. bei gegebenem Stand der Warenproduktion und -zirkulation, ist die notwendige Kreditmenge um so größer, je höher die Geldakkumulationsprozesse sind.
b) Es gilt aber auch die Umkehrung: Je größer die Kreditmenge bei gegebenem Stand der Warenproduktion und -zirkulation, desto höher die Geldakkumulationsprozesse, desto niedriger die Umlaufsgeschwindigkeit des Geldes und desto größer das Geldvolumen.

Man kann diese Beziehungen auch dynamisch darstellen:

a) Je höher das Tempo der Geldakkumulationsprozesse im Verhältnis zur Entwicklung der Warenproduktion und -zirkulation, desto mehr vergrößert sich der Anteil des Kredits an der Finanzierung der Produktions- und Zirkulationsfonds.
b) Die Umkehrung: je schneller der Anteil des Kredits an der Finanzierung der Produktions- und Zirkulationsfonds wächst, desto höher ist das Wachstumstempo der Geldakkumulationsprozesse im Verhältnis zur Warenproduktion und -zirkulation;
c) Entwickeln sich die Geldakkumulationsprozesse (resp. das Kreditvolumen) im gleichen Maße wie die Warenproduktion und -zirkulation, so bleibt die Umlaufsgeschwindigkeit des gestiegenen Geldvolumens gleich, und das Kreditvolumen (resp. die Geldakkumulationsprozesse) entwickelt sich entsprechend der Warenproduktion und -zirkulation.
d) Die Geldakkumulationsprozesse und das Kreditvolumen können auch langsamer steigen als die Warenproduktion und -zirkulation. Es muß dann aber eine Erhöhung der Umlaufsgeschwindigkeit des Geldes eintreten, sonst wird die Warenzirkulation durch Geldmangel gebremst.

Keine der aufgezeigten Beziehungen kann für sich in Anspruch nehmen, daß sie diejenige sei, die den volkswirtschaftlichen Bedürfnissen von vornherein entspricht. Die dritte (c) gibt zwar, da hier das Geldvolumen und die Warenproduktion und -zirkulation direkt proportional zunehmen, die größte Gewähr, daß sie richtig ist, daß sie den ökonomischen Erfordernissen Rechnung trägt. Sie berücksichtigt aber nicht die Tatsache, daß sich die Geldakkumulationsprozesse mit der Entwicklung der Warenproduktion, den Geldeinnahmen der Bevölkerung, der Konsumtionsverlagerung u. a. nicht unbedingt im gleichen Tempo entwickeln müssen wie die Warenproduktion. Dadurch kann eine zunehmende Warenproduktion sowohl eine relative Verminderung (Erhöhung der Umlaufsgeschwindigkeit des Geldes) als auch eine Vergrößerung des umlaufenden Geldes (Verlangsamung der Geschwindigkeit des Geldumlaufs) erforderlich machen. Eine solche Situation tritt z. B. ein, wenn in einer bestimmten Reproduktionsperiode auf Grund bestimmter natürlicher, ökonomischer und politischer Bedingungen (Naturkatastrophen, Nichterfüllung der Produktionspläne, Notwendigkeit einer kurzfristigen Forcierung des Investitionstempos u. ä.) der Geldumlauf über das notwendige Maß hinaus ausgedehnt wurde. In diesem Falle wird es notwendig sein, diesen überhöhten Geldumlauf in den nächsten Reproduktionsperioden durch schnellere Zunahme der Warenproduktion im Verhältnis zur Zunahme des Geldvolumens (und damit auch des Kreditvolumens) auf das volkswirtschaftlich notwendige Niveau zu bringen. Sonst könnten Erscheinungen eintreten, die die Stabilität der Währung beeinträchtigen und Unplanmäßigkeiten im Reproduktionsprozeß hervorrufen. Eine direkte Proportionalität in der Entwicklung von Waren- und Geldvolumen wäre in diesem Falle ökonomisch nicht gerechtfertigt.

Eine umgekehrte Entwicklung müßte das Geldvolumen erfahren, wenn z. B. durch die Zunahme der Geldeinnahmen und der stärkeren Verlagerung der Kaufbedürfnisse der Bevölkerung die Spartätigkeit schneller zunimmt, als die Geldeinnahmen sich vergrößern. Unter diesen Bedingungen, vorausgesetzt es gibt in anderen Bereichen der Volkswirtschaft keine entgegengesetzten Entwicklungstendenzen, die diesen Prozeß kompensieren, muß das Geldvolumen schneller steigen als die Warenproduktion.

Das letzte Beispiel zeigt, daß die *erste* Beziehung (a) durchaus richtig sein kann. Nicht jede Verminderung der Umlaufsgeschwindigkeit zeigt eine unproportionale Entwicklung zwischen Geldumlauf und Warenvolumen an.

Aber auch die *zweite* Beziehung (b), die bewußte Erhöhung des Kreditvolumens zwecks Erhöhung der Finanzierungsquellen der Volkswirtschaft, mit dem Ergebnis, daß die Geldakkumulationsprozesse in der Volkswirtschaft zunehmen, kann richtig und notwendig sein. Einmal schon allein dadurch, daß sie den praktischen Verlauf (Reihenfolge) der mit der Ausdehnung der Warenproduktion notwendigen Geldumlauferhöhung widerspiegelt.

Der Kredit läuft bei der Kreditgeldzirkulation, wie wir sie im Sozialismus vor uns haben, vor der Geldzirkulation. Über den Kredit (Bankkredit) wird das zur Distribution und Zirkulation und für die Geldakkumulation notwendige Geld in die Zirkulation gebracht (b) ist die Voraussetzung und der Ausgangspunkt für a) aber auch für c) und d)). Die relative Zunahme der Geldakkumulation in der Volkswirtschaft ist nur dann problematisch, wenn sie Ergebnis einer ungenügenden Warendecke ist, d.h. wenn die zum Kauf drängende Kaufkraft größer ist als das dieser Kaufkraft entsprechende Warenvolumen. Eine solche Überhöhung des Geldvolumens — als Folge einer zu schnellen Ausdehnung des Kreditvolumens — kann, wie schon gezeigt, zeitweilig notwendig sein. Sie muß aber nach einer bestimmten Zeit durch langsameres Steigen des Kreditvolumens gegenüber der Erhöhung der Warenproduktion und -zirkulation (d) wieder abgebaut werden.

Durch die Existenz des einheitlichen sozialistischen Finanzsystems besteht im Sozialismus die Möglichkeit, die einzelnen Finanzkategorien, je nachdem welcher Zweck erreicht werden soll, bis zu einem gewissen Grade gegenseitig auszutauschen. So ist es ohne weiteres möglich, durch bewußte Erhöhung der Einlagen des Staatshaushaltes bei der Bank den Anteil des Kredits an der Finanzierung der Produktion und Zirkulation zu erhöhen. Das Geldvolumen steigt zwar damit, doch durch bewußt und planmäßig vollzogene Geldakkumulation des Staatshaushaltes. Der gleiche Effekt kann auch durch die Erhöhung der Reservefonds bei den Banken erreicht werden. In welcher Form die planmäßige Erhöhung der Geldakkumulationsprozesse stattfindet, um den Umfang der Kreditfinanzierung zu erhöhen, ist, solange sie innerhalb des einheitlichen sozialistischen Finanzsystems erfolgt und planmäßig organisiert wird, von untergeordneter Bedeutung. Obwohl sich dadurch die Geldmenge vergrößert und die Umlaufsgeschwindigkeit des Geldes verlangsamt wird, kann hieraus keinesfalls eine negative Entwicklungstendenz abgeleitet werden. Genauso ist es möglich, durch den stärkeren Einsatz der Geldreservefonds des Staatshaushaltes, die Beschleunigung der Durchlaufsgeschwindigkeit der Geldmittel durch die Konten des Staatshaushaltes bei der Bank, eine stärkere zentralisierte Umverteilung von im Kreislauf und Umschlag der Fonds der Betriebe befindlichen Geldmitteln (z. B. der Amortisationen) u. a. die Geldakkumulationsprozesse mit dem Ergebnis zu vermindern, daß die notwendige Geldmenge und damit das Kreditvolumen verringert werden müssen.

Es gibt also kein starres Schema, das als absolute Richtschnur für die Ausdehnung des Geld- und damit auch des Kreditvolumens dienen kann. Die Entwicklung der Warenproduktion und -zirkulation sind zwar die Grundlage für die Geldzirkulation und ihre Entwicklung, und sie ist die entscheidende Bedingung für die Entwicklung der Geldzirkulation. Sie ist aber nicht die einzige. Ohne Berücksichtigung der anderen Bedingungen, die ihren Niederschlag und ihren Ausdruck in der Umlaufsgeschwindigkeit des Geldes finden, kann die Entwicklung der Geldmenge nicht planmäßig, den Erfordernissen des Prozesses der erweiterten sozialistischen Reproduktion entsprechend gestaltet werden.

Als Schlußfolgerung aus dem oben Entwickelten ergibt sich, daß das Kreditvolumen nicht deshalb mit der Zunahme der zeitweilig freien Geldmittel (Geldakkumulation) wächst, weil sie umverteilt werden müssen, sondern weil ihre Zunahme — bei gleichbleibenden Zirkulationsbedingungen — zusätzliches Geld erforderlich macht.

Bisher habe ich das Kreditvolumen als Folge des notwendigen Geldvolumens betrachtet. Je höher das notwendige Geldvolumen, desto höher die notwendige Kreditmenge. Es steht aber auch die Frage, ob der Bankkredit bei Kreditgeldzirkulation nicht auch Einfluß auf die notwendige Geldmenge besitzt.

Diese Frage muß, um es vorweg zu sagen, bejahend beantwortet werden. Der Bankkredit ist bis zu einem bestimmten Grade in der Lage, das notwendige Geldvolumen zu vermindern. Auf den ersten Blick scheint diese Feststellung dem bisher Entwickelten zu widersprechen. Wie soll der Bankkredit, dessen Volumen durch die zur Zirkulation notwendige Geldmenge bestimmt wird, und der bei ausschließlicher Kreditgeldzirkulation mit ihr summengleich ist, Einfluß auf das notwendige Geldvolumen haben?

Dieser scheinbare Widerspruch entsteht dadurch, daß im Blickfeld unserer Betrachtungen bis jetzt vorwiegend der Emissionscharakter des Kredits stand. Der

Kredit ist aber wesentlich ein Mittel zur Finanzierung der betrieblichen Fonds. Er dient dem sozialistischen Staat dazu, einen Teil des für die Produktion und Zirkulation bestimmten Werts den Betrieben, dem Handel u. a. bereitzustellen. Als Finanzierungsmittel beeinflußt der Kredit in einem gewissen Grade die Form, in der sich der Kreislauf und Umschlag der Fonds vollzieht. Bekanntlich setzen sich die Fonds der sozialistischen Betriebe aus produktiven Fonds, Warenfonds und Geldfonds zusammen, durch die der im Reproduktionsprozeß befindliche Wert im Kreislauf der Fonds bewegt und die zu Ausdrucksformen dieses Werts werden.

Die Zeit, während der der Wert in einer Kreislaufform verharrt, hängt von der spezifischen Natur dieser Fonds ab: als Produktionsfonds fungiert der Wert während der gesamten Produktionsperiode, als Warenfonds von der Fertigstellung des Produkts bis zum Verkauf und als Geldfonds von der Zeit des Verkaufs der Ware und des Eingangs des Gelderlöses bis zur Wiederverwendung des Geldes entweder zum Kauf neuer Produktionsmittel oder zur Lohnzahlung.

Auf die Faktoren, die die Produktionszeit und die Lagerungsperioden der Waren bestimmen, kann ich in diesem Rahmen nicht näher eingehen, auch nicht auf den Einfluß des Kredits auf diese Perioden. Von Bedeutung für das vorliegende Thema ist die Zeitspanne, während der das Geld vom Zeitpunkt des Eingangs bis zu seiner Wiederverwendung ruht. Das zeitweilige Ruhen von Geld im Kreislauf der Fonds ist Ausdruck für das Fungieren des Geldes in seiner Funktion als Mittel der Geldakkumulation. Das Geld ist daher im Kreislauf der Fonds nicht nur Zirkulations- und Zahlungsmittel, sondern auch Mittel der Geldakkumulation.[44] In dieser Funktion bestimmt es wesentlich die volkswirtschaftlich notwendige Geldmenge. Je höher die notwendige Geldakkumulation, desto höher das notwendige Geldvolumen.

Im Band II des „Kapitals“ behandelt Marx die Notwendigkeit und die Rolle der Geldakkumulation im Reproduktionsprozeß. Dabei arbeitet er heraus, daß die Geldakkumulation ein wichtiges Mittel dafür ist, den Reproduktionsprozeß flüssig zu gestalten. Die Warenproduktion schließt den Widerspruch ein, daß ihre Kontinuität die Tendenz hat, durch die Warenzirkulation unterbrochen zu werden. Der Produktionsprozeß erfordert aber die Kontinuität. Dieser Widerspruch wird auf Betriebsebene z. T. dadurch gelöst, daß die Produktion der Zirkulation angepaßt wird (die Auslieferungstermine der Waren werden so gestaltet, daß die Perioden des Geldeingangs mit den Perioden der Geldverwendung weitgehend übereinstimmen), und, da dies nur in einem bestimmten Umfang und in den einzelnen Produktionszweigen sehr unterschiedlich möglich ist, daß in mehr oder minder großem Umfang Geld akkumuliert (aufgespeichert) wird. Die Geldakkumulation ist also ein wesentliches Element, um die Kontinuität des Produktionsprozesses zu gewährleisten, und ihre Höhe hängt von den Produktions- und Zirkulationsbedingungen und dem Wechselverhältnis von Produktions- und Zirkulationszeit ab.

Durch das Eintreten des Kredits in den Kreislauf der Fonds entsteht nun eine neue Situation. Der Kredit macht die Betriebe vom Zeitpunkt des Eingangs der

[44] Geldakkumulation im Sinne eines einfachen zeitweiligen Ansammelns von Geldmitteln.

Gelderlöse weitgehend unabhängig. Die Gelderlöse dienen zum großen Teil dazu, die empfangenen Kredite zurückzuzahlen. Dadurch wird einmal die Notwendigkeit einer hohen Geldakkumulation aufgehoben und zum anderen das Niederschlagen des Geldes in längerfristige zeitweilig freie Geldfonds beseitigt (die Kredittilgung erfolgt meist kurz nach dem Eingang der Gelderlöse). Eine Geldakkumulation in größerem Umfange findet dann meist nur noch bei der Akkumulation des gesellschaftlichen Reineinkommens (Gewinn, Produktionsabgabe) und z. T. bei der Bildung und Verwendung des Amortisationsfonds statt. Doch diese Geldakkumulationsprozesse sollen hier nicht weiter interessieren.

Wenden wir uns der Illustration des Einflusses, den der Bankkredit auf die Geldakkumulation ausübt, dem Kreislauf und Umschlag des Umlaufmittelfonds zu.

Nehmen wir einen Betrieb mit durchschnittlich 30 Richttagen und dekadenweisem Absatz. Der Kauf des Einsatzmaterials erfolgt täglich in gleicher Höhe (Lohnzahlungen und Gewinn lasse ich außer Betracht). Dieser Betrieb wird im Höchstfalle ein Drittel seiner Umlaufmittel in Geldform besitzen, im Durchschnitt ein Sechstel und als Minimum Null.

Erhält der Betrieb nun ein Drittel seiner Umlaufmittel in Form von Krediten, so wird dieser Betrieb keine Prozesse der Geldakkumulation haben. Mit anderen Worten, wenn die Betriebe keine nennenswerten Prozesse der Geldakkumulation beim Umschlag der Umlaufsfonds haben sollen, dürfen sie *eigene* Umlaufmittel nur in Höhe des Mindestbestandes an Einsatzmaterial, unvollendeter Produktion und Fertigerzeugnissen haben. Der andere Teil der Umlaufmittel muß mittels Kredit finanziert werden. Das gilt als Regel.

Den höchten Anteil an Krediten zur Finanzierung der Umlaufmittel müssen Betriebe mit langfristiger Fertigung haben, wenn in ihnen nicht mehrere Produktionsprozesse nebeneinanderlaufen und daher keine gestaffelte Auslieferung der Erzeugnisse stattfindet, und Betriebe mit saisonaler Produktion oder saisonalem Absatz oder saisonaler Rohstoffbeschaffung. So müßten z. B. Müllereibetriebe mit eigener Lagerhaltung soviel an eigenen Umlaufsmitteln haben, wie sie kurz *vor* der Getreideernte besitzen. Während der Getreideernte brauchen sie dann bedeutende Kredite, um Getreide aufkaufen und speichern zu können. Im Laufe des Jahres würden diese Kredite dann aus den Absatzerlösen zurückgezahlt werden. Die Kredite wären kurz nach der Getreideernte am höchsten und würden sich bis kurz vor die nächste Ernte auf ein Minimum reduzieren. Ähnlich ist es in den Zuckerfabriken, wo aber die Saisonproduktion noch hinzukommt. Bei der Getreideerzeugung ist der Prozeß umgekehrt. Nach der Ernte wird der Herbststurz vollzogen und das Wintergetreide gesät. Im Winter werden die Maschinen in Ordnung gebracht, im Frühjahr beginnt dann die Aussaat des Sommergetreides, und dann setzen die Ernte und der Verkauf des Getreides an die Erfassungs- und Aufkauforgane ein. Während der ganzen Periode — von der Herbstfurche bis zur Ernte des Getreides wird Geld gebraucht: Treibstoffe, Ersatzteile, Saatgut, Düngemittel u. a. müssen beschafft und Löhne gezahlt werden. Gelderlöse aus Getreide gehen aber nur in einer relativ kurzen Periode ein. Um Geldakkumulationsprozesse zu verhindern, müssen hier während des ganzen Jahres laufend Kredite gezahlt werden, die dann zur Erntezeit und kurz darauf zurückgezahlt werden. Volkswirtschaftlich gesehen kompensieren sich in der Regel (unwesentliche Schwankungen einbegriffen) die gegenläufigen Prozesse der Kreditausreichung und Kredittilgung so, daß ständig eine bestimmte Menge an Krediten in der Volkswirtschaft existiert.

Da der sozialistische Staat einen Teil der Umlaufmittel der Betriebe über den Kredit finanziert und damit Geldakkumulationsprozesse beim Umschlag der Umlauffonds weitgehend reduziert, wird eine Erscheinung hervorgerufen, die unbedingt beachtet werden muß:

a) Bei voller Ausstattung der Betriebe mit eigenen Umlaufmitteln müßte der sozialistische Staat den Betrieben soviel Mittel zur Verfügung stellen, daß sie auch ihre aus dem Umschlag der Fonds resultierende Geldfondsbildung vollziehen können. Da das Geld aber nur einen bestimmten Wert repräsentiert, selbst jedoch keinen nennenswerten eigenen Wert hat, ergäbe sich hierbei eine Differenz zwischen dem wirklichen (reellen), als materieller Wert erscheinenden Wert der Umlaufmittel und dem *nominellen* Wert der Umlaufmittel, der auch die Geldfonds einschließt. Kreditgeldzirkulation vorausgesetzt, müßte der sozialistische Staat in Höhe der durch volle Eigenfinanzierung in erhöhtem Umfang sich vollziehenden Geldakkumulation andere Aufgaben und Objekte über Kredit finanzieren. Andernfalls wäre entweder kein Geld da, um die Geldakkumulation durchzuführen, oder aber bestimmte Waren könnten wegen Geldmangel nicht abgesetzt werden.

Wenn wir annehmen, daß der Minimalbestand und Maximalbestand der Betriebe an *reellen* Umlaufmitteln sich *volkswirtschaftlich* zu einem ständig existierenden Durchschnittsbestand ausgleichen wird (mit gewissen Schwankungen tut er es auch), so ergibt sich bei voller Eigenfinanzierung der Betriebe, daß die volkswirtschaftlich notwendige Geldakkumulation beim Umschlag der Umlaufmittel der Betriebe gleich ist der Differenz zwischen den nominell bereitgestellten Umlaufmitteln und dem Durchschnittsbestand an reellen Umlaufmitteln. Anders ausgedrückt, diese Geldakkumulation ist etwa gleich der Summe der Maximalbestände minus der Summe der Minimalbestände an Umlaufmitteln dividiert durch 2.

$$\text{Geldakkumulation} = \frac{\Sigma\,\text{Maximalbestand} - \Sigma\,\text{Minimalbestand}}{2}.$$

b) Würde nun der sozialistische Staat die Betriebe nur zum Durchschnittsbestand mit eigenen Umlaufmitteln ausstatten, so würden sich die Geldakkumulationsprozesse um die Hälfte vermindern. Es müßten jedoch in Höhe der Geldakkumulation Kredite zur Finanzierung der Umlaufmittel ausgereicht werden. Zur Finanzierung der Umlaufmittel ausgereichte Kredite und beim Umschlag der Umlaufmittel entstehende Geldakkumulationsprozesse würden sich somit decken. Hier könnte man bis zu einem gewissen Grade von einer Umverteilung zeitweilig freier Geldmittel sprechen. Der sozialistische Staat hätte durch diese Form der Finanzierung eigene Einnahmen in Höhe der Differenz zwischen Maximalbestand und Ø-Bestand eingespart, die er anderweitig verwenden könnte. Die eingesparten Einnahmen des Staates sind gleich der bei voller Eigenfinanzierung der Betriebe notwendigen Kreditfinanzierung des Staates (Staatshaushalt).

Ich möchte dies kurz an Hand von Zahlen veranschaulichen.

Angenommen:

Maximalbestand an UM.	=	1000
Minimalbestand an UM.	=	600
Ø-Bestand demzufolge	=	800

Bei voller Umlaufmittelausstattung wäre dann die durchschnittliche Geldakkumulation $= \frac{1000-600}{2} = 200$.

In Höhe dieser 200 Geldakkumulation müßte der Staat (Staatshaushalt) zur Finanzierung anderer Aufgaben Kredite aufnehmen. Bei einer eigenen Umlaufmittelausstattung in Höhe des Durchschnittsbestandes (800) müßte im Durchschnitt 100 Kredite ausgereicht werden. Geldakkumulationsprozesse finden ebenfalls im Durchschnitt nur in Höhe von 100 statt. Der Staat würde 200 an Mitteln ersparen, die er weiter verwenden könnte. Außerdem würde sich die volkswirtschaftlich notwendige Geldmenge um 100 vermindern, da die Geldakkumulationsprozesse um diesen Betrag zurückgingen.

c) Wenn aber die Umlaufmittel nur zum Minimalbestand aus Eigenmitteln finanziert werden und der übrige Teil über den Kredit, so spart der Staat zwar Mittel in Höhe der Differenz zwischen Minimalbestand und Maximalbestand ein, und es finden bei den Betrieben auch keine nennenswerten Geldakkumulationsprozesse statt. Der Staat (Staathaushalt) muß aber jetzt selbst Geld akkumulieren. In diesem Falle müßte die Differenz zwischen Minimalbestand und Ø-Bestand über den Kredit finanziert werden. Da diesem Kredit in der Umlaufmittelsphäre der Betriebe keine Geldakkumulationsprozesse gegenüberstehen, muß außerhalb der Umlaufsmittelsphäre ein entsprechendes Geldvolumen akkumuliert werden.

Um bei unseren Zahlen zu bleiben:

Der Staatshaushalt spart 1000 — 600 = 400 Einheiten Wert ein, muß aber 200 akkumulieren, um die Kreditfinanzierung zu ermöglichen und darf nur 200 seiner eingesparten Mittel verwenden. Wir sehen also, daß es möglich ist ,über den Kredit Geldakkumulationsprozesse absolut zu vermindern (siehe Fall b) — Finanzierung zum Durchschnittsbestand), oder aber auf Kosten einer Verlagerung von Geldakkumulationsprozessen aus einem Bereich in einen anderen in bestimmten Bereichen solche Prozesse auszuschalten.

Die Finanzierung der Umlaufmittel entsprechend Fall b) scheint die günstigste zu sein. Fall a) würde eine Kreditfinanzierung des Haushalts bedeuten und Fall c) zu hohen Geldbeständen des Haushalts bei der Bank führen. Doch so einfach ist die Sache nicht. Während eine Kreditfinanzierung des sozialistischen Staatshaushalts tatsächlich unzweckmäßig wäre, da sie seinem Wesen und seiner Bedeutung im einheitlichen Finanzsystem nicht entspräche, ist die Verlagerung von Geldakkumulationsprozessen aus bestimmten Sphären auf Kosten anderer Sphären mittels Kredit nicht von der Hand zu weisen.

Ich habe in den drei Fällen den Staatshaushalt den Betrieben gegenübergestellt. Dadurch erschienen die aus der Umlaufmittelsphäre in Fall c) verlagerten Geldakkumulationsprozesse als Erhöhung der Geldbestände des Staatshaushalts. Die Geldakkumulationsprozesse bei der Bevölkerung, beim Umschlag der Grundfonds, bei der Verteilung und Umverteilung des Nationaleinkommens u. a. sind hier völlig unberücksichtigt gelassen. Es ist richtig, daß die Finanzierung der Umlaufmittel mittels Kredit über den Durchschnittsbestand an Umlaufmitteln hinaus Geldakkumulationsprozesse in anderen Bereichen hervorruft und zur Voraussetzung hat. Man kann aber auch sagen, daß das Vorhandensein von Geldakkumulationsprozessen an den verschiedensten Punkten der Volkswirtschaft den Einsatz des Kredits als *zusätzliches* Finanzierungsmittel erforderlich macht. In welcher Höhe der Kredit zur Finanzierung der Umlaufmittel der Betriebe herangezogen werden kann, hängt von den mit Notwendigkeit sich vollziehenden Geldakkumulationsprozessen in der Volkswirtschaft ab, die die zur Zirkulation der Waren erforderliche Geldmenge bestimmt.

Im Rahmen des durch die volkswirtschaftlich notwendige Geldmenge bestimmten Kreditvolumens und unter Berücksichtigung der Wirkung des Kredits auf diese Geldmenge ist die Art der Verwendung des Kredits zur Finanzierung gesellschaftlicher Aufwendungen mehr oder weniger eine Zweckmäßigkeitsfrage.

Es ist ökonomisch völlig gleichgültig, ob ein Teil des Minimalbestandes an Umlaufmitteln mittels Kredit finanziert wird und der Staatshaushalt entsprechende Mittel von seinem Konto nicht in Anspruch nimmt[45], oder ob der Staatshaushalt die Finanzierung übernimmt und damit das Kreditvolumen reduziert. Die Entscheidung darüber, welche Finanzierungsform gewählt wird, muß von solchen Faktoren abhängig gemacht werden, wie etwa der Bankkontrolle, der Festigung der wirtschaftlichen Rechnungsführung u. ä. Es ist daher m. E. falsch, wenn versucht wird, von einem angeblichen Inhalt (Mittel zur Umverteilung zeitweilig freier Geldmittel) auf den Einsatz des Kredits zur Finanzierung von Produktions- und Zirkulationsfonds zu schließen.[46] Ein solcher Versuch würde die bewußte Ausnutzung des Kredits als ökonomischen Hebel zur planmäßigen und bedarfsgerechten Produktion und Zirkulation von Waren und zur höchstmöglichen Ausnutzung der vorhandenen Produktionsreserven künstlich einengen.

[45] Die Erhöhung des Anteils des Kredits an der Finanzierung der Produktions- und Zirkulationsfonds braucht nicht unbedingt zu einer Vergrößerung der Einlagen des Staatshaushaltes bei der Bank zu führen. Bedingung ist nur, daß dann anderweitig planmäßig entsprechende Geldakkumulationsfonds (Reservefonds an Geld u, ä) gebildet werden. So erhöht z. B. die Staatsbank der UdSSR nach dem neuen Statut in der nächsten Zeit ihren Reservefonds von 400 Mill. Rubel auf 1 Mrd. 500 Mill. Rubel mit der Begründung, daß in den letzten 10 Jahren der Umfang der Kreditgewährung der Staatsbank stark zugenommen hat und in der Perspektive weiter zunehmen wird. (Vgl. Wasnew, Kogan, Jakowlew, Das neue Statut der Staatsbank der UdSSR, in: „Dengi i Kredit", 1961, Heft 2, S. 24 (russ.).

[46] Vökler, G., Die volle Ausstattung eines Teils der Industriebetriebe mit eigenen Umlaufmittel, in: „Deutsche Finanzwirtschaft (Geld und Kredit/Versicherung)", 1957, Heft 3, S. 71.

Es konnten in diesem Artikel nur einige Fragen, die mit dem Wechselverhältnis von Kredit und Geldumlauf zusammenhängen, behandelt werden. Mir kam es darauf an, einige Gedanken zu äußern, die mithelfen sollen, tiefer in das Wesen des Kredits im Sozialismus einzudringen. Aus den Publikationen vor allem der letzten vier bis fünf Jahre wurde immer deutlicher, daß die bisherige Definition des Kredits als Mittel der Umverteilung zeitweilig freier Geldmittel viele Erscheinungen nicht erklären konnte und mit ihnen oft in Widerspruch geriet.

Die Kredittheorie des Sozialismus war hinter den Erfahrungen der sozialistischen Kreditpraxis zurückgeblieben. Dieses Zurückbleiben zu überwinden, wird Aufgabe der weiteren Erforschung des Kredits im Sozialismus sein, damit die Wissenschaft den Einfluß auf die Praxis gewinnt, der ihr im Sozialismus zukommt.

Johannes Behr

ZUR FINANZIERUNG DER ERWEITERTEN REPRODUKTION DER GRUNDMITTEL AUS AMORTISATIONEN IN DER SOZIALISTISCHEN INDUSTRIE DER DDR*

I. DIE BEGRÜNDUNG DES THEMAS

1. Die Bedeutung einer realen Bewertung der Grundmittel in der sozialistischen Industrie der DDR für die volkswirtschaftliche Gesamtrechnung. — Der Einfluß der Amortisationen auf die Ermittlung wichtiger Bestandteile des gesellschaftlichen Gesamtprodukts

Die Grundmittel der sozialistischen Industrie bilden einen wesentlichen Bestandteil des produktionswirksamen Volksvermögens der DDR. In nächster Zeit wird eine Neubewertung, d. h. generell Höherbewertung dieser Grundmittel durchgeführt werden müssen, über deren Notwendigkeit und Zweckmäßigkeit man sich in Fachkreisen weitgehend einig ist. Diese Neubewertung wird eine erhebliche Vergrößerung der Bruttowerte der aktivierten Grundmittel zur Folge haben.[1]

Handelt es sich hierbei um eine notwendige Wertkorrektur vorhandener Grundmittel, durch die das gegenwärtige Gewicht dieses Teils des Volksvermögens genauer zum Ausdruck gelangen und dessen finanzielle Reproduktion gewährleistet werden soll, so werden die im Verlauf des Siebenjahrplans in Industrie und Bauwirtschaft geplanten Investitionen den realen Bestand der Grundmittel und damit deren praktische Bedeutung als Teil des produktionswirksamen Volksvermögens und der Produktivkraft unserer Volkswirtschaft gewaltig steigern.

* Der folgende Beitrag wurde im wesentlichen einer vom Verfasser dem Hohen Senat der Hochschule für Ökonomie in Berlin im Oktober 1960 vorgelegten und Anfang April 1961 verteidigten Dissertationsschrift zum selben Thema entnommen. Um die Möglichkeiten und Grenzen, insbesondere aber das wirkliche Ausmaß einer teilweisen Finanzierung von Erweiterungsinvestitionen aus Amortisationen nicht schlechthin, sondern für die sozialistische Industrie der DDR ermitteln bzw. einschätzen zu können, war es erforderlich, die Untersuchungen über den Nachweis der allgemeingültigen ökonomischen Zusammenhänge hinaus auf die konkreten Reproduktionsbedingungen innerhalb der sozialistischen Industrie der DDR auszudehnen und die Beweisführung den gegebenen ökonomischen Voraussetzungen entsprechend zu detaillieren. Hierzu mußte umfangreiche Fachliteratur ausgewertet sowie zahlreiches statistisches und sonstiges empirisches Material verarbeitet werden. Der Versuch einer quantitativen Analyse des Untersuchungsgegenstandes machte überdies den Einsatz eines gewissen mathematischen Apparates unentbehrlich, der — soweit sich das als notwendig erwies — in einem mathematischen Anhang zusammengefaßt wurde. Für dessen Überprüfung ist der Verfasser Herrn Dr. rer. nat. W. Tutschke, Berlin, zu Dank verpflichtet.

Um dem Leser die Problematik näherzubringen und ihn über die wesentlichen Resultate der Analyse zu unterrichten, erscheint es dem Verfasser jedoch vertretbar, unter Wahrung des allgemeinen Beweisganges auf die lückenlose Mitteilung der erwähnten Detailuntersuchungen, Literaturquellen und empirischen Daten in diesem Beitrag zu verzichten.

[1] Aus Protokollen des Arbeitskreises „Neubewertung/Amortisationen" beim MdF. Stichprobenartige Schätzungen führen zu einem Verhältnis von etwa 1,8 : 1.

„Im Prozeß der Reproduktion des gesellschaftlichen Gesamtproduktes spielt die Reproduktion der Produktionsmittel und in erster Linie der *Produktionsinstrumente* die führende Rolle“,[2]

wenngleich sie als Teilfrage dem Prozeß der sozialistischen Reproduktion als Ganzes gesehen, als Prozeß der Reproduktion des gesellschaftlichen Gesamtproduktes, untergeordnet bleibt.

Während einerseits das Volksvermögen an Grundmitteln aus Teilen des gesellschaftlichen Gesamtprodukts laufend ergänzt und vermehrt wird, scheiden andererseits ständig derartige Vermögensteile aus und treten in den Kreislauf ihrer produktiven Konsumtion ein. Sie unterliegen der Zerstörung, der technischen Abnutzung, veralten und übertragen im Maße ihres Verschleißes den in ihnen verkörperten Wert auf das mit ihrer Hilfe erzeugte Produkt. Der Wert des Grundmittels „erhält also jetzt Doppelexistenz. Ein Teil desselben bleibt an seine, dem Produktionsprozeß angehörige Gebrauchs- oder Naturalform gebunden, ein anderer Teil löst sich von ihm ab als Geld“[3].

Die derart vom Wert der Grundmittel abgespaltenen Partikel werden zu Bestandteilen des gesellschaftlichen Gesamtprodukts der jeweiligen Periode. Sie gehen als Selbstkosten in jenen Teil des Bruttoprodukts ein, der als Ersatzfonds für verbrauchte Produktionsmittel gesondert zu erfassen und in dessen Höhe der verminderte Bestand an Maschinen, Rohstoffen, Energie usw. aus dem laufenden Aufkommen an Produktionsmitteln zu ergänzen ist.

Das Nettoprodukt bzw. Nationaleinkommen ergibt sich als Residualgröße nach Abzug des Ersatzfonds vom Bruttowert.[4] Von der richtigen Ermittlung des Ersatzfonds hängt deshalb die genaue Bestimmung des Nationaleinkommens in unserer Volkswirtschaft ab.

Neben der Bestimmung der Nutzungsdauer dient bekanntlich der Bruttowert der Grundmittel als Basis für das Amortisationsaufkommen der Betriebe.[5]

Die Amortisationen sind der geldmäßige Ausdruck des Verschleißes. Von der Bewertung der Grundmittel und dem Umfang der hiervon abgeschriebenen Beträge hängt die Verschleißquote ab, deren Größe über das relative Alter und den technischen Zustand der Grundmittel Auskunft geben soll. Des weiteren ist die Amorti-

[2] „Politische Ökonomie“, Lehrbuch, Berlin 1959, S. 708.

[3] Marx, K., Das Kapital, Bd. II, Berlin 1948, S. 157.

[4] „So ergibt das jährliche gesellschaftliche Gesamtprodukt, vermindert um die Materialaufwendungen einschließlich Abschreibungen vom verbrauchten Produktionsgrundfonds, das Nationaleinkommen oder den Preisausdruck des jährlichen gesellschaftlichen Neuwerts (alles in lfd. Preisen).

Vgl. Koziolek, H., Grundfragen der marxistisch-leninistischen Theorie des Nationaleinkommens im Sozialismus, Berlin 1957, S. 53.

[5] Deshalb ist „jeder unrichtige Ausweis über die tatsächliche Wertbewegung für die Planung und Kontrolle der sozialistischen Industrie von Nachteil“. Vgl. Arnold, Borchert, Schmidt, Ökonomik der sozialistischen Industrie in der DDR, Lehrbuch, Berlin 1959, 4. verbesserte Auflage, S. 298.

sationshöhe bei Nutzeffektberechnungen und den daraus abgeleiteten Investitionsentscheidungen von Belang.[6]

Die entscheidende volkswirtschaftliche Aufgabe der Amortisationen liegt darin, den Ersatz der verschlissenen und am Ende ihrer Nutzungsdauer aus dem Produktionsprozeß ausscheidenden Grundmittel finanziell zu gewährleisten.

Ermittlung, Planung und Finanzierung der sozialistischen Reproduktion der Grundmittel sind deshalb mit der Bemessung, Erwirtschaftung und Verwendung des Amortisationsaufkommens in unserer Volkswirtschaft eng verbunden. Zugleich ist mit dem „Abschreibungsvolumen der einzelnen Produktionszweige und der Wirtschaft insgesamt ein bestimmter Teil der einfachen Reproduktion und das entsprechende Bedarfsvolumen an Arbeitsmitteln bzw. Reparaturmaterial wertmäßig festgelegt. Hieraus lassen sich bestimmte volkswirtschaftliche Proportionen ableiten."[7]

Daß der Problemkreis der Grundmittelbewertung und -amortisation weiterer sorgfältiger Untersuchungen bedarf, liegt somit auf der Hand. Entsprechende Forderungen werden nicht nur in Fachkreisen der DDR, sondern auch anderer sozialistischer Länder wie der Sowjetunion und der ČSSR erhoben.[8]

2. Die wertmäßige Reproduktion der Grundmittel als Teilproblem des gesellschaftlichen Reproduktionsprozesses

Bedürfnis und Dringlichkeit für ein tieferes Eindringen in die Zusammenhänge der genannten Art sollten uns jedoch nicht dazu verleiten, die Rolle der Amortisationen im gesamten Prozeß der sozialistischen Reproduktion und damit auch für die Planung und volkswirtschaftliche Gesamtrechnung zu überschätzen. Hiergegen sprechen mehrere Umstände. So dürfte selbst nach erfolgter Umbewertung der Grundmittel der Anteil der Amortisationen am Ersatzfonds in der sozialistischen Industrie der DDR kaum über 10% ansteigen. Folglich bleibt auch der Einfluß von Fehlern bei der Festsetzung des Amortisationsaufkommens auf die Ermittlung des Brutto- und Nettoprodukts in relativ engen Grenzen.

Als untrennbarer Bestandteil des gesamten sozialistischen Reproduktionsprozesses ist die Erhaltung, Erneuerung und Erweiterung des Grundmittelbestandes nicht Selbstzweck, sondern als ein Mittel zum Zweck dem Ziel der sozialistischen

[6] Vgl. hierzu u. a. vom Verfasser, Zur Ermittlung des Anteils der Investitionskosten bei Wirtschaftlichkeitsberechnungen, in „Wirtschaftswissenschaften", H. 5/1959, S. 726ff.

[7] Tannhäuser, S., Zur Finanzierung der einfachen Reproduktion der Grundmittel aus Amortisationen, in „Wirtschaftswissenschaften", H. 2/1959, S. 256.

[8] Vgl. hierzu u. a. Konson, A., Einige Fragen der Analyse des ökonomischen Nutzeffekts bei der Einführung der neuen Technik, in „Statistische Praxis", H. 2/1956, S. 17ff.; Kwascha, J., Über Amortisationsnormen, in „Vorprosy Ekonomiki", H. 7/1957.
Sojka, J., Die Beziehungen der Abschreibungen zu Ersatz- und Neuinvestitionen, in „Ekonomicky casopis", H. 2/1959, S. 157; Eine Konferenz über Fragen der Abschreibungen in „Politicka ekonomie", H. 7/1957.

Produktion, der „systematischen Hebung des Wohlstandes und der allseitigen Entwicklung aller Mitglieder der Gesellschaft“[9] untergeordnet.

Die qualitative Ein- bzw. Unterordnung der Reproduktion der Grundmittel ist nicht nur von theoretischem Belang, sondern führt zu praktischen Konsequenzen für die Investitionspolitik, für die Bereitstellung von Arbeitskräften und Material zur Erhaltung der bestehenden Anlagen sowie die Ansammlung finanzieller Mittel.

Vor allem aber erfordert die Existenz des kapitalistischen Lagers in der Welt von den Regierungen der sozialistischen Staaten bestimmte Maßnahmen, die das Wirken des obengenannten Grundgesetzes des Sozialismus zu gewährleisten haben. Der Schutz der sozialistischen Länder gegenüber Aggressionen und wirtschaftlichen Störungsversuchen der imperialistischen Staaten sowie der Kampf für die Erhaltung des Friedens, die Hilfe für wirtschaftlich wenig entwickelte Länder sowie die brüderliche Zusammenarbeit zwischen den sozialistischen Staaten auf der Grundlage des proletarischen Internationalismus stellen neben anderen Aufgaben auch Anforderungen an unsere Volkswirtschaft, die im einzelnen oft nicht vorhersehbar sind und die Proportionalität der wirtschaftlichen Entwicklung zeitweilig stören können.[10]

Wie bei allen wirtschaftspolitischen Entscheidungen kann deshalb die jeweils vorteilhafteste Variante zwischen Gegenwartsverbrauch und Akkumulation zugunsten der Verbrauchssteigerung künftiger Jahre, sowie der Aufteilung der Investitionen auf die einzelnen Wirtschaftsbereiche und -zweige und nach der Art ihrer Verwendung nicht durch bloßes Rechnen mit ausschließlich ökonomischen Daten ermittelt werden. Das ist schon deshalb unmöglich, weil nicht sämtliche wirtschaftlichen Tatbestände und Entwicklungen eindeutig meßbar sind. Aufgabe der wirtschaftswissenschaftlichen Forschung ist es jedoch, diesen Bereich so weit wie möglich einzuengen.

Man darf schließlich den wichtigen Umstand nicht außer acht lassen, daß das Ausmaß der Investitionen und Reparaturen letztlich nicht durch die finanziellen Quellen, sondern von deren materiellen Deckung und den verfügbaren Arbeitskräften begrenzt wird. Es muß deshalb z. Z. schon wegen der voll ausgelasteten Kapazitäten für den Ausrüstungsbedarf und der knappen Baukapazitäten sorgfältig erwogen werden, inwieweit und in welcher Form künftig das erhöhte Amortisationsaufkommen verwendet werden kann.

Dem im Inland verfügbaren Produkt unserer Ausrüstungs-, Bau- und Montagebetriebe sind während eines Planjahres Schranken gesetzt. Die mit der vorgesehenen Neubewertung der Grundmittel und evtl. teilweisen Korrektur der Amortisationssätze verbundene Zunahme des Amortisationsaufkommens wird deshalb *unmittelbar* nur eine Strukturverschiebung des gegebenen Bruttoinvestitionsvolumens zugunsten des wertmäßig erhöhten Plans der Erhaltung zur Folge haben, wenn man von möglichen Veränderungen im Umfang der eigentlichen Reparaturen absieht. Die Ersatzinvestitionen werden relativ höher, der Umfang der Neuinvestitionen folglich rela-

[9] Politische Ökonomie des Sozialismus, Lehrbuch, Berlin 1959, S. 521/22.

[10] „Erklärung des Beratung von Vertretern der kommunistischen und Arbeiterparteien . . .“, insbes. d. Abschn. II, III und IV, in „Probleme des Friedens und des Sozialismus“, Berlin, H. 12/1960.

tiv niedriger als zuvor ausgewiesen werden. „Da man es den Investitionsmitteln nicht ansieht, woher sie kommen und welchem speziellen Zweck sie zu dienen haben, sind solche Vorgänge möglich.“[11]

Insofern führt der unrichtige Ausweis des Ersatzfonds und damit auch des Nationaleinkommens in der Regel auch nicht zu *sofortigen* Verlusten an Volksvermögen.[12] Eine Disreproduktion der Grundmittel unter den genannten Umständen wäre nur möglich, wenn die mit dem Verschleiß verbundene Entwertung der Grundmittel größer ist als das Amortisationsaufkommen und diese Differenz jene zwischen dem Volumen der Bruttoinvestitionen und dem zu niedrig bemessenen Amortisationsaufkommen übersteigt.

Die Investitionspolitik der sozialistischen Staaten basiert auf den in der Praxis bestätigten Erkenntnissen der marxistisch-leninistischen Reproduktionstheorie, wonach die vorrangige Entwicklung der Produktionsmittelindustrie sowie die schnellere Zunahme der Produktionsmittelerzeugung gegenüber der Herstellung von Konsumgütern unabdingbare Voraussetzung für die stetige Aufwärtsentwicklung der gesamten sozialistischen Volkswirtschaft ist. Das dementsprechend hohe Investitionstempo in den Industrien aller entwickelten sozialistischen Länder schließt deshalb Verluste der genannten Art normalerweise aus.

Man darf jedoch in der Theorie die Not nicht zur Tugend machen. Aus den begrenzten materiellen Mitteln für Investitionsmaßnahmen und Reparaturen läßt sich nicht schließen, daß die evtl. hiervon beeinflußten Amortisationssätze folglich die Erhaltung der vorhandenen Grundmittel gewährleisten.[13]

Die möglichst genaue Kenntnis der Wertbewegung in der Grundmittelsphäre ermöglicht erst, innerhalb der Produktionsstruktur der Abteilung I und II Disproportionen zu erkennen und wirksame Korrekturen einzuleiten.[14] Zu hoch oder zu

[11] Lange, A., Investitionen in der volkseigenen Industrie der DDR im ersten Planjahrfünft, Berlin 1958, S. 118.

[12] Hierauf verweist J. Kwascha in seiner Arbeit „Über Amortisationsnormen“, in „Voprosy Ekonomiki“, H. 7/1957. „Auf diese Weise bedeuten infolge einer fehlerhaften Amortisationskonzeption zu gering oder zu hoch bemessene Amortisationsabführungen oder falsche Normen für den Verschleiß oder die falsche Bewertung der Grundfonds für die Volkswirtschaft keinen realen Verlust: Die ausgefallenen Beträge werden über andere Rubriken des betrieblichen Rechnungswesens und des Volkswirtschaftsplanes erfaßt.“ — K. macht allerdings die Gültigkeit seiner Aussage unnötig von der seinerzeit üblichen straffen Zentralisierung der Abschreibungen abhängig.

[13] Auf einen ähnlichen Zusammenhang verweist K. Petrosjan in seiner Arbeit über „Probleme der Amortisationen der Anlagefonds“, in „Planovoe chozjajstvo“, H. 2/1958, S. 48: „Im Jahre 1938 wurden durchschnittliche Amortisationssätze der Produktionszweige eingeführt, die im Grunde genommen das Finanzlimit einer bestimmten Summe zulässiger Amortisationsabschreibungen für die Produktionsselbstkosten darstellen.“

[14] Rudolph, J., und Friedrich, G., Grundriß der Volkswirtschaftsplanung, Berlin 1957, S. 333. „Der Umfang der Generalreparaturen wird nach den Erfahrungen der vergangenen Jahre festgelegt. Dabei wird berücksichtigt, welchen Verschleißkoeffizienten die Produktionsanlagen erreicht haben . . .“ Dementsprechend wurde beispielsweise die Investitionspolitik in der sozialistischen Industrie während der letzten Jahre von der 30. Tagung des ZK der SED orientiert: „Was die Investitionen anbetrifft, werden wir folgenden Weg beschreiten: zuerst geben wir der Erhaltung der bereits bestehenden Anlagen und Betriebe

niedrig bemessene Amortisationen bedeuten somit, „daß im Volkswirtschaftsplan fälschlich eine Akkumulation errechnet wurde, deren absolute und relative Größe bei der Lösung aller großen volkswirtschaftlichen Aufgaben als Ausgangsgröße dient“[15].

3. Zu einigen objektiven Ursachen bestehender Meinungsverschiedenheiten hinsichtlich der Planung und Abrechnung der sozialistischen erweiterten Reproduktion der Grundmittel sowie der Bewertung, Amortisationen usw.

Der wachsende Einfluß, den das Teilgebiet der Grundmittel im Rahmen der marxistischen Theorie von der sozialistischen Reproduktion gewinnt, kommt in dem Umfang der hierzu in letzter Zeit veröffentlichten Arbeiten zum Ausdruck. Die Forschung erhielt durch die geplanten oder bereits erfolgten Neubewertungen der Grundmittel in den Industrien einiger sozialistischer Länder, z. B. der UdSSR, der ČSSR und der DDR, insbesondere aber infolge der erneuten Diskussion der Problematik des moralischen Verschleißes der Grundmittel im Sozialismus starke Impulse.

Die für den genannten Zweck zusammengestellten Auffassungen aus dem Problemkreis der Reproduktion der Grundmittel im Sozialismus, sofern sie wissenschaftlichen Aufsätzen, Analysen, Konferenzen und anderen unseren Gegenstand betreffenden Äußerungen während der letzten Jahre entnommen sind,[16] lassen unschwer erkennen, daß es besonders Fragen von unmittelbar praktischem Einfluß auf die Wirtschaftspolitik, insbesondere die Planung, den Vollzug sowie die rechnungsmäßige und statistische Erfassung des Reproduktionsprozesses der Grundmittel sind, für die oft einander entgegengesetzte Antworten bereitstehen.[17]

gegenüber allen neuen Investitionen den Vorzug.“ Vgl. „Unsere ökonomischen Probleme und die Verbesserung der Wirtschaftsführung“, Referat auf der 30. Tagung des ZK der SED, Berlin 1957, S. 19.

[15] Vgl. Kwascha, J., Über Amortisationsnormen, in „Voprossy Ekononiki“, H. 7/1957.

[16] In der dem Hohen Senat der Hochschule für Ökonomie in Berlin im Oktober 1960 vorgelegten Dissertationsschrift „Zur Finanzierung der erweiterten Reproduktion der Grundmittel aus Amortisationen in der sozialistischen Industrie der Deutschen Demokratischen Republik“, S. 16—32, wurden vom Verf. die in der Fachliteratur geäußerten theoretischen Auffassungen dahingehend überprüft und zusammengestellt, ob sie für die geplante Neubewertung der Grundmittel und Änderungen der Amortisationssätze von Einfluß sein könnten. Es interessieren dabei gerade die einander entgegengesetzten Argumente, umreißen sie doch den möglichen Bereich hiervon ableitbarer wirtschaftspolitischer Entscheidungen.

[17] Das zeigt sich nicht nur in der Literatur der DDR, auch sowjetische und tschechoslowakische Ökonomen verweisen auf diesen Umstand: „In Fragen der konkreten Anwendung der Theorie der Amortisationen der Grundfonds bei der Kalkulation der Produktionskosten besteht unter den sowjetischen Ökonomen kein einheitlicher Standpunkt.“ Vgl. Stepankow, A., Fragen der Reproduktion und Amortisation der Arbeitsmittel, in „Voprossy Ekonomiki“, H. 3/1957. Dem Inhalt dieser Arbeit ist zu entnehmen, daß der Verfasser sein Urteil nicht auf die Kostenrechnung beschränkt. Die Ausarbeitung detaillierter Grundsätze für die Festlegung von Amortisationsnormen in der ČSSR „stieß vom ersten Anfang an auf Unklarheiten in den Grundfragen der Reproduktion der Grundfonds und in der Methodik der Amortisationsnormen.“ Vgl. Skolka, J., und Nesvera, V., „Eine Konferenz über Fragen der Abschreibungen“, Politická ekonomie, H. 7/1957.

Es folgt notwendig die Frage nach den Gründen. Sicher kann man bei einigen Teilproblemen einander widersprechende Ansichten nicht zugleich gelten lassen. Wenn beispielsweise vereinzelt gefordert wird, der ersten Form des moralischen Verschleißes im Sozialismus durch erhöhte Abschreibungssätze zu begegnen,[18] so mag dem ein theoretisch nicht erlaubter Analogienschluß auf kapitalistische Unternehmen zugrunde liegen, die bekanntlich nicht nur auf den Erhalt der stofflichen Substanz, sondern auch des vorgeschossenen Nominalkapitals bedacht sein müssen.

Andere einander entgegengesetzte Standpunkte erklären sich weniger aus theoretischen Fehlschlüssen, es mangelt vielmehr an den nötigen empirischen Kenntnissen, bisweilen werden nicht repräsentative Daten verallgemeinert.[19]

Erschöpften sich die Meinungsunterschiede in solchen oder ähnlichen Gründen, so wäre es sinnvoll und — wenn sicher auch nicht für den einzelnen — erfolgversprechend, sämtliche vertretenen Hypothesen auf ihren Wahrheitsgehalt zu prüfen und sie — falls erforderlich — zu berichtigen oder doch zu präzisieren.

Zum überwiegenden Teil lassen sich jedoch die erwähnten Meinungsverschiedenheiten nicht auf derartige, im Prinzip vermeidbare Mängel zurückführen.

Es ist statt dessen im objektiven Prozeß der sozialistischen erweiterten Reproduktion selbst die eigentliche Ursache für viele voneinander abweichende theoretische Urteile, der vorgeschlagenen bzw. bereits durchgeführten Maßnahmen, vor allem aber der mannigfaltigen rechnungsmäßigen und statistischen Ermittlungsmethoden zu suchen.

3.1 Zur Problematik der theoretischen Unterscheidung in einfache und erweiterte Reproduktion der Grundmittel.

Ein Grundmittel vermag nicht Wert zu haben, wenn es nicht auch Gebrauchswert ist. Und sobald das Arbeitsmittel ausgelebt hat, hat es „mit seinem Gebrauchswert seinen Wert verloren. Es hat aufgehört, Wertträger zu sein".[20] Aber die Kategorien Gebrauchswert und Wert besitzen verschiedene Maßsysteme. „Die Gebrauchswerte der Waren liefern das Material einer eigenen Disziplin, der Warenkunde."[21] Und die

[18] „Die Wertminderung der Grundmittelfonds infolge der ersten Form der technischen Veralterung der Arbeitsmittel muß durch eine Erhöhung der Abschreibungsnormen ausgeglichen werden." Vgl. Stepankow, A., Fragen der Reproduktion und Amortisation der Arbeitsmittel, in „Voprossy Ekonomiki", Moskau, H. 3/1957.

[19] „In diesem Zusammenhang müssen wir feststellen, daß die staatliche Berichterstattung und die Analyse dieser Berichterstattung noch mit ernsten Mängeln behaftet ist." Ulbricht, W., „Grundfragen der ökonomischen und politischen Entwicklung in der DDR", Referat auf der 33. Tagung des ZK der SED vom 16. 10. 1957, Berlin 1957, S. 22. „Wir verweisen gleichzeitig auf einige mit dem Berichtswesen und der Abrechnung zusammenhängende Schwierigkeiten, die es nicht gestatten, die Entwicklungstendenzen der zur Finanzierung der Neuinvestitionen verwendeten Abschreibungen richtig zu bestimmen." Vgl. Sojka, J., Die Beziehungen der Abschreibungen zu Ersatz- und Neuinvestitionen, ebenda, S. 159. Vgl. dsgl. die Arbeit von A. Lange, ebenda, S. 110.

[20] Marx, K., Das Kapital, Bd. II, Berlin 1948, S. 154.

[21] Marx, K., ebenda, Bd. I, Berlin 1947, S. 40. „Der Gebrauchswert in dieser Gleichgültigkeit gegen die ökonomische Formbestimmung, d. h. der Gebrauchswert als Gebrauchswert, liegt jenseite des Betrachtungskreises der politischen Ökonomie." Marx, K., Zur Kritik der politischen Ökonomie, Berlin 1947, S. 20.

Wertbewegungen können sich gegenüber den ihnen zugrunde liegenden materiellen Prozessen relativ verselbständigen. Hieraus entspringen für die Planung, Abrechnung und Finanzierung der einfachen Reproduktion der Grundmittel zahlreiche Schwierigkeiten.

Gerade das technisch-ökonomische Grenzgebiet des physischen Verschleißes ist noch wenig erforscht. Zumindest ist der Einfluß der gewonnenen Erkenntnisse auf Bewertung und Amortisationen der Grundmittel gering.[22]

Während der Prozeß des Verschleißes der Grundmittel und der damit verbundenen Entwertung sowie Wertübertragung auf das Produkt objektiver Natur ist, wird ein Abschreibungsverfahren nur dann richtig angewandt, wenn sich der Abschreibungsverlauf mit dem ihm zugrunde liegenden realen Vorgang deckt. Daß der genannte objektive Prozeß im Zahlenwerk des Rechnungswesens der Betriebe nur im Durchschnitt und in der Tendenz widergespiegelt wird, hat verschiedene Ursachen. Es lassen sich zwar die Momente des physischen Verschleißes mit naturwissenschaftlich-technischen Methoden annähernd bestimmen, aber nicht ohne weiteres in den Bereich des Wertes übertragen. Hinzu kommt der Umstand, daß Verschleiß zwar mit Entwertung der Grundmittel, nicht aber notwendig mit der Wertübertragung auf das Produkt verbunden ist. Neben unvermeidbaren Ungenauigkeiten in der Ermittlung solcher Daten wie der Lebensdauer, der Entwicklung der Reproduktionspreise der Grundmittel usf. muß deshalb in Kauf genommen werden, daß nicht sämtliche den Amortisationen übertragenen Funktionen gleicherweise zufriedenstellend erfüllt werden.[23]

Im Interesse einer genauen Selbstkostenkalkulation, -planung und -abrechnung sowie der hiervon abgeleiteten ökonomischen Kennziffern wie des Gewinnes und der Rentabilität der Betriebe ist der objektive Prozeß der Wertübertragung eines jeden Grundmittels auf die Erzeugnisse so genau wie möglich in den Amortisationen zum Ausdruck zu bringen. Das gleiche gilt für eine dataillierte Grundmittelrechnung, soweit von möglichen Abweichungen im Verlauf der Entwertung und der Wertübertragung abgesehen wird.

Die eben genannten Forderungen an die Genauigkeit der Amortisationen erstreckt sich zugleich auf deren Funktion, die einfache Reproduktion der ausscheidenden Grundmittel finanziell zu gewährleisten. Gegenüber dem objektiven Prozeß des Verschleißes und der Wertbewegung zu niedrig bemessene Amortisationen weisen

[22] „Für die volkseigene Wirtschaft liegen genaue Zahlenwerte leider nicht vor." Rehn, W., Gestatten die derzeitigen Abschreibungssätze für Werkzeugmaschinen deren rechtzeitige Generalreparatur? in „Der Betrieb", H. 3/1957, S. 109 ff. Der Verfasser stützt sich hinsichtlich des Verschleißverlaufes auf Hoffmann, W., und Vaeth, F., Instandhaltung spanabhebender Werkzeugmaschinen, Leipzig 1952.

[23] K. Petrosjan zählt folgende auf: „Die Amortisationsraten müssen die objektiven Prozesse der Nutzung, des Ersatzes und der Reproduktion der Grundmittel widerspiegeln, sie müssen von richtigen Prinzipien der Bewertung der Anlagefonds, von der ökonomisch begründeten Höhe der Abnutzung, der Betriebsdauer und den Ersatz der Ausrüstung, von den Gesetzmäßigkeiten des technischen Fortschritts und den Hauptrichtungen der technischen Politik des Sowjetstaates ausgehen." Vgl. Probleme der Amortisation der Anlagefonds, in „Planovoe chozjajstvo", Moskau, H. 2/1958, S. 48.

— wie bereits erwähnt — nicht nur die Produktionsselbstkosten der Betriebe zu niedrig aus. Es fehlt am Ende der Nutzungsdauer auch am nötigen Amortisationsfonds zur Finanzierung des Ersatzes. Diese Feststellung betrifft im vollen Umfang aber nur die wertmäßige Reproduktion eines vereinzelten Grundmittels. Im Rahmen der gesamten sozialistischen Industrie der DDR ist eine derart isolierte Betrachtungsweise jedoch eine wirklichkeitsfremde Abstraktion.

Auf der Grundlage des sozialistischen Eigentums an den Produktionsmitteln und der Planung der gesellschaftlichen Reproduktion vermag das statistische Gesetz der großen Zahlen insofern zu wirken, als im Wege der Umverteilung im einzelnen zu niedrig bemessene durch überhöhte Amortisationen kompensiert werden können. Allein darin besteht ein unbestreitbarer Vorzug der sozialistischen Produktionsweise und Planung der gesellschaftlichen Reproduktion.

Aus dieser prinzipiellen Möglichkeit folgt jedoch nicht notwendig der tatsächliche Ausgleich in Höhe des innerhalb der sozialistischen Industrie der DDR insgesamt erforderlichen Amortisationsvolumens. Fehlte es etwa für den Ersatz eines jeden einzelnen Grundmittels an Amortisationen, so würde dieser Mangel auch nicht durch ein Gesetz der großen Zahlen beseitigt.

Zwischen den Bedingungen der einfachen Reproduktion eines einzelnen Grundmittels und denen eines Betriebes, vor allem aber eines Industriezweiges sowie der gesamten sozialistischen Industrie bestehen jedoch echte qualitative Unterschiede. Es ist zu prüfen, ob hiervon auch die Gesetzmäßigkeiten in der wertmäßigen Reproduktion des Grundmittelbestandes der sozialistischen Industrie als Ganzes modifiziert werden. Von besonderem Interesse sind mögliche praktische Konsequenzen für die Planung und Abrechnung der Reproduktion der Grundmittel, so beispielsweise für eine generelle Erhöhung der geltenden Amortisationssätze in diesem Bereich unserer Volkswirtschaft.

Mit dieser Fragestellung begrenzen wir sogleich den Bereich unserer Untersuchung. Ob die Amortisationen für dieses oder jenes Grundmittel in den einzelnen Betrieben zu ändern sind, muß durch spezielle Fachkommissionen, denen Wirtschaftler und Techniker angehören, entschieden werden.[24]

Inwieweit die einfache Reproduktion des Grundmittelbestandes der Industriezweige und erst recht der gesamten sozialistischen Industrie der DDR aus dem Amortisationsaufkommen finanziell gewährleistet wird, kann jedoch auf betrieblicher Ebene nicht beurteilt werden. Hierzu bedarf es besonderer Analysen des Reproduktionsprozesses der Grundmittel auf volkswirtschaftlicher Ebene.[25]

[24] „Wenn auch im Prinzip die Abschreibungssätze richtig sind, sind doch bei einer Reihe von Grundmitteln Veränderungen notwendig. Deshalb sollen die VVB diese notwendigen Veränderungen ermitteln . . .“ Aus dem Material des Arbeitskreises „Neubewertung/Amortisationen“ beim MdF.

[25] „Das Problem besteht hierbei darin, sich klar zu werden über den Standpunkt, von dem bei der Messung der einfachen und erweiterten Reproduktion der Grundfonds auszugehen ist. Für die Planung der Volkswirtschaft ist es wichtig zu wissen,

1. ob sich in den einzelnen Zweigen und Bereichen unserer Volkswirtschaft einfache oder erweiterte Reproduktion der Grundfonds vollzieht.

In der Theorie besteht Übereinstimmung darin, daß die einfache Reproduktion der Grundmittel deren Ersatz in natura zum Ziel hat. „Das Kriterium, ob wirklich einfache Reproduktion stattgefunden hat, ist die Erhaltung der entsprechenden Produktionskapazität und nicht der finanzielle Ersatz der ursprünglichen Anschaffungskosten.“[26] Identität zwischen materieller und finanzieller Reproduktion der investierten Grundmittel ist nur unter ganz spezifischen und praktisch zufälligen Bedingungen möglich: „Bleibt die Produktivkraft der Arbeit dieselbe, so schließt dieser Naturalersatz den Ersatz desselben Wertes ein, den das konstante Kapital in seiner alten Form hatte.“[27] In der wirtschaftlichen Praxis haben wir es obendrein nicht mit Werten, sondern zunächst mit Preisen zu tun, darüber dürfen solche gebräuchlichen Begriffe wie Anschaffungs- oder Wiederbeschaffungswerte der Grundmittel nicht hinwegtäuschen. (Hierauf verweisen u. a. K. Frenzel und G. Mieth, ebenda, S. 90) Das erschwert die theoretische und erst recht die rechnerische Erfassung der tatsächlichen einfachen Reproduktion der Grundmittel in erheblichem Maße.

Bekanntlich müssen die verbrauchten Grundmittel zwar „nicht dem Quantum und der Form, doch der Wirkungsfähigkeit nach“[28] ersetzt werden. Häufig wird ungenau die Wirkungsfähigkeit der Maschinen und anderen Grundmittel mit der Produktionskapazität oder doch der Produktion des Betriebes als deren Kapazitätsausnutzung gleichgesetzt. Beide Größen sind jedoch nur unter anderen Faktoren vom Umfang und der Qualität der vorhandenen Grundmittel abhängig.[29]

Die gesellschaftliche Reproduktion auf gleichbleibender Stufenleiter, die der einfachen Reproduktion der Grundmittel[30] Sinn und Richtung gibt, ist nun selbst eine ökonomische Kategorie, die sich nur unvollkommen quantifizieren läßt.

Einfache Reproduktion auf gleichbleibender Stufenleiter unterstellt die Konstanz sämtlicher volkswirtschaftlich relevanten Größen und damit auch deren Beziehungen

2. Eine Aufrechnung aller Grundfonds unserer Volkswirtschaft zu einer Gesamtsumme und die Prüfung der Frage, ob sich die Gesamtgrundfonds einfach oder erweitert reproduzieren, hat Aussagekraft nur auf der höchsten Ebene der Zusammenfassung ökonomischer Vorgänge in der Bilanz der Volkswirtschaft.“

Brossmann, K.-U., Die Trennung des Investitionsplanes in einen Plan zur Erhaltung und einen Plan zur Erweiterung der Grundfonds, in „Wissenschaftliche Zeitschrift der Hochschule für Ökonomie“, Berlin, H. 2/1957, S. 43.

[26] Frenzel, K., Mieth, G., Zum Problem des moralischen Verschleißes der Arbeitsmittel im Sozialismus, in „Wissenschaftliche Zeitschrift der Hochschule für Verkehrswesen Dresden“, 1957/58, H. 6, S. 909; ferner Petrosjan, K., Probleme der Amortisation der Anlagefonds, in „Planovoe chozjajstvo“, Moskau, H. 2/1958, S. 48ff.; Ökonomik der sozialistischen Industrie in der DDR, ebenda, S. 300.

[27] Marx, K., Das Kapital, Bd. II, Berlin 1948, S. 905.

[28] Marx, K., ebenda.

[29] Scholl, G., Die Ermittlung der Produktionskapazität und der Kapazitätsausnutzung, Berlin 1956, S. 18, sowie Matterne, K., Zur einfachen Reproduktion der Grundmittel der sozialistischen Industriebetriebe, in „Wirtschaftswissenschaft“, H. 2/1959, S. 251.

[30] Und die Investition zusätzlicher Grundmittel ist schließlich nur eine *Voraussetzung* für die „wirkliche Reproduktion auf erweiterter Stufenleiter, Ausdehnung der bisher normalen Produktion . . .“ Vgl. Marx, K., Das Kapital, Bd. II, Berlin 1948, S. 495, sowie S. 517, 518, 524.

zueinander. K. Marx nennt neben den bereits erwähnten Daten wie Produktivkraft, Warenmasse, Quantum der Bedürfnisse, Produktionsfonds noch weitere Größen, die — soll einfache Reproduktion stattfinden — sich nicht verändern dürfen: Gesamtgröße und Intensität der Arbeit, konstante Proportionen zwischen absterbendem (zu erneuerndem) und in alter Form fortwirkendem (bloß für Ersatz seines Verschleißes den Produkten Wert zusetzendem) fixem Kapital, völlige Proportionalität zwischen den Abteilungen I und II,[31] ferner muß eine stetige Umschlagsgeschwindigkeit der Produktionsfonds unterstellt werden.[32]

Die Annahme der Konstanz aller dieser volkswirtschaftlichen Größen in der Zeit ist — wie K. Marx betont — „insoweit eine Abstraktion, als einerseits auf kapitalistischer Basis Abwesenheit aller Akkumulation oder Reproduktion auf erweiterter Stufenleiter eine befremdliche Annahme ist, andrerseits die Verhältnisse in denen produziert wird, nicht absolut gleichbleiben (und dies ist vorausgesetzt) in verschiednen Jahren ..." Dies gilt erst recht für die sozialistischen Volkswirtschaften, deren Wachstumstempo generell jenes der kapitalistischen Volkswirtschaften weit übertrifft.

„Indes, soweit Akkumulation stattfindet, bildet die einfache Reproduktion stets einen Teil derselben, kann also für sich betrachtet werden, und ist ein realer Faktor der Akkumulation." Und Veränderungen in den aufgezählten Größen können überdies „nur die quantitative Seite der verschiednen Elemente der Reproduktion berühren, nicht aber die Rolle, die sie als reproduzierendes Kapital oder als reproduzierte Revenue in dem Gesamtprozeß spielen."[33]

In der theoretischen Fragestellung ist deshalb zwischen der Realität der einfachen Reproduktion als eines notwendigen, aber nur begrifflich isolierbaren Bestandteils der sozialistischen Akkumulation und den Möglichkeiten einer eindeutigen quantitativen Abgrenzung und Zurechnung aller volkswirtschaftlichen Vorgänge zu diesem oder jenem Bereich des einheitlichen sozialistischen Reproduktionsprozesses wohl zu unterscheiden.[34]

3.2 Einige praktische Schwierigkeiten der Abgrenzung der einfachen und erweiterten Reproduktion der Grundmittel bei ihrer Planung und statistischen Abrechnung sowie im Rechnungswesen und in den staatlichen Rechtsnormen usw.

Die Vielfalt der — wie wir zeigten oft einander widersprechenden — theoretischen Auffassungen auf dem Gebiet der Reproduktion der Grundmittel im Sozialismus bleibt nicht ohne Einfluß auf die Planung und die statistische Praxis.

Umfang und Zustand des Grundmittelbestandes werden hauptsächlich durch Investitionen verändert. Die verschiedenen Formen der Investitionen sind deshalb den beiden Seiten des einheitlichen Reproduktionsprozesses der Grundmittel

[31] Marx, K., Das Kapital, Bd. II, Berlin 1948, S. 472, 459 sowie Theorien über den Mehrwert, 2. Teil, Berlin 1959, S. 473ff.

[32] Vgl. hierzu die Arbeit von H. Wolf, Zu einigen aktuellen Fragen der marxistischen Theorie der erweiterten Reproduktion, in „Statistische Praxis", Berlin, H. 1/1955, S. 89ff.

[33] Marx, K., ebenda, S. 398.

[34] „Was die Schwierigkeit macht, ist immer das Denken, weil es die in der Wirklichkeit verknüpften Momente eines Gegenstandes in ihrer Unterscheidung auseinanderhält." Zitiert nach Lenin, W. I., Aus dem Philosophischen Nachlaß, Berlin 1949, S. 195.

begrifflich zuzuordnen, sonst ist eine statistische Ermittlung der Reproduktion der Grundmittel unmöglich. Das gilt im vollen Umfang, seitdem der bis 1956 einheitliche Investitionsplan in einen Plan der Erhaltung und einen Plan der Erweiterung der Grundmittel getrennt wurde.[35]

Mit diesem Beschluß wurde u. a. eine enge Verbindung zwischen einfacher sowie erweiterter Reproduktion der Grundmittel und den Ersatz- und Erweiterungsinvestitionen, die sie verwirklichen, sowie den Finanzierungsquellen, im wesentlichen Amortisationen und Akkumulationsmittel, hergestellt. Während zuvor im Investitionsplan vom materiellen Gesichtspunkt nicht zwischen Ersatz- und Neuinvestitionen unterschieden werden mußte, ist seitdem „eine konkrete Bezeichnung erforderlich, also z. B. Erweiterungsinvestition, Ersatzinvestition, Rekonstruktionsmaßnahme usw., um eine bestimmte Maßnahme zu charakterisieren."[36]

Es ist somit die Frage, was unter Erhaltungs- bzw. Erweiterungsinvestition zu verstehen ist.

Verwendet man — zunächst unter Abstraktion der wertmäßigen Seite des Prozesses — den projektierten bzw. realisierten materiellen Effekt der Investitionen als ausschließliches Kriterium, so sind Ersatzinvestitionen dann gegeben, „wenn vorhandene, aber durch Nutzung verbrauchte Anlagegegenstände durch gleichartige, demselben Verwendungszweck dienende Anlagegegenstände ersetzt werden. Neue Kapazitäten werden dadurch in der Regel nicht geschaffen."[37]

Wie problematisch schon die theoretische Abgrenzung des Begriffs der einfachen Reproduktion der Grundmittel durch die so definierten Ersatzinvestitionen ist, wird aus den oben wiedergegebenen Auffassungen ersichtlich. Daß in der Gesetzespraxis und in der Statistik die einfache von der erweiterten Reproduktion nicht völlig getrennt werden kann, zeigt uns die Definition der Ersatzinvestition, wie sie im § 3, Abs. 20 der AO # 1 zur Vorbereitung und Durchführung des Investitionsplanes — Grundsätzliche Bestimmungen — vom 15. 12. 1958[38] gegeben wird: „Ersatzinvestitionen sind Neubeschaffungen als Ersatz für verbrauchte Grundmittel mit einem Mindestwert von 500,— DM im Einzelfall. Dabei ist der Ersatz durch technisch höher entwickelte Grundmittel anzustreben." Es ist zu begrüßen, daß die klare wirtschaftspolitische Orientierung auf den technischen Fortschritt nicht zugunsten einer eng gefaßten — für die Theorie zwar unentbehrlichen — praktisch aber wenig wirksamen Begriffsbestimmung der materiellen Ersatzinvestition geopfert wird.

[35] „Beschluß des Wirtschaftsrates über die Trennung des Investitionsplanes in einen Plan der Erhaltung der Grundmittel und einen Plan der Erweiterung der Grundmittel vom 17. 4. 1957", GBl. der DDR, Teil I, Nr. 62.

[36] Goldhahn, „Investitionen — Freigabe der Sonderbankkonten ‚Erweiterung der Grundmittel'", DFW, Handbuch der Praxis, H. 11/1959, S. 17. „Eine eindeutige Abgrenzung zwischen Ersatzinvestitionen und Neuinvestitionen ist deshalb von Bedeutung, weil Ersatzinvestitionen grundsätzlich der Erhaltung bestimmter Grundfonds, Neuinvestitionen dagegen grundsätzlich der Erweiterung der Grundfonds dienen sollen." Vgl. Brossmann, K.-U., „Die Trennung des Investitionsplanes in . . .", ebenda, S. 43.

[37] Knauthe, E., Ökonomischer Nutzen und Finanzierung von Investitionen in der volkseigenen Industrie, Berlin 1958, S. 22.

[38] GBl. der DDR, Sonderdruck 294, S. 4.

Nun werden erfahrungsgemäß nur ausnahmsweise verschlissene Maschinen und erst recht ganze Aggregate insgesamt durch neue derselben Art, mit gleichen technischen Daten und zum selben Preis ausgewechselt. Im Rahmen der Rekonstruktion der sozialistischen Industrie erfolgt der Ersatz überwiegend durch modernere Anlagen, durch Auswechseln lebenswichtiger Teile, Generalreparaturen werden zum Umbau sowie zum Einbau von Zusatzgeräten benutzt usw. Solche Formen des gleichzeitigen Ersatzes, der Modernisierung und der Erweiterung sind bei der sozialistischen Rekonstruktion unserer Industrie durchaus üblich und gewinnen mit verstärktem Einsatz der Meß- und Regeltechnik zunehmend an Bedeutung. Die Preise der neuen Grundmittel sind deshalb meist höher als die der ersetzten, und obendrein verändert sich deren Leistungskraft nur zufällig im Maße der damit verbundenen Preiserhöhungen.[39] Die einheitliche Investitionsmaßnahme enthält somit in der Regel sowohl Bestandteile eigentlichen Ersatzes in dem engen Sinne einer materiellen Ersatzinvestition als auch echte Erweiterungseffekte.

Der in seinem Vollzug nicht zerlegbare Investitionsvorgang ist deshalb nur indirekt über den Wert, d. h. Preis, zu trennen.

Die Analogie der Problematik bei der Trennung in Ersatz- und Erweiterungsinvestitionen zu jener der Unterscheidung in einfache und erweiterte Reproduktion der Grundmittel verwundert deshalb nicht.[40]

Wird wegen der genannten Schwierigkeiten die Trennung der Investitionen in Ersatz- und Erweiterungsinvestitionen nach ausschließlich materiellen Gesichtspunkten als unzureichendes Kriterium aufgegeben, so bleibt als ein weiteres Unterscheidungsmerkmal die wertmäßige Ermittlung von einfacher und erweiterter Reproduktion der Grundmittel und dementsprechend der Ersatz- und Erweiterungsinvestitionen im Sinne der Verwendungsrechnung des gesellschaftlichen Gesamtprodukts. Diese Methoden können jedoch ebenfalls nicht an dem Umstand vorbei, daß die gebrauchswertseitige und die wertmäßige Entwicklung des Grundmittelbestandes meist nicht übereinstimmen, sondern mehr oder weniger voneinander abweichen können.[41]

[39] Die Preise können sich auch aus anderen Gründen erhöhen. K. Frenzel und G. Mieth verweisen in diesem Zusammenhang auf Lohnerhöhungen und den Abbau des Subventionssystems für die Schwerindustrie. Vgl. Zum Problem des moralischen Verschleißes der Arbeitsmittel im Sozialismus, in „Wissenschaftliche Zeitschrift der Hochschule für Verkehrswesen Dresden", H. 6/1957/58, S. 910.

[40] Lange, H., Die statistische Beobachtung der Investitionstätigkeit, in „Statistische Praxis", H. 3/1954, S. 35ff.; sowie Brossmann, K.-U., Die Trennung des Investitionsplanes in einen Plan zur Erhaltung und einen Plan zur Erweiterung der Grundfonds, in „Wissenschaftliche Zeitschrift der Hochschule für Ökonomie zu Berlin", H. 2/1957, S. 42 und 44.

[41] Gläß, A., Die statistische Ermittlung der Erweiterung der aktivierten Grundmittel, des wichtigsten Bestandteiles der Akkumulation, in „Statistische Praxis", H. 7/1958, S. 153. „Bei der Neuberechnung für den Ausweis der Grundmittelerweiterung wurden die Investitionsaufwendungen für die produktive Sphäre sowie die durchgeführten Generalreparaturen abzüglich der Abschreibungen zugrunde gelegt." Vgl. Statistisches Jahrbuch der DDR, 1958, S. 171. Andererseits „wurden die Grundmittel zum Nettowert eingesetzt, jedoch alle Zugänge außer Investitionen und Generalreparaturen und alle Abgänge außer Abschreibungen ausgeschaltet." Vgl. ebenda, 1956, S. 142. Vgl. ferner die Analyse von

Es ist nun die Trennung der Ersatz- von den Erweiterungsinvestitionen nach materiellen Gesichtspunkten nicht deshalb falsch, weil die begriffliche Abgrenzung der einfachen von der erweiterten Reproduktion der Grundmittel gleichfalls nach der Veränderung ihrer Restwerte bzw. nach den finanziellen Quellen der Investitionen möglich ist.[42] Denn der Prozeß der sozialistischen gesellschaftlichen Reproduktion ist eine in Wirklichkeit unauflösliche Einheit von einfacher und erweiterter Reproduktion, die weder einzig die stoffliche, noch ausschließlich die wertmäßige Reproduktion, sondern beide zugleich umfaßt, deren verschiedene Seiten sich jedoch zeitweilig und in einem gewissen Umfang, d. h. relativ zueinander, verselbständigen können.[43]

Eben deshalb sucht man vergebens nach Kennziffern und Verfahren, die sämtliche Momente des einheitlichen Reproduktionsprozesses gleichermaßen in sich berücksichtigen und obendrein faßlich genug sind, um praktisch verwendbar zu sein. Für statistische Erhebungen ist die strenge begriffliche Unterscheidung und damit Trennung notwendige Bedingung. Wie gezeigt wurde, ist eine solche, vorwiegend statische Betrachtungsweise jedoch nicht hinreichend, um im Prozeß der sozialistischen erweiterten Reproduktion die Vielfalt der Bewegungen sowie deren Relationen zueinander ausreichend zu erfassen. Die den staatlichen Rechtsnormen, dem Rechnungswesen sowie den statistischen Ermittlungen zugrunde gelegten Definitionen spiegeln mithin den realen Prozeß der sozialistischen erweiterten Reproduktion nicht allumfassend, sondern stets nur angenähert wider. Je schärfer beispielsweise im Investitionsplan vom materiellen Gesichtspunkt zwischen Ersatz- und Erweiterungsinvestitionen unterschieden wird, d. h. je stärker diese Begriffe durch Merkmale belastet werden, desto fließender gestalten sich die Grenzen zwischen den Quellen, aus denen die einzelnen Investitionsformen finanziert werden sollen. Umgekehrt gilt das Sinngemäße.[44]

J. Sojka, ebenda, S. 3; dsgl. M. Koyck und Ch. Kuchlo, Das Sachkapital in der Produktionsfunktion und die Kapitalkoeffizienten, in „Ifo-Studien", Berlin-München, H. 1–2/1958, S. 122.

[42] „Die wertmäßigen Begriffe Neu- und Ersatzinvestitionen haben keine unmittelbar praktische Bedeutung für den Investitionsplan. Im Investitionsplan (Titelliste) wird auch in diesem Falle nicht zwischen Neu- und Ersatzinvestitionen unterschieden." Vgl. Brossmann, K.-U., Die Trennung des Investitionsplanes in . . ., ebenda, S. 42. „Es kann zwischen einfacher und erweiterter Reproduktion im Investitionsplan nur von der wertmäßigen Seite aus unterschieden werden." Vgl. Der Betrieb soll über die vollen Amortisationen verfügen, in „DFW", H. 10/1957, S. 294.

[43] „Die Bewegung ist nicht nur Wertersatz, sondern Stoffersatz, und ist daher ebensosehr bedingt durch das gegenseitige Verhältnis der Wertbestandteile des gesellschaftlichen Produkts wie durch ihren Gebrauchswert, ihre stoffliche Gestalt." Vgl. Marx, K., Das Kapital, Bd. II, Berlin 1948, S. 397.

[44] Es finden sich hierfür Analogien zu anderen Wissenschaften. Im Zusammenhang mit der sogenannten Unschärferelation in der Physik bemerkt E. Fischer: „Die Wirklichkeit ist raumzeitlich, das Räumliche und das Zeitliche, das Materielle und seine Bewegtheit, sind unauflöslich ineinander verwoben; man kann diese Einheit gedanklich in ihre Komponenten zerlegen, aber wenn man experimentell, wenn man mit feinster Messung eine dieser Komponenten festzuhalten versucht, auf eine dieser Komponenten die Aufmerksamkeit konzentriert, dann verwischt sich die andere, und das Ergebnis muß problematisch sein."

Die Ergebnisse derartiger Ermittlungen sind noch aus anderen als den dargelegten Gründen mit Fehlern behaftet.[45] Sicher werden gegenwärtig sowie in den nächsten Jahren Analysen der sozialistischen erweiterten Reproduktion der Grundmittel in der DDR eher durch die fehlende Vergleichbarkeit vorliegender Daten als durch jene Erfassungs- bzw. Abgrenzungsschwierigkeiten beeinträchtigt, die sich aus den objektiven Bedingungen des Untersuchungsgegenstandes selbst ergeben.

4. Zur Ermittlung und quantitativen Erfassung einiger für die sozialistische Reproduktion der Grundmittel wesentlichen Größen mittels theoretischer Analysen

Es besteht jedoch kein Anlaß zu resignieren. Einmal erweisen sich nämlich volkswirtschaftliche Analysen unter Umständen selbst dann als nützlich, wenn sie mit relativ großen Fehlern behaftet sind. Bisweilen lassen sich schon aus dem tendenziellen Verlauf wichtiger Daten, wie der durchschnittlichen Nutzungsdauer der Grundmittel, der Entwicklung der altersmäßigen Struktur des Grundmittelbestandes, dem tendenziellen Zuwachstempo der Bruttoinvestitionen, der Wiederbeschaffungspreise usw., Anhaltspunkte für wirtschaftspolitische Entscheidungen gewinnen. Zum anderen kann der Informationsgehalt des statistischen Materials Schritt für Schritt vervollkommnet werden. Hierzu vermag die wirtschaftswissenschaftliche Forschung beizutragen.

Die Kenntnis der objektiven Ursachen, die einer exakten quantitativen Erfassung sowie Unterscheidung aller Momente der sozialistischen Reproduktion der Grundmittel in einer oder doch in wenigen ökonomischen Kennziffern im Wege stehen, orientiert zugleich darauf, die angewandten Ermittlungsverfahren wenngleich nicht zu ersetzen so doch wirksam zu ergänzen. Scheitert die eindeutige Trennung der einfachen von der erweiterten Reproduktion der Grundmittel nicht an prinzipiell vermeidbaren Mängeln, sondern deshalb, weil die Grenzen zwischen den verschiedenen Seiten des einheitlichen sozialistischen Reproduktionsprozesses tatsächlich fließend sind, so muß sich die wirtschaftswissenschaftliche Forschung der Untersuchung gerade jener Zusammenhänge zuwenden, wenn sie zu einer verbesserten Planung, Durchführung und Abrechnung der gesellschaftlichen Reproduktion beitragen will. „Die Analyse der Begriffe, ihr Studium, ‚die Kunst, mit ihnen zu operieren‘ (Engels), erfordert stets das Studium der *Bewegung* der Begriffe, ihres Zu-

Vgl. Freiheit und Persönlichkeit, Berlin 1948, S. 74. Vgl. dsgl. Klaus, G., Einführung in die formale Logik, Berlin 1959, S. 370.

[45] „Solche störenden Elemente können für den Bereich dieser Arbeit (in der zentralgeleiteten Industrie – J. B.) sein: die Strukturveränderungen in den Leitungsorganen, Wechsel der einzelnen Betriebe in Unterstellungsverhältnisse der örtlichen Ebene, Verwendung außerplanmäßiger Mittel zur Erreichung bestimmter Aufgaben, Umsetzungen von Arbeitsmitteln aus dem Bereich der zentralen in die örtliche Industrie oder umgekehrt, fehlerhafte oder unzulängliche Unterlagen über die Entwicklung und ein unzulängliches System der Abrechnung der einzelnen Phasen des gesellschfatlichen Reproduktionsprozesses.“ Vgl. Lange, A., Die Investitionen in der volkseigenen Industrie der DDR im ersten Planjahrfünft, Berlin 1958, S. 110.

sammenhangs, ihrer wechselseitigen Übergänge."[46] Eben deshalb lenkt der dialektische Materialismus ganz allgemein die Aufmerksamkeit auf die Erforschung solcher Prozesse des Übergangs und der Vermittlungen in Natur und Gesellschaft.

4.1 Die von K. Marx und F. Engels entdeckten Möglichkeiten der Finanzierung von Erweiterungsinvestitionen aus Amortisationen als ein Übergangsprozeß von der einfachen zur erweiterten Reproduktion der Grundmittel

In bezug auf den inneren Zusammenhang, insbesondere die Übergänge und Vermittlungen zwischen der einfachen und erweiterten Reproduktion der Grundmittel steht uns darüber hinaus ein spezieller Hinweis von K. Marx zur Verfügung, der für den Gegenstand unserer Untersuchung von größter Bedeutung ist:

„Obgleich, wie wir gesehen, das fixe Kapital fortfährt in natura im Produktionsprozesse zu wirken, hat ein Teil seines Werts, je nach dem Durchschnittsverschleiß, mit dem Produkt zirkuliert, ist in Geld verwandelt worden, bildet Element des Geldreservefonds zum Ersatz des Kapitals für den Termin seiner Reproduktion in natura. Dieser so in Geld verwandelte Teil des fixen Kapitalwerts kann dazu dienen, das Geschäft zu erweitern oder Verbesserungen an den Maschinen anzubringen, welche deren Wirksamkeit vermehren. In kürzeren oder längeren Abschnitten findet so Reproduktion statt, und zwar — vom Standpunkt der Gesellschaft betrachtet — Reproduktion auf erweiterter Stufenleiter; extensiv, wenn das Produktionsfeld ausgedehnt; intensiv, wenn das Produktionsmittel wirksamer gemacht. Diese Reproduktion auf erweiterter Stufenleiter entspringt nicht aus Akkumulation — Verwandlung von Mehrwert in Kapital —, sondern aus Rückverwandlung des Werts, welcher sich abzweigt, in Geldform losgelöst hat vom Körper des fixen Kapitals, in neues, entweder zuschüssiges, oder doch wirksameres fixes Kapital derselben Art."[47]

Möglichkeiten zur erweiterten Reproduktion der Grundmittel aus Amortisationen, also aus Quellen des gesellschaftlichen Ersatzfonds, entspringen somit dem Umstand, daß der Tauschwert der Grundmittel allmählich auf die mit ihrer Hilfe erzeugten Produkte übertragen und in Geld verwandelt wird, während die Grundmittel selbst bis zum Zeitpunkt des endgültigen Ausscheidens aus dem Produktionsprozeß in ihrer Gebrauchgestalt verharren. Dieser von K. Marx und F. Engels entdeckte Vorgang gehört seitdem zum festen Gedankengut der marxistisch-leninistischen politischen Ökonomie und ist ihren Vertretern allgemein bekannt.

Unter den Bedingungen des sozialistischen Eigentums an den Produktionsmitteln sowie der gesellschaftlichen Planung der Reproduktion genügt jedoch die bloße Kenntnis der qualitativen Seite dieses Vorgangs nicht mehr, ist sie doch eine zwar notwendige, aber nicht hinreichende Bedingung, um den genannten Prozeß für die Planung und Durchführung der Reproduktion der Grundmittel, insbesondere für deren Finanzierung im Bereich der sozialistischen Industrie der DDR bewußt ausnutzen zu können. Gelingt es, die Geltung dieses von K. Marx und F. Engels entdeckten ökonomischen Prozesses nicht nur für einzelne Betriebe, sondern im gesamten Bereich der sozialistischen Industrie der DDR nachzuweisen und überdies

[46] Lenin, W. I., Aus dem philosophischen Nachlaß, Berlin 1949, S. 188. „N. B. (1) das gewöhnliche Vorstellen erfaßt den Unterschied und den Widerspruch, aber nicht den *Übergang* von dem einen zum anderen, *das* aber *ist das wichtigste*." Ebenda, S. 59.

[47] Marx, K., Das Kapital, Bd. II, Berlin 1948, S. 166.

die Grenzen seines Wirkens mit einiger Gewißheit zu umreißen, so lassen sich nämlich trotz der beschriebenen Schwierigkeiten in bezug auf die Erhöhung der Amortisationssätze wissenschaftlich begründete Entscheidungen herbeiführen.

Mehr denn je gilt es deshalb, die Erkenntnisse der marxistisch-leninistischen politischen Ökonomie für die Planung und Leitung der sozialistischen Industrie unmittelbar verwertbar zu machen. „Die wissenschaftliche Verallgemeinerung der Entwicklungsergebnisse der vorangegangenen Jahre und die Analyse der Grundprobleme der wirtschaftlichen Entwicklung . . .“[48] werden hierfür unentbehrlich. Eben deshalb ist die ungefähre Berechnung des möglichen und insbesondere des tatsächlichen quantitativen Ausmaßes dieses von K. Marx und F. Engels entdeckten Übergangsprozesses von der einfachen zur erweiterten Reproduktion der Grundmittel von unmittelbar praktischem Wert.[49]

4.2 Zur theoretischen Fundierung der wirtschaftspolitischen Maßnahmen sowie der staatlichen Rechtsnormen durch das Studium der Zusammenhänge zwischen der einfachen und erweiterten Reproduktion der Grundmittel.

Ein Überblick zeigt, daß in den einschlägigen staatlichen Rechtsnormen der DDR dem objektiven Tatbestand der Übergänge und der fließenden Grenzen zwischen den verschiedenen Formen der Reproduktion der Grundmittel aus der praktischen Notwendigkeit heraus bereits seit Jahren Rechnung getragen wird.

Seit Anfang 1957 haben die Werkleiter der volkseigenen Betriebe in der DDR nicht nur das Recht zu entscheiden, ob und wieviel Mittel aus den geplanten Instandhaltungskosten auf den Fonds für Generalreparaturen übertragen werden sollen. Um die Erneuerung der technischen Ausrüstung und den technischen Fortschritt in der Produktion zu fördern, dürfen im Rahmen der für Generalreparaturen vorgesehenen Mittel auch Ersatzinvestitionen durchgeführt werden.[50] Und lt. § 11/4 der AO Nr. 5. Zur Vorbereitung und Durchführung des Investitionsplanes und des Generalreparaturplanes sowie der Lizenzen usw. vom 31. 1. 1957,[51] sind die Werkleiter berechtigt, die Mittel für Ersatzinvestitionen bis zu 20 TDM je Vorhaben auch für Ergänzungsbeschaffungen zu verwenden. Der Betrag wurde inzwischen auf 50 TDM erhöht. Bereits im Jahre 1954 war es den Betrieben gestattet, zur Durchführung von Kleininvestitionen die auf dem Sonderkonto „Generalreparaturen“ angesammelten Amortisationsmittel heranzuziehen.[52] Andererseits besteht die Möglichkeit, aus

[48] Ulbricht, W., „Grundfragen der ökonomischen und politischen Entwicklung in der DDR“, Referat auf der 33. Tagung des ZK der SED vom 16. 10. 1957, Berlin 1957, S. 22.

[49] „Es gilt die Ursachen dieser Erscheinungen zu klären, die Tendenzen aufzuspüren und die Faktoren zu bestimmen, die darauf einwirken, daß ein bedeutender Teil der Abschreibungen zur Finanzierung der Neuinvestitionen verwendet werden kann.“ Vgl. Sojka, J., Die Beziehungen der Abschreibungen zu Ersatz- und Neuinvestitionen, in „Economický casopis“, Bratislava, Heft 2/1959, S. 159.

[50] AO zur Durchführung des Investitionsplanes und des Generalreparaturplanes sowie Lizenzen usw. vom 15. 2. 1954, GBl. der DDR 1954, Nr. 22 sowie § 7 der Verordnung zur Durchführung . . . vom 20. 1. 1955, ebenda, Nr. 10.

[51] Ebenda, Nr. 12.

[52] Vgl. die oben genannte AO vom 15. 2. 1954.

Gewinnen und Verlustzuschüssen auch solche Maßnahmen zur Rekonstruktion ganzer Betriebe bzw. Betriebsabteilungen zu finanzieren, die ihrem Wesen nach aus Amortisationen zu decken wären, für die das Amortisationsaufkommen aber nicht ausreicht.[53]

Die sozialistischen Industriebetriebe besitzen ferner die Möglichkeit, zur Finanzierung bestimmter Investitionsmaßnahmen Kredite aufzunehmen. Als einer der wichtigsten Faktoren für eine bewegliche Finanzierung der Reproduktion der Grundmittel ist die Umverteilung von Amortisationen zwischen den Betrieben sowie den einzelnen Industriezweigen anzuführen. Die straffe Zentralisierung und Umverteilung der Amortisationen war während der ersten Jahre des Aufbaus der sozialistischen Industrie unseres Staates der Normalfall.[54] Seit der Trennung des Investitionsplanes in einen Plan der Erhaltung und einen Plan der Erweiterung der Grundmittel unterliegt die Umverteilung der Amortisationen zwar gewissen Einschränkungen, vollständig unterbunden wurde sie jedoch nicht.[55]

Als Zweck dieser begrüßenswert elastischen Finanzierungsformen wird zu Recht die Förderung der neuen Technik in den sozialistischen Betrieben genannt. Bei näherer Prüfung ergibt sich hingegen, daß diese Maßnahmen keineswegs mit den Möglichkeiten einer teilweisen Finanzierung der sozialistischen erweiterten Reproduktion der Grundmittel aus Mitteln der Werterhaltung im Sinne des von K. Marx gegebenen Hinweises begründet werden.

Die Finanzierung von Neuinvestitionen bis zu 50 TDM und in Ausnahmen darüber aus Amortisationen wird als Bagatellfall erklärt.[56] Und was die seit mehr als zehn Jahren geübte Praxis der Umverteilung von Amortisationen anbelangt, so wird in

[53] Beschluß des Wirtschaftsrates über die Trennung des Investitionsplanes in einen Plan der Erhaltung der Grundmittel um einen Plan der Erweiterung der Grundmittel vom 17. 4. 1957. GBl. der DDR 1957, Teil I, Nr. 62.

[54] „Die einzelnen amortisationspflichtigen Betriebe führen ihre für Generalreparaturen usw. nicht benötigten Amortisationen an die DIB ab. Volkswirtschaftliche Notwendigkeiten bestimmen entsprechend der wirtschaftspolitischen Notwendigkeit ihre Verteilung. Damit ist gesagt, daß die Amortisationen in ihrer Gesamtheit finanziell in voller Höhe als Ersatz für den eingetretenen Verschleiß der gesamten Wirtschaft wieder Verwendung finden." Vgl. Lange, H., Die statistische Beobachtung der Investitionstätigkeit, in: „Statistische Praxis", Heft 3/1954, S. 35ff.

[55] „Beschluß des Wirtschaftsrates über die Trennung ..."; § 5(2) der AO 6 zur Vorbereitung und Durchführung des Investitionsplanes und des Generalreparaturplanes sowie der Lizenzen – Durchführung des Investitionsplanes – vom 24. 2. 1958, GBl. der DDR, Teil II, Nr. 4; § 1 der AO über die Verwendung der Amortisationen in den Betrieben der volkseigenen Wirtschaft vom 31. 3. 1958, GBl. der DDR, Teil II, Nr. 6 sowie § 3 der AO 1 zur Vorbereitung und Durchführung des Investitionsplanes – Grundsätzliche Bestimmungen – vom 15. 12. 1958, GBl. der DDR, Sonderdruck 294.

[56] „Ihrer Geringfügigkeit wegen sollen aus diesem Plan der Erhaltung der Grundfonds nicht nur alle Maßnahmen zur Sicherung des Bestandes an Grundmitteln bestritten werden, sondern auch Kleininvestitionen bis zu 20 TDM (durch Gesetz auf 50 TDM erhöht und in Ausnahmefällen darüber – J. B.), auch, wenn diese zur Erhöhung des Bestandes an Grundmitteln führen." Vgl. Brossmann, K.-U., Die Trennung des Investitionsplanes in einen Plan zur Erhaltung und einen Plan zur Erweiterung der Grundfonds, ebenda, S. 38.

letzter Zeit ihre Notwendigkeit bisweilen eher entschuldigt, als daß deren Vorzüge hervorgehoben werden.[57]

Die Kenntnis der objektiven, dem sozialistischen Reproduktionsprozeß selbst entspringenden Möglichkeiten und Grenzen für eine teilweise Finanzierung der erweiterten Reproduktion der Grundmittel aus Amortisationen hilft deshalb zugleich die diesbezüglichen staatlichen Rechtsnormen wissenschaftlich zu fundieren. Das gilt nicht nur für Finanzierungsbestimmungen im engen Sinne. Die Ergebnisse theoretischer Untersuchungen sollten auch bei einer solchen konkreten Frage beachtet werden, inwieweit auf die zentrale Erfassung und Umverteilung der Amortisationen zugunsten der erhöhten finanziellen Selbständigkeit der sozialistischen Industriebetriebe zu verzichten ist.

5. Zur bewußten Ausnutzung der von K. Marx und F. Engels entdeckten Möglichkeiten einer teilweisen erweiterten Reproduktion der Grundmittel aus Amortisationen durch die sozialistische Planung

Die Möglichkeiten, die Erweiterung kapitalistischer Konzerne aus verbrauchsbedingten Abschreibungen zu finanzieren, konnte auf die Dauer auch bürgerlichen Ökonomen nicht verborgen bleiben. Besonders in letzter Zeit begann sich deshalb u. a. auch die westdeutsche „Betriebswirtschaftslehre" mit diesem Problem zu befassen. Allerdings beabsichtigt man damit vor allem, die nach dem zweiten Weltkrieg im starken Maße betriebene sogenannte „Selbstfinanzierung", die im wesentlichen aus überhöhten Preisen und verschleierten Profiten erfolgt, theoretisch als Resultat eines „Kapazitätserweiterungseffektes" zu rechtfertigen. Bis Mitte des Jahres 1958 währte es, ehe man herausfand, daß hierbei nicht von einem „Lohmann-Ruchti-Effekt" gesprochen werden darf, sondern „eigentlich von einem Marx-Engels-Effekt".[58] Der hierzu zwischen Marx und Engels geführte Briefwechsel wird in der westdeutschen Fachliteratur als „bisher unbekannte Quelle" deklariert, während die entscheidenden Ausführungen von Karl Marx im zweiten Band des „Kapital" anscheinend noch immer nicht entdeckt worden sind. Es gebührt O. Kratsch das Verdienst, bereits im Jahre 1957 darauf verwiesen zu haben, daß „schon vor hundert Jahren Karl Marx im ‚Kapital' (und im Briefwechsel mit Friedrich Engels vom 28. 8. 1863, 24., 16., 17. 8. 1867) auf diese Erscheinung auf-

[57] „Ohne Zweifel müssen die einzelnen Zweigen abgezogenen Amortisationsmittel zur Sicherung der einfachen Reproduktion in diesen Zweigen zurückerstattet werden." Vgl. Broßmann, K.-U., ebenda, S. 48, 43. Diese Forderung bezieht B. auch auf die Betriebe. Im gleichen Sinne wird auch in der genannten AO 6 vom 24. 2. 1958 von einer zeitweiligen Umverteilung und dem Recht auf Rückerstattung der Amortisationen gesprochen. Vgl. hierzu auch die Arbeit von Lange, A,. Die Investitionen in der volkseigenen Industrie der DDR im ersten Planjahrfünft, Berlin 1958, S. 172/173.

[58] „Zeitschrift für Handelswissenschaftliche Forschung", Heft 5/1958, S. 253; dgl. Heft 4/1958, S. 222ff. Siehe hierzu gleichfalls Tannhäuser, S., Zur Finanzierung der einfachen Reproduktion der Grundmittel aus Amortisationen, in „Wirtschaftswissenschaft" Heft 2/1959, S. 267.

merksam machte, so daß der zwischen Ruchti und Kosiol entbrannte Prioritätsstreit völlig gegenstandslos ist."[59]

Gerade am Beispiel der Finanzierungsmöglichkeiten der erweiterten Reproduktion der Grundmittel aus Amortisationen läßt sich zeigen, daß die mehr oder minder genaue Kenntnis bestimmter ökonomischer Zusammenhänge noch keine Gewähr für deren weitgehende Ausnutzung im volkswirtschaftlichen Maßstab bietet, wenn nicht zugleich auf der Grundlage des sozialistischen Eigentums an den Produktionsmitteln über sämtliche für die Finanzierung der erweiterten Reproduktion der Grundmittel erforderlichen materiellen und finanziellen Mittel zentral verfügt werden kann.

II. ZU DEN BEDINGUNGEN UND THEORETISCHEN GRENZEN DER STÄNDIGEN FREISETZUNG VON AMORTISATIONEN BEI EINFACHER REPRODUKTION DER GRUNDMITTEL (DER FREISETZUNGSEFFEKT DER AMORTISATIONEN) UND IHR EINSATZ FÜR DIE ERWEITERUNG DER PRODUKTIONSMÖGLICHKEITEN DER GRUNDMITTEL (DER REPRODUKTIONSEFFEKT DER AMORTISATIONEN)[60]

Der Lösungsweg der uns gestellten Aufgabe wird weitgehend von der Thematik bestimmt. Da wir – über die Untersuchung der qualitativen Seiten des Problems hinaus – zu quantitativen Ergebnissen gelangen müssen, erscheint der Einsatz eines gewissen mathematischen Formelapparates unvermeidlich.

Im übrigen wird der Aussagewert theoretischer Schlüsse vor allem von der Wirklichkeitsnähe der vorangestellten Prämissen bestimmt. Diese zu finden und widerspruchsfrei zu formulieren, bleibt aber Aufgabe der jeweiligen Einzelwissenschaften und nicht der von diesen benutzten Methoden.

[59] „Zu einigen Abschreibungsproblemen", Wirtschaftswissenschaft, Heft 4/1957, S. 558. Vgl. ferner „Bürgerliche betriebswirtschaftliche Apologetik zu den aktuellen Abschreibungsproblemen in Westdeutschland" in „Probleme der politischen Ökonomie", Jahrbuch des Instituts für Wirtschaftswissenschaften der Deutschen Akademie der Wissenschaften zu Berlin, Bd. III, Berlin 1960, S. 210ff.; Tannhäuser, S., und Matterne, K., Die Grundmittel in der sozialistischen Industrie der DDR, Berlin 1960, S. 223ff.; Takatera, S., Economics of Depreciation Financing, in „Kyoto University Economic Review, Kyoto, Japan, Vol. XXX, April 1960, S. 47ff.; Sojka, Die Beziehungen der Abschreibungen zu Ersatz- und Neuinvestitionen, in „Economicky casopis", Bratislava, Heft 2/1959.

[60] Für die Möglichkeiten der teilweisen Finanzierung der erweiterten Reproduktion der Grundmittel aus Amortisationen beginnt sich in der sozialistischen Fachliteratur der Begriff „Reproduktions-" bzw. „Freisetzungseffekt" einzubürgern. Vgl. hierzu Tannhäuser, S., Zur Finanzierung der einfachen Reproduktion der Grundmittel aus Amortisationen, in „Wirtschaftswissenschaften", Heft 2/1959, S. 267. Ob sich hierfür eine treffendere Bezeichnung finden läßt, sei dahingestellt. Wichtig erscheint uns vor allem, den ihr zugrunde liegenden ökonomischen Vorgang zu untersuchen. Das ermöglicht dann auch die eindeutige Anwendung des Begriffs. Wir werden uns deshalb – schon der Kürze halber – diesem Terminus anschließen.

1. Das Verhältnis des Amortisationsaufkommens zum Volumen der Brutto- und Ersatzinvestitionen bei einfacher und erweiterter Reproduktion der Grundmittel

Es ist zunächst das Verhältnis des Amortisationsaufkommens zum Volumen der Brutto- und Ersatzinvestitionen bei einfacher und erweiterter Reproduktion zu untersuchen. Dabei wird vereinfacht unterstellt, daß die Amortisationsdauer mit der tatsächlichen Nutzungsdauer übereinstimmt.

Dann ist der zum Zeitpunkt t_{0i}* investierte Anschaffungswert eines Grundmittels (AW_1) am Ende der Nutzungsdauer voll amortisiert und kann in Gestalt eines neuen Grundmittels reinvestiert werden.

Denn der Amortisationsbetrag je Grundmittel und Periode (Ab) beläuft sich bei Anwendung des Abschreibungsverfahrens nach gleichbleibenden Beträgen (sogenannte lineare Abschreibung) auf $\frac{AW}{n}$; am Ende der Nutzungs- (Amortisations-) dauer wachsen die kumulierten Amortisationsbeträge auf

$$n \frac{AW}{n} = AW \tag{1}$$

an.

Diese Feststellung gilt zugleich für eine Vielzahl in bezug auf den Anschaffungswert und die Nutzungsdauer homogener Grundmittel, die zum selben Zeitpunkt t_{01} in Betrieb genommen wurden.

Es wird nunmehr zu Beginn einer jeden Periode t_{0i} fortlaufend bis zum Zeitpunkt. t_{0n} eine stets gleiche Anzahl in bezug auf den Anschaffungswert und die Nutzungs- (Amortisations-)dauer homogener Grundmittel investiert. Aus staatlichen zentralisierten Fonds werden beispielsweise finanziert zu den Zeitpunkten:

$$Gb_n = \overset{t_{01}}{AW_1} + \overset{t_{02}}{AW_2} + \ldots + \overset{t_{0n}}{AW_n} = \sum_{v=1}^{n} AW_v = nAW. \tag{2}$$

(Grundmittelvermögen/brutto)

$$(AW_1 = AW_2 = \ldots = AW_n)$$

Das jeweils am Ende einer Periode anfallende Amortisationsaufkommen (Aa) entwickelt sich dann wie folgt:

$$\overset{t_1}{\frac{AW}{n}}, \quad \overset{t_2}{\frac{2\,AW}{n}}, \quad \overset{t_3}{\frac{3\,AW}{n}}, \ldots, \overset{t_n}{\frac{n\,AW}{n}} = AW. \tag{3}$$

Am Ende der Nutzungs-(Amortisations-)dauer ist das jeweilige Amortisationsaufkommen auf den Betrag von AW angewachsen. Dem entspricht aber genau der

* t_{0i} = Beginn einer Periode, t_i = Ende einer Periode,
$(i = 1, 2, \ldots, n)$ $(i = 1, 2, \ldots, n)$
t_i und t_{0i+1} fallen zeitlich zusammen.
Der Zeitraum von $t_{01} - t_n$ umfaßt die angenommene bzw. tatsächliche Nutzungsdauer der Grundmittel von n Perioden.

Anschaffungswert AW der vor n Perioden investierten, nunmehr verschlissenen und zu ersetzenden Grundmittel.

Aus dem zum Zeitpunkt t_n anfallenden Amortisationsaufkommen in Höhe von AW wird die Ersatzbeschaffung der ausscheidenden Grundmittel finanziert. Zum Zeitpunkt t_{n+1} wiederholt sich der gleiche Vorgang. Das zum Zeitpunkt t_{n+1} anfallende Amortisationsaufkommen in Höhe von AW entspricht genau dem vor n Perioden, also zum Zeitpunkt t_{02} investierten und nunmehr zu reinvestierenden Anschaffungswert AW_2 jener Grundmittel.

Das Amortisationsaufkommen steigt demnach auch dann auf das Niveau der investierten Anschaffungswerte, wenn fortlaufend eine Vielzahl in bezug auf den Anschaffungswert und die Nutzungsdauer homogener Grundmittel in Betrieb genommen wird, die Summe der zu Beginn einer jeden Periode investierten Anschaffungswerte aber gleichbleibt. Ab dem Zeitpunkt t_n gilt somit die Gleichung:

$$AW_{01} = Aa_n = Rp_{0n+1} = BI_{0n+1},$$
$$AW_{02} = Aa_{n+1} = Rp_{0n+2} = BI_{0n+2}. \qquad (4)$$

Allgemein gilt ab $t \geqq n$:

$$AW_{t-n+1} = Aa_t = Rp_{0t+1} = BI_{0t+1}. \qquad (4{,}1),$$

Rp_{0t+1} = Anschaffungswert der Ersatzinvestition für die zum Zeitpunkt $t - n + 1$ investierten und nunmehr ausgeschiedenen Grundmittel,
BI_{0t+1} = Bruttoinvestitionen zum Zeitpunkt $0t + 1$.

Es soll nunmehr die Entwicklung des Verhältnisses von Amortisationsaufkommen zum Anschaffungswert der ausscheidenden und zu ersetzenden Grundmittel unter den Bedingungen der gleichzeitigen Investition einer Vielzahl von Grundmitteln mit unterschiedlichen Anschaffungswerten und verschiedener Nutzungsdauer gezeigt werden.

Hier verhält sich die Anpassung der Datenreihen von Amortisationsaufkommen und Ersatzinvestitionen anders als in den vorherigen Beispielen. Das Amortisationsaufkommen hält von Anfang an ein bestimmtes Niveau: denn wenn die am Ende ihrer jeweiligen Nutzungsdauer ausscheidenden Grundmittel sofort durch in bezug auf den individuellen Anschaffungswert und die individuelle Nutzungsdauer homogene Grundmittel ersetzt werden, bleibt der Bruttowert des vorhandenen Grundmittelvermögens sowie dessen Struktur über die Zeit konstant. Das Amortisationsaufkommen ergibt sich aber aus der Summation der Amortisationsbeträge, und diese werden vom jeweiligen Anschaffungswert und der gegebenen Nutzungsdauer bestimmt:

$$Aa_1 = \frac{AW_1}{n_1} + \frac{AW_2}{n_2} + \cdots + \frac{AW_z}{n_z} = \sum_{v=1}^{z} \frac{AW_v}{n_v} \qquad (5)$$
$$\text{wobei } \frac{AW_1}{n_1} \neq \frac{AW_2}{n_2} \neq \cdots \neq \frac{AW_z}{n_z}$$

z = Anzahl der Grundmittel(-gruppen).

Da definitionsgemäß an Stelle von AW_{0t} stets Rp_{0t+n} bei gleichbleibendem n gesetzt werden kann, gilt (5) für jedes t.

Damit (4,1) gilt, muß die Finanzierung der notwendigen Ersatzinvestitionen aus dem anfallenden Amortisationsaufkommen gewährleistet sein.

Es ist zu vermuten, daß dieses Gleichgewicht ebenfalls nach n Perioden erreicht wird. Da wir es jedoch mit in bezug auf die Anschaffungswerte und die Nutzungsdauer unterschiedlichen Grundmittel(-gruppen) zu tun haben, kann es sich bei dieser Rechnung nur um Durchschnittswerte handeln.

An Stelle der einmaligen Investition einer Vielzahl bezüglich dem Anschaffungswert und der Nutzungsdauer heterogener Grundmittel(-gruppen) wird unterstellt, daß über den Zeitraum der durchschnittlichen Nutzungsdauer aller Grundmittel jeweils ein Betrag investiert wird, der dem Durchschnittswert der zum Zeitpunkt t_{01} investierten Grundmittel entspricht. Dieser Betrag muß mit dem Amortisationsaufkommen am Ende der ersten durchschnittlichen Nutzungsdauer übereinstimmen. Folgerichtig scheidet ab diesem Zeitpunkt durchschnittlich eine Anzahl von Grundmitteln aus, die dem durchschnittlichen Investitionsbetrag über den Zeitraum $t_{01} - t_{\emptyset n}$ entspricht.

Lediglich aus beweistechnischen Gründen führen wir die zusätzliche Annahme ein, daß ein Grundmittel zum Anschaffungswert von AW DM eine Nutzungsdauer von einer Amortisationsperiode, bei einem Anschaffungswert von 2 AW DM eine Nutzungsdauer von 2 Amortisationsperioden hat usw.[61]

Dann beträgt das zum Zeitpunkt t_{01} investierte Grundmittelvermögen (brutto) (Gb_{0t})

$$Gb_{01} = AW + 2\,AW + 3\,AW + \cdots + n\,AW = AW \sum_{v=1}^{n} v = AW \frac{n}{2}(n+1). \qquad (5,1)$$

n = Nutzungsdauer des langlebigsten Grundmittels, zugleich Anzahl der Grundmittel.

Die mittlere Nutzungsdauer ($\emptyset\, n$) aller zum Zeitpunkt t_{01} investierten Grundmittel beträgt dann:

$$\frac{1+2+3+\cdots+n}{n} = \frac{n}{2}\left(\frac{n+1}{n}\right) = \frac{n+1}{2} = \emptyset n. \qquad (5,2)$$

[61] Diese für den speziellen Fall geeignete Annahme ist der Beweisführung von H. Ruchti. Die Abschreibung — Ihre grundsätzliche Bedeutung als Aufwandsfaktor, Ertragsfaktor, Finanzierungsfaktor, Stuttgart 1953, S. 133/34 entlehnt. Ein derartiger funktionaler Zusammenhang ist in der Wirklichkeit sicher nicht gegeben. Trotzdem bedeutet eine solche Annahme keine eigentliche Einschränkung der Allgemeingültigkeit und ist deshalb wegen der einfacheren Rechnung für die Beweisführung verwendbar. Unabhängig hiervon wäre es von Interesse zu prüfen, inwieweit zwischen den Anschaffungswerten und der angenommenen oder der tatsächlichen Nutzungsdauer der Grundmittel (wenn auch kein logischer, so doch) ein korrelativer Zusammenhang nachweisbar ist.

Der über den Zeitraum von $\emptyset n$ Perioden hinweg durchschnittlich investierte Betrag beläuft sich somit auf:

$$\frac{AW\frac{n}{2}(n+1)}{\frac{n+1}{2}} = nAW. \qquad (5,3)$$

Analog zu (3) entwickelt sich das jeweils am Ende einer Periode anfallende Amortisationsaufkommen wie folgt:

$$\overset{t_1}{\frac{nAW}{\frac{n+1}{2}}},\quad \overset{t_2}{2\frac{nAW}{\frac{n+1}{2}}},\quad \overset{t_3}{3\frac{nAW}{\frac{n+1}{2}}},\ldots,\overset{t_{\emptyset n}}{\frac{(n+1)}{(2)}\frac{nAW}{\frac{n+1}{2}}} = nAW. \qquad (5,4)$$

Am Ende der durchschnittlichen Nutzungsdauer $t_{\emptyset n}$ wäre unter diesen Bedingungen das Amortisationsaufkommen auf den Betrag von $n\ AW$ angewachsen. Dem entspricht aber genau der durchschnittliche Investitionsbetrag, der über den Zeitraum von $\frac{n+1}{2}$ Perioden hinweg regelmäßig, also beispielsweise auch zum Zeitpunkt t_{01}, verausgabt worden wäre. Er reicht zugleich zur Finanzierung der notwendigen Ersatzinvestitionen, die sich nach $\frac{n+1}{2}$ Perioden auf die Höhe der durchschnittlich im Zeitraum $t_{01} - t_{\emptyset n}$ investierten Anschaffungswerte und damit auch des anfallenden Amortisationsaufkommens (5,4) einzuspielen beginnen. Hierbei ist es um so sinnvoller, Durchschnittswerte zu unterstellen, je mehr Grundmittel vorhanden sind und je günstiger sich deren Anschaffungswerte bei einer möglichst großen durchschnittlichen Nutzungsdauer aller investierten Grundmittel über deren gesamte Variationsbreite verteilen. Jedenfalls gilt auch unter den Bedingungen der Investition einer Vielzahl von Grundmitteln mit unterschiedlichen Anschaffungswerten und verschiedener Nutzungsdauer, daß – obgleich nur im Durchschnitt – die investierten Anschaffungswerte, das Amortisationsaufkommen sowie die jeweils fälligen Ersatzinvestitionen auf die Dauer übereinstimmen (4,1):

$$\emptyset\, AW_{01-\emptyset 0n} = Aa_{\emptyset n} = \emptyset\, Rp_{\emptyset 0n+1} = \emptyset\, BI_{\emptyset 0n+1} \qquad (6)$$

Bisher wurden der Beweisführung über die Zeit konstante Bruttoinvestitionen unterstellt. Die zum Zeitpunkt t_{0n+1} in Betrieb genommenen Grundmittel ersetzen im vollen Umfang die zum Zeitpunkt t_{01} investierten und nunmehr verschlissenen Einheiten. Diese Annahme ist – insbesondere für die sozialistische Planwirtschaft – wenig real. Deshalb ist das Verhältnis zwischen dem Bruttowert der Erstinvestitionen (AW), dem Amortisationsaufkommen (Aa) am Ende der Nutzungsdauer[62] der zuerst investierten Grundmittel t_n und den zum Zeitpunkt t_{0n+1} fälligen Ersatzinvestitionen (Rp) bei trendmäßig wachsenden Bruttoinvestitionen zu prüfen.

[62] Die bei homogenen Grundmitteln als einheitlich oder bei hinsichtlich ihrer Nutzungsdauer heterogenen Grundmitteln als gewogener Durchschnitt unterstellt wird.

Wir erinnern uns, daß das Amortisationsaufkommen am Ende jeder Periode aus der Summation der von den Anschaffungswerten vorhandener Grundmittel berechneten Amortisationsbeträge gewonnen wird. Bei Anwendung des Abschreibungsverfahrens nach gleichbleibenden Beträgen (sogenannte lineare Abschreibung) ergibt sich somit vereinfacht das Amortisationsaufkommen am Ende einer Periode aus der Division des Grundmittelvermögens (brutto) durch die Nutzungsdauer der vorhandenen Grundmittel.

Es wird nunmehr angenommen, daß nicht einmalig in einer Periode, etwa zu Beginn eines Jahres, sondern ständig investiert und abgeschrieben wird.[63] Ist das Wachstumstempo >1 und beträgt das Grundmittelvermögen (brutto) zu Beginn des Investitionszeitraumes t_{01} 0, so entwickeln sich Bruttoinvestitionen, Grundmittelvermögen (brutto) sowie Amortisationsaufkommen wie folgt:

Die Bruttoinvestitionen (BI_t) für $t \leq n$ betragen:

e^{zt} (7), wobei das Zuwachstempo $z > 0$ angenommen wird.

Das Grundmittelvermögen (brutto) (Gb_t) ergibt sich aus der Summation der seit t_{01} vollzogenen Bruttoinvestitionen:

$$\underset{(z=\text{konst.})}{Gb_t =} = \int_0^t e^{zt}\,dt = \frac{e^{zt}-1}{z}. \tag{8}$$ [64]

Das Amortisationsaufkommen (Aa_t) ist dann $\frac{Gb_t}{n}$, d. h.

$$Aa_t = \frac{e^{zt}-1}{zn}. \tag{9}$$

Gefragt ist wiederum nach dem Verhältnis von Bruttoinvestition zu Amortisationsaufkommen und dessen Entwicklung in der Zeit:

$$\frac{BI_t}{Aa_t} = \frac{e^{zt}}{\frac{e^{zt}-1}{zn}} = \frac{zn}{1-\frac{1}{e^{zt}}}. \tag{10}$$

Zum Zeitpunkt $t = n$ $(z\,t > 0)$ beträgt das genannte Verhältnis

$$\frac{e^{zn}}{\frac{e^{zn}-1}{zn}} = \frac{zn}{1-\frac{1}{e^{zn}}}. \tag{10,1}$$

[63] Den Gebrauch der Wachstumsfunktion e werden wir später begründen.

[64] Vgl. Anmerkung * auf S. 295 dieser Arbeit. Wie noch zu zeigen ist, verlaufen die Prozesse der erweiterten Reproduktion der Grundmittel unter den Bedingungen der sozialistischen Planwirtschaft weitgehend kontinuierlich. Die Prüfung ergab, daß sich unter den möglichen Darstellungsweisen der u. a. von E. D. Domar z. B. in seiner Arbeit über „Depreciation, Replacement and Growth“, The Economic Journal, März 1953, angewandte methodische Apparat (e-Funktionen) hierfür am geeignetsten erweist, während er auf

Von besonderem Interesse ist die Entwicklung dieses Verhältnisses bei unterschiedlicher Nutzungsdauer und wachsenden Bruttoinvestitionen ($z > 0$, konst.):

$$\lim_{\substack{n \to \infty \\ (z > 0,\ \text{konst.})}} \frac{zn}{1 - \frac{1}{e^{zn}}} = \infty. \tag{10,2}$$

Je länger somit die Nutzungsdauer der in wachsendem Umfang investierten Grundmittel ist, desto größer wird die Spanne zwischen dem am Ende einer Nutzungsdauer in Dienst gestellten Grundmittel und dem zum selben Zeitpunkt fälligen Amortisationsaufkommen.

Bei abnehmender Nutzungsdauer der Grundmittel, aber tendenziell wachsenden Bruttoinvestitionen sinkt dieses Verhältnis, denn

$$\lim_{\substack{n \to 0 \\ (z > 0,\ \text{konst.})}} \frac{zn}{1 - \frac{1}{e^{zn}}} = 1. \tag{10,3}$$

Die Annahme einer Nutzungsdauer der Grundmittel von ∞ ist widersprüchlich, denn dann verminderte sich der Verschleiß auf 0 und es fände kein Wertübertragungsprozeß statt. Damit würde zugleich die Vornahme (verschleißbedingter) Amortisationen sinnlos.

Daß sich die Nutzungsdauer der Grundmittel auf 0 verkürzt, ist praktisch nicht real. Von einer Nutzung als Grundmittel kann unter diesen Umständen keine Rede sein.[65]

individuelle (kapitalistische) Betriebe kaum oder gar nicht anwendbar ist. Soweit es zweckmäßig erscheint, soll deshalb im folgenden von dem u. a. durch D. entwickelten Verfahren Gebrauch gemacht werden. Dies gilt insbesondere für die Formeln (7), (8), (8,1), (31,3), (31,15) sowie (32,2) bis (32,7) und (32,11) dieser Arbeit. – Erst nach dem Abschluß des Manuskripts gelangte dem Verfasser eine Arbeit von Prof. S. Takatera, Kyoto Universität, Japan, zur Kenntnis, worin die zur Analyse des Reproduktionseffektes angewandten Methoden vom Standpunkt der marxistischen politischen Ökonomie kritisch geprüft werden. T. kommt zu dem Schluß, daß die seitens der Vertreter der Betriebswirtschaftslehre – insbesondere, aber nicht nur der westdeutschen – zugrunde gelegten Annahmen einmaliger Investitionen „sich der Wirklichkeit gegenüber als äußerst hilflos erweisen . . . Der Mangel in der Beweisführung . . . läßt sich darauf zurückführen, daß es in dieser Theorie versäumt wurde, als analytisches Verfahren ein ökonomisches Modell einer realen Volkswirtschaft oder Unternehmung mit einem kontinuierlichen Strom von Nettoanlageinvestitionen zu konstruieren . . . Hingegen hat die ‚Amerikanische Theorie von der Abschreibungsfinanzierung' . . . diesen Mangel von Anfang an mit Erfolg überwunden, wurde sie doch glücklicherweise von Volkswirtschaftlern entwickelt . . . Im Kapitel 20 'Einfache Reproduktion' in Band II des 'Kapitals' wenden sie (Marx und Engels, J. B.) eine analytische Methode ähnlich jener der ‚Amerikanischen Theorie von der Abschreibungsfinanzierung' an, und obgleich sie ihre Untersuchung unbeendet ließen, erhielten sie doch ein Ergebnis, das völlig im Bereich der Möglichkeit liegt, vom logischen Gesichtspunkt her zum selben Ziel zu gelangen." Vgl. Economics of Depreciation Financing, in „Kyoto University Economic Review", Vol. XXX, April 1960, S. 57 und 61.

[65] Die Annahme einer Nutzungsdauer von 0 darf nicht mit der Sofortabschreibung verwechselt werden, deren sich im Kapitalismus besonders die Monopole aus Profitgründen bedienen. Oftmals werden die realisierten Investitionen gar nicht erst aktiviert. Vgl. hierzu Kratsch, O., Zur Rolle der Abschreibungen bei der Investitionsfinanzierung der westdeutschen Industriemonopole in der Zeit von 1948–1957, ebenda, S. 107ff.

Hingegen sind derartige Abstraktionen in der Theorie für Beweiszwecke unentbehrlich.[66]

Praktisch bedeutsamer ist die Annahme, daß das Zuwachstempo der Bruttoinvestitionen = 0 wird, d. h. der Betrag der zu jedem Zeitpunkt investierten Anschaffungswerte konstant bleibt (einfache Reproduktion der Grundmittel).

Für $n > 0$, aber konstantem Umfang der Bruttoinvestitionen ergibt sich für den Zeitpunkt t $(0 \leq t < n)$ ein Verhältnis beider Größen zueinander von

$$\lim_{\substack{z \to 0 \\ (n > 0,\ \text{konst.})}} \frac{zn}{1 - \frac{1}{e^{zt}}} = \frac{n}{t}. \tag{11}$$

Bei gegebenem $n > 0$ nähert sich demnach das Amortisationsaufkommen dem jeweiligen Umfang der Bruttoinvestitionen um so stärker, je mehr der erste Investitionsprozeß seinem Abschluß, nämlich dem Ende der ersten Nutzungsdauer t_n, zustrebt.

Tatsächlich nimmt das Verhältnis der Bruttoinvestitionen zum Amortisationsaufkommen Ende der ersten Nutzungsdauer t_n die Größe 1 an; denn für $t = n$ ergibt (11) $\frac{n}{n} = 1$. (11,1).

Das in (4) und (6) nur für die Bedingung konstanter Bruttoinvestitionen formulierte Verhältnis wird somit auch durch (11,1) ausgedrückt und bildet einen Spezialfall des in (10) allgemein formulierten Zusammenhangs zwischen der Entwicklung der Bruttoinvestitionen und des Amortisationsaufkommens.

Dieses Ergebnis überrascht nicht; vielmehr erweist sich hierin die Tatsache, daß die einfache Reproduktion der Grundmittel als ein realer Faktor der Akkumulation im Prozeß der erweiterten gesellschaftlichen Reproduktion enthalten ist.[67]

Unter der Bedingung konstanter Bruttoinvestitionen steigt entweder das Amortisationsaufkommen allmählich bis zum Ende der ersten Nutzungsdauer t_n auf das Niveau der gleichbleibenden Bruttoinvestitionen und damit auch der ab dem Zeitpunkt t_{0n+1} einsetzenden Ersatzinvestitionen an bzw. es beginnen sich die Ersatzinvestitionen allmählich auf die Höhe des gleichbleibenden Amortisationsaufkommens und damit auf den Betrag der während der ersten mittleren Nutzungsdauer $t_{\emptyset n}$ durchschnittlich investierten Anschaffungswerte einzuspielen. Zumindest für den Durchschnitt gilt deshalb die Feststellung, daß alle drei Größen bei konstanten Bruttoinvestitionen zur Übereinstimmung gelangen.

[66] So beweist K. Marx mit Hilfe einer solchen Grenzwertbetrachtung beispielsweise das Folgende: „Das Maximum, das die Geschwindigkeit der Zirkulation, wenn sie auf ∞ stiege, bewirken könnte, wäre die Zirkulationszeit = 0 zu setzen, d. h. sich selbst aufzuheben. Sie kann also nicht ein positiv wertschaffendes Moment sein, da ihre Aufhebung – Zirkulation ohne Zirkulationszeit – das Maximum der Verwertung, ihre Negation = der höchsten Position der Produktivität des Kapitals wäre . . . Zirkulation ohne Zirkulationszeit – d. h. das Übergehen des Kapitals aus einer Phase in die andere mit derselben Schnelle, womit der Begriff umschlägt – wäre das Maximum, d. h. das Zusammenfallen der Erneuerung des Produktionsprozesses mit seiner Beendigung.“ Vgl. Grundrisse der Kritik der Politischen Ökonomie, Berlin 1953, S. 523/524.

[67] Vgl. S. 305 dieser Arbeit.

Unter der Bedingung wachsender Bruttoinvestitionen gilt dieser Satz hingegen nicht mehr. Die am Ende der ersten Nutzungsdauer t_n/t_{0n+1} realisierten Bruttoinvestitionen übersteigen das zum selben Zeitpunkt anfallende Amortisationsaufkommen um so mehr, je größer bei gegebenem Wachstumstempo der Bruttoinvestitionen ($w > 1$) die Nutzungsdauer der Grundmittel bzw. je stärker bei gegebener Nutzungsdauer der Grundmittel das tendenzielle Investitionstempo ist. Denn für $(z\,n) \to \infty$ gilt

$$\lim_{(zn)\to\infty} \frac{BI_n}{Aa_n} = \frac{e^{zn}}{\frac{e^{zn}-1}{zn}} = \frac{(zn)}{1-\frac{1}{e^{(zn)}}} = \infty . \qquad (10,4)$$

Bei wachsenden Bruttoinvestitionen übersteigt aber auch das Amortisationsaufkommen am Ende der ersten Nutzungsdauer t_n den Betrag der zu Beginn dieses Zeitraums t_{01} investierten Anschaffungswerte (von der praktisch bedeutungslosen Annahme abgesehen, daß $n = 0$ ist), weil

$$\underset{(zn>0)}{\frac{Aa_n}{BI_{01}}} = \frac{\frac{e^{zn}-1}{zn}}{e^{z0}} > 1 \quad \text{ist.}^{68}) \qquad (12)$$

Bei tendenziell wachsenden Bruttoinvestitionen ist das Ende der ersten Nutzungsdauer t_n anfallende Amortisationsaufkommen somit größer als die vor n Perioden investierten Anschaffungswerte der nunmehr ausscheidenden und zu ersetzenden Grundmittel. Das Amortisationsaufkommen übersteigt den Ersatzbedarf, und es gilt für $t = n$ wegen (10,2), (10,3) bzw. (10,4) und (12) die Ungleichung:

$$AW_{01} = Rp_{0n+1} < Aa_n < BI_{0n+1} \,. \qquad (13)$$

Es könnte vermutet werden, daß diese Ungleichung (13), insbesondere aber $Rp_{0t+1} < Aa_t$ $(t \geq n)$, nur ausnahmsweise, nämlich für das Ende der ersten Investitions-Nutzungsperiode t_n, zutrifft, weil mit dem Aufbau des Grundmittelbestandes erst begonnen wurde, später aber in ständig wachsendem Umfang aus Amortisationen Ersatzinvestitionen zu finanzieren sind. Der in (13) gezeigte Sachverhalt ist deshalb noch über den Zeitpunkt $t_{n/0n+1}$ hinaus zu verallgemeinern.

[68] Daß bei wachsendem Grundmittelvermögen die realisierte Amortisationssumme des Reproduktionsjahres den wertmäßigen Umfang der notwendigen Ersatzinvestitionen übersteigt, wurde bereits von A. I. Notkin festgestellt. „Unter diesen Bedingungen, d. h. bei von Jahr zu Jahr sich vergrößerndem Umfang des Grundmittelfonds, ist der Jahresbetrag der Amortisationen immer größer als der Reproduktionswert der faktischen ausscheidenden Fonds." Vgl. Abriß zur Theorie der sozialistischen Reproduktion, Moskau 1948, S. 104/105 (russ.). Zitiert nach O. Kratsch, Zu einigen Abschreibungsproblemen, in „Wirtschaftswissenschaft", Heft 4/1957, S. 557/58.

Dieser Tatbestand wird ebenfalls von S. Tannhäuser und K. Matterne anschaulich dargestellt. Vgl. Die Grundmittel in der sozialistischen Industrie der DDR, Berlin 1960, S. 230/31.

Das zu jedem beliebigen Zeitpunkt $t \geq n$ anfallende Amortisationsaufkommen beträgt bei Anwendung des sogenannten linearen Abschreibungsverfahrens den n-ten Teil des amortisationsfähigen Grundmittelvermögens (brutto). Dies erhöht sich um die tendenziell wachsenden Bruttoinvestitionen, wird aber zugleich um den Anschaffungswert der vor n Perioden investierten und nunmehr ausscheidenden Grundmittel vermindert.

Nach (8) errechnet sich also das amortisationsfähige Grundmittelvermögen (brutto) zu jedem beliebigen Zeitpunkt $t \geq n$ und bei gleichbleibendem $n > 0$ wie folgt:

$$\underset{t \geq n > 0}{Gb_t} = \int\limits_{t-n} e^{zt}\, dt = \frac{e^{zt}(1 - e^{-zn})}{z}. \tag{8,1}$$

Das Amortisationsaufkommen beläuft sich somit nach (9) auf

$$\underset{t \geq n > 0}{Aa_t} = \frac{e^{zt}(1 - e^{-zn})}{zn}. \tag{9,1}$$

Das Verhältnis der jeweiligen Bruttoinvestitionen zum Amortisationsaufkommen ergibt aber für $t \geq n > 0$ wiederum

$$\underset{t \geq n > 0}{\frac{BI_t}{Aa_t}} = \frac{e^{zt}}{\frac{e^{zt}(1 - e^{-zn})}{zn}} = \frac{zn}{1 - \frac{1}{e^{zn}}}. \tag{10}$$

Gemäß (10,3) ist der Quotient $\frac{BI_t}{Aa_t} > 1$, wenn nur die Bruttoinvestitionen tendenziell wachsen.

Das Amortisationsaufkommen zum Zeitpunkt $t \geq n$ übersteigt gleichfalls den Anschaffungswert der vor n Perioden investierten und nunmehr zu ersetzenden Grundmittel, denn

$$\frac{Aa_t}{BI_{t-n+1}} = \frac{\frac{e^{zt}(1 - e^{-zn})}{zn}}{e^{z(t-n)}} = \frac{e^{zn} - 1}{zn} > 1. \tag{12}$$

$$(z\, n > 0, \text{ konst.})$$

Dann gilt auch für $t > n > 0$ die Ungleichung

$$AW_{0t-n+1} = Rp_{0t+1} < Aa_t < BI_{0t+1}. \tag{14}$$

Somit allgemein für $t \geq n > 0$:

$$AW_{t-n+1} = Rp_{0t+1} < Aa_t < BI_{0t+1}, \tag{14,1}$$

wenn nur $z > 0$ bzw. $BI_{0t} < BI_{0t+1}$.

Bei tendenziell wachsenden Bruttoinvestitionen ist das jeweils anfallende Amortisationsaufkommen somit stets größer als die vor n Perioden investierten Anschaffungswerte der nunmehr verschlissenen und zu ersetzenden Grundmittel. Das Amortisationsaufkommen übersteigt den jeweiligen Umfang der notwendigen Ersatzinvestitionen. Allerdings müssen zugleich die laufenden Bruttoinvestitionen das Amortisationsaufkommen übersteigen. Das ist gewährleistet, sobald das Zuwachstempo der Bruttoinvestitionen in der Tendenz größer als 0 ist. Eine derartige Voraussetzung entspricht voll und ganz dem hohen Entwicklungstempo der sozialistischen Industrie der DDR.

Dieser Gesetzmäßigkeit der erweiterten Reproduktion der Grundmittel entspringt somit eine wichtige zusätzliche Finanzierungsquelle. Allerdings ist sie nicht mit dem aus der einfachen Reproduktion entspringenden Freisetzungs-(bzw. Reproduktions-)effekt der Amortisationen identisch. Sinkt nämlich das Wachstumstempo der Bruttoinvestitionen auf die Größe von 1 herab, steigt also das Volumen der Bruttoinvestitionen in der Tendenz nicht, sondern bleibt es konstant, so beginnt — wie bewiesen wurde — diese zusätzliche Finanzierungsquelle zu versiegen.

Es leuchtet ein, daß sich das Verhältnis der Größen Amortisationsaufkommen und Umfang der notwendigen Ersatzinvestitionen umkehrt, sobald das Wachstumstempo der Bruttoinvestitionen tendenziell unter 1 herabsinkt. Die Annahme eines negativen Zuwachstempos der Bruttoinvestitionen über viele Jahre hinweg ist indes für die Volkswirtschaften sozialistischer Staaten praktisch bedeutungslos. Aus diesem Grunde wird von einer gesonderten Beweisführung abgesehen.[69]

Es kann überdies gezeigt werden, daß der in (4,1), (6) und (11,2) für den Spezialfall konstanter Bruttoinvestitionen formulierte Zusammenhang, wonach sich das Niveau des Amortisationsaufkommens und das der Brutto- und Ersatzinvestitionen aufeinander einspielen, im Durchschnitt des Zeitraumes t_{01} bis t_n auch für tendenziell wachsende Bruttoinvestitionen gilt.[70]

Allgemein ist damit bewiesen, daß die Amortisationen auf die Dauer stets dem Volumen der realisierten Bruttoinvestitionen entsprechen und somit auch die Finanzierung der einfachen Reproduktion des Grundmittelvermögens durch entsprechende Ersatzinvestitionen zu gewährleisten vermögen, wenn nur die den Amortisationen zugrunde gelegte Amortisationsdauer mit der tatsächlichen Nutzungsdauer übereinstimmt.

Die Untersuchung bestätigt jedoch zugleich eine methodologisch bemerkenswerte Tatsache. Zum Nachweis der Übergänge von der einfachen zur erweiterten Reproduktion der Grundmittel, insbesondere der Finanzierungsmöglichkeiten von Erweiterungsinvestitionen aus Mitteln der Werterhaltung (Amortisationen), erweist sich nämlich — wie gezeigt wurde — das Auffinden des Allgemeinen und Durch-

[69] Den genannten Zusammenhang unter Bedingungen einer schrumpfenden Wirtschaft behandelt R. Eisner. Danach fällt das Amortisationsaufkommen gegenüber dem auf die Dauer gleichfalls sinkenden Ersatzbedarf um so stärker, je größer das negative Zuwachstempo und je länger die (durchschnittliche) Nutzungsdauer der zu amortisierenden Grundmittel ist. Vgl. Depreciation allowances, replacement requirements and growth, in „The American Economic Review XIII, 1952, S. 821ff.

[70] Vgl. vom Verfasser „Zur Finanzierung der erweiterten Reproduktion . . .“, Dissertationsschrift, S. 83/84.

schnittlichen zwar als unentbehrlich, nicht aber als hinreichend; es bedarf hierfür der ergänzenden Analyse der spezifischen Momente des Untersuchungsobjekts.

2. Die Möglichkeiten und theoretischen Grenzen für die Freisetzung von Amortisationen bei einfacher Reproduktion unter idealen Voraussetzungen.

Im Maßstab ganzer Industriezweige[71] sowie der gesamten sozialistischen Industrie der DDR spielt der Freisetzungs- (bzw. Reproduktions-)effekt der Amortisationen, soweit er der einfachen Reproduktion des Grundmittelbestandes entspringt, für die teilweise Finanzierung von Erweiterungsinvestitionen keine Rolle. Die Gründe hierfür sollen später erörtert werden.

Hingegen werden Amortisationen im einzelnen in neu errichteten Industriebetrieben und nach größeren Investitionen in bestehenden Betrieben ständig freigesetzt. Sie können im selben Betrieb oder im Wege der Umverteilung andernorts der Finanzierung von Erweiterungsinvestitionen dienen.

Die ökonomische Zulässigkeit sowie der vertretbare Umfang der ständigen Umverteilung von Amortisationen lassen sich nur aus den Gesetzmäßigkeiten des Freisetzungs-(bzw. Reproduktions-)effektes unter den Bedingungen der einfachen Reproduktion des Grundmittelbestandes ableiten. Es sind deshalb zunächst die ökonomischen Grundlagen der ständigen Freisetzung von Amortisationen und deren theoretischen Grenzen bei einfacher Reproduktion sowie ihr Einsatz für die Erweiterung der Produktionsmöglichkeiten des Grundmittelbestandes unter den allgemeinen Bedingungen sozialistischer Produktionsverhältnisse zu prüfen.

Zu diesem Zweck sind die Zusammenhänge zu ergründen, die sich vor Erreichen des Gleichgewichts der genannten Größen herausbilden. Um den Einfluß der wachstumsbedingten Faktoren (14) auszuschalten, werden — wiederum als Spezialfall der erweiterten Reproduktion der Grundmittel — ein Zuwachstempo der Bruttoinvestitionen von 0, also konstante Bruttoinvestitionen, unterstellt.

Unter diesen Umständen verhält sich das jeweilige Amortisationsaufkommen zu den konstanten Bruttoinvestitionen gemäß (11) und (11,1) wie

$$\frac{1}{\lim\limits_{\substack{z\to 0\\(0<t\leqq n)}} \frac{nz}{1-\frac{1}{e^{zt}}}} = \frac{t}{n}, \qquad (16)$$

das jeweilige Amortisationsaufkommen wächst demnach mit fortschreitender Zeit an, um schließlich zum Zeitpunkt t_n das Niveau der gleichbleibenden Bruttoinvestitionen zu erreichen.

Wie (3) zeigt, gilt dies nicht nur unter Bedingungen der Kontinuität, sondern auch dann, wenn in regelmäßigen zeitlichen Abständen investiert (t_{0i}) und amortisiert (t_i) wird.

[71] Von solchen Industriezweigen, wie z. B. den Schiffsbau, die völlig neu errichtet wurden oder errichtet werden, abgesehen.

Falls lediglich ein Grundmittel bzw. eine Vielzahl in bezug auf den Anschaffungswert und die Nutzungsdauer homogener Grundmittel investiert werden, stimmt das jeweilige Amortisationsaufkommen mit dem Amortisationsbetrag des gleichen Zeitpunktes überein. Die dem Amortisationsfonds (Af) gutgeschriebenen Amortisationsbeträge wachsen bis zum Ende der Nutzungsdauer t_n zur Höhe des vor n Perioden investierten Anschaffungswertes an. Die zum Zeitpunkt t_{0n+1} fälligen Ersatzinvestitionen vom selben Betrag werden aus den im Amortisationsfonds angesammelten Amortisationen finanziert; der Zyklus setzt von neuem ein, usf.

Der Bestand des Amortisationsfonds schwankt zwischen 0 und $\frac{(n-1)\,AW}{n}$, denn der zum Zeitpunkt t_n dem Amortisationsfonds zugeführte Betrag in Höhe von $\frac{AW}{n}$ wird zum Zeitpunkt t_{0n+1} reinvestiert. Vereinbarungsgemäß fallen aber beide Zeitpunkte zusammen. Die zu den Zeitpunkten $t_1, t_2, \ldots, t_{n-1}$ aus dem Erlös zurückfließenden Amortisationsbeträge werden hingegen zeitweilig aus dem Umschlag der Grundmittelfonds entlassen und sind im Amortisationsfonds stillgelegt.[72]

Anders entwickelt sich das im Amortisationsfonds kumulierte Amortisationsvolumen, wenn zu Beginn einer jeden Periode t_{0i} fortlaufend bis zum Zeitpunkt t_{0n} eine stets gleiche Anzahl in bezug auf den Anschaffungswert und die Nutzungsdauer homogener Grundmittel investiert wird. Die beispielsweise aus staatlichen zentralisierten Fonds zu den genannten Zeitpunkten investierten Anschaffungswerte haben im Verlaufe der ersten Investitionsperiode $t_{01} - t_{0n}$ ein Grundmittelvermögen (brutto) im Umfang von $n\,AW$ (2) gebildet.

Dem steht zu Ende der ersten Nutzungsdauer t_n ein dem Amortisationsfonds gutgeschriebenes Amortisationsvolumen (Af) im Betrage von $\frac{AW}{2}\,(n+1)$ gegenüber.

Das zu diesem Zeitpunkt im Amortisationsfonds kumulierte Amortisationsvolumen ergibt sich nämlich aus der Summation der am Ende einer jeden Amortisationsperiode anfallenden Amortisationsaufkommen. Gemäß (3) erhalten wir

$$\underset{t_1}{\frac{AW}{n}} + \underset{t_2}{\frac{2\,AW}{n}} + \ldots + \underset{t_{n-1}}{(n-1)\frac{AW}{n}} + \underset{t_n}{\frac{n\,AW}{n}} = \sum_{i=1}^{n} Aa_i = \frac{AW}{2}\,(n+1)\,. \tag{17}$$

[72] Wir sehen von Kreditbeziehungen ab. Sie sind für das Wirken des Freisetzungseffektes nicht notwendig, obgleich sie praktisch von Bedeutung sind. Gleichsam wird in diesem Zusammenhang außer Acht gelassen, daß den gesetzlichen Bestimmungen gemäß nicht die erwirtschafteten, sondern die verrechneten Amortisationen dem Sonderbankkonto „Erhaltung der Grundmittel" belastet und dem „Fonds zur Erhaltung der Grundmittel" gutgeschrieben werden. Die Amortisationen sind Mittel besonderer Art. „Sie sind zweckgebundene Umlaufmittel. Nach der Realisierung der Amortisationen werden sie abgezweigt und nehmen deshalb nicht mehr am Kreislauf der Umlaufmittel teil. Aber sie sind noch keine Grundmittel. Ihr Ausweis auf einem Sonderbankkonto und Sonderfonds wird daher ihrem besonderen Charakter am besten gerecht." Vgl. Baumgart, R., Zur Finanzierung der Reparaturen an Grundmitteln, in „Wirtschaftswissenschaft", Heft 5/1959, S. 744.

Zum Zeitpunkt t_{n-1} beläuft sich das Amortisationsvolumen auf

$$\frac{AW}{2}(n+1) - AW = \frac{AW}{2}(n-1)\,. \tag{17,1}$$

Sowohl das Grundmittelvermögen (brutto) als auch der Amortisationsfonds haben in der n-ten Periode ihr größtes Volumen erreicht. Das Grundmittelvermögen (brutto) hält ab t_{0n} seinen maximalen Umfang aufrecht; denn bei konstanten Bruttoinvestitionen im Betrage von AW werden die ab t_n jeweils zu Ende einer Amortisationsperiode regelmäßig ausscheidenden Grundmittel[73] durch neue ersetzt. Die Ersatzinvestitionen entsprechen dem Umfang der Bruttoinvestitionen.

Der Amortisationsfonds erreicht zum Zeitpunkt t_n sein Maximum hingegen nur momentan, da sogleich der Ende t_n anfallende Amortisationsbetrag in Höhe von AW zur Finanzierung der erforderlichen Ersatzinvestition eingesetzt werden muß. Im Gegensatz zur Entwicklung des Amortisationsvolumens bei nur einem Grundmittel sinkt jedoch der Bestand des Amortisationsfonds nicht auf 0 herab. Vielmehr vermindert sich der Saldo dieses Fonds lediglich um den für die Finanzierung der zu Beginn einer jeden (Re-)Investitionsperiode benötigten Betrages AW:

$$\frac{AW}{2}(n+1) - AW = \frac{AW}{2}(n-1)\,. \tag{18}$$

Diese Größe entspricht aber dem bis zum Zeitpunkt t_{n-1} allmählich angewachsenen Amortisationsvolumen, denn

$$\frac{AW}{n} + \frac{2\,AW}{n} + \ldots + (n-1)\frac{AW}{n} = \sum_{i=1}^{n-1} Aa_i = \frac{AW}{2}(n-1)\,. \tag{18,1}$$

Der Bestand des Amortisationsfonds in Höhe von $\frac{AW}{2}(n-1)$ wird deshalb nur noch momentan, praktisch jedoch nicht mehr erhöht. Er sinkt aber auch nicht mehr unter dieses Volumen herab, da sich am Ende jeder Amortisationsperiode die Amortisationszugänge mit den Amortisationsabgängen saldieren.

Der Restwert (ZW) eines Grundmittels[74] ergibt sich als Residualgröße des um die Amortisationen verminderten Anschaffungswertes. Bei gegebenem Anschaffungswert eines Grundmittels verringert sich folglich sein Restwert um den gleichen Betrag, wie das Amortisationsvolumen steigt.

Zum Zeitpunkt der Aktivierung der ersten Investition t_{01} ist der Restwert eines Grundmittels mit dem Anschaffungswert identisch, da der Wertübertragungsprozeß gerade erst beginnt und verschleißbedingte Amortisationen noch nicht anfallen können. Sein Restwert sinkt zum Zeitpunkt t_n nur momentan, praktisch jedoch gar nicht auf 0 herab, da zum Zeitpunkt t_{0n+1} ein neues Grundmittel investiert und

[73] Denn „. . . jedes Jahr ist das Todesjahr für fixes Kapital, das in diesem oder jenem Einzelgeschäft oder in diesem oder jenem Industriezweig zu ersetzen.“ Vgl. Marx, K., Das Kapital, Bd. II, Berlin 1948, S. 157.

[74] Auch Zeitwert oder Nettowert genannt.

im Grundmittelvermögen aktiviert wird, die Zeitpunkte $t_{n/0n+1}$ aber vereinbarungsgemäß zusammenfallen.

Es ist nunmehr die Entwicklung der Restwerte des Grundmittelvermögens (ZW_t) darzustellen, wenn zu Beginn einer jeden Periode t_{0i} bis zum Zeitpunkt t_{0n} eine stets gleiche Anzahl in bezug auf den Anschaffungswert und die Nutzungsdauer homogener Grundmittel investiert wird.

Der Restwert eines einzigen Grundmittels entwickelt sich wie folgt:

$$\overset{t_{01}}{AW\left(1-\frac{0}{n}\right)},\quad \overset{t_{02}}{AW\left(1-\frac{1}{n}\right)},\ \ldots,\ \overset{t_{0n}}{AW\left(1-\frac{(n-1)}{n}\right)}. \tag{19}$$

Für n Grundmittel vom selben Anschaffungswert und der gleichen Nutzungsdauer, die aufeinanderfolgend jeweils zu Beginn einer Investitionsperiode aktiviert werden, gilt dann:

Zum Zeitpunkt t_{0i} investierte und aktivierte Grundmittel zum Betrage von AW	Entwicklung der Restwerte des Grundmittelvermögens (ZW) zu den Zeitpunkten $t_{01}, \ldots, t_{0n}$			
	t_{01}	t_{02}	t_{0n-1}	t_{0n}
BI_1	$AW\left(1-\frac{0}{n}\right)$,	$AW\left(1-\frac{1}{n}\right), \ldots,$	$AW\left(1-\frac{(n-2)}{n}\right)$,	$AW\left(1-\frac{(n-1)}{n}\right)$
BI_2		$AW\left(1-\frac{0}{n}\right), \ldots,$	$AW\left(1-\frac{(n-3)}{n}\right)$,	$AW\left(1-\frac{(n-2)}{n}\right)$
$\vdots$			$\vdots$	$\vdots$
BI_{n-1}			$AW\left(1-\frac{0}{n}\right)$,	$AW\left(1-\frac{1}{n}\right)$
BI_n				$AW\left(1-\frac{0}{n}\right)$
ZW_t*) = ($t=1, 2, \ldots, n$)	AW,	$AW\left(2-\frac{1}{n}\right), \ldots,$	$\frac{AW}{2}\frac{(n-1)(n+2)}{2}$,	$\frac{AW}{n}(n+1)$.

$$\text{*)}\ ZW_t = AW\left[t-\frac{t}{n}\left(\frac{t-1}{2}\right)\right]. \tag{20}$$
$$(t=1, 2, \ldots, n)$$

Für $t=n$ ist $ZW_n = \frac{AW}{2}(n+1)$. (20,1)

Am Ende der ersten Nutzungsdauer t_n vermindert sich der Restwert des vorhandenen Grundmittelvermögens momentan um das zu diesem Zeitpunkt anfallende Amortisationsaufkommen in Höhe von AW. Allerdings wird der vorherige Zustand sofort wieder hergestellt, da voraussetzungsgemäß das zum Zeitpunkt t_n ausscheidende Grundmittel unmittelbar, d. h. zum Zeitpunkt t_{0n+1}, durch ein neues Grundmittel zu ersetzen ist, für dessen Finanzierung das soeben erhaltene Amortisationsaufkommen verwendet wird. Um diesen Betrag vermindert sich also der Amortisationsfonds, während sich der Restwert des Grundmittelvermögens gleichzeitig erhöht.

Es streben somit nicht nur die Größen der Bruttoinvestitionen und des Amortisationsaufkommens einem Gleichgewicht zu (4), (4,1).

Das gleiche gilt — wie gezeigt wurde — auch für deren aggregierte Größen, nämlich das Grundmittelvermögen (brutto) und den Amortisationsfonds. Da der Restwert des Grundmittelvermögens aus $ZW_t = Gb_t - Af_t$ abgeleitet wird, muß zwangsläufig auch diese Größe zum Gleichgewicht streben.

Das Grundmittelvermögen (brutto) hat mit der letzten Investition des ersten Investitionszeitraumes sein Maximum erreicht. Das gleiche gilt für den Amortisationsfonds und für den Restwert des Grundmittelvermögens, wenn von der nur momentanen Erhöhung des ersteren und der nur momentanen Verminderung des letzteren abgesehen wird.

Diese Feststellung gilt jedoch nicht für das relative Wachstum der drei Größen. Zum Zeitpunkt t_{01} betrug das Verhältnis

$$\frac{ZW_{01}}{Gb_{01}} = 1, \tag{21}$$

ein Amortisationsfonds existierte nicht.

Zum Zeitpunkt $t_{n-1/0n}$ hat sich jedoch dieses Verhältnis auf

$$\frac{ZW_{0n}}{Gb_{0n}} = \frac{\frac{AW}{2}(n+1)}{n\,AW} = \frac{1}{2}\left(1 + \frac{1}{n}\right) \tag{21,1}$$

verringert, während der Amortisationsfonds auf

$$\frac{Af_{n-1/0n}}{Gb_{0n}} = \frac{\frac{AW}{2}(n-1)}{n\,AW} = \frac{1}{2}\left(1 - \frac{1}{n}\right) \tag{21,2}$$

gewachsen ist.

Drückt man den Grad des wertmäßigen Verschleißes der Grundmittel im Anteil des Amortisationsfonds am Bruttowert des Grundmittelvermögens aus (Verschleißquote), so ergibt sich zum Zeitpunkt des erreichten Gleichgewichts t_{n-1}

$$\frac{100}{2}\,\frac{AW\,(n-1)}{AW\,n}\ \text{Prozent} = 50\left(1 - \frac{1}{n}\right)\ \text{Prozent.} \tag{21,3}$$

Der relative Anteil des Restwertes am Bruttowert des vorhandenen Grundmittelvermögens zum Zeitpunkt t_{n-1} ergibt sich folglich aus der Differenz der relativen Größen des Grundmittelvermögens (brutto) und des Amortisationsfonds (Af):

$$100\ \text{Prozent} - 50\left(1 - \frac{1}{n}\right)\ \text{Prozent} = 50\left(1 + \frac{1}{n}\right)\ \text{Prozent.} \tag{21,4}$$

Wurde der Aufbau des Grundmittelvermögens (brutto) im Umfang von $n\ AW$ aus staatlichen zentralisierten Fonds, etwa aus Akkumulationsmitteln des Nationaleinkommens, finanziert, so sind bereits zum Zeitpunkt $t_{n-1/0n}$ $50\left(1-\frac{1}{n}\right)$ Prozent der investierten Mittel über die Amortisationen an den Staatshaushalt zurückgeflossen. Da nicht der Bruttowert der aktivierten Grundmittel, sondern lediglich ihr jeweiliger Restwert in der Form des Grundmittelfonds finanziert werden muß, dieser aber ab t_{0n} in Höhe von $50\left(1+\frac{1}{n}\right)$ Prozent des vorhandenen Grundmittelvermögens konstant bleibt, wird das zum Zeitpunkt $t_{n-1/0n}$ im Amortisationsfonds angesammelte Amortisationsvolumen in Höhe von $50\left(1-\frac{1}{n}\right)$ Prozent des Bruttowertes der vorhandenen Grundmittel ständig aus der Bindung an das investierte Grundmittelvermögen entlassen, diese Amortisationsmittel sind damit *ständig freigesetzt.*[75]

Während jedes einzelne Grundmittel alle Stadien des Entwertungsprozesses durchläuft[76], gelten für die Gesamtheit aller vorhandenen Grundmittel somit andere Gesetze. Denn wegen

$$\lim_{n\to\infty} 50\left(1+\frac{1}{n}\right)\text{Prozent} = 50\ \text{Prozent} \qquad (22)$$

sinkt mit wachsender Nutzungsdauer der Grundmittelfonds (bzw. der Restwert des Grundmittelvermögens) allenfalls auf die Hälfte des Grundmittelvermögens (brutto) herab.

Die Annahme einer unendlich langen Nutzungsdauer ist — wie bereits begründet wurde — sachlogisch widersprüchlich. Es läßt sich jedoch leicht zeigen, daß der Grundmittelfonds schon bei relativ geringer Nutzungsdauer dem Grenzwert von 50% des Grundmittelvermögens (brutto) nahekommt, während größere Werte für n auf die relative Höhe des Grundmittelfonds nur noch geringen Einfluß ausüben.

So wirken sich Schätzungsfehler hinsichtlich der Nutzungsdauer der Grundmittel für die Ermittlung des Freisetzungs- bzw. Reproduktionseffektes praktisch nicht aus.

Die für das Ausmaß des Freisetzungseffektes (und wie noch zu beweisen ist, auch des Reproduktionseffektes) entscheidende Größe n bedarf noch der Interpretation Obgleich es üblich ist, die Nutzungsdauer der Grundmittel in Jahren festzulegen[77],

[75] „Unter Freisetzung von Kapital verstehen wir, daß ein Teil vom Gesamtwert des Produkts, der bisher entweder in konstantes oder variables Kapital rückverwandelt werden mußte, disponibel und überschüssig wird, soll die Produktion innerhalb der Schranken der alten Stufenleiter fortdauern." Vgl. Marx, K., Das Kapital, Bd. III, Berlin 1949, S. 133.

[76] „Im Verlauf seiner Funktion nimmt der in der Naturalform existierende Wertteil des Arbeitsmittels beständig ab, während sein in Geldform umgesetzter Wertteil beständig zunimmt, bis es schließlich ausgelebt hat und sein Gesamtwert, von seiner Leiche getrennt, in Geld verwandelt ist." Vgl. Marx, K., Das Kapital, Bd. II, Berlin 1948, S. 213.

[77] Die Messung in kürzeren Zeiteinheiten würde eine Genauigkeit in der Schätzung bzw. Planung der Reproduktion der Grundmittel vortäuschen, die gar nicht gewährleistet ist. Daß die Grundmittel eine Mindestnutzungsdauer von mehr als einem Jahr haben müssen, dient

ist die Dauer der Nutzung doch relativ zu betrachten. Das Ausmaß des genannten Effektes wird nämlich nicht durch die absolute Nutzungsdauer eines Grundmittels in Kalender- bzw. Planjahren bestimmt, sondern — von anderen Faktoren abgesehen — durch die Häufigkeit der Umschläge der Umlaufmittel, die während der Nutzung eines Grundmittels vonstatten gehen und an denen die auf das Produkt übertragenen Wertpartikel des Grundmittels beteiligt sind.[78] Aus diesem Grunde ist in den Berechnungen die Nutzungsdauer nicht in absoluten Werten, sondern in der Anzahl der Nutzungs- bzw. Amortisationsperioden angegeben.

Bisher wurde die Länge der Nutzungsdauer in der Anzahl gleicher Nutzungsperioden *n* angegeben. Diese stimmen überdies mit der Anzahl der Amortisationsperioden überein, da voraussetzungsgemäß die Nutzungsdauer dem Amortisationszeitraum entspricht. Das gleiche gilt für den Investitionszeitraum, der sich aus der gleichen Anzahl von Investitionsperioden zusammensetzt.

Tatsächlich erfolgen — von gewissen Schwankungen saisonaler und konventionaler Art abgesehen — die Investitionen über die Zeit mehr oder minder kontinuierlich.[79] Und es währt kein Jahr, bis der im Produktionsprozeß übertragene Wert mit den Umlaufmitteln zirkuliert hat und im Erlös realisiert worden ist.[80] Der durchschnittlichen Umschlagsgeschwindigkeit der Umlaufmittel in der zentral geleiteten volkseigenen Industrie entsprechend, kann man für den Umschlagsprozeß der auf das Produkt übertragenen Wertteile der Grundmittel etwa einen Zeitraum von durchschnittlich zwei Monaten ansetzen.[81] Danach ist mit einem mehr oder minder stetigen Rückfluß von Amortisationen zu rechnen.

Wird vereinfachend angenommen, daß sich die während eines Planjahres in Betrieb genommenen Grundmittel annähernd gleichmäßig auf rund 300 Werktage verteilen, so dürfte der zeitliche Abstand zwischen der Inbetriebnahme von — ihrem wertmäßigen Umfang nach — jeweils durchschnittlichen Investitionsobjekten mit weniger als zwei Kalendertagen veranschlagt werden.

vor allem der statistischen und rechnungsmäßigen Begriffsabgrenzung. Vgl. § 38 (1) der VO über die Buchführung und die buchhalterische Berichterstattung der volkseigenen Industriebetriebe vom 28. 9. 1955. GBl. der DDR, Teil I, ⧺ 92.

[78] „Der Umschlag des fixen Kapitalbestandteils, also auch die dazu nötige Umschlagszeit, umfaßt mehrere Umschläge der flüssigen Kapitalbestandteile. In derselben Zeit, worin das fixe Kapital einmal umschlägt, schlägt das flüssige Kapital mehrmal um." Vgl. Marx, K., Das Kapital, Bd. II, Berlin 1948, S. 161.

[79] Die Investition ist u. a. eine Verwendungsform des erzeugten (Netto-) Produktes, und was sich dem Investitionsträger als vollständig oder teilweise fertiggestellte Investitionen darstellt, ist gleichzeitig bestimmten Betrieben der Abteilung I (Investitionsgüterindustrie) realisiertes Produkt.

[80] Gemäß § 97, Abs. 3 der „VO über die Buchführung und die buchhalterische Berichterstattung der volkseigenen Industriebetriebe" vom 29. 9. 1955, GBl. der DDR 1955, Teil I, ⧺ 92, sind die Grundmittel vom ersten Tag des auf den Nutzungsbeginn bzw. die Fertigstellung folgenden Monats an abzuschreiben und laut § 4 der „AO über die Verwendung der Amortisationen in den Betrieben der volkseigenen Wirtschaft" vom 31. 3. 1958, GBl. der DDR 1958, Teil II, ⧺ 6, sind je Monat bis zum Monatsende in einer Rate $^1/_3$ des planmäßigen Amortisationsaufkommens eines Quartals abzubuchen.

[81] Errechnet und geschätzt aus Unterlagen der Staatlichen Zentralverwaltung für Statistik.

Legt man entsprechend dem durchschnittlichen Amortisationssatz in der sozialistischen Industrie der DDR von ca. 4,2% eine ungefähre Nutzungsdauer der Grundmittel von 27 Jahren zugrunde[82], so beträgt die Anzahl der Investitionsperioden mehr als 4800. Dem stünden rund 50 Einheiten geringere Amortisationsperioden gegenüber. Das sind etwa 1% der Anzahl der Investitionsperioden. Derartig geringe Differenzen können bei Durchschnittsrechnungen vernachlässigt werden, zumal sie sicherlich durch Differenzen größeren Umfangs, wie Schwankungen der tatsächlichen Nutzungsdauer der Grundmittel um die den Amortisationssätzen zugrunde liegenden Zeiträume, überdeckt werden. Das gleiche gilt für den Fall, daß fällige Ersatzinvestitionen nicht sofort aus verfügbaren Amortisationen beschafft werden (können).[83]

Auf der Grundlage des sozialistischen Eigentums an den Produktionsmitteln sowie der gesellschaftlichen Planung, Leitung und Organisation der Produktion sind die einzelnen Industriebetriebe u. a. durch das staatliche Finanzsystem eng miteinander verbunden. Die durch das Privateigentum an den Produktionsmitteln gesetzten Schranken für die rasche Entwicklung der Grundmittel sind beseitigt. Trotz ihrer relativen ökonomischen und juristischen Selbständigkeit bilden die volkseigenen Betriebe doch Teile eines einheitlichen Ganzen.

Während die Annahmen kontinuierlicher Investitionen, Amortisationsrückflüsse sowie sofortiger und vollständiger Reinvestitionen dieser Finanzmittel selbst für kapitalistische Großbetriebe ein wenig brauchbares „Modell" liefern, werden — wie gezeigt wurde — derartige Prämissen der ökonomischen Wirklichkeit einer sozialistischen Volkswirtschaft weitgehend gerecht.

Unter den genannten realen Bedingungen nimmt somit die Zahl der Nutzungs- bzw. der Amortisationsperioden einen derartigen Umfang an, daß sie der Wirkung unendlich vieler Perioden faktisch entspricht, obgleich die tatsächliche Nutzungsdauer eines jeden Grundmittels — in Jahren gemessen — begrenzt bleibt.[84]

[82] Errechnet aus Unterlagen der staatlichen Zentralverwaltung für Statistik. Allerdings muß berücksichtigt werden, daß aus dem durchschnittlichen Amortisationssatz von 4,2% auch die Generalreparaturen zu finanzieren sind. Diese dürften z. Z. etwa 40% des jährlichen Amortisationsaufkommens ausmachen. Andrerseits verhalten sich nach Schätzungen bzw. Überschlagsrechnungen seitens des MdF die laufenden Reparaturkosten gegenüber den als Amortisationen ausgewiesenen Aufwendungen wie 4:3. Daraus wird geschlossen, daß ein Teil dieser Reparaturen den Charakter von die Nutzungsdauer verlängernden Generalreparaturen besitzt, während ein Teil der Generalreparaturen zu den Ersatz- oder sogar Erweiterungsinvestitionen zu rechnen ist. Im übrigen gleicht sich der Umfang der nicht amortisierten (Rest-)Werte mit den Überabschreibungen aus bereits voll amortisierten Grundmitteln weitgehend aus.

[83] Aus Unterlagen der Staatlichen Zentralverwaltung für Statistik sowie der Zentrale der DN geht hervor, daß die Durchschnittsbestände der Sonderbankkonten „Erhaltung der Grundmittel" im Jahre 1959 etwa dem Amortisationsaufkommen von 1,6 Monaten entsprachen.

[84] Hierauf gründet sich auch der Einsatz der von uns verwendeten Wachstumsfunktion *e* bei der Darstellung der untersuchten Prozesse im volkswirtschaftlichen Maßstab der DDR.

2.1 Zum Einfluß einiger für die Freisetzung von Amortisationen wesentlicher Faktoren.

Wie bewiesen werden konnte, nähert sich der Umfang der freigesetzten Mittel mit wachsender Anzahl der Nutzungsperioden schnell dem theoretischen Grenzwert von 50% des vorhandenen Grundmittelvermögens. Der Beweisführung (22) wurden allerdings Bedingungen zugrunde gelegt, die spätestens nach n Perioden die völlige und fortwährende Deckungsgleichheit zwischen laufendem Amortisationsaufkommen und Ersatzbedarf gewährleisten.

Zum einen wurde die regelmäßige Investition gleicher Beträge während der ersten Nutzungsdauer unterstellt. Diese Prämisse verliert nicht dadurch an Wirklichkeitsnähe, weil in einer sozialistischen Volkswirtschaft in der Tendenz der Umfang der Investitionen ständig wächst. Wie gezeigt wurde, ist im Rahmen der erweiterten sozialistischen Reproduktion die gesonderte Betrachtung der einfachen Reproduktion der Grundmittel als eines realen Elements des Akkumulationsprozesses ökonomisch durchaus gerechtfertigt, die eingangs gesetzte Annahme konstanter Investitionen bleibt demnach sinnvoll. Trotzdem unterliegt das Niveau der Investitionen innerhalb eines Jahres stärkeren Schwankungen. Das geht insbesondere aus dem Vergleich der Ist-Zahlen der Investitionspläne der ersten Quartale eines Planjahres gegenüber denen der vorangegangenen vierten Quartale der Vorjahre hervor.[85] Zeitweilig ist ausnahmsweise sogar ein absoluter Rückgang des Investitionsvolumens möglich.[86]

Zum anderen sollten sich die zu verschiedenen Zeitpunkten investierten Grundmittel hinsichtlich ihrer Nutzungsdauer gleichen. Auch diese Prämisse ist für die Analyse volkswirtschaftlicher Gesamtheiten weitaus tauglicher als für einen oder wenige Großbetriebe. Im Verlaufe längerer Zeiträume kann sich jedoch die durchschnittliche Nutzungsdauer der investierten Grundmittel verändern. So überwiegt die Auffassung, daß sich die Nutzungsdauer der Grundmittel trotz entgegenwirkender Faktoren künftig durchschnittlich verkürzen wird.[87]

[85] Lange, A., Die Investitionen in der volkseigenen Industrie der DDR im ersten Planjahrfünft, Berlin 1958, S. 66ff.

[86] Ebenda, S. 61.

[87] Diese Meinung herrscht auch in Fachkreisen der kapitalistischen Staaten vor. So errechnet Ph. Redfern für die industriellen Anlagen und Ausrüstungen (*ohne Gebäude*) in England für die Jahre vor 1944 eine durchschnittliche Nutzungsdauer von 29,3 Jahren und für die Jahre nach 1944 eine solche von 28 Jahren. Vgl. Net Investment in fixed Assets in the United Kindom, 1938—1953, in „Journal of the Royal Statistical Society", Series A (General) Part II, 1995, S. 178. Während 1923 „die angenommene Lebensdauer der *Ausrüstungen* in der Bundesrepublik 33 beträgt, ist sie am Ende mit 20 Jahren angenommen worden." Vgl. T. Barna, Das industrielle Anlagevermögen im Vereinigten Königreich, in den Vereinigten Staaten von Nordamerika und in der Bundesrepublik Deutschland, in „Vierteljahreshefte zur Wirtschaftsforschung", Heft 2/1957, S. 192 (Hervorhebung vom Verf.). „Da ohne jeden Zweifel diese Lebensdauer der Ausrüstungs-Anlagen der westdeutschen Industrie in den letzten Jahrzehnten nahezu überall gesunken ist, ergeben sich langfristig allmählich wachsende Abschreibungsquoten. Die Abschreibungsquote auf industrielle Bauten wurde mit jährlich 2 v. H. des Neuwertes dagegen über die ganze Zeit hin konstant angenommen, d. h. es wird mit einer unveränderten, durchschnitt-

Auch Verlagerungen des Schwergewichts der Investitionstätigkeit zugunsten von Grundmitteln mit überdurchschnittlich langer oder kurzer Nutzungsdauer können im Verlaufe der Zeit zu Änderungen der durchschnittlichen Nutzungsdauer des Grundmittelvermögens führen. Diese Feststellung gilt auch für den Investitionsablauf während eines Planjahres; denn im II. und III. Quartal ist der Bauanteil an den gesamten Investitionen am größten, die Bauten haben aber eine weit längere Nutzungsdauer als Maschinen und sonstige Ausrüstungen.[88]

Auf der Grundlage des sozialistischen Eigentums an den Produktionsmitteln und der damit verbundenen Planung, Organisation und Leitung des gesellschaftlichen Reproduktionsprozesses ist jedenfalls die Annahme eines kontinuierlichen Stromes von Investitionen mindestens gleichbleibenden Umfangs und einer durchschnittlichen Nutzungsdauer der zu jedem Zeitpunkt investierten Grundmittel weitaus realer als für kapitalistische Unternehmen, selbst wenn sie die Größe von Monopolen besitzen. Aber es darf nicht übersehen werden, daß selbst unter den genannten Bedingungen diese „idealen" Voraussetzungen nur annähernd und nicht vollkommen erreichbar sind.

Aus diesem Grunde müssen die oben gesetzten Prämissen Schritt für Schritt abgewandelt werden. Auf diese Weise wird es möglich, jene Faktoren herauszufinden, die für das Entstehen des Gleichgewichts zwischen Amortisationsaufkommen und Ersatzbedarf bei gegebener durchschnittlicher Nutzungsdauer der investierten Grundmittel und damit auch für das jeweils mögliche Maximum des Freisetzungseffektes entscheidend sind. Durch dieses Verfahren wird es zugleich leichter zu entscheiden, inwieweit die für das Maximum des Freisetzungseffektes von Amortisationen vorausgesetzten „idealen" Annahmen Wirklichkeit besitzen oder nicht.

lichen und nützlichen Lebensdauer der industriellen Bauten von 50 Jahren gerechnet." Vgl. Krengel, R., Anlagevermögen, Produktion und Beschäftigung. Industrie im Gebiet der Bundesrepublik von 1924–1956, Sonderheft 42 des DIW, Berlin 1958, S. 70. Hingegen: „Einiger Grund für die Annahme, daß die Veränderungen der Lebensdauer der neuen Anlagen zu einem Ausgleich tendieren, liegt im Fehlen eindeutiger Anzeichen, wonach das Leben der wichtigsten Typen einen bemerkenswerten Trend zur Verkürzung oder Verlängerung aufzuweisen hat." Vgl. Goldsmith, R. W., A Perpetual Inventory of National Wealth, in „Studies in Income and Wealth", Vol. XIV, New York, 1952, S. 20. Die effektive durchschnittliche Nutzungsdauer der Grundmittel in den hochentwickelten kapitalistischen Staaten wird in volkswirtschaftlichen Analysen ebenfalls mit etwa 30 Jahren beziffert. Vgl. beispielsweise Domar, E. D., „Depreciation, Replacement and Growth, in „The Economic Journal", London 1953, S. 5. „Die mir vom Handelsministerium der USA mündlich mitgeteilten Schätzungen legen das durchschnittliche Nutzungsalter gleichfalls in die Nachbarschaft von 30 Jahren. Es ist möglich, daß es im Verlauf der Zeit wegen der zunehmenden Bedeutung der Ausrüstungen gegenüber den Gebäuden sinkt. Für unsere Zwecke ist eine grobe Schätzung jedoch völlig ausreichend." „In unserer bisherigen Entwicklung ist diese Tendenz allerdings noch nicht augenscheinlich zum Ausdruck gekommen." Vgl. Sojka, J., Die Beziehung der Abschreibungen zu Ersatz- und Neuinvestitionen, in „Ekonomický casopis", Heft 2/1959.

[88] Laut Unterlagen der staatlichen Zentralverwaltung für Statistik. Vgl. auch Lange, A., Die Investitionen in der volkseigenen Industrie der DDR im ersten Planjahrfünft, ebenda, S. 67ff. Der Bauanteil am gesamten Bruttoinvestitionsvolumen eines Planjahres schwankt jedoch zwischen den einzelnen Quartalen lediglich um ca. 2%.

Detaillierte Untersuchungen ergeben jedoch, daß der Einfluß derartiger störender Faktoren auf das mögliche Ausmaß der ständigen Freisetzung von Amortisationen und deren Einsatz für die teilweise Finanzierung von Erweiterungsinvestitionen unter den Reproduktionsbedingungen in der sozialistischen Industrie der DDR relativ gering bleiben.[89]

3. Die ökonomischen Ursachen für die Freisetzung von Amortisationen

Für die ökonomische Begründung der ermittelten Zusammenhänge ist der Nachweis bedeutsam, daß der aus dem Grundmittelfonds zu deckende durchschnittlich gebundene Restwert eines Grundmittels sich zum Umfang des zum Zeitpunkt t_{01} investierten Bruttowerts verhält wie die durchschnittliche Restnutzungsdauer (die durchschnittliche Lebenserwartung) eines Grundmittels zu seiner gesamten Nutzungsdauer.

Entsprechend verhält sich der durchschnittlich vorhandene Amortisationsfonds (*Af*) eines Grundmittels zum Umfang des zum Zeitpunkt t_{01} investierten Bruttowertes wie das durchschnittliche Nutzungsalter eines Grundmittels zu seiner gesamten Nutzungsdauer.

Da der Anschaffungswert eines Grundmittels bei vorausgesetzter Übereinstimmung von Entwertungs- bzw. Wertübertragungsprozeß und Amortisationsprozeß dem objektivenn Verlauf der Nutzung gemäß auf die jeweiligen Nutzungsperioden verteilt wird, ist leicht einzusehen, daß der durchschnittlich gebundene Restwert der durchschnittlichen Restnutzungsdauer eines Grundmittels entspricht.[90]

Die in einem Betrieb investierten Grundmittel werden dem Produktionsprozeß für die gesamte Zeit ihrer Nutzung einverleibt und bedürfen für diesen Zeitraum nicht des Ersatzes durch neue Exemplare derselben Art, die tatsächliche Reproduktion ihres Gebrauchswertes wird erst am Ende ihrer Nutzungsdauer erforderlich.[91] Solange ein Grundmittel genutzt wird, gibt es den in ihm verkörperten Tauschwert in dem Verhältnis an das Produkt ab, in dem es seinen eigenen Gebrauchswert verliert. Als Produktionsmittel hat es folglich seinen Umschlag erst vollzogen, „nachdem es ausgelebt und mit seinem Gebrauchswert seinen Wert verloren hat."[92] Die Lebens-

[89] Vgl. hierzu Kap. II, Abschnitt 3,1, 4, 5, und 9,2 der Dissertationsschrift „Zur Finanzierung der erweiterten Reproduktion der Grundmittel aus Amortisationen in der sozialistischen Industrie der DDR". Dem Verfasser gelangte nach Abschluß des Manuskriptes zur Kenntnis, daß S. Takatera in seiner Studie „Zur Theorie der Abschreibungsfinanzierung" zum selben Ergebnis gekommen ist: „. . . die Untersuchungsergebnisse weichen indes nach Vornahme der Modifikationen nicht wesentlich von jenen ab, die mit vereinfachten Annahmen erzielt wurden." Vgl. Economics of Depreciation Financing, in „Kyoto University Economic Review", Japan, Vol. XXX, April 1960, S. 54.

[90] Vgl. Kap. II, Abschnitt 5 der Dissertationsschrift „Zur Finanzierung der erweiterten Reproduktion der Grundmittel . . .".

[91] Marx, K., Das Kapital, Bd. II, Berlin 1948, S. 162.

[92] Marx, K., ebenda, S. 151. Es wird hierbei von den Momenten des moralischen Verschleißes abgesehen, die es notwendig erscheinen lassen, ein Grundmittel vor seinem endgültigen physischen Verschleiß aus dem Produktionsprozeß herauszuziehen.

bzw. Nutzungsdauer eines Grundmittels, während der die Wertübertragung und Amortisation erfolgt, ist deshalb zugleich die objektive Grundlage für seine Amortisationsdauer.

Während der Dauer seiner Nutzung wirkt ein Grundmittel stets als Ganzes im Produktionsprozeß. Insofern man deshalb ein einzelnes Grundmittel ausschließlich in seiner Funktion als Produktionsmittel betrachtet, ist es unsinnig, etwa seine mittlere Nutzungsdauer oder sein durchschnittliches Nutzungsalter zu bestimmen.

Die eigentümliche Zirkulation der in den Grundmitteln investierten gesellschaftlichen Fonds hingegen „ergibt einen eigentümlichen Umschlag. Der Wertteil, den es in seiner Naturalform durch Abnutzung verliert, zirkuliert als Wertteil des Produkts. Das Produkt verwandelt sich durch seine Zirkulation in Geld; also auch der vom Produkt zirkulierte Wertteil des Arbeitsmittels, und zwar tropft sein Wert aus dem Zirkulationsprozeß als Geld nieder in derselben Proportion, worin dies Arbeitsmittel aufhört Wertträger im Produktionsprozeß zu sein. Sein Wert erhält also jetzt Doppelexistenz“.[93]

Tatsächlich bleibt nur dasjenige Wertteilchen während der gesamte Nutzungsdauer im Grundmittel gebunden, das beim Verschleiß des letzten Gebrauchswertquants auf das Produkt übertragen wird.

Hingegen befindet sich ein anderes Wertteilchen des anfänglich im investierten Grundmittel verkörperten Wertes nur momentan in demselben, während es nach Abschluß des ersten Produktions- und Zirkulationsprozesses den weitaus größten Teil der Nutzungsdauer neben dem fortfungierenden Grundmittel verselbständigt in Geldform verharrt.[94] Bis zum Eintritt des Reproduktionstermins eines Grundmittels in natura wird „sein Wert allmählich zunächst in der Form eines Geldreservefonds akkumuliert“.[95]

Deshalb wäre es falsch, die Umschlagszeit des in einem Grundmittel zum Zeitpunkt seiner Investition verkörperten Tauschwertes mit der des Grundmittels in seiner Funktion als Produktionsmittel, d. h. mit seiner Nutzungs- bzw. Amortisationsdauer, gleichzusetzen.

Vielmehr wird der Umfang des aus gesellschaftlichen Fonds zu finanzierenden Tauschwertes eines Grundmittels im Verlaufe seiner Nutzungsdauer am realsten durch die Angabe mittlerer Werte für die Umschlagsdauer des in Form der Restwerte gebundenen Grundmittelfonds (durchschnittliche Restnutzungsdauer) bzw. mittlerer Werte für das durchschnittliche Nutzungsalter (die durchschnittlich freien Amortisationsmittel im Amortisationsfonds) zum Ausdruck gebracht.

So strebt beispielsweise bei gleichbleibendem Verlauf der Entwertung bzw. Wertübertragung und dementsprechenden Amortisationen der durchschnittlich im Restwert gebundene Grundmittelfonds um so mehr der Hälfte des in den Grundmitteln anfänglich investierten Bruttowertes zu, je länger bei gegebener Umschlags-

[93] Marx, K., Das Kapital, Bd. II, Berlin 1948, S. 157.

[94] „Der Wertumschlag des vorgeschossenen Kapitals trennt sich also von seiner wirklichen Reproduktionszeit oder der realen Umschlagszeit seiner Bestandteile.“ Vgl. Marx, K., ebenda, S. 179.

[95] Marx, K., ebenda, S. 157.

geschwindigkeit der einzelnen Wertpartikel die gesamte Nutzungsdauer eines Grundmittels bzw. je kürzer bei gegebener Nutzungsdauer die Zeitpunkte der Wertübertragung und Amortisation aufeinander folgen.

Somit hat der Freisetzungs-(bzw. der Reproduktions-)effekt seine ökonomische Grundlage im Unterschied zwischen dem Grundmitel als produktbildendem und wertbildendem Element bzw. im Unterschied zwischen seiner Benutzung und Abnutzung.[96] Das Ausmaß dieses Effektes wird vom „Grad der Fixität" der Grundmittel bestimmt, dieser wächst mit der Dauerbarkeit des Grundmittels. „Von dieser Dauerbarkeit hängt nämlich die Größe der Differenz ab zwischen dem in Arbeitsmitteln fixierten Kapitalwert und dem Teil dieser Wertgröße, den es in wiederholten Arbeitsprozessen an das Produkt abgibt."[97]

3.1 Die Wirkung der Freisetzung von Amortisationen auf eine Vielzahl von Grundmitteln

Die gewonnen Erkenntnisse lassen sich nunmehr leicht auf die Bedingungen einer Vielzahl von Grundmitteln übertragen. Wie gezeigt wurde, sind die für ein einzelnes Grundmittel errechneten Durchschnittswerte für die aus dem Grundmittelfonds zu finanzierenden Restwerte und die im Amortisationsfonds angesammelten Mittel insofern fiktiv, als diese Durchschnittsgrößen nur einmal während der gesamten Nutzungsdauer tatsächlich erreicht werden, während sie zu jedem anderen Zeitpunkt höher oder niedriger als die errechneten Durchschnittswerte sind. Die Angabe einer durchschnittlichen Nutzungsdauer für ein einzelnes Grundmittel erwies sich ökonomisch als sinnlos.

Analog zur Berechnung des Umfangs an ständig oder doch zumindest durchschnittlich freigesetzten Amortisationen für eine Vielzahl von Grundmitteln besitzt die Ermittlung der durchschnittlichen Nutzungsdauer vieler Grundmittel sowie deren durchschnittliches Nutzungsalter und deren durchschnittliche Restnutzungsdauer unmittelbar praktischen Aussagewert.

Während die dem durchschnittlichen Restwert eines einzigen Grundmittels entsprechende durchschnittliche Restnutzungsdauer nur ein flüchtiges Durchgangsstadium seines Entwertungsprozesses ist, setzt der Freisetzungseffekt die Herausbildung eines bestimmten durchschnittlichen Nutzungsalters bzw. einer demgemäßen durchschnittlichen Restnutzungsdauer einer Vielzahl von Grundmitteln für die Dauer voraus.

Unter den schematischen Annahmen des Abschnitts 2 dieses Kapitels[98] läßt sich leicht der folgende Strukturwandel des jeweils vorhandenen Grundmittelbestandes feststellen: Während zum Zeitpunkt t_{01} lediglich ein Grundmittel mit einer Restnutzungsdauer von n Perioden, das entspricht seiner gesamten Nutzungsdauer, investiert worden war, weist der Grundmittelbestand zum Zeitpunkt $t_{n-1/0n}$ n Grundmittel auf, die sich in unterschiedlichen Stadien ihres Alterungsprozesses

[96] „Es findet eine Differenz statt zwischen der Maschine als wertbildendem und als produktbildendem Element." Marx, K., ebenda, Bd. I, Berlin 1947, S. 405.

[97] Marx, K., Das Kapital, Bd. II, Berlin 1948, S. 154.

[98] Vgl. Tabelle auf S. 338 sowie (21)ff., (22).

befinden. Das zu Beginn investierte Grundmittel BI_1 hat nur noch $\frac{1}{n}$ tel seiner Nutzungsdauer im Produktionsprozeß auszuharren; es besitzt unter sämtlichen Grundmitteln das höchste Nutzungsalter, denn es ist bereits den $\frac{n-1}{n}$ ten Teil seiner Nutzungsdauer in Betrieb. Das zum genannten Zeitpunkt gerade investierte Grundmittel BI_n hat hingegen noch die gesamte Nutzungszeit vor sich; es ist 0 Perioden alt.

Bezeichnen wir die allen Grundmitteln gemeinsame relative Nutzungsdauer mit 1, so weisen die zum Zeitpunkt t_{0n} im Grundmittelbestand enthaltenen Grundmittel das folgende relative Nutzungsalter auf.

Grundmitttel	relatives Nutzungsalter in n
BI_1	$\frac{n-1}{n}$
BI_2	$\frac{n-2}{n}$
BI_3	$\frac{n-3}{n}$
$\vdots$	
BI_{n-1}	$\frac{n-(n-1)}{n}=\frac{1}{n}$
BI_n	$\frac{n-n}{n}=\frac{0}{n}=0$

Das durchschnittliche relative Nutzungsalter aller zum Zeitpunkt t_{on} vorhandenen Grundmittel beträgt also

$$\frac{\frac{0}{n}+\frac{1}{n}+\cdots+\frac{n-2}{n}+\frac{n-1}{n}}{n}=\frac{1}{2}\left(1-\frac{1}{n}\right). \tag{26,9}$$

Das durchschnittliche relative Nutzungsalter des gesamten Grundmittelbestandes stimmt somit dem Umfang nach mit dem für jedes einzelne Grundmittel errechneten Wert überein. Während jedoch das einzelne Grundmittel tatsächlich sämtliche Stadien seines Alterungsprozesses durchläuft, gilt dies nicht mehr für die Gesamtheit des Grundmittelbestandes. Das durchschnittliche Nutzungsalter des bis zum Zeitpunkt t_{0n} stetig anwachsenden Grundmittelbestandes steigt zugleich von einem Nutzungsalter von 0 auf ein solches von $\frac{1}{2}\left(1-\frac{1}{n}\right)$ der gesamten Nutzungsdauer n an.

Zum Zeitpunkt t_{0n} erreicht der bis dahin im Aufbau befindliche Grundmittelbestand sein Gleichgewicht, die ausscheidenden Grundmittel werden künftig durch neue Exemplare gleicher Art ersetzt. Es ändert sich somit auch nicht mehr die zu diesem Zeitpunkt vorhandene Altersstruktur des Grundmittelbestandes. Das gerade ausgeschiedene Grundmittel zählt nicht mehr. Das an seiner Statt investierte Grundmittel besitzt ein Nutzungsalter von 0, das nunmehr älteste Grundmittel hat nur noch $\frac{1}{n}$tel seiner gesamten Nutzungsdauer zu fungieren, usf.

Wegen des gezeigten allgemeinen Zusammenhangs[99] gelten die für die theoretischen Maxima sowie für den in der sozialistischen Industrie der DDR möglichen Umfang des Freisetzungseffektes ermittelten Bedingungen zugleich für die Bestimmung der relativen Höhe des zum Zeitpunkt des erreichten (durchschnittlichen) Gleichgewichts gegebenen durchschnittlichen Nutzungsalters bzw. der durchschnittlichen Restnutzungsdauer des Grundmittelbestandes.

Im Falle des unregelmäßigen, zumindest nicht gleichbleibenden Verlaufs der Entwertung bzw. Wertübertragung und Amortisation ergibt sich als theoretisches Minimum eine durchschnittliche Restnutzungsdauer des Grundmittelbestandes von $\frac{1}{n}$tel der Nutzungsdauer oder gar von 0.[100]

Wird ein gleichbleibender Verlauf der Entwertung bzw. Wertübertragung und der Amortisation unterstellt, so nähert sich mit wachsender Anzahl der unter den genannten Bedingungen investierten Grundmittel das durchschnittliche relative Nutzungsalter des jeweiligen, im Verlaufe der ersten Nutzungsdauer $t_{01} - t_n$ ständig zunehmenden Grundmittelbestandes der Hälfte der allen Grundmittel gemeinsamen Nutzungsdauer.

Die durchschnittliche relative Restnutzungsdauer, die sich aus der Differenz der gesamten relativen Nutzungsdauer und dem durchschnittlichen relativen Nutzungsalter ergibt, sinkt folglich im Höchstfall auf die Hälfte der gesamten Nutzungsdauer herab, denn mit $n \to \infty$ folgt

$$\lim_{n \to \infty} \left\{ \frac{1}{2} \left(1 - \frac{1}{n} \right) + \frac{1}{2} \left(1 + \frac{1}{n} \right) \right\} = 1.$$

Der Freisetzungseffekt setzt somit eine möglichst gleichförmige altersmäßige Verteilung der im Bestand enthaltenen Grundmittel über deren durchschnittliche Nutzungsdauer voraus.

4. Zur Verwendung der freigesetzten Amortisationen im sozialistischen gesellschaftlichen Reproduktionsprozeß — Der Reproduktionseffekt der Amortisationen.

Es verbleibt die Frage nach der Verwendung der ständig freigesetzten Amortisationen und der damit verbundenen Wirkung auf die Proportionen des gesellschaftlichen Gesamtproduktes. Zunächst ist festzustellen, daß die Form der Verwendung dieser Mittel ohne Einfluß auf den Freisetzungseffekt bleibt, da sie nicht dessen Voraussetzung, sondern Resultat ist. So unterschiedlich die Auswirkungen im einzelnen auch sind, je nachdem die freigesetzten Mittel im jeweiligen Betrieb selbst etwa zur Finanzierung zusätzlicher Umlaufmittel oder im Wege der Umverteilung in

99 Vgl. S. 335 dieser Arbeit.

100 Vgl. S. 124ff. der Dissertationsschrift „Zur Finanzierung der erweiterten Reproduktion der Grundmittel aus Amortisationen in der sozialistischen Industrie der DDR."

anderen Betrieben verwendet werden, gemeinsam ist ihnen der positive Einfluß auf die Entwicklung der Volkswirtschaft und schließlich des Verbrauchs.

Sieht man von der konkreten Form der Verwendung der Mittel (Finanzierung von Umlaufmitteln im Betrieb, Tilgung von Krediten usf.) ab, so wirkt im Maßstab des volkswirtschaftlichen Reproduktionsprozesses die ständige Freisetzung von Amortisationen bei gegebenem Umfang des Grundmittelvermögens (brutto) wie die sparsamere Verwendung von Produktionsinstrumenten.[101] „Erstens findet eine positive Ersparnis im Ersatz der verbrauchten Produktionsmittel statt. Diese nun überschüssigen Produktionsmittel können (und müssen, da sie nicht unmittelbar als Konsumtionsmittel dienen können) zur Erweiterung der Reproduktion eingesetzt werden, ohne das deshalb ein Abzug vom bisherigen Nettoprodukt zum Zwecke der Akkumulation erfolgen mußte."

Bei gegebenem Bruttoprodukt wird das Nationaleinkommen von der Größe des Ersatzfonds bestimmt. Dieser setzt sich unter anderen Größen aus dem jährlichen Amortisationsaufkommen zusammen. Unter den Bedingungen des für die einfache Reproduktion typischen Gleichgewichts des Grundmittelbestandes stimmen – wie gezeigt wurde (4), (6) – Amortisationsaufkommen, wertmäßige Ersatz- und Bruttoinvestitionen überein. Dem entspricht die Produktion der Investitionsgüterindustrie.[102] Es konnte aber bewiesen werden, daß bis zum Zeitpunkt des genannten Gleichgewichts die effektiven Ersatzinvestitionen theoretisch gleich 0, zumindest aber weitaus geringer sind[103] als die im Ersatzfonds verrechneten Amortisationen. Falls die Bruttoinvestitionen nicht dadurch entsprechend vermindert wurden, daß die Investitionsgüterindustrie ihre Produktion zugunsten der Abteilung II einschränkt oder ihren Export verstärkt, muß sich der Bestand an Grundmitteln wertmäßig zwangsläufig im Umfang der ständig bzw. durchschnittlich freigesetzten Amortisationen erhöhen. Damit ist der ökonomische Tatbestand des sogenannten Reproduktionseffektes der Amortisationen erfüllt. Er besteht in der Reinvestition des aus der Bindung an ein gegebenes Grundmittelvermögen (brutto) entlassenen gesellschaftlichen Grundmittelfonds, deren materielle Deckung im Produkt der Abteilung I normalerweise gegeben ist.[104]

[101] „Sparsamkeit in der Verwendung der eingesetzten Produktionsmittel führt also nicht unmittelbar zur Vergrößerung des gesellschaftlichen Produkts, wohl aber zur Verringerung des Ersatzbedarfs an verbrauchten Produktionsmitteln." Die Folgen für das Wachstum des Brutto- und Nettoprodukts, insbesondere der Abteilung II und des Verbrauchs wurden von H. Wolf in seiner Arbeit „Zu einigen aktuellen Fragen der marxistischen Theorie der erweiterten Reproduktion" bewiesen. Vgl. „Statistische Praxis", Heft 2/1955, S. 24ff.

[102] Wenn man von solchen Faktoren wie dem Export der Einfachheit halber zunächst absieht.

[103] Selbst wenn man die Verteilung der tatsächlichen Abgänge um die durchschnittliche Nutzungszeit berücksichtigt. Vgl. Kap. II, Abschnitt 4 der Dissertationsschrift „Zur Finanzierung der erweiterten Reproduktion . . ."

[104] „Aber worauf wir hier kommen wollen, ist folgendes. Wäre das in dem Maschinenbau angewandte Gesamtkapital auch nur groß genug, um den jährlichen déchet der Maschinerie zu ersetzen, so würde es viel mehr Maschinerie produzieren als jährlich bedurft wird, da der déchet zum Teil nur idealiter existiert und realiter erst nach einer gewissen Reihe von Jahren in natura zu ersetzen ist. Das so angewandte Kapital liefert also jährlich eine Masse

Es gelten deshalb für das Zustandekommen und das Ausmaß des Reproduktionseffektes zunächst dieselben Bedingungen wie für die Freisetzung von Amortisationen, vorausgesetzt ist nur, daß die freigesetzten Grundmittelfonds (Amortisationen) in der ihnen einmal zugewiesenen Sphäre der Produktion verharren. Unter den Verhältnissen der sozialistischen erweiterten Reproduktion ist das im Maßstab der gesamten sozialistischen Industrie der DDR die Regel; denn bei tendenziell wachsenden Bruttoinvestitionen werden wegen (13) und (14) die Amortisationen im vollen Umfang reinvestiert, damit schlägt bei Vorliegen der genannten Bedingungen der Freisetzungseffekt zwangsläufig in den Reproduktionseffekt um.

Ohne Reinvestition der Amortisationen im Grundmittelbereich kann der in den Restwerten gebundene Grundmittelfonds bei Vorliegen entsprechender Bedingungen mit wachsender relativer Nutzungsdauer auf annähernd die Hälfte des Grundmittelvermögens (brutto) herabsinken.

Dementsprechend vermag bei Reinvestition der Amortisationen der Bruttowert des Grundmittelvermögens auf nahezu das Doppelte zu steigen, obgleich der aus gesellschaftlichen Quellen investierte Grundmittelfonds nicht vergrößert werden muß.[105]

Analog zur Wirkung des Freisetzungseffektes ist die Struktur des Grundmittelbestandes zum Zeitpunkt seines theoretischen Maximums durch eine mehr oder weniger gleichförmige altersmäßige Verteilung der einzelnen Grundmittel über die ihnen gemeinsame durchschnittliche Nutzungsdauer gekennzeichnet. Es sind nun zwar eine größere Anzahl Grundmittel in Gebrauch, ihre durchschnittliche Restnutzungsdauer ist aber erheblich zurückgegangen.[106]

Maschinerie, die für neue Kapitalanlagen vorhanden ist und diese neuen Kapitalanlagen antizipiert." Vgl. Marx, K., Theorien über den Mehrwert, Teil II, Berlin 1959, S. 477.

105 Die theoretischen Grenzen des Reproduktionseffektes lassen sich deshalb unmittelbar von denen des Freisetzungseffektes ableiten. So ergibt sich das theoretische Maximum des Reproduktionseffektes bei gleichbleibendem Verschleiß- und Abschreibungsverlauf als reziproke Größe für den Grenzwert des Freisetzungseffektes (21,1):

$$\lim_{n \to \infty} \frac{1}{\frac{1}{2}\left(1 + \frac{1}{n}\right)} = 2.$$

Vgl. Kap. II, Abschnitt 9, 9.1, 9.2 der Dissertationsschrift „Zur Finanzierung der erweiterten Reproduktion . . .".

106 Unbestritten ist die Tatsache, daß die Grundmittel im Produktionsprozeß in der Regel „mit abnehmender Lebenskraft" wirken. So liefen beispielsweise im Durchschnitt die in der Industrie der DDR vorhandenen Werkzeugmaschinen im Alter von 10–20 Jahren 2100 Maschinenstunden bei einem Gütegrad von III, während die 5 Jahre alten Maschinen bei einem Gütegrad von I/II ca. 2250 Stunden im Jahr arbeiteten. Entnommen aus Unterlagen der Staatlichen Zentralverwaltung für Statistik. Es kann jedoch vermutet werden, daß im Bereich der gesamten Grundmittel der sozialistischen Industrie der DDR der objektive Wertübertragungsprozeß dem Abschreibungsverlauf nicht wesentlich vorauseilt. Vgl. Anhang 4 der Dissertationsschrift „Zur Finanzierung der erweiterten Reproduktion der Grundmittel . . ." Im übrigen kann gezeigt werden, daß für das Ausmaß der Erweiterung des Grundmittelbestandes bzw. der in ihm verkörperten Produktionsmöglichkeiten letztlich die vom Amortisationsverlauf bestimmte durchschnittliche Umschlagsdauer des in den Restwerten gebundenen Grundmittelfonds ($\varnothing$ *ZW*) und nicht der objektive Prozeß des Verschleißverlaufes ausschlaggebend ist. Vgl. hierzu Kap. II, Abschnitt 9.2 der Dissertationsschrift „Zur Finanzierung der erweiterten Reproduktion der Grundmittel . . .".

Es gilt, noch eine für das Ausmaß des Reproduktionseffektes bedeutsame spezielle Prämisse auf ihren Wirklichkeitsgehalt zu überprüfen: die theoretisch unbegrenzte, praktisch zumindest weitgehende wertmäßige Teilbarkeit des Grundmittelbestandes, so daß faktisch auch geringe Amortisationsbeträge reinvestiert werden können.

Die Möglichkeiten der Reinvestition erwirtschafteter Amortisationen in solche Grundmittel, von deren Anschaffungs- bzw. Restwert sie abgeschrieben wurden, sind für einzelne Betriebe weitgehend beschränkt.[107] Deshalb nimmt begreiflicherweise in der Literatur der bürgerlichen Betriebswirtschaftslehre der Hinweis auf die begrenzten Reinvestitionsmöglichkeiten von Amortisationen in gleichartige Grundmittel unter den gegen den Reproduktionseffekt vorgebrachten Einwendungen bzw. Einschränkungen einen ersten Platz ein.[108]

Unter den Bedingungen des sozialistischen Eigentums an den Produktionsmitteln und der dadurch möglich gewordenen gesellschaftlichen Planung des erweiterten Reproduktionsprozesses bestehen die genannten Schranken für die Reinvestition der Amortisationen im Prinzip nicht mehr; denn die Gegenwerte der in die Selbstkosten der sozialistischen Industriebetriebe verrechneten Amortisationen werden den gesetzlichen Bestimmungen gemäß im einheitlichen sozialistischen Finanzsystem konzentriert und unterliegen der zentralen Umverteilung durch die Wirtschaftsorgane des sozialistischen Staates, sofern die unmittelbare Verwendung im amortisationspflichtigen Betrieb selbst nicht geplant ist.[109]

So entsprachen im Jahre 1959 die Durchschnittsbestände der Sonderbankkonten „Erhaltung der Grundmittel“ etwa einem Amortisationsaufkommen von 1,6 Monaten.[110] Bei einer durchschnittlichen Amortisationsdauer des Grundmittelbestandes der sozialistischen Industrie von mehr als 25 Jahren wird folglich weniger als der 150. Teil der allmählich zu amortisierenden Bruttowerte des Grundmittelvermögens der sozialistischen Industrie der DDR in Form liquider Mittel der unmittelbaren Reinvestition in Grundmittel bzw. sonstige Erhaltungsmaß-

[107] Denn „es hängt natürlich teils von der spezifischen Natur des Geschäftsbetriebes ab, wie weit und in welchen Dimensionen er solches allmählichen Zuschusses fähig ist, also auch in welchen Dimensionen ein Reservefonds gesammelt sein muß, um in dieser Weise rückangelegt werden zu können, und in welchen Zeiträumen dies geschehen kann. Wie weit andrerseits Detailverbesserungen an vorhandner Maschinerie angebracht werden können, hängt natürlich von der Natur der Verbesserungen und der Konstruktion der Maschine selbst ab.“ Vgl. Marx, K., Das Kapital, Bd. II, Berlin 1948, S. 166.

[108] Neubert, H., Anlagenfinanzierung aus Abschreibungen, in „ZfhF“, 1951, III, S. 415; Langen, H., Die Kapazitätsausweitung durch Reinvestitionen liquider Mittel aus Abschreibungen, ebenda, in Heft 2/1953, S. 67f.; Deckers, Abschreibungsprobleme vom Standpunkt der deutschen Wirtschaft, ebenda, in Heft 5/1954, S. 248; Hax, K., Abschreibung und Finanzierung, ebenda, in Heft 1/1955, S. 146.

[109] Vgl. hierzu Kap. III der Dissertationsschrift „Zur Finanzierung der erweiterten Reproduktion der Grundmittel . . .“

[110] Vgl. FN 83 dieser Arbeit. Es handelt sich hierbei nicht nur um Kontenbestände der sozialistischen Industrie. Vermutlich sind dort die Durchschnittsbestände an nichtverwendeten Amortisationen geringer.

nahmen entzogen.[111] Der Grund für das Vorhandensein eines solchen Bestands an Amortisationen überhaupt ist übrigens nicht darin zu suchen, daß die disponiblen Amortisationen nicht zur Beschaffung weiterer Grundmittel ausreichen[112], sondern zumeist in den mangelnden Realisierungsmöglichkeiten infolge der knappen materiellen Deckung, fehlenden Reparaturpersonals usw.[113]

Durch die unter sozialistischen Produktionsverhältnissen möglich gewordene — wenn notwendig — straffe Zentralisierung und Verwendung der Amortisationen im Wege der Umverteilung werden die gesellschaftlichen Schranken, die im Kapitalismus für das Wirken des Reproduktionseffektes bestehen, beseitigt.[114]

Die hieraus resultierende Überlegenheit der sozialistischen gegenüber der kapitalistischen Wirtschaft muß selbst von Vertretern der bürgerlichen Betriebswirtschaftslehre eingestanden werden.[115]

111 Die ökonomische Erklärung dieses Sachverhaltes wurde bereits durch K. Marx, Das Kapital, Bd. II, Berlin 1948, S. 172, gegeben: „In der Tat besteht nur der geringste Teil des zum Ersatz nötigen Kapitals in dem Geldreservefonds. Der wichtigste Teil besteht in der Ausdehnung der Produktionsleiter selbst, die teils wirkliche Erweiterung ist, teils zum normalen Umfang der Produktionszweige gehört, die das fixe Kapital produzieren."

112 Denn für den Einzelfall „reicht nicht jede beliebige Geldsumme dazu hin, es wird eine Geldsumme von bestimmtem Umfang dazu erheischt." Vgl. Marx, K., ebenda, S. 176–177.

113 Lange, H., Die Verkürzung der Fertigstellungszeiten für Investitionsvorhaben, Berlin 1959, S. 70ff.

114 Gerade diese aus den sozialistischen Produktionsverhältnissen entspringenden Vorzüge für die Wirksamkeit des Reproduktionseffektes der Amortisationen stellen die Autoren des Lehrbuches „Ökonomik der sozialistischen Industrie in der DDR", ebenda, durch den folgenden Einwand in Frage: „Dabei wird vor allem nicht beachtet, daß die Investitionen in Übereinstimmung mit dem Plan der technischen Entwicklung des Betriebes, mit dem Ablauf des technologischen Prozesses, mit der Betriebsorganisation usw. erfolgen müssen. Diese Belange der Produktion sind bestimmend und nicht rein rechnerisch-finanzielle Überlegungen." Eben weil der objektive Bedarf an Investitionen und nicht rechnerisch-finanzielle Überlegungen für den Ausbau des Grundmittelbestandes der sozialistischen Industriebetriebe maßgebend ist, besteht auf der Grundlage des sozialistischen Eigentums an den Grundmitteln die ökonomische Möglichkeit und Notwendigkeit, zur Vermeidung von Disproportionen Teile des Amortisationsaufkommens den Betrieben zu entziehen, umzuverteilen und den volkswirtschaftlichen Belangen entsprechend in anderen Betrieben und Industriezweigen zu investieren. Die Gesetzmäßigkeiten für das Wirken des Reproduktionseffektes werden jedoch prinzipiell nicht dadurch modifiziert, daß die in einem Betrieb freigesetzten Amortisationen in einem anderen reinvestiert werden. Wohl aber wird das tatsächliche Ausmaß des Reproduktionseffektes infolge der praktisch unbegrenzten Reinvestitionsmöglichkeiten des jeweils verfügbaren Amortisationsaufkommens gegenüber vereinzelten kapitalistischen Unternehmen stark erweitert. Vgl. hierzu auch die Widerlegung dieses Einwandes durch O. Kratsch, Zur Rolle der Abschreibungen bei der Investitionsfinanzierung der westdeutschen Industriemonopole in der Zeit von 1948–1957, Dissertationsschrift, Berlin 1960, S. 41ff.

115 So bemerkt beispielsweise K.-H. Forster, Finanzierung durch Abschreibungen, Stuttgart 1952, S. 15: „Die wirtschafts-politische Seite der Abschreibungsfinanzierung ist in den Ländern mit zentraler Planwirtschaft, also besonders in der UdSSR, bereits seit langem erkannt worden. Die Gegenwerte der Abschreibungen werden hier zentral gesammelt und an die Stellen geleitet, an denen sie am dringendsten benötigt werden." Ruchti, H., Die Abschreibung — Ihre grundsätzliche Bedeutung als Aufwandsfaktor, Ertragsfaktor, Finanzierungsfaktor, Stuttgart 1953, S. 140, gesteht die Vorteile der sozialistischen Planwirt-

Daß die Wirkung des Reproduktionseffektes nicht für einen vereinzelten Betrieb, sondern für die sozialistische Industrie als Ganzes ermittelt wurde, ergibt sich zwingend aus den konkreten Bedingungen des sozialistischen Eigentums an den Produktionsmitteln und der damit verbundenen gesellschaftlichen Planung, Organisation und Leitung der erweiterten Reproduktion der Grundmittel.[116] So unterliegen die sozialistischen Industriebetriebe im Prinzip den gleichen staatlichen Rechtsnormen für die Investitionen, für die Bewertung und Amortisation der Grundmittel. Trotz ihrer relativen rechtlichen und ökonomischen Selbständigkeit werden die entscheidenden Proportionen für die Durchführung von Investitionen sowie deren Finanzierung zentral geplant und kontrolliert.

Soweit es sich als notwendig erweist, wird das bei den sozialistischen Banken konzentrierte Amortisationsaufkommen der sozialistischen Industrie teilweise umverteilt und den Erfordernissen einer proportionalen Entwicklung der Volkswirtschaft entsprechend eingesetzt. Unter diesen Bedingungen bildet sich für den gesamten Grundmittelbestand der sozialistischen Industrie eine durchschnittliche Nutzungs- bzw. Amortisationsdauer heraus. Der Analyse der materiellen und finanziellen Reproduktion der Grundmittel sind folglich solche für das einheitliche Grundmittelvermögen der sozialistischen Industrie der DDR typischen Größen der Nutzungs- und Amortisationsperioden usw. zugrunde zu legen, die das mögliche Ausmaß des Reproduktionseffektes hervortreten lassen. Denn erst die Kenntnis der für das Wirken des Reproduktionseffektes wesentlichen Bedingungen gestattet es, die den sozialistischen Produktionsverhältnissen entspringenden Vorteile für die teilweise Finanzierung der erweiterten Reproduktion der Grundmittel aus Amortisationen bewußt zu nutzen.

5. Die Freisetzung von Amortisationen als ein Prozeß der sozialistischen einfachen Reproduktion der Grundmittel

Um den Freisetzungseffekt ökonomisch zu begründen, wird bisweilen Investitionstätigkeit schlechthin gleichgesetzt mit erweiterter Reproduktion, ohne die eine ständige Freisetzung von Amortisationen nicht möglich wäre.[117] Tatsächlich ist

schaft indirekt ein: „Und welche Investitionsmöglichkeiten sich durch eine zentrale Erfassung aller Abschreibungsgegenwerte in einer Volkswirtschaft ergeben, liegt ebenso klar auf der Hand." Vgl. auch Hax, K., Die Bedeutung der betrieblichen Abschreibungs- und Investitionspolitik für das wirtschaftliche Wachstum der modernen Industriestaaten, in „ZfhF", Heft 5/1958, S. 257.

[116] Vgl. S. 332ff. dieser Arbeit.

[117] Diese Auffassung vertritt beispielsweise H.-D. Haustein, Zum Problem des materiellen und moralischen Verschleißes der gesellschaftlichen Arbeitsmittel in der sozialistischen Industrie, in „Wirtschaftswissenschaften", Heft 5/1957, S. 711/12: „*Dieser Geldreservefonds entsteht nur bei Erweiterung der Produktion und ist zugleich eine ihrer Voraussetzungen.* Keineswegs ist die Bildung eines überschüssigen Geldreservefonds eine den Grundfonds selbst immanente Eigenschaft. In der Tat ist bei konsequenter einfacher Reproduktion und ungenutzter Aufbewahrung des Geldreservefonds eine solche Erscheinung unmöglich, da die Maschinen und Anlagen dem Geldreservefonds nicht mehr Wert zusetzen können als sie besitzen."

jedoch die ständige Freisetzung von Amortisationen ein ökonomischer Prozeß, der auf der Grundlage der einfachen Reproduktion der Grundmittel vonstatten geht und zu ihrer Erklärung der erweiterten Reproduktion der Grundmittel nicht bedarf. Daß das Ausmaß des Freisetzungseffektes durch die erweiterte Reproduktion u. U. stark vergrößert wird, steht hierzu in keinem Widerspruch.

Einfache gesellschaftliche Reproduktion ist ohne die Existenz eines gewissen Mindestbestandes an Grundmitteln nicht möglich. Sein Aufbau setzt entsprechende Investitionen voraus. Im Extremfall kann der genannte Grundmittelbestand aus einem einmaligen Investitionsakt resultieren. Für die Errichtung der gesamten Industrie eines Landes ist diese Annahme jedoch völlig wirklichkeitsfremd. Vielmehr setzt sich zu jedem beliebigen Zeitpunkt der Grundmittelbestand der Industrie aus den während der vorangegangenen Jahre in mehr oder minder gleichem Umfang vollzogenen Investitionen zusammen. Unterstellen wir der Einfachheit halber für die Herausbildung eines bestimmten, auf die Dauer gleichbleibenden Grundmittelvermögens (brutto) wiederum die im Abschnitt 2 dieses Kapitels gesetzten Prämissen, so ist die folgende Strukturveränderung der ihrem Umfang nach gleichbleibenden Bruttoinvestitionen zu beobachten:

Zeitpunkt / Investitionsquelle	t_0	$t_{1/02}$	$t_{2/03}$	$t_{3/04}$	...	$t_{n-1/0n}$	Σ	$t_{n/0n+1}$
Bruttoinvestitonen insgesamt	AW	AW	AW	AW	...	AW	nAW	AW
aus staatlichen zentralisierten Fonds finanzierte Nettoinvestitionen	AW	$\frac{(n-1)}{n}AW$	$\frac{(n-2)}{n}AW$	$\frac{(n-3)}{n}AW$	...	$\frac{n-(n-1)}{n}AW$	$\frac{AW}{2}(n+1)$	—
aus dem Amortisationsaufkommen finanzierte (wertmäßige) Ersatzinvestitionen	—	$\frac{AW}{n}$	$\frac{2\,AW}{n}$	$\frac{3\,AW}{n}$	...	$\frac{(n-1)}{n}AW$	$\frac{AW}{2}(n-1)$ Zugleich Umfang der ständig freigesetzten Amortisationen	AW

Während der Umfang der Bruttoinvestitionen stets AW beträgt, sinken die aus staatlichen zentralisierten Fonds bereitzustellenden Fonds allmählich auf 0 herab.

Vom Zeitpunkt $t_{n/0n+1}$ ab sind folglich keinerlei finanzielle Mittel mehr aufzubringen, um das zum Zeitpunkt t_{0n} erreichte, unter den genannten Bedingungen der einfachen Reproduktion maximale Grundmittelvermögen (brutto) aufrechtzuerhalten. Es erhält sich nunmehr finanziell aus sich selbst, indem die erst ab t_{0n+1}

erforderlich werdenden materiellen Ersatzinvestitionen aus dem Amortisationsaufkommen finanziert werden. Die dem jeweiligen Amortisationsaufkommen entsprechenden, allmählich anwachsenden wertmäßigen Ersatzinvestitionen erreichen schließlich das Niveau der in der Tendenz konstanten Bruttoinvestitionen, das Gleichgewicht ist erreicht.

Es ist die Aufrechterhaltung dieses so geschaffenen Grundmittelbestandes auf die Dauer ohne zusätzliche gesellschaftliche Fonds, was die einfache Reproduktion der Grundmittel kennzeichnet.[118] Wie bewiesen wurde, fließt obendrein je nach den Umständen ein mehr oder minder großer Teil der anfänglich in den Grundmitteln investierten gesellschaftlichen Fonds in Form ständig oder doch durchschnittlich freigesetzter Amortisationen zurück, ohne die Finanzierung des Grundmittelvermögens (brutto) zu gefährden.

Amortisationen wurden bereits ständig freigesetzt, bevor das für die konsequente einfache Reproduktion typische Gleichgewicht des Grundmittelvermögens zustande gekommen ist. Um den Freisetzungseffekt zu begründen, sind deshalb diejenigen Prozesse zu untersuchen, die unter den verschiedenen ökonomischen Bedingungen zur Herausbildung eines auf die Dauer gleichbleibenden Grundmittelbestandes führen.

Die ständige Freisetzung von Amortisationen entspringt dem eigenartigen Umschlag der in einer Vielzahl von Grundmitteln investierten gesellschaftlichen Fonds. Es wäre jedoch ein Trugschluß, den Freisetzungseffekt an sich als einen einzig der Finanzierung der Grundmittelsphäre zukommenden Vorzug aufzufassen. Auch in der Umlaufmittelsphäre, im Bereich der Materialwirtschaft, der Fertigung und des Absatzes sowie in der Verrechnungssphäre sind solche Faktoren wie die Durchlaufzeit, die jeweilige Verteilung der Mittel auf die verschiedenen Stadien des Lager- und Fertigungsprozesses usw. für die Bindung der Fonds von Einfluß.[119] Die weitgehende, oftmals praktisch unbegrenzte Teilbarkeit und die relativ kurzen Umschlagszeiten der in der Umlaufmittelsphäre gebundenen Vorräte an Roh- und Hilfsstoffen, den Halb- und Fertigerzeugnissen usw. ermöglichen es, den Umlaufmittelfonds von vornherein niedrig zu halten. Unter den möglichen Bedingungen progressiv bis zum Optimum anwachsender Umlaufmittelbestände werden allerdings nachträglich auch keine Fonds wieder freigesetzt. Hingegen zwingt die technisch oder technologisch bedingte geringe oder fehlende Teilbarkeit von Grundmitteln, diese auf einmal und im voraus für viele Umschlagsperioden der Umlaufmittel dem Produktionsprozeß einzuverleiben. Und die anfänglich hohe Bindung von Grundmittelfonds kann erst allmählich je nach dem Wirken der oben erörterten Bedingungen in mehr oder weniger großem Umfang auf das relativ niedrige Niveau der Umlaufmittelfinanzierung herabgemindert werden.

[118] „Betrachten wir die jährliche Reproduktion — wenn auch auf einfacher Stufenleiter d. h. abstrahierend von aller Akkumulation — so beginnen wir nicht ab ovo (ganz von vorn); es ist ein Jahr im Fluß vieler, es ist nicht das erste Geburtsjahr . . .". Vgl. Marx, K., Das Kapital, Bd. II, Berlin 1948, S. 457.

[119] Probleme der genannten Art werden in der Arbeit von G. Forbrig, Zur Planung der Umlaufmittel für unvollendete Erzeugnisse bei kontinuierlicher Produktion, Berlin 1955, umfassend untersucht.

III. ZUM AUSMASS DER FINANZIERUNG DER ERWEITERTEN REPRODUKTION DER GRUNDMITTEL AUS AMORTISATIONEN IN DER SOZIALISTISCHEN INDUSTRIE DER DDR UNTER DEN KONKRETEN BEDINGUNGEN TENDENZIELL WACHSENDER BRUTTOINVESTITIONEN, VERÄNDERLICHER WIEDERBESCHAFFUNGSPREISE SOWIE DER WIRKUNGEN DES MORALISCHEN VERSCHLEISSES

Im vorherigen Kapitel wurden die *theoretischen Grenzen* der ständigen Freisetzung von Amortisationen bei einfacher Reproduktion der Grundmittel und ihr Einsatz für die Erweiterung der Produktionsmöglichkeiten der Grundmittel unter den allgemeinen Bedingungen sozialistischer Produktionsverhältnisse geprüft.

Der dort ermittelte auf der Grundlage der in der sozialistischen Industrie der DDR wirkenden ökonomischen Bedingungen insgesamt mögliche Umfang des Reproduktionseffektes muß indes streng von den in bestehenden Betrieben und in der sozialistischen Industrie als Gesamtheit gegenwärtig und künftig realisierbaren Freisetzungs- bzw. Erweiterungsreserven der Amortisationen unterschieden werden.

1. Der Reproduktions-(Freisetzungs-)effekt als irreversibler Prozeß bei einfacher Reproduktion der Grundmittel

Die dem Reproduktionseffekt entspringenden, noch nicht ausgeschöpften, also tatsächlich noch verfügbaren finanziellen Reserven des amortisationsfähigen Grundmittelfonds der sozialistischen Industrie der DDR für Zwecke der Erweiterung des Grundmittelbestandes werden durch die jeweilige Spanne zwischen der gegenwärtigen Verschleißquote und ihrem oben ermittelten theoretischen Maximum von etwa 50% des vorhandenen Grundmittelvermögens (brutto) begrenzt.[120]

Unter den Bedingungen der einfachen Reproduktion der Grundmittel sinkt bei restloser Reinvestition der Amortisationen mit der allmählichen Ausdehnung des Grundmittelvermögens (brutto) sein relativer Restwert von ursprünglich 100% des Bruttowertes auf das für die Gewährleistung der einfachen Reproduktion des erweiterten Grundmittelbestandes vertretbare theoretische Minimum herab. Vermindert sich der relative Restwert unter diese Grenze (bzw. übersteigt die Verschleißquote den für die Sicherung der einfachen Reproduktion gesetzten Grenzwert), so kann der zur Zeit des Maximums des Reproduktionseffektes erreichte Grundmittelbestand nicht aufrechterhalten werden, falls die zurückbehaltenen Amortisationen infolge mangelnder materieller Deckung später nicht mehr reinvestierbar sind.

Dieser Prozeß des allmählichen Absinkens des relativen Restwertes infolge der mit der Wirkung des Reproduktionseffektes verbundenen Ausdehnung des Grundmittelbestandes ist bei einfacher Reproduktion der Grundmittel irreversibel. Offensichtlich läßt sich aber eine Umkehrung dieses Vorganges durch Einsatz entsprechender Akkumulationsmittel des Nationaleinkommens herbeiführen. Steigt der Restwert

120 Dieser Spanne entspricht die resp. Differenz zwischen dem jeweiligen relativen Restwert des vorhandenen Grundmittelvermögens und dem oben errechneten theoretischen Minimum des Restwertes von etwa 50%, bei dessen Unterschreitung — wie gezeigt wurde — die einfache Reproduktion des vorhandenen Grundmittelbestandes verhindert wird.

auf diese Weise über das für die Sicherung der einfachen Reproduktion der Grundmittel notwendige theoretische Minimum an, so erhöhen sich zugleich mit der wachsenden Spanne zwischen dem tatsächlichen relativen Restwert und seinem theoretischen Minimum die finanziellen Reserven für die Erweiterung des Grundmittelvermögens (brutto) durch bloße Reinvestition verfügbarer Amortisationen.

Das gegenwärtig und künftig tatsächlich mögliche Ausmaß des Reproduktionseffektes der Amortisationen ist deshalb unter den konkreten Bedingungen der sozialistischen erweiterten Reproduktion der Grundmittel zu ermitteln. Insbesondere sind die ökonomischen Grenzen des Anstiegs des relativen Restwertes der Grundmittel der sozialistischen Industrie der DDR bei erweiterter Reproduktion auf lange Sicht abzuschätzen.[121]

2. Niveau und Entwicklung der wertmäßigen Verschleißquote bzw. der Altersstruktur der Grundmittel zum Zeitpunkt und seit der Währungsreform des Jahres 1948 und deren praktische Auswirkungen für das gegenwärtig und künftig mögliche Ausmaß der Freisetzung von Amortisationen in der sozialistischen Industrie der DDR.

Den in Kapitel II/4 dieser Arbeit nachgewiesenen Gesetzmäßigkeiten des Reproduktionseffektes liegt die für die planmäßige erweiterte Reproduktion der Grundmittel allgemeingültige Annahme einer vollständigen — wenngleich nicht notwendig sofortigen — Reinvestition der Amortisationen zugrunde.

Nun wurde der in der zweiten Hälfte des Jahres 1946 in das Volkseigentum übergeführte Grundmittelbestand der ehemals kapitalistischen Industriebetriebe während der letzten Kriegsjahre und der ersten Nachkriegsjahre nicht einmal einfach reproduziert.[122] Ein großer Teil der zwangsweise in liquiden Mitteln angesammelten Amortisationsgegenwerte ging verloren.[123]

[121] „In der sozialistischen Wirtschaft darf die Verwendbarkeit freier Mittel aus Abschreibungen zur Finanzierung von Neuinvestitionen nicht am Beispiel einmaliger Investitionen, sie muß vielmehr im Zusammenhang mit dem Prozeß der erweiterten sozialistischen Reproduktion ausgedrückt werden." Sojka, J., Die Beziehung der Abschreibungen zu Ersatz- und Neuinvestitionen, in „Ekonomicky casopis", Heft 2/1959, Bratislava. Vgl. Takatera, S., Economics of Depreciation Financing, in „Kyoto University Economic Review", Vol. XXX, April 1960, S. 57.

[122] Für den Zeitraum bis 1949 besitzt die Staatliche Zentralverwaltung für Statistik kein beweiskräftiges Zahlenmaterial. Die andererseits durchgeführten Nachrechnungen und Schätzungen bestärken die Annahme, daß etwa von Ende 1943 bis 1948 die Abgänge an Grundmitteln die Zugänge zum Grundmittelbestand durch Investitionen überstiegen. Vgl. hierzu u. a. Kupky, H., Die langfristige Entwicklung der Brutto-Anlage-Investitionen der mitteldeutschen Industrie von 1924—1955, in „Vierteljahreshefte zur Wirtschaftsforschung", Heft 4/1947, S. 391; Krengel, R., Anlagevermögen, Produktion und Beschäftigung der Industrie im Gebiet der Bundesrepublik von 1924—1956, Sonderheft Nr. 42 des DIW, Berlin 1958, S. 12ff., S. 94ff., Die deutsche Industrie im Kriege 1939—1945, DIW, Berlin 1954, S. 56ff.

[123] Für die volkseigene Wirtschaft ergab sich zum Zeitpunkt der Währungsreform als besonderes Moment, „daß eine Masse von Anlagegütern dem Reproduktionsprozeß unterworfen wird, ohne daß zuvor angesammelte Abschreibungsbeträge vorhanden sind." Vgl. Mannewitz, R., Die Bewertung des Anlagevermögens in der volkseigenen Wirtschaft, in

Schätzt man das Maximum der Verschleißquote der Grundmittel der sozialistischen Industrie für die Jahre 1946–1949 auf ca. 55%, bzw. ihren durchschnittlichen Restwert auf 45%[124], so hätten selbst bei einem unterstellten Reproduktionskoeffizienten von 2 auf die Dauer aus Amortisationen im Höchstfall 90% des seinerzeit vorhandenen Grundmittelvermögens aufrechterhalten werden können. Die aus Amortisationen zu finanzierenden umfangreichen Erhaltungsmaßnahmen sind hierin nicht einmal eingeschlossen. Ohne die seit 1949/50 in der Tendenz ständig steigenden Bruttoinvestitionen wäre unter den genannten Umständen somit notwendigerweise eine weitere Schrumpfung des an sich schon durch die Kriegsfolgen stark reduzierten Grundmittelvermögens eingetreten.

Bereits in den Jahren 1949–1952 überstiegen die jeweiligen Bruttoinvestitionen das laufende Amortisationsaufkommen, so daß die wertmäßigen Nettoinvestitionen zu einer relativen Erhöhung der Restwerte, bzw. zu einer Verminderung der hohen Verschleißquote beitrugen.[125] Trotzdem setzte eine echte erweiterte Reproduktion des Grundmittelvermögens erst ein, nachdem mittels der rechnerisch als Erweiterungsmaßnahmen ausgewiesenen, ihrem Wesen nach aber Ersatzfunktionen ausübenden Investitionen die Verschleißquote wieder unter die oben ermittelte theoretische Grenze für die Sicherung der einfachen Reproduktion der Grundmittel in der sozialistischen Industrie von 50% gesenkt worden war.[126] Für die gesamte sozialistische Industrie der DDR dürfte dieser Zustand etwa im Jahre 1951/52 eingetreten sein.[127]

„Schriftenreihe Deutsche Finanzwirtschaft", Heft 7, S. 33. „Die RM-Buchwerte waren in der Mehrzahl der Fälle nur noch Bruchteile der einstmaligen Anschaffungspreise, das ehemals investierte Kapital war also weitgehend verflüssigt. Die Gegenwerte waren teils im Anlage- und Umlaufvermögen investiert oder — sicherlich nicht zum geringen Teil — in ‚wertbeständigen' Papieren des Reiches (Reichsschatzanweisungen usw.) zwangsweise angelegt worden, soweit sie nicht durch Verluste aufgezehrt worden waren." Vgl. Forster, K.-H., Finanzierung durch Abschreibungen, Stuttgart 1952, S. 16.

124 Vgl. hierzu Kap. III, Abschn. 1 der Dissertationsschrift „Zur Finanzierung der erweiterten Reproduktion ..."

125 „Dabei stehen das Tempo der Entwicklunng der Verschleißquote und der Umfang ihrer Reduzierung in Zusammenhang mit dem Volumen der verbrauchten und in die Grundmittel aktivierten Investitionen. Da in allen Fällen der zur Verfügung gestellte Investitionsbetrag (auch in seinem Teil als Neuinvestition) größer war als die Summe, die durch Amortisationen den Nettowert der Grundmittel verringerte, ergibt sich eine schnell fallende Tendenz der Verschleißquote." Lange, A., Die Investitionen in der volkseigenen Industrie der DDR im ersten Planjahrfünft, ebenda, S. 124.

126 „Auf das praktische Beispiel in unserer volkseigenen Wirtschaft angewendet bedeutet dies, daß infolge unseres durch den Nazikrieg und die Nachkriegsjahre überalterten Maschinenparks, wo ein Ersatz nicht oder nur in unzureichendem Maße durchgeführt wurde, die einfache Reproduktion solange nicht gesichert scheint, bis durch entsprechende Neuproduktion in der Masse gesehen, eine gleichmäßige Altersverteilung eingetreten und damit nach dem Gesetz der großen Zahl das Gleichgewicht zwischen der Summe der Abschreibungsbeträge und der Summe der Bruttowerte der aus der Nutzung ausscheidenden Arbeitsmittel hergestellt ist." Mannewitz, R., Die Bewertung des Anlagevermögens in der volkseigenen Wirtschaft, in „Schriftenreihe der DFW", H. 7, S. 34.

127 Vgl. hierzu Kap. III, Abschn. 1 der Dissertationsschrift „Zur Finanzierung der erweiterten Reproduktion ..."

Trotz eines durchschnittlichen Verschleißgrades von beispielsweise 50% des vorhandenen Grundmittelvermögens (brutto) können jedoch die einzelnen Altersgruppen infolge starker Unterschiede in der Investitionstätigkeit vorangegangener Jahre, aber auch aus anderen Gründen[128], recht unterschiedlich besetzt sein. Aus diesem Grunde wird die detaillierte und fortlaufende Ermittlung der Altersstruktur des Grundmittelvermögens der sozialistischen Industrie für volkswirtschaftliche Analysen und wirtschaftspolitische Entscheidungen auf dem Gebiete der erweiterten Reproduktion der Grundmittel unentbehrlich.[129]

Die seitens der Staaltichen Zentralverwaltung für Statistik sowie der staatlichen Plankommission vereinzelt durchgeführten Analysen der Altersstruktur bestimmter Grundmittelgruppen bzw. der Grundmittel bestimmter Wirtschaftszweige bestätigen die vermuteten Unregelmäßigkeiten in der altersmäßigen Verteilungsstruktur der Grundmittel.[130] Trotz der generell wesentlich verbesserten Altersstruktur wurde ein harmonischer Altersaufbau des Grundmittelvermögens der sozialistischen Industrie der DDR noch nicht wieder erreicht. Die im Verlaufe des 7-Jahrplanes vorgesehenen umfangreichen Investitionen werden jedoch eine entscheidende Verjüngung des Grundmittelbestandes herbeiführen, so daß die durch die Kriegsfolgen verursachten Deformationen des Altersaufbaus ihren störenden Einfluß auf die proportionale Entwicklung der erweiterten Reproduktion der Grundmittel in der sozialistischen Industrie der DDR verlieren werden. Es darf auch nicht übersehen werden, daß die schwache Investitionstätigkeit während der letzten Kriegs- und der ersten Nachkriegsjahre nach Ablauf der durchschnittlichen Nutzungsdauer der seinerzeit investierten Grundmittel entsprechend geringe Abgänge zur Folge haben wird, so daß selbst bei wenig wachsenden Bruttoinvestitionen der effektive Grundmittelbestand rasch zunehmen kann.

3. Zu den realen Möglichkeiten der Finanzierung der erweiterten Reproduktion des Grundmittelbestandes aus Amortisationen unter den Bedingungen tendenziell wachsender Bruttoinvestitionen in der sozialistischen Industrie der DDR.

Nunmehr sollten die in Kapitel II,1 dieser Arbeit ermittelten quantitativen Beziehungen zwischen den tendenziell wachsenden Bruttoinvestitionen, dem anfallenden Amortisationsaufkommen sowie den notwendigen Ersatzinvestitionen unter dem Gesichtspunkt der Freisetzung und Reinvestition von Amortisationen geprüft werden. Dabei wird zunächst wiederum von einem anfänglichen Grundmittelbestand von 0

[128] In diesem Zusammenhang ist der Einfluß der Demontagen gemäß dem Potsdamer Abkommen in den ersten Nachkriegsjahren zu nennen. Hingegen dürften die unmittelbaren Kriegseinwirkungen keine wesentlichen Veränderungen der vorhandenen Altersstruktur bewirkt haben.

[129] Diese Forderung wird auch seitens sowjetischer und tschechoslowakischer Ökonomen erhoben. Vgl. hierzu S. 186 der Dissertationsschrift „Zur Finanzierung der erweiterten Reproduktion . . .“

[130] Vgl. hierzu Anhang 5 der Dissertationsschrift „Zur Finanzierung der erweiterten Reproduktion . . .“

ausgegangen, um den Prozeß der Freisetzung schon im Aufbau eines bestimmten Grundmittelbestandes sichtbar werden zu lassen. Gemäß (8) ist das Grundmittelvermögen (brutto) (Gb_t) zum Zeitpunkt t_n auf

$$\frac{e^{zn}-1}{z}$$

angewachsen.

Nach (9) beträgt das Amortisationsaufkommen zum Zeitpunkt t (Aa_t)

$$\frac{e^{zt}-1}{zn}.$$

Bis zum Zeitpunkt t_n sind demnach folgende Amortisationen zurückgeflossen:

$$\underset{(t \leqq n)}{\int_0^n} \frac{e^{zt}-1}{zn}(dt) = \frac{1}{zn}\left(\frac{e^{zn}-1-zn}{z}\right). \tag{31}$$

Der durch den Grundmittelfonds zu finanzierende Restwert des Grundmittelvermögens (brutto) zum Zeitpunkt t_n ergibt sich als Differenz aus (8)–(31):

$$\frac{e^{zn}-1}{z} - \frac{1}{zn}\left(\frac{e^{zn}-1-zn}{z}\right). \tag{31,1}$$

Der prozentuale Anteil des Restwertes am Grundmittelvermögen (brutto) beträgt folglich

$$\frac{100\left(\frac{e^{zn}-1}{z} - \frac{1}{zn}\left(\frac{e^{zn}-1-zn}{z}\right)\right)}{\frac{e^{zn}-1}{z}} \text{ Prozent} = 100\left(1-\frac{1}{zn}\left(1-\frac{zn}{e^{zn}-1}\right)\right) \text{ Prozent.} \tag{31,2}$$

Dabei sinkt das relative Gewicht des Restwertes um so weniger gegenüber seinem ursprünglichen Anteil am Grundmittelvermögen (brutto) von 100% ab, je stärker bei gegebener durchschnittlicher Nutzungsdauer der Grundmittel das Wachstumstempo der Bruttoinvestitionen ist, bzw. je länger bei gegebenem Wachstumstempo der Bruttoinvestitionen ($w > 1$) die durchschnittliche Nutzungsdauer der investierten Grundmittel währt.

Die Erklärung findet sich in der Entwicklung des Verhältnisses der ökonomischen Größen Amortisationen zu Bruttoinvestitionen.

Bezieht man nämlich umgekehrt zu (10,1) das Amortisationsaufkommen auf den Umfang der Bruttoinvestitionen, so beträgt dieses Verhältnis zum Zeitpunkt t_n

$$\frac{Aa_n}{BI_n} = \frac{\frac{e^{zn}-1}{zn}}{e^{zn}} = \frac{1-e^{-zn}}{zn}. \tag{31,3}$$

Unter den Bedingungen unbeschränkt wachsender Bruttoinvestitionen ergibt sich für den Zeitpunkt t_n ein Anteil des Amortisationsaufkommens zum Umfang der Bruttoinvestitionen von 0, denn

$$\lim_{zn \to \infty} \frac{1 - e^{-zn}}{zn} = 0\,.^{131)} \qquad (31,4)$$

Hohe Bruttoinvestitionen erweitern folglich nicht nur den Bruttowert des Grundmittelvermögens, sondern erhöhen zugleich um *denselben Betrag* seinen Restwert, da die investierten Grundmittel zum Zeitpunkt ihrer Inbetriebnahme noch keinem Verschleiß unterliegen. Ist das Verhältnis des vom vorhandenen Grundmittelvermögen (brutto) berechneten jeweiligen Amortisationsaufkommens am Umfang der Bruttoinvestitionen wegen ihres starken Wachstumstempos gering, so vermindert sich bei absolut wachsendem Umfang das relative Gewicht des Restwertes am Bruttowert des jeweiligen Grundmittelvermögens nur wenig.

Tatsächlich ergibt das relative Gewicht des Restwertes am Grundmittelvermögen (brutto) zum Zeitpunkt t_n bei unbeschränkt wachsenden Bruttoinvestitionen nach (31,2)

$$\lim_{n \to \infty} 100\left(1 - \frac{1}{zn}\left(1 - \frac{zn}{e^{zn} - 1}\right)\right) \text{Prozent} = 100 \text{ Prozent.} \qquad (31,5)$$

Wird somit von Anbeginn ein rasches Wachstumstempo der Bruttoinvestitionen aufrechterhalten, so bleibt der Einfluß der anfänglich investierten Grundmittel auf die Verschleißquote des gesamten Grundmittelbestandes gering, obgleich deren relatives Nutzungsalter bis zu ihrem Ausscheiden ständig steigt, ihr Restwert somit bis auf 0 herabsinkt. Die ständig steigenden Bruttoinvestitionen führen zu einer fortwährenden Verjüngung des Grundmittelbestandes.

Im Gegensatz zu unbegrenzt wachsenden Bruttoinvestitionen (31,4), (31,5) sinkt der Restwert bei konstanten Bruttoinvestitionen bis zum Ende der ersten Investitions- bzw. Nutzungsdauer auf die Hälfte des Bruttowertes des zu diesem Zeitpunkt vorhandenen Grundmittelvermögens herab, denn

$$\lim_{zn \to 0} 100\left(1 - \frac{1}{zn}\left(1 - \frac{zn}{e^{zn} - 1}\right)\right) \text{Prozent} = 50 \text{ Prozent.} \qquad (31,9)$$

Dieses Ergebnis bestätigt den in Kapitel II,1ff. ermittelten Zusammenhang. Das allmähliche Absinken des relativen Restwertes des bis zum Ende der ersten Investitions- bzw. Nutzungsperiode anwachsenden Grundmittelbestandes bei konstanten Bruttoinvestitionen — und sehr zahlreichen Investitions- bzw. Nutzungsperioden — bis zum theoretischen Minimum von 50% des vorhandenen Grundmittelvermögens (brutto) erweist sich somit als ein Spezial-(Grenz-)fall der erweiterten Reproduktion der Grundmittel.

[131] Vgl. ferner $(31,4_1)$ und $31,4_2)$ des mathematischen Anhanges der Dissertationsschrift „Zur Finanzierung der erweiterten Reproduktion . . .“

Es kann ferner gezeigt werden, daß bei unveränderten Bedingungen, insbesondere hinsichtlich des Zuwachstempos (z) und der durchschnittlichen Nutzungsdauer der Grundmittel, das zum Zeitpunkt t_n erreichte Verhältnis zwischen den Größen der Bruttoinvestitionen und dem Amortisationsaufkommen sowie dem Brutto- und Restwert des Grundmittelvermögens kein bloßes Durchgangsstadium ihrer Entwicklung ist, sondern ab t_n stabil bleibt.

Von besonderer Aussagekraft ist die Bestimmung des Verhältnisses der notwendigen Ersatzinvestitionen zum jeweils anfallenden Amortisationsaufkommen:[132]

$$\frac{Rp_t}{Aa_t}\bigg|_{t \geq n} = \frac{e^{z(t-n)}}{\frac{e^{zt}(1-e^{-zn})}{zn}} = \frac{zn}{e^{zn}-1}\,. \qquad (31{,}18)$$

Bei tendenziell gleichbleibenden Bruttoinvestitionen ($z = 0$) wird das zum Zeitpunkt t ($t \geq n$) anfallende Amortisationsaufkommen vollständig durch die Finanzierung der Ersatzinvestitionen beansprucht, denn

$$\lim_{(zn)\to 0} \frac{zn}{e^{zn}-1} = 1\,, \qquad (31{,}19)$$

während es bei hohem Investitionstempo, bzw. langer durchschnittlicher Nutzungsdauer (aber $z > 0$) nur teilweise durch die Finanzierung der Ersatzinvestitionen gebunden wird.[133]

Stimmt die den Amortisationssätzen zugrunde gelegte mit der tatsächlichen durchschnittlichen Nutzungsdauer der Grundmittel überein, so reicht das anfallende Amortisationsaufkommen zumindest aus, um die erforderlichen Ersatzinvestitionen zu finanzieren. Die während der ersten Nutzungsdauer zurückgeflossenen Amortisationen werden zur Finanzierung der Ersatzinvestitionen nicht benötigt. Das relative Gewicht der bis zum Einsetzen der ersten Ersatzinvestitionen freigesetzten Amortisationen am wachsenden Grundmittelvermögen steigt bis zum Ende der ersten Nutzungsdauer umso weniger, je rascher sich dieses selbst infolge eines starken Wachstumstempos der Bruttoinvestitionen erweitert. Die Gründe hierfür wurden genannt: die steigenden Bruttoinvestitionen führen zu einer fortwährenden Verjüngung des Grundmittelbestandes.

Der durch den Grundmittelfonds zu finanzierende Restwert des jeweiligen Grundmittelvermögens (brutto) sinkt folglich bis zum Ende der ersten Nutzungsdauer nicht bis auf das für die Sicherung der einfachen Reproduktion der Grundmittel durch entsprechende Ersatzinvestitionen ausreichende Minimum herab.

Wenngleich im Aufbau der materiell-technischen Grundlagen des Sozialismus in der DDR ganze Industriezweige neu errichtet wurden, ist doch der Grundmittelbestand der sozialistischen Industrie der DDR insgesamt während der vergangenen

132 Vgl. hierzu Kapitel II,1 (12), (13) dieser Asbeit.

133 Vgl. hierzu (31,19), (31,20) und (31,21) des mathematischen Anhangs der Dissertationsschrift „Zur Finanzierung der erweiterten Reproduktion . . .“

15 Jahre keineswegs aus dem Nichts heraus geschaffen worden. Vielmehr setzt sich selbst der gegenwärtige Grundmittelbestand in der sozialistischen Industrie der DDR noch zu einem erheblichen Teil aus solchen Grundmitteln zusammen, die z. T. weit vor oder während des II. Weltkrieges investiert und 1946 und später in das Volkseigentum übergeführt wurden.

Wie bereits erwähnt, war für die ersten Nachkriegsjahre vielmehr der Umstand kennzeichnend, daß der vorhandene Grundmittelbestand überaltert und stark erneuerungsbedürftig geworden war, während die in diesen Jahren durchgeführten Investitionen nicht ausreichten, um die dringenden Erhaltungsmaßnahmen zu gewährleisten. Zuvor freigesetzte Amortisationen waren entweder bereits reinvestiert worden oder gingen verloren. Die etwa bis 1952 anfallenden Amortisationen dienten im Durchschnitt zur Erhaltung des vorhandenen Grundmittelbestandes oder wurden auf Kosten der Werterhaltung für Neuinvestitionen verwandt, so daß eine echte Freisetzung dieser Mittel für Zwecke der erweiterten Reproduktion der Grundmittel nicht erfolgte. Infolgedessen dürfen der Ermittlung des gegenwärtig und künftig möglichen Ausmaßes des Reproduktions-(bzw. Freisetzungs-)effektes nicht die für Freisetzung von Amortisationen während des ursprünglichen Aufbaus der Industrie als Gesamtheit geltenden Gesetzmäßigkeiten zugrunde gelegt werden.[134]

Es ist deshalb von der Tatsache auszugehen, daß die erweiterte Reproduktion des Grundmittelbestandes der sozialistischen Industrie etwa seit dem Jahre 1951/52 auf der Grundlage eines vorhandenen, bis zum theoretischen Maximum für die Gewährleistung der einfachen Reproduktion aus Amortisationen veralteten und dementsprechend amortisierten Grundmittelvermögens einsetzte.

Das beispielsweise zum Zeitpunkt t $(t \geqq n)$ vorhandene Grundmittelvermögen (brutto) vermindert sich während der folgenden n Jahre um die vor jeweils n Jahren investierten Grundmittel, während es zugleich durch die nunmehr investierten Grundmittel vermehrt wird. Betrug das tendenzielle Zuwachstempo der Bruttoinvestitionen im Zeitraum $(t-n)$ bis t z', während sie in den folgenden n Jahren durchschnittlich in Höhe von z anwachsen, so entwickelt sich der Bestand des Grundmittelvermögens (brutto) lt. (8), (31,14) und (7) wie folgt:

$$\underset{(t \geqq n)}{\int_{t-n}^{t}} e^{z't}\,dt - \int_{t}^{t+k} e^{z'(t-n)}\,dt + \underset{(k=t+1,\,2,\,\ldots,\,n)}{\int_{t}^{t+k}} e^{zt}\,dt\,. \tag{32}$$

Ist speziell $k = n$, so beträgt das Grundmittelvermögen (brutto)

$$\frac{e^{z't}(1-e^{-z'n})}{z'} - \frac{e^{z't}(1-e^{-z'n})}{z'} + \frac{e^{zt}(e^{zn}-1)}{z}\,. \tag{32,1}$$

[134] Vgl. FN 116 dieser Arbeit. Für den Maßstab der gesamten sozialistischen Industrie der DDR gilt deshalb prinzipiell der von den Autoren des Lehrbuches „Ökonomik der sozialistischen Industrie der DDR", ebenda, S. 349/51 erhobene Einwand, wonach unter den gegenwärtigen realen Bedingungen für das Wirken des Reproduktionseffektes „die Freisetzung von Amortisationsmitteln in erheblichem Maße nur bei der Neuerrichtung von Betrieben auftritt. Bei bestehendeen Betrieben ist praktisch bereits eine zwischenzeitliche Verwendung erfolgt." Vgl. aber S. 393 ff. dieser Arbeit.

Das zum Zeitpunkt $t+n$ vorhandene Grundmittelvermögen (brutto) im Betrage von $\frac{e^{zt}(e^{zn}-1)}{z}$ entspricht dem der Formel (8,1), wenn in diese für t $(t+n)$ eingesetzt wird.

Zum Zeitpunkt $t+n$ setzt sich das Grundmittelvermögen (brutto) ausschließlich aus den während des vorangegangenen Zeitraumes von t bis $t+n$, also n Jahre umfassenden Investitionszyklus investierten Grundmitteln zusammen. Bezüglich der Relationen Amortisationsaufkommen zu Bruttoinvestitionen, Ersatzinvestitionen zu Bruttoinvestitionen, Ersatzinvestitionen zu Amortisationsaufkommen sowie dem Restwert des jeweiligen Grundmittelvermögens zu seinem Bruttowert gelten folglich spätestens ab dem Zeitpunkt $t+n$ die in (31,3), (31,15), (31,18) und (31,2) ermittelten ökonomischen Beziehungen.

Gilt beispielsweise $z > z'$, während die durchschnittliche Nutzungsdauer der jeweils investierten Grundmittel unverändert geblieben oder doch langsamer gesunken ist als sich das Zuwachstempo im selben Zeitraum erhöhte, so daß zumindest $zn > z'n'$ ist, so steigt das relative Gewicht des Restwertes am Grundmittelvermögen (brutto) stetig an, um nach n Jahren zum Gleichgewicht zu gelangen.[135] Infolge des tendenziell beschleunigten Wachstumstempos der Bruttoinvestitionen erfolgt eine Verjüngung des Grundmittelbestandes, denn es scheiden ständig weniger alte Grundmittel aus dem Bestand aus als neue Grundmittel hinzukommen. Dementsprechend sinkt die wertmäßige Verschleißquote, und die verfügbaren finanziellen Reserven des amortisationsfähigen Grundmittelfonds für Zwecke der Erweiterung des Grundmittelbestandes durch Reinvestition der Amortisationen wachsen.[136]

Hingegen vermindert sich während der folgenden durchschnittlichen Nutzungsdauer der investierten Grundmittel der Anteil des jeweiligen Amortisationsaufkommens am Umfang der ständig zunehmenden Bruttoinvestitionen. Das gilt zugleich für laufende Ersatzinvestitionen.[137]

Entscheidend ist jedoch der Umstand, daß mit beschleunigtem Wachstumstempo der Bruttoinvestitionen auch das Verhältnis der jeweiligen Ersatzinvestitionen zum Amortisationsaufkommen sinkt.[138]

135 Vgl. hierzu (31,5), (31,10), (31,11), (31,12) des mathematischen Anhanges der Dissertationsschrift „Zur Finanzierung der erweiterten Reproduktion . . .“

136 „Die relative Höhe (der Prozentsatz) der in natura ausscheidenden Grundfonds ist bei sonst gleichen Bedingungen eine veränderliche Größe und hängt vom Tempo ab, in der sich die gesellschaftliche Produktion erweitert: im hypothetischen Falle des Überganges von der einfachen Reproduktion zur erweiterten oder bei steigendem Produktionstempo verringert sich der relative Umfang (der Prozentsatz) der in natura ausscheidenden Grundfonds, in einer Periode des verlangsamten Tempos der erweiterten Reproduktion erhöht er sich. Der bestimmende Faktor für das Ausscheiden der Arbeitsmittel ist ihr Alter. Das Durchschnittsalter der Maschinen, Ausrüstungen, Gebäude usw. sinkt aber, sobald das Wachstumstempo der Grundfonds sich erhöht.“ Vgl. Kwascha, J., Über Amortisationsnormen, in „Vorprossy Ekonomiki“, H. 7/1957.

137 Vgl. (31,4) und (31,16) des mathematischen Anhanges der Dissertationsschrift „Zur Finanzierung der erweiterten Reproduktion der Grundmittel . . .“

138 Vgl. (31,20) des mathematischen Anhangs der Dissertationsschrift „Zur Finanzierung der erweiterten Reproduktion der Grundmittel . . .“

4. Zur Entwicklung der Bruttoinvestitionen in der sozialistischen Industrie der DDR als wesentlicher Bezugsgröße für die Ermittlung des Ausmaßes der Finanzierung der erweiterten Reproduktion der Grundmittel aus Amortisationen

Der Analyse der Beziehungen zwischen den genannten ökonomischen Größen zur Bestimmung des gegenwärtig und künftig möglichen Ausmaßes der Finanzierung der erweiterten Reproduktion der Grundmittel aus Amortisationen unter der realen Annahme tendenziell wachsender Investitionen wurde die Entwicklung der Brutto- nicht aber der Nettoinvestitionen in der sozialistischen Industrie der DDR zugrunde gelegt. Wird das tendenzielle Wachstumstempo der Bruttoinvestitionen als gegeben unterstellt, so schwankt das jeweilige Ausmaß der Nettoinvestitionen mit dem Umfang der wertmäßigen bzw. materiellen Ersatzinvestitionen. Diese methodische Annahme dürfte der bisherigen und wegen des vorgesehenen starken Investitionstempos auch künftigen Investitionsplanung und -finanzierung im Bereich der sozialistischen Industrie der DDR am ehesten entsprechen.[139]

Das jährliche Zuwachstempo z der Bruttoinvestitionen in der sozialistischen Industrie der DDR während des Zeitraumes 1950 – 1965 kann mit etwa 10% veranschlagt werden. Für den Zeitraum von 1951/52 bis 1978/80 dürfte die Annahme eines tendenziellen Zuwachstempos der Bruttoinvestitionen im Bereich von 6–9% jährlich real sein.[140]

Wie gezeigt werden kann, beginnen sich die genannten Relationen mit Einsetzen des beschleunigten Wachstumstempos der Bruttoinvestitionen in der beschriebenen Richtung zu verschieben, um zu Ende der durchschnittlichen Nutzungsdauer der investierten Grundmittel auf dem im wesentlichen durch die Faktoren z und n bzw. (zn) bestimmten Niveau zum Gleichgewicht zu gelangen.

Für den Fall sinkender positiver Zuwachsraten der Bruttoinvestitionen gilt das Sinngemäße, wobei sich die Relationen in umgekehrter Richtung verschieben. Dabei ist zu beachten, daß – solange $z > 0$ bleibt – der absolute Umfang der Bruttoinvestitionen selbst dann weiter steigt, wenn das tendenzielle positive Zuwachstempo der Bruttoinvestitionen z vermindert wird. Folglich sinkt der Restwert des wachsenden Grundmittelvermögens auch nicht auf das für die Gewährleistung der wertmäßig einfachen Reproduktion aus Amortisationen notwendige Minimum herab[141], und es verbleibt diese – nunmehr allerdings verminderte – Spanne für Zwecke der Erweiterung des Grundmittelbestandes durch Reinvestition der Amorti-

[139] Damit soll nicht gesagt sein, daß die wirtschaftspolitischen Erwägungen hinsichtlich der Aufteilung des Nationaleinkommens in die Akkumulations- und Konsumtionsrate belanglos sind. Für die Wahl der Brutto- statt der Nettoinvestitionen als Bezugsgröße der Berechnungen sprechen verschiedene Gründe. Vgl. S. 204ff. der Dissertationsschrift „Zur Finanzierung der erweiterten Reproduktion der Grundmittel . . .“

[140] Vgl. hierzu Kap. II,3 sowie Anhang 6 der Dissertationsschrift „Zur Finanzierung der erweiterten Reproduktion . . .“

[141] Vgl. hierzu (31,9) dieser Arbeit.

sationen. Solange nämlich das Zuwachstempo der Bruttoinvestitionen nicht gänzlich gestoppt wird, werden die anfallenden Amortisationen nicht restlos durch die Finanzierung der erforderlichen Ersatzinvestitionen gebunden.[142]

5. Zum Einfluß der Preisentwicklung der Grundmittel auf das Ausmaß der Finanzierung der erweiterten Reproduktion der Grundmittel aus Amortisationen unter den Bedingungen tendenziell wachsender Bruttoinvestitionen

Die Wiederbeschaffungspreise zu ersetzender Grundmittel stimmen in der Regel nicht mit deren ursprünglichen Anschaffungswerten überein. Die Preisveränderungen, seien es Preiserhöhungen oder -minderungen, sind auf unterschiedliche Ursachen zurückzuführen. Bekanntlich sinken die Werte der Produkte nicht umgekehrt proportional zur steigenden Arbeitsproduktivität.[143] Das gilt erst recht für die Preise, deren Höhe von vielen Faktoren und keineswegs ausschließlich von der Entwicklung der Arbeitsproduktivität beeinflußt wird. Die Preise der Grundmittel verändern sich auch nicht notwendig proportional zur Zunahme der in ihnen verkörperten Produktionsmöglichkeiten.[144] Praktisch ist es nicht möglich, sämtliche, die Preisveränderungen der Grundmittel verursachenden Elemente gesondert zu erfassen und ihrer ökonomischen Bedeutung entsprechend zu gewichten.

Den geltenden Rechtsnormen entsprechend, werden in den sozialistischen Industriebetrieben der DDR die Amortisationen von den Anschaffungswerten der Grundmittel berechnet.[145] Bei gestiegenen Wiederbeschaffungspreisen aber sonst gleichgebliebenen Umständen, insbesondere hinsichtlich der Nutzungsdauer und der technischen Daten der Grundmittel, reichen die angesammelten Amortisationen dann nicht zur Finanzierung der Ersatzinvestitionen aus. Bei gesunkenen Wiederbeschaffungspreisen werden umgekehrt Grundmittelfonds freigesetzt, und die überschüssigen Amortisationen können zur Finanzierung zusätzlicher Grundmittel verwendet werden. In der Tendenz sinkende Wiederbeschaffungspreise der Grundmittel wirken insofern als eine zusätzliche Finanzierungsquelle für die erweiterte Reproduktion der Grundmittel, während tendenziell steigende Wiederbeschaffungspreise dem Reproduktions- bzw. Freisetzungseffekt der Amortisationen entgegenwirken.

Den bisherigen Untersuchungen dieses Zusammenhangs wurde u. W. überwiegend die Annahme ausschließlich tendenziell sinkender Wiederbeschaffungspreise zugrunde gelegt. Insoweit jedoch über die Preisentwicklung der Grundmittel überhaupt Anhaltspunkte vorliegen, deuten diese eher auf einen gewissen Preisanstieg als auf ein sinkendes Preisniveau hin. Und es gibt auch keinen Beweis dafür, daß Preis-

[142] Vgl. hierzu (31,19) dieser Arbeit.

[143] Vgl. hierzu Behrens, F., Arbeitsproduktivität, Wert und Selbstkosten, in „Diskussionsbeiträge zu Wirtschaftsfragen", Berlin 1954, H. 14, S. 12ff.

[144] Vgl. hierzu S. 47 sowie S. 53/54 sowie Kap. III,3 der Dissertationsschrift „Zur Finanzierung der erweiterten Reproduktion der Grundmittel . . ."

[145] Vgl. § 97 (1) der VO über die Buchführung und die buchhalterische Berichterstattung der volkseigenen Industriebetriebe vom 29. 9. 1955, GBl. der DDR, Teil I, Nr. 92. Vgl. hierzu auch Brossmann, K.-U., Zum Reproduktionswert der Grundmittel, in „Wirtschaftswissenschaften", H. 8/1959, S. 1170.

erhöhungen generell durch einen entsprechenden Anstieg der in den neuen Grundmitteln verkörperten Produktionsmöglichkeiten ausgeglichen worden sind.[146]

Im folgenden ist deshalb der Einfluß von Preisveränderungen der Grundmittel auf die Möglichkeiten der teilweisen Finanzierung der erweiterten Reproduktion der Grundmittel aus Amortisationen unter den Bedingungen wachsender Bruttoinvestitionen zu berücksichtigen.

Die Korrektur der in laufenden Preisen bezifferten Bruttoinvestitionen um eingetretene Preisveränderungen ist nicht nur zur Ermittlung des materiellen Investitionsvolumens und damit für eine reale Berechnung des vorhandenen Grundmittelvermögens vonnöten.[147]

Durch langfristige Änderungen des allgemeinen Preisniveaus der industriellen Grundmittel werden darüber hinaus die für die Sicherung der wertmäßigen einfachen bzw. der teilweisen erweiterten Reproduktion der Grundmittel aus Amortisationen

[146] Tannhäuser, S., Moralischer Verschleiß, Bewertung und Amortisation der Grundmittel, in „Der Nutzeffekt der Investitionen in der sozialistischen Industrie", Diskussionsbeiträge zu Wirtschaftsfragen, Berlin 1957, S. 32, S. 63. „Die Investitionsobjekte verteuerten sich ständig. Das trifft insbesondere für die Bauten zu." Vgl. Lange, A., Die Investitionen in der volkseigenen Industrie der DDR im ersten Planjahrfünft", Berlin 1958 S. 48 sowie S. 153, S. 156. „Bezüglich der Spanne zwischen dem Bilanzwert und dem Reproduktionswert der Grundfonds (nach den geltenden Preislisten) bestehen Vorstellungen, die auf globale Schätzungen gegründet sind, daß der Wiederherstellungswert etwa um ein Drittel höher ist als der Bilanzwert. Wenn das so ist und die Lebensdauer der Anlagen und Ausrüstungen usw., wie in den gegenwärtigen Amortisationsnormen angenommen wird, richtig ist, dann sind die Amortisationsabführungen um $^1/_3$ geringer als erforderlich." Vgl. Kwascha, J., Über Amortisationsnormen, in „Voprossy Ekonomiki", H. 7/1957. „Nach oberflächlichen Berechnungen würde die Umbewertung der Grundfonds der Volkswirtschaft der UdSSR, Stand 1. 1. 1955 (die Preise vom 1. 7. 1950 zugrunde gelegt), eine wertmäßige Erhöhung der Grundfonds um 24% mit sich bringen ... Die für die Grundfonds gültigen Preise haben zur Zeit etwa den Stand von 1945 erreicht. Im Vergleich zur heutigen Bewertung weisen alle vor 1945 geschaffenen Grundfonds somit eine geringere Einschätzung auf, die von 1945 bis 1. 7. 1955 gebildeten eine erhöhte und die vom 1. 7. 1955 bis auf den heutigen Tag gebildeten Grundfonds eine zeitgemäße Bewertung auf. In der gesamten Volkswirtschaft herrschen Grundfonds mit zu geringer Bewertung vor, so daß eine Umbewertung zum Ansteigen ihres Geldwertes führen wird." Vgl. Bunitsch. P., Über die Ausarbeitung neuer Amortisationsnormen für die Grundfonds, in „Voprossy Ekonomiki", H. 2/1958, S. 71ff.
Die Preise für Arbeitsmittel haben „sich bekanntlich in den Jahren der Sowjetmacht mehrfach verändert, und zwar sowohl in Richtung einer Senkung als auch einer Steigerung. So setzte sich der Ende der zwanziger Jahre begonnene Preisanstieg fort und nur im weiteren Verlauf sank ihr mittleres Niveau bedeutend ab. Insgesamt sind diese Preise gegenwärtig im Durchschnitt trotzdem noch höher als die Preise der dreißiger Jahre und entsprechend noch höher als die Preise der zwanziger Jahre ungeachtet dessen, daß in dieser Periode die Arbeitsproduktivität in den Produktionsmittel erzeugenden Zweigen um ein Vielfaches anstieg." Vgl. Chorunshij, L., Statistische Methoden zur Untersuchung des Amortisationsfonds als Amortisationsquelle, in „Voprossy Ekonomiki", H. 1/1960, S. 107ff.
Die Ergebnisse der Umbewertung der Grundmittel in der Industrie der UdSSR bestätigen diese Aussagen. Entnommen dem Bericht einer Delegation des Ministeriums der Finanzen vom I. Quartal 1960.

[147] Vgl. hierzu Kap. III,3, S. 211 der Dissertationsschrift „Zur Finanzierung der erweiterten Reproduktion der Grundmittel ..."

relevanten ökonomischen Zusammenhänge zwischen der Entwicklung der materiellen Ersatzinvestitionen und dem Ausmaß der laufenden Bruttoinvestitionen sowie zum Umfang des jeweiligen Amortisationsaufkommens beeinflußt.

Das materielle, d. h. preisbereinigte Zuwachstempo der Bruttoinvestitionen (m) ist größer oder geringer als das in laufenden Preisen bezifferte nominelle Zuwachstempo (z) je nachdem, ob das Entwicklungstempo des allgemeinen Preisniveaus der industriellen Grundmittel (p) kleiner oder größer als 0 ist, denn $m = z - p$.

Die vor n Jahren zu laufenden Preisen investierten, nunmehr in natura zu ersetzenden Grundmittel besitzen folglich einen Wiederbeschaffungspreis im Betrage von

$$e^{z(t-n)} e^{pn} = e^{z(t-n)+pn}. \qquad (32,2)$$
$$t \geq n$$

Dem Umfang der laufenden Bruttoinvestitionen sowie dem anfallenden Amortisationsaufkommen sind deshalb die zu Wiederbeschaffungspreisen bewerteten Ersatzinvestitionen gegenüberzustellen:

$$\frac{Rp_t}{BI_t} = \frac{e^{z(t-n)+pn}}{e^{zt}} = e^{-mn}. \qquad (32,3)$$
$$t \geq n$$

Das jeweilige Grundmittelvermögen (brutto) setzt sich unverändert aus der Summe der während der vorangegangenen n Jahre zu Anschaffungspreisen bewerteten Bruttoinvestitionen zusammen. Für seine Bildung ist deshalb das den laufenden Preisen zugrunde liegende Zuwachstempo z (8,1) maßgebend. Dementsprechend beträgt das vom Grundmittelvermögen (brutto) berechnete Amortisationsaufkommen zum Zeitpunkt t nach (9,1) weiterhin

$$Aa_t = \frac{e^{zt}(1-e^{-zn})}{zn},$$

so daß sich (31,18) entsprechend (32,2) wie folgt ändert:

$$\frac{Rp_t}{Aa_t} = \frac{e^{z(t-n)+pn}}{\frac{e^{zt}(1-e^{-zn})}{zn}} = \frac{(m+p)\,n}{e^{mn} - e^{-pn}}. \qquad (32,4)$$
$$t \geq n$$

Es fragt sich nun, auf welche Weise der für die Sicherung der einfachen und für die teilweise erweiterte Reproduktion der Grundmittel wesentliche Zusammenhang zwischen dem Umfang der zu Wiederbeschaffungspreisen zu finanzierenden Ersatzinvestitionen und dem zum selben Zeitpunkt verfügbaren Amortisationsaufkommen durch Veränderungen des allgemeinen Preisniveaus der industriellen Grundmittel modifiziert wird.

[148] Im folgenden (32,2) bis (32,7) übernehmen wir die von Evsey D. Domar, Depreciation, Replacement and Growth, in „The Economic Journal", London 1953, S. 27/28 entwickelten Formeln.

Es ist zu vermuten, daß das genannte Verhältnis durch das Zuwachstempo der preisbereinigten Bruttoinvestitionen m in gleicher Weise wie durch das nominelle Zuwachstempo der Bruttoinvestitionen zu laufenden Preisen z beeinflußt wird; denn bei gegebenem Entwicklungstempo des allgemeinen Preisniveaus bedeutet eine Veränderung im Zuwachstempo der preisbereinigten Bruttoinvestitionen m zugleich eine dementsprechende Veränderung im Zuwachstempo der zu laufenden Preisen bewerteten Bruttoinvestitionen z. Nach (31,21) sinkt der Anteil der Ersatzinvestitionen am Amortisationsaufkommen mit steigendem Zuwachstempo der Bruttoinvestitionen ab. Die gleiche Entwicklungsrichtung läßt sich aber auch bei Veränderungen im Zuwachstempo der materiellen preisbereinigten Bruttoinvestitionen nachweisen.[149]

Daß der Anteil der zu Wiederbeschaffungspreisen zu finanzierenden Ersatzinvestitionen am Amortisationsaufkommen mit steigenden Preisen zunimmt, leuchtet ohne weiteres ein.

Dabei ist zu beachten, daß der Umfang der Ersatzinvestitionen das Amortisationsaufkommen trotz tendenziell wachsender Bruttoinvestitionen in laufenden Preisen übersteigen, das Verhältnis ($t \geqq n$ unterstellt) also größer als 1 werden kann, falls die aus den tendenziell wachsenden Bruttoinvestitionen entspringenden Vorteile für die teilweise Finanzierung der erweiterten Reproduktion der Grundmittel aus Amortisationen durch die mit dem Steigen der Wiederbeschaffungspreise einhergehenden Nachteile überkompensiert werden.[150]

Umgekehrt lassen sich die Wirkungen tendenziell sinkender Bruttoinvestitionen durch den Rückgang im Preisniveau mehr als kompensieren, so daß der Anteil der zu finanzierenden Ersatzinvestitionen am Amortisationsaufkommen schließlich unter 1 herabsinkt.[151]

Von besonderem Interesse ist die Kenntnis des Tempos im Anstieg des allgemeinen Preisniveaus, bei dem trotz steigender materieller, d. h. preisbereinigter Bruttoinvestitionen und gegebener durchschnittlicher Nutzungsdauer der Grundmittel das Amortisationsaufkommen restlos durch die Finanzierung der Ersatzinvestitionen zu Wiederbeschaffungspreisen gebunden wird. Unter diesen Umständen gilt nach (32,4)

$$\frac{(m+p)n}{e^{mn} - e^{-pn}} = 1, \text{ d. h.}$$

$$pn + e^{-pn} = e^{mn} - mn. \qquad (32,7)$$

(32,7) kann zwar nicht expliziert für p ermittelt werden, numerisch lassen sich aber beispielsweise die folgenden Daten errechnen:

149 Vgl. Kap. III, Abschnitt 3, (32,5)ff. der Dissertationsschrift „Zur Finanzierung der erweiterten Reproduktion der Grundmittel ...“

150 Vgl. Kap. III, Abschn. 3, sowie (32,4) des mathematischen Anhanges der Dissertationsschrift „Zur Finanzierung der erweiterten Reproduktion der Grundmittel ...“

151 Vgl. (32,64) des mathematischen Anhangs der Dissertationsschrift „Zur Finanzierung der erweiterten Reproduktion der Grundmittel ...“

Die jährliche Rate des Preisanstiegs, bei welcher das Amortisationsaufkommen bei gegebenem n und m restlos durch die Finanzierung der Ersatzinvestitionen gebunden wird.

TABELLE 1

m Prozentsatz zu konstanten Preisen der Bruttoinvestitionen	Prozentsatz des tendenziellen jährlichen Preisanstiegs p						
Durchschnittliche Nutzungsdauer n (Jahre)	1	2	3	4	5	6	7
20	1,07	2,3	3,8	5,5	7,7	9,9	
30	1,11	2,5	4,3	6,6	9,8	14,1	20,2
40	1,16	2,7	5,0	8,3	13,5		

Bei einer durchschnittlichen Nutzungsdauer der Grundmittel in der sozialistischen Industrie der DDR etwa im Bereiche von 30 Jahren und einem tendenziellen Zuwachstempo der materiellen, d. h. preisbereinigten Bruttoinvestitionen von sicherlich mehr als 5–6% müßte folglich das allgemeine Preisniveau der industriellen Grundmittel jährlich um mehr als 10% steigen, damit die durch die starke erweiterte Reproduktion der Grundmittel verursachte Spanne zwischen dem laufenden Amortisationsaufkommen und den notwendigen Ersatzinvestitionen infolge des Preisanstiegs aufgebraucht wird. Es ist dies eine Annahme, die unter den Bedingungen der allseitigen Planung und Kontrolle des gesellschaftlichen Reproduktionsprozesses in sozialistischen Staaten jeder realen Grundlage entbehrt.

Es gilt ferner zu beachten, daß bei steigendem Preisniveau der Anteil der aus Amortisationen finanzierbaren Bruttoinvestitionen sinkt, so daß bei geplantem Umfang der Bruttoinvestitionen in laufenden Preisen die aus Akkumulationsmitteln des Nationaleinkommens bereitzustellenden Mittel erhöht werden müssen.[152]

6. Zum Einfluß des moralischen Verschleißes der Grundmittel auf das Ausmaß der Finanzierung der erweiterten Reproduktion der Grundmittel aus Amortisationen unter den Bedingungen wachsender Bruttoinvestitionen und veränderlicher Wiederbeschaffungspreise

Die mit der Steigerung der Arbeitsproduktivität in den Herstellerbetrieben verbundene Wertsenkung der neu produzierten Grundmittel verursacht Tauschwertverluste am vorhandenen Grundmittelvermögen. Zu echten, aus dem gesellschaftlichen Gesamtprodukt zu ersetzenden Verlusten an materiellem Volksvermögen führt die erste Form des moralischen Verschleißes unter den Bedingungen des sozialistischen Eigentums an den Produktionsmitteln jedoch nicht.[153] Im Gegensatz zu

[152] Vgl. Kap. III, Abschn. 3, S. 216 sowie den mathematischen Anhang (32,8) bis (32,14) der Dissertationsschrift „Zur Finanzierung der erweiterten Reproduktion der Grundmittel . . .“

[153] „Auf den ersten Blick ergibt sich die paradoxe Schlußfolgerung, je höher das Tempo des technischen Fortschritts, desto höher sei auch der dadurch der Wirtschaft zugefügte Verlust. Der Fortschritt wird zum Unglück. Aber dieses vermeintliche Unglück wird

kapitalistischen Unternehmen, denen die Erhaltung und Verwertung des vorgeschossenen Kapitals erstes Ziel ihrer Tätigkeit bleibt, ist im Sozialismus die Erhaltung und Vermehrung der investierten gesellschaftlichen Vermögenswerte nicht Selbstzweck, sondern ein Mittel zur ständigen Steigerung der materiellen Produktion und dadurch zur Verbesserung der Lebenslage der Bevölkerung.

Unmittelbar wirksam werden die durch den moralischen Verschleiß der ersten Form verursachten Tauschwertminderungen der Grundmittel überdies nur, insoweit diese von entsprechenden Senkungen der Wiederbeschaffungspreise begleitet sind.[154] Wie wir zeigten, wird die Entwicklung der Grundmittelpreise jedoch noch durch eine Vielzahl anderer, den Wirkungen der Arbeitsproduktivität bei der Herstellung der Grundmittel u. U. entgegenwirkender ökonomischer Faktoren bestimmt. Als eine Komponente im Komplex der Preisbildung der Grundmittel gelangt folglich die erste Form des moralischen Verschleißes über die im vorherigen Abschnitt beschriebene Wirkung von Preissenkungen zur Geltung. Dadurch vergrößert sich nämlich die Spanne zwischen dem jeweils verfügbaren Amortisationsaufkommen und den daraus zu deckenden Ersatzinvestitionen, und die infolge sinkender Wiederbeschaffungspreise freigesetzten Amortisationen können zur Finanzierung von Erweiterungsinvestitionen verwendet werden.

Die zweite Form des moralischen Verschleißes äußert sich in der Notwendigkeit oder doch Zweckmäßigkeit, physisch noch nicht verschlissene, aber technisch veraltete und somit unwirtschaftlich gewordene Grundmittel vorzeitig aus dem Produktionsprozeß zu entfernen und durch moderne zu ersetzen.

Dem Untersuchungsgegenstand gemäß sollen in diesem Zusammenhang die Auswirkungen des moralischen Verschleißes auf die Möglichkeiten der teilweisen Finanzierung der erweiterten Reproduktion der Grundmittel aus Amortisationen unter den Bedingungen tendenziell wachsender Bruttoinvestitionen geprüft werden. Dabei wird von dem Grundsatz ausgegangen, daß zunächst sämtliche Amortisationen zur Finanzierung fälliger Ersatzinvestitionen und — falls möglich — darüber hinaus auch für Erweiterungsmaßnahmen einzusetzen sind, bevor Akkumulationsmittel des Nationaleinkommens für die Erweiterung des Grundmittelbestandes bereitgestellt werden. Das ist unter den Bedingungen der Planung des gesellschaftlichen Repro-

völlig wettgemacht durch die Einsparungen an Abschreibungskosten, die für die Gesamtdauer der betrieblichen Nutzung erreicht werden. Daher wirkt sich der *Wert*verlust der Arbeitsmittel bei ihrem stabilen stofflichen Volumen in keiner Weise auf die Produktion aus und ist also nur ein vermeintliches Unglück. Die Einsparung an Abschreibungen aber ist völlig real, denn sie bedeutet eine Verringerung des realen Arbeitsaufwandes für die Reproduktion der verbrauchten Arbeitsmittel . . .“ Vgl. Strumilin, S., Der physische und ‚moralische‘ Verschleiß der Arbeitsmittel, in „Wirtschaftswissenschaft“, H. 5/1957, S. 730/31.

[154] „Der moralische Verschleiß tritt nicht schlechthin in Erscheinung, wenn eine Entwertung der entsprechenden Arbeitsmittel vor sich gegangen ist, sondern nur insoweit sich diese in einer Preisveränderung widerspiegelt. Beim moralischen Verschleiß auftretende Wertverluste stellen sich somit als Preisverlust dar, die in der Tendenz, nicht aber im Detail dem wirklichen Wertverlust adäquat sind.“ Vgl. Frenzel, K., und Mieth, G., Zum Problem des moralischen der Arbeitsmittel im Sozialismus, in „Wissenschaftliche Zeitschrift der Hochschule für Verkehrswesen Dresden,“ 5 (1957/58), H. 6, S. 909.

duktionsprozesses in der Industrie der DDR praktisch der Fall.[155] Das vorhandene Amortisationsvolumen hat dann auch für die Ersatzbeschaffung jener Grundmittel aufzukommen, die infolge ihrer technischen Veraltung vor Ablauf der geschätzten und den Amortisationssätzen zugrunde gelegten Amortisationsdauer außer Betrieb gesetzt worden sind und deshalb nicht restlos amortisiert werden konnten. Jedenfalls erscheint es nur dann sinnvoll, von einer erweiterten Reproduktion der Grundmittel aus Amortisationen zu sprechen, wenn dabei das Ausmaß des moralischen Verschleißes in Form ausscheidender, aber nicht restlos amortisierter Grundmittel berücksichtigt wird, aus welchen Quellen des gesellschaftlichen Gesamtproduktes – sei es des Ersatzfonds oder des Nationaleinkommens – deren materieller Ersatz auch zu decken ist.[156]

Die den Amortisationssätzen der Grundmittel in der sozialistischen Industrie der DDR zugrunde liegende durchschnittliche Nutzungsdauer kann mit ca. 27 – 30 Jahren und mehr angegeben werden.[157] Sicherlich ist die durchschnittliche Nutzungsdauer, d. h. die tatsächliche durchschnittliche Nutzungsdauer der gegenwärtig ausscheidenden Grundmittel, nicht niedriger, sondern höher als 28 Jahre.[158] Es muß beachtet werden, daß ein wesentlicher Teil des amortisationsfähigen Grundmittelvermögens in der sozialistischen Industrie der DDR aus Gebäuden, Gebäudeeinrichtungen und Grundstückeinrichtungen besteht, die eine Nutzungsdauer von mehr als 60 Jahren aufweisen und oftmals gar nicht außer Betrieb gesetzt, sondern umgebaut und modernisiert werden, obgleich sie mehrmals abgeschrieben bzw. neu aktiviert worden sind.[159]

Diese Vermutung wird insofern erhärtet, als auch die effektive durchschnittliche Nutzungsdauer der Grundmittel in den Industrien hochentwickelter kapitalistischer Staaten mit etwa 30 Jahren beziffert wird.[160] Ein derartiger Hinweis orientiert insofern, als beispielsweise in der Industrie der USA die Nutzungsdauer der Grundmittel wohl eher durch Rentabilitätserwägungen usw. bestimmt wird, als daß eine an sich wirtschaftliche Verkürzung der Nutzungsdauer in den vergangenen Jahrzehnten generell durch mangelnde Investitionskapazitäten verhindert worden wäre.

Es mag sich nach entsprechenden Rentabilitäts-, Nutzeffektsberechnungen usw. eine durchschnittliche Nutzungsdauer der vorhandenen Grundmittel als wirtschaft-

[155] Von gewissen Durchschnittsbeständen der Sonderbankkonten „Erhaltung der Grundmittel", abgesehen. Vgl. Fußnote 81 dieser Arbeit.

[156] Vgl. hierzu S. 25–28, S. 40–43, S. 139 sowie S. 219 der Dissertationsschrift „Zur Finanzierung der erweiterten Reproduktion der Grundmittel . . ."

[157] Vgl. S. 23ff., 29, 31, 38, 95 sowie Anhang S. 2 und S. 18 der Dissertationsschrift „Zur Finanzierung der erweiterten Reproduktion der Grundmittel . . ."

[158] Leider gibt es hierüber noch kein statistisches Material. Vgl. Fußnote 2, S. 186 und Fußnote 1, S. 107 der Dissertationsschrift „Zur Finanzierung der erweiterten Reproduktion der Grundmittel . . ."

[159] Vermutlich wird auch im Jahre 1962/63 wiederum ein Teil der vorhandenen Grundmittel reaktiviert werden.

[160] Wie bereits erwähnt, wird die Nutzungsdauer der industriellen Anlagen und Ausrüstungen *ohne Gebäude* in England für die ersten Nachkriegsjahre auf ca. 28 Jahre geschätzt. Vgl. 333/34 dieser Arbeit sowie S. 31 und 98 der Dissertationsschrift „Zur Finanzierung der erweiterten Reproduktion der Grundmittel . . ."

lich erweisen, die unterhalb des den gegenwärtigen Amortisationssätzen entsprechenden Zeitraumes liegt.[161] Sicherlich läßt sich aber eine starke Verjüngung des Grundmittelbestandes nicht ausschließlich durch eine kurzfristige umfangreiche Verschrottung alter Grundmittel herbeiführen; denn der auf diese Weise erreichte Produktivitätsfortschritt müßte mit einem volkswirtschaftlich unvertretbaren Rückgang des Grundmittelbestandes und der in ihm verkörperten Produktionsmöglichkeiten erkauft werden.[162] Eine kurzfristige starke Verjüngung des Grundmittelbestandes durch vorzeitigen Ersatz älterer Grundmittel bei zumindest gleichbleibendem oder steigendem absolutem Umfang an Grundmitteln setzt einen weitaus stärkeren sprunghaften Anstieg der Bruttoinvestitionen voraus, der sich z. Z. und auch in den folgenden Jahren wegen der fehlenden materiellen Voraussetzungen gar nicht realisieren ließe. Unter diesen Umständen führte die sofortige Erhöhung der Amortisationssätze über das Maß des materiell Realisierbaren hinaus zu finanziellen Disproportionen, ohne den Umfang der Bruttoinvestitionen wesentlich vergrößern zu können. Das gilt erst recht nach der für das Jahr 1962 geplanten Neubewertung der Grundmittel, die das Amortisationsaufkommen selbst bei gleichbleibenden Amortisationssätzen nahezu auf das Doppelte hochschnellen läßt.

Der Verjüngung des Grundmittelbestandes durch vorzeitigen Ersatz nicht restlos amortisierter Grundmittel sind deshalb für längere Zeit enge Grenzen gesetzt.

Es muß in diesem Zusammenhang beachtet werden, daß es sich nicht um Veränderungen in der Nutzungsdauer einzelner Grundmittelarten oder der Grundmittel bestimmter Betriebe handelt, sondern um Veränderungen in der durchschnittlichen Nutzungsdauer sämtlicher, der Amortisation unterliegender Grundmittel in der sozialistischen Industrie der DDR. Der generellen Verkürzung der Nutzungsdauer sämtlicher Grundmittel wirken mit Sicherheit die Nutzungsdauer verlängernde Momente entgegen, so daß mit einer Verkürzung der durchschnittlichen Nutzungsdauer sämtlicher in der sozialistischen Industrie der DDR vorhandener Grundmittel von gegewärtig mutmaßlich mehr als 30 Jahren etwa auf 25 Jahre im Verlaufe der kommenden zwei Jahrzehnte kaum zu rechnen ist.[163]

Obgleich also auch in Zukunft nur ein eng begrenzter Ersatz vorzeitig ausscheidender und nicht restlos amortisierter Grundmittel[164] sowie eine nur schrittweise Verkürzung der jetzigen durchschnittlichen Nutzungsdauer der Grundmittel in der sozialistischen Industrie der DDR zu erwarten ist, soll nunmehr geprüft werden, welchen Einfluß die Diskrepanz zwischen der geschätzten, den geltenden Amortisationssätzen zugrunde gelegten und der tatsächlichen Nutzungsdauer der Grund-

[161] Vgl. hierzu Anhang S. 16/17 sowie FN 5, S. 36 der Dissertationsschrift „Zur Finanzierung der erweiterten Reproduktion der Grundmittel ..." Ein rechnerischer Nachweis dieser Annahme auf volkswirtschaftlicher Ebene dürfte allerdings schwierig sein.

[162] Vgl. FN 1, S. 178 der Dissertationsschrift „Zur Finanzierung der erweiterten Reproduktion der Grundmittel ..."

[163] In der Regel stehen nicht amortisierten Restwerten ausscheidender Grundmittel Überabschreibungen bereits amortisierter Grundmittel oder doch Einsparungen durch Wegfall der Amortisationen bei restlos amortisierten Grundmitteln gegenüber.

[164] Vgl. FN 160 dieser Arbeit sowie S. 23ff. der Dissertationsschrift „Zur Finanzierung der erweiterten Reproduktion der Grundmittel ..."

mittel auf das Ausmaß der Finanzierung der erweiterten Reproduktion der Grundmittel aus Amortisationen ausübt. Das genannte Problem ist dabei im Zusammenhang mit den oben erörterten ökonomischen Faktoren des tendenziellen Zuwachstempos der Bruttoinvestitionen sowie der Entwicklung der Wiederbeschaffungspreise der Grundmittel zu untersuchen.

Den bisherigen Berechnungen in diesem Kapitel wurden jeweils übereinstimmende Nutzungs- und Amortisationszeiträume unterstellt. Im folgenden wird diese zwar methodisch zunächst unerläßliche, praktisch jedoch wenig reale Annahme aufgegeben. Nunmehr ist der Tatsache Rechnung zu tragen, daß der zum Investitionszeitpunkt der Grundmittel geschätzte und den Amortisationssätzen zugrunde gelegte Amortisationszeitraum durch deren effektive durchschnittliche Nutzungsdauer in der Regel entweder über- oder unterschritten wird. In bezug auf die Möglichkeiten der teilweisen Finanzierung der erweiterten Reproduktion der Grundmittel aus Amortisationen ist somit das Problem des moralischen Verschleißes infolge vorzeitigen Ersatzes nicht restlos amortisierter Grundmittel im allgemeineren Fall nicht übereinstimmender Nutzungs- und Amortisationszeiträume enthalten.

Möglichkeiten der genannten Art lassen sich deshalb durch Einsetzen entsprechend voneinander abweichender Daten für die tatsächliche Nutzungsdauer (n') und die Amortisationsdauer (n) rechnerisch berücksichtigen.

Das zum Zeitpunkt $t \geqq n'$ vorhandene Grundmittelvermögen (brutto) umfaßt die Gesamtheit der im Verlaufe der vorangegangenen n' Jahre investierten Grundmittel, während die zuvor investierten Grundmittel zum Zeitpunkt t ausgeschieden sind, denn die effektive (durchschnittliche) Nutzungsdauer der Grundmittel beträgt zum Zeitpunkt t eben n' Jahre. Gegenüber der zum Investitionszeitpunkt der Grundmittel den vereinbarungsgemäß unverändert geltenden Amortisationssätzen zugrunde gelegten Amortisationsdauer (d. h. der seinerzeit geschätzten durchschnittlichen Nutzungsdauer) n kann die tatsächliche durchschnittliche Nutzungsdauer der Grundmittel n' größer, gleich[165] oder kleiner sein, das heißt $n' \gtreqless n$.

Wird für $\frac{n'}{n}$ der Faktor v gesetzt, wobei wegen $n'\,n > 0$: $0 < v < \infty$ gilt, so beträgt das Grundmittelvermögen (brutto) zum Zeitpunkt $t \geqq n'$ analog (8,1) folglich

$$\underset{t \geqq n'}{Gb_t} = \int_{t-vn}^{t} e^{zt}\,dt = \frac{e^{zt}(1 - e^{-vzn})}{z}. \tag{32,15}$$

Das Amortisationsaufkommen beträgt dann zum selben Zeitpunkt analog (9,1)

$$\underset{t \geqq n'}{Aa_t} = \frac{e^{zt}(1 - e^{-vzn})}{zn}. \tag{32,16}$$

Es ist ohne weiteres ersichtlich, daß sich sowohl der Umfang des Grundmittelvermögens (brutto) als auch des Amortisationsaufkommens vergrößert oder verringert, wenn v größer oder kleiner als 1 ist.

165 Wiederum erweist sich die Übereinstimmung von Nutzungs- und Amortisationsdauer als Spezialfall nicht übereinstimmender Nutzungs- und Amortisationszeiträume.

Es ist nunmehr festzustellen, auf welche Weise voneinander abweichende Nutzungs- und Amortisationszeiträume auf die für das Ausmaß der Finanzierung der erweiterten Reproduktion der Grundmittel aus Amortisationen als wesentlich nachgewiesenen ökonomischen Relationen einwirken.

Der moralische Verschleiß infolge vorzeitigen Ersatzes noch nicht restlos amortisierter Grundmittel bewirkt zunächst einen Rückgang des Anteils des Amortisationsaufkommens am Umfang der Bruttoinvestitionen.[166] Folglich muß ein wachsender Anteil der Bruttoinvestitionen aus dem Nationaleinkommen gedeckt werden. Bei gegebenem Umfang der in erster Linie durch die materiellen Realisierungsmöglichkeiten begrenzten Bruttoinvestitionen sind um so größere, aus dem Nationaleinkommen zu finanzierende Nettoinvestitionen erforderlich, je mehr die tatsächliche durchschnittliche Nutzungsdauer gegenüber der den Amortisationssätzen der investierten Grundmittel zugrunde gelegten geschätzten Nutzungsdauer verkürzt wird.

Das Verhältnis der materiellen Ersatzinvestitionen zum Umfang der Bruttoinvestitionen wird bei gegebenem zn durch Abweichungen der tatsächlichen von der geschätzten und den Amortisationssätzen zugrunde gelegten durchschnittlichen Nutzungsdauer der Grundmittel in gleicher Weise wie im Falle $v = 1$ durch Veränderungen in zn beeinflußt, denn

$$\frac{Rp_t}{BI_t} = \frac{e^{z(t-vn)}}{e^{zt}} e^{-vzn} \qquad (32{,}21)$$

strebt bei gegebenem zn und sinkendem v gegen 1, bzw. bei steigendem v ebenso gegen 0, wie es in (31,17) und (31,16) bei $v = 1$, aber sinkendem oder steigendem zn der Fall ist.[167]

In dem für die Ermittlung des Ausmaßes der Finanzierungsmöglichkeiten von Erweiterungsinvestitionen aus Amortisationen wesentlichen Verhältnis Ersatzinvestitionen/Amortisationsaufkommen sind neben dem Einfluß von Veränderungen in den Wiederbeschaffungspreisen (p), des tendenziellen Zuwachstempos der Bruttoinvestitionen zu laufenden (z) und unveränderten Wiederbeschaffungspreisen (m) sowie der Veränderungen in der durchschnittlichen Nutzungsdauer der Grundmittel (n) nunmehr noch jene Wirkungen zu berücksichtigen, die sich aus Abweichungen der tatsächlichen von der geschätzten und den Amortisationssätzen zugrunde gelegten Nutzungs-(Amortisations-)dauer (v) der Grundmittel ergeben.

Analog (32,4), (32,18) und (32,21) beträgt das genannte Verhältnis:

$$\frac{Rp_t}{Aa_t} = \frac{n(m+p)}{e^{vnm} - e^{-vnp}}, \qquad (32{,}25)$$

[166] Vgl. Kap. III, Abschn. 4, S. 224ff. sowie (32,17), (32,18) und (32,19) des mathematischen Anhangs der Dissertationsschrift „Zur Finanzierung der erweiterten Reproduktion der Grundmittel . . .“

[167] Vgl. (32,22), (32,23), (32,24) des mathematischen Anhangs der Dissertationsschrift „Zur Finanzierung der erweiterten Reproduktion der Grundmittel . . .“

wobei der Anteil der erforderlichen Ersatzinvestitionen am Amortisationsaufkommen eines Zeitpunktes mit steigendem φ sinkt; umgekehrt wächst der Umfang der notwendigen Ersatzinvestitionen am jeweiligen Amortisationsaufkommen falls φ sinkt, d. h. je mehr bei gegebenem durchschnittlichem Amortisationssatz die effektive durchschnittliche Nutzungsdauer der Grundmittel (n') infolge des moralischen Verschleißes der zweiten Form verkürzt wird. Denn zumindest unter den realen Bedingungen tendenziell wachsender Bruttoinvestitionen ($z > 0$) und eines geringeren langfristigen Anstiegs der Wiederbeschaffungspreise als des Zuwachstempos der realen Bruttoinvestitionen (m), bzw. bei sinkenden Wiederbeschaffungspreisen gilt

$$\frac{\partial\left(\frac{Rp_t}{Aa_t}\right)}{\partial \varphi} = \frac{\partial\,[(n(m+p)\,(e^{vmn} - e^{-vnm})^{-1})]}{\partial \varphi} < 0. \qquad (32{,}26)^{168}$$

Dieser Zusammenhang leuchtet ohne weiteres ein. Es wurde beispielsweise die durchschnittliche Nutzungsdauer der Grundmittel auf 30 Jahre geschätzt und der durchschnittliche Amortisationssatz (ohne Berücksichtigung der Generalreparaturen) mit $3^1/_3\,{}^0/_0$ festgesetzt. Erweist es sich als notwendig oder doch zweckmäßig, die investierten Grundmittel bereits alle 15 Jahre durch neue zu ersetzen, während der Amortisationssatz und damit — caet. par. — das Amortisationsaufkommen unverändert bleiben, so steht dann jeder DM an Amortisationsmitteln ein um das Doppelte gestiegener Finanzbedarf für Ersatzinvestitionen gegenüber.

Von besonderem Interesse ist die Kenntnis der konkreten finanziellen Reproduktionsbedingungen der Grundmittel bezüglich der Entwicklung der Wiederbeschaffungspreise, des tendenziellen Zuwachstempos der Bruttoinvestitionen zu laufenden und gleichbleibenden Wiederbeschaffungspreisen sowie gegebener durchschnittlicher Amortisationssätze, unter denen die Möglichkeiten zu einer teilweisen Finanzierung der erweiterten Reproduktion der Grundmittel aus Amortisationen durch die Wirkungen des vorzeitigen Ersatzes nicht restlos amortisierter Grundmittel (moralischer Verschleiß der zweiten Form) kompensiert werden.

Das ist generell dann der Fall, wenn das Amortisationsaufkommen durch die Finanzierung der Ersatzinvestitionen voll in Anspruch genommen wird, d. h. wenn

$$\frac{n\,(m+p)}{e^{vnm} - e^{-vnp}} = 1 \qquad (32{,}27)$$

ist.

n, m, p, z als Parameter gegeben, ist die Größe φ, d. h. die relative Abweichung der effektiven durchschnittlichen von der geschätzten und den Amortisationssätzen zugrunde gelegten durchschnittlichen Nutzungs-(Amortisations-)dauer, zu ermitteln, bei der das Amortisationsaufkommen durch die Finanzierung der Ersatzinvestitionen zu Wiederbeschaffungspreisen restlos benötigt wird. Die numerische Lösung von

$$n\,(m+p) = e^{vnm} - e^{-vnp} \qquad (32{,}28)$$

168 Vgl. (32,26), ($32{,}26_1$), ($32{,}26_2$) des mathematischen Anhangs der Dissertationsschrift „Zur Finanzierung der erweiterten Reproduktion . . .“

TABELLE 2

Bestimmung der effektiven durchschnittlichen Nutzungsdauer, bei der die teilweise Finanzierung der erweiterten Reproduktion der Grundmittel aus dem gegebenem Amortisationsaufkommen infolge der Wirkungen des moralischen Verschleißes unmöglich wird

Durchschnittlicher Amortisationssatz in Prozent	Tendenzielles nominales Zuwachstempo der Bruttoinvestitionen in Prozent (*z*)	0	1	2	3	4	5	6	7	8	Tentenzielles Zuwachstempo der Wiederbeschaffungspreise der Grundmittel in Prozent (*p*)
	Tendenzielles reales Zuwachstempo der Bruttoinvestitionen in Prozent (*m*) / Durchschnittliche Amortisationsdauer in Jahren (*n*)	–1	0	1	2	3	4	5	6	7	
4,16	24	./.	27,6	23,8	21,4	19,4	17,8	16,6	15,6	14,6	1
3,7	27	./.	31,5	26,7	23,5	21,4	19,4	**18,1**	**16,7**	**15,6**	
3,33	30	./.	35,5	29,5	25,5	23,1	21,0	**19,2**	**18**	**16,8**	
3	33	./.	39,5	32,0	27,7	24,8	22,5	20,4	19,2	17,8	

Tatsächliche durchschnittliche Nutzungsdauer der Grundmittel, bei der das Amortisationsaufkommen bei gegebener durchschnittlicher Amortisationsdauer (*n*), bzw. entsprechenden Amortisationssätzen, gegebenem tendenziellem realem (materiellem) (*m*) und nominalem (zu laufenden Wiederbeschaffungspreisen) (*z*) Zuwachstempo der Bruttoinvestitionen sowie gegebenem tendenziellem Zuwachstempo der Wiederbeschaffungspreise der Grundmittel (*p*) restlos durch die Finanzierung der Ersatzinvestitionen in Anspruch genommen wird.

TABELLE 3

Durchschnittlicher Amortisationssatz in Prozent	Tendenzielles nominales Zuwachstempo der Bruttoinvestitionen in Prozent (z)	−2	−1	0	1	2	3	4	5	6	Tendenzielles Zuwachstempo der Wiederbeschaffungspreise der Grundmittel in Prozent (p)
	Tendenzielles reales Zuwachstempo der Bruttoinvestitionen in Prozent (m) / Durchschnittliche Amortisationsdauer in Jahren (n)	−1	0	1	2	3	4	5	6	7	
4,16	24	23,8	21,6	19,5	18,2	17,1	16,1	15,2	14,2	13,7	−1
3,7	27	26,5	24,0	21,9	20,0	18,6	17,3	**16,2**	**15,4**	**14,6**	
3,33	30	29,0	26,5	23,6	21,5	20,1	18,6	**17,4**	**16,5**	**15,6**	
3	33	31,4	28,4	25,5	23,1	21,5	19,8	18,5	17,5	16,6	

Die schraffierten und eingeschlossenen Felder kennzeichnen die in Bezug auf z, m, n und p wahrscheinlichen oder doch ökonomisch realen Varianten unter den Bedingungen der erweiterten sozialistischen Reproduktion der Grundmittel in der sozialistischen Industrie der DDR. Im Falle noch stärker sinkender Wiederbeschaffungspreise, höherer Zuwachsraten der Bruttoinvestitionen sowie längerer tatsächlicher Amortisationszeiträume wird der Einfluß des moralischen Verschleißes auf die Finanzierung der einfachen und erweiterten Reproduktion der Grundmittel aus Amortisationen noch geringer. Die links der senkrechten Striche liegenden Felder kennzeichnen Varianten, bei denen die Finanzierung der Ersatzinvestitionen aus Amortisationen nur gewährleistet ist, falls die effektive Nutzungsdauer die den Amortisationssätzen zugrunde gelegte geschätzte Amortisationsdauer übersteigt.

nach φ in bezug auf die für die Planung der sozialistischen erweiterten Reproduktion der Grundmittel interessanten Varianten zeigt u. a. die in der folgenden Tabelle zusammengestellten Ergebnisse:[169]

Die dem in der sozialistischen Industrie der DDR geltenden durchschnittlichen Amortisationssatz von ca. 4,2% entsprechende durchschnittliche Amortisationsdauer liegt schätzungsweise zwischen 27–30 Jahren. Hierbei ist die Finanzierung von Generalreparaturen aus Amortisationen sowie die Tatsache in Rechnung zu stellen, daß aus den laufenden Kosten umfangreiche Erhaltungsmaßnahmen mit dem Charakter von Generalreparaturen, Ersatz- und Erweiterungsinvestitionen gedeckt werden.[170]

Die tendenzielle Entwicklung der Wiederbeschaffungspreise der Grundmittel für den Zeitraum von 1952–1980 dürfte zwischen einem etwa einprozentigen nominalen Preisanstieg und einem langfristigen Preisrückgang von 1% und mehr liegen.[171]

Das tendenzielle Zuwachstempo der Bruttoinvestitionen in der sozialistischen Industrie der DDR, das – wie bereits erwähnt – von 1951/52–1965 etwa 10% betragen wird, wird von 1951/52 – 1980 gewiß nicht auf einen tendenziellen Durchschnitt von etwa 4% herabsinken, denn das setzte für die Jahre 1966–1980 jährliche Zuwachsraten von wenig über Null oder gar einen absoluten Rückgang der Investitionstätigkeit voraus.

Eine derartige Annahme ist mit den ökonomischen Gesetzmäßigkeiten der sozialistischen Gesellschaft unvereinbar, sie widerspricht auch völlig dem bisherigen stürmischen Entwicklungstempo der Industrien der entwickelten sozialistischen Staaten.[172]

Weitaus realer ist die Annahme eines tendenziellen Zuwachstempos der Bruttoinvestitionen in der sozialistischen Industrie der DDR bis 1980 von mehr als 6–7%, so daß selbst bei einem tendenziellen Preisanstieg von 2% noch materielle, d. h.

[169] Vgl. hierzu Kap. III, Abschn. 4, Tabelle 1–5 der Dissertationsschrift „Zur Finanzierung der erweiterten Reproduktion der Grundmittel . . .“

[170] Vgl. hierzu S. 19, S. 29, FN 1, S. 58, S. 95, FN 1 sowie Anhang 4 S. 18 der Dissertationsschrift „Zur Finanzierung der erweiterten Reproduktion der Grundmittel . . .“

[171] Vgl. S. 357ff. dieser Arbeit sowie Kap. III, Abschn. 4, S. 235 der Dissertationsschrift „Zur Finanzierung der erweiterten Reproduktion der Grundmittel . . .“ Zum Vergleich sei darauf hingewiesen, daß ähnlichen Berechnungen für kapitalistische Volkswirtschaften seitens bürgerlicher Ökonomen ein langfristiger Preisanstieg von 2–4% zugrunde gelegt wird. Bei einem tendenziellen Preisanstieg von jährlich 4% würden die Wiederbeschaffungspreise im Verlaufe von 28 Jahren von 100 auf 307% ansteigen. Kalweit, W., Über die Ursachen der Preissteigerungen im modernen Kapitalismus, Berlin 1958, S. 54, weist einen Anstieg der Großhandelspreise in Deutschland bzw. Westdeutschland von 1913 mit 100 bis 1954 mit 219 aus. Für die USA wird der entsprechende Preisanstieg von 1938 mit 49 auf 106 im Jahre 1954 beziffert. Ebenda, S. 56. Vgl. hierzu auch Kusnets, S., National Product since 1869, New York 1946, S. 97, 99. Domar, Evsey D., Depreciation, Replacement and Growth, in „The Economic Journal“, London 1953, S. 11.

[172] Zum Vergleich sei erwähnt, daß ähnlichen Berechnungen für kapitalistische Volkswirschaften seitens bürgerlicher Ökonomen ein langfristiges Entwicklungstempo der Bruttoinvestitionen in festen Preisen von etwa 3% zugrunde gelegt wird. Vgl. hierzu u. a. Kusnets, S., National Product since 1869, New York, 1946, S. 50, 51, 115 sowie Domar, Evsey D., Depreciation, Replacement and Growth, in „Economic Journal“, London 1953, S. 5.

preisbereinigte Zuwachsraten von mehr als 4% verwirklicht würden. Das gilt erst recht bei niedrigerem Preisanstieg oder gar sinkenden Wiederbeschaffungspreisen.

Sinkt beispielsweise das tendenzielle Zuwachstempo der Bruttoinvestitionen in der sozialistischen Industrie der DDR bis 1980 nicht unter 6% ab und steigen während dieses Zeitraumes (von 1951/52–1980) die Wiederbeschaffungspreise nicht mehr als jährlich (tendenziell) 1%, so daß das tendenzielle materielle, d. h. preisbereinigte Zuwachstempo der Bruttoinvestitionen nicht unter 5% jährlich zurückgeht, so müßte bei einer dem unveränderten durchschnittlichen Amortisationssatz von 3,33–3,7% (ohne Berücksichtigung der die Nutzungsdauer der Grundmittel oft verlängernden Generalreparaturen sowie der aus den laufenden Kosten finanzierten Generalreparaturen und Investitionsmaßnahmen) entsprechenden durchschnittlichen Amortisationsdauer von 27–30 Jahren die effektive Nutzungsdauer von vornherein auf 20 Jahre verkürzt werden, damit das Amortisationsaufkommen restlos zur Finanzierung notwendiger Ersatzinvestitionen gebunden wird.

Somit bestätigen die durchgeführten Berechnungen, daß unter Berücksichtigung der konkreten Bedingungen der sozialistischen erweiterten Reproduktion der Grundmittel in der sozialistischen Industrie der DDR gegenwärtig und insbesondere nach erfolgter Neubewertung der Grundmittel auch künftig der moralische Verschleiß der ersten und zweiten Form eine generelle Erhöhung der geltenden Amortisationssätze nicht erfordert.

Die Notwendigkeit einer generellen Erhöhung der geltenden durchschnittlichen Amortisationssätze wird also nicht deshalb verneint, weil eine Berücksichtigung des moralischen Verschleißes in den Amortisationssätzen prinzipiell abgelehnt wird, sondern auf Grund der oben angestellten Berechnungen, in denen die relevanten ökonomischen Größen in ihrem wechselseitigen Einfluß untersucht wurden.[173]

Um Mißverständnissen vorzubeugen, sei nochmals betont, daß dem Untersuchungsgegenstand gemäß die Wirkungen des moralischen Verschleißes in bezug auf die Finanzierung der einfachen und erweiterten Reproduktion der Grundmittel aus Amortisationen, also u. a. hinsichtlich der eventuellen Notwendigkeit zur generellen Erhöhung der geltenden Amortisationssätze, der Möglichkeiten zur Finanzierung umfangreicher Rekonstruktionsmaßnahmen aus Amortisationen usf., geprüft werden.

Die Berechnungen bekräftigen jedenfalls nachdrücklich die in Fachkreisen vertretene Auffassung, den moralischen Verschleiß der Grundmittel nicht als Finanzierungsproblem aufzufassen. Die Wirkungen des moralischen Verschleißes sind statt dessen vorrangig bei der Planung der materiellen Prozesse der sozialistischen erweiterten Reproduktion der Grundmittel zu berücksichtigen; denn das Ausmaß der Modernisierung des Grundmittelbestandes im Rahmen der sozialistischen erwei-

173 Im Gegensatz beispielsweise zur Auffassung von H.-D. Haustein, Zum Problem des materiellen und moralischen Verschleißes der gesellschaftlichen Arbeitsmittel in der sozialistischen Industrie, in „Wirtschaftswissenschaft", H. 5/1957, S. 717: „Wenn wir die Berücksichtigung des moralischen Verschleißes bei der Festlegung der Abschreibungssätze im Prinzip ablehnen . . ."

terten Reproduktion wird vielmehr durch die materiellen Reproduktionsbedingungen, seien es die Kapazitäten der Bauwirtschaft, des Maschinenbaus, der Rohstoffe, der Arbeitskräfte usf., als durch fehlende Finanzierungsmittel begrenzt.[174]

7. Zur Entwicklung des Anteils der Restwerte am wachsenden Grundmittelvermögen (brutto) sowie der wertmäßigen Verschleißquote unter den Bedingungen wachsender Bruttoinvestitionen und der Wirkungen des moralischen Verschleißes in der sozialistischen Industrie der DDR

Während — wie im Kapitel III,5 gezeigt wurde[175] — das Amortisationsaufkommen eines Zeitpunktes und als dessen Summation über die vorangegangenen durchschnittlichen n Nutzungsjahre der Grundmittel die Höhe des ausgewiesenen wertmäßigen Verschleißes auf Veränderungen der Wiederbeschaffungspreise nicht reagieren, werden diese ökonomischen Größen und damit auch der relative Anteil des aus dem Grundfonds zu finanzierenden Restwertes des Grundmittelvermögens der sozialistischen Industrie wegen (32,15) und (32,16) durch Abweichungen (φ) der effektiven durchschnittlichen Nutzungsdauer von der geschätzten und den Amortisationssätzen zugrunde gelegten Nutzungs-(Amortisations-)dauer affiziert.

Unter Berücksichtigung von φ errechnet sich folglich gemäß (31,2) das genannte Verhältnis nach

$$100\left(1-\frac{1}{zn}\left(1-\frac{\varphi zn}{e^{\varphi zn}-1}\right)\right). \tag{32,29}$$

Verkürzt sich die effektive Nutzungsdauer gegenüber der durchschnittlichen Amortisationsdauer, so führt das, gemessen am Umfang der Ersatzinvestitionen, zu einer

[174] Deshalb „ist also die Bestimmung einer Plankennziffer der Nutzungsdauer — zumindest der wichtigsten Produktionsinstrumente — eine besonders verantwortungsvolle Aufgabe der Perspektivplanung der neuen Technik, die sich dabei keineswegs auf eine einseitige, an den Entwicklungstendenzen einer vergangenen Periode orientierte Wirtschaftlichkeitsberechnungen stützen kann, sondern nur auf eine komplexe Analyse aller ökonomischen und politischen Voraussetzungen.
Das Ziel solcher Untersuchungen wird nicht in der Begründung neuer Abschreibungssätze bestehen, sondern in der Ausarbeitung langfristiger Rekonstruktionspläne der Industriezweige und Betriebe und ihrer Abstimmung mit dem Produktionsprogramm des Maschinenbaus." Vgl. Haustein, H.-D., Zum Problem des materiellen und moralischen Verschleißes der gesellschaftlichen Arbeitsmittel in der sozialistischen Industrie, in „Wirtschaftswissenschaft", H. 5/57, S. 720.
„Die Berücksichtigung des moralischen Verschleißes bei der Ermittlung des Nutzeffektes heißt bei Ersatzinvestitionen vor allem, den ökonomisch richtigen Zeitpunkt beim Ersatz der alten Grundmittel zu wählen." Vgl. Tannhäuser, S., Moralischer Verschleiß, Bewertung und Amortisation der Grundmittel, in „Diskussionsbeiträge zu Wirtschaftsfragen", Berlin 1957, H. 32, S. 59. Vgl. hierzu ferner Frenzel, K., Mieth, G., Zum Problem des moralischen Verschleißes der Arbeitsmittel im Sozialismus, in „Wissenschaftliche Zeitschrift der Hochschule für Verkehrswesen Dresden", H. 6/1957/58, S. 910/911.
„Für die Berücksichtigung des moralischen Verschleißes in den Amortisationen ist also die Frage einer möglichst exakten Berechnung der Nutzungsdauer das entscheidende Problem und nicht die Frage der Abschreibungsmethode."

[175] Vgl. S. 359 dieser Arbeit.

relativen Verringerung des Amortisationsaufkommens, und der Restwert erhöht sich.[176]

Es soll nun abgeschätzt werden, in welchem Maße sich der wachsende Grundmittelbestand in der sozialistischen Industrie der DDR im Zeitraum von 1951/52 bis etwa 1980 verjüngen, d. h. in diesem Zusammenhang, inwieweit die wertmäßige Verschleißquote sinken und dementsprechend der durch den Grundmittelfonds zu deckende Restwert des wachsenden Grundmittelbestandes steigen kann.

Hinsichtlich der Wahl der Jahre 1951/52 als Ausgangsbasis der Berechnungen verweisen wir auf die Begründung in Kapitel III,2 dieser Arbeit.

Wiederum wird unterstellt, daß die geltenden Amortisationssätze generell nicht verändert, insbesondere nicht erhöht werden. In der folgenden Tabelle werden die Wirkungen des moralischen Verschleißes insoweit in Rechnung gestellt, als eine generelle Verkürzung der effektiven durchschnittlichen Nutzungsdauer der Grundmittel gemäß den in der Tabelle errechneten Werten finanziell, d. h. hier aus den geltenden Amortisationssätzen gesichert ist.[177]

Aus *den Tabellen 4—6* wird die starke Abhängigkeit der Restwertentwicklung vom Ausmaß der erweiterten Reproduktion der Grundmittel, insbesondere vom tendenziellen Zuwachstempo der Bruttoinvestitionen (z), klar ersichtlich. Bei konstantem Umfang an jährlichen Bruttoinvestitionen ($z = 0$) sinkt der Restwert des Grundmittelvermögens (brutto) auf das für die Gewährleistung der einfachen Reproduktion aus Amortisationen erforderliche Minimum herab. Wie gezeigt wurde, liegt die kritische Grenze unter den allgemeinen Reproduktionsbedingungen in der sozialistischen Industrie der DDR etwa bei 50% der aktivierten Bruttowerte.[178] Bei erweiterter Reproduktion der Grundmittel erhöht sich der Anteil der Restwerte am Umfang des wachsenden Grundmittelvermögens (brutto) mit tendenziell steigendem Zuwachstempo der Bruttoinvestitionen ($z > 0$). Damit sinkt zugleich die wertmäßige Verschleißquote als Ausdruck für die Verjüngung des wachsenden Grundmittelbestandes.

Würde ein tendenzielles Zuwachstempo der Bruttoinvestitionen von rund 10% über den Zeitraum von 1965 hinaus bis etwa 1980 aufrechterhalten, so ließe sich damit eine Verringerung der wertmäßigen Verschleißquote auf annähernd 29—26% erreichen. Dem entspricht ein Anstieg der Restwerte am wachsenden Grundmittelvermögen (brutto) auf ca. 71—74%. Aus den genannten Gründen muß jedoch für den Zeitraum von 1951/52 bis etwa 1980 eher mit einem geringeren tendenziellen Zuwachstempo der Bruttoinvestitionen gerechnet werden.[179]

[176] Vgl. Kap. III, Abschn. 5 sowie (32,30), (32,31) und (32,32) des mathematischen Anhanges der Dissertationsschrift „Zur Finanzierung der erweiterten Reproduktion der Grundmittel . . .“

[177] Vgl. Kap. III, Abschn. 5, Tabelle 6—9 der Dissertationsschrift „Zur Finanzierung der erweiterten Reproduktion der Grundmittel . . .“ Dort werden weitere ökonomisch reale Varianten in Rechnung gestellt.

[178] Vgl. hierzu Kap. III dieser Arbeit.

[179] Vgl. hierzu S. 356 dieser Arbeit.

TABELLE 4

Bestimmung der möglichen Verjüngung des Grundmittelbestandes unter konkreten Bedingungen der erweiterten Reproduktion der Grundmittel in der sozialistischen Industrie der DDR

$$\frac{ZW_t}{Gb_t} = 100\left(1 - \frac{1}{zn}\left(1 - \frac{zn}{e^{zn} - 1}\right)\right)$$

Durchschn. Amortisationssatz in %	Tendenzielles nominales Zuwachstempo d. Bruttoinvestitionen in % (z) / Durchschn. Amortisationsdauer in Jahren (n)	0	1	2	3	4	5	6	7	8	9	10	11	12	rel. Verk. der effekt. durchschn. Nutzungsdauer gegenüber d. durchschn. Amort-dauer. d. Grundmittel in % $100(1-\nu)$, $\nu=1$	rel. Verk. … in Jahren
4,16	24	50	52,0	54,1	55,9	57,9	59,8	61,6	63,4	65,1	66,8	68,3	69,8	71,2	0	0
3,7	27	50	52,2	54,5	56,7	58,8	60,9	63,0	64,9	66,8	68,5	70,2	71,7	73,2	0	0
3,33	30	50	52,4	54,8	57,3	59,8	62,0	64,2	66,3	68,3	70,2	71,9	73,5	75,0	0	0
3	33	50	52,7	55,5	58,1	60,7	63,2	65,5	67,7	70,4	71,7	73,5	75,1	76,6	0	0

(Mögliche relative Entwicklung der durch den Grundmittelfonds zu finanzierenden Restwerte des Grundmittelvermögens (brutto der sozialistischen Industrie der DDR im Zeitraum von 1951/52 bis etwa 1980 bei gegebener durchschnittlicher Amortisationsdauer (n) bzw. entsprechenden Amortisationssätzen, gegebenem tendenziellen nominalem (zu laufenden Wiederbeschaffungspreisen) (z) Zuwachstempo der Bruttoinvestitionen, gegebenem moralischem Verschleiß der zweiten Form (ν) sowie unter Berücksichtigung eines gegebenen tendenziellen Zuwachstempos der Wiederbeschaffungspreise der Grundmittel (p) nach erfolgter Neubewertung der Grundmittel.)

TABELLE 5

$$\frac{ZW_t}{Gb_t} = 100\left(1 - \frac{1}{zn}\left(1 - \frac{\nu zn}{e^{\nu zn} - 1}\right)\right)$$

Durchschn. Amortisationssatz in %	Tendenzielles nominales Zuwachstempo d. Bruttoinvestitionen in % (z) / Durchschn. Amortisationsdauer in Jahren (n)	$p=-1$ 0	$p=0$ 1	2	$p=+1$ 3	4	$p=+2$ 5	$p=+3$ 6	7	8	9	10	11	12	rel. Verk. der effekt. durchschn. Nutzungsdauer gegenüber d. durchschnittl. Amort.-dauer d. Grundmittel in % $100(1-\nu)$ $\nu=0,95$	in Jahren
4,16	24	52,0	54,4	56,0	57,9	59,6	61,2	63,1	64,6	66,2	67,7	69,1	70,5	71,9	5	1,2
3,7	27	52,0	54,6	56,7	58,5	60,4	62,4	64,3	66,0	67,7	69,3	70,9	72,3	73,5	5	1,35
3,33	30	52,0	54,7	57,1	59,2	61,3	63,4	65,4	67,4	69,2	70,9	72,5	74,0	75,4	5	1,5
3	33	52,0	54,9	57,4	59,8	61,9	64,4	66,6	68,6	70,6	72,3	74,0	75,6	77,1	5	1,65

$$\lim_{\substack{z \to 0 \\ \nu > 0, \text{ konst.})}} \frac{ZW_t}{Gb} = 100\left(1 - \frac{\nu}{2}\right). \qquad (32,33)$$

TABELLE 6

Durchschn. Amortisationssatz in %	Tendenzielles nominales Zuwachstempo d. Bruttoinvestitionen in % (z) / Durchschn. Amortisationsdauer in Jahren (n)	$p=-1$ 0*	1	$p=0$ 2	3	$p=+1$ 4	5	$p=+2$ 6	$p=+3$ 7	8	9	10	11	12	rel. Verk. der effekt. durchschn. Nutzungsdauer gegenüber d. durchschn. Amort.-dauer d. Grundmittel in % $100(1-\nu)$ $\nu=0{,}85$	in Jahren
4,16	24	57,5	58,6	60,2	61,8	63,4	64,6	65,9	67,3	68,5	69,9	71,0	72,2	73,4	15	3,6
3,7	27	57,5	58,8	60,9	62,5	63,9	65,4	67,9	68,6	69,9	71,2	72,5	73,7	74,9	15	4,05
3,33	30	57,5	59,0	61,2	62,9	64,6	66,3	68,2	69,6	71,0	72,5	73,9	75,2	76,4	15	4,5
3	33	57,5	59,4	61,5	63,4	65,3	67,1	68,9	70,6	72,2	73,7	75,1	76,6	77,5	15	4,95

*Vgl. (32,33) des mathematischen Anhangs der Dissertationsschrift „Zur Finanzierung der erweiterten Reproduktion . . .“

Im übrigen verläuft der Anstieg der Restwerte am wachsenden Grundmittelvermögen (brutto) nicht proportional zum Zuwachstempo der Bruttoinvestitionen (z), sondern wegen

$$\frac{d^2\left(\frac{ZW}{Gb}\right)}{dz^2} = \frac{d^2\left(100\left(1 - \frac{1}{zn}\left(1 - \frac{zn}{e^{zn}-1}\right)\right)\right)}{dz^2} < 0 \qquad (32{,}34)$$

degressiv. Während bei einem Anstieg des Zuwachstempos der Bruttoinvestitionen von 0 auf 1% ein Rückgang der wertmäßigen Verschleißquote um 5 und mehr Prozent erreicht wird, beträgt dieser bei einer Steigerung des tendenziellen Zuwachstempos der Bruttoinvestitionen beispielsweise von 11 auf 12% nur noch etwa 2%. Eine weitere allmähliche Verringerung der wertmäßigen Verschleißquote, etwa unter 22% des Grundmittelvermögens (brutto), erforderte ein außerordentlich hohes tendenzielles Zuwachstempo der Bruttoinvestitionen. Die damit einhergehende Modernisierung des Grundmittelbestandes sowie der auf diese Weise mögliche Produktivitätsanstieg ließe sich nur durch eine starke, wirtschaftspolitisch nicht vertretbare Kürzung der Konsumtionsrate des Nationaleinkommens erreichen, von den begrenzten materiellen Realisierungsmöglichkeiten der Investitionen ganz abgesehen.

Der Einfluß der den geltenden Amortisationssätzen zugrunde gelegten Amortisations-(Nutzungs-)dauer (n) auf die Entwicklung des Anteils der Restwerte bzw. der wertmäßigen Verschleißquote am Bruttowert des Grundmittelvermögens ist hingegen weitaus geringer, als bei einseitiger Berücksichtigung dieser ökonomischen Größe in derartigen Schätzungen zunächst vermutet wird.

So steigt (bzw. fällt) der Anteil des Restwertes am Grundmittelvermögen (brutto) bei einer tendenziellen Zuwachsrate der Bruttoinvestitionen (z) von beispielsweise 7% und einer Amortisationsdauer von 24 Jahren auf etwa 65%, während er bei einer Amortisationsdauer von 33 Jahren auf etwa 69% steigt (bzw. fällt). Einer relativen Abweichung der Amortisationsdauer von 38% steht eine solche des Restwertanteils von nur 7% gegenüber. (Vgl. Tab. 5) diese Feststellung gilt auch für den in den *Tabellen 2 und 3* dargestellten Zusammenhang.

Der relativ geringe Einfluß, den die Amortisationsdauer auf den Ausweis der wertmäßigen Verschleißquote ausübt, ist u. a. für die Beantwortung der Frage von Belang, inwieweit die Aktivierungspflicht von Generalreparaturkosten den Aussagewert dieser Kennziffer in bezug auf die restliche Nutzungsdauer und die Leistungsfähigkeit des Grundmittelbestandes beeinträchtigt.[180] Da — wie bereits dargelegt — aus dem gegenwärtigen durchschnittlichen Amortisationssatz in der sozialistischen Industrie der DDR von ca. 4,2% Generalreparaturen in Höhe von ungefähr 40% zu finanzieren sind, ihr Vollzug praktisch aber sowohl eine vorgesehene Nutzungsdauer gewährleisten als auch die Nutzungsdauer verlängern kann, ferner die aus den laufenden Kosten in erheblichem Umfang finanzierten Maßnahmen oft den Charakter von

180 Vgl. hierzu S. 18ff., S. 35 und S. 54 der Dissertationsschrift „Zur Finanzierung der erweiterten Reproduktion der Grundmittel . . .“

Generalreparaturen, letztere den von Ersatz- und Erweiterungsinvestitionen haben, läßt sich die dem durchschnittlichen Amortisationssatz entsprechende Amortisationsdauer des Grundmittelbestandes nur näherungsweise angeben.[181] Wie sich zeigt, wird indes der Ausweis des wertmäßigen Verschleißes des Grundmittelbestandes — zumindest im Maßstab ganzer Industriezweige oder der gesamten sozialistischen Industrie — durch Abweichungen hinsichtlich der vermuteten durchschnittlichen Amortisations-(Nutzungs-)dauer der Grundmittel (bzw. durch den angewandten Amortisationssatz) nicht entscheidend gestört. Hiervon wird die Notwendigkeit einer realen Bewertung des vorhandenen Grundmittelvermögens jedoch nicht berührt.

Die Verkürzung der effektiven durchschnittlichen Nutzungsdauer der Grundmittel gegenüber der den Amortisationssätzen zugrunde gelegten durchschnittlichen Amortisationsdauer (der moralische Verschleiß der zweiten Form) führt zu einer — allerdings relativ geringfügigen — Verjüngung des Grundmittelbestandes. Dementsprechend sinkt die wertmäßige Verschleißquote, und der Anteil der Restwerte am Grundmittelvermögen erhöht sich.

Bei einer relativ starken Verkürzung der effektiven durchschnittlichen Nutzungsdauer um 15%, beispielsweise von einer beibehaltenen dreißigjährigen durchschnittlichen Amortisationsdauer (bzw. einem Amortisationssatz von $3^1/_3$% ohne Berücksichtigung von Generalreparaturen) auf etwa 25 Nutzungsjahre, erhöht sich bei einer tendenziellen Zuwachsrate (*z*) von 6% der Restwertanteil von etwa 64 auf 68%. Bei einer tendenziellen Zuwachsrate von 10% ist die Differenz noch geringer. Unter diesen Reproduktionsbedingungen erhöht (bzw. senkt) sich der Restwertanteil nämlich auf rund 74 statt auf 72% des jeweils aktivierten Bruttowertes (*Vgl. Tabelle 5)*.

Die durch die Verkürzung der effektiven durchschnittlichen Nutzungsdauer bewirkte Verjüngung der Grundmittelstruktur geht — wie bereits dargelegt wurde — bei begrenztem Umfang realisierbarer Bruttoinvestitionen zu Lasten der absoluten Entwicklung des Grundmittelbestandes.

Die Entscheidung solcher Fragen wie des optimalen Verhältnisses zwischen Wachstum des Grundmittelbestandes und seiner Modernisierung, der wirtschaftspolitisch vertretbaren und materiell realisierbaren Akkumulationsraten usw. liegt außerhalb des Untersuchungsbereiches dieser Arbeit.

Berücksichtigt wurden hingegen die Reproduktionsbedingungen, unter denen die Finanzierung derartiger umfangreicher Rekonstruktionsmaßnahmen zur Modernisierung des Grundmittelbestandes aus den gegebenen Amortisationen gewährleistet bleibt.

So muß beispielsweise bei einer durchschnittlichen Amortisationsdauer von 30 Jahren, einer Verkürzung der effektiven durchschnittlichen Nutzungsdauer von 5%, dem entspricht eine Verkürzung der effektiven Nutzungsdauer von ca. 1,5 Jahren, und einem tendenziellen Anstieg der Wiederbeschaffungspreise von jährlich 1% die tendenzielle Zuwachsrate der Bruttoinvestitionen mindestens 3% betragen, damit der angewandte durchschnittliche Amortisationssatz von $3^1/_3$% (ohne General-

[181] Vgl. hierzu FN 157 dieser Arbeit.

reparaturen) die mit der Verkürzung der effektiven durchschnittlichen Nutzungsdauer verbundene Modernisierung des Grundmittelbestandes sowie eine entsprechende Verringerung der wertmäßigen Verschleißquote finanziell gewährleistet. (Vgl. Tab. 5.) Die Ergebnisse ändern sich nicht wesentlich, wenn ein höherer Grad des moralischen Verschleißes unterstellt wird, soweit er nur im Bereich ökonomisch sinnvoller Annahmen verbleibt.

8. Die obigen Überschlagsrechnungen sind somit geeignet, die ungefähre Entwicklung — insbesondere deren Grenzen — der wertmäßigen Verschleißquote sowie der durch sie angezeigten altersmäßigen und insofern gebrauchswertmäßigen Grundmittelstruktur für den Zeitraum von 1951/52 bis etwa 1980 unter Berücksichtigung der relevanten Planvarianten oder doch ökonomisch wahrscheinlicher Daten abzuschätzen.

Sie knüpfen überdies eine Verbindung zu den in Kap. II sowie Kap. III,1,2 und 3 untersuchten Zusammenhängen zwischen der Restwertentwicklung des Grundmittelvermögens oberhalb des nachgewiesenen theoretischen Minimums von etwa 50% der aktivierten Bruttowerte und den finanziellen Reserven für den Reproduktionseffekt der Amortisationen.

Unter den Bedingungen der sozialistischen erweiterten Reproduktion der Grundmittel besitzt die Ermittlung des laufend freigesetzten und für Zwecke der Erweiterung des Grundmittelbestandes verfügbaren Anteils am jeweiligen Amortisationsaufkommen den größeren Aussagewert.[182]

In den folgenden *Tabellen 7—9* wird deshalb das Verhältnis der aus Amortisationen zu deckenden Ersatzinvestitionen zum jeweiligen Amortisationsaufkommen unter unterschiedlichen Reproduktionsbedingungen ausgewiesen. Dabei werden die folgenden, für das genannte Verhältnis relevanten ökonomischen Größen: die durchschnittliche Amortisationsdauer (n), bzw. die entsprechenden Amortisationssätze, das tendenzielle reale (m) und nominale (z) Zuwachstempo der Bruttoinvestitionen, das tendenzielle Zuwachstempo der Wiederbeschaffungspreise der Grundmittel (p) sowie der moralische Verschleiß der zweiten Form (ν) als Parameter in Rechnung gestellt. In den einzelnen Tabellen werden diese ökonomischen Größen innerhalb des für die Planung der sozialistischen erweiterten Reproduktion der Grundmittel interessierenden Bereiches variiert.[183]

Wiederum wird die starke Abhängigkeit der Amortisationsfreisetzung vom Zuwachstempo der Bruttoinvestitionen ersichtlich. Bei tendenziell steigendem Zuwachstempo der Bruttoinvestitionen ($z > 0$) und sonst gleichbleibenden Umständen sinkt der relative Anteil des laufenden Amortisationsaufkommens und der fälligen

182 Diese Bezugsgröße bevorzugt auch J. Sojka in seiner Analyse der „Beziehungen der Abschreibungen zu Ersatz- und Neuinvestitionen". Vgl. „Ekonomicky casopis", H. 2/1959 Tab. 7; dem Verfasser gelangte nach Abschluß des Manuskriptes zur Kenntnis, daß u. a. auch S. Takatera, Economics of Depreciation Financing, in „Kyoto University Economic Review", Vol. XXX, Japan, April 1960, S. 47ff. diese Methode bevorzugt.

183 Vgl. hierzu Kap. III, Tab. 10—21 der Dissertationsschrift „Zur Finanzierung der erweiterten Reproduktion der Grundmittel . . ." Dort werden weitere ökonomisch reale Varianten in Rechnung gestellt.

TABELLE 7

Bestimmung des Anteils der freigesetzten Amortisationen am laufenden Amortisationsaufkommen, der zur Finanzierung fälliger Ersatzinvestitionen nicht benötigt wird und deshalb zur Finanzierung von Erweiterungsinvestitionen dient

$$\frac{vn\,(m+p)}{e^{vmn} - e^{vpn}}, \text{ bzw. } 100 - \frac{vn\,(m+p)}{e^{vmn} - e^{vpn}}$$

Durchschn. Amort.-satz in %	Tend. nom. Zuwachst. d. Bruttoinv. in % (z) / Durchschn. Amort.-dauer in Jahren	1	2	3	4	5	6	7	8	9	10	11	Tend. Zuwachst. d. Wiederbeschaff-Pr. in % (p)	rel. Verk. d. effekt. durchschn. Nutzungsdauer gegenüber d. durchschn. Amort.-dauer d. Grundmittel in % 100 (1—v)
	Tend. real. Zuwachst. in % (m)	0	1	2	3	4	5	6	•7	8	9	10		
4,16	24	117	104	91,5 8,5	80,9 19,1	70,8 29,2	61,6 38,4	53,7 46,3	46,4 53,6	39,9 60,1	34,3 65,7	29,4 70,6	1	5
3,7	27	119	104	90,0 10,0	77,7 22,3	66,9 33,1	57,1 42,9	48,5 51,5	41,1 58,9	34,5 65,5	29,0 71,0	24,3 75,7		
3,33	30	120	104	88,1 11,9	74,9 25,1	63,0 37,0	52,7 47,3	43,8 56,2	36,3 63,7	29,8 70,2	24,4 75,6	20,0 80,0		
3	33	122	103	86,7 13,3	72,0 28,0	59,6 40,4	48,7 51,3	39,5 60,5	32,0 68,0	25,6 74,4	20,5 79,5	16,3 83,7		

Das Verhältnis der aus Amortisation zu deckenden Ersatzinvestitionen zum jeweiligen Amortisationsaufkommen bei gegebener durchschnittlicher Amortisationsdauer (n), bzw. entsprechenden Amortisationssätzen, gegebenem tendenziellem realem (materiellem) (m) und nominalem (zu laufenden Wiederbeschaffungspreisen (z) Zuwachstempo der Bruttoinvestitionen sowie gegebenem tendenziellem Zuwachstempo der Wiederbeschaffungspreise der Grundmittel (p) und gegebenem moralischem Verschleiß der zweiten Form (v).

TABELLE 8

Tend. nom. Zuwachst. d. Bruttoinv. in % (z)		0*	1	2	3	4	5	6	7	8	9	10	11	Tend. Zuwachst. d. Wiederbeschaff-Pr. in % (p)	rel. Verk. d. effekt. durchschn. Nutzungsdauer gegenüber d. durchschn. Amort.-dauer d. Grundmittel in % 100 (1—v)
Durchschn. Amort.-satz in %	Tend. real. Zuwachst. in % (m) / Durchschn. Amort.-dauer in Jahren (n)	0	1	2	3	4	5	6	7	8	9	10	11		
4,16	24	111	99,3 0,7	88,8 11,2	79,0 21,0	70,4 29,6	61,8 38,2	54,3 45,7	47,4 52,6	41,4 58,6	36,0 64,0	31,3 68,7	27,1 72,9	0	10
3,7	27	111	98,0 2,0	85,6 14,4	75,6 24,4	65,8 34,2	56,9 43,1	49,1 50,9	42,2 57,8	36,0 64,0	31,1 68,9	26,1 73,9	22,1 77,9		
3,33	30	111	96,7 3,3	83,2 16,8	71,9 28,1	61,8 38,2	52,4 56,9	44,4 55,6	37,3 62,7	31,3 68,7	26,1 73,9	21,5 78,5	17,9 82,1		
3	33	111	94,2 5,8	81,4 18,6	68,7 31,3	57,8 42,2	48,3 51,7	40,1 59,9	33,0 67,0	27,0 73,0	22,0 78,0	17,9 82,1	14,3 85,7		

* Vgl. (32,35) des mathematischen Anhangs der Dissertationsschrift „Zur Finanzierung der erweiterten Reproduktion . . .“

TABELLE 9

Durchschn. Amort.-satz in%	Tend. nom. Zuwachst. d. Bruttoinv. in % (z) / Tend. real. Zuwachst. in % (m) / Durchschn. Amort.-dauer in Jahren (n)	—1 0	0* 1	1 2	2 3	3 4	4 5	5 6	6 7	7 8	8 9	9 10	10 11	Tend. Zuwachst. d. Wiederbeschaff-Pr. in % (p)	rel. Verk. d. effket. durchschn. Nutzungsdauer gegenüber d. durchschn. Amort.-dauer d. Grundmittel in % 100 ($1-\nu$)
4,16	24	106	96,0 4,0	88,9 11,1	78,7 21,3	69,9 30,1	61,9 38,1	55,3 44,7	48,9 51,1	43,2 56,8	38,1 61,9	35,0 65,0	29,2 70,8	—1	15
3,7	27	105	93,5 6,5	83,3 16,7	73,6 26,4	64,9 35,1	57,0 43,0	94,9 50,1	43,4 56,6	37,6 62,4	32,6 67,4	28,0 72,0	24,0 76,0		
3,33	30	103	91,2 8,8	80,2 19,8	69,9 30,1	60,4 39,6	52,4 47,6	45,0 55,0	38,6 61,4	32,8 67,2	27,8 72,2	23,4 76,6	19,6 80,4		
3	33	102	88,9 11,1	77,0 33,0	66,2 33,8	56,7 43,3	48,1 51,9	40,7 59,3	34,1 65,9	28,5 71,5	23,6 76,4	19,5 80,5	16,0 84,0		

*Vgl. (32,35) des mathematischen Anhangs der Dissertationsschrift „Zur Finanzierung der erweiterten Reproduktion. . .“

Ersatzinvestitionen am Umfang der steigenden Bruttoinvestitionen derart, daß zugleich der Anteil der notwendigen, aus den Amortisationen zu finanzierenden Ersatzinvestitionen am Umfang des jeweiligen Amortisationsaufkommens zurückgeht.[184]

Wird beispielsweise bei einer den geltenden Amortisationssätzen von durchschnittlich etwa 3,7% (ohne Einschluß der Generalreparaturen) zugrunde gelegten durchschnittlichen Amortisationsdauer (n) sämtlicher amortisationsfähiger Grundmittel von rund 27 Jahren und einem langfristigen generellen Anstieg der Wiederbeschaffungspreise (p) von jährlich 1% sowie einer aus dem Plan der Erhaltung der Grundmittel (aus dem Amortisationsaufkommen) der sozialistischen Industrie zu deckenden Verkürzung der effektiven durchschnittlichen Nutzungsdauer (ν) von 5%, das sind etwa 1,5 Jahre, ein tendenzielles nominales Zuwachstempo der Bruttoinvestitionen (z) von jährlich 7%, bzw. ein reales Zuwachstempo (m) von jährlich 6% aufrechterhalten, so beläuft sich der Anteil der freigesetzten, für die Finanzierung erforderlicher Ersatzinvestitionen nicht mehr benötigten Amortisationen gegen Ende dieses Zeitraumes im Bereiche von 56% des jeweiligen Amortisationsaufkommens. (Vgl. Tab. 7)

War das tendenzielle Zuwachstempo der Bruttoinvestitionen zuvor geringer, so steigt der Anteil der freigesetzten Amortisationen auf dieses Verhältnis an, im Falle eines sinkenden tendenziellen Zuwachstempos der Bruttoinvestitionen geht der Anteil auf dieses Niveau zurück.

Tendenziell steigende Wiederbeschaffungspreise ($p > 0$) vermindern, tendenziell sinkende Wiederbeschaffungspreise ($p < 0$) erhöhen den Anteil der laufend freigesetzten Amortisationen. Bei einer tendenziellen realen Zuwachsrate der Bruttoinvestitionen (m) von 6%, einer durchschnittlichen Amortisationsdauer (n) von ca. 30 Jahren, einer Verkürzung der effektiven durchschnittlichen Nutzungsdauer um etwa 1,5 Jahre und einem tendenziellen Anstieg der Wiederbeschaffungspreise (p) von jährlich 2% spielt sich der Anteil der jeweils freigesetzten Amortisationen am Umfang des laufenden Amortisationsaufkommens auf rund 52% ein. Dem steht bei tendenziell sinkenden Wiederbeschaffungspreisen von jährlich 1% und sonst gleichbleibenden Reproduktionsbedingungen eine relative Freisetzung von rund 70% gegenüber.[185]

Bei gegebenem durchschnittlichem Amortisationssatz verringert sich ceat. par. der Anteil der freigesetzten Amortisationen mit dem Grad der Verkürzung der effektiven durchschnittlichen Nutzungsdauer der Grundmittel. So beträgt das genannte Verhältnis beispielsweise bei einem tendenziellen nominalen Zuwachstempo der Bruttoinvestitionen (z) von 8%, einem realen tendenziellen Zuwachstempo der Bruttoinvestitionen (m) von 7%, einer durchschnittlichen Amortisationsdauer (n) von 30 Jahren und einer Verkürzung der effektiven durchschnittlichen Nutzungsdauer um

[184] Vgl. (31,4), (31,16) und (31,20) des mathematischen Anhangs der Dissertationsschrift „Zur Finanzierung der erweiterten Reproduktion der Grundmittel . . .“

[185] Vgl. Kap. III, Abschn. 6, Tab. 10 und 19 der Dissertationsschrift „Zur Finanzierung der erweiterten Reproduktion der Grundmittel . . .“

1,5 Jahre (das sind 5%) schließlich rund 64%, während es bei einer Verkürzung der effektiven durchschnittlichen Nutzungsdauer um 4,5 Jahre (das sind 15%) lediglich rund 54% ergibt.[186] Der Einfluß des moralischen Verschleißes der zweiten Form übt folglich auf das Ausmaß der Amortisationsfreisetzung und somit auf die Möglichkeiten einer teilweisen Finanzierung von Erweiterungsinvestitionen aus Amortisationen im Bereich ökonomisch realer Varianten nur einen relativ untergeordneten Einfluß aus.

In der sozialistischen Industrie der DDR besteht für die kommenden Jahre das Problem nicht in der Verkürzung der effektiven durchschnittlichen Nutzungsdauer unter die den Amortisationssätzen zugrunde gelegte Amortisationsdauer von etwa 27–30 Jahren, sondern darin, die z. T. noch überalterten Grundmittel auszusondern und auf diese Weise die Altersstruktur bei absolut wachsendem Grundmittelbestand zu verbessern.

Den Berechnungen wurde überdies unterstellt, daß die Verkürzung der durchschnittlichen Nutzungsdauer von 5, 10 oder 15% gegenüber der unverändert angenommenen Amortisationsdauer unmittelbar zu Beginn des jeweiligen Untersuchungszeitraumes, also beispielsweise seit den Jahren 1951/52, wirksam wird, während sich dieser Prozeß doch in Wirklichkeit nur allmählich vollzieht.

In den ermittelten Werten sind insofern Reserven einkalkuliert, die zumindest teilweise den zusätzlichen Finanzbedarf decken, der aus dem Ersatz verschrotteter überalteter Grundmittel entsteht.

Abweichungen in der durchschnittlichen Amortisationsdauer (bzw. in den entsprechenden Amortisationssätzen) wirken sich auf das Ausmaß der Amortisationsfreisetzung stärker aus als auf die Entwicklung der wertmäßigen Verschleißquote des Grundmittelvermögens. Die relativen Abweichungen differieren überdies stark mit dem tendenziellen Zuwachstempo der Bruttoinvestitionen, und zwar vergrößern sie sich mit steigendem Investitionstempo.

Da andererseits die tendenziellen Bruttoinvestitionsraten in der sozialistischen Industrie der DDR sicherlich größer als 5 — 6% bleiben werden, von diesem Zuwachstempo ab aber das Ausmaß der laufenden Amortisationsfreisetzung an sich hoch ist, spielen durch unterschiedliche Amortisationssätze verursachte relative Abweichungen im Ausmaß der laufenden Amortisationsfreisetzung — etwa von 20% — im Rahmen volkswirtschaftlicher Schätzungen keine ausschlaggebende Rolle.

Diese Feststellung ergab sich in den durchgeführten Berechnungen allgemein auch hinsichtlich Veränderungen der Wiederbeschaffungspreise und der Wirkungen des moralischen Verschleißes. Ein gewisser Variationsbereich innerhalb der Schätzungen folgt schon aus Mängeln des verfügbaren statistischen und sonstigen empirischen Materials für zurückliegende Zeiträume. Die notwendig nur annähernde Kenntnis von der künftigen Entwicklung aller für die Ermittlungen relevanten ökonomischen Größen erweitert den Bereich von Schätzungsfehlern. Wie gezeigt werden konnte, wird der Informationsgehalt der ermittelten Werte für Zwecke der Planung, Finan-

[186] Vgl. Kap. III, Abschn. 6, Tab. 13 und 15 der Dissertationsschrift „Zur Finanzierung der erweiterten Reproduktion der Grundmittel . . .“

zierung und Abrechnung der sozialistischen erweiterten Reproduktion durch die genannten Unzulänglichkeiten indes nicht entscheidend beeinträchtigt.

In der theoretischen Analyse konnten die für die teilweise Finanzierung der erweiterten Reproduktion der Grundmittel aus Amortisationen wesentlichen ökonomischen Größen ermittelt sowie der Einfluß von Veränderungen ihrer empirischen Daten auf die Untersuchungsergebnisse bei gleichzeitigem Wirken sämtlicher relevanten Faktoren nachgewiesen werden.

Es ergab sich überdies, daß die einzelnen ökonomischen Größen mit unterschiedlicher Intensität auf den Umfang der Finanzierungsmöglichkeiten von Erweiterungsinvestitionen aus Amortisationen einwirken. So erwies sich der Einfluß von Abweichungen im angewandten Amortisationssatz sowie im Ausmaß des moralischen Verschleißes als relativ unbedeutend. Dementsprechend geringfügig bleiben die Folgen von statistischen Ermittlungsfehlern und Ungenauigkeiten der diesbezüglichen Daten in den Perspektivplänen.

Aber selbst derartige Ermittlungs- und Schätzungsfehler halten sich in gewissen Grenzen. So läßt sich beispielsweise trotz fehlender oder doch unzureichend ermittelter Preisindizes für Grundmittel aus den oben erörterten Gründen mit Gewißheit annehmen, daß die Wiederbeschaffungspreise der Grundmittel für den genannten Untersuchungszeitraum keinesfalls stärker als jährlich 2% ansteigen werden. Viel gewisser erscheint eine tendenzielle Zuwachsrate der Wiederbeschaffungspreise von nominell +1 bis —1% und darunter, in der noch ein Produktivitätszuwachs enthalten ist. Diese Annahme wird u. a. durch Vergleiche mit der langfristigen Preisentwicklung in der Sowjetunion sowie unter Berücksichtigung wichtiger wirtschaftspolitischer Maßnahmen wie der Einführung von Festpreisen, dem Kampf für die Stabilität der Preise usw. erhärtet. Im übrigen ergab die Analyse, daß Unterschiede in der Preisentwicklung innerhalb eines derartig engen, ökonomisch wahrscheinlichen Bereiches die zu ermittelnden Werte nicht allzu stark beeinflussen, während ein schnellerer Rückgang der Wiederbeschaffungspreise die Ergebnisse nur noch verbessern kann.

Für das Ausmaß der Finanzierungsmöglichkeiten von Erweiterungsinvestitionen aus Amortisationen erwies sich das tendenzielle Zuwachstempo der Bruttoinvestitionen (z) als dominierende ökonomische Größe. Auf der Grundlage der allseitigen Planung des sozialistischen Reproduktionsprozesses lassen sich aber zumindest die Grenzen des Bereiches angeben, in denen die tendenzielle Entwicklung der Bruttoinvestitionen während des Untersuchungszeitraumes bei normaler, d. h. geplanter Entwicklung mit großer Wahrscheinlichkeit verlaufen wird.

Es läßt sich mit Sicherheit ermitteln, daß jedenfalls für den Zeitraum bis etwa 1980 nicht mit einem Absinken der tendenziellen Bruttoinvestitionsrate unter 6–7% zu rechnen ist; denn das erforderte für den Zeitraum von 1966 bis etwa 1980 jährliche durchschnittliche Zuwachsraten, die unter denen hochentwickelter kapitalistischer Industriestaaten liegen würden. Eine solche Annahme widerspricht jedoch völlig den Entwicklungsgesetzen der sozialistischen Gesellschaft.

Andererseits ist auch für den Untersuchungszeitraum nicht mit einem wesentlich höheren tendenziellen Zuwachstempo zu rechnen. Im übrigen ergab die theoretische Analyse, daß höhere tendenzielle Zuwachsraten die Resultate nur verbessern können.

Im Bereich der ökonomisch wahrscheinlichen Entwicklung des tendenziellen Zuwachstempos der Bruttoinvestitionen von jährlich etwa 6–12% errechnen sich aber für den Untersuchungszeitraum selbst unter der Annahme in bezug auf die Entwicklung der Wiederbeschaffungspreise, des moralischen Verschleißes sowie hinsichtlich der geltenden durchschnittlichen Amortisationssätze ungünstiger, wohl aber ökonomisch realer Varianten noch immer derart positive Werte für die laufende Freisetzung von Amortisationen, daß zumindest die prinzipielle Frage zweifelsfrei beantwortet werden kann, ob unter den konkreten Bedingungen der erweiterten Reproduktion in der sozialistischen Industrie der DDR die Finanzierung der einfachen Reproduktion der Grundmittel aus den geltenden Amortisationssätzen (nach erfolgter Umbewertung der Grundmittel) gewährleistet ist und überdies eine teilweise Finanzierung von Erweiterungsinvestitionen erfolgen kann.[187]

Gegenwärtig gehen selbst in Fachkreisen die Auffassungen über die Wirkungen des moralischen Verschleißes für die Sicherung der wertmäßigen einfachen Reproduktion aus den geltenden Amortisationssätzen, die erforderliche Höhe der Amortisationssätze, bzw. eine evtl. notwendige Korrektur der Amortisationssätze sowie über die Möglichkeiten einer teilweisen erweiterten Reproduktion der Grundmittel aus Amortisationen z. T. noch völlig auseinander.[188]

Unter diesen Umständen erscheint schon der generelle Nachweis befriedigend, daß die in der sozialistischen Industrie der DDR geltenden Amortisationssätze nach erfolgter Umbewertung zur Finanzierung der einfachen Reproduktion der Grundmittel ausreichen und darüber hinaus in wachsendem Maße für Erweiterungsinvestitionen, Rekonstruktionsmaßnahmen aller Art usw. eingesetzt werden können. Und insoweit ist es zunächst von untergeordneter Bedeutung, ob der für Erweiterungsmaßnahmen freigesetzte Anteil am jährlichen Amortisationsaufkommen mit 20%, 40% oder mehr zu veranschlagen ist.

Das gilt insbesondere für die Beurteilung des gegenwärtigen Ausmaßes der Freisetzung von Amortisationen. Da z. Z. die tatsächliche durchschnittliche Nutzungsdauer der Grundmittel den Zeitraum von 30 Jahren gewiß übersteigt, ist noch immer ein erheblicher Teil des vorhandenen Grundmittelvermögens vor 1951/52, ja sogar vor 1948 investiert worden. Während des in Frage kommenden Zeitraumes von etwa 1930–1950 war das Investitionszuwachstempo jedoch sehr starken Schwan-

[187] Selbst unter der Annahme der folgenden ungünstigen Daten $p = +2\%$, $n = 27$ Jahre, $v = 15\%$ und einem tendenziellen materiellen Zuwachstempo der Bruttoinvestitionen (m) von nur 4% wächst der Anteil der freigesetzten Amortisationen schließlich auf rund 14% des laufenden Amortisationsaufkommens an. (Vgl. Kap. III, Abschn. 6, Tab. 12 der Dissertationsschrift „Zur Finanzierung der erweiterten Reproduktion der Grundmittel . . .“

[188] Vgl. Kap. I, 3,1 und den folgenden Abschnitt der Dissertationsschrift „Zur Finanzierung der erweiterten Reproduktion der Grundmittel . . .“

kungen ausgesetzt, und zwar gab es sowohl hohe positive als auch negative Zuwachsraten. Die Bestandsentwicklung des Grundmittelvermögens wurde überdies nicht nur vom Investitionstempo, sondern auch erheblich durch die Kriegsfolgen beeinflußt. Das wirkt sich u. a. auf den zuerst aus dem laufenden Amortisationsaufkommen zu finanzierenden Ersatzbedarf aus, der gegenwärtig infolge der teilweise noch vorhandenen Überalterung bestimmter Grundmittelgruppen hoch ist, gegen Ende des Untersuchungszeitraumes, d. h. etwa ab 1970, aber wegen des Ausscheidens von Grundmitteln investitionsschwacher Jahrgänge zurückgehen wird. Ähnlich kompliziert gestaltet sich die Beurteilung der Preisentwicklung für Grundmittel.

Allerdings vereinfacht sich die Schätzung insofern, als in diesem Zusammenhang nicht der vom Standpunkt des höchsten Nutzeffektes erforderliche Umfang an Ersatzinvestitionen, sondern die materiell realisierbaren und aus dem laufenden Amortisationsaufkommen zu deckenden Erhaltungsmaßnahmen zu ermitteln sind. Der zusätzliche Finanzbedarf für Ersatzinvestitionen als Folge der generellen Verkürzung der durchschnittlichen Nutzungsdauer der Grundmittel, d. h. des moralischen Verschleißes, wird erst in den kommenden Jahren wirksam werden und läßt sich ohne größere Schwierigkeiten in Rechnung stellen. Desgleichen wird es nach erfolgter Umbewertung der Grundmittel einfacher werden, die Preisentwicklung der Grundmittel rechnerisch zu erfassen.

Unter Berücksichtigung des verfügbaren statistischen und sonstigen empirischen Materials dürfte der Anteil der für Erweiterungszwecke verfügbaren Amortisationen am laufenden Amortisationsaufkommen im Bereich der sozialistischen Industrie der DDR bereits gegenwärtig mit mehr als 10% zu veranschlagen sein. Wie gezeigt wurde, ist für das Ausmaß der laufenden Amortisationsfreisetzung unter den Bedingungen der erweiterten sozialistischen Reproduktion der Grundmittel nämlich das Zuwachstempo der Bruttoinvestitionen ausschlaggebend, und dieses betrug im Zeitraum von 1950–1960 tendenziell mehr als jährlich 15%.

Dem Umfang an freigesetzten Amortisationen stehen z. Z. noch Fehlbeträge gegenüber, die sich aus der zu niedrigen Bewertung des Grundmittelvermögens (brutto) in der sozialistischen Industrie der DDR ergeben. Es darf auch nicht die geringere Leistungskraft bestimmter veralteter Grundmittelgruppen (beispielsweise von Werkzeugmaschinen) übersehen werden.[189]

Eine generelle Erhöhung der Amortisationssätze wird u. E. jedoch auch hierdurch nicht zwingend erforderlich, weil zum einen nach erfolgter Umbewertung im Jahre 1962 das Amortisationsaufkommen sprunghaft auf schätzungsweise das 1,8-fache ansteigen wird und weil vor allem — wie die Berechnungen zeigen — auf dieser Bewertungsbasis der Anteil der für Erweiterungszwecke verfügbaren Amortisationen am laufenden Amortisationsaufkommen bis etwa 1980 bei normaler, d. h. geplanter, Entwicklung gewiß auf über 50% anwachsen wird. Eine andere Frage

[189] Vgl. hierzu S. 40, S. 119/120, S. 220 sowie Anhang 4 der Dissertationsschrift „Zur Finanzierung der erweiterten Reproduktion der Grundmittel . . ."

ist, ob es zweckmäßig erscheint, bei etwa gleichbleibendem Niveau der Selbstkosten die hohen Aufwendungen für die laufenden Instandhaltungen durch die generelle Erhöhung der Amortisationssätze zu senken.

9. Zu einigen praktischen Konsequenzen aus den ermittelten Resultaten hinsichtlich des gegenwärtigen und künftigen Ausmaßes der Amortisationsfreisetzung für die Finanzierung der Prozesse der erweiterten Reproduktion der Grundmittel in der sozialistischen Industrie der DDR

Die Konsequenzen aus den oben ermittelten Resultaten der Berechnungen sowie Schätzungen des gegenwärtigen, insbesondere aber des künftigen Ausmaßes der Amortisationsfreisetzung für die Finanzierung der Prozesse der erweiterten Reproduktion der Grundmittel in der sozialistischen Industrie der DDR ergeben sich unmittelbar.

Zunächst kann festgestellt werden, daß die in Kapitel I, 4.2[190] erörterten diesbezüglichen staatlichen Rechtsnormen, die einen elastischen Einsatz der Finanzierungsquellen für die Reproduktion der Grundmittel sowohl aus Mitteln des Planes der Erhaltung als auch des Planes der Erweiterung der Grundmittel ermöglichen, prinzipiell richtig sind. Sie entsprechen den fließenden Grenzen und den objektiven Übergangsprozessen zwischen der einfachen und erweiterten sozialistischen Reproduktion der Grundmittel.

Dies gilt insbesondere für die Forderung, die Amortisationen außer für Ersatzmaßnahmen im engeren Sinne zunehmend zur Finanzierung geplanter Rekonstruktionsmaßnahmen einzusetzen.[191] Die bislang zulässige Finanzierung von Erweiterungsinvestitionen aus Amortisationen muß überdies keineswegs auf Bagatellfälle beschränkt bleiben.[192]

Die in wachsendem Maße freigesetzten Amortisationen bilden eine objektive Finanzierungsquelle, um sowohl den Bereich als auch den Umfang der aus dem Plan der Erhaltung der Grundmittel zu finanzierenden Maßnahmen der Erweiterung, seien es Rekonstruktionsmaßnahmen, die Investitionen zusätzlicher Grundmittel, Rationalisierungsinvestitionen usw., erweitern zu können.

Diese Möglichkeit betrifft in dieser allgemeinen Aussage nur die sozialistische Industrie als Ganzes. Die Analyse ergab nämlich, daß der Freisetzung von Amortisationen in vereinzelten, insbesondere kleineren Betrieben engere Grenzen gesetzt sind, während die ermittelten günstigen Resultate auf den der sozialistischen Produktionsweise eigenen Reproduktionsbedingungen tendenziell hoher Brutto-

[190] Vgl. hierzu S. 311ff. dieser Arbeit.

[191] Vgl. Beschluß des Wirtschaftsrates über die Trennung des Investitionsplanes in einen Plan der Erhaltung der Grundmittel und einen Plan der Erweiterung der Grundmittel vom 17. 4. 1957, GBl. der DDR, Teil I, S. 517.

[192] Vgl. § 3 (2) der AO ≠ 1 zur Vorbereitung und Durchführung des Investitionsplanes – Grundsätzliche Bestimmungen – vom 15. 12. 1958, GBl. der DDR, Sonderdruck 294, S. 3 sowie S. 311/313 dieser Arbeit.

investitionsraten, geplanter Grundmittelpreise, der teilweisen Zentralisation und Umverteilung von Amortisationen durch das einheitliche sozialistische Finanzsystem entsprechend den volkswirtschaftlichen Investitionsbedürfnissen usw. basieren.

Den Berechnungen und Schätzungen ist ferner zu entnehmen, daß wegen des wachsenden Anteils der Amortisationsfreisetzung künftig keineswegs nur eine intensive Erweiterung des Grundmittelbestandes – etwa durch Steigerung des Produktionsvermögens ersatzinvestierter Grundmittel bei gleichbleibenden oder gar nur sinkenden Wiederbeschaffungspreisen – möglich wird.[193] Es können darüber hinaus in wachsendem Maße aus freigesetzten Amortisationen echte Zusatzinvestitionen finanziert werden, die den Grundmittelbestand nicht nur qualitativ verbessern und verjüngen, sondern auch seinem Umfang nach erweitern werden.

Die ermittelten Resultate erfordern zugleich, Funktion und Bedeutung der Umverteilung von Amortisationen im Bereich der sozialistischen Industrie der DDR erneut zu überprüfen.

Die weitgehende Zentralisierung und Umverteilung der Amortisationen durch die Organe der staatlichen Wirtschaftsleitung war während der ersten Jahre des sozialistischen Aufbaus der Industrie in der DDR schon deshalb unumgänglich, um die knappen Finanzmittel auf die volkswirtschaftlich vordringlichsten Investitionsvorhaben zu konzentrieren. Dabei mußte die teilweise Vernachlässigung der einfachen Reproduktion bei den die Amortisationen abführenden Industriebetrieben in Kauf genommen werden.

Durch den Beschluß des Wirtschaftsrates über die Trennung des Invesititionsplanes in einen Plan der Erhaltung und einen Plan der Erweiterung der Grundmittel vom 17. 4. 1957 wurde den Werkleitern zur Verantwortung auch die materielle Verfügung über das betriebliche Amortisationsaufkommen übertragen.[194]

In den staatlichen Rechtsnormen sowie teilweise in den hierzu in der Fachliteratur erfolgten Kommentierungen wurde die prinzipiell restlose Verwendung des Amortisationsaufkommens für den Plan der Erhaltung der Betriebe gefordert.[195]

[193] So beispielsweise Haustein, H.-D., Zum Problem des materiellen und moralischen Verschleißes der gesellschaftlichen Arbeitsmittel in der sozialistischen Industrie, in „Wirtschaftswissenschaft", H. 5/1957, S. 721: „Wir unterstellen dabei, daß bei richtiger jährlicher Verwendung des gesellschaftlichen Amortisationsaufkommens für die Erhaltung und Erneuerung der Grundfonds das Geldaufkommen nicht ausreicht, zusätzlich die extensive Erweiterung der Produktion zu finanzieren."

[194] „Es handelt sich hier um eine sehr schwerwiegende Veränderung der Methodik der Investitionsplanung, die zahlreiche praktische und theoretische Probleme aufwirft." Vgl. Brossmann, K.-U., Die Trennung des Investitionsplanes in einen Plan zur Erhaltung und einen Plan zur Erweiterung der Grundfonds, in „Wissenschaftliche Zeitschrift der Hochschule für Ökonomie Berlin", H. 2/1957, S. 48.

[195] Vgl. außer dem genannten Beschluß über die Trennung des Investitionsplanes . . . u. a. § 1 (2) der AO über die Verwendung der Amortisationen in den Betrieben der volkseigenen Wirtschaft vom 31. 3. 1958, GBl. der DDR, Teil II, ⌗ 6: „Den Betrieben der volkseigenen Wirtschaft werden die Amortisationen in der Regel voll zur Finanzierung ihrer Pläne der Erhaltung der Grundmittel überlassen." § 1 (3) dieser AO lautet: „Eine in Aus-

Damit ist beabsichtigt, die bisherige Vernachlässigung der Generalreparaturen, Ersatzinvestitionen und der Werterhaltung zu korrigieren. Die wirtschaftlichen Erfolge beim Aufbau der sozialistischen Industrie in der DDR und die wachsende Plandisziplin der Betriebe schufen hierfür die materiellen, finanziellen und ideologischen Voraussetzungen.

Tatsächlich betrug jedoch auch in den Planjahren 1958–1960 der Anteil der Amortisationsumverteilung mehr als 20% des gesamten Umfangs der im Plan zur Erhaltung der Grundmittel verfügbaren Finanzmittel. Die Amortisationsumverteilung überstieg somit gewiß das Amortisationsaufkommen jener Betriebe um ein beträchtliches, deren einfache Reproduktion nicht mehr vorgesehen ist.[196]

Wegen des künftig wachsenden Anteils der Amortisationsfreisetzung im Maßstab der gesamten sozialistischen Industrie der DDR wird der mit der grundsätzlich vollständigen Verfügung über das Amortisationsaufkommen durch die jeweiligen Betriebe beabsichtigte ökonomische Zweck, den Einsatz der finanziellen Mittel für die proportionale Entwicklung der sozialistischen Reproduktion zu verbessern, immer mehr in Frage gestellt, falls die Amortisationen als Ausnahme von der Regel nur in engbegrenzten Fällen umverteilt werden dürfen.[197]

Für die Realisierung eines beachtlichen Teils der echten Erweiterungsmaßnahmen würden dann nicht so sehr die volkswirtschaftlichen Bedürfnisse, sondern das Vorhandensein entsprechender, für den bloßen Erhalt des bestehenden Grundmittelbestandes nicht benötigter Amortisationen zum Investitionskriterium.[198]

Die Gefahr einer disproportionalen Entwicklung des industriellen Grundmittelbestandes würde überdies noch durch den Umstand verstärkt, daß gerade jene aus staatlichen zentralen Fonds neu errichteten modernen Großbetriebe wegen der in

nahmen notwendige Umverteilung von Amortisationen wird durch die übergeordneten Organe festgelegt."
„Von Betrieben, deren Erhaltung nicht mehr vorgesehen ist, sind die Amortisationen (ganz oder teilweise) abzuziehen und für die Erhaltung der Grundmittel in anderen Betrieben zusätzlich zu verwenden." Vgl. § 3 (5) der AO ≠ 1 zur Vorbereitung und Durchführung des Investitionsplanes – Grundsätzliche Bestimmungen – vom 15. 12. 1958, GBl. der DDR, Sonderdruck 294, S. 4. Vgl. ferner FN 1, S. 275 der Dissertationsschrift „Zur Finanzierung der erweiterten Reproduktion der Grundmittel ..."

196 Errechnet aus Unterlagen der Staatlichen Zentralverwaltung für Statistik.

197 In § 3 (5) der oben zitierten AO ≠ 1 zur Vorbereitung und Durchführung des Investitionsplanes vom 15. 12. 1958, in der die ausnahmsweise Umverteilung von Amortisationen nur auf jene Betriebe beschränkt wird, deren Erhaltung nicht mehr vorgesehen ist, wird von den Planträgern zugleich gefordert, daß durch den Einsatz der Amortisationen ein höchstmöglicher volkswirtschaftlicher Nutzen zu gewährleisten ist.

198 Bei restloser Reinvestition der Amortisationen in den neu errichteten Industriebetrieben käme es nach Ablauf der durchschnittlichen Nutzungsdauer wegen des plötzlichen massenhaften Ausscheidens verschlissener Grundmittel zu starken Schwankungen in den Grundmittelbeständen. Der Untersuchung dieses Vorganges sowie der Möglichkeiten zu seiner Milderung durch eine entsprechende betriebliche Finanzierungs- und Investitionspolitik wird in der bürgerlichen „Betriebswirtschaftslehre" starke Aufmerksamkeit gewidmet. In der sozialistischen Industrie bleibt dieses Problem jedoch ohne praktischen Einfluß, wenn von den Vorzügen der Amortisationsumverteilung entsprechend den volkswirtschaftlichen Investitionsbedürfnissen Gebrauch gemacht wird.

Kapitel II dieser Arbeit gezeigten Zusammenhänge über die weitaus größten Finanzmittel für Rekonstruktions- und Erweiterungsmaßnahmen verfügten, die ihrer am wenigsten bedürfen, während in den veralteten Betrieben unter Umständen nicht einmal die zur Erhaltung des Grundmittelbestandes erforderlichen Amortisationen vorhanden sind.[199]

Das wachsende Ausmaß an Amortisationsfreisetzungen macht es deshalb künftig möglich, aber zugleich auch unumgänglich, größere Teile des Amortisationsaufkommens innerhalb der sozialistischen Industrie der DDR den volkswirtschaftlichen Investitionsbedürfnissen entsprechend umzuverteilen.

Das Instrument der Amortisationsumverteilung ist im Rahmen des einheitlichen sozialistischen Finanzsystems kein notwendiges Übel, sondern ein Vorzug der sozialistischen Planwirtschaft, das zur beschleunigten proportionalen erweiterten Reproduktion der Grundmittel in der sozialistischen Industrie weitgehend ausgenutzt werden sollte.[200]

Gewisse praktische Schwierigkeiten bereitet es, die prinzipiell richtige, zur Vermeidung von Disproportionen notwendig verstärkte Umverteilung von Amortisationen mit der im Beschluß des Wirtschaftsrates über die Trennung des Investitionsplanes in einen Plan der Erhaltung der Grundmittel und einen Plan der Erweiterung der Grundmittel geförderten finanziellen Selbständigkeit und Eigenverantwortlichkeit der sozialistischen Industriebetriebe zu koordienieren.

Hierzu unterbreiten S. Tannhäuser und K. Matterne, — die u. E. die wesentlichen Gesetzmäßigkeiten und praktischen Konsequenzen des Reproduktionseffektes der

[199] Aber die Investitionen „müssen in Übereinstimmung mit dem Plan der technischen Entwicklung des Betriebes, mit dem Ablauf des technologischen Prozesses, mit der Betriebsorgsanisation usw. erfolgen. Diese Belange der Produktion sind bestimmend und nicht rein rechnerisch-finanzielle Überlegungen." Vgl. Ökonomik der sozialistischen Industrie der DDR, Lehrbuch, Berlin 1959, 4. Auflage, S. 349.

[200] Die Vermeidung von Disproportionen bei der Reproduktion der Grundmittel durch geeignete Maßnahmen (u. a. durch Umverteilung von Amortisationsüberschüssen) gehört zum Aufgabenbereich der zentralen Wirtschaftsorgane des Staates, insbesondere der Staatlichen Plankommission: „Sie ist verantwortlich für die proportionale Entwicklung der Volkswirtschaft sowie für die komplexe und regionale Koordinierung der wichtigsten volkswirtschaftlichen Aufgaben." Vgl. § 3 (2) des Gesetzes über die Vervollkommnung und Vereinfachung der Arbeit des Staatsapparates in der DDR vom 11. 2. 1958, GBl. der DDR, Teil I, # 11.
„Darüber hinaus ist es notwendig, eine Reihe von Maßnahmen, die zur Zeit aus Erweiterungsmitteln finanziert werden, künftig aus Amortisationen zu finanzieren. Dazu gehören alle Ersatzinvestitionen und zum großen Teil auch Rekonstruktionen.
Das ist nicht nur aus finanziellen, sondern vor allem aus materiellen Gründen notwendig, weil höhere materielle Fonds und Arbeitskräfte für den Investitionssektor nicht bereitgestellt werden können. Aus diesem Grunde muß eine planmäßige Umverteilung von Amortisationen zwischen Betrieben, VVB und weiteren übergeordneten Organen auch künftig stattfinden, der Umfang der Umverteilung wird sogar stärker sein müssen als bisher." Entwurf eines Programms für die Umbewertung der Grundmittel und die Neufestsetzung der Abschreibungssätze für Grundmittel — verallgemeinert an dem Beispiel der volkseigenen Industrie — S. 24. Material der Büros der Regierungskommission für die Umbewertung der Grundmittel vom 15. 9. 1960.

Amortisationen bei aller Knappheit treffend dargestellt haben — interessante Vorschläge:

„Bei vollkommen freier Verwendung der Abschreibungen durch die einzelnen Betriebe besteht die Gefahr der Entstehung von Disproportionen. Das verlangt eine strenge Kontrolle durch die übergeordneten Planungsorgane; denn in der Regel werden die Betriebe aus ihrer Sicht heraus und entsprechend den gewünschten Wirkungen des Prinzips der wirtschaftlichen Rechnungsführung besonders die rentabelste Produktion ausdehnen. Dieses Bestreben bleibt aber nicht auf einen einzelnen Betrieb beschränkt, so daß Überkapazitäten auf der einen Seite und fehlende Kapazitäten der weniger rentablen Produktion auf der anderen Seite die Folge sind. Dieses aus dem Reproduktionseffekt resultierende spontane Element bei Eigenverwendung der Amortisationen kann zu volkswirtschaftlichen Störungen führen. Der möglichen Herausbildung von Disproportionen bei völliger Eigenverwendung der Amortisationen kann durch verschiedene Maßnahmen entgegengewirkt werden:

1. zentrale Verwendung der Amortisationen,
2. Abführung eines festen Prozentsatzes der Amortisationen bei Eigenverwendung der verbleibenden Abschreibungen,
3. Abführung der Abschreibungen für langlebige Grundmittel (Gebäude) bei sonst freier Verfügung über die Amortisationen.

Die zentrale Verwendung der Amortisationen würde die Vorteile der Eigenverwendung gänzlich beseitigen. Deshalb kann sie nicht gefordert werden. Die Abführung eines festen Prozentsatzes der Abschreibungen weist Mängel auf. Die notwendige betriebsindividuelle Differenzierung läßt sich auf Grund der vielfältigen Einflußfaktoren praktisch nicht durchführen. Die Bestimmung eines festen Satzes würde deshalb dem Prinzip der wirtschaftlichen Rechnungsführung widersprechen. Am günstigsten erscheint die Abführung der Amortisationen auf langlebige Grundmittel, für die die Ersatzinvestitionen aus dem Staatshaushalt zu finanzieren wären (Gebäude). Dabei wären die Betriebe in der Lage, den Reproduktionseffekt der kurzlebigen Arbeitsmittel, vor allem der Produktionsinstrumente, auszunutzen. Das gestattet ihnen die finanzielle Deckung von Verlusten aus moralischem Verschleiß."[201]

Die Ermittlung der tatsächlichen, für jeden Industriebetrieb unterschiedlichen Amortisationsfreisetzung stößt auf praktische Hindernisse und scheidet deshalb u. E. aus. Schon aus diesem Grunde kann es sich bei den generell oder im einzelnen zu treffenden Maßnahmen nur um Näherungslösungen handeln, in denen auf komplizierte Berechnungen seitens der Industriebetriebe verzichtet werden sollte.

10. Zur Präzisierung und Ergänzung der Ermittlungsmethoden des Ersatzfonds und Nationaleinkommens in der sozialistischen Industrie der DDR mit Hilfe der durchgeführten Berechnungen und Schätzungen

Die ermittelten Resultate der Berechnungen und Schätzungen ermöglichen es nunmehr, auch die Beziehungen zwischen den wertmäßigen Ersatz- und Erweiterungsinvestitionen und darüber hinaus zwischen Ersatzfonds und National-

[201] Die Grundmittel in der sozialistischen Industrie der DDR, Berlin 1960, S. 223.

einkommen in der sozialistischen Industrie der DDR zu präzisieren und zu ergänzen.[202]

Die Möglichkeiten, aus Amortisationen materielle Erweiterungsmaßnahmen zu finanzieren, werden bekanntlich teils mehr oder weniger bejaht oder geleugnet. Die unterschiedliche Beurteilung findet u. a. in den erwogenen bzw. in den geltenden Finanzierungsbestimmungen sowie Planungs- und Abrechnungsmethoden zur Reproduktion der Grundmittel ihren Ausdruck.

Zweifellos trifft es für einzelne, insbesondere überalterte Industriebetriebe zu, daß „praktisch bereits eine zwischenzeitliche Verwendung der Amortisationen" erfolgt und eine weitere Freisetzung von Amortisationen ohne erhebliche Neuinvestitionen nicht mehr möglich ist.[203] Es können Amortisationsteile in einzelnen Betrieben auch durch steigende Wiederbeschaffungspreise bestimmter Grundmittelgruppen absorbiert werden.[204] Dieselbe Wirkung kann vom moralischen Verschleiß der zweiten Form ausgehen.

In derartigen Fällen werden den betreffenden Betrieben durch den Abzug von Amortisationen die für die Finanzierung der einfachen Reproduktion erforderlichen Finanzmittel ganz oder teilweise entzogen. Die erweiterte Reproduktion der Grundmittel in jenen Betrieben, denen diese Amortisationen zugewiesen werden, mag mit dem Unterbleib notwendiger Erhaltungsmaßnahmen in den die Amortisationen abführenden Betrieben erkauft werden, und zwar zeitweilig, falls die Amortisationen zurückerstattet werden, ständig jedoch bei deren endgültiger Umverteilung.[205]

Dem vermag in neu errichteten Betrieben, im Falle gesunkener Wiederbeschaffungspreise für Ersatzinvestitionen in bestehenden Betrieben oder eines geringen moralischen Verschleißes an vorhandenen Grundmitteln eine echte Amortisationsfreisetzung gegenüberstehen, so daß ein teilweiser endgültiger Abzug von Amortisationen für Erweiterungsinvestitionen in anderen Betrieben erfolgen kann, ohne

[202] Das trägt u. a. dazu bei, „noch bestehende Mängel in der Ausarbeitung der Bilanzen des gesellschaftlichen Gesamtproduktes und des Volkseinkommens" zu vermindern. „Das gilt besonders für die Ermittlung des Verhältnisses zwischen Ersatzfonds und Nettoprodukt." Vgl. VO über die Verbesserung der Arbeit des Ministeriums der Finanzen und der übrigen Finanzorgane vom 13. 2. 1958, GBl. der DDR, Teil I, # 13.

[203] Ökonomik der sozialistischen Industrie der DDR, Lehrbuch, Berlin 1959, 4. Auflage, S. 349, sowie S. 354 dieser Arbeit.

[204] Vgl. S. 357 ff. dieser Arbeit.

[205] „Für den Zweig, dem diese Amortisationsmittel zur Verfügung gestellt werden, bedeutet das die Ermöglichung einer erweiterten Reproduktion der Grundfonds, während in dem Zweig, von dem die Amortisationsmittel abgezogen werden, unter Umständen nicht einmal die einfache Reproduktion der Grundfonds gewährleistet ist. Ohne Zweifel müssen die einzelnen Zweigen abgezogenen Amortisationsmittel zur Sicherung der einfachen Reproduktion in diesen Zweigen zurückerstattet werden." Vgl. Brossmann, K.-U., Die Trennung des Investitionsplanes in einen Plan zur Erhaltung und einen Plan zur Erweiterung der Grundfonds, in „Wissenschaftliche Zeitschrift der Hochschule für Ökonomie Berlin", H. 2/57, S. 43.

„. . . bestimmte Investitionen, die vom volkswirtschaftlichen Standpunkt Ersatzinvestitionen sind, können z. B. in den Betrieben als Neuinvestitionen zur erweiterten Reproduktion erscheinen." Lange, A., Die Investitionen in der volkseigenen Industrie der DDR im ersten Planjahrfünft, Berlin 1958, S. 15/16.

die einfache Reproduktion des vorhandenen Grundmittelbestandes im abführenden Betrieb zu gefährden.

Für jeden der genannten Fälle lassen sich gewiß eine Vielzahl von Industriebetrieben als praktische Beispiele heranziehen. Es fragt sich jedoch, was für die sozialistische Industrie als Ganze typisch ist.

Das Überwiegen veralteter Betriebe, in denen eine echte Amortisationsfreisetzung nur noch zu einem restlichen Teil oder gar nicht mehr möglich bzw. in denen nicht einmal der Erhalt des Grundmittelbestandes gewährleistet ist, äußerte sich im Maßstab der gesamten Industrie in einer tendenziell geringen positiven oder in einer tendenziell negativen Zuwachsrate der Bruttoinvestitionen. Sinngemäßes gilt für den Anstieg des generellen Preisniveaus für Grundmittel aller Art sowie für die Wirkungen des moralischen Verschleißes. Ein im Maßstab der gesamten sozialistischen Industrie anhaltend konstanter oder sinkender Umfang an Bruttoinvestitionen schließt dabei gewisse Erweiterungsmaßnahmen in einzelnen Betrieben oder die Errichtung neuer Betriebe nicht aus.

So zeigen die Berechnungen, daß bei einer tendenziellen Bruttoinvestitionsrate (z) in der gesamten Industrie von 4%, einem generellen langfristigen Anstieg der Wiederbeschaffungspreise der Grundmittel (p) von 2%, einer durchschnittlichen Amortisationsdauer von rund 30 Jahren und einer effektiven durchschnittlichen Nutzungsdauer der Grundmittel von nur 27 Jahren ($\nu = 10\%$) der Umfang der Ersatzinvestitionen das laufende und teilweise unverteilte Amortisationsaufkommen im Maßstab der gesamten Industrie schließlich um ca. 6% übersteigen würde.[206]

Die tatsächlich hohen tendenziellen Bruttoinvestitionsraten usw. in der sozialistischen Industrie der DDR weisen indes eine gegenteilige Entwicklung auf. Es überwiegen deshalb jene Betriebe, die neu errichtet worden sind oder deren amortisationsfähiger Grundmittelbestand sich durch Erweiterungsmaßnahmen vergrößert hat.

Im Maßstab der gesamten sozialistischen Industrie der DDR erschließen sich damit sogleich neue Reserven für Amortisationsfreisetzungen, die nach teilweiser Umverteilung, und zwar — wie die Berechnungen zeigen — in wachsendem Umfang für materielle Erweiterungsinvestitionen eingesetzt werden können.[207]

Es handelt sich insoweit tatsächlich um eine — „vom Standpunkt der Gesellschaft betrachtet"[208] — effektive Reproduktion auf erweiterter Stufenleiter, die nicht aus Akkumulation von Nationaleinkommensteilen entspringt, sondern um Reinvestitionen der für die Finanzierung der einfachen Reproduktion der Grundmittel nicht mehr benötigten Amortisationen in neue, entweder zuschüssige, oder

[206] Vgl. Tab. 11, S. 253 der Dissertationsschrift „Zur Finanzierung der erweiterten Reproduktion der Grundmittel . . ."

[207] Für die Mehrzahl der sozialistischen Industriebetriebe trifft deshalb in Wirklichkeit nicht zu, daß dadurch „daß in Zukunft den Investitionsträgern 100% ihres Amortisationsaufkommens für die Erhaltung der Grundfonds zur Verfügung gestellt werden, weitgehend die Erhaltung der Grundfonds auf der gleichen Höhe des Bruttowertes gewährleistet wird." Vgl. Brossmann, K.-U., Die Trennung des Investitionsplanes in einen Plan zur Erhaltung und einen Plan zur Erweiterung der Grundfonds, in „Wissenschaftliche Zeitschrift der Hochschule für Ökonomie Berlin", H. 2/1957, S. 41.

[208] Marx, K., Das Kapital, Bd. II, Berlin 1948, S. 166.

doch wirksamere Grundmittel.[209] Die Finanzierung von materiellen Erweiterungsinvestitionen aus Teilen des gesellschaftlichen Ersatzfonds erweist sich somit als ein Übergangsprozeß von der einfachen zur erweiterten Reproduktion der Grundmittel, der nicht nur theoretisch möglich ist, sondern unter den konkreten Reproduktionsbedingungen innerhalb der sozialistischen Industrie der DDR in zunehmendem Maße wirksam wird.

Allerdings tritt dieser Reproduktions-(bzw. Freisetzungs-)effekt der Amortisationen nicht ohne weiteres in Erscheinung. Als typisch gesellschaftlicher, erst auf volkswirtschaftlicher Ebene voll wirksamer Prozeß läßt er sich insbesondere nicht unmittelbar aus dem Rechnungswesen sowie statistischen Übersichten einzelner Industriebetriebe für die sozialistische Industrie als Ganzes nachweisen. Der notwendigen Untersuchung der entsprechenden betrieblichen Vorgänge mußte deshalb die Analyse der gesellschaftlichen Reproduktionsbedingungen im Maßstab der gesamten sozialistischen Industrie folgen.

Die ermittelten Resultate bezüglich des künftig wachsenden Ausmaßes der für die Finanzierung von Erweiterungsinvestionen verfügbaren Amortisationen innerhalb der sozialistischen Industrie der DDR erfordern eine gewisse Korrektur des nach den angewandten Berechnungsverfahren ausgewiesenen Nationaleinkommens.

Danach wird das Ausmaß der Ersatzinvestitionen am Amortisationsaufkommen (minus Generalreparaturen usw.) gemessen. Zwischen wertmäßiger und materieller einfacher Reproduktion kann aus den in Kap. I genannten Gründen nicht unterschieden werden.

Bei gegebenem Bruttoinvestitionsvolumen vermindern sich folglich die als sogenannte Erweiterungs- bzw. Nettoinvestitionen dem Nationaleinkommen zugerechneten Investitionen um so mehr, je größer der Anteil des Amortisationsaufkommens am Bruttoinvestitionsvolumen ist. Ein gegebenes Amortisationsaufkommen vorausgesetzt, erhöht sich andererseits der Umfang der Bruttoinvestitionen in dem Maße, wie aus dem Nationaleinkommen Akkumulationsmittel für Erweiterungsinvestitionen zur Verfügung gestellt werden und materiell aus dem gesellschaftlichen Gesamtprodukt realisiert werden können.

Zwischem dem Umfang der aus dem Nationaleinkommen bzw. aus dessen Akkumulationsfonds finanzierten Erweiterungs- bzw. Nettoinvestitionen so wie sie den derzeit angewandten Ermittlungsmethoden entsprechend ausgewiesen werden—und dem Ausmaß des Reproduktions-(bzw. Freisetzungs-)effektes der Amortisationen ergibt sich somit die folgende quantitative Beziehung:

Mit tendenziell wachsender Nettoinvestitionsrate steigt das tendenzielle Zuwachstempo der Bruttoinvestitionen. Wegen des nachgewiesenen Zusammenhangs sinkt dann der Anteil des laufenden Amortisationsaufkommens und der Ersatzinvestitionen am Umfang der steigenden Bruttoinvestitionen derart, daß zugleich

[209] Insofern wird die erweiterte Reproduktion der Grundmittel eben *nicht* „wertmäßig begrenzt durch die verfügbare Akkumulationssumme, die effektiv zur Verfügung steht." Vgl. Lange, A., Die Investitionen in der volkseigenen Industrie der DDR im ersten Planjahrfünft, Berlin 1958, S. 13.

der Anteil der tatsächlich erforderlichen materiellen Ersatzinvestitionen am Umfang des jeweiligen Amortisationsaufkommens zurückgeht.

Es ergibt sich somit der Tatbestand, daß der Prozeß der sozialistischen erweiterten Reproduktion durch Reinvestition der aus der Finanzierung der einfachen Reproduktion der Grundmittel freigesetzten Amortisationen umso stärker beschleunigt wird, je größer das Zuwachstempo der aus dem Nationaleinkommen zu finanzierenden Nettoinvestitionen ist.

Ein tendenziell hohes Zuwachstempo der Netto- bzw. Bruttoinvestitionen vergrößert zum einen den amortisationsfähigen Grundmittelbestand der sozialistischen Industrie und verursacht zum anderen ein hohes relatives Gewicht der Amortisationsfreisetzung am steigenden laufenden Amortisationsaufkommen. Damit erhöht sich zugleich der absolute Betrag jener freigesetzten Amortisationen, die neben den Akkumulationsmitteln des Nationaleinkommens zur Finanzierung der sozialistischen erweiterten Reproduktion der Grundmittel eingesetzt werden können.[210]

Nach erfolgter Umbewertung der Grundmittel Anfang 1962 dürfte der Anteil der Amortisationen am Ersatzfonds der sozialistischen Industrie der DDR mit etwa 7–8% und mehr zu veranschlagen sein. Den obigen Berechnungen und Schätzungen zufolge wird der Anteil der aus der Finanzierung der einfachen Reproduktion entlassenen Amortisationen anwachsen und gegen Ende des Untersuchungszeitraumes, d. h. etwa gegen 1980, wahrscheinlich mehr als die Hälfte des laufenden Amortisationsaufkommens betragen. Es sind demnach schließlich ca. 4–5% des Ersatzfonds der sozialistischen Industrie in der DDR für materielle Erweiterungsinvestitionen verwendbar, die den Grundmittelbestand nicht nur verjüngen und qualitativ verbessern, sondern auch seinem Umfang nach vergrößern werden.

Die vorwiegend statischen Methoden der Planung und Abrechnung des Ersatzfonds, des Nationaleinkommens sowie insbesondere der Ersatz- und Erweiterungsinvestitionen in der sozialistischen Industrie der DDR lassen sich somit durch die angestellten Berechnungen und Schätzungen präzisieren und ergänzen. Es kann sich dabei nur um Näherungsmethoden handeln. Insbesondere wegen der Schwankungen im Betrag der jährlichen Netto- und Bruttoinvestitionen bei gegebenem langfristigem Zuwachstempo, des unterschiedlichen Umfangs ausgeschiedener und materiell zu ersetzender Grundmittel im Verlaufe der Planjahre, aber auch wegen gewisser Unregelmäßigkeiten in der Entwicklung anderer ökonomisch relevanter Größen kann das tatsächliche Ausmaß der Amortisationsfreisetzung für das *einzelne Planjahr* oder für noch kürzere Perioden nicht genau angegeben werden. Wie jedoch gezeigt werden konnte, bleibt dieser Umstand für die Planung, Abrechnung und Finanzierung der sozialistischen erweiterten Reproduktion der Grundmittel ohne wesentlichen Einfluß.

Es läßt sich überdies die Genauigkeit derartiger Näherungsberechnungen noch erhöhen. Hierzu bedarf es vor allem einer langjährigen vergleichbaren Statistik

[210] Insofern sind „bei dem hohen Investitionstempo in der sozialistischen Wirtschaft die Abschreibungen eine außergewöhnlich wichtige und bedeutsame Quelle der Investitionsfinanzierung". Vgl. Sojka, J., Die Beziehungen der Abschreibungen zu Ersatz- und Neuinvestitionen, in „Ekonomicky casopis", Bratislava, H. 2/1957, S. 158.

über die realisierten Brutto- und Nettoinvestitionen sowohl für die sozialistische Industrie insgesamt als auch für die einzelnen Industriezweige. Das gleiche gilt für den Nachweis der Bestandsentwicklung der Grundmittel in Brutto- und Nettowerten. Zur Zeit fehlt es noch an einem statistischen Nachweis der nach Grundmittelgruppen usw. geordneten ausgeschiedenen Grundmittel zu Bruttowerten, Verschleißgrad und Nettowerten, ohne den die effektiven Nettoinvestitionen sowie der hierdurch verursachte Bestandszuwachs der industriellen Grundmittel nicht festgestellt werden können.

Von größter Aussagekraft erweist sich insbesondere die Kenntnis der langfristigen Entwicklung der tatsächlichen durchschnittlichen Nutzungsdauer der Grundmittel sowohl nach Grundmittelgruppen als auch nach Industriezweigen usw., sowie die fortlaufende und detaillierte Analyse der altersmäßigen und leistungsmäßigen Struktur des Grundmittelbestandes in der sozialistischen Industrie der DDR.

11. Die wachsenden Finanzierungsmöglichkeiten der sozialistischen erweiterten Reproduktion der industriellen Grundmittel aus Amortisationen als Ausdruck der Überlegenheit der sozialistischen Planwirtschaft gegenüber der anarchischen kapitalistischen Produktionsweise

Der von K. Marx und F. Engels entdeckte Reproduktions-(bzw. Freisetzungs-)effekt der Amortisationen liefert einen überzeugenden Beweis für die Überlegenheit der sozialistischen Produktionsweise.

Das sozialistische Eigentum an den Produktionsmitteln ermöglicht die Konzentration der Amortisationen im einheitlichen sozialistischen Finanzsystem und deren teilweise Umverteilung entsprechend den volkswirtschaftlichen Investitionsbedürfnissen. Der Anteil der nicht im Grundmittelbereich eingesetzten Amortisationen kann auf ein Minimum gesenkt werden, und die den einzelnen Betrieben gesetzten Schranken für die sofortige und vollständige Reinvestition der Amortisationen in weitere Grundmittel sind für die sozialistische Industrie als Ganzes beseitigt. Auf diese Weise verwandeln sich die einzelnen Investitions- und Amortisationsakte in einen praktisch kontinuierlichen Prozeß der Reinvestitionen von Amortisationen.

Wie die Untersuchungen zeigten, ist damit eine wesentliche ökonomische Bedingung für das Wirken des Reproduktions-(bzw. Freisetzungs-)effektes der Amortisationen im großen Ausmaß gegeben. Diese der sozialistischen Planwirtschaft eigenen Vorzüge müssen selbst die Vertreter der westdeutschen „Betriebswirtschaftslehre" — sei es in direkter oder versteckter Form — eingestehen.[211]

Als entscheidende ökonomische Größe für die Finanzierung umfangreicher Erweiterungsmaßnahmen aus Amortisationen und die damit verbundene schnelle Zunahme des industriellen Grundmittelbestandes wurde das hohe tendenzielle Zuwachstempo der Netto- bzw. Bruttoinvestitionsrate ermittelt.[212]

[211] Vgl. hierzu S. 343 dieser Arbeit.

[212] „Erklärt das Dasein dieser Fonds nicht *teilweise* die sehr *verschiedene* Rate, womit Kapital akkumuliert bei Nationen, wo die kapitalistische Produktion entwickelt, daher

Aber gerade hinsichtlich des Akkumulationstempos ist die Überlegenheit der sozialistischen Gesellschaftsordnung zur unbestreitbaren Tatsache geworden.[213] Und daß die günstigen Bedingungen für das Wirken des Reproduktions-(bzw. Freisetzungs-)effektes keineswegs nur für die Etappe des Aufbaus der sozialistischen Industrien, sondern auch in Zukunft gelten werden, kann den Perspektivplänen der industriell hoch entwickelten sozialistischen Länder entnommen werden; in ihnen ist nämlich für die kommenden Jahrzehnte ein außerordentlich hohes Tempo der sozialistischen erweiterten Reproduktion der Grundmittel vorgesehen.

viel capital fixe existiert im Gegensatz zu Nationen, wo dies nicht der Fall?" Vgl. Marx, K., Engels, Briefwechsel, Berlin 1950, Bd. III, S. 120.
K. Hax entdeckt daher nichts Neues, wenn er die hohe Wachstumsquote der Industrie in der UdSSR u. a. auf die großen Finanzierungsmöglichkeiten von Erweiterungsinvestitionen aus Amortisationen zurückführt. Vgl. „Die Bedeutung der betrieblichen Abschreibungs- und Investitionspolitik für das wirtschaftliche Wachstum der modernen Industriestaaten" Zeitschrift für handelswissenschaftliche Forschung, Köln und Opladen, H. 5/1958, S. 247ff.
„Jedoch kann hieraus nicht geschlossen werden, daß die Unterschiede in den Stadien der industriellen Entwicklung zwischen den Vereinigten Staaten und der Sowjetunion für die Unterschiede im Umfang ihrer Nettoanlageinvestitionen verantwortlich sind. Der wahre Grund sollte eher in der Weise interpretiert werden, daß der Unterschied in ihren Wirtschaftsordnungen den Unterschied im Umfang ihrer Nettoanlageinvestitionen hervorruft, der wiederum die unterschiedliche Auswirkung auf den Erweiterungseffekt verursacht. Abgesehen davon kann man nicht sagen, daß der Erweiterungseffekt in der Sowjetunion ein einmaliger Vorgang vorübergehender Natur ist. Ein solcher Irrtum entspringt daraus, daß er (Hax, J. B.) die Grenzen der ‚mikro-ökonomischen Untersuchung des Erweiterungseffektes' außer acht läßt, die hauptsächlich für den Fall gilt, daß die Reinvestitionen von Abschreibungsmitteln in Anlagen lediglich nach einer einmaligen Erstinvestition von Anlagen stattfindet." Vgl. Takatera, S., Economics of Depreciation Financing, in „Kyoto University Economic Review", Kyoto, Japan, Vol. XXX, April 1960, S. 56.

[213] So veranschlagt E. D. Domar das Ausmaß der Amortisationsfreisetzung für Erweiterungszwecke am laufenden Amortisationsaufkommen in der Industrie der UdSSR mit mehr als 80%. „Dabei sind ihre Vorteile gegenüber den USA und Britannien gemessen an den Nettoinvestitionen wiederum viel größer, als es bei einem Vergleich in den Bruttoinvestitionszahlen zum Ausdruck kommt." Vgl. Depreciation, Replacement and Growth, in „The Economic Journal", London 1953, S. 1ff.

Katja Nehls

ZUM WESTDEUTSCHEN KAPITALEXPORT IN DIE ÖKONOMISCH SCHWACH ENTWICKELTEN LÄNDER

Im Zusammenhang mit der Verlangsamung des Expansiontempos in der kapitalistischen Wirtschaft seit den Krisenerscheinungen 1957/58, der Verstärkung des antiimperialistischen nationalen Kampfes und den Erfolgen der nationalen Befreiungsrevolution in den Kolonien und den sonstigen ökonomisch schwach entwickelten Ländern gingen die imperialistischen Mächte unter der Führung der USA dazu über, die sog. „Entwicklungshilfe" für die schwach entwickelten Länder zu forcieren.

Ziel ist, den sich als immer stärker erweisenden Einfluß der Ideen des Sozialismus und der beispielhaften Aufbauerfolge der Länder des sozialistischen Weltsystems auf die Völker der Kolonien und anderer schwach entwickelter Länder zu paralysieren, um die dem Imperialismus in diesen Ländern verbliebenen Positionen und damit die Möglichkeiten zur Realisierung hoher Kolonialprofite zu retten bzw. zu erweitern[1], und zu verhindern, daß die ökonomisch schwach entwickelten Länder aus dem kapitalistischen System herausbrechen. Da die koloniale Ausbeutung eine Existenzbedingung für den Imperialismus ist, sucht er angesichts der bevorstehenden endgültigen Liquidierung des Kolonialsystems nach neuen Methoden, dieses aufrechtzuerhalten.

In diesen reaktionären und aggressiven Plänen des internationalen Finanzkapitals ist dem westdeutschen Imperialismus eine besondere Rolle zugedacht. Die alten Kolonialmächte haben sich in den ehemals kolonialen und abhängigen Ländern kompromittiert, ebenso die USA. Deshalb wird der deutsche Imperialismus vorgeschoben, der seit 1918 keine Kolonien mehr besitzt, um unter dem verlogenen Aushängeschild des „Antikolonialismus" und der „Entwicklungspartnerschaft" die imperialistischen Mächte, insbesondere die USA, aktiv bei ihrer neokolonialistischen Politik zu unterstützen.

Die westdeutschen Monopole ihrerseits, die ihre Macht wieder hergestellt haben, streben verstärkt nach der Expansion in die ökonomisch schwach entwickelten Länder, um sich dort in verstärktem Maße Märkte, Rohstoffquellen und Kapitalanlagesphären zu erobern.

So heißt es in der Begründung des 1960 ausgearbeiteten Entwurfs des „Gesetzes zur Förderung der Wirtschaftsbeziehungen zum Ausland, insbesondere zu den

[1] Vgl.: Erklärung der Beratung von Vertretern der kommunistischen und Arbeiterparteien vom November 1960 in Moskau. Dietz Verlag, Berlin 1960, S. 41.

Entwicklungsländern", der die Konzeption der offiziellen Bonner „Entwicklungspolitik" enthält: „Der Ausbau der wirtschaftlichen Beziehungen zu den Entwicklungsländern dient der Erschließung von Rohstoffquellen, der Erschließung von Absatzmärkten und den Kapitalanlagen im Ausland."[2]

Entsprechend stehen im Mittelpunkt des Gesetzenwurfs die Bestrebungen, den direkten Kapitalexport der westdeutschen Monopole in die ökonomisch schwachentwickelten Länder zu forcieren. Der Gesetzentwurf betont den Standpunkt der westdeutschen Monopole, daß in Zukunft – anstelle der langfristigen Lieferantenkredite und der anderen Formen der Exportkredite – der direkte Kapitalexport der Monopole an die erste Stelle treten müsse, „für den die öffentliche Hand im wesentlichen die Voraussetzungen schaffen müsse".[3] Dabei geht es den westdeutschen Monopolen vor allem darum, daß die Bonner Regierung die auf Betreiben der USA geplante „gemeinsame Koordinierung" der „Entwicklungshilfe" der imperialistischen Mächte sowie die maßgebliche Beteiligung Westdeutschlands an den neokolonialistischen Plänen im Interesse der Erlangung von Einflußsphären für die westdeutschen Monopole in den schwach entwickelten Ländern ausnutzt. So wird z. B. betont, daß die „Entwicklungshilfe" einer neuen Methodik bedürfe, die darin bestehen müsse, die „finanzielle Hilfe" gezielt einzusetzen, d. h. für bestimmte Projekte und konzentriert auf bestimmte Länder. Dazu wären die langfristigen Lieferantenkredite nicht geeignet, sondern dazu bedürfe es direkter Auslandsinvestitionen. So schreibt H. W. Graf Finkenstein im Leitartikel der „Welt" vom 16. 2. 61: „Es bedarf weiter einer neuen Methodik der Entwicklungshilfe, die die Mittel nach Schwerpunkten und nicht im Streuverfahren vergeben muß. Die Bundesrepublik ist nicht in der Lage, ganz Asien und Afrika zu versorgen. Aber sie ist sehr wohl dazu imstande, einzelnen Ländern nach Absprache mit den Westmächten helfend unter die Arme zu greifen und diese Länder zielbewußt zu entwickeln."[4] Zu diesem Zweck sind, wie sich der wissenschaftliche Beirat des Bundesministeriums für Wirtschaft äußerte, „angesichts der für private Kapitalanlagen in den unterentwickelten Gebieten verhältnismäßig ungünstigen politisch-gesellschaftlichen Bedingungen zusätzliche staatliche Maßnahmen"[5] zu ergreifen. Diese sollen in der Übernahme weiterer staatlicher Bürgschaften und Garantien für Kapitalexporte in den klassischen Formen und in der Schaffung spezieller Finanzierungsinstitutionen, vor allem in der Umbildung der Kreditanstalt für Wiederaufbau in eine Entwicklungsbank, bestehen. Diese Grundzüge der Bonner „Entwicklungspolitik" fanden im wesentlichen auch ihren Niederschlag in den vorläufigen Grundsätzen, die von dem Ende November 1960 aus den Vertretern der mit der „Entwicklungshilfe" befaßten Ministerien gebildeten interministeriellen Ausschuß für Fragen der Entwicklungshilfe im April 1961 verabschiedet wurden.

2 Vgl. „Entwicklungsländer", Baden-Baden, Bonn; 2. Jg. 1960, Nr. 1, S. 7.

3 „Bulletin des Presse- und Informationsamts der Bundesregierung", v. 26. 6. 1960.

4 „Die Welt", v. 16. 2. 1961.

5 „Bulletin des Presse- und Informationsamts der Bundesregierung", v. 12. 2. 1960, S. 281.

Diesen Grundsätzen entsprechend sollen in erster Linie private Auslandsinvestitionen, d. h. solche der Monopole, gefördert werden. Staatliche Mittel sollen nur dort eingesetzt werden, wo die Kapitalanlage für die Monopole nicht rentabel ist. Zur Förderung der Kapitalexporte der westdeutschen Monopole in die ökonomisch schwach entwickelten Länder soll ein Netz von Kapitalförderungsabkommen aufgebaut werden u. a. m.

Die Monopole sollen ferner Steuervergünstigungen bei Kapitalexporten erhalten. Zu diesem Zweck soll der Bonner Staat mit den Kapitalimportländern Doppelbesteuerungsabkommen abschließen. Zur Förderung der Kapitalexporte sind weiterhin staatliche Kredite und Subventionen für Kapitalexporte vorgesehen. Dieses Programm der Bonner „Entwicklungshilfe" ist in Wirklichkeit ein Programm zur staatlichen Förderung des westdeutschen Kapitalexports in die ökonomisch schwach entwickelten Länder und ist gegen deren ökonomische Unabhängigkeit gerichtet. In Ergänzung dieser Maßnahmen sind eine Reihe von Maßnahmen auf kulturellem, sozialem, verwaltungsmäßigem und handelspolitischem Gebiet vorgesehen, insbesondere „Hilfe" bei der Heranbildung einer Beamtenschicht, beim Aufbau der öffentlichen Verwaltung, bei der Entwicklung des Bildungs- und Erziehungswesens usw.

Von den ökonomisch schwach entwickelten Ländern fordern die Bonner Kolonialpolitiker im Rahmen ihrer „Entwicklungshilfe", daß sie Bedingungen dafür schaffen sollten, „daß ihnen Privatkapital in weit größerem Umfange als bisher zufließen kann. Als solche Bedingungen sind namentlich der Verzicht auf Enteignung ohne vollwertige Entschädigung sowie auf Diskriminierung ausländischen Kapitals, ferner die Gewährleistung unbedingten Transfers von Zins- und Tilgungszahlungen und endlich eine auf innere Stabilität ausgerichtete Wirtschaftspolitik hervorzuheben."[6]

Den Schwerpunkt der Bonner „Entwicklungspolitik" bilden somit Maßnahmen zur Förderung des Kapitalexports der westdeutschen Monopole in die ökonomisch schwach entwickelten Länder. Damit gewinnt das Problem des westdeutschen Kapitalexports in diese Länder große politische Aktualität, und es ergibt sich die Frage nach den inneren und äußeren Bedingungen und den bisherigen Formen und Methoden des westdeutschen Kapitalexports in diese Länder.

Der Sinn einer deratigen Untersuchung besteht darin, den westdeutschen Kapitalexport in diese Länder, der vom westdeutschen Finanzkapital, der Bonner Regierung und der rechten SPD-Führung als Hauptmethode einer „Entwicklungshilfe" hingestellt wird, als Instrument der imperialistischen Ausbeutung dieser Länder und als Hauptmethode des Neokolonialismus zu entlarven.

Die Klassiker des Marxismus-Leninismus erbrachten den wissenschaftlichen Beweis dafür, daß der Kapitalexport zur hauptsächlichen ökonomischen Grundlage des imperialistischen Kolonialsystems wurde.

Der Kapitalexport führte in den kolonialen und abhängigen Ländern zur Zersetzung der vorkapitalistischen Wirtschaftsformen und zur beschleunigten Ent-

[6] „Die Welt", v. 24. 4. 1961, S. 9.

wicklung kapitalistischer Produktionsverhältnisse, allerdings nur in den Grenzen, die seinem Motiv — der Sicherung von Monopolprofiten — entsprechen.

Um hohe Monopolprofite zu erzielen, bedient sich das Auslandskapital in den rückständigen, kolonialen und abhängigen Ländern der Methode, die feudalen Kräfte zu konservieren und die feudalen Ausbeutungsmethoden aufrechtzuerhalten. Das hat beim gleichzeitigen Übergang der Ökonomik dieser Länder von der Natural- zur Warenwirtschaft im Gefolge, daß große Teile der Bauernschaft, die die überwiegende Mehrheit der Bevölkerung dieser Länder darstellt, ihre Existenzgrundlage verlieren. Deshalb ist für alle kolonialen und abhängigen Länder eine große landwirtschaftliche Überbevölkerung charakteristisch, die von der ungenügend entwickelten einheimischen Industrie nicht absorbiert werden kann und so ein riesiges Reservoir billiger Arbeitskräfte darstellt, das den Wert der Arbeitskraft unter das Existenzminimum drückt und auf diese Weise dem ausländischen Kapital eine monopolistisch hohe Mehrwert- und Profitrate sichert.

Da die kapitalexportierenden Monopole die kolonialen und abhängigen Länder als Absatzmärkte für ihre Waren benötigen, zerstören sie nicht nur die einheimische Handwerksindustrie, sondern verhindern auch die selbständige industrielle Entwicklung dieser Länder, indem sie die Entwicklung einer nationalen Industrie, darunter vor allem die Entwicklung eines eigenen Maschinenbaus und einer eigenen Schwerindustrie, nicht zulassen. Statt dessen entwickelt das ausländische Monopolkapital mit seinen Kapitalexporten in diesen Ländern vorwiegend die Rohstoffproduktion für den Export durch die Anlage von Plantagen und Bergwerken und die Errichtung entsprechender Transportsysteme.

Die Kapitalanlagen in Handels- und Bankunternehmen dienten dabei vorwiegend der Organisation bzw. der Finanzierung des Absatzes und der Errichtung produktiver Anlagen.

Während der ersten Etappe der allgemeinen Krise des Kapitalismus fanden in zunehmendem Maße auch Kapitalexporte in die kolonialen und abhängigen Länder bzw. ökonomisch schwach entwickelten Länder zur Errichtung von Betrieben der Leichtindustrie statt. Das erfolgte auf Grund einer Reihe von Faktoren, die die veränderten Verwertungsbedingungen für Kapitalexporte widerspiegelten. Es sollen hier nur die zwei wichtigsten erwähnt werden: Der erste Weltkrieg führte bekanntlich in diesen Ländern zur verstärkten Entwicklung eines nationalen Kapitalismus und zur stärkeren Entwicklung der nationalen Binnenmärkte. Durch die Errichtung entsprechender Betriebe bezweckte das Auslandskapital, sich diese neuen Märkte zu sichern. Von noch größerer Bedeutung war jedoch für diese Entwicklungstendenz der Kapitalexporte in diese Länder, die sich in der Periode der relativen Stabilisierung und in verstärktem Maße während der großen Weltwirtschaftskrise und der Periode der Depression besonderer Art offenbarende Labilität der kapitalistischen Weltwirtschaft, die auf dem Gebiet des Außenhandels der kapitalistischen Länder zu einem verschärften Protektionismus und zu einem allseitigen Währungs- und Valutakrieg führte. Protektionistische Maßnahmen einerseits, andererseits die lang anhaltende Weltrohstoffkrise, die Kapitalanlagen in der verarbeitenden Industrie überhaupt profitabler machte als in der Rohstoffproduktion, bewirkten, daß ausländisches Kapital in zunehmendem Maße auch in anderen Bereichen der Wirtschaft der kolonialen und abhängigen bzw. der schwach entwickelten Länder angelegt wurde. Ungeachtet dessen führte der Kapitalexport dazu, daß die kapitalimportierenden kolonialen und abhängigen Länder zu ökonomisch unselbständigen Lebensmittel- und Rohstoffanhängseln der imperialistischen Großmächte wurden, was den ausländischen Monopolen ermöglichte, in diesen Ländern zu schalten und zu walten wie sie wollen und Riesenprofite nicht nur aus der unmittelbaren Ausbeutung der Werktätigen dieser Länder, sondern auch aus der Ausplünderung dieser Länder im ganzen zu erzielen.

Die Prozesse, die die Notwendigkeit des Kapitalexports im allgemeinen und zur Ausbeutung der ökonomisch schwach entwickelten Länder im besonderen hervorrufen, haben sich im imperialistischen Westdeutschland nach 1945 besonders stark entwickelt. Der Grad und das Tempo der Konzentration und Zentralisation des Kapitals und der Produktion waren in der untersuchten Periode in Westdeutschland höher als jemals vor dem zweiten Weltkrieg und auch höher als in den anderen imperialistischen Ländern. Das Deutsche Wirtschaftsinstitut stellte schon 1955 fest, daß das deutsche Monopolkapital trotz seiner Niederlage im zweiten Weltkrieg bereits wieder einen Stand der Konzentration erreicht hatte, der weit über den des Jahres 1938 hinausging.[7]

Die wirtschaftliche Macht ist in Westdeutschland bei etwa 14 Konzernen und Finanzgruppen konzentriert, die von einer verschwindenden Minderheit der nur einige hundert Personen zählenden Finanzoligarchie Westdeutschlands beherrscht werden.[8]

Die mittelbare oder unmittelbare Herrschaft der Finanzoligarchie über das gesellschaftliche Gesamtkapital in Westdeutschland führte auf der Basis der hohen Konzentration und Zentralisation zur Verschärfung des Widerspruchs zwischen Produktion und Verwertung.

Die Grundlage dafür war die verschärfte Ausbeutung der westdeutschen Werktätigen. Diese erfolgte einmal durch die Einbeziehung neuer Arbeitskräfte in den Reproduktionsprozeß. In den Jahren 1951—1958 erhöhte sich die Zahl der Arbeiter und Angestellten um fast 5 Millionen.[8a] Gleichzeitig wurde der Preis der Ware Arbeitskraft mit den verschiedensten Methoden unter ihren Wert herabgedrückt. Während die Reallöhne sich nur geringfügig erhöhten, stieg der Aufwand an Arbeitskraft den die Arbeiterklasse zu leisten hatte, so daß ihr Anteil am Nationaleinkommen zunehmend in ein Mißverhältnis zu den für die Reproduktion der Arbeitskraft erforderlichen Unterhaltsmittel geriet. Die Methoden, die das westdeutsche Monopolkapital hierzu anwandte, waren hauptsächlich: die Intensivierung der Arbeit bei gleichzeitiger Verlängerung der Arbeitszeit, die Erhöhung des Anteils der schlechter bezahlten Frauenarbeit, die Ruinierung der Mittelschichten, vor allem bedeutender Teile der Bauernschaft, sowie die Freisetzung von Arbeits-

[7] Vgl. Deutsches Wirtschaftsinstitut, Berlin, Bericht Nr. 13/1955.

[8] Vgl. „Neues Deutschland“, v. 2. 2. 1958, Beilage: „Von Abs bis Zangen“.

[8a] „Statistisches Jahrbuch Bundesrepublik Deutschland“, 1959, S. 121.

kräften durch die Steigerung der organischen Zusammensetzung des Kapitals, insbesondere ab 1954/55 mit Beginn der sog. zweiten Investitionswelle. Die Ausbeutungsmehtoden des westdeutschen Monopolkapitals führten somit auf zwei Wegen zur Steigerung der Mehrwertproduktion: einmal wurde eine viel größere Anzahl von Arbeitskräften ausgebeutet, und zum anderen wurde der Ausbeutungsgrad dieser vergrößerten Arbeiteranzahl gesteigert, indem der Preis der Arbeitskraft unter ihren Wert gesenkt wurde, durch gleichzeitige Erhöhung des Wirkungsgrades der lebendigen Arbeit infolge der Steigerung ihrer Produktivität und Intensität.[9]

Darüber hinaus wurden die westdeutschen Werktätigen zusätzlich mittels der staatsmonopolistischen Umverteilungsprozesse ausgeplündert. Der Anteil der Arbeitseinkommen am Nationaleinkommen wurde und wird in Westdeutschland insbesondere durch die finanz-, kredit- und währungspolitischen Maßnahmen des Bonner Staates zusätzlich herabgedrückt. Der westdeutsche Staatshaushalt konzentriert etwa 40% des Nationaleinkommens — hauptsächlich mit Hilfe der Massensteuern — in seinen Händen und verteilt sie im Interesse der Kapitalakkumulation der westdeutschen Finanzoligarchie um.

Diese antagonistischen Produktions- und Verteilungsverhältnisse setzten nicht nur der Massenkaufkraft im Verhältnis zu den Produktionsmöglichkeiten enge Grenzen, sondern verschärften gleichzeitig die Disproportionalität in der Entwicklung der einzelnen Wirtschaftszweige. Das wird ganz besonders deutlich an der sich nach dem zweiten Weltkrieg in Westdeutschland verstärkt entwickelnden Diskrepanz in der Entwicklung von Industrie und Landwirtschaft, wie auch in der dominierenden Rolle, die die Investitionsgüter-Industrien in der westdeutschen Industriestruktur einnehmen.

Die Beschränktheit der Konsumtionsbasis auf Grund der gesteigerten Ausbeutung und die Verschärfung der Disproportionalität und Anarchie der Produktion in Westdeutschland führten — vom Standpunkt des Produktionsprozesses — zur relativen Überproduktion von Produktionsmitteln, Konsumtionsmitteln und Arbeitskraft und — vom Standpunkt des Verwertungsprozesses — zu einem ständigen relativen Kapitalüberschuß, für dessen Ausmaß die hohen jährlichen Gesamtkapitalexporte Westdeutschlands ein Gradmesser sind.

Jährliche Gesamtkapitalexporte Westdeutschlands 1952—1958 in Mill. DM[10]

1952	1953	1954	1955	1956	1957	1958
2471	2085	1052	1880	2772	3938	3935

[9] Vgl. Altmann, E. u. a., Westdeutschland unter den Gesetzen der Reproduktionen des Kapitals und die Arbeiterklasse, Dietz Verlag Berlin, 1959, S. 813.

[10] Monatsberichte der Deutschen Bundesbank, Dez. 1959, S. 7; März 1960, S. 14; Juli 1958, S. 35; Jan. 1959, S. 123; März 1960, S. 84.
Ministerialblatt des Bundesministers für Wirtschaft 1952—1954 Nr. 15, 8. Jg., 1956; 1955 bis 1956 Nr. 3, 9. Jg., 1957, S. 81; 1957—1958 Nr. 4, 11. Jg., 1959, S. 101. Berichte des Deutschen Wirtschaftsinstituts, Berlin, Nr. 18, 1959, S. 13.

Während für den westdeutschen Imperialismus auf der einen Seite dadurch ein verstärkter ökonomischer Zwang zum Kapitalexport bestand, hatten jedoch die Bedingungen der zweiten und insbesondere der dritten Etappe der allgemeinen Krise des Kapitalismus, die in den fünfziger Jahren unter den Bedingungen des Wettbewerbs der beiden Systeme — des sozialistischen und des kapitalistischen Weltsystems — heranreifte, zur Schmälerung der Verwertungsbedingungen und zur Erhöhung der Risiken für Kapitalexporte geführt.

Durch die Bildung des sozialistischen Lagers, dem Hauptmerkmal der zweiten Etappe der allgemeinen Krise, verloren die Imperialisten riesige Rohstoffquellen, Kapitalanlagesphären sowie Absatzmärkte, auf denen sie mit Hilfe des Nichtäquivalentenaustauschs Monopolprofite realisieren konnten. Während das kapitalistische Weltsystem durch die Verschärfung seiner inneren Widersprüche — der Widersprüche zwischen Arbeit und Kapital, zwischen den Monopolen und dem ganzen Volk, zwischen den hoch entwickelten und den schwach entwickelten kapitalistischen Ländern, sowie infolge der sich vertiefenden Widersprüche zwischen den imperialistischen Mächten — immer labiler wurde, nahmen die sozialistischen Länder auf wirtschaftlichem, politischen und kulturellem Gebiet einen gewaltigen Aufschwung. Der Sozialismus siegte im Rahmen des gesamten Systems. In der ganzen Welt wuchsen die Kräfte, die für den Sozialismus kämpfen. Auf diese Weise verschob sich das Kräfteverhältnis in der Welt immer stärker zugunsten des Sozialismus, so daß das sozialistische Weltsystem zum ausschlaggebenden Faktor der Entwicklung der menschlichen Gesellschaft wird.

Diese grundlegenden historischen Prozesse wirkten entscheidend auf die Verwertungsbedingungen für den Kapitalexport ein: In dem Maße, wie sich das internationale Kräfteverhältnis zugunsten des Sozialismus verschiebt und dieser zum ausschlaggebenden Faktor der gesellschaftlichen Entwicklung wird, in dem Maße wird der Wirkungsbereich der Gesetzmäßigkeiten des Imperialismus eingeschränkt, während der Wirkungsbereich der Gesetzmäßigkeiten, die mit dem Erscheinen des Sozialismus in der Weltarena verbunden sind, wächst.[11] Die Ausbeutung schwächerer Länder durch einige wenige hoch entwickelte imperialistische Länder über den Nichtäquivalentenaustausch und den Kapitalexport ist eine dieser grundlegenden Gesetzmäßigkeiten des Imperialismus, deren Wirkungsbereich durch die Existenz und die Stärke des sozialistischen Weltsystems eingeschränkt wird.

Das gilt vor allem in bezug auf die ökonomisch schwach entwickelten Länder. In diesen Ländern, von denen die meisten zum Kolonialsystem des Imperialismus gehörten, nahm die nationale Befreiungsbewegung in der Zeit nach dem zweiten Weltkrieg einen gewaltigen Aufschwung und führte unter den Bedingungen der Existenz des sozialistischen Weltsystems und seines Einflusses auf die Weltpolitik zur weiteren Vertiefung der Krise des Kolonialsystems und zu seinem faktischen Zerfall. Ein prägnanter Ausdruck dessen ist die Bildung zahlreicher junger Nationalstaaten.

[11] Jackson, James E., Die neue Verschärfung der allgemeinen Krise des Kapitalismus in: „Probleme des Friedens und des Sozialismus", Nr. 1, 1961, S. 38.

Die Entwicklung der Wirtschaftsbeziehungen der sozialistischen Länder mit den jungen Nationalstaaten als ein objektiver historischer Prozeß beschränkt die Möglichkeiten zur Ausbeutung dieser Länder durch die imperialistischen Länder mittels des Nichtäquivalentenaustauschs und des Kapitalexports. Die Entwicklung dieser Wirtschaftsbeziehungen stellt eine Brechung des imperialistischen Käufer-, Liefer- und Finanzmonopols in bezug auf diese Länder dar, denn an die Stelle von Ausbeutungsbeziehungen treten Beziehungen der Gleichberechtigung und der Hilfe, die auf die Wirtschaft der schwach entwickelten Länder stabilisierend einwirken und ihre ökonomische Unabhängigkeit fördern.

Von besonderer Bedeutung sind in diesem Zusammenhang die Auswirkungen, die die Kredithilfe der sozialistischen Länder an die ökonomisch schwach entwickelten Länder für die Verschlechterung der Verwertungsmöglichkeiten der Kapitalexporte in diese Länder nach sich zieht. Die sozialistische Kredithilfe beträgt zur Zeit bereits mehrere Milliarden Rubel.[12]

Allein die Sowjetunion gab im Zeitraum von 1954–1958 an einige schwach entwickelte Länder Kredite in Höhe von rund 2,5 Mrd. Dollar.[13]

Die sozialistischen Kredite an die ökonomisch schwach entwickelten Länder zeichnen sich dabei durch ihre außerordentlich günstigen Bedingungen aus. Die Zinsen betragen in der Regel nur 2–$2^1/_2$% im Jahr, und die Laufzeit der Kredite ist gewöhnlich auf zwölf Jahre befristet, wobei ihre Tilgung teilweise oder sogar vollständig in Landesprodukten erfolgt. Dagegen verlangen die imperialistischen Staaten und die internationalen staatsmonopolistischen Finanzinstitutionen für Kredite mit oft viel kürzeren Laufzeiten Zinsen zwischen 4 und 7% p. a.

Die Kredite der sozialistischen Länder werden für die Entwicklung der Schlüsselindustrien in den schwach entwickelten Ländern ausgegeben und dienen vorwiegend der ökonomischen Stärkung des staatlichen Sektors der Wirtschaft. Sie schließen vielfältige Formen der technischen Hilfe – wie geologische Lagerstättenerschließung, Projektierungsarbeiten, Bereitstellung von technischen Experten bei der Errichtung von Industriewerken, der Montage und Kaderausbildung, Ausarbeitung wirtschaftlicher Entwicklungsprogramme usw. – ein.

Im Gegensatz dazu dienen die Anleihen und Kredite aus den imperialistischen Ländern an die ökonomisch schwach entwickelten Länder der Festigung der Positionen des ausländischen Kapitals oder der proimperialistischen Teile der Bourgeoisie und der Feudalen. Sie sind mit Bedingungen verknüpft, die auf die Zurückdrängung des staatlichen Sektors der Wirtschaft hinauslaufen oder auf Beteiligungen am Kapital der zu errichtenden Werke und an den Profiten, sowie auf die Beteiligung an der Ausbeutung aufzuschließender Rohstoffvorkommen u. a. m.; vor allem sind sie mit einer Einmischung in die inneren Angelegenheiten der schwach entwickelten Länder verbunden, um diese als Absatzmärkte, Rohstoffquellen und

[12] Kodatschenko, A. S., Die Wirtschaftsbeziehungen mit den sozialistischen Staaten – eine wichtige Bedingung zur Sicherung der ökonomischen Selbständigkeit der schwach entwickelten Länder. In: „Sowjetwissenschaft, Gesellschaftswissenschaftliche Beiträge", Heft 2, 1961, S. 143.

[13] Ebenda.

Kapitalanlagesphären der imperialistischen Länder zu erhalten und sie in die aggressiven imperialistischen Paktsysteme einzubeziehen.

Es ist klar, daß die auf Gleichberechtigung und gegenseitigen Vorteil beruhenden Wirtschaftsbeziehungen der schwach entwickelten Länder zu den sozialistischen Staaten — oder allein schon die Möglichkeit derartiger Wirtschaftsbeziehungen — eine Verschlechterung der Verwertungsbedingungen für Kapitalexporte in die schwach entwickelten Länder bedeuten. Ob und zu welchen Bedingungen und in welchen Sphären die imperialistischen Monopole Kapital in diesen Ländern anlegen, hängt nicht mehr allein von ihnen ab. Sie werden nicht nur gezwungen, den schwach entwickelten Ländern Zugeständnisse hinsichtlich der Zinsen und der anderen Anleihbedingungen zu machen, sondern sie können auch nicht mehr ohne weiteres mit Hilfe ihrer Kapitalexporte die wirtschaftlichen Anstrengungen der schwach entwickelten Länder für die ökonomische Unabhängigkeit sabotieren. Im Gegenteil, unter den Bedingungen der Existenz des sozialistischen Weltsystems und der Entfaltung der nationalen Befreiungsbewegung werden sie gezwungen, mit ihren Kapitalexporten die nationale Industrialisierung der schwach entwickelten Länder objektiv zu unterstützen, wenn sie überhaupt Kapital exportieren wollen. In diese Richtung wirkt ebenfalls die verschärfte Konkurrenz der Monopole um Kapitalanlagesphären infolge der territorialen Schrumpfung des imperialistischen Einflußbereichs durch die Bildung des sozialistischen Weltsystems bei gleichzeitiger Verschärfung der inneren ökonomischen Widersprüche des kapitalistischen Systems, die einen verstärkten Druck zum Kapitalexport erzeugt. Natürlich versuchen die Imperialisten, ihre Kapitalexporte — wie oben bereits angedeutet, — dazu auszunutzen, den Prozeß der nationalen Industrialisierung unter ihre Kontrolle zu bringen, die wirtschaftlichen Schwierigkeiten der schwach entwickelten Länder auszunutzen, um ihnen Bedingungen zu stellen, die die schwach entwickelten Länder politisch und ökonomisch an das imperialistische Lager binden sollen usw. Entscheidend ist jedoch, daß die Möglichkeiten dazu in dem Maße, wie sich die Wirtschaftsbeziehungen der schwach entwickelten Länder zu den sozialistischen Ländern festigen, immer mehr eingeschränkt werden.

Die Bedeutung der Existenz des sozialistischen Weltsystems und seiner Hilfe an die schwach entwickelten Länder besteht jedoch nicht nur in der Einschränkung der Verwertungsmöglichkeiten, sondern auch in der direkten Verschärfung der Risiken für Kapitalexporte auf Grund der politischen Bedeutung der Hilfe und der Solidarität, die die Länder des sozialistischen Weltsystems den Völkern in den schwach entwickelten Ländern bei ihren nationalen Bestrebungen erweisen. Dadurch gewinnen die sozialistischen Länder immer stärker die Sympathie der Völker, die um ihre nationale Unabhängigkeit kämpfen, der Sozialismus überhaupt gewinnt für sie immer größere Anziehungskraft. Damit wächst der politische Einfluß der konsequent nationalen, demokratischen und antiimperialistischen Kräfte in diesen Ländern, und es wächst für den Kapitalexport das Risiko der Enteignung.

Die Verschärfung der Widersprüche des kapitalistischen Systems, insbesondere der Widersprüche zwischen den schwach entwickelten Ländern und den imperialistischen Ländern einerseits und der Widersprüche zwischen den imperialistischen

Mächten untereinander, andererseits, vergrößern die Risiken für den Kapitalexport noch. So schreibt Abs, einer der aggressivsten Vertreter des westdeutschen Finanzkapitals: „Untersucht man, weshalb die Regierungen der betroffenen Kapitalgeber es in Fällen von Enteignungen, wie z. B. im Falle der Suezkanalgesellschaft, nicht zuwege gebracht haben, eine Rückgängigmachung der getroffenen Maßnahmen oder zumindest eine angemessene Entschädigung zu erreichen, so ergibt sich, daß hierfür in erster Linie die mangelnde Entschlossenheit der Kapitalgeberländer verantwortlich ist, wohlerworbene Interessen ihrer Staatsangehörigen zu verteidigen. Teils sind hierfür politische Gründe maßgebend. Entweder fürchtet man irrigerweise, solche Gegenmaßnahmen würden die zuwiderhandelnden Staaten in die Arme der östlichen Mächte treiben, oder man glaubt es dem Gedanken des Antikolonialismus schuldig zu sein ... Es kommt auf wirtschaftlichem Gebiet der scharfe Wettbewerb der zwischen den Industrien, sowohl im nationalen wie auch im internationalen Bereich, um die Weltmärkte hinzu, der ebenso wie die erwähnten politischen Momente von manchen der begünstigten Staaten geschickt ausgenutzt wird."[14]

Eine Einengung der Verwertungsmöglichkeiten und eine Vergrößerung der Risiken für Kapitalexporte stellen die mit der Vertiefung der Krise des Kolonialsystems und seinem Zerfall verbundenen nationalen Befreiungsrevolutionen sowie die in den jungen Nationalstaaten und den ökonomisch schwach entwickelten Ländern vor sich gegangen und vor sich gehenden sozialökonomischen Veränderungen dar.

In vielen schwach entwickelten Ländern entstand ein staatlicher Sektor der Wirtschaft, der unter den Bedingungen der zweiten und dritten Etappe der allgemeinen Krise objektiv gegen den Imperialismus und damit gegen den Kapitalexport der Monopole gerichtet ist, obwohl in verschiedenen ökonomisch schwach enwickelten Ländern der Einfluß der nationalen Großbourgoisie und der mit ihr verbundenen reaktionären Klassen und Schichten noch stark ist und das Auslandskapital über die Verbindung zu diesen Kräften Möglichkeiten besitzt, den Staatssektor für imperialistische Zwecke auszunutzen. Die auf demokratischer Grundlage beruhende Bildung und Erweiterung eines staatlichen Sektors der Volkswirtschaft, der vom Auslandskapital unabhängig ist, ist ein objektiv notwendiges Erfordernis, um in ökonomisch schwach entwickelten Ländern eine eigene Schwerindustrie als Grundlage einer nationalen Industrialisierung zu errichten und den Einfluß des Auslandskapitals zurückzudrängen. Nur mit Hilfe eines starken staatlichen Sektors, der sich sukzessiv in den bestimmenden Faktor der wirtschaftlichen Entwicklung verwandelt, kann schnell ein solcher Grad der Konzentration und Zentralisation des Kapitals und der Produktion in diesen Ländern erreicht werden, der es ihnen ermöglicht, die Konkurrenz der ausländischen Monopole auszuschalten und die nationalen Produktivkräfte und Produktionsreserven in den Dienst der nationalen Industrialisierung und der wirtschaftlichen Unabhängigkeit zu stellen.

So bestehen in den meisten ökonomisch schwach entwickelten Ländern, die nach dem zweiten Weltkrieg zu einer verstärkten nationalen Industrialisierung über-

[14] Abs, H. J., Zeitfragen der Geld- und Wirtschaftspolitik, Fritz Knapp Verlag, Frankfurt am Main, 1959, S. 75.

gingen, ökonomische Entwicklungspläne.[15] Im Rahmen dieser Pläne kontrolliert der Staat im größeren oder kleineren Ausmaß die Investitionen, das Kreditwesen, den Außenhandel und den Zahlungsverkehr mit dem Ausland. Dabei ergeben sich eine Reihe von Beschränkungen für die Anlagemöglichkeiten von ausländischem Kapital, die bei aller Verschiedenheit in den einzelnen jungen Nationalstaaten darauf hinauslaufen, zu verhindern, daß ausländische Investitionen in Wirtschaftszweigen stattfinden, deren Entwicklung nicht erwünscht ist oder in denen es zu keiner ausländischen Kontrolle kommen darf. Es soll ferner verhindert werden, daß ausländische Investitionen zum Entzug wichtiger, für die wirtschaftliche Entwicklung notwendiger Rohstoffe führen, daß der Profittransfer der ausländischen Gesellschaften eine entscheidende Verringerung der inländischen Akkumulation bewirkt, oder daß die ausländischen Investitionen sich auf die Zahlungsbilanz in einer Weise auswirken, daß der Import von Produkten, die für die wirtschaftliche Entwicklung notwendig sind, gefährdet wird.[16] In vielen dieser Länder bestehen hohe Gewinnsteuern für das ausländische Kapital sowie der Zwang zur Reinvestition der Gewinne von Auslandsunternehmen. Die Beteiligung von ausländischen Unternehmen darf in vielen Ländern 49% des Kapitals nicht übersteigen usw.

Alles das bedeutet eine Einschränkung der Verwertungsmöglichkeiten für Kapitalexporte aus den imperialistischen Ländern. Diese erfolgt zwar vielfach zunächst zugunsten der nationalen Bourgeoisie, die im Verhältnis eines schwächeren Konkurrenten zum ausländischen Monopolkapital steht und nicht in einem prinzipiellen Gegensatz zu ihm und auch — wie bereits erwähnt — in ihrer Struktur nicht einheitlich ist. Jedoch ist die ,.nicht mit den imperialistischen Kreisen verbundene nationale Bourgeoisie der kolonialen und abhängigen Länder — wie es in der Moskauer Erklärung heißt — unter den jetzigen Umständen . . . objektiv daran interessiert, daß die Hauptaufgaben der antiimperialistischen, antifeudalen Revolution gelöst werden. Sie bewahrt daher die Fähigkeit, am revolutionären Kampf gegen den Imperialismus und den Feudalismus teilzunehmen. In diesem Sinne ist sie fortschrittlich. Sie ist jedoch wankelmütig. Neben einer fortschrittlichen Einstellung neigt sie auch zum Paktieren mit dem Imperialismus und dem Feudalismus. Infolge ihres zwiespältigen Charakters nimmt die nationale Bourgeoisie in verschiedenen Ländern in unterschiedlichem Maße an der nationalen Revolution teil . . . Je mehr sich die sozialen Gegensätze verschärfen, desto mehr neigt die nationale Bourgeoisie dazu, mit der inneren Reaktion und dem Imperialismus zu paktieren.“[17] Das heißt auf der anderen Seite, daß der zwiespältige Charakter und die schwankende Haltung der nationalen Bourgeoisie in vielen schwach entwickelten Ländern dazu führte, daß die Fortschritte in der Umgestaltung der Volkswirtschaft,

[15] Diese Entwicklungspläne sind keine Wirtschaftspläne in wissenschaftlichem Sinne des Worts, weil für eine echte Planwirtschaft in diesen Ländern die politischen und die sozialökonomischen Voraussetzungen fehlen.

[16] Vgl. Bettelheim, Ch., Wachstumsprobleme der wirtschaftlich schwach entwickelten Länder. In: „Wirtschaftswissenschaft“, Heft 5, 1960.

[17] Erklärung der Beratung von Vertretern der kommunistischen und Arbeiterparteien vom November 1960, Dietz Verlag Berlin, S. 44.

die Industrialisierung und die Agrarreform nur äußerst langsam vor sich gehen und von Wirtschaftskrisen, der Zerrüttung der Währungsverhältnisse und einem sinkenden Lebensstandard der Massen begleitet sind.[18]

Auf die Verwertungsbedingungen für Kapitalexporte in diese Länder wirkt sich das in zweierlei Richtung aus. Einerseits führt die inkonsequente Haltung der nationalen Bourgeoisie dazu, daß das ausländische Finanzkapital bisher noch relativ große Möglichkeiten hatte, diese Länder auszuplündern, indem es versuchte, die ökonomischen und politischen Schwierigkeiten der nationalen Bourgeoisie auszunutzen, um mit Hilfe von neuen Methoden der Kolonialisierung, zu denen man auch die neuen Formen des Kapitalexports zählen muß, eine echte Industrialisierung dieser Länder und ihren sozialen Fortschritt zu verzögern. So wurden beispielsweise unter dem Druck der Krise 1957/58 und der hohen Verschuldung an die imperialistischen Länder in einer Reihe von schwach enwickelten Ländern, darunter Indien, wesentliche Beschränkungen für die Betätigung von Auslandskapital aufgehoben. Bankier Abs reiste seinerzeit (1958) herum und forderte von den „Entwicklungsländern“ die Beseitigung jeder „Staatseinmischung“ in bezug auf die Tätigkeit von Auslandskapital.

Auf der anderen Seite wachsen aber damit nicht nur die wirtschaftlichen, sondern auch die politischen Risiken für Kapitalexporte in diese Länder.

Durch die Unfähigkeit der nationalen Bourgeoisie, wirksam den Lebensstandard in den ökonomisch schwach entwickelten Ländern zu verbessern, wird die Entwicklung der politischen Einsicht und Aktivität der Massen beschleunigt. Insbesondere wächst bei ihnen angesichts des Beispiels der schnellen Entwicklung der asiatischen Volksdemokratien — insbesondere angesichts des Beispiels der Entwicklung der Volksrepublik China — die Einsicht, daß nur der sozialistische Entwicklungsweg eine schnelle Umgestaltung der sozialen Verhältnisse ermöglicht. Damit wächst zusehends die Gefahr für die Imperialisten, daß in den schwach entwickelten Ländern der Einfluß der konsequent antiimperialistischen Kräfte — der Arbeiterklasse im Bündnis mit der Bauernschaft unter der Führung der kommunistischen Parteien — zunimmt.

Aus dem Widerspruch zwischen der verstärkten Notwendigkeit zum Kapitalexport für den westdeutschen Imperialismus auf Grund der besonderen Schärfe des Widerspruchs zwischen Produktion und Verwertung einerseits und der Verschlechterung der Verwertungsmöglichkeiten und der großen Risiken für Kapitalexporte infolge des Zerfalls des Kolonialsystems andererseits ergaben sich neue Formen und Methoden des westdeutschen Kapitalexports in die ökonomisch schwach entwickelten Länder, die vom Hinüberwachsen des Monopolkapitalismus in den staatsmonopolistischen Kapitalismus zeugen.

Von den rund 19,7 Milliarden statistisch erfaßbarer oder schätzbarer westdeutscher Auslandsanlagen nach dem Stande von Ende 1958 entfielen direkt oder indirekt etwa 9,6–10,6 Mrd. DM auf ökonomisch schwach entwickelte Länder. Diese setzen sich folgendermaßen zusammen:

[18] Bettelheim, a. a. O., S. 690.

0,551 Mrd. DM	Umschuldungskredite
0,265 Mrd. DM	Konsolidierungskredite an ausländischen Zentralbanken
0,913 Mrd. DM	Beteiligungen an internationalen staatsmonopolistischen Finanzinstitutionen
7–8 Mrd. DM	langfristige Lieferantenkredite
0,832 Mrd. DM	direkte Auslandsanlagen (von insgesamt 2,3 Mrd. DM)

Diese charakteristische Struktur der westdeutschen Kapitalexporte in die schwach entwickelten Länder verstärkte sich noch in den Jahren 1959 und 1960. Auf eine beträchtliche Zunahme der langfristigen Lieferantenkredite läßt die Tatsache schließen, daß der Bürgerschaftsplanfonds des Bonner Haushalts für Exportgeschäfte im Entwurf des Bundeshaushaltsgesetzes 1960 von 9,5 Mrd. DM auf 12 Mrd. DM erhöht wurde.[19] Die ausstehenden Umschuldungskredite aus Zahlungsaufschüben von langfristigen Lieferantenkrediten stiegen von 551 Mill. DM 1958 auf 1837 Mill. DM 1959.[20] Die Beteiligungen an internationalen staatsmonopolistischen Finanzinstitutionen erhöhten sich beträchtlich infolge der Heraufsetzung der westdeutschen Quoten beim Internationalen Währungsfonds und bei der Weltbank, sowie durch den Beitritt Westdeutschlands zur International Development Association (IDA). Demgegenüber stiegen die Direktinvestitionen westdeutscher Konzerne in den schwach entwickelten Ländern bis März 1960 nur auf etwas über 1 Mrd. DM.[21]

Aus diesen Zahlen geht hervor, daß die langfristigen Lieferantenkredite bisher die Hauptform bzw. die Hauptmethode der westdeutschen Kapitalexporte und der westdeutschen Expansion in die ökonomisch schwach entwickelten Länder waren.

Doch darf man deshalb nicht die direkten Auslandsinvestitionen der westdeutschen Monopole in den schwach entwickelten Ländern in ihrer Bedeutung für die neokolonialistische Expansion des westdeutschen Imperialismus unterschätzen. Wenn die statistisch ausgewiesenen direkten Auslandsinvestitionen bis Ende März 1960 nur etwas mehr als 1 Mrd. DM betrugen, so muß man dabei berücksichtigen, daß der statistische Ausweis der Direktinvestitionen aus einer Reihe von Gründen zu niedrig ist, und daß er darüber hinaus niemals die wirkliche ökonomische Bedeutung der direkten Auslandsinvestitionen wiedergeben kann.

Mit einer relativ kleinen Summe exportierten Kapitals in Form direkter Auslandinvestitionen ist es möglich, daß das Monopol des kapitalexportierenden Landes durch den Aufbau von Beteiligungsystemen, vor allem über die Errichtung von Holding- und Investmentgesellschaften, in bestimmte Unternehmen oder ganze Wirtschaftszweige des Auslandes eindringt und dort eine beherrschende Stellung erringt. Das läßt sich recht deutlich am Beispiel der Mannesmann-Beteiligungen in Kanada und Brasilien[22] demonstrieren: 1957 erwarb Mannesmann über seine

[19] „Bulletin des Presse- und Informationsamtes der Bundesregierung", v. 16. 1. 1960, S. 87.
[20] Ebenda. [21] „Bundesanzeiger" Köln, Nr. 155 vom 13. 8. 1960, S. 6.
[22] Kanada ist allerdings kein ökonomisch schwach entwickeltes sondern ein hoch entwickeltes Industrieland. Es wird in diesem Zusammenhang nur angeführt, weil sich an Hand der Fakten, die über die kanadischen direkten Auslandsinvestitionen von Mannesmann bekannt wurden, besonders gut die Bedeutung dieser Form des Kapitalexports demonstrieren läßt.

kanadische Holdinggesellschaft Aktien der Algoma Steel Corporation Ltd., Sault Ste. Marie, und wurde zum größten Einzeltakionär dieses zweitgrößten kanadischen Stahlkonzerns. Durch die Übernahme des Anteils des zweitgrößten Aktionärs der Algoma, der britisch kontrollierten Flugzeugwerke A. V. Roe Canada Ltd. (AVRO), erlangte Mannesmann die Aktienmehrheit und damit die Kontrolle über die Algoma. Gleichzeitig gründete Mannesmann zusammen mit vier weiteren westdeutschen Montankonzernen in Kanada eine Investmentgesellschaft mit einem Kapital von 1 Mill. Dollar, die Ferrum Investment Ltd., Montreal, die ihrerseits eine 50-prozentige Beteiligung an der kanadischen Gesellschaft Iron Ores Company, Montreal, erwarb, die die größten Eisenerzlager Kanadas ausbeutet.

Da auch die Algoma über bedeutende eigene Kohle- und Erzvorkommen verfügt, gelang es Mannesmann auf diese Weise, mit einem relativ geringen Kapitalaufwand eine entscheidende Stellung nicht nur in der kanadischen Eisen- und Stahlindustrie, sondern auch im Erzbergbau zu erringen. Das ist gleichzeitig die Basis für den Ausbau einer maßgeblichen Stellung auch in der verarbeitenden Industrie des Landes: Mannesmann besitzt in Kanada durch seine Tochtergesellschaft: Mannesmann Tube Company Ltd., Sault Ste. Marie/Ontario, — einer hochmodernen automatisierten Fabrikationsanlage für die Herstellung von nahtlosen Stahlrohren für die Erdölindustrie — eine Monopolstellung in der Produktion dieser Rohre und beherrscht 85% des kanadischen Marktes.[23] Diese Monopolstellung wird dem westdeutschen Konzern wiederum ermöglichen, in die kanadische Erdölindustrie einzudringen.

In Brasilien besitzt Mannesmann eine Tochtergesellschaft, die Companhia Siderúrgica Mannesmann, Belo Horizonte. Hier handelt es sich um ein gemischtes Hütten- und Röhrenwerk, mit dessen Bau bereits 1952 begonnen wurde. 1958 waren alle Anlagen — Roheisenwerk, Stahlwerk, Blockwalzwerk, Stopfenstraße und Rohrpresse — in Betrieb genommen. Das Werk ist deshalb von so großer Bedeutung, weil es die Produktionsgrundlage eines vertikal gegliederten Montankonzerns von Mannesmann in Brasilien darstellt. Mannesmann ist gleichzeitig durch die Mannesmann Mineracao S. A., Belo Horizonte, im Besitz des reichsten und rentabelsten Erzvorkommens in Brasilien. Die Siderúrgica Mannesmann ihrerseits beliefert gleichzeitig das Feineisenwerk, der von Mannesmann 1958 erworbenen Gesellschaft Companhia Siderúrgica Sao Caetano, Sao Paulo, mit Stahl für die Produktion von Stabstahl. Eine weitere verarbeitende Gesellschaft ist die von Mannesmann 1954 gegründete Construcoes Tubulares Mannesmann S. A., Sao Paulo, die sich mit der Montage von Rohrleitungen und Gerüsten befaßt. Die Handelsgesellschaft Comércio e Industria Mannex do Brasil S. A., Rio de Janeiro, ist für den gesamten Vertrieb der Siderúrgica zuständig.[24]

Auf diese hier angeführten direkten Auslandsinvestitionen von Mannesmann entfällt jedoch nur ein Teil der in der Bilanz von Mannesmann per 31. Dezember 1959 mit 226 Mill. DM angegebenen direkten Auslandsinvestitionen des Konzerns.[25] Vergegenwärtigt man sich, daß der Konzern bereits bis 1958 wieder über 15 ausländische

[23] Vgl. Berichte des Deutschen Wirtschaftsinstituts, Berlin, Bericht Nr. 19/20, 1960, S. 9.
[24] Ebenda. [25] Ebenda.

Produktionsgesellschaften, zwei Holdinggesellschaften und 10 Handelsgesellschaften verfügte, so wird klar, wie gering die Aussagekraft der statistischen Werte der direkten Auslandsinvestitionen für die ökonomische Bedeutung dieser Kapitalexporte ist.

Die direkten Auslandsinvestitionen der westdeutschen Monopole in den ökonomisch schwach entwickelten Ländern

Von den rund 1 Mrd. DM direkter Auslandsinvestitionen, die die deutschen Industrie- und Bankmonopole in den ökonomisch schwach enwickelten Ländern bis Ende März 1960 vornahmen, entfielen fast 50% auf Brasilien (472,6 Mill. DM). Auf ganz Mittel- und Südamerika entfielen von der Milliarde 860 Mill. DM. Bei den Kapitalexporten nach Afrika (insgesamt 161,2 Mill. DM) handelt es sich vor allem um Investitionen in Nordafrika und der Südafrikanischen Union.

Die Kapitalexporte nach Asien (85,1 Mill. DM) gingen hauptsächlich in die Indische Union, nach Pakistan und in die Erdölländer des Nahen Ostens.[26] Hauptanlagesphären für die westdeutschen Kapitalexporte in den ökonomisch schwach entwickelten Ländern sind die Hütten-, Stahl- und Großeisenindustrie, die chemische Industrie, die elektrotechnische Industrie, der Maschinenbau, der Fahrzeugbau und die extraktive Industrie. Das sind die westdeutschen Industrien, die die stärkste Entwicklung, die höchste Konzentration und Zentralisation des Kapitals und der Produktion sowie die größte Exportabhängigkeit aufweisen. Mit Hilfe dieser Kapitalexporte wurden in den ökonomisch schwach entwickelten Ländern eine Reihe wichtiger Produktions-, Absatz- und Rohstoffmonopole errichtet. Im Einzelfall handelt es sich vorwiegend um große Investitionen zur Erlangung von Schlüsselpositionen in der Wirtschaft der schwach entwickelten Länder sowie um Investitionen zum Wiederaufbau der Absatz- und Finanzorganisation der westdeutschen Monopole. Dafür einige Beispiele:

Über die 1956 in Rio de Janeiro gegründete Tochtergesellschaft der Farbenfabriken Bayer AG, Leverkusen, der Bayer do Brasil Industrias Quimicas S. A., und deren drei Tochtergesellschaften, darunter eine Vertriebsgesellschaft, konnten die IG-Farben in Brasilien ein Landesmonopol für die Produktion und den Vertrieb von Chromgerbsalzen und Chromsäuren errichten, das in Anbetracht der in Brasilien stark entwickelten Häuteindustrie von großer Bedeutung ist. Diese Produktion ist besonders profitabel, weil die IG-Farben sich dabei nicht nur auf ihre brasilianischen Beteiligungen an Chromerzvorkommen stützen können, sondern darüber hinaus auf eine südafrikanische Tochtergesellschaft, die Rustenburg Chromic Mines (PTY) Ltd. Johannesburg, die sich mit der Aufschließung und Aufbereitung von Chromerz befaßt, das den gesamten Bedarf der Bayer-Werke in Westdeutschland und Brasilien decken soll.

In Argentinien errichteten die IG-Farben über die Beteiligung der Bayforin an der Fabrica Argentina de Fenol y Derivados S. A., San Nicolas (Fensud), ein Pro-

[26] „Bundesanzeiger" Köln, Nr. 155, v. 13. 8. 1960, S. 6.

duktionsmonopol für die Herstellung von synthetischem Phenol, da die Gesellschaft über die erste derartige Produktionsanlage in ganz Südamerika verfügt.

Die Fabrica Argentina de Anilinas S. A., Buenos Aires (Anilsud), an der die Bayer-AG ebenfalls beteiligt ist, deckt seit 1956 den gesamten Landesbedarf an Azo-Farbstoffen.

Die BASF, deren Kapitalexporte bis 1958 relativ gering waren[27], ist in Argentinien zu 50% an der Fabrica Argentina de Hidrosulfito y Afines S. S., Buenos Aires (Sulfisud) beteiligt. Die Kapazität des Werkes dieser Gesellschaft reicht für die Deckung des gesamten Landesbedarfs an Wolle und Textilfasern.[28] 1956 errichteten die Farbwerke Hoechst zusammen mit der amerikanischen Firma W. R. Grace & Co. ein Chemiewerk für die Herstellung von Niederdruckpolyäthylen, das einzige in ganz Südamerika.

Eine Reihe ausländischer Produktionsgesellschaften wurden von den IG-Farben Konzernen gegründet bzw. Beteiligungen an solchen erworben, um angesichts der sich ständig verschlechternden Devisenlage der lateinamerikanischen Länder, der verstärkten Importkontrollen und der damit verbundenen verstärkten Konkurrenz um diese Märkte ihren Marktanteil zu halten. Dabei handelt es sich vor allem um die Konfektionierung chemischer Konsumgüter, wie Pharmazeutika und Farbstoffe, da diese im westdeutschen Chemieexport nach Lateinamerika überwiegen und den Importbeschränkungen besonders stark ausgesetzt sind. Das gilt insbesondere für Brasilien, Argentinien, Mexiko und Chile.

Der Flick-Konzern erlangte über die Daimler-Benz-AG, Stuttgart, in Brasilien, Argentinien und Indien eine Monopolstellung in der Produktion von Lastkraftwagen.

Der Klöckner-Konzern und die IG-Farben-Gruppe erlangten über die Auslandsgesellschaften der Hanomag und der Klöckner-Humboldt-Deutz-AG einen entscheidenden Einfluß auf die Produktion von Traktoren in Brasilien und Argentinien.

1958 baute die Klöckner-Humboldt-Deutz-AG, Köln, eine Autofabrik in Ägypten, die unter westdeutsch-ägyptischer Leitung stehen wird. Das Werk soll den gesamten arabischen Markt an Lastkraftwagen und luftgekühlten Motoren decken. Diese Beispiele ließen sich beliebig vermehren.

Mittels ihrer direkten Auslandsinvestitionen gelang es den westdeutschen Konzernen nicht nur Produktions- und Absatzmonopole zu errichten, sondern auch wichtige Rohstoffquellen in den ökonomisch schwach entwickelten Ländern in Besitz zu nehmen bzw. sich ihre Ausbeutung mit dem Finanzkapital der USA, Englands und Frankreichs zu teilen. Im Falle Westdeutschlands liegt das Hauptinteresse bei Erdöl und Eisenerz, was einerseits mit der besonders starken Entwicklung der Erdölindustrie nach 1950 in Westdeutschland zusammenhängt und zum anderen damit, daß die stark entwickelte westdeutsche Eisen- und Stahlindustrie über sehr geringe Erzaufkommen im Inland verfügt.

[27] Sie sollen jedoch nach Angaben des DWI-Berichts Nr. 19/20, 1960, S. 6, in den Jahren 1960—1962 bis auf ein Sechstel in Inlandsinvestitionen der BASF steigen.

[28] Berichte des Deutschen Wirtschaftsinstituts, Berlin, Bericht Nr. 21, 1959, S. 8.

Die direkten Auslandsinvestitionen in die Produktion von mineralischen Rohstoffen insbesondere Erdöl und Eisenerz wurden hauptsächlich von den Montankonzernen Krupp, Thyssen, Mannesmann, Klöckner, Hoesch und Haniel vorgenommen.

Hauptanlagesphäre für diese Art westdeutscher Auslandsinvestitionen sind außer Kanada hauptsächlich ökonomisch schwach entwickelte Länder in Lateinamerika, dort vor allem Brasilien und Argentinien, ferner die Länder des Nahen Ostens sowie die französisch-afrikanischen Gebiete. Dabei fand in den letzten Jahren aus politischen Gründen eine Umlenkung der Erdölinvestitionen von den Ländern des Nahen Ostens nach Amerika statt, insbesondere nach Argentinien, Bolivien und Mexiko.

Auf dem Gebiet der Erdölinvestitionen sind besonders aktiv der Mannesmann-Konzern, der Quandt-Konzern und der Thyssen-Konzern. Der Mannesmann-Konzern erwarb über die Deutsche Erdöl-AG, Hamburg (DEAG), die zu einem Fünftel an der westdeutschen Erdölförderung beteiligt ist, seit 1954 eine Reihe ausländischer Erdölkonzessionen vor allem in Syrien, Lybien und Argentinien.

Der Thyssen-Konzern erwarb über die Verflechtung der Gelsenberg-Benzin AG, einer Tochtergesellschaft der Gelsenkirchner-Bergwerks-AG, mit der amerikanischen Erdölindustrie eine 25%ige Beteiligung an der Ausbeutung von Erdölvorkommen ebenfalls in Lybien. Die Konzession wurde von der Socony-Mobil-Oil der zweitgrößten amerikanischen Erdölfirma, erworben.

Hochwertige Eisenerzvorkommen werden von den westdeutschen Montankonzernen über ihre Beteiligungen an ausländischen Produktionsgesellschaften außer in Brasilien und Argentinien, im Iran, (auf der Insel Keschem am Persischen Golf), in Liberien (Eisenerzlager von Monrovia) und anderweitig ausgebeutet.

Eine westdeutsche geologische Mission errichtete einen geologischen Dienst in Bolivien, der Erzvorkommen aller Art auffinden soll. In Uruguay suchen ebenfalls westdeutsche Firmen nach Erzvorkommen.

In der Türkei wurde die Minenforschungs- und Studiengesellschaft mbH, Ankara, von Fr. Krupp, Essen, und der Eti-Bank gegründet. Krupp interessiert sich für die auf 10 Mill. t. geschätzten Wolframfunde am Ulugdagh bei Bursa am Marmarameer.

Zur Ausbeutung der griechischen Nickelvorkommen gründete Krupp die S. A. Hellennique Métallurgique et Minière, Athen. In Portugal baut eine westdeutsch-portugiesische Gesellschaft ein großes Lignitvorkommen ab.

Von besonderer Bedeutung im Zusammenhang mit der Jagd des westdeutschen Finanzkapitals nach Rohstoffquellen sind die westdeutschen Beteiligungen an den Projekten zur Ausbeutung der riesigen Erz- und Erdöllagerstätten in den französischen und belgischen Gebieten Afrikas.

10 westdeutsche Firmen beteiligten sich bisher in den französischen überseeischen Gebieten.

Die wichtigsten der afrikanischen Bergbauprojekte, an denen sich westdeutsche Monopole beteiligen, sind:

1. Das Eisenerzlager bei Fort-Gouraud in Mauritanien, das von der MIFERMA (Société des Mines de For de Mauritanie), ausgebeutet wird. Am Kapital der MIFERMA ist zu 22,15% das französische staatliche Bureau Minier, zu 20% die englische „British Iron & Steel Corporation", zu 15% die italienische Finsider-Gruppe, zu 15% die französische Stahlindustrie, zu 7% die Bank Rothschild und zu 10% eine westdeutsche Interessengruppe der Stahlindustrie, bestehend aus Krupp, Mannesmann, Thyssen, Klöckner, Haniel u. Hoesch beteiligt. „Die Welt" vom 12. 7. 1957 meldete seinerzeit, daß das Bureau Minier, FOM bereit sei, auf seinen Anteil zugunsten einer westdeutschen Gruppe zu verzichten. Das würde eine westdeutsche Majoritätsbeteiligung an diesem Projekt bedeutet haben. Offensichtlich scheiterte das am Widerstand der französischen Stahlindustrie.

2. Die Ausbeutung des großen Eisenerzlagers von Mekambo in Gabun wird von der Gesellschaft Société des Mines de Fer de Mekambo vorbereitet, deren Kapital sich zu 50% in Händen der „Bethlehem Steel" befindet, zu 34% in Händen einer französischen Gruppe, (bestehend aus dem Bureau Minier, der Banque de Paris et des Pays Bas) und zu 16% in Händen einer westeuropäischen Gruppe unter Führung der zum Haniel-Konzern gehörenden Ferrostahl AG, Essen (italienische, holländische, belgische Firmen).

3. Das dritte große Projekt in Afrika, für das sich die westdeutsche Stahlindustrie interessiert, sind die Eisenerzvorräte von Tindouf in Marokko. Die vorbereitenden Untersuchungen werden von einer Studiengesellschaft durchgeführt, die aus Vertretern der sechs Montanunionstaaten und der USA besteht. In der Nähe der Eisenerzlagerstätten befinden sich gleichzeitig große Manganerz- und Steinkohlevorkommen, so daß die Voraussetzungen bestehen, um Colomb-Béchar ein schwerindustrielles Zentrum entstehen zu lassen. Die westdeutschen Monopole versuchen, ihre Interessen an diesem Projekt über ihre Verbindungen zum Bureau des Recherches Minières sowie über die Association Eurafricaine Minière et Industrielle, an der der Hanielkonzern direkt sowie über die Ferrostaal AG, Essen, beteiligt ist, zu wahren.[29]

4. Der Hoesch-Konzern ist an der Compagnie Minière de Conacry S. A. beteiligt, die seit 1953 die reichen Eisenerzlager von Conakry in Guinea ausbeutet. Am Kapital dieser Gesellschaft ist außerdem zu 33% die British Iron & Steel Comp. beteiligt, ferner das Bureau Minier und die Caisse Centrale FOM mit 39%. Der Rest entfällt auf eine französische Bankgruppe.

5. Das internationale Finanzkapital plant in Guinea und in Belgisch-Kongo die Ausnutzung der riesigen Wasserkräfte und Bauxitvorkommen mit dem Ziel, drei große Zentren der Aluminiumindustrie zu errichten. Es handelt sich um die Projekte bei Fria am Konkouré, am Kouilou und das Projekt bei Inga am unteren Kongo. Am Konkouré-Projekt und am Inga-Projekt sind die Vereinigten Aluminium-Werke (VAW),Bonn, beteiligt. Die Durchführung des Konkouré-Projekts liegt in den Händen der Afral-Studien-Gesellschaft, Paris, die sich mit der Verwertung von Bauxitvorkommen und der Errichtung von Aluminiumfabriken in Westafrika

[29] Berichte des Deutschen Wirtschaftsinstituts, Berlin, Bericht Nr. 18/1958, S. 13.

befaßt. An dieser Gesellschaft, deren Kapital sich zu 50% in Händen von Péchniney und Ugine und zu 20% in kanadischen Besitz befindet, sind die VAW mit 10% beteiligt.[30]

Bis 1958 gelang es den westdeutschen Monopolen noch nicht, sich an der Ausbeutung der reichen Erdölvorräte der Sahara zu beteiligen. Erst Ende 1959 gelang es der Gewerkschaft Elwerath, Hannover, sich durch Konsertialvertrag mit der Société de Recherches et d' Exploitation de Pétrole (Eurofrep) und der Société de Paricipations Pétrolières (Petropar) mit 20% und 42,5% an zwei Ölkonzessionen der Sahara im Gebiet von Edjéleh und El-Goléa zu beteiligen.[31]

Die ökonomischen Beweggründe für die neokolonialistische Aktivität der Bonner Regierung, die sich besonders in der finanziellen, militärischen und diplomatischen Unterstützung des französischen Imperialismus bei seinem schmutzigen Algerienkrieg zeigt, werden deutlich an der Aktivität, die die von der Deutschen Schachtbau GmbH, Essen, — die als Tochtergesellschaft der DEAG zum Bereich des Mannesmann-Konzerns gehört — gegründete Société des Pétroles des Haute — Plaines in Algerien entfaltet. Diese Gesellschaft ist zusammen mit zwei weiteren Gesellschaften (Compagnie Algerienne des Recherches et Études Pétrolières, CAREP und S. N. Répal) Hauptnutznießer einer riesigen Erdölschürfkonzession, die die französische Regierung Ende 1960 für ein Gebiet von 63000 Quadratkilometer vergab und das große Teile West-, Mittel- und Ostalgeriens umfaßt.[32]

Von besonderer Bedeutung als Methoden des Kapitalexports der westdeutschen Monopole in die ökonomisch schwach entwickelten Länder sind die Beteiligungen an sog. „Gemischten Gesellschaften" und die „technische Beratung" bei Industrialisierungsprojekten. Mit den Beteiligungen an „Gemischten Gesellschaften", das sind Gesellschaften, die in den ökonomisch schwach entwickelten Ländern zur Errichtung von Schlüsselindustrien unter maßgeblicher Beteiligung der Regierungen gegründet werden, bezwecken die westdeutschen Monopole die nationale Industrialisierung unter ihre Kontrolle zu bringen.

So schloß 1955 die DEMAG mit der ägyptischen Regierung einen Vertrag über den Bau eines Stahlwerkes ab, das insgesamt 3 Komplexe umfaßt.

1. den Bau von Erz-Abbau-Anlagen in Assuan und Heluan;
2. den Bau von Ladeeinrichtungen in Assuan und Heluan;
3. den Bau einer Hochofenanlage und eines Stahl- und Walzwerkes bei Heluan.

Die Trägerin dieses Projektes ist eine gemischte Gesellschaft, die „Ägyptien Iron and Steel Co." (SOCEPA), an der die ägyptische Industriebank, die damals noch private Bank Misr und die DEMAG beteiligt sind. Die DEMAG liefert die Ausrüstungen und ist mit 20% ihrer Lieferungen am Kapital beteiligt. Der DEMAG Direktor Schulz ist Mitglied des Direktoriums der SOCEPA.

Die technische Beratung bei Industrialisierungsvorhaben ist selbst keine Form des Kapitalexports, wohl aber eine der wichtigsten Methoden des westdeutschen Waren- und Kapitalexports in die ökonomisch schwach entwickelten Länder. Sie

[30] Ebenda, S. 14. [31] „Die Welt" vom 22. 1. 1960.
[32] Blick durch die Wirtschaft vom 23. 2. 1961.

führte in vielen Fällen zu Kapitalbeteiligungen und immer zu Lieferaufträgen, die ihrerseits wieder von westdeutschen Lieferanten langfristig kreditiert werden, wobei häufig eine Umwandlung der Lieferantenkredite in Beteiligungen erfolgt. Insofern sich die technische Beratung auf die Aufschließung von Rohstofflagerstätten erstreckt, stellen die westdeutschen Monopole die Bedingung, an der Ausbeutung eventueller Funde beteiligt zu werden. So kam z. B. die Firma C. Deilmann Bergbau GmbH, hinter der die Deutsche Bank steht, 1953 zu der Erdölkonzession im Jemen. Sie schloß mit Jemen einen Erdölvertrag ab, nachdem sie alle geologischen und geophysikalischen Voruntersuchungen und Tiefbohrarbeiten durchführte und forderte bei etwaigen Funden die Konzession zur Ausbeutung der Ölquellen.

In allen Fällen können sich die westdeutschen Monopole dabei auf die finanzielle, diplomatische und wirtschaftspolitische Unterstützung durch den Bonner Staat stützen.

Der Entsendung von Sachverständigenkommissionen, die aus dem Bonner Haushalt finanziert werden, zur Prüfung von Möglichkeiten zur Durchführung von großen Entwicklungsprogrammen in den schwach entwickelten Ländern und Möglichkeiten für westdeutsche Beteiligungen daran folgen nach entsprechenden Ergebnissen offizielle Verhandlungen zwischen der Bonner Regierung und den Regierungen der betreffenden Länder, in denen die Bedingungen für die westdeutsche Beteiligung ausgehandelt werden. In der Regel wird dabei seitens der Bonner Regierung ein Kredit gewährt, der in vielen Fällen eine Umschuldung von aufgelaufenen Handelsschulden oder eine Aufstockung von Lieferantenkrediten darstellt, und an den nun die verschiedensten Bedingungen im Interesse der westdeutschen Monopole geknüpft werden. Außer Kapitalbeteiligungen und Lieferaufträgen für die westdeutsche Industrie auszuhandeln, werden diese Kredite der Bonner Regierung vor allem dazu benutzt, um die Rückgabe des beschlagnahmten Vorkriegsvermögens zu fordern, eine Gesetzgebung zum Schutz ausländischer Investitionen vor Enteignungen und neuerdings sogar völlige Handlungsfreiheit für ausländisches Kapital, ferner die Freigabe des Gewinntransfers u. a. m. zu erwirken. Vor allem aber werden diese Kredite dazu benutzt, um politisch und politisch-militärische Forderungen durchzusetzen.

Die langfristigen Lieferantenkredite als Form der westdeutschen neokolonialistischen Expansion

Bei den langfristigen Lieferantenkrediten handelt es sich um die langfristige Kreditierung hauptsächlich des Ausrüstungs- und Anlagenexports. An die Stelle von Anleihen und Krediten an ausländische Investoren durch die Banken oder nationale und internationale Finanzierungsgesellschaften und Bankenkonsortien traten direkte Kreditbeziehungen von Lieferanten und Abnehmern von Investitionsgütern. Die Banken stellen dabei das erforderliche Kapital nicht dem ausländischen Käufer, sondern dem inländischen Exporteur zur Verfügung und zwar nur bei Vorhandensein entsprechender staatlicher Garantien und Bürgschaften sowie

Refinanzierungsmöglichkeiten beim Zentralbanksystem. Die beiden Spezialbanken, die in Westdeutschland eigens zum Zwecke der langfristigen Exportfinanzierung gegründet wurden, sind die Kreditanstalt für Wiederaufbau und die Ausfuhrkredit AG. Beide Institutionen werden hauptsächlich aus Haushaltsmitteln und ehemaligen Marshallplanmitteln finanziert.

Die Kreditierung der Exporte über diese beiden Banken ist an ein staatliches Garantie- und Bürgschaftssystem gebunden, dessen Träger die Hermes-Kreditversicherungs AG ist, die 1949 von der Bundesregierung wieder eingerichtet wurde. Die „Hermes" bearbeitet die Anträge der Exporteure, während die Entscheidung über die Indeckungnahme des Exportgeschäftes von einem interministeriellen Ausschuß gefällt wird, dessen Vorsitzender der Bundesminister für Wirtschaft ist. Die Prüfung der einzelnen Exportgeschäfte erstreckt sich auf die wirtschaftlichen und die politischen Risiken. Die „politischen Risiken", die geprüft werden, bringen die Labilität des kapitalistischen Systems zum Ausdruck. Zu ihnen gehören: das Kriegsrisiko, das Zahlungs- und Moratoriumsrisiko, das Konvertierungsrisiko, das Transferrisiko sowie die allgemeine Zahlungsbilanz- und Devisenlage des Bestellerlandes.[34] Garantie- bzw. Bürgschaftsnehmer ist in diesem System der westdeutsche Exporteur, demgegenüber die Bundesregierung für den ausländischen Käufer bürgt. Einen gewissen Prozentsatz des Risikos, den sog. „Selbstbehalt", tragen die Exporteure nach dem Hermes-System selbst. Dieser liegt beim wirtschaftlichen Risiko z. Z. um 30% und beim politischen um 20%.

Finanziell gesehen stellt die Hermes-Garantie keineswegs einen Kredit dar, wie es fälschlich oft behauptet wird, erst recht keinen Kredit der Bundesregierung an das Ausland. Mit dem Ausländer hat die Bonner Regierung juristisch bei diesem Geschäft nichts zu tun, sondern ihr Kontrahent ist der westdeutsche Exporteur, demgegenüber sie für den Ausländer die Garantie oder Bürgschaft übernimmt, und der auf Grund der Hermes-Garantie jetzt von den Banken Kredite bekommt, um sich für die Kredite, die er selbst dem ausländischen Besteller in Form der gestundeten Zahlung für die Lieferung einräumt, zu refinanzieren.

Der jährliche Umfang der vom Bund übernommenen Verpflichtungen für Ausfuhrbürgschaften und Garantien beträgt etwa 2 bis 3 Mrd. DM jährlich, d. h. etwa 10% des westdeutschen Exports wurden durch die Hermes-Versicherung gedeckt bzw. als Kapital in Form der Lieferantenkredite exportiert. Dabei handelt es sich zu etwa 80–90% um Geschäfte mit ökonomisch schwach entwickelten Ländern.

Die langfristigen Lieferantenkredite haben einen ausgesprochen staatsmonopolistischen Charakter. Praktisch ist es so, daß der Staat den überwiegenden Teil des Kapitals zur Finanzierung dieser Kredite zur Verfügung stellt, und die Monopole damit ihre Profite machen. Über das mit den Lieferantenkrediten verbundene staatliche Bürgschafts- und Garantiesystem übt die Bonner Regierung einen Druck auf die Länder aus, die Kapital in Form der Lieferantenkredite importieren. An die Zusage von Bürgschaftsplafonds, die die Bonner Regierung den Regierungen der

[34] „Bulletin des Press- und Informationsamtes der Bundesregierung", Nr. 174, v. 19. 9. 1957 S. 1613.

ökonomisch schwach entwickelten Länder beim Abschluß von Wirtschaftsabkommen einräumt, knüpft sie imperialistische Bedingungen, die in die Richtung gehen, von diesen Ländern die Freigabe des beschlagnahmten deutschen Vorkriegsvermögens oder alle möglichen Vergünstigungen für westdeutsche Kapitalanlagen in diesen Ländern zu erreichen. So wurde das erste große indische Werk für chemische Zwischenprodukte im Werte von 100 bis 150 Mill. DM durch Lieferantenkredite und durch die Anfang 1959 freigegebenen Vorkriegsguthaben der IG-Farben in Indien finanziert.[35]

In den langfristigen Lieferantenkrediten als vorherrschende Form des westdeutschen Kapitalexports in die ökonomisch schwach entwickelten Länder kommen die Bedingungen des Kapitalexports in der Epoche des Zerfalls des Kolonialsystems zum Ausdruck.

Die ökonomische Seite des Prozesses des Zerfalls des Kolonialsystems ist die nach dem zweiten Weltkrieg verstärkte Industrialisierung dieser Länder, die qualitativ neue Züge aufweist – nämlich den Aufbau einer eigenen Schwerindustrie unter maßgeblicher Beteiligung des Staates. Die Existenz des sozialistischen Lagers und die Stärke der nationalen antiimperialistischen Bewegung bedeuten, daß die Imperialisten die Schwierigkeiten der schwach entwickelten Länder nicht dazu ausnutzen können, die nationale Industrialisierung zu verhindern, im Gegenteil, die schnelle ökonomische Entwicklung des sozialistischen Lagers und die sich daraus ergebende Perspektive für die Entwicklung des wirtschaftlichen Wettbewerbs zwischen Imperialismus und Sozialismus in bezug auf diese Länder zwingt sie, die nationale Industrialisierung objektiv zu unterstützen, wenn sie überhaupt Profite machen wollen. Das bedeutet nicht, daß sich das Wesen der imperialistischen Beziehungen zu schwächeren Ländern geändert hätte, sondern d. h., daß heute, wo sich das Kräfteverhältnis in der Welt zugunsten des Sozialismus verändert hat, sich der dem Imperialismus feindliche Prozeß der nationalen Industrialisierung durchsetzen muß.

Die langfristigen Lieferantenkredite als Form des Kapitalexports umschließen so den antagonistischen Gegensatz zwischen dem Prozeß der nationalen Industrialisierung und der imperialistischen Teilnahme an diesem Prozeß. Sie stellen eine Art Kompromiß zwischen der nationalen Bourgeoisie und dem ausländischen Monopolkapital dar: Die nationale Bourgeoisie ist auf Grund ihres Klassencharakters nicht in der Lage, durch die konsequente Durchführung der entsprechenden sozialökonomischen Umgestaltungen genügend innere Akkumulationsquellen für die Industrialisierung zu erschließen. Infolge des kolonialen Charakters ihrer Wirtschaft und der beschränkten Aufnahmefähigkeit der hoch entwickelten kapitalistischen Industrieländer für die Produkte ihrer Monokultur sind die schwach entwickelten Länder nicht in der Lage, die erforderlichen Importe an Maschinen, Ausrüstungen usw. zu bezahlen. Deshalb sind sie auf die Bereitstellung des für den Aufbau der Industrie nötigen Kapitals aus den hoch entwickelten Industrieländern angewiesen. Dabei sind sie jedoch nicht an dauerhaften Kapitalbeziehungen mit dem ausländischen Monopolkapital interessiert. Die ausländischen Monopole ihrerseits sind

[35] „Die Welt" vom 2. 2. 1959.

infolge der Verschärfung des Marktproblems und des Konkurrenzkampfes auf dem geschrumpften kapitalistischen Weltmarkt gezwungen, die neuen Absatzmärkte, die durch die Industrialisierung der schwach entwickelten Länder entstanden, auszunutzen. Die Bereitstellung des Kapitals für die notwendige Finanzierung der Exporte aus den imperialistischen Ländern sowie die Übernahme der Risiken erfolgt dabei durch den Staat, weil sich das ausländische Monopolkapital aus den eingangs angeführten politischen und wirtschaftlichen Gründen in den ökonomisch schwach entwickelten Ländern nicht mehr sicher genug fühlt, bzw. weil seine Verwertungsmöglichkeiten dort eingeschränkt sind.

Daß die Lieferantenkredite eine Art Kompromiß zwischen der nationalen Bourgeoisie und dem internationalen Finanzkapital darstellen, geht beispielsweise daraus hervor, daß sich in Brasilien, wo in den letzten Jahren die Kapitaleinfuhr in Form der Direktinvestitionen durch gesetzliche Maßnahmen gefördert wurde, die einheimische Industrie darüber beklagte, daß die ausländische Industrie bei der industriellen Expansion Brasiliens bevorzugt würde. Die brasilianischen Industriellen erhielten von den Lieferanten im Ausland keine langfristigen Kredite mehr, seitdem die Regierung die ausländischen Direktinvestitionen durch gesetzliche Maßnahmen förderte.[36] Noch deutlicher zeigt sich dieser Charakter der langfristigen Lieferantenkredite in der Tatsache, daß das westdeutsche Monopolkapital mit dem verstärkten Angriff auf die ökonomische Unabhängigkeit der ökonomisch schwach entwickelten Länder in Gestalt der forcierten „Entwicklungshilfe" nunmehr nachdrücklich fordert, anstelle der staatlichen Förderung der Lieferantenkredite, die Maßnahmen zur staatlichen Förderung von Kapitalexporten in Form von Direktinvestitionen und Anleihen zu verstärken.[37]

Die Lieferantenkredite als neue Form des Exports von Leihkapital, die neben anderen an die Stelle des „klassischen" Leihkapitalexports trat, sind nicht weniger eine Methode zur Aneignung monopolistisch hoher Profite. Die Ausbeutung der ökonomisch schwach entwickelten Länder mit Hilfe der Lieferantenkredite erfolgt dabei nicht nur über die Kreditzinsen, sondern in viel stärkerem Maße noch über den Nichtäquivalentenaustausch, durch die Überpreise der mit diesen Krediten verbundenen Exportlieferungen und technischen Leistungen bzw. durch Unterbezahlung, falls die Kredite in Form von Rohstofflieferungen zurückgezahlt werden. Beispielsweise bot 1958 ein Konsortium der Montanunion unter Führung der August-Thyssen-Hütte, Duisburg, der argentinischen Regierung einen Kredit von 150 Mill. Dollar für Eisen- und Stahllieferungen an, um die Überbestände der Montanunion abzusetzen. Der führende Industrieverband Argentiniens, „Union Industriale Argentina" protestierte gegen diesen Kredit mit der Begründung, daß die Preise der Montanunion weit über den Weltmarktpreisen lägen. Die Wochenschrift „Economic Survey" in Buenos Aires errechnete, daß diese Preise um 24 bis 30% und im Falle des Roheisens sogar um 58% über dem Weltmarktpreis lägen,

[36] „Die Welt" vom 26. 12. 1956.

[37] Vgl. „Bulletin des Presse- und Informationsamtes der Bundesregierung" vom 12. 2. 1960, S. 281ff.

und Argentinien durch diesen Kredit einen Devisenverlust von 36—40 Mill. Dollar erleiden würde.[38]

Auch das von den westdeutschen Monopolen gebaute Stahlwerk in Rourkela ist ein Beispiel für die Ausbeutung der schwach entwickelten Länder. Während die Sowjetunion in Bhilai ein Stahlwerk von der gleichen Kapazität (1 Mill. t Stahl) wie das Werk in Rourkela für 1,3 Mrd. Rupien erbaute, wird der Preis für das Rourkela-Werk über 2 Mrd. Rupien betragen.[39]

Unmittelbar aus den langfristigen Lieferantenkrediten ergaben sich die Kapitalexporte in Form der Umschuldungskredite. Bei den Umschuldungskrediten gewährt die Bonner Regierung den ökonomisch schwach entwickelten Ländern Kredite, damit diese ihre Fälligkeiten aus langfristigen Lieferantenkrediten bezahlen können. Allein in den drei Jahren 1957 bis Ende 1959 wurden netto 1837 Mill. DM solcher Kredite an ökonomisch schwach entwickelte Länder ausgegeben. Der überwiegende Teil davon wurde aus dem Haushalt finanziert. Der Hauptteil dieser Kredite entfiel auf Indien, die Türkei und Griechenland. Ebenso wie die Zusagen auf die Bereitstellung von Bürgschaftsplafonds für Lieferantenkredite, wird die Gewährung von Umschuldungskrediten von der Bonner Regierung dazu benutzt, von den ökonomisch schwach entwickelten Ländern Zugeständnisse zugunsten der Expansion des westdeutschen Monopolkapitals zu erpressen. Darüber hinaus dienen die Lieferanten- und Umschuldungskredite als Instrumente der Aggressionspolitik der Adenauer-Regierung. Dafür ist der Kredit an Griechenland ein Beispiel. Im November 1958 wurde zwischen Erhard und dem griechischen Koordinationsminister Protopapadakis u. a. ein Abkommen über eine Anleihe von 200 Mill. DM durch die Bundesrepublik an Griechenland unterzeichnet. Ferner erklärte sich die Bundesregierung bereit, die Anschlußfinanzierung in Höhe von 100 Mill. DM für langfristige Investitiongüterlieferungen (Lieferantenkredite) im Umfang von 400 Mill. DM zu übernehmen. Die 100 Mill. DM für die Anschlußfinanzierung werden aus Marshallplangegenwertmitteln bereitgestellt. Als Gegenleistung wurde der Verbleib Griechenlands in der NATO verlangt.[40]

Die Beteiligungen der Bonner Regierung an den staatsmonopolistischen Finanzinstitutionen

Als Methode der neokolonialistischen Expansion des westdeutschen Imperialismus sind die Kapitalexporte in Gestalt der Beteiligungen der Bonner Regierung an internationalen staatsmonopolistischen Finanzinstitutionen von großer Bedeutung. Bei diesen Institutionen handelt es sich hauptsächlich um den Internationalen Währungsfonds, die Internationale Bank für Wiederaufbau und Entwicklung (Weltbank) und deren 1956 gegründetes Tochterunternehmen, die International Finance Corporation (IFC), zum anderen aber auch um die finanziellen Beteiligungen an

[38] „Die Welt“ vom 10. 12. 1958.
[39] „Neues Deutschland“ vom 23. 7. 1960, Ausg. Bd., S. 6.
[40] „VWD Wirtschaftsspiegel“, Fr. /M. v. 28. 11. 1958.

den europäischen Institutionen und ihren finanziellen Fonds, die weitgehend neokolonialistischen Zielen dienen. Die Kapitalexporte Westdeutschlands über diese Institutionen betrugen bis Ende 1958 rund 2,8 Mrd. DM, die sich folgendermaßen zusammensetzten:

I. Internationaler Währungsfonds	
Goldtranche	346,0 Mill. DM
DM-Quote	271,0 Mill. DM
II. Wletbank	
Goldeinzahlung	27,7 Mill. DM
18%-Quote	249,8 Mill. DM
Unterbeteiligungen	3,0 Mill. DM
III. IFC	
Kapitalbeteiligung	15,0 Mill. DM
IV. Schuldverschreibungen der Weltbank	1239,9 Mill. DM
V. 25% Barquote der Beteiligung an der Europäischen Investitionsbank	157,5 Mill. DM
VI. Europäischer Währungsfonds	176,4 Mill. DM
VII. Europäischer Entwicklungsfonds	264,4 Mill. DM
gesamt	2,750,0 Mill. DM[41]

In den Jahren 1959—1961 erhöhten sich diese Kapitalexporte nocht beträchtlich infolge weiterer fälligwerdender Einzahlungen auf die Kapitalbeteiligungen an den finanziellen Fonds der EWG. Des weiteren wurden die westdeutschen Einzahlungen auf die Erhöhung der westdeutschen Beteiligung an der Weltbank fällig, die Ende 1958 von 1386 Mrd. DM auf 4410 Mrd. DM heraufgesetzt wurden. Anfang 1959 wurde die erste Weltbankanleihe im Betrag von 200 Mill. DM in Westdeutschland aufgelegt, und es fanden seitdem verstärkte Unterbeteiligungen westdeutscher Banken an Weltbankanleihen statt.

Als Instrumente der imperialistischen Expansion in die ökonomisch schwach entwickelten Länder sind insbesondere der Internationale Währungsfonds, die Weltbank und die IFC von Bedeutung.

Die Tätigkeit dieser Institutionen wird von den Interessen des internationalen Finanzkapitals unter der Führung der USA bestimmt. Anleihen und Kredite des Währungsfonds und der Weltbank dienen der Militarisierung, der Unterdrückung der nationalen antiimperialistischen Bewegung und der Niederhaltung der Arbeiterbewegung in den Empfängerländern.

Die Weltbankkredite gehen zum überwiegenden Teil in die ökonomisch schwach entwickelten Länder. Dort dienen sie vor allem der Aufrechterhaltung der Herrschaft der imperialistischen Länder und der Sicherung hoher Monopolprofite durch die mit diesen Krediten und Anleihen verbundenen Warenexporte aus den imperia-

[41] Emminger, O., Bundesrepublik und internationale Kreditinstitutionen. In: „Der Volkswirt", Heft 41/58, Beilage, S. 37, Berichte d. DWI, Bericht Nr. 18, 1959, S. 13.

listischen Ländern. Indem die Weltbankkredite in den ökonomisch schwachentwickelten Ländern zum überwiegenden Teil für den Ausbau der sogenannten Infrastruktur verwandt werden, die neben militärisch-strategischen Belangen vor allem dem kolonialen Rohstoffraub und als materiell-technische Basis für die Errichtung von Industriewerken der ausländischen Monopole dient, fördern sie den Investitionsgüterexport aus den imperialistischen Ländern.

Bei der Gewährung von Anleihen, Krediten und Garantien verlangen die Weltbank und der Währungsfonds vollständige Informationen über die wirtschaftliche und ökonomische Lage des Empfängerlandes sowie detaillierte Angaben über die zu finanzierenden Projekte. Die Gewährung der Anleihe wird von der Erfüllung wirtschaftspolitischer und politischer Auflagen seitens des kreditnehmenden Landes abhängig gemacht, die einer Einmischung in die inneren Angelegenheiten des betreffenden Landes gleichkommen.

Im Unterschied zur Weltbank, die fast ausschließlich Anleihen an Regierungen zum Ausbau der „Infrastruktur" vergibt, dienen die Kredite der International Financ Corporation (IFC), dem 1956 gegründeten Tochterunternehmen der Weltbank, der direkten Finanzierung des Kapitalexports der Monopole in die schwach entwickelten Länder. Mit Hilfe der IFC versucht die Weltbank, diese Kapitalexporte zu fördern. Dabei übernimmt die IFC bis zu 50% der Kosten bei neu zu errichtenden Unternehmen. Für ihre Kredite nimmt sie Zinsen von 6–7%. Die Kredite berechtigen zur Teilnahme an der Leitung des Unternehmens und an den Profiten. Im Falle einer Enteignung oder einer Beschränkung der Tätigkeit eines Unternehmens, an dem die IFC beteiligt ist, hat die Regierung des betreffenden ökonomisch schwach entwickelten Landes es nicht einfach mit einem ausländischen Privatunternehmen zu tun, sondern dahinter steht als Miteigentümer die Weltbank.

Mit dem Währungsfonds der Weltbank, der IFC und neuerdings der IDA, will das internationale Finanzkapital unter Führung des US-amerikanischen, seine ökonomische und politische Herrschaft in den ökonomisch schwach entwickelten Ländern angesichts des schnellen Zerfalls des imperialistischen Kolonialsystems festigen. Daß diese Versuche zum Scheitern verurteilt sind, zeigt das Beispiel der Kreditverhandlungen des Währungsfonds mit Brasilien im Juli 1959. Der Währungsfonds hatte die Bedingung gestellt, daß Brasilien die Industrialisierung bremsen und die Preise freigeben solle, was angesichts der fortgeschrittenen Inflationierung der brasilianischen Währung zu schweren wirtschaftlichen und sozialen Folgen geführt hätte. Der brasilianische Präsident Kubitschek brach daraufhin die Verhandlungen ab, weil, wie er sich äußerte, die vom Währungsfonds gestellten Bedingungen einer Einmischung in die inneren Angelegenheiten Brasiliens gleichkämen. Südamerika hatte sich bisher den Bedingungen des Fonds beugen müssen, weil es anderweitig keine Kreditmöglichkeiten hatte. Nun böte sich aber die Möglichkeit der Kreditaufnahme bei den sozialistischen Ländern.

Westdeutschland ist seit 1952 Mitglied des Währungsfonds und der Weltbank. Die expansionistischen und neokolonialistischen Ziele, die das westdeutsche Finanzkapital durch die Beteiligungen des Bonner Staates an diesen Institutionen verfolgt, wurden recht deutlich von Ottmar Emminger, Mitglied des Direktoriums der

Deutschen Bundesbank, zum Ausdruck gebracht: Emminger meint, es ginge bei diesen Beteiligungen vor allem darum, daß „... dieser Weg der Kredit- und Liquiditätshilfe an das Ausland durch zwei besondere Charakterzüge dieser internationalen Finanz- und Währungsinstitutionen nahegelegt wurde. So verschieden EZU, Währungsfonds und Weltbank nach Arbeitsweise und Reichweite auch sind, so haben alle drei Institutionen doch zwei wesentliche Eigenschaften gemeinsam: *den multilateralen Charakter ihrer Kredithilfe sowie die Möglichkeit die kreditbegünstigten Länder zu einer gewissen monetären und finanziellen Disziplin anzuhalten...* Nicht geringer wiegt der Grund, daß die internationalen Institutionen auf Grund ihrer statutenmäßigen Aufgaben *auf die Wirtschaftspolitik der kreditnehmenden Mitgliedsstaaten in einer Weise Einfluß nehmen können, wie es einem einzelnen kreditgebenden Staat niemals möglich wäre.* Mit einem Wort: Die Schleusung internationaler Kredithilfen über die genannten internationalen Institutionen kommt den deutschen Interessen ... sehr entgegen."[42] (Hervorhebungen — K. N.)

Die multilaterale Verwendbarkeit der Beteiligungen an der Weltbank bedeutet, daß bei der Kreditvergabe durch die Weltbank die Empfängerländer nicht in den Besitz der entsprechenden finanziellen Mittel gelangen, sondern die Weltbank für Rechnung der Empfängerländer die Aufträge international ausschreibt. Damit sichert sich die Weltbank die Kontrolle über die Verwendung der Kredite und die Lancierung der entsprechenden Aufträge. So wurden beispielsweise von den 3377 Mrd. Dollar in Anspruch genommener Kredite (Stand Juni 1959) insgesamt 2802 Mrd. Dollar für Investitionsgüterimporte aus den kapitalistischen Industrieländern verwandt.[43] Davon entfielen bezeichnenderweise über die Hälfte auf Importe aus den USA, wie die folgende Aufstellung über den Anteil der einzelnen Länder an den für Investitionsgüterimporte verwandten 2,8 Mrd. Dollar Weltbankkrediten zeigt.

USA	1,468 Mrd. Dollar	Italien	0,073 Mrd. Dollar
England	0,383 Mrd. Dollar	Japan	0,063 Mrd. Dollar
Westdeutschland	0,271 Mrd. Dollar	Schweiz	0,058 Mrd. Dollar
Kanada	0,129 Mrd. Dollar	Schweden	0,033 Mrd. Dollar
Belgien	0,095 Mrd. Dollar	Übrige Länder	0,144 Mrd. Dollar
Frankreich	0,084 Mrd. Dollar		

Trotz seiner bis 1958 geringen Beteiligung am Kapital der Weltbank stand Westdeutschland demnach bei den durch die Weltbankkredite finanzierten Investitionsgüterexporten an dritter Stelle. Mit der westdeutschen Barbeteiligung an der Weltbank in Höhe von 277 Mill. DM wurden so Exporte von 1138 Mill. DM finanziert. Die multilaterale Verwendbarkeit der Weltbankkredite bedeutet, daß auf diese Weise die konkurrenzüberlegenen westdeutschen Industriekonzerne ihre Investitionsgüterexporte in die schwach entwickelten Länder zum überwiegenden Teil mit dem Kapital finanzieren konnten, das durch die übrigen Mitgliedsländer aufgebracht

[42] Emminger, O., a. a. O., S. 37.

[43] International Bank for Reconstruction and Development, Fortieth Annual Report, 1958–1959.

wurde. Durch die Beteiligung der Bonner Regierung an der Weltbank konnten die westdeutschen Monopole so in stets wachsendem Maße an der Ausbeutung der schwächer entwickelten überseeischen Länder über den Nichtäquivalentenaustausch teilnehmen.

Der neokolonialistische Charakter der westdeutschen Kapitalexporte in Form der Beteiligungen der Bonner Regierung am Währungsfonds und der Weltbank ergibt sich aus der gesamten Politik, die diese Institutionen hinsichtlich der ökonomisch schwach entwickelten Länder betreiben. In Lateinamerika führte die Politik der Weltbank und des Währungsfonds zur Zerrüttung der Währungen und Finanzen der lateinamerikanischen Länder, zur Krise in den Hauptexportzweigen, zur Hemmung der Industrialisierung und zur weiteren Verelendung der Massen der Bevölkerung.

Durch die an die Kredite geknüpften Bedingungen mischte sich das internationale Finanzkapital in die gesamte Politik der lateinamerikanischen Länder ein und benutzte sie als Instrumente der Militarisierung, der kolonialen Ausbeutung und der Niederhaltung der Arbeiterbewegung.

Insbesondere mit der kapitalistischen Weltrohstoffkrise 1957/1958 verschärfte sich die wirtschaftliche Lage der lateinamerikanischen Länder sowie der Druck des Währungsfonds und der Weltbank auf diese Länder um die Folgen der Krise auf die Arbeiterklasse abzuwälzen. Ein Beispiel dafür ist der vom Währungsfonds ausgearbeitete und dem argentinischen Volk im Juni 1959 aufgezwungene „Stabilisierungsplan" Frondizis. Die Grundzüge dieses Planes bestehen in der Einschränkung des Massenverbrauches und der Importe einerseits, der Steigerung der Exporte und der Förderung der Kapitalimporte andererseits. Durch die Methoden, mit denen das erreicht werden sollte, wurde der „Stabilisierungsplan" zu einem Programm der verstärkten Ausbeutung der argentinischen Werktätigen durch den Währungsfonds und das ausländische Finanzkapital. So sollte beispielsweise eine Politik des „freien Unternehmertums" betrieben werden, die darauf hinauslief, durch die Freigabe der Preise einerseits und den Verzicht der Arbeiterklasse auf Lohnerhöhungen andererseits die Profite der Auslandsgesellschaften zu steigern. Deshalb sollte das Streikrecht aufgehoben und Forderungen auf Lohnerhöhungen als ungesetzlich erklärt werden. Die Gewerkschaften sollten unter staatliche Kontrolle gestellt werden u. a. m.

Auch auf die anderen lateinamerikanischen Länder versuchten der Währungsfonds und die Weltbank, besonders in Ausnutzung der rapiden Verschlechterung der wirtschaftlichen Lage dieser Länder infolge der Krise 1957/58, einen verstärkten Druck auszuüben, der in die Richtung ging, die nationale Industrialisierung zu hemmen, völlige Handlungsfreiheit für ausländisches Kapital und die Rückgabe der verstaatlichten Schlüsselindustrien und Betriebe in private Hände zu erreichen, die Inflation zu beschleunigen, um mit den Preisen die Profite der Auslandsgesellschaften zu steigern und hinsichtlich der Arbeiterklasse eine Politik des Lohnstopps und der Unterdrückung der Gewerkschaften durchzuführen. Überall riefen die entsprechenden Maßnahmen jedoch verstärkte Aktionen der Arbeiterklasse und den verstärkten Kampf um ihre Gewerkschaftsorganisationen hervor.

Die Konsolidierungskredite an ausländische Zentralbanken

Instrumente der westdeutschen imperialistischen Expansion in die ökonomisch schwach entwickelten Länder waren auch die sogenannten Konsolidierungskredite an ausländische Zentralbanken.

Diese Form des Kapitalexports war für die westdeutsche Expansion in Übersee, besonders in Lateinamerika, von großer Bedeutung. Sie entstand aus der Umstellung des Zahlungsverkehrs mit den ehemaligen sog. „bilateralen Verrechnungsländern" auf multiliteraler Basis. Diese waren im kapitalistischen Europa: Finnland und Spanien; in Asien und Afrika; Ägypten, Iran, Japan; in Lateinamerika: Argentinien, Brasilien, Kolumbien, Mexiko, Paraguay, Uruguay; Chile und Ecuador. Ferner gehörten zu den bilateralen Verrechnungsländern eine Reihe europäischer Volksdemokratien (Bulgarien, Ungarn, CSR, Polen) sowie Jugoslawien.

Mit diesen Ländern hatte Westdeutschland ursprünglich bilaterale Zahlungsabkommen mit automatischer Kreditgewährung im Rahmen festgesetzter Swings. Bei Erschöpfung der Swings wurden die Überschreitungen in Gold, Dollar, oder, soweit vereinbart, in EZU-Währungen abgedeckt. Die Swingkredite wurden jedoch einseitig von den kapitalistischen Handelspartnern Westdeutschlands ausgenutzt und seit Ende 1952–1954 ständig überzogen, so daß sie ihre ursprüngliche Funktion – die Überbrückung kurzfristiger Zahlungsbilanzschwankungen – weitgehend verloren und sich die Swingüberschreitungen in eingefrorene Guthaben verwandelten, die die weitere Expansion des westdeutschen Exports in diese Länder hemmten. Deshalb ging man 1954 zur Multilateralisierung des Zahlungsverkehrs mit dieser Ländergruppe über, da der allgemeine Investitionsboom, der 1953 einsetzte, sowie die verstärkte Industrialisierung in den ökonomisch schwach entwickelten Ländern besonders günstige Exportmöglichkeiten für die konkurrenzstarke westdeutsche Investitionsgüterindustrie schufen. Außerdem spielte eine Rolle, daß Westdeutschland ab 1954 infolge der forcierten Dollarliberalisierung seine Importe aus den bilateralen Verrechnungsländern zu einem Teil auf Dollarländer umlenkte, so daß seine Exportmöglichkeit in die bilateralen Verrechnungsländer bei Beibehaltung des bilateralen Zahlungsverkehrs weiter geschrumpft wäre. Die Multilateralisierung des Zahlungsverkehrs mit den bilateralen Verrechnungsländern erfolgte hauptsächlich durch die Umstellung auf beschränkt konvertierbare DM oder andere beschränkt konvertierbare Währungen, hauptsächlich Pfund Sterling. Bis 1957 wurden die bilateralen Verrechnungsguthaben Westdeutschlands völlig liquidiert. Das erfolgte jedoch nicht auf der Grundlage ausgeglichener Handels- und Zahlungsbeziehungen zwischen Westdeutschland und den ehemaligen bilateralen Verrechnungsländern, sondern dadurch, daß Westdeutschland ab 1954 die Handelsschulden dieser Länder infolge der westdeutschen Exportexpansion dorthin durch langfristige Kredite konsolidierte.

Diese Konsolidierungskredite unterscheiden sich von den Swingkrediten technisch und ökonomisch.

Die Swingkredite sind zweiseitige, automatische, kurzfristige Kredite, die einen Spielraum für kurzfristige Handelsschwankungen ermöglichen sollen. In dieser

Weise funktionierten sie nur in bezug auf die sozialistischen Abkommensländer, was aber nicht an Westdeutschland lag. Die Konsolidierungs- und Überbrückungskredite dagegen werden verzinst und sind in bestimmten Fristen, meist 5—10 Jahre, rückzahlbar.

Die Konsolidierungskredite ergaben sich als Form des staatlichenKapitalexports unmittelbar aus den Swingüberschreitungen, und zwar in dem Maße, wie die alten bilateralen Handels- und Zahlungssalden auch nicht durch einen mulitlateralen Handel ausgeglichen werden konnten, denn die Mehrzahl der lateinamerikanischen und nahöstlichen Abkommensländer ist nicht nur an Westdeutschland, sondern auch an die übrigen imperialistischen Länder verschuldet.

Die Multilateralisierung des Handels- und Zahlungsverkehrs unter den Bedingungen der Devisenbewirtschaftung der starken Disproportionen im Handel, insbesondere zwischen den schwach entwickelten Ländern und den imperialistischen Ländern, erfordert staatliche Kredite, wobei sich die bilateralen Handels- und Zahlungssysteme von dem multilateralen System nur dadurch unterscheiden, daß die ersteren einen stärkeren Schutz für ein ökonomisch schwächeres Land darstellen und eine Fessel für die Expansion der stärkeren Länder, während bei der Multilateralisierung die ökonomisch stärkeren Länder einen größeren Spielraum für ihre Überlegenheit im Konkurrenzkampf haben. Gleichzeitig ermöglicht aber die Multilateralisierung, wie es auch die EZU zeigte, eine Ökonomisierung des Kreditvolumens durch den wechselseitigen Ausgleich von Forderungen. Beides war m. E. das Ziel, das Westdeutschland mit der Umstellung des Zahlungsverkehrs für die sogenannten Abkommenländer außerhalb des EZU-Raumes verfolgte. 1954 hatte es bereits eine starke Stellung im internationalen Konkurrenzkampf, und der Bilateralismus, der zunächst das Vordringen Westdeutschlands in diese Länder förderte, wurde nunmehr zu einer Fessel. Das Prinzip bei der Multilateralisierung ist, daß die Importkapazität des Schuldnerlandes in bezug auf das betreffende Gläubigerland nicht mehr abhängt von dessen Markt für Produkte des Schuldnerlandes, sondern von den Exportmöglichkeiten des Schuldnerlandes überhaupt, d. h. in alle Länder, die durch das System verbunden sind.

Auch die Konsolidierungskredite wurden von Westdeutschland dazu ausgenutzt, einen Druck auf die Schuldnerländer auszuüben, um sich Märkte und Kapitalanlagesphären zu sichern. Das wird durch das Wirtschaftsabkommen mit Brasilien aus dem Jahre 1953 widergespiegelt. Westdeutschland, das nach den USA der zweitgrößte Lieferant Brasiliens war, hatte mit diesem bis Ende 1952 einen Außenhandelsüberschuß von 95 Mill. Dollar. Bei einer rigorosen Einschränkung der Lieferungen nach Brasilien hätte die Gefahr bestanden, den brasilianischen Markt an die Konkurrenten zu verlieren. Deshalb wurde vereinbart, daß 30% der westdeutschen Ausfuhr aus Anlagen bestehen sollten, die mittelfristig (5 Jahre) kreditiert werden sollten. Als Gegenleistung verlangte die Bonner Regierung die Freigabe des deutschen Vorkriegsvermögens, die Schaffung gemeinsamer deutsch-brasilianischer Unternehmen sowie die Erlaubnis zur Errichtung westdeutscher Unternehmen, die ihre Ausrüstungen in Westdeutschland kaufen sollten und schließlich die Bildung einer westdeutsch-brasilianischen Kommission, die die Durchführung des Abkommens überwachen und die günstigsten Möglichkeiten für Investitionen westdeutscher Konzerne in Brasilien suchen sollte.

1955 übernahm die Gutehoffnungshütte AG, Oberhausen, im Rahmen eines von der Bonner Regierung an Iran gewährten Kredits in Höhe von 35,6 Mill. DM den Aufbau eines Zementwerkes im Werte von 2,5 Mill. DM. Als Gegenleistung nahm das iranische Parlament im April einen Gesetzentwurf über ausländische Kapitalinvestitionen in Iran an, wobei der Transfer der Reingewinne gestattet werden sollte.

Das Pariser Abkommen von 1956, in dem die argentinischen Handelsschulden gegenüber den westeuropäischen Gläubigerländern konsolidiert wurden, wurde von Westdeutschland dazu ausgenutzt, von Argentinien die bedingungslose Rückgabe aller noch beschlagnahmten deutschen Marken und Handelsnamen, die Freigabe der beschlagnahmten deutschen Vermögen in Form von Guthaben, Bank- und Wertpapierkonten sowie Grundstücken und die Rückführung von rund dreißig während des Krieges beschlagnahmter und in Staatseigentum überführter ehemaliger deutscher Betriebe (die sog. DINIE-Betriebe) an ihre ehemaligen Eigentümer, sowie Vergünstigungen für westdeutsche Kapital- und Warenexporte zu verlangen.[44]

Die Untersuchung der bisherigen westdeutschen Kapitalexporte in den verschiedenen Formen zeigt, daß diese Kapitalexporte keine finanzielle Hilfe für die ökonomisch schwach entwickelten Länder darstellten, um ihre ökonomische Entwicklung zu unterstützen, sondern dem westdeutschen Monopolkapital hohe Kolonialprofite durch die Inbesitznahme von Rohstoffquellen, die Eroberung von Absatzmärkten, das Eindringen in die Schlüsselindustrien der jungen Nationalstaaten und die Ausbeutung der ökonomisch schwach entwickelten Länder über den durch die Kapitalexporte, insbesondere die langfristigen Lieferantenkredite vermittelten Nichtäquivalentenaustausch sichern sollen. Die staatlichen Kapitalexporte dienten dabei neben den allgemeinen neokolonialistischen aggressiven und expansionistischen Zielen des westdeutschen Imperialismus vor allem als Mittel, Verwertungsbedingungen für die Kapitalexporte der westdeutschen Monopole in diese Länder zu schaffen, unter den Bedingungen des Zerfalls des Kolonialsystems und der Zunahme des wirtschaftlichen und politischen Einflusses der antiimperialistischen Kräfte.

Die Beispiele zeigten, daß die westdeutschen Kapitalexporte in ihren verschiedenen Formen vom westdeutschen Monopolkapital und der Adenauer Regierung dazu benutzt wurden, den schwach entwickelten Schuldnerländern Bedingungen zu stellen, die auf die Einschränkung und Zurückdrängung des staatlichen Sektors der Wirtschaft und die Ausdehnung des wirtschaftlichen Einflusses der westdeutschen Monopole in diesen Ländern hinauslaufen. Dadurch wird der neokolonialistische Charakter der westdeutschen Kapitalexporte in die ökonomisch schwach entwickelten Länder offensichtlich. Die Forderungen nach einem „sicheren Investitionsklima" und nach der „Förderung der freien Unternehmerinitiative", die an die westdeutschen Kapitalexporte geknüpft werden, bedeuten die Unterdrückung der

[44] Berichte des Deutschen Wirtschaftsinstituts, Berlin, Bericht Nr. 21/59, S. 2.

Arbeiterbewegung, Streikverbot und Lohnstopp, Liquidierung der sozialen Einrichtungen, die zynischerweise als „Sozialseuche“ bezeichnet werden, weil sie angeblich „Überbevölkerung“ erzeugen[45], ferner Schutz vor Nationalisierung, freien Gewinntransfer, freie Kapitalanlagemöglichkeiten und Verzicht der ausländischen Staaten auf eine nationale Wirtschafts-, Handels-, Finanz- und Währungspolitik. Dadurch sollen die elenden materiellen und kulturellen Lebensbedingungen der Werktätigen in den ökonomisch schwach entwickelten Ländern aufrecht erhalten werden. Der Pauperismus der überwiegenden Mehrzahl der Bevölkerung in diesen Ländern als Folge der imperialistischen Ausbeutung und ihr niedriger kultureller Lebensstandard, der im hohen Prozentsatz des Analphabetentums zum Ausdruck kommt, ist die Hauptursache für die ungenügende Entwicklung der nationalen Produktivkräfte und die Enge des Binnenmarktes, der die Entwicklung der nationalen Industrie hemmt. In der gleichen Richtung wirkt sich der systematische Abzug von Devisen für Zins-, Profit- und Amortisationszahlungen an das Ausland aus, der eine beschleunigte Kapitalakkumulation in diesen Ländern unmöglich macht. Die Forderung nach Nichteinmischung des Staates in die Wirtschaft läuft auf die Zurückdrängung des wirtschaftlichen Einflusses der nationalen Bourgeoisie und der anderen nationalen antiimperialistischen Kräfte sowie auf die Stärkung der nationalen Großbourgeoisie und der feudalen Klasse hinaus. Durch die Zusammenarbeit mit der nationalen Großbourgeoisie, wie beispielsweise dem Tatakonzern in Indien oder der ägyptischen Bank Misr, deren Einfluß sich nicht nur auf die entscheidenden Wirtschaftszweige und den Staatsapparat der betreffenden Länder, sondern darüber hinaus durch die Auslandsfilialen in anderen schwach entwickelten Ländern auch auf diese erstreckt, gewinnen die westdeutschen Monopole große Möglichkeiten zur Infiltration in die Länder des Nahen und Mittleren Ostens. Ähnlich ist es in Lateinamerika.

Die Kehrseite der Zusammenarbeit der westdeutschen Monopole mit der nationalen Großbourgoisie in den schwach entwickelten Ländern ist die Züchtung einer Arbeiteraristokratie in den modernen, vom Auslandskapital errichteten Großbetrieben sowie durch die mit dem Kapitalexport verbundene Ausbildung von Facharbeitern und Technikern in Westdeutschland. Auf diese Weise soll die sich mit der Industrialisierung verstärkt entwickelnde Arbeiterklasse gespalten werden.

So wirkte sich der westdeutsche Kapitalexport hemmend auf den Prozeß der nationalen Industrialisierung und die Erringung der ökonomischen Unabhängigkeit der ökonomisch schwach entwickelten Länder aus und führte in einigen Fällen zur Beseitigung des auf diesem Gebiet bisher Erreichten.

Die verstärkte „Entwicklungshilfe“ an die ökonomisch schwach entwickelten Länder seitens des westdeutschen Imperialismus bedeutet den Ausbau der vom westdeutschen Monopolkapital in diesen Ländern bisher erreichten Positionen mit dem Ziel, diese Länder in noch weit stärkerem Maße über den Kapitalexport und den Nichtäquivaltenenaustausch ausbeuten zu können.

[45] Vgl. Salzmann, W., Die Sozialseuche der Unterentwickelten. In: „Monatsblätter für freiheitliche Wirtschaftspolitik“, Nr. 2/1959.

Das geht mit aller Deutlichkeit aus den Äußerungen von Mitarbeitern des Bundesministeriums für Wirtschaft über die Formen und den Charakter der westdeutschen „Entwicklungshilfe“ hervor. So sprach sich Dr. Jacobs, seines Zeichens Ministerialdirektor im Bundesministerium für Wirtschaft auf der 22.Tagung des „Vereins Deutscher Institute für wirtschaftswissenschaftliche Forschung“, in seinem Referat sowie in der Diskussion gegen die nationale Industrialisierung aus und verlangte, daß die schwach entwickelten Länder weiterhin Rohstofflieferanten für die Industrie der imperialistischen Länder bleiben sollten, weil die ökonomisch schwach entwickelten Länder grundsätzlich nicht fähig wären, die Rohstoffe so zu veredeln und weiter zu verarbeiten, wie es dem Geschmack und den technischen Leistungsfähigkeiten der kapitalistischen Industrieländer entspräche. „Die Margarine kann nur dann so hergestellt werden wie wir sie wünschen, wenn der Rohstoff von Grund auf hier nach den modernsten Verfahren bearbeitet wird. Es wäre ein wirtschaftlicher Unsinn, die Fabrikation von Schokolade nach Ghana zu verlegen, in Ghana sind doch tatsächlich solche Ideen aufgetaucht.“[46]

„Auf keinen Fall sollte durch Entwicklungshilfe von Iudustrieländern dazu beigetragen werden, Exportindustrien, die letzten Endes den Wettbewerb mit den Industrieländern nicht aushalten können, zu züchten.“[47]

Es setzt nicht weiter in Erstaunen, wenn Jacobs als Ministerialdirektor im Bonner Wirtschaftsministerium die Außenhandelspolitik vertritt, die die USA in letzter Zeit gegenüber den schwach entwickelten Ländern verstärkt betreiben — die Politik der sogenannten regionalen Integration. Sie bedeutet, daß die schwachentwickelten Länder in großen regionalen Gruppen zusammengefaßt untereinander alle Handelsschranken beseitigen. Angesichts der strukturellen Gleichartigkeit der Produktion der Länder, die zu regionalen Märkten vereinigt würden, würde das faktisch die Beseitigung der Souveränität in der Außenhandelspolitik der Regierungen der schwach entwickelten Länder bedeuten zu dem Zweck, Absatzmärkte für Industriewaren aus den USA und den anderen imperialistischen Ländern zu schaffen. „Dies“, so meinte Jacobs, „ist der nähere Weg für die Entwicklungsländer um weiterzukommen, als der Absatz von eigenen Industrieprodukten, mit denen sie ja doch kaum konkurrenzfähig sind, in die hoch industrialisierten Länder zu forcieren, und es ist absolut falsch, für solche Industrien noch Entwicklungshilfe zu geben.“[48]

Die neokolonialistische Zielsetzung der Bonner „Entwicklungshilfe“ zeigt sich vor allem auch in solchen Äußerungen von führenden westdeutschen Politikern, in denen betont wird, daß die „Entwicklungshilfe“ auf keinen Fall der Stärkung des staatlichen Sektors in der Wirtschaft der ökonomisch schwach entwickelten Länder dienen dürfe.

So äußerte sich Bundeswirtschaftsminister Erhard:

„Aus diesem Grunde sollen auch Kompromisse mit staatsabsolutistischen Wirtschaftsmethoden vermieden werden. Wir bleiben nicht glaubhaft, wenn wir einerseits Individualismus und Menschenwürde, persönliche Initiative und freies unter-

[46] Beihilfe zur Konjunkturpolitik, Heft 6, Berlin 1960, S. 87.
[47] Ebenda, S. 90. [48] Ebenda, S. 109.

nehmerisches Wirtschaften vertreten und auf der anderen Seite mit unserer Hilfe, mit unseren Ausrüstungen und mit unseren personellen Kräften mithelfen, in den Entwicklungsländern einen staatskapitalistischen Kollektivismus und in seinem Gefolge der menschlichen Unfreiheit Vorschub leisten."[49]

Nicht nur gegen die wirtschaftliche Rolle des Staats generell, sondern vor allem auch gegen die staatskapitalistischen Maßnahmen zur Einschränkung der Handlungsfreiheit für das ausländische Monopolkapital in den ökonomisch schwach entwickelten Ländern ist die Bonner „Entwicklungshilfe" gerichtet. Deshalb stehen in allen Maßnahmen und Programmen der „Entwicklungshilfe" die Forderungen nach der Aufhebung der Beschränkungen für die Tätigkeit von Auslandskapital im Vordergrund. Dabei wird behauptet, daß die westdeutschen Monopole ohne jede imperialistische Zielsetzung, aus „nur wirtschaftlichen" Motiven, Kapital in den ökonomisch schwach entwickelten Ländern anlegen wollen. So fordert beispielsweise Dr. Hans Henckel, Ministerialdirektor im Bundeswirtschaftsministerium: „Die Regierungen der Entwicklungsländer müßten zunächst ein gutes „Investitionsklima" für ausländische Unternehmer schaffen. Dazu ist notwendig, die manchmal noch fremdenfeindliche Einstellung in der Gesetzgebung und Verwaltung zu überprüfen, die ihren Ursprung in der überwundenen Kolonialzeit hat und neue Nahrung findet in dem erfahrungsgemäß der Kolonialzeit folgenden Zustand übersteigerten Nationalgefühls . . . Private ausländische Unternehmer, die früher einmal als Vortrupp politischer Macht in das Land kamen, können sich heute nur als Wirtschaftende betätigen und sollten deshalb willkommen sein. Es ist nicht nötig, auf Deutschland hinzuweisen, das nicht mehr in dem Verdacht steht, veraltete „imperialistische" Ziele zu verfolgen."[50] Die Heuchelei ist offensichtlich angesichts der zahlreichen schlagenden Beweise aus der jüngsten Vergangenheit dafür, daß sich das angeblich „veralteter imperialistischer Ziele" so „unverdächtige" Westdeutschland mit allen Kräften bemühte, die alten Kolonialmächte auch bei der Anwendung „klassischer" kolonialistischer Methoden nach besten Kräften zu unterstützen. Darüber hinaus denke man nur an die Bedingungen politischer und militärisch-politischer Art sowie an die Bedingungen wirtschaftlicher Art, die der Bonner Staat an die staatlichen Kapitalexporte zugunsten der imperialistischen Ausbeutung der unterentwickelten Länder durch das westdeutsche Monopolkapital knüpfte. Die Behauptung, daß heute die wirtschaftlichen Methoden der kolonialen Ausbeutung ohne politische Konsequenzen seien, bezweckt nur, den staatsmonopolistischen Charakter des Kapitalexports zu verschleiern.

Um der westdeutschen Arbeiterklasse die neokolonialistische Politik schmackhaft zu machen, stützen sich die westdeutsche Monopolbourgeoisie und die Bonner Regierung auf die rechten Führer der SPD und des DGB. Die SPD-Führung sowie die rechten Führer des DGB vertreten heute offen ein imperialistisches Programm

[49] Erhard, L., West und Ost in den Entwicklungsländern. In: „Bulletin des Presse- und Informationsamts der Bundesregierung", vom 11. 1. 1961, S. 65.

[50] Ministerialdirektor Dr. Hans Henckel, Bundesministerium für Wirtschaft. Die privaten Kapitalinvestitionen in Entwicklungsländern, in: „Bulletin des Presse- und Informationsamtes der Bundesregierung", Nr. v. 3. 10. 59, S. 1844.

und imperialistische Forderungen, darunter auch die nach der weiteren Expansion des westdeutschen Monopolkapitals mit Hilfe des Kapitalexports. Mit aller Deutlichkeit zeigte sich das beispielsweise im Aufruf des DGB vom 1. Mai 1960 zu der Aktion „Wir helfen", die den Auftakt zu einem ganzen Programm von Maßnahmen gab, mit denen die rechten Führer des DGB die neokolonialistischen Ziele des Bonner Staates und des westdeutschen Monopolkapitals zu unterstützen gedenken. Bei der Aktion „Wir helfen"[51] handelt es sich darum, daß die westdeutschen Arbeiter zu Geldspenden aufgefordert werden, die angeblich für die sogenannte „Entwicklungshilfe" verwandt werden sollen, in Wirklichkeit jedoch für die Spaltung der Gewerkschaftsbewegung in den ökonomisch schwach entwickelten Ländern durch die Gründung von Gewerkschaften, die unter reformistischem Einfluß stehen. So schreibt der „Vorwärts" vom 26. April 1960: „Hier muß tatkräftige Hilfe, müssen persönliche Opfer gebracht werden. Sympathieerklärungen genügen nicht. Der Deutsche Gewerkschaftsbund ist jedoch davon überzeugt, daß sein Appell an die Arbeitnehmer in der Bundesrepublik, den Aufbau unabhängiger Gewerkschaftsbewegungen in Afrika, Asien und Lateinamerika tatkräftig zu unterstützen, das Echo finden wird, das er verdient."[52]

Diese Aktion des DGB sowie andere, ähnliche bedeuten eine materielle Schädigung der westdeutschen Arbeiterklasse und einen Mißbrauch ihres Solidaritätsgefühls mit der Arbeiterklasse in den schwach entwickelten Ländern. Der Zweck derartiger Aktionen besteht u. a. in der Schaffung günstiger politischer Bedingungen für den Kapitalexport der westdeutschen Monopole in den schwach entwickelten Ländern durch die Spaltung der dortigen Gewerkschaften, um so die Schlagkraft der Arbeiterklasse in ihrem Kampf gegen die ausländischen Monopole zu lähmen. Man muß die Aktivität, die der DGB in dieser Hinsicht entfaltet, unter dem Gesichtspunkt sehen, welche große Bedeutung die Spaltung der Gewerkschaftsbewegung in den schwach entwickelten Ländern gerade heute für das Monopolkapital im allgemeinen und den Kapitalexport im besonderen hat. Das schnelle Anwachsen der Arbeiterklasse in Asien, Afrika und Lateinamerika während der fünfziger Jahre führte zur Entstehung zahlreicher Gewerkschaften und zum verstärkten Kampf um die Gewerkschaftseinheit.

Die Entwicklung der Gewerkschaftsbewegung und der Kampf der Gewerkschaften gewinnt in der gegenwärtigen Etappe des kolonialen Befreiungskampfes jedoch ganz besondere Bedeutung. Heute, nachdem die Mehrzahl der kolonialen Länder bereits die politische Unabhängigkeit errungen haben und sich auch die militärischen Formen des Kolonialismus, wie die Beispiele Kubas, Ägyptens, Algeriens u. a. zeigten, als unwirksam erwiesen, stehen bei den imperialistischen Mächten die Versuche im Vordergrund, mit den ökonomischen Formen des Kolonialismus ihre Positionen in den schwach enwickelten Ländern aufrechtzuerhalten. Die wichtigste der ökonomischen Formen des Kolonialismus ist der Kapitalexport. Gegen ihn aber richtet sich der Kampf der Arbeiter in den schwach entwickelten Ländern in erster

[51] Sonderausgabe der „Welt der Arbeit" zum 1. 5. 1960.
[52] „Vorwärts" vom 26. 4. 1960, S. 1.

Linie. Allein schon ihr Kampf um wirtschaftliche und soziale Verbesserungen richtet sich direkt gegen die Ausbeutungsmethoden in den Betrieben des ausländischen Monopolkapitals, gegen die Vorherrschaft des Auslandskapitals in der einheimischen Industrie und seinen Einfluß auf die Regierung. Der Neokolonialismus, bei dem die ökonomischen Formen der kolonialen Abhängigkeit im Vordergrund stehen, muß also insbesondere mit der Gewerkschaftsbewegung fertig werden. Deshalb wenden die imperialistischen Kolonialmächte, insbesondere die USA, der Unterdrückung und Spaltung der Gewerkschaftsbewegung in Asien, Afrika und Lateinamerika besondere Aufmerksamkeit zu. Dabei ist zur Zeit, gleichzeitig mit der Verstärkung der neokolonialistischen Maßnahmen in Gestalt der sogenannten „Entwicklungshilfe", eine noch verstärkte Aktivität hinsichtlich der Unterdrückung der Gewerkschaftsbewegung in den schwach entwickelten Ländern festzustellen. Die Imperialisten versuchen dabei nicht allein durch politischen und wirtschaftlichen Druck sowie durch gesetzliche Maßnahmen die bereits bestehenden und neu gegründeten Gewerkschaften unter ihre Kontrolle zu bringen, sondern sie bedienen sich zu diesem Zweck der reformistischen Gewerkschaften in den imperialistischen Ländern.

Bei diesen Anschlägen des internationalen Finanzkapitals unter der Führung der USA auf die nationale Unabhängigkeit der schwach entwickelten Länder ist dem westdeutschen Imperialismus und dem DGB eine besondere Rolle zugedacht.

Das kommt nicht nur in der finanziellen Unterstützung der neokolonialistischen Ziele der westdeutschen Monopole durch den DGB auf Kosten der westdeutschen Arbeiter zum Ausdruck, sondern ebenfalls in einer Reihe weiterer Maßnahmen, wie z. B. den Absprachen zwischen den rechten DGB-Führern und dem Bonner Auswärtigen Amt über eine „gemeinsame außenpolitische Tätigkeit". Bei dieser „gemeinsamen außenpolitischen Tätigkeit" ist vorgesehen, SPD- und DGB-Funktionäre als Attachés für Gewerkschaftsfragen in die Bonner Botschaften in den unterentwickelten Ländern aufzunehmen. Damit gibt sich der DGB für eine Form der Ausnutzung der reformistischen Gewerkschaften für neokolonialistische Ziele her, die in den anderen imperialistischen Ländern, insbesondere in den USA, schon lange angewandt wird, die vom DGB bisher aber aus taktischen Gründen vermieden wurde. Auch in der veränderten Haltung in dieser Frage kommt der offene Übertritt der rechten SPD- und DGB-Führer ins Lager der Imperialisten zum Ausdruck.

Der Parteitag der SPD im November 1960 in Hannover bewies erneut die aktive Unterstützung der Bonner Kolonialpolitik durch die SPD. Dabei stimmt die auf dem Parteitag beschlossene Konzeption der SPD hinsichtlich der „Entwicklungshilfe" in den Grundlinien völlig mit der der Bundesregierung überein und ergänzt diese. So wird in der Entschließung zur Entwicklungshilfe[53] die Bildung eines Ministeriums für die Zusammenarbeit mit den Entwicklungsländern gefordert sowie die Umbildung der Kreditanstalt für Wiederaufbau in eine „Entwicklungsbank", um die Finanzierung der Entwicklungshilfe zu zentralisieren. Die Finanzierung soll u. a. aus Steuererhöhungen und aus den Erlösen der Volksaktien der zukünftigen „Deutschen Nationalstiftung" erfolgen. Ferner sieht die Entschließung eine Reihe

[53] „Vorwärts", vom 19. 12. 1960.

von Maßnahmen auf kulturellem und sozialem Gebiet vor. Darunter die Entsendung von „Sozialattachés" in die westdeutschen Botschaften in den schwach entwickelten Ländern.

Die Politik, für die sich die SPD hiermit auf dem Parteitag in Hannover entschlossen hat, richtet sich keineswegs nur gegen die Interessen der Arbeiterklasse in den schwach entwickelten Ländern, sondern vor allem auch gegen die westdeutsche Arbeiterklasse und die westdeutsche Bevölkerung überhaupt. So formuliert die Entschließung: „Die Projekte und Förderungsmaßnahmen müssen in Zukunft mehr den Charakter einer Gemeinschaftsleistung unseres Volkes tragen, als das bisher der Fall war."[54] Aus der Entschließung des Arbeitskreises III geht näher hervor, was darunter zu verstehen ist, nämlich, daß in Zukunft nicht den „privaten, legitimerweise an Gewinn und Rentabilitätsgesichtspunkte gebundenen Unternehmern die Hauptverantwortung für die Einlösung einer Verpflichtung" aufzubürden ist, „welche dem deutschen Volke zum erstenmal seit dem Ende des ersten Weltkrieges eine weltpolitische Aufgabe größten Ausmaßes stellt."[55] Zur Förderung und Finanzierung der Kapitalexportoffensive der westdeutschen Monopole wird die westdeutsche Bevölkerung aufgefordert, Opfer zu bringen, von deren Ausmaß man sich eine Vorstellung machen kann, wenn man erfährt, daß nach den Vorstellungen der SPD die *unterste Grenze* für die Durchführung der „Entwicklungshilfe" ein Betrag von 3 Mrd. DM öffentlicher Mittel ist.[56] Die rechten SPD- und DGB-Führer vertreten deshalb die Expansionspolitik des westdeutschen Imperialismus, weil sie hoffen, selbst von der gesteigerten Ausbeutung der ökonomisch schwach entwickelten Länder sowie der gesteigerten Ausbeutung und Ausplünderung der westdeutschen Bevölkerung zu profitieren. Walter Ulbricht brachte das unter anderem in folgender Erklärung zum Ausdruck, „Das Neue in der Lage besteht darin, daß die rechten Führer der Sozialdemokratie und des Deutschen Gewerkschaftsbundes die imperialistische Expansionspolitik der Bonner Regierung und der westdeutschen Monopole unter der Bezeichnung ‚Entwicklungshilfe' aktiv unterstützen. Die rechten sozialdemokratischen Führer wollen Anteil haben an den kolonialen Sonderprofiten des deutschen Großkapitals."[57]

Die Vertretung imperialistischer Forderungen, durch die rechten SPD- und DGB-Führer isoliert sie jedoch immer stärker von der Masse der Mitglieder und Funktionäre. Zahlreiche SPD- und DGB-Funktionäre fordern die Beendigung des Krieges in Algerien und verurteilen die Unterstützung der französischen Kolonialisten durch Bonn und die NATO-Mächte. Sie lehnen die Verwendung von Arbeiter-

[54] Ebenda.

[55] „Vorwärts", vom 28. 10. 1960, S. 15.

[56] Ebenda. Inzwischen ist bekannt, daß der westdeutsche Beitrag zur „Entwicklungshilfe" sich im Jahre 1961 auf 3,84 Mrd. DM belaufen wird. Davon werden 1,16 Mrd. DM aus dem Haushalt finanziert; 1,2 Mrd. DM durch eine Industrieanleihe; 0,5 Mrd. DM aus Beiträgen der Länder; 0,5 Mrd. DM aus der Privatisierung des Volkswagenwerkes; 0,187,4 Mrd. DM aus ERP-Mitteln; 0,3 Mrd. DM aus Mitteln der KfW. („Die Welt" vom 21. 4. 1961, S. 1.)

[57] Ulbricht, W., Stellungnahme zur Erklärung der kommunistischen und Arbeiterparteien, In: Neues Deutschland", v. 18. 12. 1960, S. 5.

löhnen für neokolonialistische Zwecke ab und fordern die Unterstützung der Gewerkschaften in den schwach entwickelten Ländern, bei ihrem Kampf gegen die ausländischen Monopole u. a. m. Sie treten gegen die weitere Senkung des Reallohns der Arbeiter und gegen die Senkung ihres sozialen und kulturellen Lebensstandards im Interesse der neokolonialistischen Ziele des westdeutschen Finanzkapitals auf.

Je aggressiver die westdeutschen Neokolonialisten werden und je stärker sie ihre politischen und ökonomischen Druckmittel, darunter vor allem den Kapitalexport, einsetzen, um den nationalen Befreiungskampf in den ökonomisch schwach entwickelten Ländern zu unterdrücken, um so größer wird die Bedeutung der Hilfe der Deutschen Demokratischen Republik für die um ihre Unabhängigkeit kämpfenden Völker. Die Deutsche Demokratische Republik erweist diese Hilfe in vielfältigen Formen. Sie entwickelt mit den ökonomisch schwach entwickelten Ländern Handels- und Wirtschaftsbeziehungen auf der Basis der Gleichberechtigung. Sie hilft den jungen Nationalstaaten beim Aufbau ihrer nationalen Industrie durch die Lieferung von Maschinen und Anlagen, sowie in Form der technischen Beratung. Sie unterstützt den nationalen Befreiungskampf der Völker Asiens, Afrikas und Lateinamerikas auf kulturellem und politischem Gebiet. Die Bevölkerung der Deutschen Demokratischen Republik wird von der Sozialistischen Einheitspartei Deutschlands, dem Freien Deutschen Gewerkschaftsbund, der Freien Deutschen Jugend und den anderen gesellschaftlichen Organisationen im Geiste des Antikolonialismus erzogen. Das zeigt sich vor allem in den zahlreichen Protest- und Solidaritätsaktionen die von diesen Organisationen zur Unterstützung des nationalen Befreiungskampfes der unterentwickelten Völker organisiert werden. Im Gegensatz zu den rechten Führern des DGB unterstützt der FDGB die Gewerkschaftsbewegung in Asien, Afrika und Lateinamerika im Kampf gegen die Versuche der Imperialisten und ihrer Handlanger in den Reihen der reformistischen Gewerkschaften, die Spaltung der Gewerkschaftsbewegung in den schwach entwickelten Ländern im Interesse der neokolonialistischen Ziele zu vertiefen.

Die Hilfe und Unterstützung, die die Deutsche Demokratische Republik den um ihre Unabhängigkeit ringenden Völkern erweist, steht gleichzeitig in enger Beziehung zum Kampf um die Erhaltung des Friedens und dem Kampf um die Einheit Deutschlands. Sie entspricht deshalb den Interessen der gesamten deutschen Nation.[58]

[58] Vgl. Ulbricht, W., Stellungnahme zur Erklärung der kommunistischen und Arbeiterparteien, a. a. O., S. 122.

AUTORENVERZEICHNIS

Fritz Behrens, Professor, Dr. rer. pol., Nationalpreisträger, Mitglied der Deutschen Akademie der Wissenschaften zu Berlin, wissenschaftlicher Arbeitsleiter am Institut für Wirtschaftswissenschaften der DAdW.

Günther Kohlmey, Professor, Dr. rer. pol., Nationalpreisträger, stellvertretender Direktor des Instituts für Wirtschaftswissenschaften der DAdW.

Kurt Zieschang, Dr. oec., wissenschaftlicher Arbeitsleiter am Institut für Wirtschaftswissenschaften der DAdW.

Karl Bichtler, Dr. oec., wissenschaftlicher Arbeitsleiter am Institut für Wirtschaftswissenschaften der DAdW.

Walter Jansen, Dr. rer. oec., wissenschaftlicher Oberassistent am Institut für Wirtschaftswissenschaften der DAdW.

Wilhelm Schmidt, Dr. rer. oec., wissenschaftlicher Oberassistent am Institut für Wirtschaftswissenschaften der DAdW.

Johannnes Behr, Dr. rer. oec., wissenschaftlicher Oberassistent am Institut für Wirtschaftswissenschaften der DAdW.

Katja Nehls, Dipl. oec., wissenschaftliche Assistentin am Institut für Wirtschaftswissenschaften der DAdW.

HERMANN TURLEY

Neoliberale Monopoltheorie und „Antimonopolismus“

Ein Beitrag zur Aufdeckung des apologetischen Charakters des Neoliberalismus in Westdeutschland

(Schriften des Instituts für Wirtschaftswissenschaften bei der Deutschen Akademie der Wissenschaften zu Berlin, Nr. 10)

1961. 145 Seiten — gr. 8^0 — DM 5,—

Der Neoliberalismus ist eine ideologische Richtung, die in Westdeutschland starke Verbreitung gefunden hat. Mit Hilfe der neoliberalen Theorie hat die westdeutsche Finanzoligarchie ihre Herrschaft als sogenannte „soziale Marktwirtschaft“ zu tarnen verstanden. Auf der Grundlage einer allgemeinen Einschätzung der charakteristischen Merkmale des neoliberalen Systems analysiert der Verfasser die Ansichten westdeutscher neoliberaler Theoretiker über die Monopolfrage und weist nach, daß der neoliberale „Antimonopolismus“ der Apologie des westdeutschen Imperialismus dient. Der Verfasser hat mit seiner Arbeit einen wichtigen Beitrag zur marxistischen Kritik des westdeutschen Neoliberalismus vorgelegt. Es werden nicht nur dem Fachökonomen neue Kenntnisse vermittelt, sondern darüber hinaus vermag diese Schrift einem breiteren Leserkreis Einblick in die spezifischen Methoden der vulgärökonomischen Apologie des westdeutschen Imperialismus zu geben.

THEORIA CUM PRAXI

AKADEMIE-VERLAG · BERLIN

FSC
www.fsc.org
MIX
Papier | Fördert gute Waldnutzung
FSC® C083411

Kolibri 360 GmbH
Ferdinand-Jühlke-Straße 7
99095 Erfurt, Deutschland
produktsicherheit@kolibri360.de